国家哲学社会科学成果文库
NATIONAL ACHIEVEMENTS LIBRARY
OF PHILOSOPHY AND SOCIAL SCIENCES

瑶族宗教经书文化
内涵研究

张泽洪　著

社会科学文献出版社
SOCIAL SCIENCES ACADEMIC PRESS (CHINA)

图书在版编目（CIP）数据

瑶族宗教经书文化内涵研究 / 张泽洪著 . --北京：
社会科学文献出版社，2023.6
（国家哲学社会科学成果文库）
ISBN 978-7-5228-2023-1

Ⅰ.①瑶… Ⅱ.①张… Ⅲ.①瑶族-宗教仪式-研究
-中国 Ⅳ.①B928.2 ②K285.1

中国国家版本馆 CIP 数据核字（2023）第 120774 号

·国家哲学社会科学成果文库·
瑶族宗教经书文化内涵研究

著 者 / 张泽洪

出 版 人 / 王利民
责任编辑 / 孙美子 胡百涛
责任印制 / 王京美

出 版 / 社会科学文献出版社·人文分社（010）59367215
地址：北京市北三环中路甲 29 号院华龙大厦 邮编：100029
网址：www.ssap.com.cn
发 行 / 社会科学文献出版社（010）59367028
印 装 / 北京盛通印刷股份有限公司

规 格 / 开 本：787mm×1092mm 1/16
印 张：42.25 字 数：622 千字
版 次 / 2023 年 6 月第 1 版 2023 年 6 月第 1 次印刷
书 号 / ISBN 978-7-5228-2023-1
定 价 / 268.00 元

读者服务电话：4008918866

《国家哲学社会科学成果文库》
出版说明

为充分发挥哲学社会科学优秀成果和优秀人才的示范引领作用，促进我国哲学社会科学繁荣发展，自 2010 年始设立《国家哲学社会科学成果文库》。入选成果经同行专家严格评审，反映新时代中国特色社会主义理论和实践创新，代表当前相关学科领域前沿水平。按照"统一标识、统一风格、统一版式、统一标准"的总体要求组织出版。

全国哲学社会科学工作办公室

2023 年 3 月

本书出版说明

本书所用"瑶人"多指称历史文献中的"徭人""猺人"或"傜人",笔者在间接引述中用"瑶人"指称以示尊重。但"瑶人"概念与新中国成立初期民族识别后的"瑶族"和"瑶族人"并非完全对应,若将历史上的"瑶人"改为民族识别后的"瑶族人"则不准确,故本书在特定语境中仍保留"瑶人"这一概念。

瑶族经书多为清代民国时期手抄本,抄写经书的是瑶族的师公、道公,或游走于民间的抄书人。这些民间抄本中有一些土俗字,还有错字。为反映经书原貌,引述时对经书中的土俗字、错字一般不做改动。例如:"任午",应为"壬午";"润六月",应为"闰六月";"鷟父",应为"岳父";"态岁",应为"太岁";"掌男",应为"长男";"第子",应为"弟子";"蜜语",应为"秘语";"秘蜜",应为"秘密";"代毕",应为"代笔";"氏毕",应为"低笔";"氐笔",应为"低笔";"院笔",应为"完笔";"证字",应为"正字";"置注",应为"置主";"清礁",应为"清醮";"桉龙""按龙",应为"安龙";"功曹",应为"功曹";"加庆",应为"嘉庆";"隍上",应为"皇上";"晃绪",应为"光绪";"授械"应为"授戒";"南宁""南灵",应为"喃灵";"半座""伴座",应为"判座";"化依",应为"化衣"。瑶族经书中的缺字,用"□"表示。

英国牛津大学伯德雷恩图书馆藏瑶族文献编号为"Sinica",本书以简写"S"表示;大英图书馆瑶族文献标号格式统一为"EAP550/＊/＊＊＊"。

目　录

CONTENTS

图目录

引　言

　　瑶族具有悠久的历史和灿烂的文化，瑶族人口在中国 56 个民族中居第 13 位。瑶族分布在广西、湖南、广东、云南、贵州和江西六省（区）的 130 多个县，根据"2020 年第七次全国人口普查统计数据，中国瑶族有 3309341 人，占全国人口比重 0.23%"[1]。作为西南地区的跨境民族，由于历史原因，瑶族在东南亚及欧美地区都有迁徙分布。东南亚是海外瑶族分布的主要地区，其中越南 100000 人（2010 年数据）[2]、老挝 22665 人（1995 年数据）[3]、泰国为 35652 人（1990 年数据）[4]、缅甸约 1000 人（1980 年以前数据）[5]。20 世纪 70 年代印度支那战争之后，部分瑶族人作为难民迁徙欧美，其中美国瑶族近 3 万人（1998 年数据）[6]、加拿大 1000 余人（1987 年数据）、[7] 法国近 1000 人（20 世纪 80 年代末数据）[8]，新西兰、瑞典、澳大利亚、比利时、英国、瑞士、丹麦等国亦有瑶族人。

　　中国瑶族，广西有 1683038 人，湖南有 749872 人，广东有 514447 人，贵

　　1　参考国务院第七次全国人口普查领导小组办公室编《中国人口普查年鉴（2020）》（2-1 全国民族人口及比重），信息来源：http://www.stats.gov.cn/tjsj/pcsj/rkpc/7rp/zk/indexch.htm，采撷日期：2023/3/8。

　　2　〔越〕越南老街省文化体育旅游厅编著《越南瑶族民间古籍（一）》，北京：民族出版社，2011，第 2 页。

　　3　张有隽：《越老泰缅各国瑶族人口分布、来源和称谓——海外瑶族研究论文之二》，《广西民族学院学报》2003 年第 3 期。

　　4　奉恒高主编《瑶族通史》下卷，北京：民族出版社，2007，第 1022 页。

　　5　张有隽：《越老泰缅各国瑶族人口分布、来源和称谓——海外瑶族研究论文之二》，《广西民族学院学报》2003 年第 3 期。

　　6　奉恒高主编《瑶族通史》下卷，第 1084 页。

　　7　奉恒高主编《瑶族通史》下卷，第 1085 页。

　　8　奉恒高主编《瑶族通史》下卷，第 1083 页。

州有 46759 人，云南有 218825 人。[1] 广西有 6 个瑶族自治县[2]和 47 个瑶族自治乡[3]。湖南省江华瑶族自治县有瑶族 37.5 万人[4]，是全国瑶族人口最多的县，有神州瑶都之誉。瑶族是西南地区[5]的世居民族，瑶族人与汉族、壮族、苗族、侗族等民族交错杂居，呈现出"大分散，小聚居"的分布特点。瑶族人除部分居住在丘陵、河谷地带，大部分散居于五岭、十万大山、都阳山、雪峰山、罗霄山、六韶山、哀牢山等地，故民间有"南岭无山不有瑶"之说。

中国古代称中原周边少数民族为"四夷"，即东夷、西戎、南蛮、北狄，瑶族属于南蛮中的一支。历史上封建王朝和士大夫阶层出于歧视，多加反犬旁称周边少数民族族群，对西南地区的瑶族先民则诬称为"猺"。[6] 20 世纪 20 年代，广东中山大学学者提倡将"猺"改用"徭"。民国《桂平县志》卷三十一《风俗》载："猺今更作瑶。"[7] 1933 年，广西省政府民政厅厅长雷殷颁发给阳朔、恭城、平乐三县瑶民的《广西阳朔县龙尾庙纪瑶碑刻》，首用"瑶"字称呼瑶族。[8] 红军在长征途中书写的标语亦使用"瑶"字。[9] 20 世纪 50 年代的民族识别工作于 1953 年较早确认了瑶族的

1　参考国务院第七次全国人口普查领导小组办公室编《中国人口普查年鉴（2020）》（1-4 各地区分性别、民族的人口），信息来源：http://www.stats.gov.cn/tjsj/pcsj/rkpc/7rp/zk/indexch.htm，采撷日期：2023/3/8。

2　信息来源：广西壮族自治区人民政府网址 http://www.gxzf.gov.cn/mlgxi/gxrw/qhrk/t1003588.shtml，采撷日期：2023/3/8。广西六个瑶族自治县分别是恭城瑶族自治县、富川瑶族自治县、巴马瑶族自治县、都安瑶族自治县、大化瑶族自治县、金秀瑶族自治县。

3　信息来源：广西壮族自治区人民政府网站 http://www.gxzf.gov.cn/mlgxi/gxrw/ftrq/t1003601.shtml，采撷日期：2023/3/8。

4　信息来源：江华瑶族自治县人民政府官网 http://www.jh.gov.cn/，采撷日期：2023/3/8。

5　本书"西南地区"的概念指广义的、文化意义上的西南，包括"川、滇、黔、渝四省市为主，其外延可及广西、西藏甚至湘西、鄂西、粤北的地理区域"。关于广义与狭义的西南地区概念参见张泽洪《文化传播与仪式象征：中国西南少数民族宗教与道教祭祀仪式比较研究》，成都：巴蜀书社，2008，第 9 页。

6　历史上也曾使用"徭"字。

7　黄占梅等修，程大璋等纂（民国）《桂平县志》，民国九年（1920）粤东编译公司铅印本。

8　金秀瑶族自治县志编纂委员会编《金秀瑶族自治县志》，北京：中央民族学院出版社，1992，第 102 页。

9　李默：《瑶族历史探究》，北京：社会科学文献出版社，2015，第 73 页。

族称。

　　自 20 世纪三四十年代开始民族学的瑶族考察，90 余年中历经几代学者的努力，目前瑶族研究已获得丰硕成果，瑶学已成为学界瞩目的国际性学科。

　　瑶族是西南接受汉文化较深的族群，瑶族宗教经书是瑶族文献中重要的一类。瑶族在西南少数民族中保存汉文经书较多，而瑶族宗教经书中不乏道教元素，这是瑶族宗教深受道教影响的反映。历史上瑶族在西南民族走廊的迁徙，道教在西南少数民族各族群中的传播，长期的文化互动促成了道教与瑶族宗教的交融。瑶族经书内容广泛，涉及瑶族的历史文化、宗教信仰、风俗习惯、生产生活等诸多方面，是探寻瑶族文化和瑶人精神世界的宝库。瑶族宗教经书是瑶族文书[1] 中的主要部分，主要是瑶族度戒、打斋、做醮、送亡、还愿等仪式使用的科仪本。瑶族社会有保存经书的传统，几乎每个村寨的师公、道公都收藏有宗教经书。国内现藏瑶族宗教经书最早的是明代抄本，其次多为清代抄本、民国年间抄本，亦有新中国成立后的抄本。瑶族各支系传承的道教经书有所不同，反映了瑶族接受道教的历史。

　　学界对瑶族宗教及其经书的研究，始于 20 世纪三四十年代的西南民族社会历史调查。1936 年，中山大学文科研究所开展对广东曲江县瑶族的田野调查，江应樑撰写《广东徭人之宗教信仰及其经咒》，根据对广东北部瑶人宗教的调查，提出瑶族宗教深度受到道教影响的观点。徐益棠《广西象平间瑶民之宗教及其宗教的文献》详细记述了象平间瑶民宗教活动的请神唱词；《广西象平间瑶民之占卜符咒与禁忌》则记录了象平间瑶民占卜所用的符咒。

　　民族学界的李默、李本高、宫哲宾、张有隽、玉时阶、张劲松、徐祖祥、黄贵权、罗宗志、何红一、聂森等，在其论著中都涉及了瑶族宗教经书。张有隽《中国瑶人文书及其研究》、郭武《牛津大学图书馆藏瑶族道经考述》、萧霁虹《云南与东南亚的瑶族宗教文书》、胡小柳《牛津大学图书馆藏瑶族道

　　1　瑶族文书即从世界各地搜集到的瑶族写本，包含宗教经书、歌书、家先单（瑶族宗谱）、医书、信函、账册、启蒙读物等，内容丰富、种类多样。

经中的度戒仪式研究》、徐菲《牛津大学图书馆藏瑶族手抄本道经新发现及其价值》，都从不同侧面论及瑶族宗教经书的研究价值。

对瑶族宗教经书的调查研究，近几十年来受到国际学术界的重视。2006 年 5 月，德国学者欧雅碧（Lucia Obi）在德国慕尼黑"道教与当代世界——道教的养生理论与实践"国际学术研讨会上，发表《巴伐利亚州立图书馆馆藏瑶族道教经书》一文，披露巴伐利亚州立图书馆收藏瑶族经书 2776 件及经书的抄写时代。欧雅碧《欧美的瑶族写本的收藏》一文统计了欧美收藏的瑶族写本，指出牛津大学伯德雷恩图书馆（The Bodleian Library）共计 311 件、海德堡大学汉学研究所约 200 件、荷兰莱顿大学国立民族学博物馆（Rijksmuseum Volkenkunde）约有 200 件、美国国会图书馆 241 件。法国学者雅克·勒穆瓦纳（Jacques Lemoine）长期研究瑶学，曾任法国国家科学院东南亚及南中国研究所所长，是国际上知名的瑶学专家，他在法国图卢兹发现瑶人流传的手抄本经书《又到游梅山三十六洞念》后，于 1994 年和 1999 年两次到湖南新化县寻根考察瑶人的古梅山。

20 世纪 70 年代，日本学者白鸟芳郎在泰国清迈考察收集瑶族经书，其后公开出版《傜人文书》，收录《游梅山书》等 11 种文书的影印件。2008 年，神奈川大学瑶族文化研究所广田律子主持"瑶族的仪式与仪式文献的综合性研究"项目，开展对湖南蓝山县瑶族宗教的调查研究。日本神奈川大学历史民俗资料学研究科于 2011 年 3 月编印《中国湖南省蓝山县瑶族礼仪文献考察报告（一）》。

2010 年 11 月 23 日，在日本神奈川大学举行由日本神奈川大学瑶族文化研究所与湖南省民间文艺家协会合办的"瑶族传统文献研究国际论坛"。日本学者丸山宏于 2011 年 4 月 21~23 日在香港大学召开的"地方道教仪式实地调查比较研究"国际学术研讨会上发表《湖南省蓝山县勉系瑶族宗教仪式文字资料的研究价值——以度戒仪式文书为中心之探讨》。

瑶族宗教经书是瑶族人祀神用的文本，瑶族宗教经书分师公经书和道公经书，民间称其为"神书"。瑶族人曾是山居游耕的族群，崇拜原始宗教的巫鬼和道教的神灵，对于生活际遇中的生老病死等大小事都要请师公或道公打斋、算卦、请神、超度。瑶族民间常行的宗教仪式有"打斋""还盘王愿""度戒""安龙""求花"等，师公、道公手持经书，唱诵经文，是瑶族宗教仪式的典型场景。瑶族宗教经书记录了许多在道教内已失载的传统文献资料，诸如瑶族度戒文书中的许多科仪即源自早期正一道授箓传统的古本，而在明代《正统道藏》中，这些科仪已不复存在。

在中国西南少数民族中，瑶族是受道教影响较深的族群之一。瑶族经书的抄经题记，就彰显出道教的影响，如"玄门道士羽流置主李春凤承集""羽流道士弟子置主李经城承集""太上宗师李玄柱给付上达""玄门丧家共整瘟疯病天机一本""传度师李经凤给付玄门弟子邓玄真""玄门弟子李妙监、李妙簪二位置""羽士邓云堂、邓云连同承"等，说明瑶族经书收藏者以道士、玄门弟子自居。瑶族经书中的《度人经》《玉皇经》《度人大部全卷》《无量度人经》《劝善经》《生神妙经》《太上洞玄灵宝经卷》《尊典》《全真演教》《血湖经》《三官科》《请上坛三清全本科》《天师科》《东岳科》《破狱科》《炼度科》《灵宝朝天忏》《太上老君秘语》《道门书式》等，与道教经书名称几乎相同。

《百解秘语》《斋亡秘语》《丧坛秘语》《洪恩秘语》《天仙麻疯秘语》《度戒科》《喃灵科》《安龙科》《救患科》《招兵科》《谢境水符科》《神目科》《做鬼书》《过神书》等，是瑶族宗教活动中常用的科书，这些科书是瑶族文化的组成部分。瑶族人重视经书在家族的传承，将其视为文化财富，抄写题记多有"子孙万代保存"等话语。《正统道藏》《道藏辑要》《庄林续道藏》《藏外道书》《道书集成》收录的科仪经书多达上千卷，蕴涵着丰富的道教祭祀文化内容。本书研究瑶族宗教经书与道教科仪经书的异同，通过两种经书文化内涵的比较，阐释道教文化影响瑶族的历史过程，剖析瑶族宗教经书的文化内涵。

本书运用的瑶族经书有：英国牛津大学伯德雷恩图书馆藏瑶族经书、大英图书馆藏 EAP550 瑶族经书、广西荔浦瑶族经书、广西贺州瑶族经书、云南红河瑶族经书、云南文山瑶族经书、20 世纪 50 年代广西瑶族社会历史调查中收集的瑶族经书，还有公开出版的瑶族经书《瑶族古籍资料选编》《八排瑶古籍汇编》《乳源瑶族古籍汇编》《文山瑶族文献古籍典藏·道科书》《瑶人经书》《拜王歌堂》《还盘王愿》等。

瑶族社会传承的民间手抄科仪本格式丰富多样，如云南瑶族度师仪式经书《三戒表疏申状牒文》就汇集 20 余种文书格式。通过对瑶族宗教的科、书、表、式、疏、札、牒、据、榜、词、忏、状意、关意、关文等文书格式与道教科仪经书格式的比较分析，具体考察瑶族宗教经书对道教科仪经书格式的吸收。通过对瑶族宗教经书与道教科仪经书格式的深度解析，有可能解决瑶族接受道教的时代等学术问题。

瑶族在南岭走廊的迁徙推动了道教在西南地区的传播，历史上道教在南岭走廊各族群中的传播，是南岭走廊民族文化研究中最具学术价值的问题之一。在中国西南少数民族中，各民族的宗教都不同程度受道教的影响，其中瑶族宗教道教化的特征至为明显，这是中华民族多元一体格局的必然反映。我们选取道教色彩浓郁的瑶族宗教经书进行比较研究，旨在说明历史上各民族间宗教的交流和文化的涵化，在信仰的层面将促进中华民族的认同感，从而增强中华民族的向心力和凝聚力。

宗教经书是宗教教义思想的集中反映，本书选择具有原始宗教色彩的瑶族宗教经书与神学宗教的道教科仪经书进行比较研究，在宗教学上具有重要的学术意义。本书以大传统、小传统相结合的文化分析方法，从宏观、微观相结合的学术视野，来比较研究瑶族宗教与道教的内涵和特质，将瑶族宗教经书的解析与仪式的田野考察有机结合，尝试从少数民族宗教与道教研究相结合的角度做出创新性研究。期望本研究成果有助于深入了解瑶族，深刻认识瑶族文化对中华文明的贡献。

第一章

瑶族社会历史文化生境

瑶族是南岭走廊游耕迁徙的族群，地方志所载南岭走廊的瑶山与瑶峒，反映瑶族人大分散、小聚居的分布特点。明清时期封建王朝加强对瑶族社会的治理，瑶族社会的土官与瑶老制度，体现了封建国家对瑶族地域社会的控制。南岭走廊生瑶与熟瑶的区分概念，反映瑶族接受中原汉文化的不同层次。明清时期瑶族向贵州、云南和东南亚地区迁徙，成为西南地区的跨境民族。明清中央政府实行绥瑶政策[1]，科举制度中设有录取瑶族生员的专门名额，社学、瑶学等民间教育方式的推行，使瑶族成为西南地区接受汉文化较深的族群。

第一节 南岭走廊瑶族的分布

一 南岭走廊的瑶山与瑶峒

(一) 史籍中瑶人来源的记载

在古代史籍关于瑶族的叙事中，瑶人原居于湖广溪峒间，魏晋时期的长

---

[1] 明清时期，中央政府对瑶人采取镇压与绥抚相结合的政策。民国《连山县志》附明崇祯《历代绥猺政策》(上篇)，清道光《连山绥猺厅志》，都对"绥瑶政策"有阐释。参见《民族问题五种丛书》及其档案集成，国家民委《民族问题五种丛书》编辑委员会、《中国民族问题资料·档案集成》编辑委员会编《中国民族问题资料·档案集成》第4辑《中国少数民族自治地方概况丛书》第49卷《〈民族问题五种丛书〉及其档案汇编》，北京：中央民族大学出版社，2005，第164~165页。

沙、黔中、五溪蛮，就是瑶族的先民。《后汉书》卷八十六《南蛮西南夷列
传》引干宝《晋纪》说："武陵、长沙、庐江郡夷，槃瓠之后也。杂处五溪之
内。槃瓠凭山阻险，每每常为害，糅杂鱼肉，叩槽而号，以祭槃瓠，俗称赤
髀横裙，即其子孙。"[1]《隋书·地理志》称瑶人为古长沙、黔中、五溪之蛮，
此说法为后代史籍所承袭。地方志述广东瑶人的来源，就沿袭此说。明嘉靖
《广东通志初稿》卷三十五《猺獞》载瑶人的来源说：

> 猺本盘瓠之种，产于湖广溪峒间，即古长沙、黔中、五溪之蛮是也。
> 其后生息蕃衍，南接二广，右引巴蜀，绵亘数千里。[2]

宋代史籍记载北宋开梅山的历史，从中可见瑶族先民梅山蛮的活动。湘中
梅山以外地区，也分布较多瑶人。《宋史》卷四百九十四《西南溪峒诸蛮下》：

> 隆兴初，右正言尹穑言："湖南州县多邻溪峒，省民往往交通猺人，
> 擅自易田，豪猾大姓或诈匿其产猺人，以避科差。内亏国赋，外滋边患。
> 宜诏湖南安抚司表正经界，禁民毋质田猺人。诈匿其产猺人者论如法，
> 仍没入其田，以赏告奸者。田前卖入猺人，俾为别籍，毋遽夺，能还其
> 田者，县代给钱偿之。"帝从其言。[3]

湖南瑶人与汉人杂居，因双方经济往来频繁，汉人诈匿田产于瑶人以避科差，
朝廷为此采取应对之策。

南岭走廊的溪峒是瑶人居住之地，早在宋代即有瑶人聚居溪峒的记录。
《宋史》卷四百九十四《西南溪峒诸蛮下》载："武冈与湖北、广西邻壤，为

1　（刘宋）范晔撰《后汉书》，北京：中华书局，1965，第 2830 页。

2　（明）戴璟修，张岳纂《嘉靖）广东通志初稿》，明嘉靖十四年（1535）刻本。

3　（元）脱脱等撰《宋史》，北京：中华书局，1985，第 14190 页。

极边之地，溪峒七百八十余所，七峒隶绥宁县，五溪峒隶临冈县。"[1] 民国《怀集县志》卷十载："五岭揭阳、桂阳、大庾、始安、临贺，八排猺[2]盘踞岭中。广西之富贺、昭平、怀集，广东之连州、连山、阳山、星子、乳源、英德，湖广之临武、蓝山、宜章、锦田，是皆猺所出没之地。而其居正在连州连山，是辰之南岭为奥区，其巢窟也。"[3]

南岭走廊湖南与广西接壤处的江华、江永、钟山、贺州、荔浦等地，至今仍是西南瑶族分布最密集之地，这种人文生态在宋代就已形成。《宋史》卷四百九十四《西南溪峒诸蛮下》载嘉定七年：

> 臣僚复上言：辰、沅、靖三州之地，多接溪峒，其居内地者谓之省民，熟户、山猺、峒丁乃居外为捍蔽。其初，区处详密，立法行事，悉有定制。峒丁等皆计口给田，多寡阔狭，疆畔井井，擅鬻者有禁，私易者有罚。一夫岁输租三斗，无他繇役，故皆乐为之用。边陲有警，众庶云集，争负弩矢前驱，出万死不顾。[4]

宋代的省民指毗邻蛮区的汉人，熟户指向政府交纳赋税的熟瑶，山瑶指山居不向政府交纳赋税的生瑶，峒丁指瑶峒中被政府征召的土兵。熟户、山猺、峒丁与省民对举，概指辰、沅、靖三州之地的瑶人。

宋周去非《岭外代答》卷三《瑶人》载：

> 瑶人者，言其执徭役于中国也。静江府五县与瑶人接境，曰兴安、灵川、临桂、义宁、古县。瑶人聚落不一，最强者曰罗曼瑶人、麻园瑶

1　（元）脱脱等撰《宋史》，第 14192 页。

2　"猺"为封建王朝及士大夫阶层对瑶人的诬称。本书引用史籍与瑶族经书时对其中的"猺"字不作改动，以保持文献原貌。

3　周赞元等纂修（民国）《怀集县志》，民国五年（1916）铅印本。

4　（元）脱脱等撰《宋史》，第 14196 页。

人，其余曰黄沙，曰甲石，曰岭屯，曰褒江，曰赠脚，曰黄村，曰赤水，曰蓝思，曰巾江，曰竦江，曰定花，曰冷石坑，曰白面，曰黄意，曰大利，曰小平，曰滩头，曰丹江，曰瀿江，曰闪江，曰把界。山谷弥远，瑶人弥多，尽隶于义宁县桑江寨。……瑶人耕山为生，以粟、豆、芋魁充粮。其稻田无几，年丰则安居巢穴，一或饥馑，则四出扰攘。[1]

静江为桂林市的古称，桂林周边各县与湖南接壤处，是南岭走廊瑶族分布密集之地。清陈起诗《平猺议》说：

> 五岭绵亘数省，自广西、广东、湖南以至江西、福建，岭巅所在，多猺人耕种，去住荒忽，名过山猺。而广西、广东、湖南三省交界处，有平坡千里，万山环抱，南通连州，北负永州，西枕平乐，东隔韶连，为猺人祖宗以来，巢穴聚集之处，名八排猺。大道自连州三江口入为咽喉，永州九嶷山为背脊，广西桂岭为首，湖南骑田、江西大庾蕙岭为尾。[2]

宋代广西、广东、湖南三省交界处瑶人很多，大致已形成南岭走廊瑶人核心地区的分布格局。

明代两广地区活动的瑶族人，史籍中称其来自五溪。清同治《连州志》卷八《猺排志》载瑶人为五溪蛮："其后生息繁衍，南接二广，右引巴蜀，绵亘千里。在连者为八排猺峒，崇山峻岭，错处其间。"[3] 瑶族人游耕迁徙遍布西南民族走廊地区，此格局大致在明代就已形成。在西南少数民族中，瑶族人以游耕的特点闻名，史称莫瑶人散居溪谷治生，既不属于官府，也不属于峒首管辖，在地方上被视为善瑶，明代民间号为"白衣山子"。明万历《广东通志》卷七十《杂蛮》：

1　（宋）周去非撰，杨武泉校注《岭外代答校注》，北京：中华书局，1999，第118~119页。

2　（清）葛士濬辑《皇朝经世文续编》卷八十《兵政十九》，清光绪壬寅（1902）刻本。

3　（清）袁泳锡、觉罗祥瑞修，单兴诗纂（同治）《连州志》，清同治九年（1870）刻本。

莫徭者，自荆南五溪而来，居岭海间，号曰"山民"，盖盘瓠之遗种。本徭㺊之类，而无酋长，随溪谷群处，斫山为业，有采捕而无赋役，自为生理，不属于官，亦不属于峒首，故名莫徭也。岭西海北人呼为白衣山子。[1]

明嘉靖《钦州志》卷一《风俗》载："有曰山民，斫山为业，数岁辄易其处，自为生理，不役属于官，谓之白衣山子，盖古盘瓠氏之遗种。"[2] 清屈大均《广东新语》卷七《人语·輋人》载莫徭："潮州有山輋，其种二，曰平鬃，曰崎鬃。亦皆徭族，有莫徭号白衣山子。散居溪谷，治生不属官，不属峒首，皆为善徭，其曰斗老，与盘、蓝、雷三大姓者，颇桀骜难驯。"[3] 广西瑶族《交趾歌信》说："交趾语言不通晓，白衣说话不通情。不能大朝通各理，三岁嫩儿说得清。山子之人会产儿，白衣之人会变神。"[4] 可见地方志所谓"白衣山子"，其实就是瑶族人，他们是不承担徭役的山民。

《宋史》卷四百九十三《西南溪峒诸蛮上》载："蛮猺者，居山谷间，其山自衡州常宁县属于桂阳、郴连贺韶四州，环纡千余里，蛮居其中，不事赋役，谓之猺人。"[5] 郴连贺韶四州包括南岭走廊粤桂湘毗邻地区，说明宋代此区域就已是瑶人分布的核心地区。明清以后瑶人向贵州、云南、东南亚的迁徙，其源头也在这一地区。

（二）南岭走廊的瑶山

南岭走廊地区瑶族居住的瑶山，宋代以来史籍多有对其险峻的描述。清康熙《高州府志》卷一载："大帽山，脉接广西，层崖高峰，形如大帽，猺人

1　（明）郭棐撰修（万历）《广东通志》，明万历三十年（1602）刻本。

2　（明）林希元纂修（嘉靖）《钦州志》，明嘉靖十八年（1539）刻本。

3　（清）屈大均撰《广东新语》上册，北京：中华书局，1985，第244页。在地方志记载中，盘、蓝、雷三姓是常提及的大姓，此三姓在瑶族十二姓中居于核心。

4　广西壮族自治区编辑组、《中国少数民族社会历史调查资料丛刊》修订编辑委员会编《广西瑶族社会历史调查》第7册，南宁：广西民族出版社，2009，第95页。

5　（元）脱脱等撰《宋史》，第14183页。

散居其中，亦曰猺山。"[1] 清乾隆《梧州府志》卷八《田赋志》："六十三山幽僻阻险，皆诸猺蟠据。"[2] 清嘉庆《郴州总志》卷二十二《苗猺志》："楚南苗猺杂居，自古为患。郴有猺而无苗，但地处万山之中，溪岩险绝。宋之峒贼李金，洞民骆科，明之寨长罗福等，类皆负嵎险阻，时多梗化。"[3] 清光绪《高州府志》卷四载："六豪山，在县东北六十里，通罗定州界。昔有猺人六家居此，故名。"[4] 六豪山以山势高大著称，因有瑶人盘氏六家居此而得名。[5] 史籍中有山居瑶人的记载。清雍正《广西通志》卷十四《山川》载修仁县：

> 大猺山，在县正南十余里黄峒山后，丛山叠箐，宽袤六七十里，险峻难行。修水自此发源，内有六噶、六定、三片、六段等猺，皆自耕自食，不轻出猺界。种香草，植松杉以为业。[6]

清同治《象州志》纪地第一帙《安中里图说》：

> 象州猺洞十有二，安中环其六，曰滴水猺，曰古城猺，曰大凳猺，曰古冻猺，曰六蒙猺，曰黄茅猺。山势巉岩际天，人迹罕通，水源独远，一出圣塘山，派流榕洞。[7]

————————

1　（清）蒋应泰纂修，黄云史重辑（康熙）《高州府志》，清康熙十一年（1672）刻本。

2　（清）吴九龄修，史鸣皋等纂（乾隆）《梧州府志》，清乾隆三十五年（1770）刻本。

3　（清）朱偓修，陈昭谋纂（嘉庆）《郴州总志》，清嘉庆二十五年（1820）刻本。

4　（清）杨霁修，陈兰彬等纂（光绪）《高州府志》，清光绪十六年（1890）刻本。

5　《古今图书集成·方舆汇编·职方典》第一千三百五十卷高州府部说："六豪山，在城东五十余里，与罗定州界，猺人所居，山势高大，昔有猺人盘氏六家居于此故名。"（清）陈梦雷编纂，蒋廷锡校订《古今图书集成》，北京：中华书局、成都：巴蜀书社，1985，第20089页。

6　《文渊阁四库全书》第565册，台北：台湾商务印书馆，1986，第349页。

7　（清）李世椿修，郑献甫纂（同治）《象州志》，清同治九年（1870）桂林鸿文堂刻本。

史籍有"猺山险阻"之说。[1] 明代因征讨大藤峡瑶民起义，对大藤峡力山的险要有清楚认识。明章潢《图书编》卷四十九《两广总镇事宜》说：

> 藤峡府江之间，为力山，力山之险，又倍藤峡。又南则为府江，周围盖六百里，其中多冥岩隩谷，悬磴绝壁，入者手挽足移，十步九折，一失足则殒身数百仞下。中产猺人，蓝、胡、侯、盘四姓为渠魁。[2]

清雍正《广西通志》卷九十三《诸蛮》载瑶人："有'先有猺，后有朝'之谚。"[3] 明万历《广东通志》卷七十《猺獞》：

> 罗旁东界新兴，南连阳春，西抵郁林、岑溪，北尽长江，与肇庆、德庆、封川、梧州，仅限一水，延袤千里，万山联络，皆猺人盘据其中，深菁蓊薄，亏蔽天日，路径错杂，不可踪迹。日久生齿渐繁，占耕旁近诸村田地，州邑赋税日减。……尝言："官有万兵，我有万山，兵来我去，兵去我还。"[4]

罗旁瑶的这首谣谚生动反映了瑶族先民山居的特点。罗旁瑶活动的中心在肇庆，清道光《肇庆府志》卷四《舆地十二》亦沿袭此记载。

瑶人住屋，即南方少数民族常见的干栏式房屋。清雍正《广西通志》卷九十二《诸蛮》载过山瑶的生活习性说："蛮多负山而居，或围竹为村，或依

1　（民国）《贺县志》卷四，韦冠英修，梁培煐、龙先钰纂（民国）《贺县志》，民国二十三年（1934）铅印本。

2　《文渊阁四库全书》第970册，第162页。

3　《文渊阁四库全书》第567册，第560页。

4　（明）郭棐撰修（万历）《广东通志》，明万历三十年（1602）刻本。

树为社，结茅筑垣，架板成楼，上栖人，下畜兽，谓之麻栏，亦称栏房。"[1] 清乾隆《庆远府志》卷十："诸蛮皆负山而居，或围竹为村，或依树为社，结茅筑垣，架板成楼，上栖人，下畜兽，谓之麻栏房。男女老幼聚处一栏，子娶则别栏以居。"[2]

　　清代对瑶人的户数、人口已有比较清楚的统计。清道光《宝庆府志》卷八十三："猺山十六峒，猺民四十五户。以上土著客籍寄猺民，猺民户共八万四千五百五十口五十八万八千二百六十。"[3] 民国《连山县志》卷十四："环连皆猺也。宜善以东，三江以西，金坑、白芒以南北，周围四百余里，崇山峻岭，绝壑深林中，土墙瓦屋，聚族而居。其户凡六千八百三十二，其丁口二万六千五百七十七。其族类之名分，大曰排，小曰冲。排者派也，冲者种也，冲隶于排，犹言某派之种也。排之大者八，小者七，其冲一百七十三。属连山者五大排，三小排，一百二十六小冲。属连县者三大排，一小排，十三小冲。属阳山者三小排，三十四小冲。"[4] 史称民国时期粤北共计八大排、五小排、一百三十余小冲。在连山者，五大排、三小排、七十二小冲，人口六万余。

（三）南岭走廊的瑶峒

　　南岭走廊的瑶峒，宋代史籍称为溪峒。《宋史》卷四百九十四《西南溪峒诸蛮下》载乾道六年（1170），前知武冈军赵善谷言："武冈与湖北、广西邻壤，为极边之地，溪峒七百八十余所。七峒隶绥宁县，五溪峒隶临冈县。"[5] 仅武冈军就有溪峒七百八十余所，可见瑶人分布之密集。明田汝成《炎徼纪闻》卷四《蛮夷》："聚而成村者为峒，推其酋长曰峒官。"[6] 明清时期史籍记载瑶人村寨，多以瑶峒相称。

1　《文渊阁四库全书》第 567 册，第 557 页。

2　（清）李文琰修，何天祥纂（乾隆）《庆远府志》，清乾隆十九年（1754）刻本。

3　（清）黄宅中等修，邓显鹤等纂（道光）《宝庆府志》，清道光二十九年（1849）刻本。

4　何一骘修，臧承宣纂，凌锡华增修（民国）《连山县志》，民国十七年（1928）增修铅印本。

5　（元）脱脱等撰《宋史》第 40 册，第 14196 页。

6　《文渊阁四库全书》第 352 册，第 656 页。

1. 广东、广西的瑶峒

清道光《阳江县志》卷八《猺蜑》载：

　　向载猺山十有三处：随峒、翼峒、马衔、合沟、秀石、合门、那峒、香炉、苏峒、南坑、杏峒、二龙、温径。今散布村落，与齐民一体耕输，为寨四十有六，计五百五十九户，共九百三十六丁。[1]

清雍正《平乐府志》卷十："永安州，东平里猺峒八村，龙定里猺峒十六村，群峰里猺峒十六村。《州志》云：百姓居三，猺獞居七。猺有梗猺，居深峒之中，不完粮，不当役。"[2] 清光绪《清远县志》卷二："旧志载有猺峒，池水乡上中下三峒，共村三十。"[3] 民国《清远县志》卷一："有猺峒百余。而池水一乡，为连阳门户，竟达四十巢。"[4] 民国《连山县志》卷十四《猺种》说："猺居峒谷，不巾不履，耐寒暑，善走险，精药弩，惯捕猎，重然诺，畏鬼神。"[5]

清乾隆《象州志》卷一载境内瑶峒的地理位置：

　　猺峒：四水猺在安中里，离城东一百二十五里。古城猺在安中里，离城东一百三十里。大凳猺在安中里，离城东一百三十里。古冻猺在安中里，离城东一百二十里。六蒙猺在安中里，离城东一百二十里。黄茅猺在安中里，离城东一百二十里。六甲猺在昌化里，离城东北一百三十里。朱石猺在昌化里，离城东北一百三十里。长洞猺在昌化里，离城东北一百三十里。六旺猺在东乡里，离城一百三十里。玉田猺在东乡里，

1　（清）李沄等修，区启科等纂，李应均增补，胡琚续纂（道光）《阳江县志》，清嘉庆十七年（1812）修，二十三年（1818）增补，清道光二年（1822）续修刻本。
2　（清）胡醇仁纂修（雍正）《平乐府志》，清雍正四年（1726）刻本。
3　（清）李文炤、罗炜修，朱润芳、麦瑞芳纂（光绪）《清远县志》，清光绪六年（1880）刻本。
4　吴凤声、余棨谋修，朱汝珍纂（民国）《清远县志》，民国二十六年（1937）铅印本。
5　何一鸾修，臧承宣纂，凌锡华增修（民国）《连山县志》，民国十七年（1928）增修铅印本。

离城一百三十里。金村猺在昌化里，离城一百三十里。[1]

清雍正《东莞县志》卷十四说："大抵猺峒，皆依山负险，性情卤莽，与良顽异。然衣食器皿，悉取给于近县村落，故亦不能为乱。"[2]

2. 湖南的瑶峒

湖南地方志对瑶峒的记载，客观反映了瑶人山居的特点。清乾隆《湖南通志》卷三载宜章县："编户十六都，猺峒四。兴宁县……编户十五都，猺峒十二。"[3]清光绪《兴宁县志》卷二："本邑编户十五里，猺峒十二。"[4]清光绪《兴宁县志》卷三《疆域·猺峒》："雷连上六峒：上峒、上连峒、长古峒、田坪峒、吕城峒、竹峒。雷连下六峒：东坪峒、正雷峒、浓溪峒、源坑峒、周源峒、低坪峒。"[5]嘉庆《郴州总志》卷二十二："莽山峒在县南一百二十里。东界广东乳源县乌坑，南界太平五洞猺，广东阳山县牛仔营。西通广东连州八排猺，北界笆篱堡。"[6]

清光绪《零陵县志》卷五：

> 猺峒，上辛乐峒、下辛乐峒，二峒皆熟猺，在二十五里之内，听本县纳粮当差。……又有民家避兵，迁近猺地，仍不染猺风者，如桥头峒，本近辛乐，盖古左人之俗，自蒋又滋家移居，今以文物名。孔子所云君子居之，何陋之有，信然。[7]

湖南省新宁县的八峒瑶山，位于县西端，北接武冈，西连城步，南邻广

1　（清）李宏湑修，蒋日莱纂（乾隆）《象州志》，清乾隆二十九年（1764）刻本。
2　（清）周天成修，邓廷喆纂（雍正）《东莞县志》，清雍正八年（1730）刻本。
3　（清）陈宏谋修，范咸、欧阳正焕纂（乾隆）《湖南通志》，清乾隆二十二年（1757）刻本。
4　（清）郭树馨、刘锡九修，黄榜元、许万松纂（光绪）《兴宁县志》，清光绪元年（1875）刻本。
5　（清）郭树馨、刘锡九修，黄榜元、许万松纂（光绪）《兴宁县志》，清光绪元年（1875）刻本。
6　（清）朱偓修，陈昭谋纂（嘉庆）《郴州总志》，清嘉庆二十五年（1820）刻本。
7　（清）嵇有庆、徐保龄修，刘沛纂（光绪）《零陵县志》，清光绪二年（1876）刻本。

西资源县。所谓八峒，指麻林峒、大圳峒、圳源峒、黄岩峒、桃盆峒、黄背峒、深冲峒和罗绕峒。雪峰山脉在新宁县交错盘踞，境内溪多流急，峡谷幽深，依山川形势分为大小不等的八个溪峒。清康熙《宝庆府志》卷二十一载八峒为：麻林峒、大绢峒、深冲峒、罗绕峒、黄卜峒、桃盆峒、茶冲峒、圳原峒。而清康熙《新宁县志》卷六《猺峒》载新宁八峒为："麻林峒，城西六十里；大绢峒，城西七十里；深冲峒，城西一百二十里；罗绕峒，城西三十五里；黄卜峒，城西九十里；桃盆峒，城西九十五里；茶冲峒，城西九十里；圳源峒，城西九十五里。"[1] 可见对瑶峒的具体位置有清楚掌握。

清嘉庆《郴州总志》卷三："兴宁县：……本朝因之，编户十五都，猺峒十二。桂阳县……本朝因之，编户十九里，猺峒十四。"[2] 清康熙《郴州总志》卷六《武备·猺峒》：

莽山峒，宜章东南一百三十里；牛头峒，宜章南一百里；西山峒，宜章东南一百五十里；容家峒，宜章东南一百四十里；匹袍峒，桂阳一百里，与桂东界连；鱼黄峒，桂阳一百里邻大庾；东坑峒，桂阳二十里东岭北；东岭，桂阳东八十里，邻南安；青方坑，桂阳东四十里，益将司北；三江口，桂阳东南七十里，邻仁化城口；城溪峒，桂阳南八十里，邻仁化；龙虎峒，桂阳南四十里；延寿峒，桂阳西南六十里，邻乐昌；姜阳峒，桂阳西南八十里，界乐昌、九峰等猺；雷家峒，兴宁；上下连峒，兴宁。[3]

清嘉庆《新田县志》卷十《杂志·猺筒》载高山瑶峒：

一梅源岗，计六户，宽三里。一肥源岗，计十二户，宽二里。一分水峒，计二户，宽三里。一杉木峒，计十户，宽五里。一瓜篓峒，计五

1　（清）牟国镇修，朱宏绪纂（康熙）《新宁县志》，清康熙二十四年（1685）刻本。

2　（清）朱偓修，陈昭谋纂（嘉庆）《郴州总志》，清嘉庆二十五年（1820）刻本。

3　（清）陈邦器修，李嗣泌、刘带蕙纂（康熙）《郴州总志》，清康熙二十四年（1685）刻本。

户，宽二里。一盈坑峒，计三户，宽二里。一维溪峒，计十二户，宽六里。一乌江峒，计八户，宽五里。一北里峒，计五户，宽六里。一东源峒，计三户，宽四里。共计十峒猺人六十六户，各管山地，西北两面三十八里，南抵宁远东乡土地。[1]

清道光《永州府志》卷五下：

> 永明县猺峒：清溪源、埠陵源、古调源（亦作古洞）、雄川猺、唐王猺、扶灵峒、大畔猺、勾蓝源、古泽源、冻青源、高泽源、大掩峒、大溪源，以上十三源，自明洪武二十九年归化。[2]

清乾隆《沅州府志》卷四十八：

> 猺山志：罗翁山，旧有猺山，在县东南供洪子弟乡界，去城一百八十余里。其山八面，七面向湖之南，一面向西北，即黔之东南界也。山各有峒，峒各有寨，随所居而异名，以时盛衰。[3]

在多元一体的中国社会，瑶族人杂居于多元族群的社会环境，与周围的其他族群在经济上有互补的关系。

二　史籍中瑶人游耕的记载

历史上瑶人是游耕迁徙的族群，民间有过山瑶、山子瑶之称。明嘉靖《广

1　（清）张厚郿等修，乐明绍等纂（嘉庆）《新田县志》，清嘉庆十七年（1812）刊本，民国二十九年（1940）翻印本。

2　（清）吕恩湛修，宗绩辰纂（道光）《永州府志》，清道光八年（1828）刻本。

3　（清）瑭珠修，朱景英纂（乾隆）《沅州府志》，清乾隆二十二年（1757）刻本。

东通志初稿》卷三十五说瑶人："各自以远近为伍，刀耕火种，食尽一山，则移一山。"[1] 清雍正《广西通志》卷九十三《诸蛮》载："过山猺，数年此山，数年又别岭，无定居也。"[2] 这是广东、广西境内各县过山瑶的明确记载。就过山瑶"食尽一山，则移一山"的特点，清雍正《广西通志》卷九十三《诸蛮》说："所在耕山择土宜而迁徙，人莫敢阻。"[3] 民国《马关县志》卷二《风俗志·猺人之风俗》载瑶人："刀耕火种，故足迹所至，林箐难存，箐伐尽则他徙。"[4] 清道光《开化府志》卷九《风俗》载："所居之处，不四五年即迁。"[5]

《皇清职贡图》[6] 卷四绘制庆远府过山瑶人、过山瑶妇的图像，其文字介绍说："过山猺，僻处山巅，以焚山种植为业，地力渐薄辄他徙，故以过山为名。"[7]《皇清职贡图》卷四绘制陆川县山子瑶人、陆川县山子瑶妇的图像，其文字介绍说："山子猺，居深山中，耕山为业，迁徙无常，类过山猺，故别其名曰山子。"[8] 清雍正《广西通志》卷九十二明确记载："过山猺，亦名山子猺也。"[9] 清张宏燧《白水洞》诗第七曰："小屋杉皮更结茅，耕山半是过山猺。茶炉酒榼阗街进，太古风流礼数饶。"[10]

雍正《广西通志》卷九十二《诸蛮》载：

山猺穴居野处，编茅以庇风雨，转徙无定，去则火之，炙地使饶，

1　（明）戴璟修，张岳纂（嘉靖）《广东通志初稿》，明嘉靖十四年（1535）刻本。

2　《文渊阁四库全书》第 567 册，第 559~560 页。

3　《文渊阁四库全书》第 567 册，第 560 页。

4　张自明修，王富臣等纂（民国）《马关县志》，民国二十一年（1932）石印本。

5　（清）何怀道、周炳修，万重篔纂（道光）《开化府志》，清道光九年（1829）刻本。

6　清乾隆十六年至二十二年（1751~1757）修撰，二十八年（1763）续成的《皇清职贡图》，以图像和文字相配合的形式，记录了西南各少数民族的概况，其中包括西南瑶人各支系的文化习俗。

7　《文渊阁四库全书》第 594 册，第 515 页。

8　《文渊阁四库全书》第 594 册，第 516 页。

9　《文渊阁四库全书》第 567 册，第 557 页。

10　张宏燧修，卢世昌、邵玘纂（乾隆）《桂阳州志》卷二十五，清乾隆三十年（1765）刻本。

迭石为记。一二年乃复来，谓之"打寮"。[1]

清乾隆《象州志》卷四《诸蛮》载瑶人：

> 耕一二年视地力尽，辄徙去。去则火之，炙地使饶，叠石为记。一二年乃复来，谓之"打寮"。[2]

民国《桂平县志》卷三十一《风俗》载：

> 桂平山子，皆槃姓，辟山种植，掩取禽兽为食，地力尽则迁去之。吴旧志云：山子亦猺种也，善种山，一名过山猺，剃发短衣裤，妇人髻平列，用蕉叶结之。无版籍，穴居野处，过山耕种，一二年视地力尽辄去，去则火之，炙草使肥，叠石为记，一二年后，复归种植，谓之"打寮"。[3]

打寮是过山瑶的习俗，即在种山处搭建小寮屋居住，这种编茅以庇风雨的寮屋是过山瑶在游耕迁徙过程中形成的居住方式。嘉庆《郴州总志》卷二十二载瑶人："居无定所，携子女器械入山，以口尝土，辄知肥瘠。肥则搭寮而居，地力尽则仍他徙。土人呼为'过山猺'。"[4]

过山瑶、山子瑶之名是民间对其频繁迁徙特征的概括。瑶人的《评王券牒》，俗称《过山榜》，被视为官府准许瑶人迁徙的通行证。湖南蓝山县荆竹瑶族乡瑶人的《过山图》说："评王券牒山图，给付与瑶子孙，按照管山容（营）身，原系肇庆山头住，属南北二京，又至浙江山、山海山、福建山、湖

1　《文渊阁四库全书》第 567 册，第 554 页。

2　（清）李宏湑修，蒋日莱纂（乾隆）《象州志》，清乾隆二十九年（1764）刻本。

3　黄占梅等修，程大璋等纂（民国）《桂平县志》，民国九年（1920）粤东编译公司铅印本。

4　（清）朱偓修，陈昭谋纂（嘉庆）《郴州总志》，清嘉庆二十五年（1820）刻本。

南山、广东山、广西山、陕西山、四川山、云南山、贵州山，瑶王子孙，分流天下，任从安居，刀耕火种。"[1] 瑶族的《过山榜》，在地方志中称为"宋元公据"，传说是瑶人迁徙过关的凭证。清陈梦雷《古今图书集成·方舆汇编·职方典》第一千三百卷说："尝有猺人，自漳南来居此山，自云盘瓠之后，持宋元公据为证。"[2] 关于《过山榜》产生的时代，有明景泰年间（1450~1456）恩赐榜文之说。

贵州省民族研究所1984年在从江西山区翠里公社摆翁大队进行田野调查，5月8日从村里瑶族人中搜集到一份《过山引文》，其中说："板瑶一族在此分散一部分，迁入广东、广西、云南、贵州，分入各县区佃耕营生。迄今板瑶一族子孙过山乞食，完全认主佃耕活命，别无异言。"[3] 传说此文是从江瑶人从广西融水板瑶处买来的。

瑶族经书文献中多有"十三省""大清国云南道""文山县"等的记载。"十三省"至迟是明代初期的行政区划。明代全国除直属京师的南北两直隶外，共分十三省。明洪武九年（1376）改行省为承宣布政使司，下设府和直隶州，府下设县和属州，各直隶州以下设县，形成省、府、州、县的行政体制。明宣德三年（1428）以后，全国分为两京十三省承宣布政使司，北直隶、南直隶为两京；十三省承宣布政使司为山东、山西、河南、陕西、四川、湖广、浙江、江西、福建、广东、广西、云南、贵州，简称十三司，俗称十三省。[4] 明弘治十五年（1502），"两京十三省进册衙门总计一千七百三十一：府

1　李默：《瑶族历史探究》，第139~140页。

2　（清）陈梦雷编纂，蒋廷锡校订《古今图书集成》，第19538页。

3　贵州省民族研究学会、贵州省民族研究所编《贵州民族调查（之二）》，贵州省民族研究所，1984，第162页。从江县地方志编纂委员会编《从江志》，贵阳：贵州人民出版社，1999，第728页。

4　（清）宫梦仁编《读书纪数略》卷五《地部·广轮类》载明两直隶十三省："北直隶，北京，古幽蓟地。南直隶，南京，古金陵地。山东省，古燕徐兖三州地。山西省，古冀州地。河南省，古兖冀豫三州地。陕西省，古雍州地，惟汉中属梁州。四川省，古梁州地。湖广省，古荆州地。浙江省，古扬州地。江西省，古扬州地。福建省，始百粤地，古扬州域。广东省，始百粤地，亦古扬州域。广西省，古荆州及百粤地。云南省，古梁州域，百濮之地。贵州省，古荆梁二州之南，殷周鬼方。"《文渊阁四库全书》第1033册，第69页。

一百四十二，州二百三十四，县一千一百三十八，军民府一十一，宣慰司一十二，宣抚司一十一，安抚司二十，招讨司一，长官司一百六十"。[1] 陈辉《广西承宣布政司题名记》：

> 广西居五岭之表，控两越之交，秦汉以来更革不一，国初统一寰宇，陋元弊政置各行省以钤辖诸路，于是除而去之，列为方岳十二，名以承宣布政使司，爵秩下六卿一等，郡治州县土地人民贡赋属焉，而广西其一也。司设布政使、参政、参议，序左右而第品秩，名位穹高，地望隆重，专制一方，为屏翰砥柱，宜矣。[2]

英国牛津大学伯德雷恩图书馆藏瑶族经书 S3357 号《又到意者用》：

> 今据△道△府△县△冲岭头平（坪），当初以来，无人立宅居住，一童家主△，拖带祖宗香火眷（书）宫男女来到本地面，打开旧处来龙地脉，立宅居住。上盖青云北斗，盖过七星明月，中盖龙居屋宅，盖过大坛香火，下盖人民交年交岁，交过△年△月△日△时。原在一童家主△香坛里内，敕动合炉，众圣回头转面，不因大功小事，不因何路凡情。因为当祖初以来，盘古开天立地，盘王脚下，马帝脚下，子孙小无，置得平田，水土小无，置得平地，流耕置下。猛佑子孙，浮游天下，修山斩岭，挪山为刀。

上述记载是对瑶族人游耕迁徙心态史的历史记录。

1　（明）章潢撰《图书编》卷九十，《文渊阁四库全书》第 971 册，第 705 页。

2　（清）金𬭸修，钱元昌、陆纶纂（雍正）《广西通志》卷一百七，《文渊阁四库全书》第 568 册，第 222 页。

第二节　明清对瑶族社会的治理

一　南岭走廊的生瑶与熟瑶

历史上西南少数民族的分类，汉文史籍中有生蛮、熟蛮之说，俗称的生、熟二字，实有着深刻的文化内涵。所谓"生蛮"指未开化民族，"熟蛮"则指已开化同化民族。所谓"生蛮"，是封建王朝对不纳赋税，居住偏远少数民族的蔑称。生蛮居住在统治者管辖不到的偏远山区，史籍中称为"生界"。

同样，史籍中有生瑶与熟瑶的分类。民国《桂平县志》卷三十一《风俗》：

> 所言生猺、熟猺，与今采访所见闻相同。惟白黑二猺，询之近猺居民，无此名称。考《赤雅》有生丁、白丁、黑丁等猺，黑丁疑即黑猺，白丁疑即白猺，诸猺志既言白猺类熟猺，黑猺类生猺，则白黑二猺，已包于生猺熟猺之中。今日无此名称，或因混合既久忘之矣。[1]

清光绪《湖南通志》卷末之二：

> 随处迁徙，逢山开垦者，谓之过山猺。居有定处，与民人杂耕者，谓之平地猺。平地熟猺也，较为驯扰。富川之三辇、倒水、沙母、平石、龙窝、乌源、石鼓、南源、神源、二九、凤溪、谷塘、大围都。[2]

1　黄占梅等修，程大璋等纂（民国）《桂平县志》，民国九年（1920）粤东编译公司铅印本。

2　（清）卞宝第、李瀚章等修，曾国荃、郭嵩焘等纂（光绪）《湖南通志》，清光绪十一年（1885）刻本。

1. 语言、婚姻的区分

从语言的角度来看，熟瑶能讲汉语，生瑶则不通汉语。清徐珂《清稗类钞·种族类》"湘瑶"条，所谓"言语侏僬"者即为生瑶。[1] 清同治《鄮县志》卷七载平地瑶"与猺人言则猺语，与汉人言则汉语"。[2] 是否与汉人通婚也是判断生瑶、熟瑶的依据。清雍正《广西通志》卷九十二《诸蛮》载瑶人："生猺在穷谷中，不与华通。熟猺与州民犬牙，或通婚姻。白猺大类熟猺，黑猺大类生猺。"[3] 民国《乐昌县志》卷三《猺俗》载："俗邑有猺，不知始于何代。居九峰西坑者，曰熟猺，与汉族无异。惟女不适人，招婿入赘，不限于其族。居西南各乡山岭中者，曰生猺。"[4] 清嘉庆《武冈州志》卷十八《猺峒考》："有山猺、民猺之分，民猺与夏人杂居，服食居处，冠婚丧祭，俱与民同。"[5]

通常生瑶居住于高山穷谷，较少与山外的汉族人接触，而熟瑶则与汉人杂居，甚至互通婚姻。

2. 是否缴纳租赋的区分

清道光《永州府志》卷五下《风俗志·猺俗附》载："猺有生熟之别，服王化供租赋者谓熟猺。巢居深山，不隶版籍者谓之生猺。"[6] 民国《桂平县志》卷三十一《风俗》载："猺人种类，有生猺，有熟猺。熟猺与平民错处，通婚姻并耕田纳粮，故又名粮猺。生猺名蛮猺，蛮猺有板猺、箭猺、花蓝猺、山子各种。"[7] 清光绪《兴宁县志》卷三：

猺民正有二种，一名高山猺，即系生猺，散居山谷，迁徙无常。一

1 （清）徐珂编撰《清稗类钞》第4册，北京：中华书局，1984，第1930页。
2 （清）唐荣邦修，周作翰等纂（同治）《鄮县志》，清同治十二年（1873）刻本。
3 《文渊阁四库全书》第567册，第549页。
4 刘运锋修，陈宗瀛纂（民国）《乐昌县志》，民国二十年（1931）铅印本。
5 （清）许绍宗修，邓显鹤纂（嘉庆）《武冈州志》，清嘉庆二十二年（1817）刻本。
6 （清）吕恩湛修，宗绩辰纂（道光）《永州府志》，清道光八年（1828）刻本。
7 黄占梅等修，程大璋等纂（民国）《桂平县志》，民国九年（1920）粤东编译公司铅印本。

名平地猺，即系熟猺，布居一十二峒之内。于今又有民人寄处其中。平地猺自本朝定鼎，投诚向化，耕读是务，冠昏丧祭，悉遵王制，贡税一与汉同。[1]

清康熙《永明县志》卷十四：

清溪源，古调源，扶灵源，坳蓝源，埠陵源，高泽源，雄川源，冻清源，古泽源，大畔源，大溪源，大掩源。已上各源猺类，依山据险而居，俱称五溪盘瓠之后，而种族各分。如清溪、古调、扶灵、坳蓝、埠陵、高泽类有户籍而轮税粮者，为熟猺。如顶板猺、坎山猺，藏山伏涧，椎髻跣足，射猎为生。不供国课者为生猺。熟猺岁编，犒赏牛酒银两，以示羁縻，借为边卫尔。[2]

民间有生瑶、熟瑶，白瑶、黑瑶，山瑶、民瑶的区分，史称"生猺在穷谷中，不与华通，熟猺与州民犬牙，或通婚姻。白猺类熟猺，黑猺类生猺"[3]。清嘉庆《郴州总志》卷二十二：

有山猺、民猺之分，民猺与夏人杂居，服食居处，冠婚丧祭，俱与民同。按郴属猺峒虽多，只分山猺、民猺二种，共有三千四百余户。惟山猺语类鸟音，不纳粮赋，各县亦少。其余多系民猺，种杂粮于山坡，如粟米、穄子、高粱、荞麦、薏以、麻豆之类，披其榛芜，火焚煨烬，然后开垦，所谓刀耕火种也。[4]

1 （清）郭树馨、刘锡九修，黄榜元、许万松纂（光绪）《兴宁县志》，清光绪元年（1875）刻本。
2 （清）周鹤修，王缵纂（康熙）《永明县志》，清康熙四十八年（1709）刻本。
3 （清）万光谦纂修（乾隆）《阳山县志》卷五《猺獞》，清乾隆十二年（1747）刻本。
4 （清）朱偓修，陈昭谋纂（嘉庆）《郴州总志》，清嘉庆二十五年（1820）刻本。

清雍正《广西通志》卷九十二《诸蛮》引桂林守钱元昌《粤西诸蛮图记》称："熟之性纯于生也。"[1] 这是以接受汉文化的程度来区分二者。

明清时期两广社会存在官语、乡语、瑶语，城郭之人及乡人有识者能说官语，农民与乡人交流用乡语，靠近瑶山的人能懂瑶语，这说明地域社会中乡民的交流是存在的。史籍称生瑶语类鸟音，一般汉人难以听懂。

二　瑶族社会的瑶老与土官

（一）瑶族地方社会的瑶老制

瑶老制是瑶族地区的一种传统社会组织形式，是通过瑶民推举产生的村寨领袖、头目。"瑶老"由本族中最有威望的老人担任，负责处理村寨对内、对外事务，他们是深得瑶民信任的长老。清钱元昌《粤西诸蛮图记》载广西瑶族风俗说：

> 有相讼者，集于社，推老人上坐，两造各剪草为筹。每讲一事，举一筹，筹多者胜。盖理诎则筹弃，理直则筹存也。是谓"赛老"，亦曰"论理"。论毕，刻木记之，终身不敢负。[2]

这是对清代瑶族社会瑶老处理民间纠纷的生动记载。瑶老制是瑶族社会民间基层组织，保留着民主议事的原始社会遗迹。"瑶老"每隔三年选举一次，可连选连任，如有不称职的"瑶老"，可以随时由村民大会决定撤换。[3]

广东连南瑶族自治县八排瑶的"瑶老制"，由"天长公""头目公""管事头""掌庙公""烧香公""放水公"等共同负责村寨瑶族人的公共事务。清姚柬之《连山绥猺厅志·猺防第五》载道光十三年（1833）"尚

1　《文渊阁四库全书》第 567 册，第 557 页。

2　（清）金𫓧修，钱元昌、陆纶纂（雍正）《广西通志》卷九十二，《文渊阁四库全书》第 567 册，第 558 页。

3　万里主编《湖湘文化辞典（一）》，长沙：湖南人民出版社，2011，第 214 页。

书禧恩奏准，令八排猺人，各举老成知事者立为猺老、千长，赏给顶戴"。随着明清时期封建王朝绥瑶政策的推行，"瑶老制"的首领逐渐纳入国家政治体制。[1]

瑶族社会瑶老制的源流，至少可以追溯到宋代。《宋史》卷四百九十四《西南溪峒诸蛮下》载：

> 嘉泰三年，前知潭州、湖南安抚赵彦劢上言："湖南九郡，皆接溪峒，蛮夷叛服不常，深为边患。制驭之方，岂无其说？臣以为宜择素有知勇为猺人所信服者，立为酋长，借补小官以镇抚之。况其习俗嗜欲悉同猺人，利害情伪莫不习知，故可坐而制服之也。五年之间能立劳效，即与补正。彼既荣显其身，取重乡曲，岂不自爱，尽忠公家哉？所谓捐虚名而收实利，安边之上策也。"帝下其议。既而诸司复上言："往时溪峒设首领、峒主、头角官及防遏、指挥等使，皆其长也。比年往往行贿得之，为害滋甚。今宜一新蛮夷耳目，如赵彦劢之请，所谓以蛮夷治蛮夷，策之上也。"帝从之。[2]

赵彦劢主张朝廷选择任用瑶人的策略，是以夷制夷之策在镇抚瑶人中的运用。南宋宁宗嘉泰三年（1203），设置湖南溪峒总首，实行以蛮夷治蛮夷之策，这是瑶老制的历史源流。明隆庆《永州府志》卷十七《猺峒》：

> 每溪峒间，猺所聚居，必立猺老以长之。小争，则猺老径自分解；大事不决，乃讼于官府。即宋之设为总首，以任弹压之责也。即诸司所

---

[1]　瑶老制：历史上瑶族地区的一种带有原始民主性质的社会组织形式。每个村寨推选有威望和有生产斗争经验的老人，分掌村寨的生产活动，调解纠纷，主持宗教仪式，指挥对外作战等。参见夏征农主编《辞海·民族分册》，上海：上海辞书出版社，1982，第34页。

[2]　（元）脱脱等撰《宋史》第40册，第14194~14195页。

言，以蛮猺治蛮猺之意也。[1]

清顾炎武《天下郡国利病书》第二十五册《湖广下》载：

　　每溪峒间猺所聚居，必立猺老以长之。小争则猺老径自分解，大事不决乃讼于官府。即宋之设为总首，以任弹压之责也。即诸司所言以蛮猺治蛮猺之意也。各乡计民多寡，设为团夫，择其势力可以服人者为团长以率之。其迫近溪峒要害之处，又设营堡，召募勇力者，谓之杀手，分布各营以守之。[2]

明田汝成《炎徼纪闻》卷二《断藤峡》载："万山之中，猺蛮盘据，各有宗党，而蓝胡侯盘四姓，为之渠魁。……猺老结城市豪强，号曰招主，自称曰耕丁。招主复结官府左右，为之耳目，漏泄缓急，朝发夕闻。"[3]

清嘉庆《郴州总志》卷二十二载："郴州猺民，永丰乡上下山河东坡猺民七十一户，猺总赵有德约束；凤德乡岱下山羚羊寨猺民一百三十户，猺总赵为山约束。"[4]

《明史》卷三百十七《广西土司一》载永乐二年（1404）：

　　荔波县民覃真保上言："县自洪武至今，人民安业，惟八十二洞瑶民未隶编籍。今闻朝廷加恩抚绥，咸愿为民，无由自达，乞遣使招抚。"乃命右军都督府移文都督韩观遣人抚谕，其愿为民者，量给赐赉，复其徭役三年。[5]

1　（明）史朝富等纂修（隆庆）《永州府志》，明隆庆五年（1571）刻本。

2　《续修四库全书》第597册，上海：上海古籍出版社，1995，第201页。

3　《文渊阁四库全书》第352册，第619页。

4　（清）朱偓修，陈昭谋纂（嘉庆）《郴州总志》，清嘉庆二十五年（1820）刻本。

5　（清）张廷玉等撰《明史》第27册，北京：中华书局，1974，第8208页。

所谓"八十二洞瑶民",即包括今荔波瑶麓、瑶山、瑶埃的先民。乾隆《梧州府志》卷四："古猺王坟在永业乡。"[1] 明清王朝对传统的瑶老制是支持的,认为有助于瑶族地区的治理。清乾隆《湖南通志》卷十八载"立猺老以约束众猺",[2] 就反映政府对瑶老制的态度。清同治《酃县志》卷七:"猺之长曰猺官,今曰猺管,其地有邓盘赵等姓,责成猺管约束。或易置,由猺民公同举报,赴县详请给委。猺小争,则猺管为之解剖,大争乃讼于官。至置买田亩,亦与民田一体立户纳赋。"[3] 这反映政府对瑶老制的控制,也说明瑶老制与瑶族土官有着密切关系。

(二) 瑶族地区土官制度的设立

瑶老、瑶总、瑶王、瑶首、瑶长、瑶目、瑶官、峒主,是史籍中对瑶族瑶老、土官的记载。明田汝成《炎徼纪闻》卷四《蛮夷》:

> 宋时范成大帅广西时,令诸猺团长纳状。云:"某等既充山职,今当钤束家丁,男行持棒,女行把麻,任从出入。上有太阳,下有地宿,翻背者生儿成驴,生女成猪,举家绝灭,不得对好翻非,偷寒送暖,上山同路,下水同船,男儿带刀,一点一齐,同杀盗贼。不用此款者,并依山例。"山例者杀戮也。自是帅事二年,诸猺无及省界者。[4]

宋代广西瑶团长可谓是早期的瑶族土官。民国《清远县志》卷九:

> 清远抚猺把总:永乐间置抚猺把总(《中宿文献录》)。谨按明代治理猺獠者,德庆有猺首,翁源有猺目,潮州有�9官,恩平有猺总,高州有抚猺,化州有招主,琼州有土舍等职(《郡国利病书》)。此皆拔于猺

---

1 (清)吴九龄修,史鸣皋等纂(乾隆)《梧州府志》,清乾隆三十五年(1770)刻本。

2 (清)陈宏谋修,范咸、欧阳正焕纂(乾隆)《湖南通志》,清乾隆二十二年(1757)刻本。

3 (清)唐荣邦修,周作翰等纂(同治)《酃县志》,清同治十二年(1873)刻本。

4 《文渊阁四库全书》第352册,第655~656页。

部，择其谨厚明达者为之。[1]

清乾隆《溆浦县志》卷九载境内瑶峒及猺总的设立：

> 雷打峒，离城二百里，猺总一名，共猺九十八户，至白水峒四十
> 里。此峒系箭竿猺，余皆顶板猺。白水峒，离城二百里，猺总一名，共
> 猺二十户，至两丫乡大竹峒二十里。梁家峒，离城一百八十五里，猺总
> 一名，共猺十八户，至蒲家峒八十里。蒲家峒，离城一百十五里，猺总
> 一名，共猺一百四十六户，至龙潭司治七十里。以上四峒，俱在县南龙
> 潭乡，与武冈州连界，设立团总一人。九溪峒，离城一百七十五里，猺
> 总一名，共猺二十五户，至金竹峒二十里。金竹峒，离城一百八十里，
> 猺总一名，共猺九十四户，至对马峒三十里。对马峒，离城一百五十
> 里，猺总一名，共猺一百八十二户，至累打峒六十里。累打峒，离城一
> 百七十五里，猺总一名，共猺三十九户，至大竹峒三十里。大竹峒，离
> 城一百七十五里，猺总一名，共猺一百二十六户，至小溪峒四十里。小
> 溪峒，离城一百三十五里，猺总一名，共猺二百五十一户，至九溪峒六
> 十里。以上六峒，俱在县东南两丫乡，与邵阳、武冈连界，设立团总
> 一人。[2]

此条说明一个瑶峒设立瑶总一名，这是瑶族土官制度下控制村寨的基层土官。

清道光《永州府志》卷五下：

> 道州猺峒：白岭猺（在西北，分居栗木邮、坝头村、老邮、分水邮，
> 设猺总四名领之）、马江猺（在西南）、石源猺（在西南，与马江为邻）、

1　吴凤声、余荣谋修，朱汝珍纂（民国）《清远县志》，民国二十六年（1937）铅印本。

2　（清）陶金谐修，杨鸿观纂（乾隆）《溆浦县志》，清乾隆二十七年（1762）刻本。

横岭猺（在南）、韭菜猺（在南）、乱石猺（在南）、深海猺（在南。旧佚。以上六邲，设猺官一员领之）。[1]

清光绪《兴宁县志》卷三《疆域·猺峒》："乾隆十一年，例设猺总二，一管上六峒，一管下六峒，着为新籍，仍隶永安堡。"[2] 湖南永州、广东兴宁也是一瑶峒设立一瑶总。清刘毓崧《通义堂文集》卷六《明吏部尚书张恭懿公别传》：

> 又念猺獞之人，阻于声教，无路自新。爰择猺总、猺老中有才能出众为人所信服者，即以其地与之。三年无过，授土巡检，又三年无过，升土知县，听得世袭。[3]

如此看来，瑶总干得好，有授土巡检、升土知县的升迁之路。清道光《阳江县志》卷八《猺蜑》载："江邑自明永乐年间，猺人黄福明率众归化，授抚猺主簿，职衔世袭。国朝则以猺目承袭。"[4] 明正统年间（1436~1449），广东兴宁县彭伯龄以抚辑瑶人之功，被授予水口巡检司副巡检，专事抚瑶，但成化丁酉（1477），世袭其职的儿子彭玉被瑶人上告，朝廷"乃革其职，并罢其制，第取其属一长者董之，号抚猺老人"[5]。

清陈梦雷《古今图书集成·方舆汇编·职方典》第一千三百九十三卷《广东猺獞蛮獠部》：

> （永乐）十一年，新兴猺来朝，上赐衣钞。按《通志》永乐十一年二

1　（清）吕恩湛修，宗绩辰纂（道光）《永州府志》，清道光八年（1828）刻本。

2　（清）郭树馨、刘锡九修，黄榜元、许万松纂（光绪）《兴宁县志》，清光绪元年（1875）刻本。

3　《续修四库全书》第 1546 册，第 397 页。

4　（清）李沄等修，区启科等纂，李应均增补，胡琯续纂（道光）《阳江县志》，清嘉庆十七年（1812）修，二十三年（1818）增补，清道光二年（1822）续修刻本。

5　（清）仲振履原本，张鹤龄增修，曾士梅增纂（咸丰）《兴宁县志》，民国十八年（1929）铅印本。

月庚午，新兴县猺首梁福寿等来朝，肇庆府学增广生廖谦招携新兴县山峒猺首梁福寿等来朝贡方物，凡招猺人五十余户，以谦为新兴县典史以抚之，赐福寿等衣钞。十三年，德庆猺来朝贡方物，上赐衣钞。按《通志》永乐十三年秋八月丙辰，德庆州猺首周八十来朝贡方物，赐衣钞。十四年，高要猺来朝，赐钞遣还。按《通志》永乐十四年冬十一月癸巳，高要县猺首周四哥来朝，籍其属八十七户男女一百二十四口，原入版籍供赋役。赐钞遣还。[1]

明区昌《抚猺歌》歌颂传统的绥瑶的成绩："何年政令苛且烦，我民弃业投深山。弓刀杂居夷与蛮，欲悔无路何由还。天子仁明照八垓，有如妍媸临镜台。不以刑威夺恩爱，故遣县令勤招来。"[2]

清代在广东设绥瑶厅、抚瑶司，甚至有绥瑶营的兵力配备，负责抚绥境内瑶人。清道光《广东通志》卷一百三十六：

> 绥猺厅，直隶绥猺军民同知署，即连山县署。明洪武元年，县丞程清创建。天顺六年，筑城于鸡笼关内，乃迁建县治于城内。国朝因之，嘉庆二十一年奉准部咨，裁汰连山县，归并理猺同知，移驻连山县城，改为直隶绥猺同知署。原理猺同知署在三江口旧城，康熙四十三年，同知刘有成建。[3]

清道光《广东通志》卷九十一："连山绥猺厅，嘉庆二十三年，丁三万三千四百四十，现编征丁一千八百五十四丁。口内有猺丁八十八，丁口六十五口。

1　（清）陈梦雷编纂，蒋廷锡校订《古今图书集成》第 16 册，第 20425 页。
2　（清）金𫓧修，钱元昌、陆纶纂（雍正）《广西通志》卷一百二十一，《文渊阁四库全书》第 568 册，第 569~570 页。
3　（清）阮元修，陈昌齐等纂（道光）《广东通志》，清道光二年（1822）刻本。

司册。"[1] 清同治《广东图说》卷二十一《英德县》载："浈阳都城西五十里内，有小村四，曰尧山，曰鲤鱼，曰陈猺，曰黎猺，道路崎岖，最为险阻。有横岭角墟、营火塘墟，有世袭陈抚猺司、世袭黎抚猺司。"[2] 清道光《广东通志》卷一百七十四载："绥猺营，原设兵一百名。"[3] 清姚柬之《连山绥猺厅志·猺防第五》：

> 办事猺目，立为猺练。猺长每月口粮银三两，猺练每月一两五钱。凡猺长十八人，猺练六十四人。隶绥猺把总，月朔日赴绥猺营领饷具结状，排猺有滋事者责之。自是猺有讦民者，先达于其长，其长达之官。民有讦猺者，官下其长，逃者十可得八九，视前加密矣。[4]

清光绪《兴宁县志》卷三载，顺治年间（1644~1661），广东兴宁设土弁猺官，"上六峒猺官庞凤翔，下六峒猺官庞良皓，二官均系该峒猺籍。十二峒内设千长二名，保正十二名，稽查匪类，俱以三年次替，逐年编造烟册"[5]。明清时期瑶族土官主要分为两大体系：由吏部管理的文职体系和由兵部管辖的武职体系。文职体系有土知府、土知州、土州判、土知县、土巡检、土典史、土主簿、土吏目等土官。清代以后又增设理瑶同知、理瑶通判、理瑶巡检、理瑶通事、理瑶把总等土官职位。武职体系由宣慰司、宣抚司、安抚司、招讨司、长官司、指挥使司等进行管理。下设土指挥使、土千户、土百户、土长官、土副长官、土营长、土副营长、土千总、土把总等职位。另于瑶族村寨设基层土官，如瑶总、瑶首、瑶目、瑶长、山甲等进行管理。

1　（清）阮元修，陈昌齐等纂（道光）《广东通志》，清道光二年（1822）刻本。
2　（清）毛鸣宾、郭嵩焘等修，桂文灿纂（同治）《广东图说》，清同治间刊本。
3　（清）阮元修，陈昌齐等纂（道光）《广东通志》，清道光二年（1822）刻本。
4　（清）姚柬之纂（道光）《连山绥猺厅志》，清道光十七年（1837）刻本。
5　（清）郭树馨修，黄榜元纂（光绪）《兴宁县志》，清光绪元年（1875）刻本。

三　明清对瑶族的文化教育政策

（一）瑶族地区设立社学

明清时期基层社会的社学，在瑶族地区得以推行，此举有利于瑶族对汉文化的汲取。清陈确《圣庙议》说："今两京十三省府州县学，计共不下千五百余所，学各有庙，庙各有主，主各百有余位。"[1]

1. 广东、福建瑶族的社学

明嘉靖《广东通志初稿》卷十六：

> 我国朝洪武初，诏有司立社学，延师儒以教民子弟。十六年，复诏民间立社学，其有过者，不许为师。正统元年，令各处社学提学及有司笃勤课，不许废弛。其有向学者补儒学弟子员。成化元年，复令民间子弟听入社学，其作养之政，盖云备矣。[2]

明万历《粤大记》卷十二载杜礼"廉滨海，民夷错居。……立社学，以教民徭子弟"[3]。清乾隆《绍兴府志》卷五十《人物志》载康熙辛丑进士陶德焘出任广东连州知州，摄理瑶同知，"猺素不知书，延通猺语者为之师，日程月课，渐变其习，猺学之设，实自德焘始"[4]。清光绪《曲江县志》卷三《猺俗》载："良猺耕田输赋如编户，且有延村师教读书者。"[5]民国《清流县志》卷二十二载范容任职清流县，"有猺獞号顽梗，为之延师立学，晓之字义，遂革心向化"[6]。冉觐祖《李礼山先生事略》载李来章选知广东连山县说：

1　（清）陈确撰《乾初先生遗集》卷七，《续修四库全书》第 1395 册，第 31 页。

2　（明）戴璟修，张岳纂（嘉靖）《广东通志初稿》，明嘉靖十四年（1535）刻本。

3　（明）郭棐纂（万历）《粤大记》，明万历间刻本。

4　（清）李亨特修，平恕、徐嵩纂（乾隆）《绍兴府志》，清乾隆五十七年（1792）刻本。

5　（清）张希京修，欧樾华、冯翼之纂（光绪）《曲江县志》，清光绪元年（1875）刻本。

6　（民国）林善庆修，王琼纂（民国）《清流县志》，民国三十六年（1947）铅印本。

先是，排猺负险跳梁，提督殷化行讨之，反为所乘，调重兵会剿，始就抚。距先生莅任，甫隔岁耳。人多危之。先生曰："猺虽异类，亦有人性，当推诚待之。"乃仿王文成遗意，日延耆老，问民疾苦，招流亡，劝之开垦，薄其赋。复深入猺穴，为之置约延师，以至诚相感动。创连山书院，著学规，日进县人申教之。而猺民之秀者亦知向学，诵读声彻岩谷。[1]

清康熙《恩平县志》卷六《兵防·猺丁》：

予尝探奇，登大人，步君子，假宿猺家，见其子弟多聪洁，延师谙字义，其一二老者，则廪廪逡逡，供酒炙诵古人诗，此岂文明广被，声教达乎深谷哉！若是者可谓良猺，匪止所云平猺也。[2]

2. 广西、湖南、云南瑶族地区的社学

民国《贺县志》卷二载盘瑶："居山冲者，间有延识字汉人为师，课子弟，风亦日变。"[3]

清同治《丽水县志》卷十一载清道光年间（1821~1850）阎秉义治理广西瑶区的事迹说："擢隆林游击，驻札八达。八达距州城二百余里，逼近交趾，土人与猺猓杂处，俗犷悍，不知诵读。又信巫鬼，病不服药，死则以火化。秉义为置义塾，延师讲习，劝立药局，造棺椁，俗渐革。"[4] 阎秉义在广西瑶族地区置立义塾，请老师讲习汉文化，这大概是瑶族地区接受汉文化的一种途径。周恩来《关于民族区域自治的问题》说："如果同化是各民族自然

1　（清）李元度编纂，易孟醇点校《国朝先正事略》下册，长沙：岳麓书社，2008，第945页。
2　（明）宋应升原本，（清）佟世男修，郑轼等续纂（康熙）《恩平县志》，清康熙二十七年（1688）增订本。
3　韦冠英修，梁培煐、龙先钰纂（民国）《贺县志》，民国二十三年（1934）铅印本。
4　（清）彭润章纂修（同治）《丽水县志》，清同治十三年（1874）刻本。

融合起来，走向繁荣，那是进步的。"[1]

清康熙《湖广武昌府志》卷七载嘉靖壬子（1552）孟俶授广西兴安令，"邑治猺民杂处，猺有渐被文教者。俶特镌溢羡千金，请于督学，增设猺庠，卷面得书猺字，岁补弟子员。俾皆欣慕礼让，潜易其俗"[2]。清光绪《嘉定县志》卷十六《宦绩》载周道隆治理湖南宜章县瑶疆，"苦心安辑，详请猺子弟一体入学，猺益柔服"[3]。清道光《永州府志》卷五下载清朝"于清溪、古调设立新学，给以廪饩，百数十年来，蒸蒸向化矣"[4]。

清嘉庆《郴州总志》卷二十二《苗猺志》载郴州瑶族子弟受学校教育之影响说："昔之鸟言卉服者，今皆文物采章。且诗书弦诵，几与中土等，聿观新童，得厕胶庠与乡试，益以叹美。两阶之舞，其化洽也久矣。"[5]

（二）瑶生的选拔

清乾隆《宁远县志》说县境内有北路瑶、南路瑶，称北路瑶风俗"浸同华俗"，"人多诵读，岁科应试，猺童不下百人。国朝登贤书者一人，即张君三仁也"[6]。北路瑶是接受汉文化的瑶人。清代科举制度，有专门选拔瑶族子弟的举措。清康熙《新宁县志》卷六《猺峒》载瑶俗说：

> 迩来衣冠言动，颇有能官话与汉民相通言语，每年纳本色粮，无差猺编银。向欲选其俊秀子弟，给以书籍笔墨，肄业三年，能通文理者，即赏衣巾与进，使彼亦知风俗之非，而乐中土之教。朕应试者，究鲜真猺人也。[7]

1　《关于民族区域自治的问题》，全国人大常委会办公厅、中共中央文献研究室编《人民代表大会制度重要文献选编》，北京：中国民主法制出版社，2015，第350页。

2　（清）裴天锡修，罗人龙纂（康熙）《湖广武昌府志》，清康熙二十六年（1687）刻本。

3　（清）程其珏修，杨震福等纂（光绪）《嘉定县志》，清光绪八年（1882）刻本。

4　（清）吕恩湛修，宗绩辰纂（道光）《永州府志》，清道光八年（1828）刻本。

5　（清）朱偓修，陈昭谋纂（嘉庆）《郴州总志》，清嘉庆二十五年（1820）刻本。

6　（清）钟人文纂修（乾隆）《宁远县志》，清乾隆十九年（1754）刻本。

7　（清）牟国镇修，朱宏绪纂（康熙）《新宁县志》，清康熙二十四年（1685）刻本。

　　清吴庆坻《蕉廊脞录》卷八《永州新童皆盘姓》:"湖南永州府桂阳州童试,皆有猺童,名额号曰新童。盖自嘉庆间苗猺归化之后,特设学额,以文教化其犷俗也。新童皆盘姓,其汉槃瓠氏之苗裔欤。"[1] 清同治《武冈州志》卷二十七:"先是宝庆所属州县,皆领有猺峒,悉取猺人子弟入学,谓之猺生,其未入学者,谓之猺童。雍正十年,以诸猺向化日久,改曰新生、新童。"[2]

　　清同治《桂阳县志》卷五载县境瑶人高山瑶、平地瑶两种:"一曰平地猺,在地名城溪等五峒,与民杂处,佃种营生,号称新民。嗣自置产,渐及诗书,后奉例许其与考,另取猺生,以示优奖。康熙五十五年,奉例科岁考,各取一名。雍正三年,各加二名,每案三名,准附正案,与土著诸生一体应试,此圣朝招徕鼓舞之深仁也。"[3] 清光绪《零陵县志》卷五:"国朝雍正三年,准永属猺童,岁科考试,增取三名。十年,改猺童曰新童。"[4]

　　清光绪《兴宁县志》卷三《疆域·猺峒》:"康熙时,奉例准其与试,五十五年,岁科各进猺生一名。雍正三年,各加二名,准附正案,与内地诸生一体应试。"[5] 民国《汝城县志》卷三《舆地志》:"后许其与土著诸生一体应试,另取猺生三名,准附正案。康熙五十五年,奉例科岁考,各取一名。雍正三年,各加二名,每案三名,以示优奖。"[6]

　　清乾隆《蕲水县志》卷十二载:

　　　　命猺生习威仪言辞,又为请于学政,于试卷面注明猺籍,分别考试。[7]

1　(清)吴庆坻撰,张文其、刘德麟点校《蕉廊脞录》,北京:中华书局,1990,第250页。
2　(清)黄维瓒、潘清修,邓绎纂(同治)《武冈州志》,清同治十二年(1873)刻本。
3　(清)钱绍文、孙光燮修,朱炳元、何俊纂(同治)《桂阳县志》,清同治六年(1867)刻本。
4　(清)嵇有庆、徐保龄修,刘沛纂(光绪)《零陵县志》,清光绪二年(1876)刻本。
5　(清)郭树馨、刘锡九修,黄榜元、许万松纂(光绪)《兴宁县志》,清光绪元年(1875)刻本。
6　陈必闻修,卢纯道纂(民国)《汝城县志》,民国二十一年(1932)铅印本。
7　(清)邵应龙纂修(乾隆)《蕲水县志》,清乾隆二十三年(1758)刻本。

清嘉庆《郴州总志》卷二十二载：

> 请照辰溪县取进猺童之例，令其量取一名。嘉庆八年，奉湖南学政何学林接准部覆，于岁科两试令其量取一名，不必作为定额。永兴县猺民，旧猺民十五户，新猺民二户，一名。雍正三年，各加二名，每案三名。准附正案，与内地诸生一体应试。[1]

两湖及广东地方志有关瑶生的大量记载，客观反映了清政府注重在瑶族地区选拔瑶生之事。明清时期科举考试专列瑶生，收取瑶人子弟入学，这种举措有利于瑶族社会文化的发展。

清道光《永州府志》卷五下：

> 间有民附于猺者，利其猺粮之轻也。国朝以来多读书能文者，应试则卷面不填猺籍而填新籍，岁科两试，定额入学一名。于乾隆五十八年，学政石韫玉奏增一名，嘉庆九年学政何林复奏增一名，今有三名，衣冠（下缺）[2]

清嘉庆《新田县志》卷十《杂志·猺筒》：

> 国朝以来多读书能文，应试则卷面不填猺籍而填新籍。岁科两试，定额入学一名。于乾隆五十八年石学台增一名，嘉庆九年何学台增一名，今有三名，而衣冠济济多学彦焉。[3]

---

1 （清）朱偓修，陈昭谋纂（嘉庆）《郴州总志》，清嘉庆二十五年（1820）刻本。
2 （清）吕恩湛修，宗绩辰纂（道光）《永州府志》，清道光八年（1828）刻本。
3 （清）张厚郿等修，乐明绍等纂（嘉庆）《新田县志》，清嘉庆十七年（1812）刊本，民国二十九年（1940）翻印本。

清同治《新化县志》卷十：

> 先是宝庆所属州县，皆领有猺峒，悉取猺人子弟入学，谓之猺生。其未入学者，谓之猺童。雍正十年，以诸猺向化日久，改曰新生、新童。新化猺民，于明末死徙殆尽，其地即今奉家、江东二村是也。皆已内属，而内地黠民，往往冒猺籍入学，然弗齿于士，久之自绝，故新化无猺生。[1]

明清时期近山的汉族人也有托名瑶籍者。清光绪《零陵县志》卷五："今辛乐峒老猺，如盘氏为盘瓠后，唐氏、邓氏亦古猺。猺家伍籍，以猺版为凭。盖先朝所定，上画盘瓠，旁记其派系。近民人以猺田利腴，猺学易入，往往顶冒猺版，联为族属，因之构讼不休，亦不善变之甚矣。"[2] 瑶版是瑶人享受政府优待的凭据，地方志多载汉人冒充瑶人应试而享受优待，这从一侧面反映清代科举制度对瑶族的优待。

第三节　中国瑶族迁徙的历史

瑶族沿南岭走廊迁徙的历史，史籍中多有记载。宋周去非《岭外代答》卷一《五岭》载南岭走廊的迁徙之路说：

> 自秦世有五岭之说，皆指山名之。考之，乃入岭之途五耳，非必山也。自福建之汀，入广东之循、梅，一也；自江西之南安，逾大庾入南雄，二也；自湖南之郴入连，三也；自道入广西之贺，四也；自全入静江，五也。乃若漳、潮一路，非古入岭之驿，不当备五岭之数。桂林城北二里，有一丘，高数尺，植碑其上曰"桂岭"，及访其实，乃贺州实有

1　（清）甘启运、关培钧修，刘洪泽等纂（同治）《新化县志》，清同治十一年（1872）刻本。

2　（清）嵇有庆、徐保龄修，刘沛纂（光绪）《零陵县志》，清光绪二年（1876）刻本。

桂岭县，正为入岭之驿，全、桂之间，皆是平陆，初无所谓岭者。正秦汉用师南越，所由之道，桂岭当在临贺，而全、桂之间，实五岭之一途也。[1]

周去非认为"五岭"是进入南岭的五条道路，即第一条从福建进入广东的循梅之路，第二条从江西的南安进入南雄之路，第三条从湖南的郴县进入连县之路，第四条从道州进入广西的贺县之路，第五条从全州进入静江之路。

一 两广地区瑶族的来源和迁徙

（一）广东瑶族的来源和迁徙

关于广东瑶族的来源及地理分布，清吴震方《岭南杂记》上卷："粤有猺种，古长沙黔中五溪之蛮，生齿繁衍，播于粤东西。多槃姓，自云槃瓠之后。"[2] 明嘉靖年间修《广东通志初稿》，对广东各县瑶山的数量分布、名称有非常清楚的记载，这反映了官府对基层社会的控制程度。明嘉靖《广东通志初稿》卷三十五《猺獞》载：

> 广州府清远县猺山凡一百有六。……从化县猺山凡三十五。……连州并四会县界猺山凡十二。……新会县猺山凡一。……韶州府曲江县猺山凡四。……英德县猺山凡二。……阳春县猺山凡九十四。……新兴县猺山凡五十五。……德庆州猺山凡八十四。……泷水县猺山凡一百一十有八。……开建县猺山凡三十五。……高州府电白县猺山凡五。……信宜县猺山凡四十一。[3]

并详细记载各瑶山名称：

1　（宋）周去非撰，杨武泉校注《岭外代答校注》，第11页。

2　《四库全书存目丛书》，济南：齐鲁书社，1996，史部第249册，第511页。

3　（明）戴璟修，张岳纂（嘉靖）《广东通志初稿》，明嘉靖十四年（1535）刻本。

广州府清远县猺山凡一百有六。（自东南至从化县白水坑界，猺山凡三十三。曰瓢湖新巢，三坑巢，舳竹平巢，低迳巢，鸡公坎巢，西坑巢，风门巢，香芦坪巢，杨梅坑巢，大茅坪巢，油祚田巢，小水巢，滴水岩巢，车头迳巢，忠冈巢，走马畎巢，黄华峒巢，狗吠坑巢，迳口巢，干坑巢，老人松巢，黄坭坎巢，大塘良村新占扛板岭巢，水迳巢，青龙冈巢，大塘尾巢，梅坑巢，三畎田巢，良峒二巢，朱溪巢，砳下巢，蕉坑巢。自北至连州界猺山凡三十八……自西北至四会县界，猺山凡三十五……）。[1]

又如"韶州府曲江县猺山凡四：曰幽溪、烈溪、葵溪、西山。英德县猺山凡二：曰杉木角流猺、黄茶山猺"。同卷又载："肇高廉三府，与雷州之遂溪县，广州之新会、四会、清远暨连州，在在容有之。"[2] 其中肇庆府的德庆州瑶山密布，史称"四乡猺山，凡六十五处"，[3] 并详细列举天黄山、云致山、新容山等六十五处瑶山名字。

清康熙《广东通志》卷三："信宜县赵山，在城北三十里，形势险峻，元有猺人赵姓，依山而居，故名。"[4] 这是地理上以瑶人姓氏为山命名的例证。清康熙《肇庆府志》卷四载境内的瑶山说：

> 其南派为随峒山，三十里为翼峒山，高百余丈，有猺居之。又南派为官山，高二百余丈，周二十余里为翼峒山。南派旧名纱帽山。相传宋尚书李乔木经南恩葬此，改名官山。群山万壑，四面环绕。[5]

1　（明）戴璟修，张岳纂（嘉靖）《广东通志初稿》，明嘉靖十四年（1535）刻本。
2　（明）戴璟修，张岳纂（嘉靖）《广东通志初稿》，明嘉靖十四年（1535）刻本。
3　（明）嘉靖《德庆州志》卷六，（明）陆舜臣纂修（嘉靖）《德庆州志》，明嘉靖十六年（1537）刻本。
4　（清）金光祖纂修（康熙）《广东通志》，清康熙十四年（1675）修，清康熙三十六年（1697）刻本。
5　（清）史树骏修，区简臣纂（康熙）《肇庆府志》，清康熙十二年（1673）刻本。

顾炎武《天下郡国利病书》第二十九册《广东下》载，清代广东的清远、龙川、新会、从化、台山、曲江、英德、高要、四会、新兴、阳江、阳春、恩平、德庆、封川、开建、茂名、电白、信宜、化县、灵山、连山、云浮、郁南、罗定等地，皆有瑶民分布。[1] 江应樑指出，民国时期广东瑶人分布在北江之曲江、乳源、乐昌三县所属之瑶山及连江县部分地方。但在瑶人兴盛的明代，广东瑶人主要分布在 21 个州县，共有瑶山 891 座，另有瑶村 26 寨，其区域遍布于广东北部、西部、南部、中部各地。[2] 但时至今日，广东瑶族仅分布在粤北地区。

民国《桂平县志》卷三十一《风俗》也记载了广东瑶山分布情况：

> 广东则广州府之清远、从化、新会，韶州府之曲江、英德，惠州府之龙川，潮州府畲猺，肇庆府之高要、四会、新兴、阳春、阳江、恩平、德庆、封川、开建，高州府之茂名、电白、信宜、化州，廉州府之灵山，连州之连山，罗定州之东安、西宁，皆有猺山。少者一二处，多者至一百有奇。[3]

各地方志对瑶山有清楚记载，如清代阳江县有"猺山十有三处：随峒、翼峒、马衔、合沟、秀石、合门、那峒、香炉、苏峒、南坑、杏峒、二龙、温迳"。[4] 十三瑶山共有 46 处瑶寨，清道光年间统计有 559 户。而广东恩平县有瑶山九座：大人山、君子山、茶山、天露山、白鹤水山、良车田山、西坑

1　《续修四库全书》第 597 册，第 382~446 页。

2　江应樑：《广东瑶人之今昔观》，李文海主编《民国时期社会调查丛编·二编·少数民族卷》（下），福州：福建教育出版社，2014，第 205 页。

3　黄占梅等修，程大璋等纂（民国）《桂平县志》，民国九年（1920）粤东编译公司铅印本。

4　（清）李沄等修，区启科等纂，李应均增补，胡琏续纂（道光）《阳江县志》卷八《猺蛮》，清嘉庆十七年（1812）修，二十三年（1818）增补，清道光二年（1822）续修刻本。

山、凤凰山、榄根山，明崇祯年间（1628~1644）统计有瑶人220家。[1] 据黄朝中《广东瑶族历史资料》统计，明代广东全省有900余处瑶寨，其中肇庆府就达540处左右。

明崇祯《肇庆府志》卷二十四《外志·猺獞》记载，瑶民"播于两粤，诸郡邑皆有，多盘姓，自言盘瓠之裔。其在肇郡者，东连中宿，西接苍梧，南抵高凉，北通浈水，绵亘千里"[2]。

清同治《广东图说》连州：

> 　　附连山绥猺厅，东西距一百七十里，南北距一百四十里。……厅境北达江华，西通怀集，界连楚粤，密迩猺山。且土壤寒埆，溪山岑峻，奇峰怪石环列左右，诚岭表之岩疆也。绥猺是其专责，所属军寮、马箭、里八峒、火烧坪、大掌岭内五排，山高路险，猺性强悍，控驭失宜，患生眉睫，分守者庶留意焉。[3]

史籍中有瑶人自楚入粤之说。[4]《皇清职贡图》卷四载广东省新宁县瑶人、瑶妇图像，其文字介绍说："猺本槃瓠之种，由楚省蔓延粤东之新宁、增城、曲江、乐昌、乳源、东安、连州等七州县。时洪武永乐时，猺首槃贵等相继来朝，始立土司。正统以后，屡次作乱。"[5]

顾炎武《天下郡国利病书》第二十九册《广东下》载："永乐四年春三月，高州府信宜县六毫峒、下水、三山猺首盘贵等朝贡方物，上嘉其慕义，赐赉遣还。仍敕有司免其赋役。自后猺首、猺总来朝贡者皆如之。六月，高

1　（明）宋应升原本，（清）佟世男修，郑轼等续纂（康熙）《恩平县志》卷六，清康熙二十七年（1688）增订本。

2　（明）陈鏊、陈煊奎等纂修（崇祯）《肇庆府志》，明崇祯六年（1633）刻本。

3　（清）毛鸿宾、郭嵩焘等修，桂文灿纂（同治）《广东图说》，清同治间刻本。

4　黄占梅等修，程大璋等纂（民国）《桂平县志》卷三十一《风俗》，民国九年（1920）粤东编译公司铅印本。

5　《文渊阁四库全书》第594册，第499页。

州、肇庆二府猺首赵第二、盘贵来朝。"[1]

　　民国时期，廖炯然调查广东八排瑶，撰写《连阳瑶民概况》，提出连阳瑶民由广西、湖南迁徙而来的说法。连阳油岭、三排瑶民自述：其先祖原是一廖姓贵人，自广西携归此山居住，后繁衍于各排。连阳上峒瑶民说上峒、白芒等排瑶人系由广西迁来。连阳大掌岭排瑶民说，该排唐、邓两姓先祖均由湖南、道州移居。连阳菜坑瑶民说：其先祖由湖南经乐昌到阳山居住。[2] 明嘉靖《惠州府志》卷十二《外传·猺》，将境内瑶人分为土瑶和广西瑶，称"广西猺，种亦出槃瓠，成化间始至"，[3] 明确记载惠州的瑶人是明成化年间（1465~1487）从广西迁徙而来，故有广西瑶之称。

　　民国时期江应樑调查广东瑶族，认为广东瑶人是湖南溪蛮的支裔，北宋时始大批迁徙至广东。而迁徙的主要路线是自湖南沿沅水而下，经贵州边境进入广西。然后分为二支：一支先进入广西东部贺县一带，再逾岭而入广东的连韶；另一支则顺江而下，经苍梧沿西江进入广东封川、高要等地。[4]

　　广东连南瑶族题录为崇祯戊辰（1628）冬立的《歌堂断卷书》对瑶人进入连州八排有生动的记叙，说："又走连州对渡马坪，是好住地方。千州万州是连州，千县万县是连县。行到连州看到百姓，见人先住。……大哥佬对横坑，二哥佬对行项，三哥佬对油岭，四哥佬对军寮。叉分五峒人，大哥佬军寮，二哥佬马箭，三哥佬里八峒，四哥佬火烧排，五哥佬大掌岭。"[5]

　　广东乳源县瑶族共 15 姓 19 个宗支。乳源瑶族各姓的宗支簿说明，乳源瑶

　　1　《续修四库全书》第 597 册，第 383 页。

　　2　廖炯然：《连阳瑶民概况》，李默、房先清编《连南八排瑶族研究资料》上册，广州：广东省社会科学院，1987，第 12 页。

　　3　（明）李玘修，刘梧纂（嘉靖）《惠州府志》，明嘉靖二十一年（1542）刻本。

　　4　江应樑：《广东瑶人之今昔观》，李文海主编《民国时期社会调查丛编·二编·少数民族卷》（下），第205 页。

　　5　李默、房先清编《连南八排瑶族研究资料》下册，第 843~844 页。

族多由湖南、福建迁徙而来。[1] 瑶人家先单，或称《家先簿》《家先书》《宗枝册》《宗枝纸马册》《拆宗支书》《唐氏宗支》《宗支簿》《宗枝簿》《宗祠流水簿》《具立宗枝纸马册用》《年命书》等。[2] 民国时期广西盘瑶的房族保存有历代男性祖先形象的小型木雕，撰修历代家先单由长房保存，而盘瑶每户也各保存一册。记录历代祖先及其配偶的姓名、法号、法名、生卒年月日，祖宗的原籍地，迁徙的过程，哪一代迁入现居地，历代安葬地点等。[3] 家先单是瑶人家族历史的客观记录，根据其中记录的人名、地名，可以考察瑶族宗支的族源，对于研究瑶族迁徙具有重要价值。

例如广东排瑶房姓的族谱《房氏年命书》，记载始祖房十四公大王，始居淮南，途经道州、佛山、英德、连州，于南宋年间到连南定居。《九寨·许姓年命书》是排瑶许姓族谱，记载始祖许君法院一郎，原居英德，于明嘉靖二十三年（1544）到连南里八峒，后移居马箭、中坑、九龙寨等地，到九寨马岭墩、庙应岗定居，至今已传 24 代。《罗氏族谱》是排瑶罗姓的族谱，记述连南寨岗罗氏（豫章堂）有达先、君发、宗日、宗星、仕秀、廷义等 6 个世系。[4] 在南岭走廊核心地区的瑶人，认为其祖居地是连州。瑶族还盘王愿仪式中的连州男，是舞长鼓、吹笛和唢呐、打沙板的艺人，传说是从瑶族祖居地连州请来。

瑶族每姓每房都保存家先单，这是瑶族人祖先崇拜特有的表达方式。瑶族每家神龛上都张贴家先单，在还盘王愿等祭祀仪式中要喃念家先单，祈求家先祖宗保佑。瑶族男子"挂灯"所取法名，死后被载入家先单，因此有"灵名"之称。瑶族认为度戒者可召神驱鬼、济世度人，死后可进入神仙世

1　曾艳主编《瑶族文化探骊——全国瑶族文化高峰论坛论文集》，北京：中央民族大学出版社，2011，第106 页。

2　过山瑶称"家先单"，排瑶称"年命书"，是以汉字记载的族谱。

3　瑶族家庭分大房和小房。大房即老家，小房即分家出去的子孙。大房设龙坛，供盘王、社皇、帝母、三清、三元、五雷、六神，每家有一本家先单，每月初一、十五，要烧香供奉祖先。小房无龙坛，仅供灶王、家先，设两块木板的"香排"，每月初一、十五烧香供奉。

4　连南瑶族自治县地方志编纂委员会编《连南瑶族自治县志（1979~2004）》，广州：广东人民出版社，2012，第 871 页。

界。因此，家先单既反映瑶人祖先崇拜的传统，也反映出瑶族对道教信仰的接受。

美国瑶人传承经书说："游到广东韶州府，乐昌西岭搭山寮。天神土地准耕食，儿孙莫忘进山公。"[1] 此神唱述说先祖通过游耕生活迁移至广东乐昌西山。

关于瑶人在南岭走廊迁徙的情况，兹列举清道光年间瑶人起义首领赵金龙、盘均华的迁徙个案。清光绪《湖南通志》卷首三诏谕三："猺匪盘生堂等供称，该犯等与赵金龙均系广东过山猺，来至江华长塘地方居住。"[2] 周宜亮《平定猺匪纪略》卷上载："赵金龙者，湖南过山猺，先由新田、蓝山迁居江华县锦田之大陇四十余年，十三年前，又迁至长塘坪，与弟金旺分居，各爨种田度日。"[3] 史载"道光十一年，江华过山猺赵金龙起锦田长塘寨为乱，金龙与常宁猺赵福才以巫鬼神其众"。[4] 赵金龙是过山瑶师公，他利用师公身份的影响力发动起义。[5] 周宜亮《平定瑶匪纪略》卷下载："盘均华者，湖南宁远县过山猺人。嘉庆二十年，移居江华县上五堡，二十三年复迁居广西贺县，道光五年搬至苍梧县旱塘种山度日。"[6] 盘均华是道光年间瑶人起义首领，嘉庆二十年（1815）、二十三年（1818），道光五年（1825），10 年中三次迁徙，由宁远先后迁江华、贺县、苍梧，这是瑶人在南岭走廊范围内频繁迁徙的典型例证。

（二）广西瑶族的来源与迁徙

学术界认为广西瑶族来自长江以南的两湖、江西等地。民国《桂平县志》"例言"说：

---

1   盘才万主编《必背瑶寨》，中共必背镇委员会、必背镇人民政府，2003，第 16 页。

2   （清）卞宝第、李瀚章等修，曾国荃、郭嵩焘等纂（光绪）《湖南通志》，清光绪十一年（1885）刻本。

3   《中国野史集成》编委会、四川大学图书馆编《中国野史集成》第 41 册，成都：巴蜀书社，2000，第 56 页。

4   （清）卞宝第、李瀚章等修，曾国荃、郭嵩焘等纂（光绪）《湖南通志》卷八十五《武备志八》，清光绪十一年（1885）刻本。

5   清汤彝《壬辰征猺记》说："道光辛卯，湖南江华有过山猺赵金龙者，居锦田之长塘寨，业巫觋，以端公降神，为众猺所尊信。"（清）汤彝撰《盾墨》卷一，《续修四库全书》第 445 册，第 80 页。

6   《中国野史集成》编委会、四川大学图书馆编《中国野史集成》第 41 册，第 71 页。

若夫猺人，为汉之五溪蛮。其踪迹在今湖南北常、澧、辰、沅、荆、宜各郡邑间。魏晋时率族北迁，唐宋而后，始蔓延岭外。元世潜由柳州融县侵入平南。明洪武八年，始有藤峡之乱。而学校选举之在明代者，则灼然可考。盖猺人迁徙无常，不能以其地之有无其族，定其文化之深浅。[1]

民国《阳朔县志》卷一《社会》载："猺族居深山之中，盘蓝二姓，不知是何朝代来居。猺内汉书已有盘瓠，其人来居甚古。若猺人之姓赵、姓李、姓邓者，询之由明代来自湖南、广东。"[2]　广西临桂宛田小河村的《桂北瑶族榜文》说："景泰恩赐榜文，先代自祖出之地，自起来由。景泰年间登殿，因粤西无傜民，恩开榜文，招粤东省肇（韶）州府乐昌县盘傜人民。"[3]　此榜文说明当地瑶人来自广东。

广西金秀民族志资料也反映瑶族迁徙的路径："定居在金秀等地的瑶族是在 600 年前从广东先后迁入金秀河流域并开辟了这个地区；定居在六段等地的瑶族则系从湖南迁入；山子瑶经广东迁入；而板瑶是近 200 年才进入金秀大瑶山的。"[4]　在瑶族经书中也有反映迁徙的资料。金秀村茶山瑶道教师公全胜银保存的清同治六年（1867）《还愿洪门太疏意者牌榜》，经文有"大明国广西道桂林府修仁县西乡淳化里茶山洞（峒）上秀村新安社下"。"上秀"村即今金秀村，因金秀村在茶山峒，故这一带的瑶族称"茶山瑶"。[5]　而根据民族志的调查，大瑶山的茶山瑶有来自湖南的，有来自广东的，还有来自广西贵县、

1　黄占梅等修，程大璋等纂（民国）《桂平县志》，民国九年（1920）粤东编译公司铅印本。

2　（民国）张岳灵等修，黎启勋等纂（民国）《阳朔县志》，民国二十五年（1936）修，三十二年（1943）石印本。

3　《中国少数民族社会历史调查资料丛刊》修订编辑委员会编《瑶族〈过山榜〉选编》，北京：民族出版社，2009，第 93 页。

4　黄光学、施联朱主编《中国的民族识别：56 个民族的来历》，北京：民族出版社，2005，第156 页。

5　《艰难的历程》，国家民委《民族问题五种丛书》编辑委员会、《中国民族问题资料·档案集成》编辑委员会编《中国民族问题资料·档案集成》第 4 辑《中国少数民族自治地方概况丛书》第 49 卷《〈民族问题五种丛书〉及其档案汇编》，北京：中央民族大学出版社，2005，第 20 页。

象州、浔州的。茶山瑶的经书唱本中，有湖南衡阳、祁阳等地名，反映其先祖曾居住湖南。[1]

广西瑶人至迟在宋代已经定居，至清代已被视为广西的土著。清雍正《广西通志》卷九十二《诸蛮》载广西境内的瑶人说："猺，徭也，粤右土著。"[2]

二　湖南及贵州瑶族的迁徙

（一）湖南瑶族的迁徙

清严如熤《苗防备览》之《风俗考·猺氏风俗》载湖南瑶人："其在辰溪之七都，溆浦之麻塘山，黔阳之罗翁山，绥宁之木冈，邵阳之东山，城步之石灰寨，武冈之白茅冈，绕八面山居者，皆为猺人。虽不若苗之悍恶，而种类亦繁。"[3] 在西南地区瑶人的迁徙记忆中，有其祖先居住江宁七宝山之说，湖南炎陵县瑶人就保存此历史记忆。清同治《酃县志》卷七：

> 高山猺系盘瓠之后，来酃年久，无凭稽考。平地猺，其先居江宁七宝山，分支湖南郴州之桂阳、桂东等县。户口二百九十户，大小男妇共一千九百一十二名。[4]

在瑶族经书的历史叙事中，其祖先居住江宁七宝山。关于湖南瑶族的来源，地方志中多广西、广东、江西迁徙之说。民国《蓝山县图志》卷九载境内瑶人李、彭、盘、黄、卢的迁徙定居说：

> 小目口，李姓始祖李荣亮，由大慈乡来；彭姓始祖彭晚幼，由嘉禾

1　参见金秀瑶族自治县志编纂委员会编《金秀瑶族自治县志》，第 104 页。
2　《文渊阁四库全书》第 567 册，第 549 页。
3　（清）严如熤撰（嘉庆）《苗防备览》，清嘉庆二十五年（1820）刻本。
4　（清）唐荣邦修，周作翰等纂（同治）《酃县志》，清同治十二年（1873）刻本。

来。太溪源（下洞），始祖李晚子，明初由宁远来。太溪源（中洞），始祖盘幼九，明初由广西来。太溪源（上洞），黄姓始祖黄盛聚，卢姓始祖卢细晚，清初由宜章来。盘家村，始祖盘幼九，明初由广西来。[1]

可见盘姓瑶人是明初从广西迁来，而李姓是明初从本省宁远迁徙而来，黄姓、卢姓瑶人是清初从本省宜章迁徙而来。民国《蓝山县图志》卷十四《礼俗四》：

> 蓝之西南，崇山峻岭，左桂而右粤，林深菁密，实为猺宅。凡在南风坳以西者，曰西山猺，东曰东山猺；在沙子岭左右者，曰平地猺，与平民无甚异。居深山者，曰高山猺；由广东八排诸峒来者，曰过山猺。岁时迁移无定处，今势则高山平地，略无区别矣。[2]

而蓝山的过山瑶又是从广东迁徙而来。

清代将汉人所居称村，将瑶人所居称峒。[3] 湖南新宁县有二十八村、八峒，新宁八峒瑶民人数占全县五分之一。北宋靖康元年（1126），雷、蓝、杨、江、潘、危、蒲、沈、赵、汤、李、冯等十二姓瑶民，因避战乱，由江西吉安各奔东西。其中杨、雷、蓝等七姓瑶民，由其首领带领，游山打猎到贵州的古州、黎平。迨至南宋绍兴年间（1131～1162），一部分瑶民又游猎到广西的古宜（今三江县）、莳竹溪峒（今湖南绥宁县），过八十里南山（今湖南城步县），来到新宁八峒定居。[4] 新宁瑶民蓝、雷、江、危等姓宗支墨谱，就记录了新宁八峒瑶民的迁徙历史。

1　邓以权、黎泽泰修，雷飞鹏纂（民国）《蓝山县图志》，民国二十一年（1932）刻本。

2　邓以权、黎泽泰修，雷飞鹏纂（民国）《蓝山县图志》，民国二十一年（1932）刻本。

3　清道光《宝庆府志》卷六十《形胜记二》："村者，里民之所居；峒者，猺民之所居。"（清）黄宅中等修，邓显鹤等纂（道光）《宝庆府志》，清道光二十九年（1849）刻本。

4　据雷蓝二姓族谱记载。雷绍良搜集，华济时选编《湖南新宁瑶山八峒歌谣选》，香港：天马出版有限公司，2006，第1页。

湖南新宁八峒瑶族"跳鼓坛"源于宋代,一直流传在新宁八峒瑶人中。新宁八峒瑶人《跳鼓堂》座都头科唱道:"唐朝起,宋朝兴,自古流传到如今。祥兴六年天崩驾,元鞑子赶吾进山林。"南宋祥兴二年(1279),"崖山海战"失败后,左丞相陆秀夫背8岁的末代皇帝赵昺在广东崖山跳海殉国,"祥兴六年天崩驾"是在瑶人中流传的真实历史。《瑶族〈过山牒〉〈碑记〉〈谱序〉汇编》的《瑶族居历》中,有"瑶族各姓原由江西发派"之说。从《跳鼓堂》唱词可知,新宁八峒瑶族先民在宋元之际的战乱中,由江西迁出经湖南、贵州、广西转城步县进入新宁八峒,至今已有八百余年历史。[1]

自宋代开始,原居湖南境内的瑶族往两广一带迁徙,元、明、清以后,又陆续迁入云南、贵州及东南亚一带。[2] 瑶族度戒仪式中有"游兵游将"的仪节,就是对瑶族先民辗转迁移历史的演绎。游兵中要"过关卡",戴面具的守卡者要盘查文书、印信、阴职。过关者要善于闯关,以灵活对答来应付盘查。[3] 瑶族在度戒仪式中,要拜盘王,歌颂祖先,唱过州过府的艰苦历程,这是对祖先迁徙历史的社会记忆。

(二)贵州瑶族的迁徙

关于贵州瑶族的来源,地方志有自粤迁来之说。清爱必达《黔南识略》卷二十二《古州同知》载古州的瑶人等族群说:

> 獞猺皆自粤迁来者,统计洞苗、山苗十之七,水西苗、獞猺十之一二。向无土司管辖,设通事二十二名。[4]

1　唐光旭、肖革生:《湘南新宁八峒瑶乡"跳鼓堂"初探》,张子伟主编《中国傩》,长沙:湖南师范大学出版社,1994,第229页。

2　此外尚有唐代迁入和元代迁入两说。

3　黄海、邢淑芳:《盘王大歌:瑶族图腾信仰与祭祀经典研究》,贵阳:贵州人民出版社,2006,第134页。

4　(清)爱必达纂修(乾隆)《黔南识略》,清乾隆十四年(1749)修,清道光二十七年(1847)刻本。

古代的粤泛指岭南之地，此处的粤指广东、广西。在清代苗疆说盛行的时代背景下，《黔南识略》将当地瑶族在内的五种族群分别以洞苗、山苗、水西苗、猺苗、獞苗相称。而从粤地迁徙进入黔南的瑶族人，在当地五大族群中占比不到十分之一。元明清时期的古州，即今贵州榕江县，这里是黔楚苗疆核心地区，史称古州八万生苗界，[1] 亦有"古州八万猺山"之说。[2] 古州苗族人占多数，从广东迁徙来的瑶人占少数。黔东南黎平、榕江、从江瑶族人口占十分之一二。

在地方志的记载中，贵州原无瑶族，瑶族是清雍正二年（1724）从广西迁徙而来。清乾隆《贵州通志》卷七《地理·风俗》载贵定县瑶族：

> 猺人，黔省原无。自雍正二年，有自猺人姓盘，古盘瓠之裔也……平时多出桂头牙贸易，或负药入城，医治颇效。粤西迁至贵定之平伐。居无常处，必择溪边近水者，以大树皮接续渡水至家，不用桶瓮出汲，男女衣尚青，长不过膝，所祀之神曰槃瓠。勤耕种，暇则入山采药，沿村寨行医。……俗长厚，见遗不拾。[3]

清李宗昉《黔记》卷三则载清平、贵定、独山"猺人，黔旧无之。雍正时，自广西迁来清平、贵定、独山等处。居无定址，喜傍溪涧，以树皮为连筒，灌水至家，懒于汲也"[4]。

清爱必达《黔南识略》卷五载永宁州（治今关岭）：

> 猺人来自粤西，居上下六马、江外。衣尚青，长不过膝。祀盘瓠为

---

1 明弘治《贵州图经新志》卷八载：都匀"东南到湖广五开卫，古州八万生苗界二百里"。（明）沈庠修，赵瓒纂（弘治）《贵州图经新志》，明弘治间刻本。

2 民国《贵州通志·舆地志·建置沿革考四》："带溪出古州八万猺山，流至广西思恩州白沙村西南合龙江。"刘显世、吴鼎昌修，任可澄、杨恩元纂（民国）《贵州通志》，民国三十七年（1948）铅印本。

3 《文渊阁四库全书》第571册，第184页。

4 （清）李宗昉：《黔记》，北京：中华书局，1985，第23页。

始祖，勤于耕凿，不通汉语。婚以猪牛为聘，视女姿色，以定多寡，亦用媒妁。丧则立鬼竿，屠牛会饮，吹笙跳舞，独丧主不食肉。[1]

此条明确记载瑶人来自广西地区。

《滇黔志略》对贵州瑶族习俗记载最详，后世贵州各地方志多沿袭其说。清代贵州流传的《百苗图》，其中第三十六幅为瑶人图像，其文字介绍贵州瑶人说：

> 雍正年间，自广西迁来贵定、青平、独山等处。虽有居而无定址。喜傍溪〔涧〕，以树皮接续引水至家，懒于出汲。耕作之暇，则入山采药，沿寨行医。所祀之神名曰"盘瓠"。……风俗谨厚，见遗不拾。[2]

而《皇清职贡图》作为乾隆年间成书的官修少数民族图像，其中图绘了贵州贵定县瑶族男女的图像，其文字介绍说："猺人，其种类与楚粤诸猺同。雍正二年，自粤西迁至，归贵定县之平伐土司管辖。居无常所，多择溪水边。男女衣尚青，长不过膝。岁时祀盘瓠为祖，勤耕种，颇知医，暇则入山采药。"[3]

贵州安顺、息烽、八寨的瑶人，根据各地方志的记载，是雍正二年（1724）从广西迁徙而来。关于瑶族迁往贵州的时间及瑶人的风俗习惯，各地方志大致有内容相沿袭的记载。贵州瑶族是清代从广西迁徙而来之说，大致反映了瑶族人在西南民族走廊迁徙的历史。史籍中所谓"猺贼所居深山"[4]"生猺在穷谷中，不与华通"[5] 等地方志和民族志资料足以说明，瑶族先民在

1　（清）爱必达纂修（乾隆）《黔南识略》，清乾隆十四年（1749）修，清道光二十七年（1847）刻本。

2　刘锋：《百苗图疏证》，北京：民族出版社，2004，第 145 页。

3　《皇清职贡图》卷八，《文渊阁四库全书》第 594 册，第 714 页。

4　（明）郭棐撰修（万历）《广东通志》卷七十二，明万历三十年（1602）刻本。

5　（清）金鉷修，钱元昌、陆纶纂（雍正）《广西通志》卷九十二，《文渊阁四库全书》第 567 册，第 549 页。

西南民族走廊过着游耕生活。

《皇清职贡图》卷八有荔波瑶人的图像，其文字介绍说：

> 荔波县夷人，有狄、犷、狑、狪、猺、獞六种杂居，并为一体。元时同属南丹安抚司，明初改土归流，置荔波县，隶广西省。本朝雍正十年，改隶黔省。其衣服言语嗜好相同，岁时祀槃瓠，杂鱼肉酒饭，男女连袂而舞，相悦者负之而去，遂婚媾焉。[1]

清光绪《荔波县志》卷十二《艺文》载知县赵世纶《在城塘纪事碑》说："荔波为古百粤溪洞之地，苗蛮六种，聚族而居，各分头目为棒，总计有十六棒，即今之十六里也。"[2] 清代以苗疆泛指西南少数民族，故荔波县的瑶人被视为苗蛮六种之一。民国《荔波县志稿》卷二《氏族志》说："以瑶麓数村计，在民国十三年，共四百余户，现仅存二百余户。"[3] 1952 年 10 月 3 日，《荔波县委关于瑶族情况的报告》说："瑶麓于民国十三年时尚有 400 多户，现只有 191 户，844 人。"[4] 贵州其他地方也有少量瑶人，清爱必达《黔南识略》卷十一载："黑猺住猺庆里之猺六寨，户口不多。"[5] 该书撰于清乾隆十四年（1749），故反映的是清初黔南瑶人的情况。

吴永章认为："清代黔瑶来源。黔省旧无瑶，来自粤西。这是《贵州通志》《皇清职贡图》《黔记》《黔南识略》《黔苗图说》《黔苗图》诸籍的共同看法。这从清代瑶人全都分布在与广西接壤的贵州南部中，可以得到证实。"[6] 清代贵州瑶人的分布，与今日瑶族分布大体一致。今日贵州省瑶族呈点状分

1　《文渊阁四库全书》第 594 册，第 709 页。

2　（清）苏忠廷修，李肇同、董成烈纂（光绪）《荔波县志》，清光绪元年（1875）修，抄本。此碑文在咸丰《荔波县志稿·艺文》中名为《建荔波县治始末碑》。

3　潘一志主纂《民国荔波县志稿》，上海：上海古籍出版社，2017，第 203 页。

4　转引自黄海《瑶山研究》，贵阳：贵州人民出版社，1997，第 70 页。

5　（清）爱必达纂修（乾隆）《黔南识略》，清乾隆十四年（1749）修，清道光二十七年（1847）刻本。

6　吴永章：《瑶族史》，成都：四川民族出版社，1993，第 512 页。

布于黔湘、黔桂边境地区的黔东南、黔南、黔西南和铜仁、安顺等三州二地的 20 余县。铜仁、石阡、黎平、榕江、从江、雷山、丹寨、麻江、剑河、三都、罗甸、望谟、贞丰、紫云、关岭，都有瑶族分布。贵州瑶族有"白裤瑶""花裤瑶""黑瑶""黑裤瑶""长衫瑶""油迈瑶""红瑶""盘瑶""过山瑶""顶板瑶""板瑶"等支系。

三　瑶族在云南及东南亚的迁徙

（一）云南瑶族的迁徙

英国牛津大学伯德雷恩图书馆 S3415 号《斋会章式》科仪文书称"今据大清国云南道临安府属猛梭王下……"云南道是明清都察院所属诸道之一，明永乐十八年（1420）置。明朝平定云南以后，于洪武十五年（1382）改元置临安路为临安府，府治由通海移迁建水州（今云南红河哈尼族彝族自治州建水县）。道光《云南通志》卷一百零七临安府《边防》说："临安沿边，西南界连南掌，东南界连越南。"[1] 南掌国是老挝古国之一。

文山州瑶族主要分布在富宁、广南、麻栗坡、马关四县。据云南文山州瑶族《盘皇卷（券）牒》《开山歌》《信歌》记载，云南文山州的瑶族多系明清时期从广东广西交界西江流域、镇龙山瑶区，辗转迁入广南府、开化府的边远山区定居。文山州富宁县山瑶支系，于清雍正年间（1724～1735），先后从广西平果、田东、德保及越南迁入富宁县龙门、龙绍等地定居，至今 200 余年。[2] 文山州广南县八宝镇革郎村瑶族 220 多户 1100 多人，以罗、邓两姓人口为最多。相传罗家从广东辗转迁来最早，至今已有 7 代；邓家从广西西林迁来，至今已有 5 代。

河口县瑶族经书《救患科》，是瑶族盘、李、邓、蒋等姓使用的经书，

1　（清）阮元、伊里布等修，王崧、李诚纂（道光）《云南通志稿》，清道光十五年（1835）刻本。

2　《文山壮族苗族自治州概况》编写组、《文山壮族苗族自治州概况》修订本编写组编《文山壮族苗族自治州概况》，北京：民族出版社，2008，第 49 页。

经书中多次出现广东、广南等地名，佐证了云南瑶族自广东迁徙而来的传说。[1]

英国牛津大学伯德雷恩图书馆藏瑶族经书 S3393 号：

冯香四郎坟墓葬在广西道韶州府乐昌县管入黄坨冲枪浪坪远龙社叶家地主，赵氏一娘共葬。

冯明三郎坟墓在广西道蕉坪（昭平？）县归花里福曹库管入进厄冲。

赵氏三娘共葬会海冲田头坪雷家地主波浪地主。进魄进升烛手大皇清州社庙。

冯位二郎坟墓葬在广西道平乐府管夏（辖）广任库大皆冲松树坪广应地主伯依地主，同妻盘氏二娘坟墓葬在广西道平乐府管入大皆领平广应地主厄。

冯全三郎坟墓葬在广西道桂林府永福县东花香毛峒礼大浪冲库滩冲塘吉地吾通庙王吴家地主，同妻李氏二娘供地再地主一供葬。

冯添一郎坟墓葬在广西林府。

邓氏二娘供地葬县管叼莫冲水头坪清刽大皇行油寨陈家地主。

冯进二郎坟墓葬在广西道天河县管入拦门洞管政易谨冲岭头坪峒峿家地主。

同妻李氏二娘坟墓葬在云南道开化府文山县管政东洋峒管入龙坎伴领坪旗须沐洪毫悯地主。

冯沉一郎坟墓葬在云南道开化府文山县管下乐龙管政胜县甲管政油马吉旗头坪吴总兵地主总地地。置住（主）冯家珠。[2]

冯用四郎坟墓再（在）云南道临安府建水县管下猛喇司管政南谏

---

1 此所谓"广南"系指两种可能存在的情况：其一指宋代的广东、广西，当时朝廷将天下分为十五路，其中，广南东路约相当于今广东范围，广南西路包含今广西及雷州半岛与海南；其二指云南文山州的广南县，曾是瑶族迁徙途经之地，如今则是文山州瑶族分布较多的县份之一。

2 置主冯家珠，经书的所有人——笔者注。

冲伴领坪吴家地主、马地主，座西（南）向北。

第一同妻赵氏二娘坟墓葬在云南道临安府建水县管下猛喇司管上南谏冲伴领坪，吴家地主、马家地主，座北向南。

第二同妻邓氏者，坟墓葬在云南道开化府管下乐竜理油马吉会河伴领平（坪），座北向南，吴家地主、马家地主。

第三同妻盘氏四娘坟墓葬在云南道临安府建水县管下猛喇司管政南谏冲伴领坪坐南向北吴家地主、马家地主。

经书客观记载了瑶人冯氏家族先祖的墓葬地，清楚记载其祖先在广西、云南的居住迁徙轨迹。在民族志资料中，瑶人迁徙入云南的最后地点，都多指向临安府建水县勐腊，这与瑶族经书的记载相一致。

从广东、广西直接迁往越南的部分瑶人，又从越南辗转迁回云南富宁、麻栗坡、马关、西畴、广南等地。"今麻栗坡县曼文、曼棍瑶族盘、李、邓姓的《本命书》载，其祖先约在元代迁来，有的曾到安南（今越南）那石于等地，后来又迁回境内。广南县那洒镇魁母甲瑶寨的李运宽说，其家族是清末至民国初年辗转从越南迁来的。"[1] 云南文山州富宁县新华镇牙牌村蓝靛瑶盘廷光藏《本命书》载：盘氏祖籍湖南，辗转江西、贵州、昆明、麻栗坡，到越南后又迁入富宁木央、田蓬下寨，最后迁到牙牌寨落业，至今已繁衍14代。[2] 瑶族《信歌》记载瑶人祖先的迁徙，[3] 述说清道光壬辰（1832），广东、广西及湖南部分瑶人迁徙云南文山州的开化、广南，再迁徙红河、交趾（越南）。历史上文山州麻栗坡县的瑶人曾迁往安南（越南）住过，后因战乱又迁

1　文山壮族苗族自治州民族宗教事务委员会编《文山壮族苗族自治州民族志》，昆明：云南民族出版社，2005，第126页。

2　文山壮族苗族自治州地方志编纂委员会编《文山壮族苗族自治州志》第1卷，昆明：云南人民出版社，2000，第408页。

3　"同在道光壬辰岁，与亲分离不相逢。……半上云南开化地，半上广南地里行。广东湖南也住过，又到海南四处山。半上红河半交趾，上到交趾红水河。廉州、灵山也得住，贵县上林住也齐。"刘德荣等主编《瑶族民间文学集》，昆明：云南美术出版社，2003，第1页。

回麻栗坡县猛硐、南温河、下金厂、八布、杨万、六河等地。[1]

云南省麻栗坡县盘瑶《神棍歌》唱道："一条神棍小微微，种在湖南大路基。猛虎得见满山走，乌鸦得见半天飞。无事扎在龙坛内，要事带圣过人乡。"[2] 师公在度戒仪式中唱叙"神棍"的作用，折射出瑶族先民在湖南的生活轨迹。大致可以推断元明清时期，南岭走廊地区的瑶族分别从广东、广西、贵州，陆续迁入今文山州，再进入红河州，后迁徙至普洱地区及西双版纳的勐腊。

瑶族向云南的迁徙路线，与瑶族人的迁徙传说大体吻合。如河口瑶山的瑶族传说其祖籍在广西，先后分若干批迁徙至云南，路线是先迁徙到"开化府"（今文山州），再到蒙自、建水、屏边，最后才定居在河口瑶山。[3] 英国牛津大学伯德雷恩图书馆藏瑶族经书 S3371 号："赵法林家先墓堂，安葬大清国云南道灵（临）安府管下建县，管下猛赖司管入口河冲半领平，座西向东，刀家地主。"英国牛津大学伯德雷恩图书馆藏瑶族经书 S3245 号科仪文书说："今据大清国云南道厶府州县厶处立宅居住，奉真福保安，现瘗一人追魂，谨启丹诚，冒干圣造光中，言念意者所伸仗，惟信士厶人本命厶年厶月厶日厶时建生，流年行庚已十岁。"这份科仪祀神文书，是瑶族人定居云南时期撰写的。英国牛津大学伯德雷恩图书馆藏瑶族经书 S3249 号：

> 今据大清国云南道厶府厶县厶冲厶社，立宅居住，当初以来，无人立宅，居住一同，家主法陀，代大男小女，来到本方地面，打开山源水表，立起龙居屋宅，上盖天堂雨水，中盖大坛香火，下盖人丁年……

英国牛津大学伯德雷恩图书馆藏瑶族经书 S3390 号《招魂书》之《又到

1　杨桂林主编，麻栗坡县民族事务委员会编《麻栗坡县民族志》，昆明：云南民族出版社，2001，第150页。

2　杨永福主编《云南瑶族口传非物质文化遗产提要辑录》，天津：天津古籍出版社，2013，第195页。

3　参见王文光、龙晓燕编著《云南民族的历史与文化概要》，昆明：云南大学出版社，2012，第108页。

追魂牒》：

> 今据大清国宣罗道承宣布正使猛难府官入猛竜洞官上淰勃河头冲龙
> 常行游社下立宅居住，奉道直祈福追魂文牒：伏惟言念家主法△，奉命
> 生于△年△月△日△时建生，行庚已有△十岁，并无行过三江路头，四
> 江路尾，无故由在家流连病患，九死一生，茶饭不思，子听话三魂去远，
> 七魄去空，凡供之仪，取向今……

英国牛津大学伯德雷恩图书馆藏瑶族经书 S3455 号《师公殄疫科》："修
说三元院驱邪墨榜一道：今据大清国云南道临安府……高岭村居住，奉神还
愿，殄疫救患，祈福保安，夙老甲头，设主厶等，眷妻厶氏，男女合人等。"
临安府为云南南部边境府之一。明清临安府的府治建水是交通便捷、经济发
达、文化昌盛、科甲鼎盛之地。临安府西南部亦与南掌、越南接界。

清道光《他郎厅志》载瑶人"自粤迁来，居无定处。每至深山，开垦耕
种，俟田稍熟，又迁别所，开垦如前，不惮劳瘁。耕种之外，亦勤捕猎。服
饰与猓猓同"[1]。清代他郎厅隶属普洱府，治今普洱市墨江哈尼族自治县。据
民国《邱北县志》卷三《建置部·人种》之《人种表》的统计，县境内有瑶
人千余，是"明初由邕黔交界徙入"[2]。明确记载瑶人是明初从广西、贵州交
界处迁徙来的。现居麻栗坡县坝子至曼文一带的瑶人，传说元朝就已迁徙入
境。据盘、邓、蒋姓瑶人家藏经书的记载，其祖先入境定居已 30 余代，至今
已 700 多年。瑶族人沿红河两岸的河口、屏边、金平、元阳一带迁徙定居，至
今这些地区仍有大量瑶族人口分布。

（二）明清时期瑶族向东南亚的迁徙

民族学界认为宋代瑶族迁徙路线主要有三条，一是从湖南、福建向广东、

1　（清）李恒谦纂修（道光）《他郎厅志》，原书已失传。转引自（清）阮元等纂修《道光云南通志稿
（点校本）》第七册，昆明：云南美术出版社，2020，第 334 页。

2　徐孝喆修，缪云章纂（民国）《邱北县志》，民国十五年（1926）石印本。

广西、越南迁徙，二是从湖南向广西、广东、云南、老挝、越南迁徙，三是由湘南沿湘黔桂边界入广西、贵州。明清时期瑶族向越南迁徙的路线主要有两条：一是从湖南、福建向广东、广西、越南迁徙；二是从广西进入云南，再到越南。[1] 各条迁徙路线都有丰富的民族志资料予以佐证。瑶人向东南亚的迁徙始于明代，瑶族经书中十二姓瑶人漂洋过海的传说，就是述说瑶人的迁徙始于明朝。英国牛津大学伯德雷恩图书馆藏瑶族经书 S3357 号文书记述瑶人迁徙历史说：

> 洪武开枝，猺人退朝，分下南海，八万里路，南山随春耕种，至立田唐（塘），原在海岸。寅卯二年，天下旱三年，官养无米，深潭无鱼，蕉木出火，格木出烟，百姓无粮，人民慌乱，吃尽万物，无计耐（奈）何，十二姓猺祐子孙正来飘湖过海，踏上船中，三个月子，得见船路不通，水路不通。盘王子孙无计奈何，叩天无路，拜地无门。又怕大风吹落海底龙门，十二姓猺人思作门路，当初以来，盘古圣王出世，无人为大，重有连州三庙圣王为大，阳（仰）手这（遮）天，伏手这（遮）地，救得无根之草，救得无命之人。猺祐子孙，重在船中，打凿银钱，来献五旗兵马，回乡转步，许起薄书在案以了，得见未惊，三朝七夜，船路也通，水路也通，船行到岸，马行到乡。十二姓猺人分广东道潮州府落昌县，随山耕种以了，山头斩败以了，彭祖之恩分散，又是分过广东道连州府，分过湖广八万，分过广西、贵州、云南、四川，分散分过交支（趾）国。当初不知双音，得连未音，首连了正知共国来。

湖南江华瑶族自治县瑶族赵明榜、李本贤保存的《评王券牒》说："又到洪武年间，反败天下，瑶人退朝，流下广东道南海岸八万里（山）头，儿

1　玉时阶：《明清时期瑶族向西南边疆及越南、老挝的迁徙》，《中国边疆史地研究》2007 年第 3 期。

孙置有田塘。交过寅卯二年，天旱大灾，官仓无米，深塘无鱼，蕉木生烟，瑶人吃尽万物，无得投靠，正来正月飘湖过海，一千路途。"[1] 这是瑶人因为自然灾害而迁徙的社会记忆。十二地支之寅卯并不代表年份，十天干与十二地支相配才形成六十甲子纪年，瑶族经书中的寅卯二年并无确切的历史纪年。

玉时阶认为从明代到 1949 年，一直不断有瑶人迁往越南。[2] 姚舜安《瑶族迁徙之路》根据瑶族文书资料，论述清咸丰年间（1851~1861）、同治九年（1870）广西瑶人迁往云南，进入越南的具体路线。[3]

瑶族有保存《过山榜》、家先单的习俗，各地瑶族多保存有此类文书。20 世纪 90 年代，瑶族学者姚舜安在泰国瑶族村寨调查，发现泰国瑶人珍藏的家先单，多记载其祖先从广西等地迁徙而来的历史。他在泰国班卡乡班劈村"盘文升家见到盘姓《祖图》一份。从《祖图》中可以知道盘姓是从广东韶州迁到广西，再迁至云南，经越南、老挝才进入泰国的"。[4]

泰国班卡乡瑶族邓姓的家先单，记述其先祖从广西桂林、平乐、柳州，经过桂西的凌云，再到云南文山、勐腊，而后进入老挝、泰国。[5] 而泰国昌堪县瑶寨瑶人赵兴隆的家先单，记录其先祖从广西梧州怀集县迁广东连山，再迁广西昭平县，而后经桂林，云南文山县（现文山市）、建水县，迁往老挝，最后到泰国清迈府。[6]

1　国家民委《民族问题五种丛书》编辑委员会、《中国民族问题资料·档案集成》编辑委员会编《中国民族问题资料·档案集成》第 5 辑《中国少数民族社会历史调查资料丛刊》第 116 卷《〈民族问题五种丛书〉及其档案汇编》，第 229 页。

2　玉时阶：《历史的记忆——瑶族传统文化研究》，北京：民族出版社，2016，第 45 页。

3　姚舜安根据《冯朝易家信》，"信中列举迁往越南所经过的地名，即广西的恭城，荔浦县，修仁县，千（迁）江县，思恩府，田州，百色，云南的富州（富宁），开化府（即今云南省文山），渡过红水河到万言冲。信中所列的地点和《交趾曲》中的路线是相吻合的，说明盘瑶赵、冯、黄三姓从恭城迁到万言冲是走的一条路"。姚舜安：《瑶族迁徙之路》，载广西民族学院编《赴泰国学术交流：民族研究论文集》，南宁：广西民族学院印，1986，第 78~79 页。

4　姚舜安：《瑶族民俗》，长春：吉林教育出版社，1991，第 50 页。

5　姚舜安：《瑶族民俗》，第 50 页。

6　姚舜安：《瑶族民俗》，第 51 页。

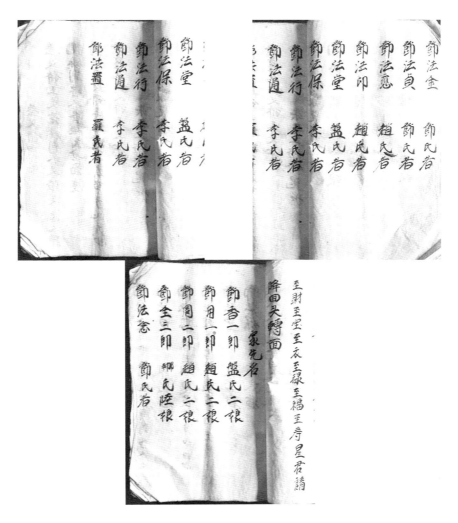

图 1-1　越南老街省沙巴县大平乡大寨村瑶族邓姓家先单（笔者摄于 2019.12.16）

白鸟芳郎曾在泰国清莱府夜庄县会桑（Huey san）瑶寨，对瑶人陈老太先生进行访谈，陈老太先生讲述了泰国瑶人的迁徙："根据瑶人古代的记载，我们的先辈住在南京。那时，天旱三年，庄稼不长，水枯无鱼，民间骚然。听说广东和广西位于水源充足、出产丰富的山区，十二家瑶民便离开南京前往两广。经七天七夜，他们终于到达广东省潮州府河杨县。这十二家瑶人在这里安居乐业一十八代。元朝末年，各地大乱，他们从广东迁到贵州，四年后南下来到泰国。他们在南京和广东居住时，在当地修建了陵墓。后流浪了一些时候，他们分散了，分别在山区或沿河居住下来。他们各家都供奉‘盘古皇’，信奉‘盘王’为‘神主大位庙神’。且不说陈先生写的叙述是否可靠，笔者认为住在泰国西北部山区的瑶民有着这样的民间传说是很重要的。”[1] 泰国瑶人陈老太先生给白鸟芳郎讲述瑶人的迁徙历史，就是根据瑶族经书中传说的版本。

雷泽光《广西北盘古瑶还愿法事》列举瑶族还盘王愿的神唱，就述说了广东、广西瑶族迁徙越南的历史：“前日不知亲家你在广东，我在广西，流去流来，流到交支（趾）国，共在交支（趾）地面。……广东山头都敢尽，‘景太’元年架翅飞。也有踏上广西地，也有行到上交枝（趾）。”[2] 神唱中的“交支”“交枝”即交趾，指今越南北部地区，[3] 生动反映了两广瑶人迁徙到越南的历史实况。张有隽认为瑶族向海外迁徙的原因，主要有生计使然、人口压力、天灾人祸、征调等。[4]

英国牛津大学伯德雷恩图书馆藏瑶族经书 S3371 号：

> 赵安四郎家先，葬在大清国南掌道宣罗府猛俺州，管上猛誇峒，管入念迁管会江冲领头坪，座西向东。一（乙）丑年十一月十日，命中归阴，同月十六日葬。

---

1 〔日〕白鸟芳郎编著，黄来钧译《东南亚山地民族志》，昆明：云南省历史研究所东南亚研究室，1980，第 18 页。

2 雷泽光：《广西北盘古瑶还愿法事》，刘耀荃、李默编《乳源瑶族调查资料》，广东省社会科学院，1986，第 386 页。

3 汉武帝元鼎六年（公元前 111），汉武帝灭南越国，并设立交趾、九真、日南三郡，实施直接的行政管理；交趾郡治交趾县即位于今越南河内。

4 张有隽：《瑶族向海外迁徙的原因、过程、方向和路线——海外瑶族研究论文之一》，《广西民族学院学报》2003 年第 1 期。

李氏三娘家先，也是供州供府供冲安葬领脚平，座西向东。夫妻二位家一供哪吒地主。黄氏者在于乙未年九月十三日得病在身，又到二十二日午时命中归阴，二十五日大葬了在大清国南掌道管下猛偄府，管下把哐洞，管入会冷冲，座东向西，哪吒地主。

计开家先公婆原日死，葬地处开于后列：

赵江一郎家先，葬在广西右江道柳州府罗城县高院洞，管于那旗埔地主，谢黄龙谢江能。高楼欢兰江定地主。同妻赵氏二郎家先，也是葬在坪石江安龙平小冲地主。

赵才一郎家先，葬在罗城通道尽明峒江为龙坪梁吴梁善大王地小地主。兰家□□□□娘家先，也葬在右罗城县高院三里峒□□□。

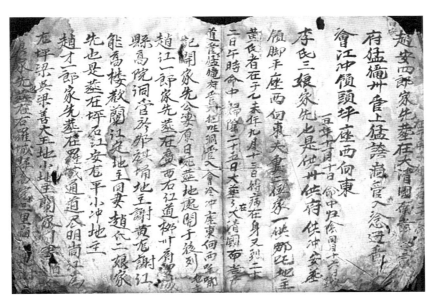

图 1-2　S3371 号文书记载家先安葬地

英国牛津大学伯德雷恩图书馆藏瑶族经书 S3245 号记载瑶人盘氏先祖在贵州、云南埋葬的具体地点：

盘陆六郎，葬在贵州道都元府管入角己塥岭头平地主角文状角文太
地主。

盘贵四郎，葬在贵州道犁苗府管入丁开埇岭头村坪地主，黄家鱼家地主。

李氏三娘，葬又闻来葬在云南道开花府文山县管入白衣寨岑头坪凛
亮地主。

李氏三娘旧墓，葬在贵州道犁苗府管入遥世寨管入坭埇岑头坪鸟刚地主。

盘聪四郎，葬在贵道罗斜分州管入打逢塥岑头坪。

盘氏三娘，葬在云南道开花府文山县管下者疟滂洞入龙滛笔岭头坪地
主，黄道爷、蓑道父地主。

盘用四郎，安葬云南元江植隶州管下谨哈地射珠岭头坪王家地主。
葬向西方。乙酉年十二月二四日安葬。

盘法林祖坟葬于猛竜州猛飘洞，管入会垙冲，坐北向南，行游社下，
老挝地主。

罗氏四娘祖坟葬于猛竜州猛涝洞，管会冲，坐北向南，行游社下，
老挝地主。

罗氏四娘行庚，生于丙辰年二月十二日未时建生，又于己未年十月
初九日未时归阴，又于同月二十七日酉时葬。

从贵州道、云南道的名称可知，该件经书所载是明代地名。该件经书的价值
在于记载了瑶人盘氏家族从贵州都元府、犁苗府，迁徙至云南开化府，再迁
徙至元江直隶州，最后迁徙入老挝猛竜州的迁徙轨迹。

英国牛津大学伯德雷恩图书馆藏瑶族经书 S3371 号：

赵法林家先墓堂，安葬大清国云南道灵（临）安府管下建县，管下
猛赖司管入□河冲半领平，座西向东，刀家地主。

甲午年赵法明十一月得病在身。十一月十八，命中□葬，到廿日化
身，又道廿六日，安葬暹罗道猛竜府，猛鲜□中，洞卡中。

李氏姐家先墓堂，安葬大清国南掌道宣罗府猛龙州管上猛宣峒管入会都弩冲领（岭）脚平（坪），坐西向东，哪吒地主。

赵法明在东向西

赵法明甲子丙申年□□七十二岁，戊申年五月。

赵法向在于癸巳年十二月十七日己时命中归阴，十九日大葬。邓氏者供任同月初八日酉时命中归阴，一供葬在大清国南掌道宣罗府猛竜州管上把磋峒管入会冷冲半领（岭）平座东向，哪吒地主。

英国牛津大学伯德雷恩图书馆藏瑶族经书 S3371 号"大越国兴化镇安西府厶州厶冲领脚平立宅居住，奉真祈求作福保安，现患追魂信士厶人谨拜"，则是对瑶人迁往越南的记录。"赵有进法进，原命生于丙午岁正月初一丑时，建生得受阳间三十九岁，不幸大限殁于甲申年五月初六日戌时，命返泉乡，五月二十三日下葬暹罗道并（清）卖（迈）府"[1]，则是对瑶人迁往泰国的记录。S3358 号末"李法坛（土去）在于壬午年正月初七日，命中归阴，安葬南掌国宣罗道管入猛竜府中伺冲岭脚平，座南向东大皇地王"，则是对瑶人迁往老挝的记录。

泰国赵有华家先单明确记载赵氏家族男女家先坟山都在中国，分别在广西道梧州府怀集县，广东道广州府连山县，广东道广州府阳山县，广西道平乐府昭平县，广西道桂林府阳朔县，湖广道州江华县，广西道桂林府咏县，云南道开化府文山县，云南道元江直隶州，临安府建水县。所载祖先居地的地名是明代的地名。该经书甚至详细记录了祖先居住的村寨名称，例如"赵有华法胜家先坟山原在广西道，管下梧州府怀集县，管入铜锤显冲尾上坪地主，朱扶晓大王"。[2]

张有隽指出，迁徙海外的瑶族主要集中在越南、老挝、泰国、缅甸，且

1　广西民族学院赴泰国考察组编著《泰国瑶族考察》，南宁：广西人民出版社，1992，第 33 页。

2　广西民族学院赴泰国考察组编著《泰国瑶族考察》，第 30 页。

只有蓝靛瑶和盘瑶两个支系。[1] 白鸟芳郎《七十岁盘进清的生活经历》记录了泰国博锡良村瑶族人盘进清的迁徙经历。盘进清在老挝吞考出生，一个月后盘家就迁至泰国的吞窝，12 岁时迁徙至泰国南拉村，29 岁时迁回老挝普清，34 岁时再次迁往泰国的会里村，44 岁时迁到泰国的南老村，55 岁时迁到现在居住的博锡良村。白鸟芳郎根据逐户调查所得泰国瑶族迁徙资料，得出现在居住泰国北部的瑶民几乎都是从老挝地区迁徙而来的结论。[2]

1　张有隽：《越老泰缅各国瑶族人口分布、来源和称谓——海外瑶族研究论文之二》，《广西民族学院学报》2003 年第 3 期。

2　〔日〕白鸟芳郎编著，黄来钧译《东南亚山地民族志》，第 13 页。

第二章

瑶族宗教文书的收藏与传写

　　历史上瑶族在西南民族走廊迁徙，道教在西南少数民族各族群中传播，长期的文化互动促成了道教与瑶族宗教的结合。瑶族是西南少数民族中保存汉文经书较多的族群，瑶族经书中的道教元素客观反映了道教的影响。国内外学界注重瑶族文书的收集研究，英、德、美图书馆藏收藏的瑶族经书，国内整理出版的瑶族经书和瑶族民间收藏的经书，是研究瑶族宗教与道教关系的宝贵资料。瑶族社会有保存经书的传统，民间各村寨的师公、道公都收藏有宗教经书。瑶族经书长期在民间收藏传写，英国牛津大学伯德雷恩图书馆藏瑶族经书的抄写题记，反映出瑶族经书抄写的风尚和瑶族人重视经书的传承。

第一节　瑶族文书的收集

一　对国内瑶族宗教经书的收集

　　瑶族宗教是瑶学研究的内容之一，早在民国时期的西南边疆民族调查中，学者就注意收集瑶族经书。徐益棠进行广西瑶族调查，所撰《广西象平间猺民之宗教及其宗教的文献》，记录了瑶族的甘王神话、盘王神话与刘大姑娘及刘猛将军神话，以及请盘王、请盘古人皇、请盘古、请刘大姑娘、请刘猛将军、请冯皇三公等神唱。

　　1936 年 11 月 12~17 日，国立中山大学杨成志率考察团对北江瑶族社会进行调查。考察队员江应樑撰写《广东猺人之宗教信仰及其经咒》，谈及调查中收集瑶族经书的经历说："此番在山中对于猺人宗教资料所特殊收获者，即在钞录得大批猺人经典、咒术及偷取得一些宗教的物件。初是，我与刘伟民君在深夜往观猺人猎鹿祭典时，即在巫人手中，借其出猎祭肉神经典，藉柴火之光，两人努力钞录下来，由此便引起进一步普遍钞录猺人经典，从经典中研究其宗教信仰的念头。后来在一巫师家借到大批经典及神咒，于是由团员李秋云女士、刘伟民君竭二日夜之力而将其全部钞出。同时我又在一个神庙中，偷得盖有朱印之猺人还愿纸封若干个，在一巫师家的神厨中，偷得猺人祈年告天表文数张。结果，李刘二君都将全部钞录资料转给了我。这些，便做了本文写作的中心资料。"[1] 江应樑调查瑶人的神灵与宗教仪式，注重收集瑶族经书，引录的瑶人宗教经书神咒揭示出广东瑶人宗教信仰的概况。

20 世纪五六十年代，中国开展少数民族社会历史调查，虽然当时调查的重心在社会经济方面，但调查者也注意收集瑶族经书。1956 年 10 月至 1957年 9 月，广西调查组先后两次进入金秀大瑶山调查瑶族五个族系，[2] 对生活习俗和宗教信仰的调查多涉及瑶族经书的搜集。[3]《广西瑶族社会历史调查》第1、2、6、9 册，有瑶族宗教信仰的民族志资料，其中第 6 册有瑶族宗教经义、疏表文、经文咒语，[4] 第 9 册收录《良愿酬书》《圣经喃词》等神唱及还愿疏表，《香火三庙圣王大疏》等科仪文书。

1　江应樑：《广东猺人之宗教信仰及其经咒》，国立中山大学语言历史学研究所编《民俗》复刊号第 1 卷第 3 期《广东北江猺人调查报告专号》，民国二十六年（1937），第 2 页。

2　先后参加调查的有杨成志、唐兆民、黄钰、李维信、陈维刚、苏云高、韦桂成、曾仲平、韩耀宗、郝红章、苏显庭、赵兆昌、吴康泰等同志。参加资料编辑整理的有唐兆民、黄钰、李维信、陈维刚、苏云高、李干芬、韦桂成、韩耀宗、曾仲平、颜世杰等。国家民委《民族问题五种丛书》编辑委员会、《中国民族问题资料·档案集成》编辑委员会编《中国民族问题资料·档案集成》第 5 辑《中国少数民族社会历史调查资料丛刊》第 110 卷《〈民族问题五种丛书〉及其档案汇编》，第 3 页。

3　广西壮族自治区编辑组、《中国少数民族社会历史调查资料丛刊》修订编辑委员会编《广西瑶族社会历史调查》第 4 册，第 3 页。

4　瑶族学者张有隽参加《十万大山山子瑶社会历史调查》的编写，他负责宗教信仰、文学艺术部分，成果编入《广西瑶族社会历史调查》第 6 册。张有隽根据功能将经书分为讲论道教经义、疏表文、临场做法事诵读的经文咒语三类，其中《道教信仰》一节是有关瑶族道教内容最丰富的记录。

黄钰《广西民族社会历史调查回顾》说："广西调查组在成立的九年时间，在各级党委和中国科学院民族研究所、广西民委的领导下，取得的成果是巨大的，所获得的 2670 万字的资料是一个可观的数字。现在虽然只有 800 多万字（指出版部分）留在世间，但这些劳动成果却永远成为历史的见证。"[1] 其中瑶族调查搜集的民族志资料，在瑶族宗教文化研究中引用率较高。

1956~1964 年，云南少数民族社会历史调查组在富宁、屏边、红河、金平、易武、勐腊、西畴、师宗、广南等地的瑶族村寨，收集到 94 件瑶族经书。现收藏于云南省社会科学院图书馆。[2]

改革开放后，国家的一系列政策有力推动了瑶族经书的保护。1983 年，国家民委开展抢救整理少数民族古籍工作。1984 年，国务院转发国家民委《关于抢救、整理少数民族古籍的请示》。西南各地古籍办和瑶族研究会都开始致力于瑶族经书的收集。

1986 年 11 月，广东省民委召开"广东省少数民族古籍整理出版规划会议"，同年 12 月，连南县成立搜集整理少数民族古籍工作领导小组，先后在瑶族地区调查采访了 300 多名先生公[3] 和古籍收藏者，收集了 500 多件瑶族经书。

1990 年 8 月 25 日，云南省瑶族古籍工作会议确定《度戒》《师公书》《信歌辑要》《丧葬经》《瑶族古文字字典》为"八五"期间瑶族古籍整理项目。[4] 由文山州民宗委组织、麻栗坡县瑶研小组承担搜集、李云章执笔主编、文山壮族自治州宗教事务委员会古籍办编的《文山瑶族文献古籍典藏》，已由云南人民出版社于 2011 年出版，该书分《道科书》上下册[5]、《师科书》、

1　于宝林、华祖根主编《中国民族研究年鉴（1999）》，北京：民族出版社，2000，第 85 页。

2　萧霁虹：《20 世纪五六十年代云南瑶族调查手稿述评》，林超民主编《西南古籍研究（2010 年）》，昆明：云南大学出版社，2011，第 274 页。

3　当地排瑶将主持宗教仪式的法师称为先生公，经书中也记为"师爷"。

4　李冬生主编《新中国民族古籍工作》，北京：民族出版社，1999，第 399 页。

5　道科书分《大道科》《延生伸斗土府安龙戒度飞章科》《玉皇设醮宿启三朝解讼解冤科》《丧葬超度科》《大部经》等。

《大部经》、《斋坛婚礼仪式歌》、《集量秘》（《大通书》）、《喃神书》共七部分，130 余万字。收录瑶族经书 64 种 300 余册，其中大部分系清代手抄本。[1]

2003 年，湖南省江华县民宗局开展瑶族古籍摸底调查，登记录入瑶族文献、碑刻、讲唱故事等目录 126 件，并制成登录卡片汇总上报市民委。[2] 截至 1987 年，红河哈尼族彝族自治州已搜集瑶族古籍上百卷。广西瑶学会会员、瑶族地区的地方文化工作者做资料采集员，在广西各地收集宗教经书，在瑶族民间共收集一千多万字资料。[3] 云南省少数民族古籍整理规划办公室普学旺介绍，他们收藏的瑶族经书有 50 多种。黄贵权则估计民间流传的瑶族经书超过 220 种[4]。

当代学者在瑶族调查中注意经书的收集，李默、房先清、郑德宏、赵廷光、黄钰、胡起望、刘保元、张有隽、玉时阶、邓元东、宋恩常、雷宏安、金少萍、黄贵权、徐祖祥、李晓明、罗宗志等，都曾致力于瑶族经书的收集研究。

1980 年，胡起望、范宏贵赴广西大瑶山进行田野调查，所撰《盘村瑶族》收录调查所得瑶族宗教经书。[5] 20 世纪 80 年代，赵廷光在云南省文山州蓝靛瑶搜集的"度戒"用瑶族经书有 20 多种。[6] 1981 年，张有隽、邓文通《上思十万大山瑶族宗教信仰调查》，介绍了广西十万大山瑶族师公、道公经书的情况。[7]

广东省社会科学院研究员李默和在乳源工作的连南排瑶人房先清多次到连南瑶区调查，收集了大批瑶族古籍。为参加 1986 年 5 月 26～30 日在香港举

1　黄炳明：《从民间手抄卷走向书苑之大雅——品读文山州首套瑶族文献古籍丛书》，《文山日报》2014 年 9 月 12 日，http：//tech. cn/newsp△per/2014-09/12/content_ 100818807. htm，采撷日期：2019-9-12。

2　湖南省江华瑶族自治县县志编纂委员会编《江华瑶族自治县志（1990～2003 年）》，北京：民族出版社，2005，第 566 页。

3　徐杰舜：《人类学与瑶族研究），《广西民族研究》2004 年第 6 期。

4　黄贵权：《靛村瑶族——那洪村蓝靛瑶文化的调查与研究》，昆明：云南民族出版社，2003。

5　胡起望、范宏贵：《盘村瑶族》，北京：民族出版社，1983，第 250 页。

6　赵廷光：《论瑶族传统文化》，昆明：云南民族出版社，1990，第 33 页。

7　张有隽、邓文通：《上思十万大山瑶族宗教信仰调查》，南宁：广西民族学院民族研究室，1981，第 26 页。

行的第一届国际瑶族研讨会，李默和房先清编成《连南八排瑶族研究资料》（上下册），由广东省社会科学院内部出版，受到海内外瑶族研究工作者的重视。[1] 李默、房先清编《八排瑶古籍汇编》，由广东人民出版社于 1995 年出版，该书收集八排瑶经书 43 部，文献资料 65 份。

李默在《乳源瑶族古籍汇编》"后记"说："1983 年国家民委提出收集保存少数民族古籍文献，有此渊源关系，即盘才万、房先清同志深入乳源瑶区收集，又补充大量古籍文献。前后共收集到古籍 98 册（包括复本），碑刻、谱牒、契据三百余份。"[2]《乳源瑶族古籍汇编》共收瑶族经书 42 种，包括度身（挂灯）、拜王、[3] 治病、婚嫁、丧葬、祈年、祈福、拜庙、扫墓、狩猎等典籍。[4]

房先清《乳源瑶族的碑刻文献》说："自国家民委提出收集整理少数民族古籍以来，我们在乳源瑶族山区进行了深入的采访收集，除收集到八十多万字的瑶族经书、歌谣外，还收集到一些文书契据、地方志未载的碑刻与文献。这些珍贵的文献资料，是研究瑶族历史、社会、经济、文化遗产的宝贵财富。瑶经大都为清代嘉庆、道光、咸丰年间的手抄本，间亦有民国初年抄本。契据文书一百余张，全部为清代所写，最早为清雍正三年（1725）。其他还有碑刻文物，因出版关系未能面世。"[5]

宫哲兵于 20 世纪 80 年代在湖南新田县、祁阳县及常宁县瑶族村寨调查，收集了 32 本清中期至民国初年的瑶族经书。2014 年 10 月 13 日，武汉大学图书馆特藏室举办瑶族祭神驱魔经书展，展出了宫哲兵收集的《命魔戏》《清微血湖赐灯科》《清微请光科》《灵宝朝天忏》《请衣借乐科》《生神妙经》《秘藏疑龙经》《劝善经》《龟王本愿忏》等，这些经书皆为线装书，部分经书为

1　李默、房先清编《八排瑶古籍汇编》，广州：广东人民出版社，1995，第 965 页。

2　盘才万、房先清收集，李默编注《乳源瑶族古籍汇编》下册，广州：广东人民出版社，1997，第 1700 页。

3　拜王，又称跳王。分拜王、半路王、千年王三种，是瑶人祈求祖先神灵保佑，使人寿年丰、六畜兴旺的宗教活动。

4　盘才万、房先清收集，李默编注《乳源瑶族古籍汇编》"前言"。

5　房先清：《乳源瑶族的碑刻文献》，李筱文、赵卫东主编《过山瑶研究文集》，北京：民族出版社，2008，第 70 页。

手抄本，纸质深度泛黄。其中，大部分经书为瑶族盘姓师公所藏，其家族世代从事宗教仪式活动，至今已传至第九代。[1]

广西贺州瑶族人邓元东、田林县瑶族人冯春金收集的瑶族还盘王愿经书，是广西贺州、昭平、田林瑶族民间的手抄本，由广西少数民族古籍整理出版规划办公室出版的《还盘王愿》达100万字。《还盘王愿》收集广西各地瑶族许盘王愿经书，具有较高的资料价值。[2]

邓元东在任贺州市人大民族宗教委员会副主任时，长期注意收集整理瑶族经书，已整理编辑成书的有《师公书全集》、《庆贺盘皇歌》歌娘唱本，《还盘皇愿过筵书》《游乐、三十六段盘皇大歌书分段插话语》《还盘皇愿男人唱本》《游乐歌词阴话全集》《传度大筵三界大法书》《贺盘皇女人唱本》《教凡书》《百怪聚集》《瑶歌品汇》等；《卦三台灯》《卦七星灯》《度三戒》在整理之中。邓元东的目的是整理一套完整的"盘瑶宗教典籍汇编"，[3]他在《盘瑶宗教典籍搜集整理途径、意义与前景》一文中说："盘瑶的宗教典籍，对于研究盘瑶的历史、文化、经济、婚姻、生产、生活等诸方面都有较高的参考价值。收集整理盘瑶宗教典籍，是收集整理少数民族古籍的一项重要内容。"[4]

瑶族师公、道公有一套系统的手抄经书。据张有隽、邓文通20世纪80年代初在十万大山的调查，山子瑶道公经书有30余种，上百万字。[5]

盘瑶师公的经书，据各地调查，主要有《盘王大歌书》《意者》《挂灯

1　《瑶族祭神驱魔经书展武汉举行，许多孤本首次露面》，http：//www.chinanewScom/cul/2014/10-13/6673881.shtml，采撷日期：2019-10-10。

2　张声震主编《还盘王愿》，广西少数民族古籍整理出版规划办公室，2002。

3　邓元东收集瑶族经书的情况，由其本人于2020年5月2日提供。

4　邓元东：《盘瑶宗教典籍搜集整理途径、意义与前景》，张有隽主编《瑶学研究》第四辑，南宁：广西民族出版社，1997，第548页。

5　有《合境书》《道神路》《度戒科》《发丧科》《资亡科》《炼度科》《伸斗科》《玉京斋意》《玉枢经》《玉皇上卷经》《玉皇小部经》《度人经》《血湖经》《尊典经》《玉皇中卷》《诸品经》《消灾经》《谢社经》《谢雷三国科》《上官经》《金章经》《贴简科》《会圣科》《神目科》《谢窖科》《演蒙科》《飞章科》《章格式》《攒聚科》《超度书》《伸奏者疏榜》。

书》《度戒书》《招魂书》《送亡书》《超度拆解书》《安坟书》《架桥书》[1]
《合盆书》《看怪用》《出行看凶星书》《许传度愿书》《行搭书》《学神鬼书》
《架桥书》《解煞书》《释罪天地疏文》《打斋书》《做盘王用书》《开坛书》
《洗坛书》《开山书》《三戒书》《追魂法书》《地狱书》《还愿书》《具职位
书》《游梅山书》《传家法书》《拆宗支书》《和神休禁书》《解毒书》《流落
书》《阴阳据》《升职位书》《做盘王鬼路道》《贺年同兵马书》《川天表》
《移图书》《过界书》等数十种。

各类文书中宗教经书数量最多，说明宗教活动在瑶族地区盛行。张有隽
多年从事瑶族经书的寻访，他说："无论广东、广西，还是云南、贵州，只要
是盘瑶，其师公使用的经书，从本数到每本的内容、篇章结构，所唱的神，
以及请神、颂神使用的词句，宗教仪式的进行，都有惊人的相似之处，甚至
使用的土俗字，也有些雷同，好象是从一个模子铸造出来的。"[2]

20 世纪 80 年代，刘保元、莫义明费了许多周折，在广西金秀四村收集到
14 本道经：《大上正一设回尪堂法用》《送终法物语存相用》《大上设血盘女
人死酆都法密》《存送词表法密》《大上设灵宝送终法密》《敕水法用》《大上
设灵皇送终法密》《大上十殿魂神目》（又名《妙成个殿神目》）、《大上谢社
年例法用》《敬神法密》《还造功德法密》《大上设三十六酆都架桥用》《大上
设九幽初霄法密书》《度戒庆扬》等。[3]

郑德宏、李本高等搜集清代湖南瑶族经书，其《瑶人经书》将湖南瑶族
经书分为四大类，即还盘王愿经 52 篇，传度经 5 篇、安龙奠土经 4 篇、道场
经 39 篇，共计收录瑶人经书 100 篇。

1　架桥，是瑶族的一种宗教仪式。架桥招魂，用于为重病或久病不愈的人招魂。招魂桥可以做成两种不
同的桥。一种是比较简单的象征性的桥，用一根杉树尾，削平一面做桥面，其余的连枝丫都不用削，横置于小
溪、水圳，便可举行架桥仪式。另一种是正式的桥，用三根杉树拼成，招魂仪式结束后可供人来往行走。一般
的架桥招魂多采用简单的象征性的桥，为德高望重的老人招魂时才架可供人行走的桥。赵家旺：《瑶族招魂简
述》，李筱文、赵卫东主编《过山瑶研究文集》，第 125 页。

2　张有隽：《瑶族传统文化变迁论》，南宁：广西民族出版社，1992，第 74 页。

3　刘保元、莫义明：《茶山瑶文化》，南宁：广西人民出版社，2002，第 216 页。"大上"即"太上"。

郑德宏收集瑶族经书的经历令人感动。"1961 年,郑德宏到蓝山县紫良瑶族乡进行田野调查,住进一个田野调查对象家里。为了打消这家主人的顾虑,郑德宏与主人同吃苞谷野菜饭。由于调查对象家里无法住宿,郑德宏被安排到一位五保老人家中。一躺在床上,身上全被跳蚤和山里蚊子包围,数不清的蚊子叮咬得他无法入睡,只好半夜叫开调查对象的门,在'火塘'坐了一夜。调查对象被郑德宏的执着感动,当晚就把手抄本拿出来给了他。郑德宏强忍着被蚊子叮咬疼痛,点着'松树油柴火'一字一字地抄写下来。"[1]

日本神奈川大学瑶族文化研究所致力于瑶族研究,2008 年 12 月开始对中国湖南蓝山县开展田野调查。广田律子先后获得"瑶族的仪礼与仪礼文献的综合性研究"(2008~2015) 和 "中国湖南省蓝山县的尤勉的度戒仪礼中使用的仪礼文献、仪式文书的保存、利用和继承"两项课题(丰田财团 2009 年度亚洲文化研究特定课题经费) 支持。[2]

《瑶族通史》编写组征集到广西富川、钟山两县平地瑶道经 14 种,绝大多数为民国时期抄本。[3]

徐祖祥多次赴瑶族地区进行田野调查,他回忆 20 年来收集瑶族经书的情况:

1. 2000~2001 年,在云南河口、金平、富宁、师宗等县过山瑶和蓝靛瑶中收集经书数十本,年代最早的为光绪年间抄本,民国时期抄写的较多,还有部分为改革开放后重抄。

2. 2011 年 3 月,在云南省金平县金水河镇南科村南科老寨收集到蓝靛瑶师公经书 10 本、道公经书 20 本和师道共用经书 1 本,为当地蓝靛瑶

1 《瑶学大师郑德宏:一生寻觅瑶文化》,https://www.sohu.com/a/275364420_99962853,采撷日期:2020/5/20。

2 赵书峰:《多学科交叉视野下的瑶族传统文化研究——2015 日本神奈川大学"瑶族的歌瑶与仪礼国际研讨会"述评》,《人民音乐》2016 年第 4 期。

3 奉恒高主编《瑶族通史》中卷,第 619 页。

师公和道公所用全套经书。多为20世纪八九十年代抄本。

3. 2019年6月6日，在云南省富宁县花甲乡响弄村（蓝靛瑶），得道公使用的《完满科》和师公使用的《发法通》各一本。《发法通》为2015年8月15日（农历乙未年七月初二）抄本，仍效法过去使用草纸抄本的方式处理。据师公李玄通说，纸张、字体、排版等仍求与原件完全一样，因原来使用的经书破损严重，故重新誊写以便使用和保存。《发法通》为师公清洁法坛、护佑仪式能顺利完成的经书，使用场合较多，比如道公主持葬礼时，师公到场协助，就要使用这本经书，念经咒请动兵马。此本经书为我在瑶族师公中第一次获得。《完满科》与我在金平县金水河镇南科村蓝靛瑶村中所获为同一版本，但抄写时间处破损，已不知确切年代。在该村还有幸获得师公所授的阴阳牒一份。

4. 2019年8月，广西融水县同练乡同练村，盘瑶师公盘云扬提供了22本经书和一份"阴阳据"。其中《盘王大歌》为宣统元年（1909）抄本，《解关煞书》为民国九年（1920）抄本。《盘皇咒书》为民国十四年（1925）抄本，其余多为新中国成立后60年代至90年代的抄本，其中有"文革"期间于1974年抄写的《下戒送亡书》一本。8月，同练乡如劳村师公李德荣提供经书16本及40余份单独的"表文"，抄写年代最早为民国三十五年的《状六甲状赫解煞》，《请状书》为1961年抄本，1987年抄写的有两本，其余均为2002年抄本。

5. 2019年10月23日，在广西田林县收集到盘瑶师公冯春金提供的《诸表式》《血湖经》两本经书。《诸表式》为道光乙酉年（1825）腊月二十三日抄本，所用宣纸纸张较好，保存完整，纸张已呈暗黄色。《血湖经》为宣纸抄写，纸张也为暗黄色，但未标明抄写年代。《血湖经》与该师公同时提供的《诸表式》相比较，用纸相同，色泽相近，两本经书的抄写年代应较为接近，同为道光年间抄本。

6. 2019年12月23日，在广西田林县收集到盘瑶师公冯春金提供的《挂灯书》《祭花王书》《扫宅全书》共三本经书。《挂灯书》为民国癸酉年九月十一日（1933 年 10 月 29 日）抄本，仅用于挂三台灯。《祭花王书》为师公冯春金于 2012 年 10 月 1 日依"古本"整理完成，据冯师公所说，原书破损无法再使用，故仿原书重新誊写。扉页盖有"道经师宝印"和"太上老君敕令印"。《扫宅全书》为 2012 年 2 月 19 日（壬辰年正月初八）仿原来的经书重新抄写而成。

7. 2020 年 1 月，在广西巴马县那社乡祥兰村收集到蓝靛瑶师公和道公使用经书 18 本，内容涉及请神、升坛、早晚朝、解煞、神咒、占卦、地理风水、葬礼、治病等方面。多为清末的版本，用草纸抄写，显得破旧，但内容完整。如道公李正春提供的《神目科》为清光绪二十二年（1896）秋抄本，为当时自称为"天师门下修真弟子"的瑶族道公梁云京所抄。从内容来看，为正一道流传的经书，未加入瑶族宗教文化的内容。又如道公李大勤提供的《犯冲》为清光绪十三年抄本，为道公替人安墓、立宅等算日子的经书，从款式、行文和内容看，当为汉族民间传入。[1]

徐祖祥在云南金平县搜集到过山瑶《法书》一本。该经记载"敕鼓法"、"变碗"、"下禁"和"开禁"、"用沙开井"、"收邪师法"、"敕坛法"、"敕筶"等道法。《法书》是清嘉庆癸亥年（1803）抄本，为居住于广西镇安府的瑶族所抄。[2]

黄贵权《文山州瑶族文字古籍》列举所知广南县蓝靛瑶古籍 88 种，麻栗坡县蓝靛瑶古籍 107 种，富宁县蓝靛瑶古籍 30 种。[3]

黄贵权《简述蓝靛瑶道教的经籍和唱经》将蓝靛瑶经籍分为"道书"、"师书"、道师共用三类。道派的"道书"有 30 多种，师派的"师书"有 10 多种。[4] 黄贵权《瑶族志：香碗——云南瑶族文化与民族认同》，统计云南蓝

1 徐祖祥 20 年来收集瑶族经书的情况，由其本人于 2020 年 5 月 10 日向笔者提供，特致谢意！

2 徐祖祥：《瑶族的宗教与社会——瑶族道教及其与云南瑶族关系研究》，昆明：云南人民出版社，2006，第 28 页。

3 黄贵权：《文山州瑶族文字古籍》，载李国文编著《云南少数民族古籍文献调查与研究》，北京：民族出版社，2010，第 498 页。

4 黄贵权：《简述蓝靛瑶道教的经籍和唱经》，昆明：《民族学》1997 年第 2 期，第 35~39 页。

靛瑶宗教经书有 230 种以上。[1]

罗宗志也长期在瑶族地区调查，他谈及收集瑶族经书的经历：

从 1999 年起，还在读民族学专业本科的我，便开始在瑶族地区开展广泛的田野调查工作，考察足迹遍及湘粤桂等省区的众多瑶族村寨，试图在瑶族的生活世界中获得对他们文化的理解。我利用这些机会收集到瑶族经书 738 本，其中过山瑶经书 577 本，土瑶经书 145 本。具体收集时间、地点如下：

1. 2002 年 7 月 13 日，在广西金秀瑶族自治县忠良乡六干村六桂尾屯黄金秀师公家收集到过山瑶经书 16 本。

2. 2002 年 7 月 21 日，在广西金秀瑶族自治县忠良乡六卜村六雷屯赵有县、赵春福和赵有富家共收集到过山瑶经书 30 本。

3. 2002 年 8 月 1 日，在广西金秀瑶族自治县忠良乡德香村古盘屯赵有兴师公家收集到过山瑶经书 8 本。

4. 2002 年 8 月 4 日，在广西金秀瑶族自治县忠良乡六干村龙表屯赵有先、赵成秀和石阳屯庞有坤三位师公家里共收集到过山瑶经书 92 本。

5. 2006 年 7 月 29 日，在广西永福县广福乡广福村白竹支屯赵进龙、黄元定 2 位师公家共收集到过山瑶经书 64 本。

6. 2006 年 7 月 29 日，在广西永福县广福乡广福村下洞碑屯赵如昌师公家收集到过山瑶经书 8 本。

7. 2010 年 5 月 1 日，在广西金秀瑶族自治县忠良乡六干村石阳屯庞有坤师公家收集到过山瑶经书 25 本。

8. 2010 年 7 月 28 日，在广西昭平县仙回瑶族乡茅坪村林场屯赵成县家收集到过山瑶经书 3 本。

9. 2010 年 7 月 29 日，在广西昭平县仙回瑶族乡茅坪村林甲对屯李文官师公家收集到过山瑶经书 8 本。

1　黄贵权：《瑶族志：香碗——云南瑶族文化与民族认同》，昆明：云南大学出版社，2009，第 7~8 页。

10. 2012 年 7 月 21 日，在广西宁明县爱店镇琴么屯赵有林、赵德胜、黄福财和赵德情家共收集到过山瑶经书 5 本。

11. 2012 年 7 月 22 日，在广西宁明县爱店镇丈鸡屯蕉生定、赵德田、赵德成和蕉生进家共收集到过山瑶经书 17 本。

12. 2012 年 9 月 18~20 日，在广西田林县利周瑶族乡伟好屯李德才师公家收集到过山瑶经书 57 本。

13. 2012 年 10 月 21~22 日，在广西贺州市黄洞瑶族乡黄洞村千金屯赵有福师公家共收集到过山瑶经书 86 本。

14. 2012 年 10 月 24 日，在广西昭平县仙回瑶族乡茅坪村古定屯黄元定师公家收集到过山瑶经书 20 本。

15. 2012 年 10 月 25 日，在广西昭平县仙回瑶族乡茅坪村小林香屯盘成府师公家收集到过山瑶经书 12 本。

16. 2013 年 11 月 4~6 日，在广西宁明县海渊镇农场度戒仪式现场从越南过山瑶师公处收集到经书 3 本。

17. 2013 年 11 月 5 日，在广西荔浦县茶城乡清良村黄泥坝屯冯金亮师公家收集到过山瑶经书 123 本。

18. 2014 年 7 月 30 日，在广西贺州市沙田镇狮东村大冲小组收集到土瑶经书 119 本。

19. 2014 年 7 月 24 日，在广西贺州市沙田镇狮东村大冷水小组收集到土瑶经书 15 本。

20. 2014 年 8 月 3 日，在广西贺州市沙田镇金竹村黄南小组收集到土瑶经书 16 本。

21. 2014 年 8 月 7 日，在广西贺州市沙田镇新民村马窝小组收集到土瑶经书 11 本。[1]

1　2020 年 5 月 13 日由罗宗志本人提供，特此致谢。

罗宗志《信仰治疗：广西盘瑶巫医研究》对 318 本瑶族经书进行分类，按宗教仪式用途分为打斋、打醮、度戒、加职、还愿、开光、祭祖、送鬼、架桥、表奏、占卜、小法十二类。[1]

《排瑶经书浅析》[2] 探讨了排瑶经书的来源、分类与功能，同时分析其学术价值。2013 年 10~11 月，李树照、梁宏章在广西荔浦县茶城乡黄泥坝屯调查瑶族宗教，获得冯金亮师公慷慨应允，同意拍摄其祖上及多方拜师抄得的 123 本瑶族经书。[3]

《瑶族的宗教文书：以荔浦县茶城乡黄泥坝盘瑶为例》是李树照基于广西荔浦县茶城乡黄泥坝盘瑶经书调查撰写的硕士学位论文。[4] 聂森、郭晴晴《文化生态变迁视野下的"瑶传道教"濒危文献调查》记载调查贵州省黔东南州乌空寨师公邓正科保存有 39 本瑶族经书。[5] 聂森《"瑶传道教"的仪式功能及其象征意义——基于贵州东南部过山瑶村寨的田野调查》载贵州从江摆翁瑶寨赵福堂师公至今保存着 68 本瑶族经书。[6]

萧霁虹《云南与东南亚的瑶族宗教文书》介绍了云南瑶族宗教文书在东南亚的流传及研究，诸如白鸟芳郎对泰国北部瑶族文书收集的情况。其中提及云南省少数民族古籍办从文山州和红河州元阳县、绿春县蓝靛瑶中征集的 480 册瑶族文书。其中最早是清乾隆十八年（1753）的《谢雷科》，其余经书多是清代民国时期的抄本。[7]

笔者收集的广西贺州大平瑶族乡威竹村瑶族度戒仪式经书有：《传度戒

1　罗宗志：《信仰治疗：广西盘瑶巫医研究》，北京：中国社会科学出版社，2012，第 169~174 页。

2　张菽晖：《排瑶经书浅析》，《黑龙江民族丛刊》2004 年第 2 期。

3　罗宗志：《瑶族的宗教文书——以桂北一位盘瑶师公所收藏之宗教经书为例》，《宗教学研究》2015 年第 3 期。

4　李树照：《瑶族的宗教文书：以荔浦县茶城乡黄泥坝盘瑶为例》，广西民族大学 2014 年硕士学位论文。

5　聂森、郭晴晴：《文化生态变迁视野下的"瑶传道教"濒危文献调查》，《宗教学研究》2015 年第 4 期。

6　聂森：《"瑶传道教"的仪式功能及其象征意义——基于贵州东南部过山瑶村寨的田野调查》，《宗教学研究》2016 年第 4 期。

7　萧霁虹：《云南与东南亚的瑶族宗教文书》，《东南亚南亚研究》2016 年第 3 期。

文经书完全一本》《传度三戒、天堂拜忏、道家请圣全本完全在内》《道场
筵额意书文在内》《开光点度书》《三戒传度各项疏表书全本》《百怪聚集》
《传度大筵三界大法书》《请圣文上卷书一本》《下卷歌师书全本》《玉明意
者出身工具书一本》《新坛鬼用话头书全本》《传度筵过兵书一本》《传度筵
游仙书一本》《传度良贤普迎黄道教散花钱全本》《师公书全集》。[1]

笔者收集的广西贺州黄洞瑶族乡还家愿仪式经书有：《白话书一卷》《歌
堂愿流落上光》《还歌堂愿请歌点席用》《还愿请王用书》《还愿下席歌词》
《还愿用唱歌词》《还愿召禾开天门全书》《开大堂光用》《开坛元盆祭兵下台
执圣用书》《龙灯点谢》《上本请圣（一）》《上本请圣（二）》《上本请圣
用书》《下本拆愿脱童》《下本流落解神意》《游传歌》《中本上光接圣》《中
本执圣上光》。[2]

此外，笔者带领的课题组成员在广西贺州大平瑶族乡龙槽村、威竹村、古
那村，广西恭城三江乡十八岭村、广西恭城观音乡水滨村还收集有瑶族经书
《安龙架桥杂设共卷》《节气教白书文全卷在内》《道场件话头书文在内》《送终
道场意者书》《送终大法书》《还盘皇愿过筵书》《游乐书、大歌书——分段插
词阴话》《看病断鬼时吉凶书全本流传应用》《设送杂鬼书全卷》《设送花魂书
一本》《佛门牒伴科》《佛门迎圣科、破狱科》《观音忏》《拜许良愿》《大起水
科本》《下马科文》等。[3]

二 国外瑶族宗教经书收藏概况

20 世纪六七十年代，法国、泰国、日本、美国、澳大利亚等国人类学者
赴老挝、泰国从事瑶族研究，其中值得提到的是雅克·勒穆瓦纳和白鸟芳郎

---

1 收集时间：2016 年 12 月 29 日至 2017 年 1 月 1 日；收集地点：贺州大平瑶族乡威竹村；持有人：师公
邓法银、赵法兴、赵法保、赵法府及贺州瑶族人邓元东。

2 收集时间：2019 年 12 月 27 日至 2020 年 1 月 2 日；收集地点：广西贺州黄洞瑶族乡；持有人：师公赵
有福、赵贵府。

3 收集时间：2017 年 2 月 14~15 日，2017 年 8 月 23 日，2018 年 8 月 14~15 日，2018 年 8 月 22 日，经书
持有人：师公赵法荣、赵法保、赵隆一郎、赵法胜、陶法通、陈法贵。

的瑶族研究。雅克·勒穆瓦纳与张有隽在广西金秀大瑶山做调查时，搜集金秀茶山瑶师公、道公经书66本，其中题记为清代民国时期的经书有12本。[1]雅克·勒穆瓦纳在瑶族地区还搜集瑶族神像画297幅，1982年出版了《瑶族神像画》（*Yao Ceremonial Paintings*），书中收录了瑶族仪式的各种神像画及面具。

英国牛津大学伯德雷恩图书馆、大英图书馆，德国慕尼黑的巴伐利亚州立图书馆和海德堡大学汉学研究所，荷兰莱顿大学国立民族学博物馆等都收藏有瑶族经书。

（一）德国的瑶族经书及其研究

在欧洲五大图书馆瑶族经书收藏中，慕尼黑的巴伐利亚州立图书馆有2776件。[2] 这批经书中年代最早为1720年，最晚为20世纪80年代。早期经书多抄写于云南、广西，晚期经书多抄写于老挝、泰国。[3] 慕尼黑所藏瑶族经书的研究成果丰硕，1999年底举办了为期两个月的展览，2004年出版了《瑶族手稿》一书。

人类学研究者陈玟玟于2012年7月2~6日参观了海德堡大学所藏，阅读了全部210本手稿。2012年8月13~16日，专程前往慕尼黑收藏馆参观，得以阅读了22部关于生育女神的祭祀经书。[4] 学者张劲松前往德国海德堡大学查阅瑶族经书，他发现210册经书中大部分来源于老挝，多数经书是荆门瑶的，优勉瑶的仅6册，还有16册没有题名。[5]

1995年，德国慕尼黑大学与巴伐利亚州立图书馆联合开展巴伐利亚州立图书馆藏瑶族经书研究，德国慕尼黑大学汉学系教授贺东劢（Thomas O,

1　奉恒高主编《瑶族通史》中卷，第619页。

2　巴伐利亚州立图书馆所藏瑶族经书，于1980年、1990年分别从英国古董商、泰国古董商处购买。

3　参见〔德〕贺东劢，宋馨译《瑶族文书与仪式》，《新疆师范大学学报》2008年第1期。

4　Chen Meiwen, "Religion as a Civilizing Process？ Rethinking Yao Religious Culture and Ritual Manuscripts," 台北《民俗曲艺》第187期，2015，第155~209页。

5　张劲松：《在慕尼黑调查、研讨馆藏瑶族手本的日子》，日本神奈川大学瑶族文化研究所编《瑶族文化研究所通讯》（第2号），2010，第4~5页。

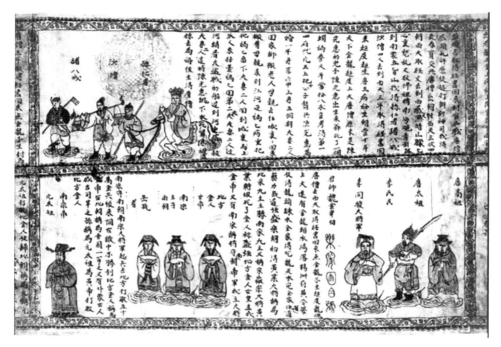

图 2-1　德国慕尼黑巴伐利亚州立图书馆藏《评皇券牒》第八页

Höllmann）主持"瑶族手抄本文字研究"项目，从巴伐利亚州立图书馆善本部所藏瑶族宗教文献中选取《盘王券牒》《盘王大路歌》《贡筵红楼秘语》《李家宗支图》《看病书》《九经书》及神头面具、法冠等，于 1999 年编写《神的信使：中国南部、越南、老挝、泰国、缅甸的瑶族宗教手稿》，对瑶族经书、神头面具、法冠进行图文并茂的题解。《慕尼黑巴伐利亚州立图书馆瑶族手稿第 1 部分目录提要》对收藏的 850 件瑶族手稿做了目录提要。[1] 慕尼黑巴伐利亚州立图书馆藏瑶族经书的特点是年代久远的经书品质较好，而近代经书则品质欠佳；早期经书的书法水准较高，近代经书的书写水准较低。[2] 王

1　转引自何红一、黄萍莉、陈朋《美国国会图书馆瑶族文献的整理与分类研究》，《广西民族研究》2013 年第 4 期；何红一、陈朋：《美国国会图书馆馆藏瑶族文献的抢救性整理研究》，《文化遗产》2018 年第 5 期。

2　参见〔德〕贺东劢，宋馨译《瑶族文书与仪式》，《新疆师范大学学报》2008 年第 1 期。

卡指出，这些经书多与道教有关，包括部分《道藏》文本、科仪文本、密咒等等，这些藏于德国的瑶族道教文献，对研究明清以来道教在瑶族中的传播及变化，无疑是极其珍贵的资料。[1]

2010 年，丸山宏赴德国巴伐利亚州立图书馆查阅瑶族经书，发表《2010年 3 月巴伐利亚州立图书馆馆藏瑶族手抄本调查报告》。[2]

（二）美国藏瑶族经书及其研究

英国古董商人罗伯特·斯托珀长期在东南亚泰国、老挝等地收集瑶族经书，现在欧美图书馆的瑶族经书手抄本、卷轴和仪式画、神头、法衣，大多来自罗伯特·斯托珀。[3] 2005~2008 年，他将收藏的瑶族经书分两批卖给美国国会图书馆。

美国国会图书馆藏 241 件瑶族经书中，题记为清乾隆、光绪年间的经书 35 件；清嘉庆、道光、咸丰、同治、宣统各朝的经书 20 余件；民国时期的经书约 50 件；有四分之一的经书因封面破损无抄写经书的题记而不知抄经时代。其中明确判定为蓝靛瑶的经书 160 余件，盘瑶经书 30 余件。[4] 何红一对这批文献多有研究[5]，并于 2017 年出版《美国国会图书馆馆藏瑶族文献研究》一书，对美国国会图书馆藏瑶族文献有总结研究。

美国俄亥俄大学图书馆收藏有近 2000 件瑶族经书、神像画、法服等。经书有《度人经》《高上玉皇本行集经》《金丹坛院一本》《泗州明览》《土府、

1　王卡：《从一切道经到中华道藏——道教文献学的历史回顾》，牟钟鉴主编《当代中国宗教研究精选丛书·道教卷》，北京：民族出版社，2008，第 91~92 页。

2　丸山宏「2010 年 3 月バイエルン州立図書館所藏ヤオ族写本調査報告」神奈川大学ヤオ族文化研究所編『瑶族文化研究所通訊』第 2 号、2010、頁 58~59.

3　何红一：《美国瑶族文献收藏及其来源》，《文化遗产》2013 年第 6 期。

4　参见黄钰、黄方平《国际瑶族概述》，南宁：广西人民出版社，1993，第 167 页。云南金平瑶族亦有《献香歌》。何红一《美国瑶族文献与世界瑶族迁徙地之关系》，《中南民族大学学报》2011 年第 5 期。

5　转引自何红一、黄萍莉、陈朋《美国国会图书馆瑶族文献的整理与分类研究》，《广西民族研究》2013 年第 4 期；何红一、陈朋：《美国国会图书馆馆藏瑶族文献的抢救性整理研究》，《文化遗产》2018 年第 5 期。

玉皇清醮》《诸章格》《开山书》等。[1]

(三) 英国所藏瑶族经书及其研究

1. 英国牛津大学伯德雷恩图书馆藏瑶族经书及其研究

陈玫玏于 2009 年 12 月 7~9 日查阅了牛津收藏的 122 份手稿。郭武 2010 年在英国牛津大学中国研究中心访问时查阅伯德雷恩图书馆藏瑶族经书，撰写《牛津大学图书馆藏瑶族道经考述》[2]，这批瑶族经书的研究价值始引起学界注意。这批瑶族经书由伯德雷恩图书馆中文部主任大卫·赫利维尔（David Helliwell）于 20 世纪 90 年代在泰国北部瑶族社区购买。其后郭武的博士生徐菲赴牛津大学访学，她查得牛津大学伯德雷恩图书馆藏瑶族经书分为两部分，第一部分经书的起始编号为 S3242，结束编号为 S3547，共计 307 册；第二部分经书的起始编号为 Dep. Stolperl，结束编号为 Dep. Stolper907，共计 375 册。徐菲在牛津大学学习期间对这批瑶族经书进行拍照整理。[3] 胡小柳根据徐菲提供的 15 部瑶族度戒经书，完成博士学位论文《牛津大学图书馆藏瑶族道经中的度戒仪式研究》。[4] 徐菲《牛津大学图书馆藏瑶族手抄本道经新发现及其价值》一文介绍了牛津大学图书馆藏瑶族道经的数目、来源及特征。[5] 郭武以英国牛津大学伯德雷恩图书馆 S3451 号瑶族经书为例，将"关告科"与"开解科"与道教科仪文本进行比较，认为瑶族的宗教仪式有着浓厚的道教色彩。[6]

2. 大英图书馆 EAP550 号瑶族经书及其研究

2011 年，大英图书馆组织学者在贵州锦屏，云南文山州麻栗坡县，云南

1　何红一：《美国瑶族文献收藏及其来源》，《文化遗产》2013 年第 6 期。

2　郭武：《牛津大学图书馆藏瑶族道经考述》，《文献》2012 年第 4 期。

3　徐菲：《牛津大学图书馆藏瑶族手抄本道经新发现及其价值》，《西南民族大学学报》2016 年第 10 期。

4　胡小柳：《牛津大学图书馆藏瑶族道经中的度戒仪式研究》，四川大学 2013 年博士学位论文。

5　徐菲：《牛津大学图书馆藏瑶族手抄本道经新发现及其价值》，《西南民族大学学报》2016 年第 10 期。

6　郭武：《清代临安府瑶族宗教仪式中的汉地道教元素——以 S3451 号文本之"关告科"与"开解科"为例》，《四川大学学报》2017 年第 1 期。

红河州金平、绿春、元阳县和越南边境收集 400 多册瑶族经书。[1] 将其中 202 件手稿进行高清数字化，为每份手稿建立一个完整档案。这批文书包括科仪本、符咒法术、占卜书、神像画、歌书、蒙书、故事书、书信、契约、对联、家谱等。在 EAP550 号手稿中，用于打斋的科仪本数量最多，主要包括《完满科》《雷府科》《迓王科》《释股科》《救苦大部》《竖幡科》《升堂科》《喃灵科》《破狱科》《茭简科》《度人道场》《度人大部》《救苦经一本》《谢雷科》《解冤科》《谢墓科》《花市衣科》《飞章科》《南相科》《朝天科》《东岳三时科》《玉皇经偈对三时科》《玉经三朝科》《丧场科》《选棺科》《送亡书》《选棺送终》《赞材楼科》《荐亡解秽科》《奉临开丧科》《初雷科》《二雷科》《三雷科》《启师破狱科》《一本诸章格》《一本朝天科》《一本万范完满科》《道范完满科》等。还有用于还愿、度戒的《师公招兵科》《川光科》《伸斗科》《天师科》《救患科》《玉枢大部》等，用于驱邪治病的《鬼脚科》《收鬼科》《看病书》及表、榜、牒、状、疏、对等科仪文书。这批文书主要搜集自云南省红河州、文山州的蓝靛瑶村落，对研究云南蓝靛瑶信仰具有重要参考价值。

（四）老挝北部蓝靛瑶经书收集及其研究

越南瑶族民间保存的经书中，老街省保胜县春光乡眉村蓝靛瑶度戒仪式经书 121 卷，其中包括 17 卷神秘法、76 卷玄科、28 卷经诗。[2]

玉时阶赴越南老街省进行瑶族调查，对越南瑶族民间经书的传承及流失情况，政府保护瑶族文化的政策措施有简要分析。[3]

老挝北部蓝靛瑶（又称 Lao Huay 和 Yao Mun）被老挝人民民主共和国认

1　《EAP550 滇南瑶族手稿保护：文本、图像与宗教》（Preservation of Yao Manuscripts from South Yunnan：text，image and religion EAP550），源自大英图书馆濒危档案项目组网站，该批数字化手稿简称 EAP550 号手稿，手稿资源参见网址：https://eap.bl.uk/project/EAP550，采撷日期：2022/12/21。

2　〔越〕陈友山：《探索越南瑶族古籍保护之路》，《中国社会科学报》第 321 期，2012 年 6 月 25 日。

3　玉时阶：《文化断裂与文化自觉：越南瑶族民间文献的保护与传承——以越南老街省沙巴县大坪乡撒祥村为例》，《世界民族》2010 年第 5 期。

定为北部 39 个少数民族之一。印度支那战争期间，蓝靛瑶暂居泰国与老挝边境地区，失去主要经济来源（鸦片种植）的部分蓝靛瑶民众将财产低价出售以维持生计。师公、道公在宗教仪式中使用的神像画、科仪本和法器被转手售卖到湄公河对岸，出现在清迈和曼谷的美术馆中。经过文物市场的不断炒作，蓝靛瑶手稿价格持续走高，其中很大一部分成为欧美、日本博物馆及私人的收藏品。

老挝蓝靛瑶师公、道公经书有《度亡秘语》《敕訌法用》《禁事之法》《宿启科》《贡筵红楼秘语》《九经书》《初学正文》《大书歌》《请天地鬼》《设墓鬼书》《太上老君秘语》《请杂百解秘语》《茭简破狱科》《无上大斋敌科》《招兵科》《受戒科》《神头》《帖简科》《灯筵功曹圣目》等。[1]

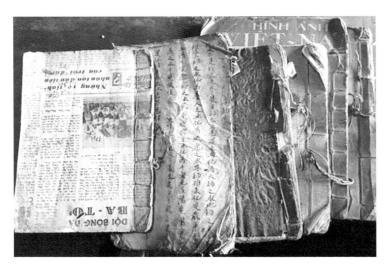

图 2-2　越南老街省沙巴县大平乡大寨村邓文寿的瑶族经书

老挝北部蓝靛瑶手稿（Lanten Manuscripts from Northern Laos）是由大英图书馆濒危档案项目组（British Library Endangered Archives Programme，简称

1　据德国慕尼黑民族学研究所收藏老挝瑶族经书目录摘抄。

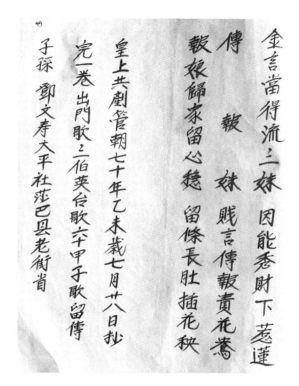

图2-3 越南老街省沙巴县大平乡大寨村邓文寿的
瑶族神唱

EAP）数字化并提供在线浏览的瑶族数字文献。[1] 该数字化项目由德国明斯特
大学（主办）与老挝国家图书馆合作完成。除大英图书馆官方网站外，手稿
数字副本也可通过老挝国家图书馆、中国香港大学、德国明斯特大学进行
查阅。

手稿由两部分组成。第一部分属于EAP791号项目，发起人为约瑟夫·普
拉汤肯（Josephus Platenkamp）教授，于2017年完成数字化，抄写时间认定
为1650年至21世纪。其分类号为EAP791/1，文献起始编号为EAP791/1/1/

---

1 该项目搜集整理的老挝蓝靛瑶手稿包含EAP791号手稿和EAP1126号手稿两个批次，EAP791手稿数字
化资源参见网址：https://eap.bl.uk/project/EAP791；EAP1126手稿数字化资源参见网址：https://eap.bl.uk/
project/EAP1126，采撷日期：2022/12/21。

1，结束编号为 EAP791/1/34/21。第一部分包括 768 册手稿（共 34163 张图片）。第二部分属于 EAP1126 号项目，发起人海伦·巴素（Helene Basu）教授，于 2019 年完成数字化，抄写时间认定为 1735~2018 年，是大英图书馆遗产数字图书馆二期项目（A Digital Library of the Lanten Textual Heritage-Phase Ⅱ）成果，为 EAP791/1 号项目的延续。其分类号为 EAP1126/1，文献起始编号为 EAP1126/1/1/1，结束编号为 EAP1126/1/43/15。第二部分包括 1396 册手稿（共 53813 张图片），各手稿长度在 2~332 页不等。

EAP791/1 号数字化手稿被分为 34 个文件夹，以代表它们分属 34 位所有者。老挝北部的 34 位不同持有者中除去少数几位，大多数是瑶族师公、道公。EAP1126/1 号项目考察发现，更多蓝靛瑶手稿来自老挝北部的 43 位私人收藏者。

香港大学宗树人（David A. Palmer）教授的老挝蓝靛瑶研究团队，获得香港大学"瑶道"项目的支持。其团队成员周思博（Joseba Estevez）在老挝西北部琅南塔省蓝靛瑶村寨进行了十年的田野调查，获取了蓝靛瑶仪式的第一手资料。该研究团队致力于蓝靛瑶经书文本的搜集及整理索引编目，将 2120 件手抄经书编为"总目录"，将所有文本分为仪式文本、非仪式文本、残本。其中仪式文本又可细分为科仪类、秘语类、经书；非仪式文本分为工具书（字典、通用书、历书、唱集）和古信；残本则包括无标题和无法分类的文本。该项目创建老挝蓝靛瑶文库，使研究者能理解蓝靛瑶经书文本的现状。2021 年以来，宗树人教授老挝蓝靛瑶研究团队的研究成果，多次在日本神奈川大学瑶族文化研究所举办的瑶族文化研究会上发表，神奈川大学、筑波大学、香港大学、四川大学、广西民族大学的学者参与线上学术讨论。

（五）泰国的瑶族经书收集及其研究

1989 年广西民族学院陈永昌、张有隽等 5 位学者考察泰国北部瑶族，于 1992 年出版《泰国瑶族考察》一书，其中涉及泰国瑶族宗教文献情况的介绍。

泰国瑶人的《盘王书》《架桥书》《游梅山书》《挂灯书》《度戒书》《安坟书》《还愿书》《招魂书》等科仪经书中经文、疏表的地名，反映出其曾在云南迁徙定居的历史。[1]

黄钰、黄方平在泰国调查发现的瑶族经书有《三清花书》《开坛书》《叫天奏星召魂书》《传度书》《度戒书》《度戒运钱书》《送度戒亡人书》《催先烧魂书》《超度法书》《架桥书》《架花桥书》《招魂书》《破狱书》《安坟书》《退毒法书》《开禁鬼书》《开山求五谷魂书》《流落书》《挂三台灯书》《挂七星灯书》《传度加职书》《移图书》《解煞书》《做大鬼书》《送三戒死人书》《具职位书》《救病烧杂书》《求福禄书》《打斋书》《洗坛书》《开光书》《逼魂书》《隔鬼书》《意者书》《还愿书》。用于宗教仪式的疏表牒文，有《安坟疏表》《释罪天地表》《地狱墨表》《天照疏》《救病表》《白口表》《超度疏表》《求禄疏文》《奏亡疏》《失据疏表》《招龙黄表》《祖宗疏》《三庙四庙王疏》《拆解疏》《平安表》《和山牒》《开山牒》《催山牒》《阴阳据》等，以及师公常用的《合盆书》《大命书》《踏地看地用书》《出行看吉凶星书》《通书》《亲家理》《杂法书》等。[2]

白鸟芳郎率领泰国西北部历史文化调查团，从1969年11月开始三次前往泰国西北部进行瑶族调查，十分注意收集瑶族经书，共拍摄经书照片2万多张。[3] 1973年底，白鸟芳郎到泰国清莱府钦根县克纳库村进行调查，搜集拍摄瑶族经书，《瑶人文书与祭祀仪式》记录道："一九七三年，当我们在清莱府昌孔县吉雷克（Kirek）瑶寨参加瑶族最重要的祭祀祖先仪式——'卦灯'时，我们从瑶人那里买来一些瑶人文书。……事实上，我们过去所进行的三次调查，其主要目的之一就是搜集瑶族今日保存的汉文文书。在第一次和第二次调查期间所搜集的瑶人文书的摄影复制品，为数已达数千件。"[4]

在泰国清莱府钦根县克纳库村收集的经书比较清晰。《瑶人文书与祭祀仪

1　广西民族学院赴泰国瑶族考察组编著《泰国瑶族考察》，第272~273页。

2　参见黄钰、黄方平《国际瑶族概述》，第260页。

3　参见〔日〕白鸟芳郎著，肖迎译《〈瑶人文书〉及其宗教仪式（二）》，《云南档案》1995年第3期。

4　〔日〕白鸟芳郎编著，黄来钧译《东南亚山地民族志》，第46页。

式》介绍第三次调查获得的 21 种瑶族文书说："我们此次在吉雷克瑶寨发现的瑶人文书，字体清晰，绝大部分保存完好。虽然文书的含意难以领会，但对我们研究语文学却很有价值。这些美好的瑶人文书之所以能在这个村寨一直保存下来，完全是因为在这个村寨里幸运地住着一位娶瑶女为妻的云南汉人董胜利先生，正是他把世代相传的文书誊写下来。"[1]

泰国学者差博·卡差-阿南达说："读写汉字的能力在瑶族社会中十分重要，因为除了用来传递信息，相互交往，约会或书写协议外，还要能够当师公。为了达到这些目的，学习汉语是非常必要的。教育的用处就在于受教育者必须成为一个能读、写并理解汉语的人。这样一来，他们移居泰国并在北部定居的最初四五十年间，男人通常优先学习汉字，聘请云南的中国人到家中教孩子。"[2]

白鸟芳郎编《傜人文书》[3] 收录有《家先单》《评皇券牒》《超度书》《招魂书》《金银状书》《游梅山书》《开坛书》《叫天书》《安坟墓书》《洪恩赦书》《女人唱歌》等经书的影印件。

神奈川大学瑶族文化研究所还对白鸟芳郎泰国西北部历史文化调查团收集的约 160 件瑶族经书进行整理，于 2014 年出版《南山大学人类学博物馆所藏上智大学泰国西北部历史文化调查团收集文献目录》[4]，该目录所著录瑶族经书在德国版基础上，增加了瑶族经书的相关照片。[5]

（六）丹麦所藏瑶族经书

《瑶族手稿目录》为丹麦哥本哈根皇家图书馆所藏瑶族文献作品目录。目录介绍了 37 种瑶族文书，均为汉文书写，主要涉及中国传统宗教和社会生活。

1　〔日〕白鸟芳郎编著，黄来钧译《东南亚山地民族志》，第 46 页。

2　〔泰〕差博·卡差-阿南达等：《泰国瑶族四题》，广西瑶学会编《瑶学研究》第三辑，南宁：广西民族出版社，1993，第 93 页。

3　白鳥芳郎編『傜人文書』東京：講談社、1975.

4　神奈川大学歴民調査報告第 17 集『南山大学人類学博物館所藏上智大学西北タイ歴史文化調査団収集文献目録』神奈川大学大学院歴史民俗資料学研究科発行、2014.

5　何红一、陈朋：《美国国会图书馆馆藏瑶族文献的抢救性整理研究》，《文化遗产》2018 年第 5 期。

这些手稿的年代为 18 世纪至 20 世纪初，收录了瑶族特有的汉字。目录特别为从事手抄本和珍本研究的学者提供了重要的参考资料，其间收录的 48 幅插图（半数为彩色）有助于识别这些资料。[1]

第二节　瑶族社会的经书传承

一　瑶族经书的产生

瑶族宗教经书是瑶族文书中的一类。据 20 世纪 50 年代少数民族社会历史调查，瑶族民间用汉字记载的文献有三类：第一类是记录瑶族族源的《评皇券牒》；第二类是记录各宗支来源的族谱、家谱、家先单；第三类是师公、道公喃神[2]时用的经书。[3] 宗教经书即为师公、道公喃神所用。

云南省西畴县蓝靛瑶《文字来源歌》讲述古代无文字，瑶人盘明护为了记事，用草绳编记号，后来演变成今瑶族使用的方块字。[4] 云南省西畴县、麻栗坡县蓝靛瑶《经书的传说》，讲述玉皇大帝派黄氏女在阴府修经写书，把经书传给人间的故事。[5] 瑶族历史上曾有自己的文字，同样见诸汉文史籍的记载。史称瑶族秘藏经书，清乾隆《贵州通志》卷七《地理·风俗》载贵定县瑶族"有书名榜簿，皆圆印篆文，其义不解，珍为秘藏"[6]。瑶族经书多借汉字记瑶音，或自创土俗字记瑶语，并受粤语影响，在历代传抄中出现较多错

1　Bent Lerbæk Pedersen，*Bent Rijksmuseum Volkenkunde*，Nias Press，2016.

2　喃即念诵，法师在仪式坛场诵读经文、神唱与神灵沟通，瑶族习称为"喃神"。

3　俸代瑜：《五排瑶命名制度的文化蕴涵——家乡本土民族文化系列研究之一》，《广西大学学报》1999 年第 5 期。

4　杨永福主编《云南瑶族口传非物质文化遗产提要辑录》，第 67 页。

5　刘德荣、陆诚、陈国勇、蒋云珠主编《瑶族民间文学集》，昆明：云南美术出版社，2002，第 217～223 页。

6　《文渊阁四库全书》第 571 册，第 184 页。

别字、简笔字、代用字等，这使得瑶族经书较难理解。[1]

清张澍《养素堂诗集》卷三《黔中集上》之《黔苗竹枝词》诗曰：

　　山闲采药鹧鸪啼，到处行医路不迷。
　　榜簿未知成底说，似将本草作刀圭。

其注释称："猺人在贵定勤耕种，暇则采药，沿村行医。有书名榜簿，皆圆印篆文，珍为秘籍。"[2]

清舒位《瓶水斋诗集》卷二《瑶人》：

　　秋蛇春蚓贮青囊，可有神仙辟谷方。
　　何事居山偏爱水，草根短短树皮长。

其注释称，瑶人"有书名榜簿，其字类今所摹钟鼎款识者，然绝无考证，而彼珍为秘藏，愚者亦或谬赏之"。[3] 所载瑶族的"榜簿"，应指瑶人的《过山榜》、家先单、《阴阳牒》。这些文书瑶人家庭代代传承，十分珍视，尤其家先单为瑶人世代珍藏并不断传抄，成为研究瑶族迁徙历史的重要文献。清张澍《续黔书》卷五也记载："猺人医书，谓之'榜簿'。"[4] 清代史籍对瑶族文书有大略相同的记载。[5]

1　参见张有隽《十万大山山子瑶社会历史调查》，国家民委《民族问题五种丛书》编辑委员会、《中国民族问题资料·档案集成》编辑委员会编《中国民族问题资料·档案集成》第5辑《中国少数民族社会历史调查资料丛刊》第114卷《〈民族问题五种丛书〉及其档案汇编》，第287页。

2　《续修四库全书》第1506册，第154页。

3　（清）舒位著，曹光甫点校《瓶水斋诗集》下册，上海：上海古籍出版社，2009，第792页。

4　《续修四库全书》第735册，第333页。

5　《皇清职贡图》卷八，清谢圣纶《滇黔志略》卷二十九《贵州·苗蛮》，皆有瑶人"榜簿"的记载，清李宗昉《黔记》卷三则有瑶人"旁甀"的记载。

在清代、民国时期的地方志中，有关各地瑶人文书的记载更多。[1] 清代贵州《百苗图》第三十六幅为瑶人图像，其文字介绍称瑶人，"家藏书，名曰榜簿。传图印文，意不可解"。[2] 民国《马关县志》卷二《风俗志·猺人之风俗》载瑶人经书，"父子自相传习，看其行列笔画，似为汉人所著。但流传既久，转抄讹谬，字体文义殊难索解。彼复宝而秘之，不轻示人，愈不可纠正矣"。[3] 民国《马关县志》记载瑶人父子自相传习经书的情况，与民族志资料所见瑶族经书传承颇为相似。

广东连南瑶族自治县大坪乡瑶人唐丁当公收藏有一份抄于明天启年间（1621~1627）的用于"耍歌堂"的《歌堂书》。[4] 而流传至今的《歌堂断卷书》中有"子孙万代保存《歌堂断卷书》崇祯戊辰冬立"的记载，[5] 崇祯戊辰为崇祯元年（1628），说明至迟明末已有"耍歌堂"的瑶族经书。

广东八排瑶《祖师恭状》文末载："祖先拜请淮南门下祖师主，岭南门下本师爷。东道广，佛山佳，连州佳官高良洞。南北朝大明二年戊戌年，军寮排民打米老，照古本抄隔，明朝正统己未年三月二十五日抄，《游排疏》一本付习读，为照头连南香坪村房老庇公收藏。"[6] 八排瑶经书将照古本抄写的时间上溯至南朝刘宋孝武帝大明二年（458），这与道教在瑶族社会传播的时代相符合。后于明朝正统己未年（1439）重抄。

本书研究的瑶族经书，有明确记载的最早的书写于明代。早在 20 世纪 60

1　民国《息烽县志》卷三十一，民国《八寨县志稿》卷二十一，亦有瑶人"旁瓵"的记载。

2　刘锋：《百苗图疏证》，北京：民族出版社，2004，第 145 页。

3　张自明修，王富臣等纂（民国）《马关县志》，民国二十一年（1932）石印本。

4　参见许文清《"耍歌堂"与连南排瑶文化》，广西瑶学会编《瑶学研究》第 1 辑，南宁：广西民族出版社，1993，第 322 页。《歌堂书》有十二本经书：《造桥》《香花》《收红尸》《发媒》《罗罡结界》《又变》《兵床》《迎兵》《夜来为兵》《长沙王》《开光》《招亡赦罪解结》。广东八排瑶度身称法名者之尸体为红尸，"收红尸"即将死者尸体移出房间至厅，使之坐在尸椅上。

5　李默、房先清编《连南八排瑶族研究资料》下册，第 843 页。

6　李默、房先清编《八排瑶古籍汇编》，第 407 页。

年代的瑶族调查中，就发现金秀大瑶山茶山瑶有明永乐八年（1410）的经书
两本。[1]

　　瑶族经书是用汉字抄写，夹杂一些瑶族的土俗字，则瑶族接受汉文化的
时间值得关注，其实在中华民族多元一体格局下，明清时期瑶族社会已较多
接受汉文化。民国时期庞新民从事瑶族的调查，他见到广东北江瑶山有汉人
先生在瑶寨教授汉文的现象："其识汉文之法，在每一村中，瑶人之有男孩
者，可相约请一冬烘，此辈多系乐昌或乳源等地之汉人（草头坪之教师，驼
背鹤发，年60余）。瑶童所读书籍，首为《三字经》，次为《千字文》《五字
经》《增广》《幼学》等。……于冬季'拜王'、'度身'或杀年猪之际，则请
教师饮酒。"[2]

　　度戒是瑶族社会传承久远的宗教习俗，受戒者要由师公授予法名，而
"使用法名是受戒入道的标志"。[3] 明代瑶族人墓碑碑文就有使用法名者，广东
连南南岗两个明墓，镌刻的墓志文中墓主法名分别为"唐法松公""唐法宽公
一郎"，根据墓碑所记墓主的生卒年庚，可知是明嘉靖年间（1522～1566）
人。广东连南南岗一盘姓瑶人族谱，记录在南岗定居已二十四世，一世祖法
名"先师八郎"，二世祖法名"法灵四郎"，此盘姓每世先祖都有法名。一世
若按二十五年计，则该盘姓开始使用法名也是在明代。湖南宁远县九嶷山舜
庙前，立有一块明万历四年（1576）丁懋儒撰《奉诏抚猺颂》碑，记述明万
历间招抚峒瑶盘法胜等及兵擒陈世禄事，碑文所载瑶目"盘法胜"就是明代
度戒接受法名的瑶族首领。[4] 法名是瑶族接受道教的标志，瑶族经书至迟于明

　　1　广西壮族自治区编辑组、《中国少数民族社会历史调查资料丛刊》修订编辑委员会编《广西瑶族社会
历史调查》第 1 册，第 417 页。

　　2　庞新民：《两广瑶山调查》，李文海主编《民国时期社会调查丛编·二编·少数民族卷》（下），第
383 页。

　　3　张有隽：《瑶族宗教信仰史略》，载《张有隽人类学民族学文集》上册，北京：民族出版社，2011，第
196 页。

　　4　湖南省地方志编纂委员会编《湖南省志》第二十八卷《文物志》，长沙：湖南出版社，1995，第 534～
535 页。

代已在瑶族社会中流行。田海（Barend J. ter Haar）《瑶牒新释》认为，瑶族的科仪文书最初出现于元朝，至明朝已逐渐定型。[1]

二　瑶族经书的收藏与传承

瑶族经书是瑶族人宗教仪式中使用的经书，包括经文、疏表、咒语、神符。瑶族经书由师徒抄写传承。师公、道公有一套完整的经书，自己照师父的抄本抄写，或请人抄写，因此各地使用的经书略有差别。经书用汉字抄写，也有的用汉字记瑶音，用瑶语诵读。经书中有一些自造生字，学术界称为土俗字，这些土俗字的产生，是瑶人写经中的创造。

学界根据瑶族宗教文书的性质、用途对其予以分类。张有隽《中国瑶人文书及其研究》将瑶人文书分为六大类，即过山文书、族谱和碑文石刻、宗教经书、歌书、医书及其他瑶人文书。[2] 国外学者对瑶族宗教文书有不同的分类。越南陈友山将瑶族文书分为四大类：经书、择吉通书、祭祖用书、求治病书。[3] 欧雅碧、宋馨（Shing Müller）编《瑶族之宗教文献——概述巴伐利亚州立图书馆之馆藏瑶族手本》，将金门瑶的宗教经书依文本类型分为五种：（1）"经"，见于《道藏》的经书，例如《度人经》《玉皇经》《救苦大部经》；（2）"科"，为瑶族的科仪文书，用于打斋、打醮或度戒等仪式，如《伸斗科》《喃灵科》等；（3）"表奏"，仪式中祈请神灵的文书，如《牒式》《诸章格》等；（4）"秘语"，瑶族师公师徒间秘密传授的法术，经书中称"金语""天机"，秘语在仪式中与科仪本相配合；（5）"小法"或"法书"，记载非正统道教的小法术。"经"主要为道公使用；"科""表奏""秘语"则道派、师派皆有；"小法"多为师公所用，金门瑶的宗教文

1　Barend J. ter Haar, "A New Interpretation of the Yao Charters," in Paul van der Velde and Alex McKa, eds, *New Developments in Asian Studies*, London: Kegan Paul International, 1998, pp. 3-19.

2　张有隽：《中国瑶人文书及其研究》，《广西民族大学学报》1990 年第 3 期。

3　〔越〕越南老街省文化体育旅游厅编著《越南瑶族民间古籍（一）》，第 1 页。

书少见。[1]

清乾隆四十六年（1781）四月二十日，两广总督觉罗巴延奏查钦州瑶人收藏经书说："查阅牒式，破烂不全，语多诞妄，全无文理，内有'大随、绍定、景定及宣德、嘉靖等年本相抄'字样。诘其牒式及书本因何收藏，据盘仁才等供称，伊等瑶人十二姓向来相传是盘瓠之后，此纸系积祖传留收藏，不知起自何时。至旧书四十六本，系四姓各家旧存。夷人尚鬼，凡有疾病即用此祈禳，亦系相传留下等语，似无遁饰。"[2] 《清实录》的这条记载，从一侧面反映瑶族社会收藏经书的情况。

清嘉庆《广南府志》卷二《风俗》载："猓人性犷悍，自谓盘瓠之后。自耕而食，少入城市，男女皆知书。"[3] 清道光《开化府志》卷九《风俗》同样记载瑶人男女皆知书，[4] 可见迁徙云南的瑶人有重视经书的传统。

西南少数民族地区的每个瑶寨都有经书收藏。有的普通瑶民家庭因祖上曾经有人做师公，家中也会有流传下来的经书。多的一家收藏七八十本，少的也有十本八本。根据张有隽等《十万大山山子瑶社会历史调查》，"道公经典种类颇多，仅在南屏一地发现的有五十多本包括近四十个科目，约三十余万字。……这些经书以清道光年间为多，光绪年间的也不少，余则咸丰、同治及民国年间亦有。"[5] 其中年代最早的一本经书，书主为李法寿，由祖师李经华传授。李经华是李姓瑶族进入十万大山的第二代祖公，李法寿是第三代

1　Thomas O. Höllmann & Michael Friedrich ed., *Handschriften der Yao* 1: *Bestände der Bayerischen Staatsbibliothek München*, Cod. sin. 147 bis Cod. sin. 1045. Verzeichnis der Orientalischen Handschriften in Deutschland；44, Stuttgart：2004, Franz Steiner, pp. 16–19.〔德〕欧雅碧、宋馨编，詹春媚译《瑶族之宗教文献——概述巴伐利亚州立图书馆之馆藏瑶族手本》，台北《民俗曲艺》第 150 期，2005，第 250~267 页。

2　广东省民族宗教研究院、中国第一历史档案馆合编《〈清实录〉与清档案中的广东少数民族史料汇编》，广州：广东人民出版社，2011，第 106~107 页。

3　（清）何愚纂修（嘉庆）《广南府志》，清嘉庆二十年（1815）修，道光五年刻本。

4　（清）何怀道、周炳修，万重筼纂（道光）《开化府志》，清道光九年（1829）刻本。

5　《十万大山山子瑶社会历史调查》，国家民委《民族问题五种丛书》编辑委员会、《中国民族问题资料·档案集成》编辑委员会编《中国民族问题资料·档案集成》第 5 辑《中国少数民族社会历史调查资料丛刊》第 114 卷《〈民族问题五种丛书〉及其档案汇编》，第 290 页。

祖公。据传李姓瑶族入山已有八代，则经书始抄年代为即清嘉庆（1796～1820）初年。《瑶族通史》在编写过程中征集到的广西富川、钟山两县平地瑶道经14种，绝大多数为民国时期抄本。[1]

广西贺州瑶族师公赵有福，是黄洞瑶族乡黄洞村千金屯人。20多岁就开始向其岳父赵福才学习做师公。现在主要从事的瑶族宗教活动有：组织还盘王愿、治丧事，过年、清明节、七月十五到各家祖宗灵位前奉神，结婚、进新居组织奉神等。赵有福现有新抄藏书一套，《盘王大歌词》为组织还盘王愿活动的后面部分，《还盘王愿（上、中、下）》三本为全套，包括红白事奉神等，其余为杂书，包括咒书、歌书等，另有《三戒书》一套，共12卷。

云南红河县石头寨乡旧施瑶寨有瑶族道公4人，其中道公陆福恩收藏有28卷瑶族古籍和16幅瑶族宗教仪式的神像画。[2] 云南省非物质文化遗产传承人邓贵勇，10岁时师从父亲学习瑶族诗歌及祭祀礼仪，成年后开始独立主持度戒仪式，较全面地掌握瑶族的经书内容，为村民主持清扫寨子、丧葬、婚礼、看日子等仪式。邓贵勇熟悉瑶族方块文字的三种读法（诗、经、白话），为瑶族古籍的整理出版做过翻译和校对工作。邓贵勇至今保存着度戒做师公的全套书籍和道具、神像，还收藏有民间地理及择日道书。邓贵勇撰写的《瑶族度师戒仙过程及含义》进一步规范了度戒的活动程序。[3]

瑶族家庭有保存家先单的传统，家先单作为简单的家谱记录历代祖先的姓氏源流。广西瑶族冯成英家的家先单：

三戒冯法胜——黄氏姐/三戒冯寺氏郎——邓氏五娘/二戒冯法明——赵氏姐/三戒冯法衫——赵妹菊/二戒台冯法案——黄氏姐/三戒台

1　奉恒高主编《瑶族通史》中卷，第619页。

2　龙俫贵：《瑶族传统道德与社会主义新农村建设——以红河县石头寨乡旧施瑶寨为例》，红河哈尼族彝族自治州民族研究所编《红河民族研究文集》第三辑，昆明：云南民族出版社，2007，第245页。

3　云南省文化厅编著《云南省非物质文化遗产传承人名录》，昆明：云南大学出版社，2009，第50页。

冯法保——赵妹福/二戒冯法顺——赵大妹氏姐/二戒冯法应——李氏姐/二戒冯法钱——盘氏姐/三戒台冯法官——李氏姐/二戒冯法清——陈氏姐/三戒冯法贵——赵氏姐/二戒冯法旺——黄氏姐/外祖盘法金、冯法天（生于戊戌年，1898 年正月初一日酉时）[1]

这份冯氏家先单传承十四代，几乎每代家先姓名中都有传度受戒的"法"字，显示是师派度戒的法名。第十四代冯法天生于戊戌年，即清光绪二十四年（1898）。法名之前的二戒、三戒，用以表示度戒的等级。按照瑶族社会的传统，只有度戒获得"戒名"者，子孙才能将其名字列入家先单，成为家先神而享受子孙的供奉和祭祀。黄贵权指出："《家先簿》并不一定真的写出来，但瑶族的每个人头脑里都有一本《家先簿》。"[2]

云南文山州瑶族师公、道公有收藏经书的传统，其中，广南县底圩乡石尧行政村那学村瑶族道公卢经龙有经书 71 种，丘北县羊街乡革羊行政村三家寨瑶族李贵忠的经书有 14 种，广南县底圩乡同剪行政村那洪村道公盘云明的经书有 12 种，那洪村师公盘应晓的经书有 19 种，那洪村师公盘应舆的经书有 21 种，那洪村道人盘玄绵的经书有 50 种，那洪村道人盘云台的经书有 2 种。其中卢经龙传承的经书中，不少经书题记显示是清嘉庆、道光、同治年间的抄本。[3]

云南文山州将收集整理的瑶族经书分为历史、度戒、丧葬、教育、科技、中医草药、本命书、阴阳牒、历书、故事书、创世歌、祭祀歌、婚姻歌、鸳鸯歌、各种信歌、新民歌等 16 类，150 多卷。有道书和师书《大道科》《通用科》《南宁科》《初真度戒科》《安龙科》《延生三朝科》《土府三朝科》《小

1　苏建灵：《桂江中游一个瑶族村落的生活习俗与宗教信仰》，《广西民族研究》1998 年第 2 期。

2　黄贵权：《瑶族度戒意义的历史演变》，郭大烈、黄贵权等编《瑶文化研究》，昆明：云南人民出版社，1994，第 108 页。

3　黄贵权：《文山州瑶族文字古籍》，载李国文编著《云南少数民族古籍文献调查与研究》，第 488～531 页。

醮科》等 60 余科。[1]

文山州麻栗坡县猛瑶族乡李发友、黄廷周以及南温河乡盘朝宽珍藏的道书、师书计 160 多卷。道书有《大道科》《南宁科》《贴简科》《初真戒度科》《天师度戒科》《土府宿启科》《土府三朝科》《诞生三朝科》《龙童茭简科》《安龙科》《破狱科》《贡王科》《迓王科》《告斗科》《赞灯科》《临时发丧科》《丧场科》《丧事说醮科》《丧事绕棺科》《沐浴科》《送终三夜科》《朝天百拜科》《东岳右坛科》《三时右坛科》《开启大圣科》《大斋宿启科》《释服笠幡科》《玉皇清醮宿启科》《斋醮圣神目》；《诸品经》、《玉皇经》（上、中、下卷）、《尊典经》（上、中、下卷）、《罔罗道场经》、《恩重道场经》、《度人道场经》、《度人经》、《玉枢道场经》、《救苦道场经》、《救苦灯经》、《玉枢经》、《血河经》、《血湖经》、《八良经》、《五斗金章经》、《消灾经》、《威罪经》、《弥罗经》、《清华经》；《良缘秘》《安龙秘》《清烃秘》《丧家秘》《颠倒秘》。师书有《救患科》《开山科》《招兵科》《本度科》《受戒科》《接圣科》《集川光科》《大献科》《长脚科》《明真科》《白录敕书》和不公开师道默念暗用的《集良秘》《初真秘》《簿命式书》《丧家式书》《师式书》《道式书》等。角瑶师书有《齐总通书》（查看吉日等用）、《先锋意者书》、《上情意者书》、《小开坛书》、《大开坛书》、《大歌书》、《送终疏意书》、《献饭书》、《送圣回宫书》、《小家先书》、《七星燃灯书》等。[2]

云南金平县金河镇石桩村瑶族师公黄金祥，保存有世代相传的瑶族经书32 种，多数是本色绵纸、楷体墨书的线装写本。包括：献神用的《关鬼书》，请神兵用的《招兵招粮许愿书》，神像开光点度用的《开光开山点度书》《上呈意者能用》，向神灵表白用的《玉明意者》，祭祀自然神灵用的《送瘟表》，

1　盘国金、盘艳明：《瑶文古籍》，中国人民政治协商会议文山壮族苗族自治州委员会文史资料委员会编《文山州文史资料》第 11 辑《少数民族专辑》，1998，第 65~66 页。文山壮族苗族自治州民族宗教事务委员会编《文山壮族苗族自治州民族志》，第 135 页。

2　杨桂林主编，麻栗坡县民族事务委员会编《麻栗坡县民族志》，第 154~155 页。

释罪用的《天地表》，丧葬用的《取坟墓书》，祈求神灵用的《救病表疏》，祭祀用的《阴赦赎命词》，扫墓安坟用的《安坟书》，"叫魂"仪式用的《造船书》，"招魂"仪式用的《招魂牒》，度师仪式用的《法书》，宗教基础知识经书《玩耍歌》。[1]

云南红河州编写民族志时曾专门收集瑶族经书，其中河口瑶族自治县征集到120余卷，绿春县征集到11卷，红河州民族研究所征集到29卷，红河县民族局征集到8卷。河口瑶族自治县瑶族民间有经书110余卷，红河县瑶族民间有经书140余卷，绿春县瑶族民间有经书80余卷，金平县瑶族民间有经书150余卷，元阳县瑶族民间有经书100余卷。散存于红河州的瑶族经书总数约有800卷。

河口瑶族自治县收集的蓝靛瑶经书有《盘皇歌》《瑶族古书》《道门二部共对联诸完》《灵符中卷》《华堂大会秘》等110多卷。金平县收集的勉瑶经书有《请圣科文》《下禁书》《开光开山点度书》《上呈意者能用》《贺星君书》《开山复朝全本》《三戒书》《看凶顺星位下界日》《招魂牒》《安坟书》《三戒加职戒民书》《三戒疏牒表文》《三戒表疏伸状牒文》《传度花押疏文伸牒状用》《师歌书》《三戒水盆雪山刀梯书》《传度表疏申牒用》《传度书》等150多卷。[2]

据云南少数民族古籍办公室的统计，云南瑶族古籍约有3000册。[3]

1987年4月，在湖南永州江永县松柏瑶族乡王家村瑶族王幼科家的阁楼上，发现100余块梨木刻制的瑶族经版，内容是神像画寄经文，还有太极图、八卦图等纹样图案。[4] 20世纪80年代，江永县民族事务委员会工作人员在黄

1　《金平和谐村黄金祥所藏瑶族古籍有哪些》，百度百科，http://yaozu.baike.com/article-330829.html，采撷日期：2019/4/22。

2　参见金平苗族瑶族傣族自治县地方志编纂委员会编《金平苗族瑶族傣族自治县志》，北京：生活·读书·新知三联书店，1994，第117~118页。

3　李友仁主编《信息社会与多元化：云南省图书馆百年馆庆国际学术研讨会论文集（1909~2009）》，昆明：云南大学出版社，2009，第250页。

4　刘戈：《试论江永瑶族〈经板〉木刻版画》，《零陵学院学报》2003年第6期。

甲岭乡杏菊村收集到一位 90 余岁瑶族老妇人保存的 131 块木质经版，其中字版 56 块，画版 75 块。其规格有大、中、小三种，大号版面 20 厘米×40 厘米，41 块；中号版面 15 厘米×30 厘米，42 块；小号版面 15 厘米×20 厘米，48 块。厚度都在 4 厘米左右。制作时间为光绪辛卯年（1891）。这些经版是她当师公的丈夫印经用的，20 世纪 40 年代丈夫去世后，这些经版她一直保存。[1]

西南地方志多载瑶人将经书"珍为秘藏""视为秘籍"，[2] 显示瑶族人视经书为家庭文化财富。瑶族人在分家时，家中老人的经书通常要分给各位子嗣。云南文山州广南县底圩乡那学村瑶族人曾有火灾中首先抢救经书的事例，"1949 年之前，那洪村盘姓家庭嫁到那学村卢姓家庭的一个女子，当她家的房屋失火时，她丈夫不在家，她第一个冒险抢救出的财产，就是她丈夫的一大箱古籍"。[3] 瑶族民间不乏保存经书的故事。云南文山州西畴县东瓜冲瑶族师公邓贵勇说："当时很多人把书包起来藏在外面，不放在家里，抄家就抄不出来。我听说过麻栗坡南哈村有人将经书藏在山洞里。"[4] 瑶族珍惜保护经书的传统，与道教重视经书传承的意涵是相通的。东晋葛巢甫《太极真人敷灵宝斋戒威仪诸经要诀》："南岳先生郑君曰：吾先师仙公，常秘此书，非至真不传也，万金不足珍矣。仙人相授于口，今故书之。仙公言：书一通封还名山，一通传弟子，一通付家门子孙，世世录传，知道者也。与灵宝本经俱授之，道家要妙也。"[5] 瑶族民间注重经书的保存，这种传统受道教注重经书传承的影响。

清李来章《连阳八排风土记》卷七《约束》，收录连山知县李来章在康熙四十三年（1704）七月二十六日发布的《焚猺书宣讲圣谕一则》告示中

1　杨仁里：《瑶族聚居区江永县发现一批经版》，《民族论坛》1987 年第 2 期。

2　刘显世、吴鼎昌修，任可澄、杨恩元纂（民国）《贵州通志》，民国三十七年（1948）铅印本。

3　李国文编著《云南少数民族古籍文献调查与研究》，第 518 页。

4　2021 年 8 月 25 日，云南省文山州西畴县，报告人邓贵勇（1943 年生）。

5　《道藏》第 9 册，文物出版社、上海书店、天津古籍出版社，1988，第 874 页。

说，连山五排十一冲瑶人，不肯读儒家的《五经》《四书》《孝经》《小学》，"平日排师之所教者，皆猺书也。猺书有数种，如《阎罗科》、《上桥书》、扶道降神等名，皆鄙俚诞妄不经。而扶道降神，崇邪诲叛，尤为无忌惮之甚者。《阎罗科》述破狱超度，《上桥书》言禳厄祈福，犹为道家科醮之常，至扶道降神，则侈谈纠凶犯正……"[1]

瑶族经书在瑶族社会中的作用，可从李来章记载的史料中得到说明。民国《连山县志》卷十四《猺俗》亦载："儿之聪颖者，不与读儒书，惟从猺道士学。亦有科仪，其文不可晓，学优者则延诸道为受箓，受箓者得衣朱衣，髻缠朱布，称为一郎、二郎、三郎，其妻亦以红布为髻笠。"[2] 历史上，瑶族传统社会重视经书的学习，要度戒传承师公之学的价值观深入人心。清邓倬堂《猺排八首》之三曰："旧传来桂管，筑居依岭岑。诗书彼何物，雀鷇别含音。黄冠有家学，文史手自斟。飞鸮岂不革，未许集泮林。"该诗注称："猺不读汉书，唯从猺道士学，学优者仍为道士，先年曾设猺学二名，后以不称罢之。"[3]

瑶族师公、道公是经书的主要抄写者。但民间也有专门的抄书人，瑶人请他们抄写经书，要给付一定的费用。我们在云南文山州西畴县访谈东瓜冲瑶族师公邓贵勇，他说"过去广东抄经老师提起一支笔、一盒墨就到处走，给这家抄完经书，那家看见了也想抄，他又去那家抄经"。[4] 瑶族经书一般是请汉人抄写，白鸟芳郎在泰国的瑶族调查，就在清莱府钦根县克纳库村遇见一个叫董胜利的抄经人。云南人董胜利和一位泰国瑶族妇女结婚后留居克纳库村，他平时抄写瑶族人的文书，逐渐将抄写、搜集瑶族经书作为

1　《四库全书存目丛书》史部第 256 册，第 314 页。

2　何一骢修，臧承宣纂，凌锡华增修（民国）《连山县志》，民国四年（1915）修，十七年（1928）增修铅印本。

3　何一骢修，臧承宣纂，凌锡华增修（民国）《连山县志》卷十四，民国四年（1915）修，十七年（1928）增修铅印本。

4　2021 年 8 月 25 日，云南省文山州西畴县，报告人邓贵勇（1943 年生）。

一种事业。[1]

　　根据黄钰、黄方平对泰国瑶族的调查，泰国瑶族传承的经书多为 18 世纪以来的抄本，这些经书"多为师公存藏，用汉文和瑶族土俗字抄写，用线装订成册，加封油纸封面，平时藏于干燥的箱柜之中，文献虽然陈旧，很少有霉坏和虫蛀现象，保存相当完好"[2]。

　　张有隽所见泰北瑶寨瑶人收藏经书的情况："多的一家收藏七八十本，少的也有十本八本。龙英寨师公赵有升，其生父邓文思是位度过戒的大师公，76岁过世，遗留给赵有升 77 部瑶经。巴岗寨社主邓承兴的父亲过去当村长（勉谷）又当社主，又是师公，死后遗留给承兴两大筐经书。以上都是藏书比较多的人家。经书用汉文杂瑶族土俗字抄写在类似湘纸的毛边纸上，用油纸做封皮，用线装订。平时放在火烘楼熏烤，很少有霉坏、虫蛀现象，保存完好。"[3] 泰国瑶族这种保存经书的方法沿袭了瑶族先民保存经书的传统。瑶族经书的纸多是民间土法生产的土纸。这种纸是用树皮沤制成浆，经过捶打成浓浆，过滤后将浆水倒入造纸模型，晒干后即成的粗韧的绵纸，有较好的防蛀特性。[4]

　　瑶族有传承保护经书的方法，这套方法行之有效，经书破损时师公会重新抄写，使古老的经书能够世代传承。明清时期的古瑶经抄本，通常使用八开绵纸做底本，用毛笔在绵纸上书写经文，用棉布或麂皮、羊皮做经书封面。为了防止经书受潮，瑶族人会在经书封皮涂桐油，或用防潮粗棉布浸桐油做封皮，在透风干燥处存放经书，或将经书放在竹篓子里悬挂火塘上方，这种民间方法可以使经书保存上百年。[5] 云南文山州西畴县东瓜冲瑶族师公邓贵勇

1　〔日〕白鸟芳郎：《瑶族文书和祭祀——关于泰国西北山地民族的调查》，《世界民族》1985 年第 4 期。邱力生译自日本《东南亚研究》1974 年 4 月号。

2　黄钰、黄方平：《国际瑶族概述》，第 260 页。

3　张有隽：《泰国瑶族的宗教信仰》，《张有隽人类学民族学文集》上册，第 406 页。

4　金秀大瑶山瑶族史编纂委员会编著《金秀大瑶山瑶族史》，南宁：广西民族出版社，2002，第 170 页。

5　参见罗宗志《瑶族的宗教文书——以桂北一位盘瑶师公所收藏之宗教经书为例》，《宗教学研究》2015年第 3 期。

说："装经书多数都是编一个大簸箩，然后用盖子盖好。因为簸箩一般是用老竹子编的，老鼠啃不动，它也不会生虫，它还通风不会起霉。经书装在簸箩里面，外面被烟熏黑了，但是里面纸还是白的。以前簸箩还编两个耳朵，经书、法服装在里面，徒弟就跟师傅挑起。"[1]

　　书法较好的师公乐意手抄经书，传给徒弟或者子孙使用。我们田野调查时见到，广西贺州市黄洞瑶族乡黄洞村千金屯师公赵有福、贺州市大平瑶族乡威竹村师公邓法银、广西恭城三江乡十八岭村瑶族师公陶希福所藏数十本瑶族经书均为自己抄写。广西荔浦茶城乡清良村黄泥坝屯冯金亮师公说："'破四旧、立四新'运动的时候，为了不让自家的祖传文书和神像画等资料被搜走，用塑料袋将它们包好藏到六娘山的洞穴之中，直至1970年代才找回来。可是经年的雨水浸泡及湿润的空气侵蚀，使得部分经书和神像画发霉腐烂。"[2] 我们在访谈广西贺州市黄洞瑶族乡黄洞村千金屯赵有福师公时，他谈及当年岳父的30多斤经书，有七八十本在"文革"中被没收了。赵有福年轻时在堂哥盘有乾家发现一木箱经书，是盘有乾父亲盘德安做师公时抄写的经书。盘德安是正度师，毛笔字好，他去世后家中无人做师公，这箱经书幸而未被没收。赵有福向堂哥盘有乾借来这批经书抄写，并请毛笔字好的表姐夫帮忙，还请贺州街上一周姓抄书人抄写一个月，这批经书得以全部誊抄传承下来。

　　就我们田野考察所见，就瑶族民间个人收藏的经书而言，通常一位师公收藏的经书在40册左右，这足以应对平时仪式需求。广西贺州市黄洞瑶族乡黄洞村千金屯师公赵有福有经书86册，云南省文山州西畴县兴街镇东瓜冲瑶族师公邓贵勇收藏经书47册。大英图书馆濒危档案项目对收集到的老挝每位瑶族人的经书有清楚的分类，持有经书一般在20~40册之间。在老挝瑶族经书EAP1126号的43位瑶族持有者中，有4位经书持有在60册

1　2021年8月25日，云南省文山州西畴县，报告人邓贵勇（1943年生）。
2　罗宗志：《瑶族的宗教文书——以桂北一位盘瑶师公所收藏之宗教经书为例》，《宗教学研究》2015年第3期。

以上，编号 EAP1126/1/3 为 63 册，EAP1126/1/13 为 64 册，EAP1126/1/25 为 65 册，EAP1126/1/40 为 72 册。老挝瑶族经书 EAP791 号的 34 位持有者中，有 6 位持有经书在 40 册以上，编号 EAP791/1/14 为 79 册，EAP791/1/19 为 55 册，EAP791/1/28 为 53 册，EAP791/1/24 为 46 册，EAP791/1/29 为 43 册，EAP791/1/25 为 40 册。广西荔浦茶城乡清良村黄泥坝屯冯金亮师公收藏有 123 部经书。其中 84 部标有抄写时间，最早者为嘉庆十四年（1809），最晚者可至 2013 年，大部分为 1980 年以来的抄本。其中，清代抄本 20 部，民国抄本 13 部，1950~1970 年代抄本 3 部，1980~2013 年抄本 42 部，无法断代的 6 部。[1] 冯金亮持有经书比一般师公多的原因是，他做师公以来长期注意收集经书，凡闻知周围哪家师公有经书，便都会想方设法去抄写。

瑶族经书中亦透露出师男学习经书的情况。历史上，瑶族民间经书"是通过在火塘边，以师传弟或父传子的形式逐代承传下来的"[2]。瑶族地区晚间照明主要靠火塘火光，师徒围坐火塘边教习，火塘教育是瑶族经书传承的主要方式。[3] 可以说瑶族的师公、道公、社老、寨老，多是接受火塘教育熏陶的民间文化人。瑶族人在火塘边传授经书，使瑶族宗教文化得以世代传承。

在粤北连南排瑶地区，1949 年前先生公的传授通常是采用招收学徒的方式，有 10~20 个学徒便可以开班进行教授。学徒首先学习文化，打下念瑶族经书的基础。在正式拜师学习的三年中，先生公每年都要教授瑶族经书，学徒要学完全部经书。[4] 广西紫荆瑶民黄通官收藏的瑶族经书，包括《盘王书》

1　罗宗志：《瑶族的宗教文书：以桂北一位盘瑶师公所收藏之宗教经书为例》，《宗教学研究》2015 年第 3 期。

2　金洪主编《道科书》（下），昆明：云南人民出版社，2011，第 10 页。

3　参见聂森《"瑶传道教"的仪式功能及其象征意义——基于贵州东南部过山瑶村寨的田野调查》，《宗教学研究》2016 年第 4 期。

4　《民族问题五种丛书》广东省编辑组编《连南瑶族自治县瑶族社会调查》，广州：广东人民出版社，1987，第 110 页。

《师歌书》《合盘书》《清醮书》《五谷书》等共 35 册，是瑶民黄通官祖孙三代一脉传承手抄的经书。黄通官的爷爷黄金胜，字法胜，由于贫穷交不起学费，靠偷听偷看村里私塾先生给有钱人家的孩子上课，学习汉文文化知识。黄通官的父亲邓庭科，字法灵，没有念过书，全是靠自学，不懂就问人。白天忙农活，晚上则在煤油灯下手抄瑶族经书。[1] 瑶族师公、道公有着抄写经书的热情和保存经书的民间智慧。瑶族社会长期以来形成了经书抄写传统，一旦经书年久破损、叔侄兄弟分家或亲人分离迁徙就会想办法重新抄写。

第三节　瑶族经书的抄写题记

瑶族经书包括经典、科仪、疏表、秘语、歌书、神唱等文书类型。[2] 瑶族经书内容广泛，涉及瑶族的历史文化、宗教信仰、风俗习惯、生产生活等诸多方面，是探寻瑶族文化和瑶人精神世界的宝库。瑶族经书是瑶族文书中的主要部分，主要是瑶族度戒、打斋、建醮、还愿等仪式使用的科仪本。经书的传写收藏在瑶族社会有悠久的传统，瑶族民间视经书为家庭文化财富。瑶族经书抄写后要制作封面，封面民间称为书皮，通常在封面、封底或第一页、末页附有抄写题记，内容多标明经书抄写时间，经书持有者姓名或传法师姓名，抄写经书的愿望、目的等。经书持有者称置主、东主、书主、字主、署士、置书主等。伯德雷恩图书馆藏瑶族经书通常都有题记，没有题记的经书多是封面缺损的残本。例如 S3500 号《丧家秘语》封面："丧家秘语一本，存你本，无钱自集。龙吟虎啸，左种兵千千，右神将万万。" S3500 号《丧家秘

1　参见丁桦《罕见手抄本〈瑶族经书〉》，《神奇的桂平》编委会编《神奇的桂平》，南宁：接力出版社，2004，第 74~75 页。

2　瑶族文书更能概括瑶族经书写本的各种类型，但在瑶族社会中师公将之习称为经书，故本书采用瑶族经书的概念。学界对瑶族经书有不同分类，郑德宏、李本高等编《瑶人经书》将所搜集清代湖南瑶族经书分为四大类：还盘王愿经、度度经、安龙奠土经、道场经。罗宗志《信仰治疗：广西盘瑶巫医研究》对引录的 318 本瑶族经书按宗教仪式用途分为：打斋、打醮、度戒、加职、还愿、开光、祭祖、送鬼、架桥、表奏、占卜、小法十二类。（罗宗志：《信仰治疗：广西盘瑶巫医研究》，第 169~174 页。）

语》第一页："大小丧终同用,老君秘语莫乱传。李朝忠。丧家秘语存本。亡故升天,福归孝门。东主李妙翰。丧家秘语,演教师傅李妙镇,给付弟子李妙翰,十方上达。咸丰贰年壬子岁次正月二十八抄完毕。"S3500 号《丧家秘语》第二页:"一本丧家秘语,投度师父李妙翰,执与弟子李云净,晨昏二晚,超亡度爽,用应十方上达。"抄经题记所附记的各种信息有助于瑶族社会历史文化的研究,在少数民族文书阐释研究方面更有范例意义。

20 世纪海外各大图书馆开始收藏瑶族经书,英国牛津大学伯德雷恩图书馆、大英图书馆,德国慕尼黑巴伐利亚州立图书馆和海德堡大学汉学研究所,荷兰莱顿大学国立民族学博物馆、丹麦哥本哈根皇家图书馆、美国国会图书馆、俄亥俄大学图书馆等,都收藏有不同数量的瑶族经书。其中英国牛津大学伯德雷恩图书馆藏瑶族经书最受学界关注。

一　伯德雷恩图书馆藏瑶族经书题记

英国牛津大学伯德雷恩图书馆藏瑶族经书,以古本较多而著称。在S3242 号至 S3547 号可考证年代的经书中,雍正年间(1723～1735)的瑶族经书有 1 种,乾隆年间(1736～1795)的瑶族经书有 11 种,嘉庆年间(1796～1820)的瑶族经书有 16 种,道光年间(1821～1850)的瑶族经书有21 种,咸丰年间(1851～1861)的瑶族经书有 21 种,同治年间(1862～1874)的瑶族经书有 7 种,光绪宣统年间(1875～1911)的瑶族经书有 16种,民国时期的瑶族经书有 10 种。

1. 雍正乾隆年间 12 种瑶族经书抄写题记

S3403 号《正一初真授戒科》扉页:"雍正三年乙巳岁五月初四日巳时起抄学极。"此干支并不准确。

S3395 号末:"乾隆三拾一年次丙戌岁九月初三日午时抄完。"

S3529 号《杂法一本》扉页:"乾隆三十三年丁亥岁次孟秋抄完。"按,乾隆三十二年是丁亥年。

S3428 号《大会伸奏神目式》扉页:"乾隆叁拾伍年庚寅岁次仲秋下浣念

四日穀旦录矣。"

S3429 号《逍遥川光科》末："乾隆三十八年十二月二十二日抄完。"

S3437 号《喃灵科》末："皇号乾隆四十年岁次□六月夏季日吉旦。"

S3412 号《破狱科·茭简科》扉页："清乾隆四拾五庚子岁辛巳月己酉朔廿九日抄完。"

S3314 号《讼冢章格》第一页："皇号乾隆四十六年二月望日录订吉也。"

S3410 号《师教帝母判座科》第一页："乾隆四拾捌癸卯岁贰月二十八日抄记。"

S3424 号《申斗科》扉页："乾隆五十乙巳年癸未月戊寅朔启誊。"

S3415 号《斋会章式》扉页："皇清乾隆伍拾柒年岁次壬子孟夏月念三日新录。"

S3513 号《水符科》扉页："乾隆壬子年丁巳月癸亥朔下旬誊竟。"

2. 嘉庆年间 16 种瑶族经书抄写题记

S3445 号《解冤家科》末："嘉庆六年辛酉岁四月十五日午时抄完。"

S3354 号《游梅山三十六洞书》末："嘉庆十一年二月廿日抄成,号《梅山洞歌语》壹卷。"

S3427 号《道门申奏式十王表式》扉页："嘉庆拾壹年丙子岁□季上旬抄存本。"此干支不准确。

S3405 号《解冤科》扉页："嘉庆拾二年丁卯岁七月初五日毕完。"

S3416 号《盘古科》扉页："嘉庆十三年五月抄完笔。"

S3501 号扉页："嘉庆十四年己巳岁二月朔十日午刻,笔丑。"。

S3491 号《三时十方忏悔亡灵科·竖幡科》封面："庚午年三月廿五日申庚时抄毕。"结合英藏 EAP791/1/8/1,此庚午年应是嘉庆十五年。

S3519 号《杂诸件秘密全本》扉页："嘉庆十八年癸酉十二月十六日给。"

S3409 号《诸书榜疏斋供神目对》末："嘉庆贰拾年秋季八月二十日完毕。"

S3256 号《天文六言杂字》末："皇上嘉庆廿二年十月十五日洪林体卦

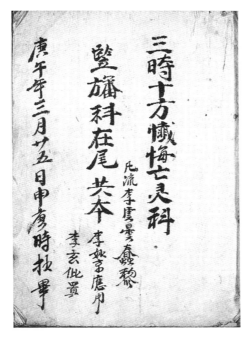

图 2-4　S3491 号经书封面

完灯。"

S3397 号《婚姻祭诸煞秘语》扉页："嘉庆贰拾二年丁丑岁次六月初一日午时订毕。"

S3408 号《无上玉京盟真救苦大小斋秘语》扉页："嘉庆二十三年戊寅岁壬申月丙申朔朔五日启笔，念日完。"

S3455 号《师公殄疫科》扉页："嘉庆二拾四年庚辰岁己卯月丁亥朔下旬抄誊。"按，嘉庆二十四年是己卯年。

S3361 号《三庙书》末："嘉庆二十四年己卯岁七月九日戊戌，抄号《流落三庙圣王书》。"

S3433 号《无上玉京大斋法》扉页："嘉庆二十五庚辰岁次端阳月念日。"

S3431 号《大斋密语》扉页："嘉庆贰拾五年丁亥月甲申朔越至甲寅日完。"

3. 道光年间 21 种瑶族经书题记

S3446 号《设醮科》末："书号道光元年六月十四日抄完。"

S3494 号《朝天百拜科》扉页："道光元年五月廿日订完。"

S3285 号末："大清道光三年癸未岁伍月十九日抄。"

S3423 号《敕坛科》扉页："道光三年壬癸未岁目连念日抄微笔。"[1]

S3422 号《杂解治邙（亡）秘语》扉页："皇号道光捌年戊子六月廿十三日抄到尾完笔。"

S3498 号《大献唱用》扉页："道光十二年壬辰岁七月二十日开手抄。"

S3479 号《斋醮秘语》扉页："道光拾六年丙申岁十一月廿九日完毕。"

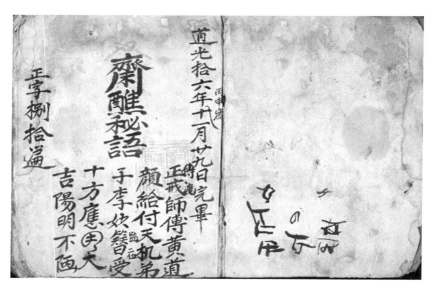

图 2-5　S3479 号第一页题记

S3542 号《蛟龙破狱科》扉页："大清道光己亥年正月抄完。"

S3417 号《单朝科》扉页："道光二十年庚子年二月初十日抄。"

S3466 号《设醮科·保当科》扉页："道光二十年庚子岁十月十三日。"

1　二十一日至三十日为"念"，目连念日即七月下旬。

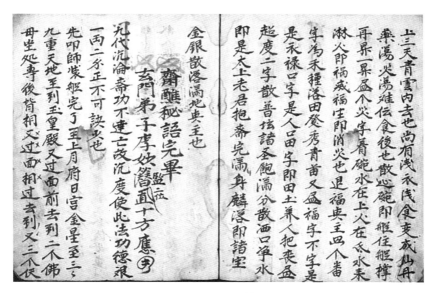

图 2-6　S3479 号倒数第二页题记

S3448 号《正一谢王化衣科》扉页："大清道光二十贰年壬寅岁三月中旬。"

S3464 号《谢雷科》封底："道光廿三年癸卯岁十月中旬录完。"

S3481 号《受戒咒符秘语》末："大清道光贰拾叁年五月十五日抄完毕记。"

S3387 号《求笤书》末："皇上道光贰拾四年甲辰岁五月廿六日。"

S3472 号《二宫科》扉页："道光贰拾伍年九月廿六日抄完。"

S3486 号《壹本红楼半（判）座科》扉页："道光廿五年岁次乙巳仲夏月吉日抄。"

S3493 号《百解大全》文末："道光二十六年岁次丙午腊月吉日念日抄完。"

S3459 号《二宫科》扉页："道光廿六年三月十一日抄完。"

S3482 号《开山科一本》扉页："道光廿七年春季四月初下元甲子抄完。"

另，S3469 号《古本救患秘语》扉页："道光十二月初十日吾时建生。"
S3274 号《一件亡人榜示（式）》末署"皇上道光厶年厶月厶日孝坛给榜"。

此两件文书无抄写时间，据此可知抄写于道光年间。

4. 咸丰年间 21 种瑶族经书抄写题记

S3337 号《水符科》扉页："咸丰辛亥岁四月中旬款抄完竟。"

S3478 号《无上玉京盟真法》扉页："大清咸丰元年十月初八日庚寅月完笔。"

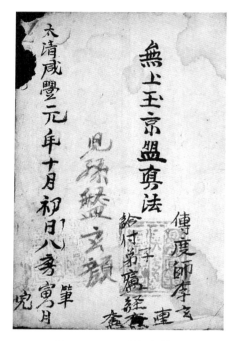

图 2-7　S3478 号经书封面

S3500 号《丧家秘语一本》扉页："咸丰贰年壬子岁次正月二十八抄完毕。"

S3368 号末："皇上咸丰四年甲寅岁二月三十日，依古抄成壹本法书在内。"

S3543 号《丧场秘语》扉页第二页："咸丰四年四月二十三日抄录。"

S3297 号《婚姻专花秘语》扉页："咸丰肆年甲寅岁五月初十日抄完。"

S3391 号《一本婚姻歌书》扉页："咸丰四年甲寅岁六月十六日晚终。"

S3288 号《宣词表脚引一纸》末："皇上咸丰四年七月二十二日完笔。"

S3434 号《抄杂百解秘语》扉页："皇号咸丰五年乙卯岁二月初二抄完成。"

S3338 号《开卦堂法》扉页："咸丰五年三月十六日抄完。"

S3508 号《关告、敕坛、静坛科》扉页："咸丰六年丙辰岁二月十六日抄。"

S3473 号《一本大会桥台科》扉页："咸丰六年丙辰岁贰月下旬六日旦出。"

S3432 号《杂咒叭秘蜜诸伤地狱全本》扉页："咸丰六年丙辰岁仲夏月念一日抄完。"仲夏月为五月，即五月二十一日抄完。

S3541 号《延生三时科》扉页："咸丰丙辰岁六□□□抄完。"

S3511 号《斋醮神目左班·飞章科》扉页："龙飞咸丰丙辰岁林钟念刊刻誊出。"龙飞喻指皇帝即位。可知抄写于咸丰六年（1856）六月二十日。

S3453 号《送终丧家秘语》扉页："下元末甲，丙辰年记。置主盘道仕辍笔袭，当遗留子孙后代承行。咸丰陆月复夹钟下弦旬六日。"抄写于咸丰六年二月二十六日。

S3461 号《安龙科·伸斗科》扉页："咸丰丁巳年五月二十三日毕。"

S3527 号《超度疏表法》扉页："咸丰七年丁巳岁七月初二日抄成完。"

S3536 号《灯筵救芯秘语》扉页："大清咸丰七年丁巳岁润雷宾月朔六日完。"

S3443 号《二雷招罗兵五》扉页："大清咸丰十年庚申岁蕤宾朔二日狴头完毕。"

S3355 号《猺书一本》末："咸丰十一年辛酉岁四月十二日抄完笔。"

5. 同治年间 7 种瑶族经书抄写题记

S3253 号《大学书篇》末："大清咸丰十二年壬戌，于响水寨馆中敬录。"咸丰十一年七月已改元，十二年为同治元年。

S3277 号《开邪禁、招魂、超度、奏星、请水法语共抄一本》扉页："皇上同治五年丙寅岁四月十七日，弟子簿法。"

S3454 号《洪恩二宵功曹罗五娘科》扉页："同治五岁丙寅年林月中十三日完毕。"

S3386 号《定地书》末："皇上同治七年戊辰岁六月初十日抄成。"

S3465 号《受戒秘语》扉页："同治戊辰岁甲子月念四日印好。"同治戊辰为同治七年（1868），甲子月念四日为十一月二十四日。

S3547 号《瘋疯天机秘语》扉页："太岁庚午年六月廿六日午时抄完。"此庚午年为同治九年（1870）。

S3477 号《安龙科》扉页："同治十一年秋集存本，太岁壬申岁三月下旬抄完。"

6. 光绪宣统年间 16 种瑶族经书题记

S3506 号《早晚救患、伸斗安龙、解冤秘共一本秘语》扉页："大清光绪元年闰德五月七日。"

S3435 号《盟真救苦引朝科》扉页："光绪八年壬午岁六月阴二日。"

S3488 号《安龙科一本》扉页："光绪十年甲申岁七月中旬日抄完。"

S3460 号《茭简在头，破狱科同，南昌在尾》扉页："大清光绪甲申岁夏季闰月下旬录出完竟。"

S3503 号《受戒二救共集》末："光绪十祀甲申岁闰十一月捌日冬笔。"按，此年不闰十一月。

S3251 号《盘古记》末："皇上光绪十二年丙戌岁四月二十八日抄成。"

S3532 号《道师授戒秘语》扉页："光绪拾二年端午月十二日完。"

S3444 号《杂集瘋疯密语》扉页："光绪十三年丁亥岁六月二十七日抄完笔。"

S3545 号《瘋疯秘语一卷》扉页："大清光绪十九年癸巳岁二月望八日龙尾下完笔。"

S3546 号《救患秘语》扉页："大清光绪十九年癸巳岁二月二十七日申时完笔。"

S3458 号《茭简科·破狱科·炼度科》扉页："光绪二十三年丁酉岁七月十二日申时抄完毕。"

S3485 号《清醮秘语》末："大清光绪廿三年十一月廿七日。"

S3332 号末："皇上光绪三十四岁戊申己酉十二月二十三午未时卦灯，打开天门赵法清。太上北极驱邪院川通间梅二教投师弟子赵法清，职位升在贵州道贵州政任之府住兵管天下鬼神凭字为号。"

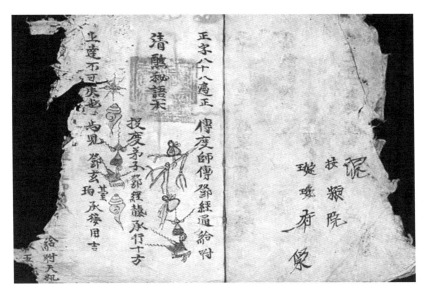

图 2-8　S3485 号《清醮秘语》封面

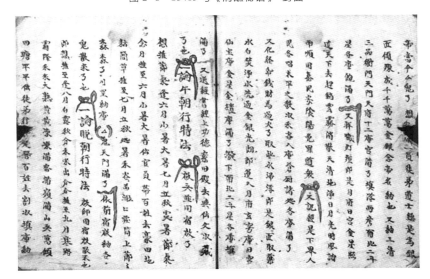

图 2-9　S3485 号《清醮秘语》经文

　　S3471 号《一本清醮秘语》扉页：“皇上光绪三十四年戊申岁肆月二十三日完笔。”

　　S3499 号《一本小百解密语》扉页：“光绪戊申岁正月二十三日辰录完解音。”

S3474 号《玄门授械（戒）秘语》扉页："大清宣统二年辛亥岁陆月初四日抄完。"按，宣统三年岁次辛亥。

7. 民国时期 10 种瑶族经书抄写题记

S3544 号《三宫二宫科》末："大清中华民国丙辰七月终笔。"

S3442 号《癗疯密语》扉页："大清民国拾陆年丁卯七月十一日完竟。"

S3383 号《解煞书》之《过七十二关》文末："皇上民国二十三年甲戌岁五月拾五日抄成。"

S3367 号末："皇上民国二十四年乙亥岁。"

S3286 号末："中华民国二十六年丁丑岁六月念九日。"

S3261 号《音释四书大学》末："中华民国二十七年戊寅岁七月十三日抄终。"

S3389 号《投鬼书》扉页："民国二十七年戊寅岁中旬。"

S3279 号《叫魂科》末："于民国廿九年仲春月朔六日。"

S3370 号扉页："皇上民国三十一年壬午岁五月完笔了。"

S3280 号《学法传阳歌》末："王上民国管下卅十六年丁亥岁四月十四日。"

民国以后，沿用民国纪年的还有 5 种。

S3399 号《劝学德师计》扉页："民国卅九年庚寅岁三月十四日。"

S3349 号扉页："大民国三十九年庚寅岁七月十六日抄出"。

S3333 号扉页："民国四三年甲午正月上旬成一本。"

S3284 号末："民国四十四年乙未岁六月十八日完。"

S3331 号《通书》扉页："民国五十三年甲辰岁七月十五日。"

根据经书文献和民族志调查资料，瑶族经书一般是雇请汉人抄写，或由瑶族师公自己抄写。西南地区潮湿的地理环境使瑶族经书最多保存百余年，因此现存瑶族经书古本多为清代写本。伯德雷恩图书馆现藏清代瑶族经书应有近百本，甚为珍贵。

二　广西荔浦瑶族经书题记

《番邪神用》："丁丑年夏孟月初旬羞笔写成，各位道公勿笑。"

《做修设马头意者起祖请神名》："语言不通顺，礼义不周，赵通林羞笔，各位祈祀诸君勿笑。"

《打大醮、安龙》："大清嘉庆拾四年朔九日兰贞雅堂抄完付记，盘姓永远应用。十方来请师兴旺，四处来迎家宅隆。"

《传度二戒串筵云梯歌》："宫音始平堂七世金亮抄录于四世祖元香公手抄本，公元九七年丁丑岁孟夏月初五日抄成，留与子孙后代应用。此书珍贵，不可失传。"

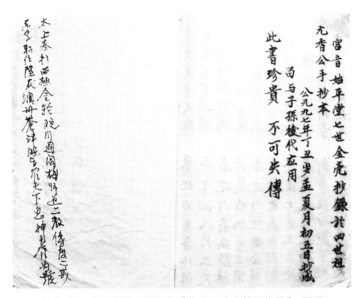

图 2-10　广西荔浦瑶族经书《传度二戒串筵云梯歌》题记

《请三庙起头白话》题记："荔邑钟明财拙笔代录，中华民国廿六年丁丑五月廿八日抄完白话书吉立，共订四十七篇正。""赵如品置，子孙永远便用。"

《十程解给沐浴科》题记："光绪二十年甲午岁五月十九日，依古誊抄十程解给沐浴科一卷，付与陇西堂印，荣朝珠号，代录人贺邑龙百氏印，儒林堂代笔。"

《天堂忏赦罪》题记："光绪二十年甲午岁五月十八日依古誊抄天堂忏赦罪书一本，付与陇西堂印，荣朝珠三兄权什为记，代录人贺邑龙百氏印，儒林堂代笔。"

《梅山科》题记:"光绪二十年甲午岁六月初三日依古誊抄梅山科一卷,付与陇西堂印,荣朝珠为记,代录人贺邑龙应氏印,儒林堂代笔。"

瑶族对中原汉文化堂号的接受,可谓是中华民族多元一体格局下文化传播的例证。瑶族不同姓氏有不同的堂号,瑶族经书题记中的陇西堂是李姓的郡望,天水堂是赵姓的,清水堂是盘姓的,始平堂是冯姓的。

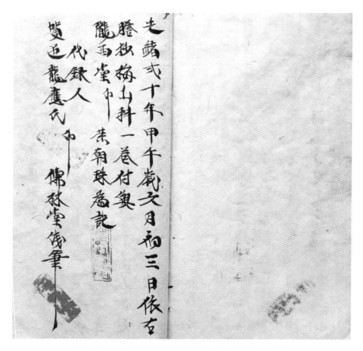

图 2-11　广西荔浦瑶族经书《梅山科》 题记

三　广东瑶族经书抄经题记

广东乳源瑶族经书《发兵转用》题录:"民国七年戊午嘉应沈炳燊嘉仁抄录。"[1]

---

[1]　盘才万、房先清收集,李默编注《乳源瑶族古籍汇编》上册,第251页。

广东八排瑶经书《门对联》题录："嘉庆庚申年，房君法进法夫灵公七十二郎笔抄起 11 份，连南香坪村房老庇公收藏。"[1]

广东八排瑶经书《祖师恭状》题录："明朝正统己未年三月二十五日抄《游排疏》一本，付习读为照头。连南香坪村房老庇公收藏。"[2]

广东八排瑶经书《游排疏》末记载："明古本，隔明朝正统己未年三月二十五日，抄游排疏一本。"[3]

民国三十七年（1948），由房法耕重抄的《夜头使用道书》末记载："明万历四年戊子古本抄起。"1980 年 10 月 15 日，房先清收集的广东八排瑶经书《花间甲坛》题录："明万历四年丙子年古本抄起，民国三十七年戊子二月二十二日，法庚立笔，香坪村房如拜公收藏。"[4] 这两则题记印证了瑶族经书古本因年代久远传承者会适时重新抄写的习俗。

从以上列举的广西、广东部分抄经题记，可见瑶族社会中抄经的风尚是一致的。现在各地瑶族师公收藏的经书，从其题记可判断多为清代及民国时期抄本。20 世纪 80 年代以来，各地新抄写的经书也逐渐增多。

1　李默、房先清编《八排瑶古籍汇编》，第 371 页。

2　李默、房先清编《八排瑶古籍汇编》，第 407 页。

3　张菽晖：《论排瑶经书的文化内涵》，广东省民族宗教研究院、中山大学人类学系、连南排瑶文化教学科研基地编，马建钊主编《排瑶研究论文选集》，广州：广东人民出版社，2013，第 340 页。

4　李默、房先清编《八排瑶古籍汇编》，第 558 页。

第三章

瑶族宗教与道教关系的考察

　　瑶族宗教与道教关系由来已久，早在公元 3~4 世纪，瑶族先民武陵蛮就已接受道教。宋代是道教在瑶族社会传播的重要时期，天心正法在瑶族宗教中的影响即是显著例证。瑶族宗教有着浓厚的道教色彩，道教众多神灵成为瑶族多元信仰的组成部分，早期道教的三元信仰在瑶族宗教中有着民族化、地方化的表现形态。瑶族宗教经书所载咒语、符讳、罡步、手诀等，是受道教科仪法术影响的反映。瑶族宗教中敕变印法、变剑法、变梯法、变身法等法术，是对道教存想法术的运用。本章通过瑶族宗教法术与道教法术的比较分析，考察瑶族宗教与道教的承袭关系。

第一节　瑶族道教源流

一　瑶族道教研究的简略回顾

　　瑶族宗教信仰和祭祀仪式深受道教影响，在南方少数民族中颇具特色。清代和民国时期瑶族地区的地方志，在风俗部分明确记载瑶族之道教。清道光《连山绥猺厅志》卷四《风俗》载："猺道自为教，亦有科仪，其义不可晓。学优者则延诸道为受箓，受箓者服朱衣。"[1] 民国《凤山县志》第

---

[1]　（清）姚柬之纂（道光）《连山绥猺厅志》，清道光十七年（1837）刻本。

三编《社会风俗》记载瑶族"作法，不用文字，但画符道教，或以口手足三部势。时而口吟手画，时而吞气瞪目，时而扼腕踯足而已，或画符于水，使病人饮之"[1]。道教祭祀仪式称为科仪，道教的传度仪式是受箓，而画符道教[2]是正一道符箓道派的特征，这些记载都准确反映出瑶族宗教具有的道教特质。

瑶族宗教的人类学研究，始于20世纪三四十年代的西南边疆民族调查。我国早期的人类学家杨成志、江应樑、梁钊韬对广东北江瑶族、粤北乳源瑶族的调查，徐益棠对广西象平瑶族的调查等，都曾关注瑶族的宗教信仰问题，并有调查报告发表。江应樑撰写《广东傜人之宗教信仰及其经咒》，认为瑶族的神灵从道教演化而来，瑶族祭祀的经咒太道教化，并做出结论说："傜人现时宗教，已经深度的受到汉人的道教化。"[3] 梁钊韬致力于对广东瑶族宗教的考察，所撰《阳山县上峒瑶民社会》第七节《宗教》，是其亲自观察瑶族宗教法事后所作论著，认为"粤北瑶民之宗教形式，不只上峒具浓厚之道教色彩，他如连阳各排，曲乐乳各坑冲皆然"[4]。梁钊韬于1941年调查广东乳源瑶族社会，发现瑶族宗教"最大的特质是浓厚地具有道教的色彩"，梁钊韬考察粤北乳源瑶族宗教中的道教神灵，认为"乳源瑶族的宗教果然是近乎道教"[5]。徐益棠认为瑶族社会的各种民间土俗神"是瑶人信仰的本质。这种原始观念曾受道教的影响，故呈出一种混合现象"[6]。

新中国成立以后，杨成志教授于1956～1957年率领广西瑶族调查分组，

1　谢次颜、潘鼎新修，黄文观等纂（民国）《凤山县志》，民国三十五年（1946）修，1957年广西僮族自治区博物馆油印本。

2　民族志资料中有"画符道教"之说，反映民间对正一道重符箓特点的认识。

3　国立中山大学语言历史学研究所编《民俗》复刊号第1卷第3期《广东北江傜人调查报告专号》，民国二十六年（1937），第36页。

4　《阳山县上峒瑶民社会》原载《大同》第1卷第2期。梁钊韬：《梁钊韬民族学人类学研究文集》，北京：民族出版社，1994，第10页。

5　梁钊韬：《粤北乳源瑶民的宗教信仰》，《梁钊韬民族学人类学研究文集》，第46页。

6　徐益棠：《广西象平间瑶民调查》，李文海主编《民国时期社会调查丛编·二编·少数民族卷》（下），第159页。

深入广西大瑶山进行社会历史调查，将收集的瑶族宗教信仰材料编入《广西瑶族社会历史调查》第一册，迄今仍是研究瑶族宗教的必读文献。当代瑶族学者张有隽参加《十万大山山子瑶社会历史调查》的编写，他负责的宗教信仰、文学艺术部分编入《广西瑶族社会历史调查》第六册，其中"道教信仰"一节，是有关瑶族道教内容最丰富的记录。当代学者胡起望、张桥贵等都曾撰文探讨瑶传道教和瑶族宗教的道教化问题。

对于瑶族道教的研究，国外学者有着浓厚兴趣。日本上智大学白鸟芳郎教授致力于中国华南和西南地区的民族研究，他于 1969～1974 年三次赴泰国西北部进行民族调查，其中 1971 年 10 月至 1972 年 2 月的第二次调查收获颇丰，在泰国北部瑶人中访得若干记载瑶族仪式的汉文文书。1975 年白鸟芳郎出版《傜人文书》，1978 年出版《东南亚山地民族志》。日本国立民族学博物馆竹村卓二于 1981 年出版《瑶族的历史和文化》，上述三部都是对瑶学研究有重要影响的著述。

法国远东学院的施舟人（K. M. Schipper）关注瑶族道教的问题，1972 年他于第二届国际道教学术会议提交的论文是《瑶族宗教大师的典礼仪式述评》。美国学者司马虚（Michel Strickmann）1979 年发表《道在瑶中：道教与华南的汉化》，认为在南宋统治的最后 50 年间，天心正法科仪在南方广泛传播。[1] 司马虚结合南宋王朝开梅山的史实，推测瑶族在 13 世纪后半叶接受道教信仰。雅克·勒穆瓦纳针对司马虚的观点提出不同看法，认为瑶族道士的所有活动是以古代道教实践为依据的，即公元 5～6 世纪的道教徒所熟悉的活动。[2] 雅克·勒穆瓦纳于 1982 年出版《瑶族神像研究》（*Yao Ceremonial Paintngs*）一书，从神像的角度研究瑶族的道教信仰，但他的研究领域不在道教，并未就自己的观点展开论述。加拿大麦吉尔大学的保罗·巴提克（Paul Batik）多次赴广西金秀大瑶山、上思县十万大山的瑶族村寨做田野调

---

[1]　Michel Strickmann, "The Tao among the Yao: Taoism and the Sinification of South China," 酒井忠夫先生古稀祝賀記念の編『歴史における民衆と文化—酒井忠夫先生古稀祝賀記念論集』国書刊行会、1982、頁 27～28.

[2]　〔法〕雅克·勒穆瓦纳：《瑶族的宗教：道教》，覃光广、冯利译，《民族译丛》1987 年第 2 期。

查，于 1999 年撰写《重塑瑶族中的道教仪式》，侧重瑶族宗教与道教关系的研究。[1]

二　道教在瑶族社会的传播

（一）早期道教传入瑶族社会

早期道教在巴蜀地区的创立，与西南少数民族有着历史联系。东汉顺帝时（126~144），张陵入蜀传教，创立二十四治，后张陵居巴郡阆中云台山，在賨人中发展信徒，经张陵、张衡、张鲁祖孙三代的经营，数十万賨人皈依了道教，巴郡成为五斗米道基地。[2] 东汉末年，天下大乱，群雄并起，张鲁依靠巴地賨人的力量，起兵夺取汉中。张鲁汉中政权时期，五斗米道形成庞大教团，使早期道教趋于极盛。西晋元康年间（291~299），賨人大姓李特率秦雍流民入蜀，得到賨人大姓、青城山道教首领范长生的支持，兵败复振，终于建立成汉政权，可以说成汉政权是賨人五斗米道信徒所建立的，这是继张鲁汉中政权之后，賨人建立割据政权的又一次成功尝试。[3] 在张陵于巴蜀创立道教之时，作为瑶族先民的盘瓠蛮，正活动在长江中游地区。早期道教的传播路线，应是从长江上游的巴地逐渐向中下游传播，道教在长江中游蛮区的活动，史籍中有踪迹可寻。东晋葛洪《抱朴子内篇·金丹》记载：汉魏之际，左慈在天柱山学道精思。天柱山是庐江灊山（今安徽霍山）三大主峰之一，自左慈灊山修道之后，又有灊山真伯赵祖阳、灊山道士张定等的活动。东晋时灊山有托名李弘者"养徒"，并称"应谶当王"，可知灊山道教颇有势力。而灊山是蛮族活动地区，汉时有蛮族酋帅雷薄、雷绪、梅乾、梅成等活动。雷氏是廪君蛮大姓，梅氏是盘瓠蛮大姓，对此笔者有专文讨论。[4]

荆州武陵蛮区亦有道教传播的踪迹。武陵蛮区的大浮山有"青玉坛"，独

1　Paul Batik, *Reinvention of Taoist Ritual among Yao Minorities*, Montreal：McGill University，1999.

2　张泽洪：《五斗米道命名的由来》，《宗教学研究》1988 年第 4 期。

3　张泽洪：《中国南方少数民族与道教关系初探》，《民族研究》1997 年第 6 期。

4　张泽洪：《魏晋南朝蛮、僚、俚族的北徙》，《四川大学学报》1988 年第 4 期。

浮山有浮丘子修道遗迹,《太平广记》卷三百八十九引《武陵十仙传》,据此可知魏晋时期武陵有十位著名的修道仙人。武陵是盘瓠蛮起源地,是蛮族聚居区域,这说明魏晋时道教已传入武陵地区。活动在湘州地区的蛮人,东汉时被称为"长沙蛮",魏晋以后被称为"湘州蛮",亦属盘瓠系蛮人。其活动范围在今湖南洞庭湖和资江、湘江中下游地区,这里有瑶族梅山教发源地梅山。从许逊、吴猛、梅子真传教梅山蛮区的史实,可以推测梅山蛮信仰道教当在两晋时期。[1]

瑶族在魏晋时期接受道教的原因在于,道教作为中华传统宗教,有向少数民族传道的教义。按照道教济世度人的教义,"四夷"也在大道的救度范围内。在道经中不乏"四夷"受道的记载。南北朝道经《正一法文天师教戒科经·天师教》说:"观视百姓夷胡秦,不见人种但尸民。"[2] 同经之《大道家令戒》亦云:

> 胡人叩头数万,贞镜照天,髡头剔须,愿信真人。于是真道兴焉。[3]

文中"夷""胡"皆指少数民族,"秦"则指汉人。北周道教类书《无上秘要》卷七《二十四职品》载:大都功要主管"秦胡氏羌蛮夷戎狄楚越"。[4]《无上秘要》卷五十载:斋醮科仪的"出官"程序,要出"东九夷胡老君,南八蛮越老君,西六戎氏老君,北五狄羌老君,中央三秦伧老君"。[5] 唐宋时期的科仪经书,在"出官"的仪格中,都有请出"四夷"神将吏兵的内容,说明在道教的神仙世界中包括少数民族的神祇。唐代道经《太上玄灵北斗本命延生真经》主张使"夷狄""蛮戎""心修正道,渐入仙宗"。[6] 宋王契真

---

1 张泽洪:《中国南方少数民族与道教关系初探》,《民族研究》1997年第6期。

2 《道藏》第18册,第238页。

3 《道藏》第18册,第236页。

4 《道藏》第25册,第335页。

5 《道藏》第25册,第183页。

6 《道藏》第17册,第9页。

《上清灵宝大法》卷三十一主张使道法"至戎蛮夷夏正化不及、日月不照之地"。[1] 唐代道经《元始洞真慈善孝子报恩成道经》有"治化中国，旁摄四夷"之说。[2] 明代道经《灵宝无量度人上经大法》卷六十六说："凡人世四夷八蛮、九州十道、六戎五狄"之人，都在道教的救度范围内。[3] 明代张宇初《岘泉集》亦立有"道化四夷品"。[4] 道教经典中所谓的"四夷"，是沿袭传统说法，泛指中原周边各少数民族。早在春秋战国时期，"东夷""西戎""南蛮""北狄"被合称为"四夷"。[5] 上述道经的记载说明，道教在创立和发展的各个时期，都重视在少数民族中传播大道。

张有隽《十万大山瑶族道教信仰浅释》认为瑶族聚居于武陵、五溪之时接受了早期天师道，明清时期南迁后的瑶族又接受了正一道。[6] 魏晋时期道教在瑶族地区的活动，还可从道教神仙信仰的传播进行考察。在瑶族道教的神灵系统中，既有本民族神祇，又崇祀道教诸神，构成道教神仙与瑶族神祇同坛享受供祀的场景。在瑶族道公经书《度戒科》的道教神灵中，有玉皇上帝、三清、三元真君、四帅、城隍、土地、诸天星君等50余位，囊括天界、地界、水府各路神仙。师公经书《鬼脚科》的180多位神灵中，有道教神仙、本民族土俗神、本家奉道三代祖内仙灵。[7]

度戒是瑶族宗教的传度仪式，它来自早期正一道受箓的规定。六朝道经《正一法文太上外箓仪》载：

1　《道藏》第30册，第934页。

2　《道藏》第2册，第31页。

3　《道藏》第3册，第990页。

4　《道藏》第33册，第342页。

5　《礼记·王制》说："东方曰夷，被发纹身，有不火食者矣。南方曰蛮，雕题交趾，有不火食者矣。西方曰戎，被发衣皮，有不粒食者矣。北方曰狄，衣羽毛穴居，有不粒食者矣。"（清）阮元校刻《十三经注疏》上册，北京：中华书局，1980，第1338页。

6　张有隽：《瑶族宗教论集》，南宁：广西瑶族研究学会，1986，第1~27页。

7　广西壮族自治区编辑组、《中国少数民族社会历史调查资料丛刊》修订编辑委员会编《广西瑶族社会历史调查》第6册，第279页。

　　四夷云：某东西南北四方荒外，或某州郡县山川界内，夷狄羌戎姓名，今居某处，改姓某，易名，某年岁月日时生。叩搏奉辞：先因丑恶，生出边荒，不识礼法，不知义方，曡秽之中，善根未绝。某年月日时，为某事，随某事得来中国，闻见道科，弥增喜跃。含炁愿活，凭真乞生，依法赍信，奉辞以闻。伏愿明师特垂矜副，谨辞。[1]

　　这段有关"四夷"入道受箓的经文，可以说是瑶族度戒传统的道法根据。

（二）史籍道经中所见道教的传播

　　据《上清天心正法序》的记载，淳化五年（994）八月十五日，饶洞天在华盖山三清虚无瑶坛掘地三尺，得金函天心正法，饶洞天为天心初祖，号正法功臣日直元君北极驱邪院使。天心正法包括鬼律、玉格、行法仪式等共120条，均由北极驱邪院掌判。[2] 宋金允中《上清灵宝大法总序》："夫印者信也，文移申发，以示记识，如世之张官置吏，有一官则一印，上而君父，下而士民，莫不认以为表志也。如行天心正法，则以驱邪院印为记，是行正法之科条，备驱邪院之属吏。"[3] 宋代天心正法在社会上颇为流行，瑶族宗教的许多文书都要上呈北极驱邪院，这是天心正法在瑶族社会传播的结果。雅克·勒穆瓦纳认为："将来，对闾山派传播的研究无疑将解释清楚闾山派传教对瑶族道教教义的影响。它们两者同属于8世纪天心正法传统。"[4]

　　道教在创立和发展的各个时期，都重视在少数民族中传播大道。《宋史》卷四百九十三《西南溪峒诸蛮上》载："初，有吉州巫黄捉鬼与其兄弟数人皆习蛮法，往来常宁，出入溪峒，诱蛮众数百人盗贩盐，杀官军，逃匿峒中。既招出而杀之，又徙山下民他处。至是其党遂合五千人，出桂阳蓝山县华阴

1　《道藏》第32册，第207页。

2　《道藏》第10册，第607页。

3　《道藏》第31册，第346页。

4　〔法〕雅克·勒穆瓦纳：《瑶族的宗教：道教》，覃光广、冯利译，《民族译丛》1987年第2期。

峒，害巡检李延祚……"[1]《续资治通鉴长编》卷一百四十三将此事载入宋仁宗庆历三年（1043）九月乙丑条。《宋史》此条叙事述西南溪峒的瑶人，瑶人十二姓中有黄姓，瑶族师公法事民间习称为捉鬼，他们在瑶族社会中有很强的号召力，号称黄捉鬼的巫师与其兄弟数人皆习蛮法，说明吉州巫黄捉鬼就是瑶族师公。宋范成大《桂海虞衡志》说桂海地区"又有秀才、僧、道、伎术及配隶亡命逃奔之者甚多"。[2]

（三）民族志资料所见道教的传播

1956年，广西少数民族社会历史调查组对金秀大瑶山开展调查，金秀、白沙、六拉、昔地四村的茶山瑶道士、师公有97人，占四村茶山瑶总人口816人的11.89%。茶山瑶普遍信仰道教，道教对茶山瑶社会生活影响很深。[3]

广东八排瑶《房氏年命书》[4] 作为瑶人房氏传承的族谱，讲述了房氏祖先沿淮南移居岭南至定居连州的历史。《房氏年命书》将居住淮南的房氏祖先房十四公大王、房十五公大王，称为淮南门下祖师主。从淮南来岭南的祖先房法进六公大王、法传四郎则被称为岭南门下祖师爷。与族谱中"淮南门下祖师主，岭南门下祖师爷"的说法相类似，不少瑶族经书皆有祖师、本师之说。经书概称为"前传后教祖本宗师"。[5] "房家祖师，房君法院二郎，房君法护三郎，房君法胜二郎，房君法用一郎，法记四郎，房君法保四郎，法兴二郎，房君邓君法用五郎，邓君法念二郎，前教后教祖本宗师，一皮兵马降下。"[6]瑶族经书中所谓淮南门下祖师主，岭南门下本师爷，是道教神灵与本民族土俗神的象征表述。[7]

1　（元）脱脱等撰《宋史》第40册，第14183页。

2　（宋）范成大撰，孔凡礼点校《范成大笔记六种》，北京：中华书局，2002，第153页。

3　刘保元：《瑶族文化概论》，南宁：广西民族出版社，1993，第165页。

4　李默于1989年在连南瑶族自治县大平脚村收集到房界堂公藏《房氏年命书》（即族谱）一本。李默：《〈排瑶历史文化〉史实商议》，《广东民族学院学报》1995年第3期。

5　李默、房先清编《八排瑶古籍汇编》，第505页。

6　李默、房先清编《八排瑶古籍汇编》，第177页。"一皮兵马"，应为"一匹兵马"。

7　"十一劝淮南门下祖师主，十二劝岭南门下本师爷。"李默、房先清编《八排瑶古籍汇编》，第97页。

广东八排瑶经书《房氏年命书》载高良洞八世法名说："一世房君法成九郎，年命丙辰年五月初一日午时生，享寿阳间六十岁，不幸于乙卯年八月十九日寅时在家故，安葬小利坪。"[1] 房氏一世祖生于丙辰年，即东晋义熙十二年（416），死于乙卯年，即刘宋后废帝元徽四年（476）。《房氏年命书》载十二世"法成九郎（连州高良洞）戊戌年法成九郎记"，[2] 此戊戌年应是南朝宋大明二年，即公元 458 年。《房氏年命书》载油岭十六世法名说："二十一世房君法才三郎，年命丁卯年五月十五日午时生，享寿阳间六十八岁，不幸于甲戌年十月二十八日卯时在家故，安葬地名油岭。"[3] 房氏二十一世祖生于丁卯年，即北宋乾德五年（967），死于甲戌年，即宋仁宗景祐元年（1034）。

房君法成九郎、房君法才三郎，都是瑶人度戒加职的法名，《房氏年命书》中多数先祖都有法名，说明房氏是奉道世家。房氏是宋代就已定居连州的瑶人。《宋史》卷四百九十三《西南溪峒诸蛮上》载庆历七年（1047）"诏补唐和、盘知谅、房承映、承泰、文运等五人为峒主，授银青光禄大夫、检校国子祭酒兼监察御史、武骑尉。知谅等，盖唐和党也。至冬，其众悉降"。[4] 北宋招降的连州瑶人中唐、盘、房三姓为峒主，说明八排瑶唐、盘、房三姓世居连州，八排瑶房氏的《房氏年命书》记载的世系是可信的。

练铭志曾在连南瑶族自治县油岭、九寨、大坪和东芒等地访谈过几位年纪较大、道行较高的先生公，他们一致认为做法事所念的不是自己的经书。油岭和东芒的先生公明确说，经书是祖先在道州（今湖南省道县）时从邻近的汉族那里抄来的。[5] 排瑶经书中也提及湖南地名。如八排瑶经书《开光》之

1　李默、房先清编《八排瑶古籍汇编》，第 904 页。

2　广东省民族宗教研究院、中山大学人类学系、连南排瑶文化教学科研基地编，马建钊主编《排瑶研究论文选集》，第 47 页。

3　李默、房先清编《八排瑶古籍汇编》，第 913 页。

4　（元）脱脱等撰《宋史》第 40 册，第 14185 页。

5　练铭志：《再论排瑶的经书》，广东省民族研究学会、广东省民族研究所编《广东民族研究论丛》第 7 辑，广州：广东人民出版社，1995，第 55~56 页。

《游兵师》说："第一夫老身姓何，住在道州及江华。……第二夫老身姓骆，住在湖南巷口角。……第三夫老身姓杨，住在连州及桂阳。"[1] 八排瑶经书《开光》之《下桥》称："且说二郎原出处，二郎出处有根源。二郎住在道州江华县，又住日宫宝剑香。"[2] 八排瑶经书《发牒》之《解钱》说："一心焚香拜请，请到上代湖南教主伯公，连山县奉管乡莲花等经保村阳名唐幼六郎，阴名唐法才，夏无分，文法进，文法田，文法华，夏一郎，夏二郎，夏四三郎，陈法富，马法辉，刘道行，彭子满，欧生魂，迷魂许魂阳教兵头谢君七郎，阴教兵头谢君八郎，明道八公、九公，大管押兵杨十九郎，统兵归临香案，受纳仙香。"[3] 八排瑶经书《招亡赦罪解结》之《降神》说："上化湖南教主伯公，连山县奉管乡经保村阳名唐幼六郎，阴名唐法财，下无分文法华，夏四一郎、夏四郎、夏二四三郎，一匹兵马降下。"[4] 经书记载广东排瑶祖先曾居住在湖南道州、江华、蓝山，其中提到的湖南教主伯公应是来自湖南的道士。连南瑶族《八排来源传说》称：排瑶先人从道州迁来连南，最早定居在黄埂。[5] S3285 号中的《又到退毒大法大退门外请师父用》文书称"奏到湖广道南学山，请上年值功曹、月值功曹、日值功曹、时值功曹"，亦是道教传播于瑶族社会的历史记忆。

清连山知县李来章《焚猺书宣讲圣谕一则》述及湖南籍道士赴八排瑶中传播道教的影响："排师多系楚之黄冠，贪猺财贿，潜身入排，喜其有事，为之谋主。猺人顽梗抗拒，多由渠辈指挥。而邪书数种，酿毒于童稚之年，沦骨浃髓，尤为难医之症。予深恶之，巡历诸排，搜其书尽焚烧之，拘其师差

1　李默、房先清编《八排瑶古籍汇编》，第 212 页。

2　李默、房先清编《八排瑶古籍汇编》，第 221 页。

3　李默、房先清编《八排瑶古籍汇编》，第 35 页。

4　李默、房先清编《八排瑶古籍汇编》，第 177 页。经文传抄中的"护南"，应为"湖南"。

5　连南县文化局编《瑶族民间故事》，连南瑶族自治县内部印刷，第 8~9 页。李筱文：《"耍歌堂"与祖先崇拜》，广东省民族宗教研究院、中山大学人类学系、连南排瑶文化教学科研基地编，马建钊主编《排瑶研究论文选集》，第 350 页。

押出境。"[1] 所谓"排师",即在八排瑶地区传道的道士。历史上常以黄冠代指道士,"楚之黄冠"一语概指来自荆楚地区的道士。唐宋时期论说儒释道三教,有以"楚之黄冠"代指道士的。陆游《渭南文集》卷十八《圆觉阁记》就说:"东夷南蛮,西戎北狄,霜露所坠,日月所照,莫不共此大圆觉中。鲁之逢掖,楚之黄冠,竺乾之染衣祝发,平时相与为矛盾为冰炭者,亦莫不共在此大圆觉中。"[2] 此文收入宋潜说友撰《咸淳临安志》卷八十三《寺观九》[3]。以此概指儒释道三教,则"楚之黄冠"概指道士。所谓来自中原地区的道士,实际以距离广东最近的湖南、湖北道士为多。

明代道教已传入广东排瑶地区,排瑶经书已采用道教科仪文书的格式。八排瑶经书《招亡赦罪解结》:"大明国广东道广州府连州连山县永福乡唐家水下坪源大掌岭立坛居住。"在《架桥书》《解太岁》《收退书》《夜来为兵》等经书中,也提到与上述"立坛居住"类似的记载。[4]

秦汉以来中华民族多元一体格局基本形成,道教长期影响瑶族等西南少数民族。"瑶族道教的师公、道公的两大派系,或许是瑶族道教传播的两大时期的产物。南宋王朝开梅山,可能促成天心正法在瑶区的传播,从而形成瑶族奉道的第二次高潮。"[5] 瑶族道教最早传播于公元3~4世纪,历史上道教对瑶族宗教的影响是持续不断的。

三　关于闾山教、梅山教的辨析

瑶族青年在未度戒受箓前称师男,在传度文书中称新恩弟子,而传度受箓以后,就可以称师公,有资格做法事救度世人。在闽西南道教闾山派传度中心永福,

---

1　《四库全书存目丛书》史部第 256 册,第 314 页。

2　《陆游集》第 5 册,北京:中华书局,1976,第 2145 页。

3　《文渊阁四库全书》第 490 册,第 882 页。

4　张菽晖:《论排瑶经书的文化内涵》,广东省民族宗教研究院、中山大学人类学系、连南排瑶文化教学科研基地编,马建钊主编《排瑶研究论文选集》,第 339~340 页。

5　张泽洪:《道教传入瑶族地区的时代新考》,《思想战线》2002 年第 4 期。

传度授箓仪式也使用师男、新恩弟子、师公等称呼。再从法器科仪等诸多共同特征，可知瑶族道教与闾山教有关系。闾山教属于正一道的一个支派，今福建、台湾南部道教多自称属于闾山教。由于闾山教与正一道的密切关系，该派又自称天师教、老君教，行用的法术被称为闾山法。受道教影响深远的闾山法，在《道藏》中最早见于白玉蟾的记载。《海琼白真人语录》卷一说：

> 巫者之法，始于娑坦王，传之盘古王，再传于阿修罗王，复传于维陀始王、长沙王、头陀王、闾山（山在闾州）九郎、蒙山七郎、横山十郎、赵侯三郎、张赵二郎，此后不知其几。昔者巫人之法，有曰盘古法者，又有曰灵山法者，复有闾山法者，其实一巫法也。[1]

白玉蟾有关巫法的论述，对于研究道教在瑶族中的传播至为重要。文中的娑坦王至头陀王，属于民间传说中的神祇，有的与佛教有关。而闾山九郎以下的神祇都是南方少数民族梅山教的神灵。所谓盘古法，应指瑶族的盘王崇拜的法术仪式，泛指瑶族宗教的巫术传统。瑶族神唱《盘王歌》有"盘古出世是寅日，盘古出世是仙儿"的唱词，[2] 显示瑶族盘古信仰蕴涵的道教神性。瑶族师公《鬼脚科》又称为《盘王书》，作为最重要的经书，其中即有立极先天盘古大帝。瑶族师公祭坛的旗头有盘王旗头，有盘驼圣帝、盘古宗胞、盘古一郎、盘古二郎等神灵。广西瑶族神唱《上坛歌》有"张天大法李天师，赵后三郎是我儿"的唱词，[3] 此赵后三郎就是赵侯三郎。瑶族经典有"张赵二郎来学法，学法回归度三郎"的经文。瑶族神唱《圣经喃词》中，

1　《道藏》第 33 册，第 113~114 页。

2　广西壮族自治区编辑组、《中国少数民族社会历史调查资料丛刊》修订编辑委员会编《广西瑶族社会历史调查》第 9 册，第 396 页。

3　广西壮族自治区编辑组、《中国少数民族社会历史调查资料丛刊》修订编辑委员会编《广西瑶族社会历史调查》第 9 册，第 394 页。

《上坛名》焚香祷请的神灵有"海翻张赵二郎，圣主打瘟赵后三郎"[1]，说明此二郎、三郎是瑶族信仰的神灵。巫法诸神中最重要的是闾山九郎，他是瑶族道教崇奉的法主。瑶族师公《鬼脚科》有梅山法主大圣九郎，在瑶族神唱《圣经嗬词》中，《下坛名》唱的是神灵有吕（闾）山法主九郎[2]。瑶族度戒的"挂七星"仪式中，师公所唱的经文，主旨就是闾山九郎传教法，来为师男传度授箓。师公从北斗第一星至第七星逐一吟唱，其中第二、五、七星的经文是：

抽起巨门第二盏，左边照过右边身。
庐山九郎来教法，师男释受法根源。

抽起廉贞第五盏，九郎降度祖师男。
今日九郎来传白，五湖四海永传扬。

抽起破军第七盏，七星照扶小师男。
庐山九郎来教法，师男释受法根源。[3]

经文中的庐山九郎就是闾山九郎，即瑶族崇奉的梅山法主大圣九郎。瑶族度戒受箓的弟子，经书中称为"太上奉行北极驱邪院传通闾梅二教三戒弟子"，如广西瑶族邓文思传度受箓的《具传度职位书》记载：

太上奉行北极驱邪院川通闾梅二教三戒弟子邓法安，职位升在广西

1　广西壮族自治区编辑组、《中国少数民族社会历史调查资料丛刊》修订编辑委员会编《广西瑶族社会历史调查》第 9 册，第 413 页。

2　广西壮族自治区编辑组、《中国少数民族社会历史调查资料丛刊》修订编辑委员会编《广西瑶族社会历史调查》第 9 册，第 413 页。

3　广西壮族自治区编辑组、《中国少数民族社会历史调查资料丛刊》修订编辑委员会编《广西瑶族社会历史调查》第 6 册，第 641～642 页。

道桂林府，座任之府，贵字为号。

《具加职位书》记载：

> 太上奉行北极驱邪院川通闾梅二教三戒加职弟子邓安一郎，职位升在南京朝内二部状院，注管天下鬼神为号。[1]

瑶族度戒加职的三戒弟子法名中带有"郎"字，宗教仪式的各种疏表文中要署职位称号，如"太上奉行北极驱邪院川通闾梅师道二教，三戒升明加职弟子李通三郎，职位升在轮保道转轮府正任之府，旨管天下鬼神，长生雷冶灵应五字为号"。[2]

所谓闾梅二教指闾山教、梅山教，此两派在南方民间影响很大。瑶族师公尊梅山法主大圣九郎为教主，又称之为梅山法主度法九郎。瑶族道经说梅山法主大圣九郎曾赴庐山向张天师学法，广西山子瑶的乐神歌《九郎唱》说，大圣九郎上梅山洞、雪山洞学法各三年，后过武当山遇真武斗法，大圣九郎与真武法术不相上下。大圣九郎学尽法术本领，然后度三元三将军、玄天女、邓天君等，以致真武、二郎、三郎等神灵都向大圣九郎拜法。其中唱道："九郎不闭梅山路，下凡个个出贤人。九郎闭了梅山路，拜法到天也不真。"[3] 梅山是瑶族的聚居地，是其祖先所在地，在瑶族道教中有重要地位，瑶人自认为其宗教的全部教义来源于梅山。瑶族经书有《游梅山书》，此"梅山"是阴间所在，在瑶族道教的祭祀仪式中，梅山是死者灵魂四处飘游的最后归宿。通过瑶族祭祀仪式呈现出的象征意义是，迁徙漂泊于异国他乡的瑶人灵魂最终都要回归祖先所在地梅山。

1　广西民族学院赴泰国考察组编著《泰国瑶族考察》，第275~276页。此文系张有隽于1989年3月5日在泰国帕府昌堤县龙眼寨瑶族赵全升家调查所得。

2　《"道教文明化"的阴间生命》，陈玫妏：《从命名谈广西田林盘古瑶人的构成与生命的来源》，台北：唐山出版社，2003，第116页。

3　广西壮族自治区编辑组、《中国少数民族社会历史调查资料丛刊》修订编辑委员会编《广西瑶族社会历史调查》第2册，第154页。

《海琼白真人语录》在闾山下注释说"山在闾州",但在中国历史地理中,并无闾州、闾山的地名。因此,雅克·勒穆瓦纳认为"闾"是"梅"在天上的对应词。瑶族道经说梅山法主大圣九郎曾赴庐山向张天师学法,再结合瑶族经文中庐山九郎、吕山法主九郎的记载,可以认为所谓闾山即为庐山。在这里梅山代表瑶族原始宗教,庐山代表瑶族接受的道教。梅山法主大圣九郎赴庐山学得道教法术,故瑶人称之为庐山九郎,而在闾山教中则称其为闾山九郎。如此看来,闾山教、梅山教二教是可以传通的,这就是瑶族文书中"传通闾梅二教"的由来。此推测也有人类学田野资料为依据,湖南邵阳民间传说梅山教原本是巫教,其祖师曾到庐山向道教祖师学法。在湘西南梅山教传播地区,信仰上洞梅山的猎人被称为梅山虎匠,梅山虎匠传承的经书科本就有闾山符、闾山九郎符等。[1] 今福建龙岩闾山教道士的醮坛,要建闾山衙,设闾山正堂,用"江州府闾山正堂"法印,[2] 而庐山就在江州府,这是颇耐人寻味的。

西南少数民族梅山教同样有闾山教信仰的元素。梅山教的科仪文书常常提及传授闾山教法,反映出梅山教、闾山教相互传通的特点。云南红头瑶《瑶族七星灯度戒文书》说:"师男亲受驴山教","承执驴山亲教主";"今日亲受驴山戒,凡间传取有根源"。[3] 经文将"闾山"写为"驴山",这是瑶族经书写本使用土俗字的反映。瑶族受戒弟子的文书,或称受封为"奉行太上老君门下封闾梅师道二教三戒弟子",或称"太上奉行北极驱邪院川通闾梅二教三戒男官弟子"。道教行天心正法,天心正法有天罡大圣、黑煞、三光等三符,行用"北极驱邪院印""都天大法主印"法印。瑶族科仪本中出现北极驱邪院,是天心正法在西南瑶族地区传播的证据。

1　李怀荪:《梅山神张五郎探略》,《民族论坛》1997 年第 4 期。

2　叶明生:《闾山教广济坛科仪本汇编》,台北:南天出版社,1996,第 262 页。

3　邓玉民:《瑶族七星灯度戒文书》,云南省编辑组编《云南少数民族社会历史调查资料汇编(五)》,昆明:云南人民出版社,1991,第 141~145 页。

图 3-1　北极驱邪院印　　　　　　　　图 3-2　都天大法主印*

* （宋）蒋叔舆撰：《无上黄箓大斋立成仪》卷四十三，《道藏》第 9 册，第 630 页。

图 3-3　明代的北极驱邪院印　　图 3-4　明代的北极驱邪院印　　图 3-5　明成化北极驱邪院印

　　广西瑶族《五谷关疏文》称"北极驱邪院，本坛给出五谷关文各一道"，[1]
此疏文是上呈北极驱邪院的文书。瑶族《还盘王愿》之《诏禾开仓》文书称：
"太上奉行北极驱邪院，川通间梅师道，二教三戒加职传度四戒弟子。"[2] 其实
瑶族的间梅师道二教，指间山教、梅山教两派，瑶族度戒的传度常常是师公、
道公同坛传法，因此弟子称"川通间梅二教三戒男官弟子"。广西瑶族宗教文

　　1　国家民委《民族问题五种丛书》编辑委员会、《中国民族问题资料·档案集成》编辑委员会编《中国
民族问题资料·档案集成》第 5 辑《中国少数民族社会历史调查资料丛刊》第 116 卷《〈民族问题五种丛书〉
及其档案汇编》，北京：中央民族大学出版社，2005，第 705 页。

　　2　张声震主编《还盘王愿》，第 166 页。

书《保安疏》声称"南极都法院串通间梅师道二教"。[1]《香火三庙共通连墨表式》称："太上奉行南极都法院，为任事臣师道二教三戒弟子冯法亮。"[2] 江应樑《广东傜人之宗教信仰》载度身之家门前张挂榜文曰"北极驱邪院醮坛内给出关粮公牒一道"[3]。信仰梅山教各族群的科书、神唱中，有大量怀念梅山的唱词，这是迁徙于南岭走廊的梅山蛮对于祖居地的历史记忆。关于历史记忆的功能内涵，法国学者莫里斯·哈布瓦赫（Maurice Halbwachs）认为"一个民族或一个社会的记忆是对过去的重构"。[4] 西南各族群怀念梅山的唱词，述说梅山仙境、梅山法主、梅山各峒的情况，反映出梅山教对各族群精神生活的影响。

综上，梅山教、间山教是瑶族的早期传统，即瑶族祖先居住梅山时已接受道教。当今福建、台湾的间山教尊间山许真君为法主。此许真君即晋代道士许逊，因曾任旌阳县令而被称许旌阳，他与吴猛及诸弟子居洪州西山传播孝道，后世被称为西山十二真君。许逊、吴猛、梅子真等曾赴湘州蛮区传教，[5] 宋乐史《太平寰宇记》卷一百一十三载：岳州平江县道岩山，"有老子祠，上有仙坛、丹灶。有池，岁旱祈祷有应。有许旌阳试剑石"；连云山"有吴真人炼丹坛"；梅仙山，"（梅）子真旧隐也"。[6] 许逊曾亲赴梅山传教，并留下传教的踪迹。南宋白玉蟾《玉隆集·续真君传》载："洪州分宁县梅山，有许旌阳磨剑之地。"[7] 湘州蛮区有与武陵山脉大致平行

1　广西壮族自治区编辑组、《中国少数民族社会历史调查资料丛刊》修订编辑委员会编《广西瑶族社会历史调查》第 9 册，第 723 页。

2　国家民委《民族问题五种丛书》编辑委员会、《中国民族问题资料·档案集成》编辑委员会编《中国民族问题资料·档案集成》第 5 辑《中国少数民族社会历史调查资料丛刊》第 116 卷《〈民族问题五种丛书〉及其档案汇编》，第 722 页。

3　江应樑：《西南边疆民族论丛》，北平：清华印书馆，1948，第 226 页。

4　〔日〕白鸟芳郎编《傜人文书》，第 127 页。

5　张泽洪：《许逊与吴猛》，《世界宗教研究》1990 年第 1 期，第 65~73 页。

6　（宋）乐史撰《太平寰宇记》，台北：文海出版社有限公司，1962，第 2 册第 102 页。

7　《修真十书》卷三十四，《道藏》第 4 册，第 762 页。

的雪峰山脉，雪峰山脉北段有梅姓蛮人居住，又称梅山，从许逊传教梅山蛮区的史实，就不难理解为什么闾山教尊闾山许真君为法主。

第二节　瑶族宗教经书中的道教元素

早在 20 世纪 30 年代，民族学家在西南瑶族地区的调查中就发现大量清代至民国时期的瑶族经书，根据瑶族宗教经书与仪式观察记录，认为瑶族宗教有浓厚的道教色彩。[1] 瑶族宗教有着丰富的科仪法术，这些法术秘语来自道教，但又适应瑶族社会的变化，法术的名称与瑶人的生产生活密切相关。

一　瑶族宗教的法术秘语

道教斋醮有丰富的法术科仪，这是历代科仪宗师建构的结果。宋元道经《灵宝玉鉴》卷一《道法释疑门》说："太极仙翁、萨真人、路真官、历代祖师，皆于此用心，以不负经旨也。"[2] 英国牛津大学伯德雷恩图书馆藏瑶族经书 S3433 号《无上玉京大斋法》论及的法术运用有：

> 论镇邪法、论变身法修斋用、人家初请之法、论存主之法、论存六畜之法、论混沌之法、论启斋法、论存家财法、论打丁之法、装坛法、论烧竹头法、论整坛法、查发之法、南相封坛一收六凶法、又收神兵神将之法、收贼之法、论收返师返主之法、收天煞地煞之法、收火殡之法诀、收官符之法、收六丁六甲六癸六壬之法、收天灾百病之法、又存家财六畜法、存村团之法、论合境法、开光坛院法、论伝睡法诀、发符吏功曹法、诸狱牒法、论会圣法言、论敕坛法、按香火法、按厨堂之法、又敕坛法、论宿起道法、按金钟玉磬法、通胭称职法、

1　奉恒高主编《瑶族通史》中卷，第 617 页。
2　《道藏》第 10 册，第 141 页。

此迄九帝法、论请圣法三时说醮同用、论宣开坛疏法、论按五老法、宣词法、宿启行道法、次飞酆都章开通章解秽章法、论开通路章酆都章法、论发放竜董茭简之法、存社坛法、宣洞阴天赦法、论启师破狱之法、论血盆生产伤法、破血盆地狱法、论虎伤之法、论禁虎头之法、论虎伤地狱法、论碓擂法、论存亡丁碓擂法、论杀狗偿伤法、生母药伤法、毒药死地狱法、金童案法、山熊咬死地狱法、论落石死地狱法、山猪伤法、山猪地狱法、又火烧伤法、禁火之法、或烧死地狱法、论木伤法、木伤地狱法、论水伤法、落水死地狱法、禁诸伤法、蛇伤地狱法、贼刺死地狱法、投龛死下墨堂地狱法、大斋破案法、论花楼案法、论受苦案法、又论风流堂法、论游乡案、玉皇中堂案法、论愁人案法、鸳鸯案法、论暗罗地狱法、论当天罗地狱法、吊颈伤法、吊颈死地狱法、过油盆法、论忏悔法、架黄道桥法、论净坛法、呈供法、投表判亡法、三宫酬斗法、告斗状法、迁王之法、初宵化财法、三坛法诀、论三时法、诵经法、论赞灯法、论升堂法、放禽法、放鱼法、赦食法专当今早、放赦法、放剑法、解讼之法、降真说醮法、飞章法、宣晓谕榜法、召孤法、咒宵露水登法、飞忏坟章法、金丝续命章、飞讼章仙拔章、玉皇赦劫章法、血湖章法、下堂炼度法、又祈谷章、运经入库法、大升度法、皇都经疏法、倒厨堂法、华夏退罡法诀、开光材楼法、拆坛院法、论吃写法、散筵退船法、论赞材楼之法、大洒秽法通用、大小斋醮秘密终毕。

经书中提到的下堂炼度法来自道教。道教炼度科仪的"炼",是法师以真火和真水交炼亡者的灵魂,"度"是交炼亡魂,拔度幽灵。宋元道经《灵宝玉鉴》卷三十八《炼度更生门》:

　　灵宝大法有受炼更生之道。外则置设水火,内则交媾坎离。九炁以生其神,五芽以寓其炁。合三光而明景,周十转以回灵,亦各依其本法而然耳。然必以妙无真阳之气，以具无质之质，以全真中之真，成此圣胎法身，蜕然神化，超出于二炁五行之外，不生不灭之表者，实由夫即身之妙也。苟达即身之妙，则自然成真矣，在得鱼而后忘筌可也。况道者神之主，神者气之主，气者形之主。故炼形合炁，炼炁合神，炼神合虚，则唯道为神，形同太虚矣。所谓金液炼形，玉符保神，形神俱妙，与道合真者是也。其炼度更生之道，确乎无以议焉。[1]

英国牛津大学伯德雷恩图书馆藏瑶族经书 S3431《大斋密语》记载瑶族宗教的各种法术科仪：

神兵神将法、发师收六凶法、天札地煞、收火殃法、禁官符、收五音、禁虎法、禁盗贼法、收返师返主、存主人丁法、存家财六畜、存村斋醮同用、存六丁六甲、收天灾百病、收勿毛犬猫、初请斋醮同用、存主、磨墨法、存亡、祛秽法、存清醮、存家财六畜、存斋醮五供、发师庄舡去、封坛消秽、丁踏法、击鼓法、合镜、开光坛院法、存坛院、散筵洗手、主交香钱、入睡、发符吏、会圣、敕坛法、安香火、宿起默咒、宿起法、安金钟玉磬、鸣法鼓二十四通、迓帝、请圣、皈依、信札、上香、安镇、宣开坛疏、安镇、解秽章、酆都章、宣词、宿起行持、飞酆都章、启师、存村厝坛、存主、竖玉皇幡咒、救苦幡咒、孤魂幡咒、放赦、宣赦、高功破狱、都讲咒、监斋咒、启油盆、引回、回坛、忏悔亡、探黄道桥、探水桥、存斗盆、点灯默咒、又请十保官、替棺椁、次判、初宵化财、取粮、迓王、开光表、投表、三坛桉教、皈依、依教宣科、存墓殿、招神煞、开光、安龙法、大庆墓法、替墓款、安救苦三时、大斋早朝安玉皇大教、午朝升堂、晚朝、召孤魂法、咒雾露、解讼、设醮、飞讼章、金丝章、消灾章、忏坟章、赦劫章、祈嗣章、炼度、宣都疏、

1　《道藏》第 10 册，第 398 页。

讽弥罗咒、倒香炉法、考大案、拆坛院法、开光材楼、赞材楼、度牲、回坛拜佛咒、邦法散筵、散筵、安座咒。

其中的存想、高功破狱、炼度、上章、咒语、表文，早朝、午朝、晚朝的三时科仪，安金钟玉磬、鸣法鼓二十四通，都是道教科仪中常见的仪节。

瑶族秘语法术中的很多内容对治处理社会生活中的具体事项，这又反映出瑶族宗教保留着较多原始信仰和地域社会的民间传统。英国牛津大学伯德雷恩图书馆藏瑶族经书 S3430 号，记载了瑶族宗教丰富的法术名目：

论打丁法、论存主法、论存六畜法、论混沌法、论丁木法、论取竹装坛法、论装坛院法、论烧竹头法、论整坛法、论发师出脚法、论安相承什雌雄鬼法、论水前火后化法、论水神兵法、论收五音邪法、论禁虎法、论禁盗贼法、论收返师主法、论收天煞、地煞含九堂大法法、论水火殃法、论黄幡豹尾法、论禁官符法、论六丁六甲法、存主本命元辰法、存家财六畜法、论存村团法、存香花五供法、存洪恩坛院法、论合镜法、论动鼓法、论放功曹牒法、论招香火兵法、论五伤鸡法、论札兵法、论立天廷法、论白道桥法、论投香火五供法、论进表法、论安坛法、论解秽法、论请圣法、论收什法、论倒清灯法、论倒清灯收什法、洪恩放推请牒法、论初造冲楼心法、论主男女开光法、论开光点楼法、论安楼法、又架黄道桥法、又招罗五兵法、又接圣法、又札兵法、又宣三元大会榜法、又放土地公法、又引出当今灯法、安厨堂法、又造娄人法、又竖幡法、又论贺楼法、又法师上台升堂法、又关开堂法、有论架解凶桥法、又宣晓谕榜法、便请帝母降坛中法、又宣黄榜法、又进词表法、又放鲁班法、又起地桥法、叩师觅取真花法、冲坛法、又二雷请圣法、又上香法、又献伍供法、又大小筵会安坛法、大会楗日姑法、引堂参拜法、又不长公不长母法、天平地平法、又封雾路瓶法、又宫地母法、又天和地合法、又婚姻和合法、又论七里暗山法、又川胎度子法、又送子归房法、二宵清灯法、又二宵清灯收什法、又度狃猚法、又祭莘筵法、又拜送帝母法、又水魂读命法、又倒娄法、又倒黄道布辰法、又收兵法、又倒罢法、又坛官隔别法、又簿官钩鎦法、又收什倒罢法、又请政谢兵旗法、又奉送圣贤法、又化财马法、解法服法、又丧家修斋者签伺、又倒筵会台盆法、又退回法。

大英图书馆 EAP550/1/18 经书中的法术：

又论放猛虎法、又论诸养伤之法、又论收天灾根源法用、又论殄疫村法、又论开卦学堂法用、喃水符鬼法、又祭治天灾病之法、又祭星神之法、又送怪之法、又祭雷伤之法、又祭全半败之法、占卦之法、又收星神之法、又祭五供之法、又殄天伤地伤去法、又论送三灾之法用三命牺牲祭、又论急时治病之法、又论灯炮伤人用此法、又论茅人替白虎之法、又论病替茅人一身三头法、又论替茅人一身七头法、又论一身九头茅人替病法、又论送虚花之法、又论感雷之法用、又论感雷未亏心不服之法、又论卜卦放之法、又论光降法、又祭双降鬼法、又论存禾魂之法、又论祭约交鬼之法、又论祭水符之法、又祭黄幡之法、又遮身法、又论大返师返主之法、又论煞师之法、又祭阴中龙完法、祭相军法、又替病人送茅郎人之法、又祭山难法、祭老人病架桥接命之法、又论五供名姓之法、又论炼关之法、又祭三煞之法、又早晚小儿祭孤独婆（婆）法、又论祭凶星法黄幡豹尾、又论安社皇法、又论哺年例保苗虫殄、又收星辰修造之法、又论替棺木法、又论婚姻秘密娶妇法、又解白衣煞之法、又解攀鞋驻马煞法、又解祭喃鬼大小筵法、又解短命天煞法、又解黄泉灭门煞之法、又解男正杀女女正男公姑同用法、又解铁扫煞法、又解丧门煞之法、又解夫妇煞之法、又解妨姑公之法、又解男女忌不娶妇不行嫁之法、又解煞或一夫或一妻之法、又论除铁扫煞法、又解或三麸煞或三麸之法、又解胞胎煞法、又解人踏煞之法、又祭分枊之法、又解寡宿煞之法、又解望乡煞之法、又解下生或池之法、又解上中下羊劫杀之法、又解吞炎煞之法、又解很以杀之法、又解血盆之法、又解诸煞之法、又解妇正杀公姑之法、又论男妇两边有煞法、又祭解血盆款满月之法、又论催六甲病生甲之法、又论兄来弟不□六甲病之法、又论催死甲之法、又论娶妇诸煞之法、又论虎咬伤人之法、又论熊伤人之法、又论落石伤人之法、又论山猪咬人之法、又论火烧伤人之法、又论木伤人之法、又论落水伤人之法、又论送马□之法、论打灵符之法。

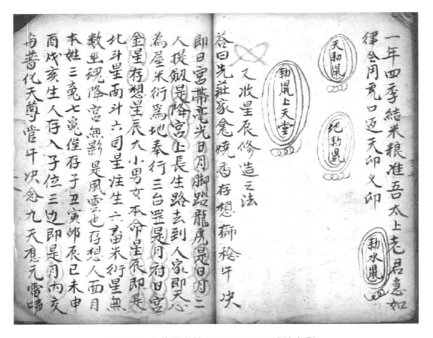

图 3-6　大英图书馆 EAP550/1/18 秘法书影一

大英图书馆 EAP550/1/105 经书中的法术：

重集润水源文法、一论揽亡故骨脉重安葬法、一论坟山劫败之马补之法、又替坟墓败之法、一论家败祖坟败年败覆炉存家财之法、一论送五灵怪用棺掷替、初启沉沦之法、一论破钱山九代沉沦法、一论斋醮咒

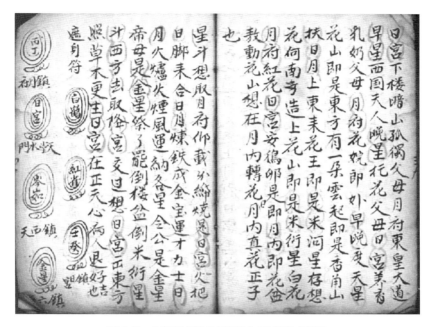

图 3-7　大英图书馆 EAP550/1/18 秘法书影二

诅邡初人来请、又主跪在门口之法、吉醮宽境存家财之备同用、又次取墨砚醮之法宽用、次又盖铠之法、又打新圣本境贡城案下之法、又打玉皇贡城之法、又打玉皇中堂案之法、一论斋短煉诸件同用之法、一论咒诅短煉不与修斋超荐之法、一论人咒邡道超道死法、又破香炉复㸿（燃?）灯之法、重合崩补填法、又论磨墨之法、又论发师咒诅格路法、又取五音邪师之法、又收官符法、又收四季灾之法、又收返师主之法、又收火殃之法、又收十二张刀刃之法、又收虎之法、又禁珀之法、又存庙境之法、又存六畜之法、又存斋主之法、又存正荐亡故之法、又存当今解冤之法、又存土府之法、又存延生之法、又存延生/土府/清醮/礼境坛院之法、又论法师咒诅格路之法用、一论法宽师凶门口破三个香炉装身之法、又一养凶门同用卷念去之法宽用、又重集一论古醮土府延生礼境磨墨之法、磨墨造坛院法、拎笔写字法、又存文书法、又论羌（差）法师之法、一论还愿金真祭相法、又宣书意法、一论打丁庄坛启混沌之法、一论启竹庄严法、一论取水洒竹财马法、又打丁路法、又造厨堂法、按水碗法、又去庄坛院法、绕竹头法、统脏造、血湖脏法、救苦脏法、又合镜法、又开光坛院法、又取纸盒法、又格秽法、一论大明法、取京法、又按三张纸法、又动鼓法、取纸识法、开光伸奏法、开启会圣法、一论敕坛法、又结界法、一论宿启之法、又钞醋法、请五老法、请左边法、请右边法、太极分高厚法、四命分功曹咒法、道由心学法、发炉咒法、安五星□法、二十四通法、取手间识字法、无上三天法、迓帝状法、取布架黄道桥法、伏下存主请两班之法、推五供法、献酒法、又开坛疏法、又镇五老法、又投词法、又宿启行时法、启师破狱法、又冤邝破狱法、六灵案法、先过油盆法、先炼度法、又破拳法、金真引乾法、启洞中法、跪下请师法、三时焚香法、投词法、三时行道土府延生回向法、晚朝八卦法、川坛法、祝愿信礼法、雪罪法、送沙饱法、享食法、小升度法、赐食法、一论诵经法、三宫寿斗法、上香迓帝法、点斗灯法、一论替棺椁法、一论架水桥法、又取粮法、又造坟墓法、又殄毒衣龙法、点墓法、开光龙牌法、填龙牌法、又存坟法、安方位法、割鸡法、或是要用补坟替坟墓法、又启朝天香接法、一论朝天经坛法、朝天撑伞解冤法、又把曲缚鸡法、又按玉皇幡法、又启师去朝天法、又召师法、又一论三坛皈依法、又论动解玉皇罪主百拜法、又大除案大解绕宝盖同三坛法、朝天雪罪大解冤法、又重开燃伸鬼法、过油锅法、重集朝天纳生灵法、重集合碗法、又合铛法、又合婴法、咒诅破否之法、又破否叫社皇合否法、一论咒诅斩竹木藤合之法、重另一论东狱解冤法、又重有一件东狱解冤行教法、又重东狱三时破狱法、又论除六负法、朝天撑伞法、又朝天经法、又论召六负法、咒诅取女人閟法、又论人肉供上帝法人咒用也、一论嗷铛诵经法也、又论存东狱/雷府宅法、埋鸡依前法、又开锅法、一论大伸咒诅叫鬼法、一论咒坏另大伸鬼之法用此也、过油锅亡故依前法用、称黄牛猪鸡毛依前法用、纳生灵依前法用、又咒诅邝破何物依前法、一论写结释冤立结或用、埋鸡依前法、又论□煎挑子法、又放鸡法、又分朝天钱法、又衣返过凳氏法、又论师公下堂返反解法、又除当今（令？）牌法、又朝天释冤了破拿顶法、又倒玉皇幡法、升冤法、回坛法、安当今（令？）牌、又一养回坛到门口法、有或东岳用此法、又川朝法、便进贡境王法用、一论降真说醮法用、黄道桥头迓帝法、伏请五师法、化从士疏法、引章上来法、信礼法、开光章法、飞章法、安墓土府章、金丝章、血湖章、解冤章、二献法、挥灯烛法、存灶法、破券法、诵经之法、谢将法、倒罡法、度财马法、解衣法、度生灵法、升生灵法、又养冤家祭荤法、又回家用水法、有退出门法。

大英图书馆 EAP550/1/177 经书中的法术：

又论动鼓之法、论安五老之法、玉察玉孔星、又诵经答天地法、破狱之法、初开斋醮之法、又封坛之法、又五供斋食之法、又轮宿所建之法、又分破暗之法、又金童玉赘之法、又安五灵五星法、又轮初着香衣奉道在坛院之法、又封器之法、又论启孤水灯之法、又轮升堂之法、又轮冤家之法、又轮度解湖心甲之法、又炼度之法、又轮设醮迎帝之法、又轮宣都疏之法、又轮倒幡之法、又轮安五老之法、一轮道士写章之法、又轮宣坛疏之法、又轮年生之法、又一开声开简之法、又论九帝姓名之法、又轮放伸奏公牒之法、一论禁坛之法、又初开卯用之法、又论祭功曹之法、又论宿启建坛之法、又考幡用之法、又敕送瘟王之法、又论三朝福炉之法、一论破纸之法、又一论解白衣煞、解攀鞋驿马煞、解短命短夭煞、解黄泉灭门煞、解相军骨髓煞、解男正煞女女正煞也、解公姑夫同次、解铁扫煞、解丧门煞、解八败大败煞、解煞一夫或一妻、解妨三夫或三妻、解胞胎煞、解妨媒人、分兵法之用、解寡宿煞、解孤神孤独煞、解前五鬼后五神煞、解望乡煞（此是媒人用）、解下生咸池法、解上中下半劫煞、解破家煞、解吞炎煞、解狼籍煞、解公姑夫法同用、解妨公姑、解妇正煞公姑、解铁扫煞、解短命煞法、解正煞三夫、解血盆法、解猪煞、殄温法。

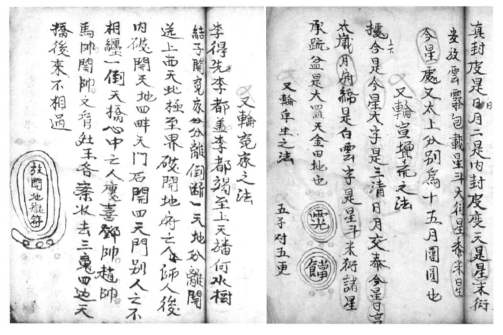

图 3-8　EAP550/1/177 又轮冤家之法　　　图 3-9　EAP550/1/177 又轮宣坛疏之法

广西荔浦瑶族经书《开禁书》中的法术：

敕招兵剑法、敕旗法、敕米法、敕禾法、敕水法、祭兵变口法、敕白席腰带法、又一件开禁敕水藏身法、敕藏身符法、藏村法、敕封闭、变碗法、变符法、变盘席法、变白布法、敕红布法。

广西荔浦瑶族经书《设杂鬼法语画杂符》中的法术：

藏病人床吾师敕变、变红鸾石法、骂鬼阳话、骂鬼章变法、出门藏身变体、出门变十物用、出门路五雷藏身、化笛存想内容、变香炉水碗法、招魂变阴桥、又封门法、变菜法、变酒法、变饭法、变茶法、变床法、又变饭法、变肉法、广西荔浦瑶族经书《合婚法斋坛变物法》中的法术：

> 变刀用、合婚一宗、雪山咒、又到雪山法用、又到起马出门变屋用、又到变刀用、又到变米用、又到变碗、又到变屋、又到修丧入殓亡人用、又到送亡变屋、又到王姥咒出丧用、又用七师供物关出丧用、又到变火把用、要行罡变九火把、又到放火、又到起火同起风、又到隔路塞闭、又到落马变亡人用。

广东乳源瑶族宗教有丰富的法术，用于度身经书中所载法术有：

> 又收邪师用，又收邪师法用，又收大邪师法用，又收邪师邪法用，门外用黄斑虎诀，又一条若系收邪师法用，变水法用，藏身法用，唱邪师歌用，招方位请藏身法用，又变茅法用，又变水碗藏身法用，又变大茅山法用，大声唱打病人身法用，又第二条大声打身，下冷汤法用，大落禁用，又变石头法用，又变碗用，又声唱过隔在此断界，坛前开金井法又下禁法用，收邪师法用，邪师歌，要行罡用，答法用，又敕左坛法用，神坛法用，又北方功曹，又中方总坛用，又藏屋法用，批计放邪法，又变草席法用，又变草席，又细声变草席法用，又变瓦缸用，又变杉板用，又变灯盏用，又变席角用，又变水槽法用，又变刀口法用，又变脚底用，又雪山咒冷汤法用，又茅山法用，又冷汤法用，火堂变犁头法用，又变火砖法用，吩水法，变手指法，变含犁头法用，踏火砖法用，下雪水法用，又变烧纸法用，又变手指法用，又藏身法用，又变锣鼓法用，又上刀山用，又一样踏水槽用。[1]

瑶族宗教法术还有隔路法用、闭门法用、出路寄身法用、敕茅郎藏身法用等。瑶族宗教经书所载"秘语"是法术中隐秘的一种，一些甚至以"秘语"作

1　盘才万、房先清收集，李默编注《乳源瑶族古籍汇编》上册，第255~256页。

为经名，如 S3408 号《无上玉京盟真救苦大小斋秘语》、S3372 号《新杂诸秘语诠本》、S3422 号《杂解治邙（亡）秘语》、S3432 号《杂咒叭秘蜜诸伤地狱全本》、S3434 号《抄杂百解秘语》、S3452 号《丧家秘语》、S3453 号《送终丧家秘语》、S3465 号《受戒秘语》、S3470 号《天师集解秘语》、S3474 号《玄门授械（戒）秘语》、S3479 号《斋醮秘语》、S3481 号《受戒咒符秘语》、S3483 号《重集秘语解法》、S3485 号《清醮秘语》、S3500 号《丧家秘语一本》、S3506 号《早晚救患、伸斗安龙、解冤秘共一本秘语》、S3515 号《清醮秘语》、S3522 号《一本祖传秘语》、S3532 号《道师受戒秘语》、S3536 号《灯筵救芯秘语》、S3545 号《瘟疯秘语一卷》、S3547 号《瘟疯天机秘语》、S3397 号《婚姻祭诸煞秘语》、S3297 号《婚姻专花秘语》等。

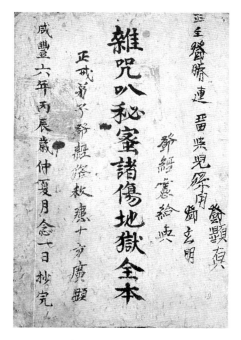 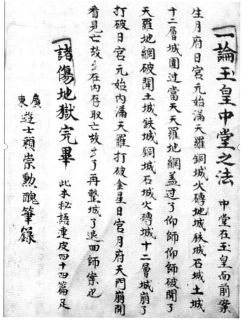

图 3-10　英国牛津大学伯德雷恩图书馆藏　　　　图 3-11　英国牛津大学伯德雷恩图书馆藏
　　　　　　S3432 号封面　　　　　　　　　　　　　　　　S3432 号末页

瑶族的秘语汲取于道教经书。宋曾慥《道枢》卷八《昆仑篇》说，登昆仑神山，"惟得秘语灵文，斯可至矣"。[1]《金莲正宗记》卷二载重阳王真人"遂索毫楮书秘语五篇，使之详读"。[2]《徐仙翰藻》卷十一《戒将吏榜》："此太上秘语，必无妄语。"[3]《天皇至道太清玉册》卷二《道藏三洞经目篆》："《上清大洞回车毕道秘篆》，一部八卷；《灵宝中盟秘篆》，一部八卷。此二篆，玉清琼札，太霄琅书，内诰密言，中黄秘语，开明三景，混合百神，服饵黄华，卷舒元气，玉田花满，徜徉三岛，烟霞金鼎，丹成啸咏，九霄日月，致虚抱一，飞步凌空。参受者仙藉（籍）登名，天宫进职，宿愆〔怨〕对，九祖超升。"[4] 广东排瑶《大传书》第二十六《解法门》说："今日当坛传授法，坛前授法听吾言。法在信州龙虎山，五岭坛前拜老君。"[5] 瑶族宗教法术有藏身法、雪山法、收犯法、五雷法、收惊法、隔路法、退卡法、收晒法、止血法、移灾法、变水法、变席法、变身法、变禾法、变碗法、黄河水法、开山法等上百种之多。绝大多数法术记在师公头脑里，这种师传法术一般没有文字记载。

二　瑶族宗教经书中的咒诀神符

瑶族宗教经书中的咒诀神符，在瑶族宗教仪式中有广泛使用。瑶族宗教经书中咒诀神符的不同格式丰富了瑶族宗教仪式坛场的内容，生动表达了瑶人对道教神灵和民间土俗神的崇信。瑶族宗教的咒诀神符汲取道教法术，而道教有经乃法之本，法乃经之用之说。宋金允中《上清灵宝大法总序》说："于是纂聚中洞诸经符咒诀目，集以成书，而实宗于《度人》之一卷。惟经乃法中之本，而法乃经之用。法出于灵宝，而隶乎洞玄，故谓之灵宝大法。由是经典之内，凡可以开度亡爽，利祐生民，符书法术，莫不兼收并录，灿然

1　《道藏》第 20 册，第 648 页。

2　《道藏》第 3 册，第 348 页。

3　《道藏》第 35 册，第 474 页。

4　《道藏》第 36 册，第 370 页。

5　练铭志、马建钊、李筱文：《排瑶历史文化》，广州：广东人民出版社，1992，第 472 页。

联属矣。"[1] 瑶族宗教仪式法术的运用亦体现出道教经法关系的特质，仪式中法师要运用咒语、口诀、书符、手诀等仪式元素通神，以达到济度亡灵、福祐生民的目的。

1. 咒语

咒语是颂神制邪之文，是瑶族宗教广泛使用的秘语。瑶族经书的咒语与道教咒语形式相同，道教认为咒是神灵的言辞，具有神通法力，能度人仙升、制星、制魔、制水、镇五方、济法界，故又称为神咒。周玄贞《皇经集注》卷六《神咒品十五章》："元始之妙言，玉皇之真诰，上清自然之灵书，九天始生之玄扎，空洞之灵章，上圣之秘语，玉宸之尊典，成天立地，开张万化，安神镇灵，生成兆民，匡御运度，保天长存；上制天机，中检五灵，下策地祇，啸命河源，运役阴阳，召神使仙；此至真之妙。又神应自然，致天高澄，令地固安，保镇五岳，万品存焉。"[2] 咒语是道教斋醮主要的法术手段，瑶族宗教运用咒语同样有此功能。

瑶族宗教咒语的名目，各地瑶族经书中有记载。S3399 号科仪经书有：

> 海翻咒、太阴咒、康元帅咒、马元帅咒、赵元帅咒、邓元帅咒、辛元帅咒、师父咒、玄天咒、财马神咒。

广西荔浦瑶族经书《华戒书》有：

> 太极咒、净口咒、海幡咒、灵宝进用、道德科、玉皇科、师父咒、邓元帅咒、马元帅咒、赵元帅咒、辛元帅咒、康元帅咒、献香咒用、灵王咒用、玄蕴咒用、邪师咒用、又到敕水法用、敕剑法用、请章入用、又到行罡差光入用。

1　《道藏》第 31 册，第 345 页。

2　《道藏》第 34 册，第 680 页。

广西荔浦瑶族经书《盘王书》有：

> 道德咒、圣主咒、北斗咒、李十六咒、李十一咒、李十二咒、师父咒、财马咒、邓元帅咒、辛元帅咒、康元帅咒、关元帅咒、赵元帅咒、马元帅咒、玄香咒、灵王咒、玄坛咒、太阴咒、弥陀咒、邪师咒、铜钟咒、功曹咒。[1]

广西荔浦瑶族经书《盘王书》有：

> 道德咒、圣主咒、北斗咒、李十六咒、李十一咒、李十二咒、师父咒、财马咒、邓元帅咒、辛元帅咒、康元帅咒、关元帅咒、赵元帅咒、马元帅咒、玄香咒、灵王咒、玄坛咒、太阴咒、弥陀咒、邪师咒、铜钟咒、功曹咒。

瑶族《北斗咒》的咒语内容，与道教《北斗咒》相同。广西荔浦瑶族经书《盘王书》之《北斗咒》曰：

> 北斗七星，天中大神，贪狼巨门，禄存文曲，廉贞武曲，破军辅星。大周天界，细入微尘，何灾不灭，何福不臻。元皇正气，来护我身，天罡所指，昼夜长存。隔欺小鬼，好道有灵，长天转仪，念赐长生。高上玉皇，紫微大帝，三台生我来，三台养我来，三台护我来。道德原行八宝表，五方小鬼走飘摇。

元代道经《法海遗珠》卷十四《告斗求长生法》之《识三台法》："三台生我

1　广西荔浦瑶族经书《盘王书》，有几个不同的经本，此为师公书的《盘王书》。

来，三台养我来，三台护我来。"[1] 宋代道经《太上三洞神咒》卷六《祈禳开度诸咒》之《北斗咒》：

> 北斗九辰，中天大神，上朝金阙，下覆昆仑。调理纲纪，统制乾坤。大魁贪狼，巨门禄存，文曲廉贞，武曲破军。高上玉皇，紫微帝君，大周天界，细入微尘。何灾不灭，何福不臻，元皇正炁，来合我身。天罡所指，昼夜常轮，俗居小人，好道求灵。愿见尊仪，永保长生。三台虚精，六淳曲生，生我养我，护我身形。魁魀魒魓魒魓魓尊帝，急急如律令！[2]

道教的《道法会元》中有《七星杀鬼咒》：

> 北斗灵灵，斗柄前星。贪狼躁恶，食鬼吞精。巨门烜赫，照耀光明。禄存吐雾，统摄天兵。霞冲文曲，光耀廉贞。威临武曲，真人辅星。天罡大圣，破军之精。四天闭黑，浊炁混凝。常持斧钺，手把天丁。威南一吸，胆碎心倾。灵官搜检，听察寻声，九州社令，一一呼名。诛锄凶恶，定罪不轻。横逆者死，慈善者生。斩头截足，粉碎其形。鬼妖荡尽，人道安宁。驱邪治病，符到奉行。急急如律令敕！[3]

元代道经《法海遗珠》卷四十二《书符咒》：

> 北斗七星，天中大神，上朝金阙，下覆昆仑。调理纲纪，统制乾坤。大魁贪狼，巨门禄存，文曲廉贞，武曲破军。大周天界，细入微尘，何灾不灭，何福不臻。元皇正炁，来合我身，天罡所指，昼夜常轮。俗居

1 《道藏》第26册，第802页。
2 《道藏》第2册，第93页。
3 《道藏》第30册，第54页。

小人，好道求灵，常见尊仪，愿保长生。高上玉皇紫微帝君急急如律令！[1]

瑶族的星斗崇拜来自道教，广西荔浦瑶族经书《无量度人经》直接使用道教经书，中说"无拘天门，东斗注算，西斗记名，北斗落死，南斗上生，中斗文（大）魁"。广西荔浦瑶族经书《敕五雷火用》：

> 敕变东方五雷之火，南方五雷之火，西方五雷之火，北方五雷之火，中央五雷之火，烧人人生，烧鬼鬼灭亡。准吾奉太上老君急急如令敕！

此咒语是宋代雷法传播于瑶族宗教的例证。北极驱邪院属雷部，主司杀伐扫荡邪秽，雷部四圣真君为道教四大护法神，亦称"北极四圣真君"。广西荔浦瑶族经书《藏邪师用》称：

> 天上之鬼，速上天堂，地下之鬼，速下地藏。你是奴婢之鬼，担枪在洞杀牛犍，光头禾尚四脑光。准吾奉太上老君急急令敕！

瑶族宗教咒语的"太上老君急急令敕"与道教咒语结尾词完全相同。瑶族师公在仪式中行变身法术时都要默诵咒语以配合使用。咒语可以庄严坛场，增强仪式的神秘气氛。瑶族宗教各种祭祀法事，从开始至结束，其间每一个程序都穿插有咒语，这是向神灵的诵祷、诉说。在瑶族宗教各种祭祀坛场上，师公祷告声琅琅，伴随鼓乐声声，祈祷天界神真降临。

2. 法诀

瑶族宗教的法诀是和咒语配合使用，法诀同样来自道教。道教高功的掐

1　《道藏》第 26 册，第 977 页。

诀法术有着丰富的诀目内容，道教的法诀有七百余目，[1] 即七百余种掐诀的手势。广东乳源瑶族修斋度亡仪式中运用的法诀有：

> 打巾头出大光明诀一道，小光明诀一道，封山诀一道，蛇头王诀一道，十万长沙王诀一道，飞天量诀一道、连天铁尺诀一道，大降魔诀一道，小降魔诀一道，起旗诀一道，犀牛诀一道，白象诀一道，麒麟诀一道，狮仔诀一道，黄斑诀一道，乌斑诀一道，豺狼猛虎诀一道，铜牛铁牛诀一道，大毒南蛇诀一道，五百蛮王诀一道，飞天毒雷诀一道，金龟强梁诀一道，飞天毒龙诀一道，孔雀明王诀一道，铜铳诀铁铳〔诀〕一道，长枪诀一道，短枪诀一道，铜弓木弩诀一道，差神诀一道，祖师诀一道，本师诀一道，二郎诀一道，三郎诀一道，三元法主诀一道，三帝将军诀一道，五营兵马诀一道，十道蛮王诀一道，大保师公封罗卵诀一道，山河社稷尽皈依诀一道。[2]

广东八排瑶接引亡师厅前坐兵床的科仪中，法师行用的法诀有：

> 大小光明诀、交鬼诀、诀陀头王诀、长沙王诀、飞天铁尺打鬼诀、连天铁尺打鬼诀、大小降魔诀、起旗、犀牛白象诀、麒麟狮仔诀、黄斑乌斑诀、豺狼猛虎诀、铜牛铁牛诀、大毒小毒诀、五百蛮雷兵诀、飞天毒诀、金龟强梁诀、崩山毒龙诀、孔雀明王诀、飞天潭鸟诀、铜铳铁铳诀、长枪短枪诀、铜弓木弩诀、琉璃火箭诀、祖师本师诀、三郎二郎诀、三元法主诀、三帝将军诀、五营兵马诀、十洞蛮王诀、叉神诀。[3]

1　张泽洪：《道教斋醮符咒仪式》，成都：巴蜀书社，1999，第 123 页。

2　李默、房先清编《八排瑶古籍汇编》，第 765 页。

3　李默、房先清编《八排瑶古籍汇编》，第 723 页。

瑶族宗教法诀名称，有的与道教相同，如祖师诀、三元法主诀，有的具有瑶族社会的特点，如十洞蛮王诀、大保师公封罗卯诀。瑶族宗教神唱更是生动赞颂法诀的功能，广西瑶族还盘王愿《着装引神歌词》："学法便学老君法，莫学释迦法不真。接诀便接老君诀，接尽间山鬼灭亡。老君得法传天底，释迦要度九年春。"[1] 广东乳源瑶族《承帽变帽》："师男头戴金冠帽，左手执印接香门。左手执起老君诀，口念老君法令行。左脚又踏莲花朵，右脚又踏莲花尊。师男有心来学法，后代师男命又长。"[2] 广西瑶族经书说："学得祖师一个诀，强如买得一庄田。上村救男男兴旺，下村救女女平安，保得人丁兴旺了，富贵荣华千万年。"[3] 广东乳源瑶族神唱《又到黎十二》："师男执得祖师诀，不图富贵且图花。"[4] 广东乳源瑶族《师男学法救良民》："三十六诀拨付你，游行四上救良民。救得男安女也好，师父有名你有声。"[5]

宋元妙宗《太上助国救民总真秘要》卷二《上清北极天心正法斗下灵文符咒》的变神诀："凡行持遣敕，并先变神，掐本师诀，存为驱邪院使，天师服饰。二神将，日时功曹立于左右讫，次用上帝诀。次变神诀，念咒。次遣用掐上帝诀，两手俱作，叩齿三十六通。"[6] 瑶族宗教的法诀亦有变神法术的运用。

3. 神符

神符是瑶族经书重要的一类。瑶族神符用于镇妖、驱邪、斩鬼、救疾、护身、保宅等。瑶人认为神符具有神的威力，有"驱邪外出，引福归堂"之神奇功能。瑶族神符有黄纸朱砂符、白纸朱砂符、桃符、竹符、黑纸白粉符等200余种。黄纸符、白纸符、桃符较常用，竹符、黑纸符较少用。焚烧、化食、张贴、随身带用纸符。钉插地上各个方位用桃符或竹符。按用途分，有

1　张声震主编《还盘王愿》，第153页。

2　盘才万、房先清收集，李默编注《乳源瑶族古籍汇编》上册，第341页。

3　胡起望：《论瑶传道教》，《云南社会科学》1994年第1期，第61~69页。

4　盘才万、房先清收集，李默、朱洪校注《拜王歌堂》，广州：广东人民出版社，1994，第276~159页。

5　盘才万、房先清收集，李默、朱洪校注《拜王歌堂》，第115页。

6　《道藏》第32册，第56页。

治病符、收魂符、护身符、安胎符、催生符、押丧出煞符、安龙谢土符、断狼虎鼠雀符、封山符、放水符、烧窑符等。[1] 瑶族黄纸朱砂符沿用道教书符的传统，元代道经《法海遗珠》卷十八列举上界符、中界符、下界符，称"前三符，并黄纸朱书，用都天大法主印印之"。[2] 道教有长生灵符、救苦真符、十伤符，道教传授九真妙戒，要告行元始符命、金箓白简长生灵符。道教科仪中宣称："汝等若能受持金箓白简、九真妙戒、长生灵符、救苦真符，当消九幽大罪，标名九宫。"[3]

广西荔浦瑶族经书《化符书》，有变签用、变篆用、变梳用、变刀用、变碗用的神符，还有水符、手符、水盆符、又圣火符、水符盖两用、雪山水盆符、犁头符、藏身符、大门符、帖身符、真人食符等各种符图、咒语。

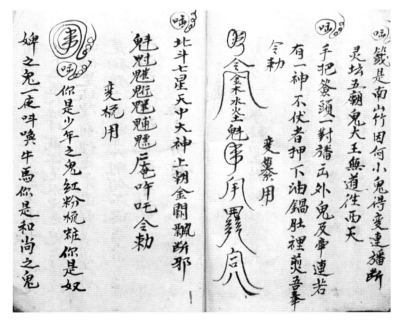

图 3-12 广西荔浦瑶族《化符书》变篆变梳用神符、咒语

1　参见广东省地方史志编纂委员会编《广东省志·少数民族志》，广州：广东人民出版社，2000，第137页。

2　《道藏》第 26 册，第 830 页。

3　（宋）蒋叔舆撰《无上黄箓大斋立成仪》卷四十一《符命门》，《道藏》第 9 册，第 617 页。

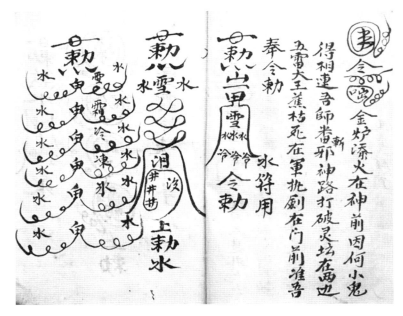

图 3-13　广西荔浦瑶族《化符书》　敕水神符

瑶人收魂有叫魂、架桥招魂和神符收魂，其中以架桥招魂为隆重。一般受惊吓、头痛发热则叫魂，重病或久病不愈则架桥招魂。招魂时，须在神符上写失魂人的姓名和出生年月日，符文为"三魂七魄附符打落星火作速"。此符用桃木片做成，钉插在十字路口。既将魂收回，还需使其安定，又有安魂符一道，化符水令病人服下"安魂定魄寿命延长"。魂安定之后，还需藏好以免被外鬼摄去，所以还需画两道藏魂符置于家先神位："长生室内藏三魂迪一吉"，"敕令藏盖合家老幼大小男女三魂七魄"。[1]

S3259 号经书的神符有：烧吃聪明符、玉皇敕令灵神符、安六甲符二道、隔瘟灵符、小儿夜叫符、肚痛用酒包吃符、具吹生灵符、痛符、倒隔符、藏身符。

瑶族宗教经书所见符法还有：禁官符、七星变凳符、敕隔瘟符、隔精符、敕九良星符法等。瑶族宗教中有专门的神符经书，广西荔浦瑶族经书

1　赵家旺：《瑶族神符》，李筱文、赵卫东主编《过山瑶研究文集》，第 132 页。

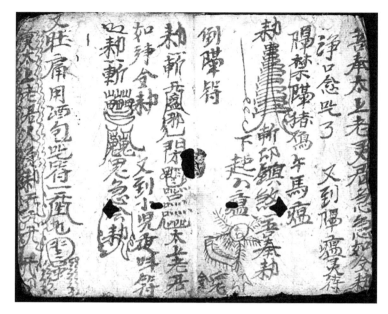

图 3-14　S3259 号经书的倒隔符

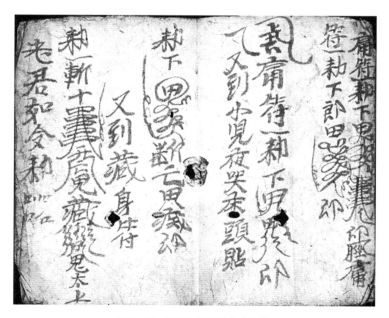

图 3-15　S3259 号经书的藏身符

《化符书》题记说:"冯法香自抄画符书一本,付以子孙世代应用,不可失漏也。"

三　瑶族经书中的步罡法术

(一) 瑶族经书中罡步的名称

瑶族经书中有丰富的步罡法术,并配有图示,这是瑶族宗教对道教步罡法术的汲取。步罡踏斗是斋醮时礼拜星斗、召请神灵的法术,反映道教天人一体的宇宙观。

英国牛津大学伯德雷恩图书馆藏瑶族经书 S3333 号有罡步:

南蛇罡、打斗罡、中斗罡、打三斗罡、将军罡、十步罡、十一步罡、八步罡、番斗罡、七星罡、五步罡。

英国牛津大学伯德雷恩图书馆藏瑶族经书 S3311 号有罡步:

下禁罡、三台罡、上下八步、四步罡、鲤鱼罡上下七步、三台收步、截罡、刀梯罡、七步罡上下七星罡、莲花罡上下九步、祖师足罡上下七步、鲤鱼过钓罡九步、藏头罡上下七罡。

英国牛津大学伯德雷恩图书馆藏瑶族经书 S3285 号有罡步:

香炉罡、五星罡、七星罡、番斗罡、开锁链罡、三台罡、连产罡、海翻罡、开蛇罡、渐(斩)鬼罡、收邪师罡、送邪罡、跳脚罡。

英国牛津大学伯德雷恩图书馆藏瑶族经书 S3530 号《超度书》有罡步:

三台罡、七星罡、藏头罡、转身罡、番斗罡、海翻罡、开蛇罡、捌

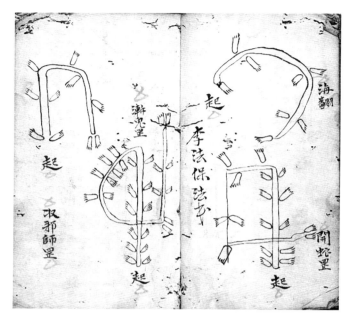

图 3-16　S3285 号罡步图一

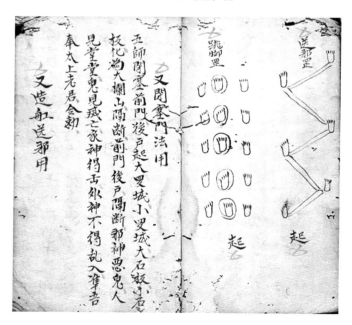

图 3-17　S3285 号罡步图二

鬼罡、斩鬼罡、下连堂罡、番签罡、开锁链罡、七星罡、连堂罡、祖师罡、路义罡。

英国牛津大学伯德雷恩图书馆藏瑶族经书 S3279 号有罡步：

三步罡、藏头罡、藏身罡、祖特罡、祖师罡、锁链罡、刀梯罡、踢脚罡、激脚罡、鲤鱼吻钩罡、鲤鱼则令罡、蜀脚罡、垃启罡、交却罡、莲番罡、莲花罡。

广西荔浦瑶族经书《造船歌杂览便用在内》所见罡步有：

三台罡、七星罡、祖师罡、藏身罡、藏脚罡、鲤鱼罡、阳前罡、刀梯十二步、开禁罡、开锁罡二十一步、阳后四十九步、开禁十步，小莲花二十一步、八卦罡。

广西荔浦瑶族经书《正传度二戒疏谕榜伸名表》有罡步：

玄天罡、邓帅罡、海幡罡、五显罡、三元八步罡、太尉七步罡、祖师罡、功曹罡、三台罡、七星罡、藏头罡、藏尾罡、师父罡、藏槽罡、藏坛罡、藏身罡、又七星变凳符、壮槽造船用、上船歌、又发奏功曹发角起、正发奏功曹。

英国牛津大学伯德雷恩图书馆藏瑶族经书 S3341 号对各种罡步有具体的步伐提示：

三台罡三步、七星罡七步、藏头罡九步、转身罡八步、番罡步、海翻罡、开蛇罡、捌鬼罡六步、斩鬼罡十四步、开锁链罡十三步、连堂罡十三步、香签罡、竺出地罡两边六步中间八步、祖师罡、路火罡八步。

瑶族经书中所见罡步还有：七星罡、吊鬼罡、路迹罡。[1]

（二）瑶族神唱中的罡步

瑶族宗教七言神唱以通俗的语言唱诵法师步罡的功能。广西瑶族还盘王愿《拜师歌》：

> 行罡便行祖师罡，莫行虚步落空亡，
>
> 接诀便接祖师诀，接正梅山鬼灭亡。
>
> 学法便学老君法，莫学释迦法不真。
>
> 老君得法传天下，释迦空度九年春。[2]

德国慕尼黑巴伐利亚州立图书馆藏瑶族经书（Cod. Sin. 1037，优缅瑶，广西省 1812）说：

> ……
>
> 第四行罡入大城，吾今行罡到阳州，
>
> 天师地师行罡步，寸斩死鬼不留停。
>
> 第五行罡到西良，吾今行罡塞鬼乡，
>
> 天师今夜行罡步，冤家五庙各还乡。
>
> 第六行罡到中央，一切孤独尽伤良，
>
> 冤家咒诅今夜散，愿求家主命延长。
>
> 第七行罡到西乾，狱中小鬼退连连，
>
> 长枷丁着吾牢内，□□行罡鬼不言。[3]

1　〔德〕贺东劢撰，宋馨译《瑶族文书与仪式》，《新疆师范大学学报》2008 年第 1 期。

2　张声震主编《还盘王愿》，第 278 页。

3　〔德〕贺东劢撰，宋馨译《瑶族文书与仪式》，《新疆师范大学学报》2008 年第 1 期。

此罡步将禹步的踩九州与《周易》八卦方位相结合，深得道教禹步与《周易》的旨要。

英国牛津大学伯德雷恩图书馆藏瑶族经书 S3255 号行罡：

第一行罡到村头，吾师行罡到九州，

天师今日行罡步，冤家折手断宗油。

第二行罡到鬼乡，吾师分断灭邪神，

今日天师行罡步，冤家咒咀走分分。

第三行罡到鬼城，吾师行罡缚鬼精，

今日天师行罡步，冤家咒咀作行声。

第四行罡到鬼边，有犯伤神不牵连，

今日天师行罡步，冤家咒咀各归天。

第五行罡到道场，打散签头鬼便惊，

人民人到长安乐，鬼门神到灭邪精。

第六行罡到天堂，冤家咒咀列两行，

天师当坛番出了，冤家咒咀上天堂。

第七行罡到鬼边，大神小鬼各归天，

今日天师番出你，牵连咒咀不牵连。

英国牛津大学伯德雷恩图书馆藏瑶族经书 S3277 号中的《又到番签看用》文书载：

第一行罡到村头，吾师行罡懒（揽）九州，

天师今日行罡步，冤家折手断宗油。

第二行罡到鬼乡，吾师分断此言章。

天师今日行罡步，愆连咒咀尽今章。

第三行罡到铁城，吾师行罡缚鬼精，

天师今日行罡步，口说鬼神不见行。

第四行罡到大城，冤家伤鬼便灭行，

天师今日行罡步，咒咀伤神各灭程。

第五行罡到水城，打开今井鬼心惊，

人门入（人）到表（长）安乐，鬼门鬼道断邪精。

第六行罡到天堂，伤鬼冤家列两行，

天师今日分伤鬼，冤家咒咀去堂堂。

第七行罡到鬼边，惩连伤鬼各归天，

今日天师今断了，伤神口语不相连。

一番惩连咒咀鬼，番出当初叫鬼人，

打开相缠簿书看，吃留姓邻见人伦。

二番当初无相事，番取当初各自离，

番出当初分鬼断，咒咀鬼神各自离。

三番天师认为记，番为地郎复归天，

番取伤神并为祸，惩缠咒咀各不天。

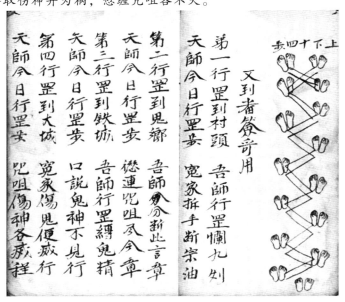

图 3-18　S3277 号七言神唱行罡一

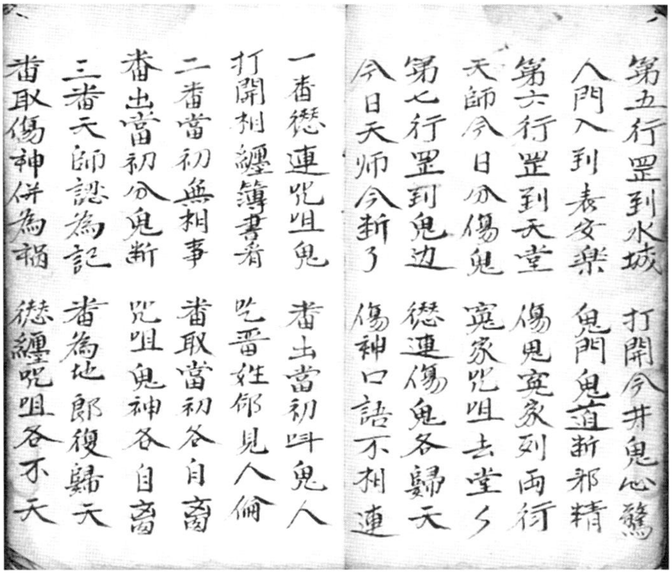

图 3-19　S3277 号七言神唱行罡二

英国牛津大学伯德雷恩图书馆藏瑶族经书 S3285 号中的《又到潘邪歌用》文书载：

第一行罡到村头，吾师行罡烂九州，

天师今日行罡步，冤家拆手断宗由。

第二行罡到鬼乡，吾师分此言文章，

天师今日行罡步，愆连咒诅尽分章。

第三行罡到铁城，吾师今日行罡缚，

天师今日行罡步，口业鬼神不见行。

第四行罡到火城，冤愆鬼神使灭行，

天师今日行罡步，咒诅伤神各灭程。

第五行罡到水步，打开金井鬼心惊，

人门人到长安乐，鬼门鬼到断邪精。

第六行罡到天堂，伤鬼冤家到两行，

天师行罡分伤鬼，冤家咒诅去堂堂。

第七行罡到鬼边，愆连伤鬼各归天，

今日天师分断了，伤神口语不相连。

邪师祙转，有男男承当，无男无女，恶独只担当。

离神恶鬼，阴声阳气，潘得出凶神恶鬼，福转身祙转弓心来承岭。

广西恭城瑶族经书《断签翻解科》：

第一行罡到九州，第二行罡踩九州，

吾师今夜行罡步，邪神冤鬼断宗由。

第三行罡翻出鬼，第四行罡断伤神，

邪神白鬼伤神断，今夜吾师送阳州。

第五行罡开锁罡，第六行罡开云罡，

行罡便行老君罡，老君敕令减邪精。

第七行罡石板罡，第八行罡开钟罡，

今夜吾师行罡步，行罡踏步减冤根。

第九行罡罗城罡，第十行罡开罗罡，

千罡万诀翻解断，凶神恶鬼走忙忙。

十一罡步南蛇罡，十二行罡黄河罡，

放开黄河水涛去，邪神冤鬼去游游。

十三行来全邪罡，十四行罡锁邪罡，

锁邪锁鬼大将军，将军斩鬼不容情。

十五行罡送邪鬼，十六行罡倒邪精。[1]

1　广西恭城瑶族自治县三江乡三联村师公盘新华经书《断签翻解科》为私人藏本。

广西荔浦瑶族经书《盘王书》之《引师男行七星罡》：

> 拜请祖师随我去，又拜本师随我行。
> 手拿铜铃引师子，手拿牙简引师男。
> 正好教，正好教，拜请天师李屋儿。
> 传度三元亲弟子，不教师男到己时。
> 正好教，正好教，拜请间山法主郎。
> 传度三元亲弟子，引带师男行正罡。
> 第一行罡初起步，再行二步得成罡。
> 三步三元真罡步，转身牙简起双双。
> 师男舍身来学法，依师教典再行罡。
> 第一行罡初起步，再行二步便成罡。
> 三步行来四步退，转身罗带起双双。
> 师男舍身来学法，依师教典再行罡。
> 五步又连六步退，六步又连七步罡。
> 七星罡诀都行尽，转身裙脚起双双。
> 师男子，师男子，三台罡步尽行完。
> 三台通到三元殿，七星罡步到天门。

S3367 号："师男重在歌堂内，行罡脚步转番番。……行罡脚步转双双，中条大路去游游。"广东乳源瑶族神唱《又到黎十二》："师男重在歌厅内，行罡脚步转声声。""师男重在香坛内，行罡脚步转番番。"[1] 法国藏瑶族经书《又到游梅山三十六洞念》："梅山城座四万里，行罡作法威大显。"瑶族神唱的行罡唱诵师公步罡的步法，而三台罡、七星罡是瑶族宗教最基本的步法。

---

[1] 盘才万、房先清收集，李默、朱洪校注《拜王歌堂》，第 276～159 页。

（三）瑶族罡步与道教的比较

瑶族经书的行罡之说来自道教，高功在坛场行步罡踏斗之科仪称为行罡。《高上神霄玉清真王紫书大法》卷十《霹雳摧魔部》之《伏斗咒》：

> 我生斗罡，起斗行罡。三台在前，辟除不祥。天一在后，辟除邪兵。日在吾左，阳明耀耀。月在吾右，变景阴精。华盖覆头，足履七星。二十八宿四张，为吾城郭，方圆三十里，周匝下营排阵。境界千邪万害、恶鬼凶神，伏吾魁罡之下，无动无作。急急如高上神霄玉清真王律令！[1]

道经《道法会元》卷七十《玄珠歌》白玉蟾注："世人行罡作诀，念咒书符，不识内中造化，徒尔身衰炁竭，五炁不知攒聚，无克制，无蒸郁，五雷不动矣。"[2] 白玉蟾注《玄珠歌》讲述雷法修炼的要诀，意指临坛法师无内炼功夫，则行五雷大法没有效果。

瑶族宗教法术中罡步与法诀常常配合使用。广东排瑶《招亡赦罪解结》十一《寻天路》科仪说："法在老君殿里出，箓在玉皇衙里来。""诀在祖师掌上出，罡在本师脚下生。"[3] 广东乳源瑶族经书："行罡便行三步罡，莫行四步脚空亡。执诀便执老君诀，莫执闾山鬼灭亡。学法便学老君法，莫学释迦法不真。老君开法传天下，释迦又度火人传。"[4] 道教法术中有罡诀，即步罡与手诀的配合。宋元妙宗《太上助国救民总真秘要》卷八说："禹步罡斗掌目之诀，为道之大要，法之元纪也。步罡者，乘于正气以御物。诀目者，主于神机而运化。修仙炼真，劾召制伏，莫不资之于此矣。"[5] 道教的罡诀是按四维八方，自手指的四指根逐节数，共十二目，以象征十二辰，从中又分出八

1　《道藏》第 28 册，第 639 页。

2　《道藏》第 29 册，第 237 页

3　李默、房先清编《八排瑶古籍汇编》，第 158 页。

4　盘才万、房先清收集，李默编注《乳源瑶族古籍汇编》上册，第460页。

5　《道藏》第 32 册，第 103 页。

卦、七星、九宫、三台，结出各种手印，各主其所行之事。其中中指中文的玉清诀和左侧的北帝诀，被认为总三界万事，在罡诀中最为重要。所谓手指足履，莫非合真，即指步罡掐诀的有机配合。

第三节　瑶族宗教的科仪文书

一　瑶族宗教文书的分类

历史上道教在西南少数民族地区传播，道教经书亦流播进西南少数民族之中，并经历了长期的民族化衍变历程，成为富有道教色彩的少数民族文书。瑶族宗教科仪文书的类型，有疏、奏、表、启、状、榜、章、牒、札[1]、引（表引、文引）、对、函状、疏式、愿式、牒式、幡式、简式、关式、关文、疏意、表文、脚引、功据等，以上多是世俗文书的文体格式。瑶族宗教文书与道教科仪文书一样，汲取世俗文书的格式而用于仪式坛场与神灵的沟通。

道教重视科仪文书的通神功能，唐代道士杜光庭《广成集》十七卷即为斋醮文书的汇集。敦煌文书 P. 2256 号《通门论卷下》："表奏一条有二义。一署论事，二者述心。论事者，凡一切万机，其迹各异，故圣人乘法制之……各明至心而凑会真境，故曰奏表也，是在人心而方须表奏者，既未能冥会，则因事而显，则心明故尽其形迹也。二者述心，人心无畔，运之有境，境净则心明，明则行洁，洁□以交神灵，心明可以会天道。故登坛告盟，黄章奏表，使心形俱尽，人神相会也。"宋吕元素《道门定制》卷一《议章后功曹》称："醮无大小，所重奏章，幽明倚为莫大之利益。"[2] 古代向上呈述事实用"状"，揭示于众者用"榜"，瑶族宗教仪式所使用的文书模仿世俗社会例行的公文格式。

1　《正字通》："笺札用以奏事，非表非状者，谓之札子。"

2　《道藏》第 8 册，第 6 页。

英国牛津大学伯德雷恩图书馆藏瑶族经书 S3409 号《诸书榜疏斋供神目对》所载科仪文书格式有：

库官榜、大道榜、将吏榜、还愿圣母榜、经籍榜、上帝榜、玉皇榜、辨字榜、真王斋都榜、六部榜、玉京大斋都榜、厨官堂榜、十王榜语、孤魂榜、土府榜式、七二生王榜、斗辰箓榜、观音榜式、告诫榜式、十供式、斋场散花式、十愿式、土府十愿、延生十二愿、又将吏榜、瘟榜用式、亡灵榜式、付荐牒、破狱疏式、普荐牒式、土厨府疏入意、醮墓主疏、五龙牒、亡灵疏、宽家疏、谢龛疏、杨职牒酹斗用、竖幡疏式、殄瘟疏、炼度疏、解秽疏、公据化衣牒、谢墓疏、赦食疏、中元沐浴化衣公据牒、开经疏式、解秽疏、缴经疏、启将牒吉醮用、回将牒吉醮用、启将牒吉醮用、回将牒吉醮用、启五老三官四将疏、普化疏、谢五师疏、又玄帝四师疏、又藏疏、又监坛疏用、墓主牒谢墓用、敕告贡王开坛疏式用、启玉京盟真开坛疏、香案三尊衔、九帝衔式、大道对、香案对、师前对、圣前对、帅前对、监斋对、握坛对、十王对、十王亡用、告生王对、符吏对、灵前对、三门对、瘟司对、右门对、左门对、孤魂对、躬迎对、大箓对、大王本境疏、普请状式、奏救苦神霄后土状、申五状式、又神虎追魂牒、申五斗四曜状。

英国牛津大学伯德雷恩图书馆藏瑶族经书 S3427 号《道门申奏式十王表式》所载科仪文书格式有：

正鉴功据牒式、受戒申奏启、申状度师、申诸天星斗状式、申三界法师状、诸师官将状、城隍牒、诸天豁落监吏元帅牒、本境牒、拔将牒、普请状式、投师状式、申府三斗状式、申地水岳渎十宫九垒式、延生申奏状式、申三官状、申五老三官监斋四圣式、申九天天曹圣母掌醮功德状式、申五岳六曹状、六曹状、祖师缴状、醮墓申奏状式、申天师状、普请状式、申三官状式、申九垒状式、普请状式、大小斋申奏、奏救苦状、申三官状式、申酆都状式、奏诸天状、天枢院缴奏状、申三官状式、申酆都状式、申东岳状式、申诸天星斗状式、申十方救苦状式、申地府状、申水符状、申天师状、申阳界状、文字奏申关式、又件十王表式、上元表、中元表、下元表、一殿十王表、二殿表、三殿表、四殿表、五殿表式、六殿表式、七殿表式、八殿表式、九殿表式、东岳表式、酆都表式、水府王官表式、三官表式、功德表式、岳主表式、桥王表式、江津表式、漆河表式、迁王状式、迁九帝状式、辟非牒式、禁坛牒、镇坛示式、天王示式、监斋示式、城隍示式、庆墓功据牒、拔亡小意、土府疏、又庆墓土府榜语。

英国牛津大学伯德雷恩图书馆藏瑶族经书 S3480 号《道门书式》所载科仪文书格式有：

延生小意、延生申奏、申三斗状、申天曹圣母掌醮司官状、申五老五司四圣状、申六曹状、申祖师缴状、延生受赏关文、东岳表、南岳表、西岳表、北岳表、中岳表、五曹表、总星表、寿星表、一曹表、二曹表、三曹表、四曹表、北斗表、南斗表、十一列曜表、本命表、太岁表、南北二斗表、星主表、告斗状式、告斗牒式、玉京坛院、盟真坛院、解秽表、阳耿牒一道、九凤牒荡秽用、醮墓普请状、谢墓土府疏、谢雷疏、五龙牒、材楼契式、付亡人马契、玉皇天赦式、十七慈光疏、解讼章疏式、雨露疏式、迁神幡式、玉皇幡式、救苦幡式、孤魂幡式、升度幡早晚同用、亡人功据牒同式、重集大斋申奏、奏三尊救苦状、奏诸天状、奏天枢院缴状、申十方救苦状、申地府状、申水符状、申三官状、申酆都式、申东岳表、申天状式、申诸天星斗状。

英国牛津大学伯德雷恩图书馆藏瑶族经书 S3516 号《道门书式》所载科

仪文书格式有:

  延生清醮约束将吏榜语、无上玉京黄篆都榜语、无上玉京盟真斋都榜语、青玄救苦斋都榜语、大道榜语、上帝榜语、贡斋榜语、醮斗榜、醮斗还原延生榜语、延生告斗大道榜语、转算榜语、展算榜语、迓死亡榜语、迓生王榜语、延生告斗榜语、厨堂榜语、大斋告戒榜语、圣母祈嗣榜语、亡灵榜语、孤魂榜语、还雨榜语、年例保苗榜语、三仙榜语、将吏榜语、瘟司榜语、祈雨榜语、雷王榜语、寿星榜语、禳灾榜语、释服榜语、清醮榜语、土府榜语、大小诸集榜,受戒阴阳牒式、集诸狱牒式、都大城隍牒式、本府(州)城隍牒、冥关函路牒、九州社令牒式、九狱牒式、集开升二度式、开度青简式、十二童子牒式、蒿里相公牒、土地里域牒式、神虎牒式、龙牒式、地道功曹牒式、救苦简及请符破狱式、神虎追魂关式、十二童子简式、救苦简式、长生简式,神虎玉札符式、发遣升天保举关、升度保举式、四天保举关、普告三界关式、男头券、重集十王表式一宗、第一殿、二殿表、三殿表、四殿表式、五殿表式、六殿表、七殿表、八殿表、九殿表、十殿表、救苦表式、上元表、中元表、下元表、东岳表、鄷都表、水府表、狱主表、桥王表、江津表、西岳表式、北岳表式、中岳表式、五岳总表式、一曹表式、二曹表式、三曹表式、四曹表式、五曹表式、六曹表式、总星表式、王母表式、功德表、十一列曜表、南斗表式、北斗表式、南北二斗表、北斗章式、符章式终、重集延生告斗表式、南岳表式、寿星表式、太岁表式、星斗表式、告斗状式、告斗牒、南斗疏式、北斗疏式、十一列曜疏式、告斗杨耿牒、缴限筭完销告关式、十二方位表式、醮墓大疏式、延生告斗表章疏关状牒一宗终、集土府醮真皇表式启去、北辰表式、醮墓财马关式、醮墓青词式、地里券正面付地里、地券付山神、地券付亡人用、醮墓功据牒式、醮墓五龙牒、土府醮式完,延生醮会意者式、土府醮墓意者式、杂众斋醮意者、谢王释服意者、玉皇清醮三朝意者、诸杂书意式终。

英国牛津大学伯德雷恩图书馆藏瑶族经书 S3278 号所载科仪文书格式有：

灶王疏、追魂牒一道、香火大疏式、盘王大疏、星辰疏式、十保疏式、解怪黄表式、安龙谢墓疏、安龙谢墓关、五谷疏式、遣耗牒文、奏耗表文、五谷关文、五谷牒文、五谷黄表式、五谷文引、五谷状文、木仓札用、释罪宗师表式、拆解冤伤表、拆解表引、开山和地主疏、开光疏式、求财和山牒文、关白（肉）文牒、催山文牒、安龙谢土疏式、释罪香火表损破香炉、释罪香火表式、释罪香火表引、亡人地契、亡人地札、开邪师表、表引用、白口疏文、开邪师状、送瘟黄表、解秽疏意用。

英国牛津大学伯德雷恩图书馆藏瑶族经书 S3371 号所载科仪文书格式有：

解秽疏式、香火疏意、又三庙王疏、换香炉表式、又到伸表式、又灶王表引、又安龙疏意、又关文一道、又地契支式、批地札式、开山疏意、开山疏同、又求财疏意、求财和山牒、又关牒文、又催山牒、又五谷疏意、又五谷关文一道、又遣耗牒、五谷牒、又五谷表式、又五谷状式、又到五谷引、又释罪宗师表、释罪宗师引、开关疏意、十保疏意、星辰疏意、开禁引式、又赦书一纸。

英国牛津大学伯德雷恩图书馆藏瑶族经书 S3396 号所载科仪文书格式有：

补充加职大疏壹通、加职补充阴阳合同诰牒二据意用黄纸皮、又加职厢女阴阳二据意用黄纸写头一行、又加职诰补充大榜黄榜一道、三戒加补充幡、又黄幡对、又白幡对、升职补充朱词意式、又加职迎兵表意、又帖词表式格、又朱词黄表引一纸、又谢驾表式格另有一纸、谢驾表引、补职花牌三堂黄纸、加职补充阴阳合同诰牒二据意用黄纸皮、又加职厢女阴阳二据意用黄纸写头一行、又加职诰补充大榜黄榜一道。

英国牛津大学伯德雷恩图书馆藏瑶族经书 S3419 号《开录诸狱牒》载牒、状类文书：

　　券牒一道、券关一道、重启诸狱牒、九狱牒、九州社令牒、诸狱牒、冥关路牒、蒿里相公牒、本州城隍牒、土地里域牒、神虎牒。受戒申奏意者启、缴天师状、申三官状、申九垒状、重集拔亡真文修斋用。

广西荔浦瑶族经书《疏表应用文》所载科仪文书有：

　　三庙圣王、香火疏、三庙皇疏、三庙圣王众神、连州大庙唐王帝、福江大庙盘王圣帝、付灵大庙付灵圣帝、奏怪脚引（四值功曹）、奏怪消灾表、安龙谢土疏、祈瘟十保疏、释罪祖师表、表引用、开光疏意、五谷关意、五谷脚引、五谷疏意、五谷表意、五谷表引、命请师人于家延奉太上祈求五谷青苗禾稼奏章修福保安清醮一供。五谷状意、十保投状、开山疏、谢墓疏、送终大疏、参王疏意、行程牒、修路牒、修路引、地头引、送终表、地头札、北极驱邪院火堂札一道、北极驱邪院早晨引一道、地契一道、北极驱邪院给出司命札一道、赦瘟疏意、赦瘟表意式（李法陛号，经文空隙多处署名此号）、赦瘟表引、又度容疏意、投寄疏、续命词、送终表引。

广西荔浦瑶族经书《传度升度列职位书》列举瑶族度戒仪式使用的科仪文书有：

　　二戒七星大疏文意、具白榜式、二戒墨表金轮奏、男人阴阳功据、又传度信女阴阳二牒功据、门外白榜浪挂、具钱关一道、具拾供榜又香榜用、水榜示、花榜式、灯榜示、茶榜式、酒榜式、果榜示、食榜示、具二戒茶榜式、具二戒酒榜式、具五供榜示、一花牌用、表引式、加职九帝函式、蓝幡式、花牌用、加职请圣黄榜、男人阴阳功据、或就小师职位用此、厢女阴阳二据式、加职迎兵表式、迎兵表引、具加职朱词一函式、朱词脚引、帖词谢驾表、加职发角用、又抛兵唱、游兵火牌、完度后婚配用、补世疏文意者、补世申明表意。

广西荔浦瑶族经书《传度疏表》所载科仪文书格式有：

庆阳意疏、水府请状式、阳间请状式、四府递状文引、天府文引、地府文引、水府文引、阳间文引、禁坛札一支、四府续关、传度初夜、又要封斋解秽表、贺星疏、初夜表引、传度男人阴阳二据、又传度加职大疏总在内、右黄榜意式、五供榜用、茶榜式、酒榜式、醮坛汤榜所、第一行花牌（共十三堂）、门建、黄幡、白幡、大门对、二门对、香火对、功曹对、今庚对等。新度迎兵表、具刀山表、又传度朱词意式、朱词文引、谢驾表意、谢驾表文引、具传度钱关式、九帝函状、关粮牒、又投坛词、开斋疏、开斋表、具替代表文、封斋表文、白榜意式、又请圣黄榜、释罪表。

广西荔浦瑶族经书《传度二戒疏表书全本》所载科仪文书格式有：

正传度二戒大疏、又门外晓谕龙虎榜、传度金轮表、金轮表引、五谷表意用、传度初夜表、满散表、香火疏意用、三庙疏意用、五谷疏意用、五谷脚引用。

广西荔浦瑶族经书《挂灯疏表、奏表语、关天庭》所载科仪文书格式有：

挂灯疏文用、北极驱邪院投坛式职帖、又金轮奏意用、挂灯疏皮用、表皮用、又表引用、星位用、又释罪表皮用、又祈癀总共还愿疏皮疏式。

广西荔浦瑶族经书《送终缴印表血湖疏晓榜地契》所载科仪文书格式有：

送终门外晓谕白榜、又亡师沐浴榜、送终设斋诗榜一道、又送终设斋午供榜、送终茶榜、送终酒榜、送终表引、送终行程牒、送终修路引（梅山法主证盟）、批地札、又驱邪牒给亡师用、又地契一道、又火札一道（化尸用）、又地头引一道、又送终女人血湖疏意。

广西荔浦瑶族经书《送终疏脱服收孝疏表在内》所载科仪文书格式有：

脱服伸明表、收孝疏意、脱服表引式、设斋送终伸明黄表意、又伸明表引、黄表意、和词式、血湖疏意、救苦表意、幡式样用、送终大疏、参王疏意、太上老君超度行程牒文一道、北极驱邪院修路引文牒一道、驱邪院地头引一道、带脚引一应通用、北极驱邪院火堂札文一道、北极驱邪院早晨引一道、又是地契意、北极驱邪院本坛给出司命札文一道、送终备服报恩疏意通用、送亡人榜、亡人花牌。

广西荔浦瑶族经书《超度疏表》所载科仪文书格式有：

超度疏意用、超度黄表用、四府功曹关牒、又请十殿阎王用、又礼天地父母释罪疏意用、释罪天地父母表皮用、开山黄表用。

美国所藏瑶族经书《醮墓式、丧家式》所载科仪文书格式有：

奏九帝状、申缴天师状、申三官状、申土地状、普请状、请亡人牒、文字关、醮墓大疏式、谢墓土府榜、散花醮墓用、十二愿醮墓用、章关用、土府疏醮墓用、土表用、青词式、地理券正面付理、地券付山神用、地券付亡人用、墓主功处牒式、五龙牒谢墓用、墓主疏、谢疏安龙意者、谢墓遍请牒、祝灵文式、女人催灵疏式、男人催灵疏式、女人行程牒式、凶在外途死城隍牒式、族人开丧疏式、族人催灵疏式、沐浴化衣疏式、贤愚行程牒式、功德牲生牒式、道家开丧牒式、道家催灵疏式、道家行程牒、道家祝灵、老寿禄人行程牒式、师公行程牒、男人仙化行程牒式、十恩灯状式、财楼契式、从人契式、马契式、冥衣状式、化衣疏式、十供式。[1]

此外，S3492 号《诸章格》第 1 页写明章目有：解秽章、开通章、酆都章、迁拔章、金丝章、延算章、祈嗣章、安墓章、沐浴章、亡灵章、禳灾章、又金丝章、保病章、保命章、赦劫章、祈谷章、安宅章、安社章、珍瘟章、修真章、羽化章。S3516 号第 1 页列举道门书式的各种文书为：诸榜语式、授（受）戒牒式、诸狱牒式、开度式、十王表式、符章式、斗表式、土府表词券（牒、式）、集大小意者式。

从以上列举的各地瑶族经书所载，可知瑶族经书中确有丰富的文书格式。瑶族宗教文书直接汲取道教科仪文书的格式用于瑶族宗教仪式之中。

二　瑶族宗教各种文体的文书

传统上，瑶族师公通常将疏文、奏文、表文、牒据等依据类别装订成册，做仪式前根据法事所需抄写。常用的文书有《平安表》《通天大疏》《超度师表和休词》《超度疏表》《失据疏表引》《开山疏》《催山牒》《阴阳据》等。

以下具体列举瑶族经书中几种文体的宗教文书。

---

[1]　何红一、陈朋：《美国国会图书馆馆藏瑶族文献的抢救性整理研究》，《文化遗产》2018 年第 5 期。这是道公使用的科仪文书。

1. 牒

广东八排瑶《九真妙戒牒》：

　　正会，本院今据大明国广东道广州府连州居住△寨△向奉法援亡魂永为身雨九真妙戒，三元宫中开化，奏人敷救正教，第一皈依无上道宝，第二皈依无上经宝，第三皈依无上师宝者，不经父母免修降君。二者不行急救无。三者无修降君王。四者真凶怒人财物。五者不作盗推宜之已。六者不己财正身处物。七者不作盗贼少害人。八者不敲榨（诈）物主典。九者不宜奉行专一。右九真妙戒符牒，给付新亡故归空弟子己（几）位亡师正魂，授持伏以奉奏九真妙戒牒（上红表）。

　　右牒付给新亡故己位正魂收执为准。诣具天运△年△月△日吉良，奉法追修弟子△人合家等，恭承太上正一北极祛邪院恭行臣师△人正九真妙戒，三天元大法仙师六合无穷高明上帝具戒谨封，上诣奏申。[1]

广东八排瑶《超生文牒》：

　　北极驱邪院，今具大明国广东道广奉法度亡，孝男△合家等，即日冒干，△时身故，来奉度亡。孝男当报父母之恩，是日虔备香纸礼仪泊用，向今△月△日吉良，大上正一度亡道场，一日夜连宵，先伸超度。符拔生方承水者，天堂清净，出离地府，仙童接引，玉女来迎，念你陀亲，度三魂七魄早往三天，铜锣角送一路香花，详送故牒，须至牒者。

　　右牒付给新亡故△一位正魂收照。

　　岁次△年△月△日吉良，恭承大上正一伏魔臣师△正。[2]

1　李默、房先清编《八排瑶古籍汇编》，第370页。
2　李默、房先清编《八排瑶古籍汇编》，第402页。

广东八排瑶《随身文疏》：

北极驱邪院，今具大明国广东道广奉法度亡孝男△合家等。△时身故，命往归空，当报父母之恩，魂魄飘散，亡师孰于太上正一度亡道场，一日夜连宵，先伸送魂前去，恭承功德玉皇殿下，合行除己伸具奏，依教奉行，亡师为照。如过关隘去处，不得把截，亡人执引，为太上老君会救施行，须至牒者。右牒给付新亡故△一位正魂执照。

岁次△年△月△日吉良，恭承大上正一北极驱邪院伏魔短师正

随身

新亡故△△△一位正魂收执为照　谨封。

文疏[1]

广西瑶族经书《保安疏》：

祖师三清大道火祖案前，投进奉神酬愿解释，保安家主六合等跪疏上言，上申证盟具表祖师，三十三天昊天金阙玉王大帝陛下，投进奉直解释香火（三庙王）保安家主，□合等，拜上奏证盟，通表引，北极驱邪院，本坛给出文引一纸，本主取向今月□日吉良，请师子家奉良愿，虔备解释黑表一函，文引一纸，财马一百二十份，仰劳当日三界四值功曹使者赍驰擎请，上奏三十三天昊天金阙玉皇大帝陛下投进，如遇沿途关津河渡把截去处，半天云雾之中，火急奉行勿违，不遵呈赴玉帝案前，治罪施行。

右引仰差当日三界四值功曹使者准此。

皇上□年□月□日给引，具师职位，太上奉行南极都法院串通间梅师道二教三戒弟子冯法亮，职位升在陕西道西安府正任知府，肯管天下

1　李默、房先清编《八排瑶古籍汇编》，第397页。

鬼神冯法亮，寿字为号。[1]

广西荔浦瑶族经书《架十保桥书》之《追生魂牒文一道》：

> 北极驱邪院：
>
> 本坛给出追生魂文牒一道，今据中华国广西道承宣布政司平乐府荔浦县管入厶乡厶村厶社厶庙王祠下立宅居住，奉真追魂，现患人厶同妻厶氏合家等，即日投诚，冒干圣造，光中具呈。意者，伏惟现患人厶自称本命生于厶年厶月厶日厶时。

《九真妙戒牒》等文书遵行先称某国号、某年太岁某、某月朔某日某时、某州郡县乡里的格式。本研究所见广东八排瑶的仪式文书沿袭道教的写经传统，均明确书写"大明国广东道"，其后加具体住址，如"大明国广东道广州府连州高良乡管入和水源小河尾钦岭村"。

南北朝道经《太霄琅书琼文帝章诀》之《师资行事·启告诀》：

> 凡斋启告，先治辞牒，不可暗慢，率略千真。为牒之宜，先称某国号、某年太岁某、某月朔某日某时、某州郡县乡里，某位男女官、祭酒道士先生真人元君夫人姓名，今于某州郡县乡里，山舍治馆、宫府第宅，就某州郡县乡里，男女道士、法师姓名，受大洞真经，目录如左。洞真部卷第如干，以次书之。缘都得者谨依第至后，缘偏得者，未宜并受，随宜出之，不须卷第，直举篇名多少，依实一二条之。右如干卷，今对斋启告传度，谨牒。
>
> 某州郡县乡里，某位姓名辞，幸籍善缘，岁奉玄极，参受宝文，诚欢诚慰，妄以短命，志愿长生，贪进忘退，遭逢佳辰，乞请受前件如干

1　广西壮族自治区编辑组、《中国少数民族社会历史调查资料丛刊》修订编辑委员会编《广西瑶族社会历史调查》第 9 册，第 455 页。

卷，依科交赍某等如干种法信，奉辞以闻，伏愿师君垂许，誓心修行，不负师道，有违之日，自分风刀，不敢有怨，一依明科，谨辞。

太岁某某月日时，于某山舍奉。[1]

2. 引

广东八排瑶经书《脚引一道》：

今据大明国广东道广州府连州连山县△寨△向立坛，奉法新亡故△△人一位正魂，存日元命△年△月△日△时注生，行寿阳间△十岁，不幸△年△月△日△时，在家因病身故，先向日在于△△人坛上，给太上案前给付脚引一纸，当坛付给新亡故△人随身照应，经过天上地下云程之路，六路有灵去处，毋会阻挡，如违，准奉太上老君急急令敕。前斩后奏，须至引者。

岁次年月日吉良时发行。

恭承太上正一北极祛邪院恭行臣师△正。[2]

广西瑶族《五谷黄表脚引》：

北极驱邪院，本坛给出五谷黄表脚引一支。本坛取回向今□月□日吉良，赴请师人，正奉修设太上正一祈苗五谷奏章墨一函，脚引一支，拜进九天三十三天门下，高真上圣雷长生大帝陛下，呈进关接禾魂随仓库，养下凡民，众民家□本粮。本料天庭遥远，凡信难通，虔备墨表一函，经过神坛社庙，不得阻隔。如违，如有不遵阻隔呈送脚引一支，三十三天昊天金阙玉皇大帝御前活罪不恕，律令施行，须至引者。

1　《道藏》第 2 册，第 865~866 页。
2　李默、房先清编《八排瑶古籍汇编》，第 367 页。

右补给行，当日四值功曹准此，□□邓法会。天运□年□月□日，奉真师道二教，为任弟子事臣□人拜引上申。[1]

英国牛津大学伯德雷恩图书馆藏瑶族经书 S3355 号中的《章文脚引式》[2]：

北极驱邪院当坛给出超度彰文脚引一纸：

本坛取向今月厶日吉良，命师于家修设太上超度道场一供，虔备彰（章）文函文引一纸，当仰唐葛周三将军赍驰擎旨（诣）三十三天门，不如遇经过神坛社庙关津河渡把截去处，毋得阻滞时刻，如若不尊，呈送玉帝陛下，治罪不便，毋得稽迟，须至引者。

右仰付当日唐葛周三将军准此。

皇上厶年厶月厶日给引。

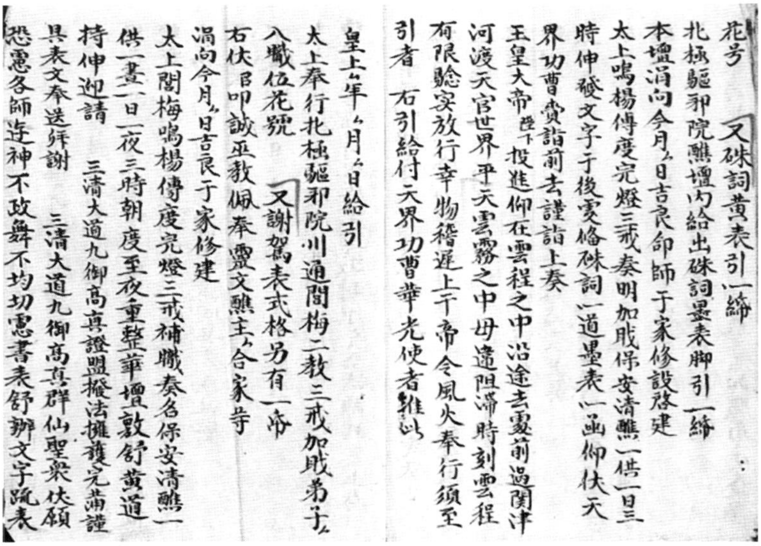
花号 又硃詞黃表引一緘
北極驅邪院醮壇内給出硃詞墨表脚引一緘
本壇涓向今月〃日吉良命師于家修設啓建
太上鳴楊傳度完燈三戒奏明加戕保安清醮一供一日三
時伸發文字于後虔備硃詞一道墨表一函仰伏天
界功曹賫詣前去謹詣上奏
玉皇大帝陛下投進仰在雲程之中沿途去處前過関津
河渡天官世界平天雲霧之中毋違阻滞時刻雲程
有限驗実放行幸物稽遅上干帝令風火奉行須至
引者 右引給付天界功曹華光使者准此
皇上〃年〃月〃日給引
太上奉行北極驅邪院川通閭梅二教三戒加戕弟子〃
入職伍花號 又謝駕表式格另有一帋
右伏已叩誠巫教佩奉靈文醮主〃合家等
涓向今月〃日吉良于家修建
太上閭梅鳴楊傳度完燈三戒補職奏名保安清醮一
供一晝一日一夜三時朝度至夜重整華壇敷舒黃道
持伸迎請 三清大道九御高真證盟擁法擁護完滿謹
具表文奉送拜謝 三清大道九御高真群仙聖衆伏願
恐悪各師连神不敢舞不均切悪書表舒辦文字疏表

图 3-20 S3396 号上呈北极驱邪院的朱词黄表引

1 广西壮族自治区编辑组、《中国少数民族社会历史调查资料丛刊》修订编辑委员会编《广西瑶族社会历史调查》第 9 册，第 435 页。

2 “彰文”，应为“章文”。

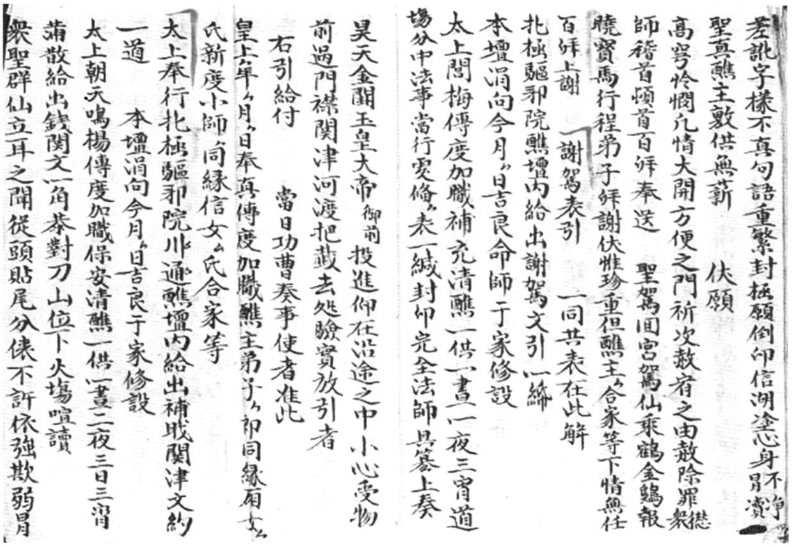

图 3-21　S3396 号上呈北极驱邪院的谢驾表引

根据南北朝道经《赤松子章历》的记载，道教上章的文书要仰唐葛周三将军赍驰送达三十三天门。道教修祈禳醮的神位，供奉的神灵有三天门下三元真君。道教科仪的"请称法位"，上启的神灵有三天门下三元真君。宋元道经《灵宝玉鉴》卷十七《飞神谒帝门》："科曰：三天帝君，日有万天章奏进达天曹，常时治中，并拜章之所，并列于天曹四相。上章词表灵官，引进真君唐葛周三将军。"[1] 金允中《上清灵宝大法》卷二十三《章词表牒品》中，上《升度亡魂章》，章官献状要"上献三元唐葛周三将军，三天门下上章词表灵官，三天门下引进仙官，法中飞章从事促奊灵官"。[2]《赤松子章历》卷二载书符式，要启告："元命真人唐葛周三将军，今有男女某甲疾病告诉，向臣求乞救护……"[3] 刘勰《文心雕龙·章表》说："章以谢恩，奏以按

1　《道藏》第 10 册，第 272~273 页。

2　《道藏》第 31 册，第 490 页。

3　《道藏》第 11 册，第 181 页。

劾，表以陈情，议以执异。"[1] 瑶族宗教文书深受道教影响，与世俗社会文书格式相同，不同之处是宗教文书用于上呈天界神灵。宋代中书、枢密院得到皇帝批准而下达的命令称"札子"，明清时期朝廷和地方官署长官称"堂官"，其委派属官办事的文书称为"堂札"或"札付"，瑶族文书承袭了世俗文书的格式。

3. 关文

英国牛津大学伯德雷恩图书馆藏瑶族经书 S3288 号中的《众王关纸》：

北极驱邪院给出众王关文一道：

今据，大清国云南道承宣市政使司厶府厶县管下厶冲立宅居住，奉真祈福病患人厶人，本命生于厶年厶月厶日厶时建生，行庚已十岁，自于厶季以来，无故弱（吊木），染成病患在身，日久流连，九死一生，不见安好，求神不应，求鬼不灵，投天无路，叩地无门。

广西瑶族《求雨关意》：

北极驱邪院，祠堂给出雨关文一道。

今据

大清国广西道承宣布政司桂林政管入□州□县□口乡□里村立宅居住舍。奉真祈求云雨，关出雨水，众等子孙，诣向今年□月□日吉良，命请师徒。于祠堂，廷奉高真上圣，四府群仙圣众，急差四直功曹使者，前去水府五海龙王天子门下，关出雨水，急救五谷青苗保安青醮，当祠堂给关文一道，仰叩圣真，打开天子堂水眼，关出接青云扇风降雨，救番下界凡民五谷青苗，百姓欢心。托赖神恩圣慈协力，押起雾会，降雨纷纷，急救五谷，度养各人妻儿男女。为叩。伏望圣慈俯洞鉴察，各人

1　刘勰著，范文澜注《文心雕龙注》，北京：人民文学出版社，1958，第406页。

下情无任之至。以开。

　　谨关，又仰叩四直功曹使者准此。

　　皇上□年□月□日，奉真三天府教。左右真君将诸坛证盟。[1]

4. 疏

广西龙胜瑶族《驱灾保安疏》：

　　民国年间，兵丁邀同劫抢，思量无靠，另造新立打劫表之奏上帝，方可太平，后代看用，职位在头。

　　诚惶诚恐，稽首顿首再拜上言。臣闻叩行功教，佩奉文灵牒疏，凡有求词，理邀檄奏。

　　今据

　　中华民国广西省桂林区管入龙胜县管入□乡□□村甲立宅居住舍。奉真政恶归正道，遣送消灾保安。信士众等□□□人即日诚心，冒干洪造，信念意者，伏为□□□人，守於今岁以来，岁前因世乱之情，以前之事，君王有道，人寿年丰，天地盖载之恩，日月照临。承蒙护佑之恩，民等喜之有靠。今乃民国无主，各者独立，章程受欺，苦累参灾，府主贪心不足，不行正路，只想各逞英雄，争占江山之勇，肥私利己兵戈兴动，税空钱粮不分，挫败太平，安稳难成。至今兵丁邀同劫杀，吓取银钱，抄抢财帛物件，爱多嫌少，得贪不足，恶心再行绑人，计捉到一人，即是一宝，有财者多得银钱，方可退归；无财之子，丢别父母，恶同行有；青年妇女，任由强拉强配，胆大如天，明抢明要，不从天理良心，人人可恨，性命难逃，四路无门。可奈有冤难申，有理难明。今我穷乡□□□姓同营结议，请师齐至庙堂，叩请

1　广西壮族自治区编辑组、《中国少数民族社会历史调查资料丛刊》修订编辑委员会编《广西瑶族社会历史调查》第 9 册，第 442 页。

庙堂做主，祈保众等平安。即日职向今年□月□日吉辰，命请师于家、庙拜设神鉴，知写墨函财马一百二十分，具表上奏昊天金阙玉皇上（圣）帝御前投进，更祈圣皇保佑，圣德垂祥，犹恐凡民奸杂意乱，多有不明礼义，不敬天地，不忌戊土地母正神，一无片善之功，二无不平之罪，冒犯圣神，上冒天皇，下冒地脉龙神。凡敬不恭，略备香钱答谢神恩，望祈赦宥。如有蛮贼兵丁胜众，异多巧疤甚多，威风显功，一掌遮天，善民无计，谁敢奈何。叩望皇恩上圣，保救凡民，赦放恶匪，迁移别处，远去他方，日后答谢神恩，祈保□村□□众等，合家人丁清吉，六畜兴旺，男增百福，女添千祥，官灾远避，火盗潜藏，百事亨通，大吉大利。俱呈家主人下情无任之至，百拜具表上奏，奏望圣慈妙力，叩天望圣消罪同鉴，谨表。大汉民国□年□月□日吉辰，入半职，具表上奏。[1]

广西瑶族《参王疏》：

　　今据大清国广西道桂林府管入△州△县△乡△村立宅居住舍，奉真祈求保安追魂修阳中孝男△，合家等谨启：诚心冒干圣造状以威容鉴言念，意者所伸，伏为远近故亡师△，原命生于△年△月△日△时建生，受阳几十岁，不幸没于△年△月△日△时，在家因病身故，孝男虔备凡供之仪，取向今△年△月△日△时吉良，命道师于家伸明起白家奉香火鉴知：开封出行圣齐临，洒净心叩盟金阙鉴知，当堂仰差三元将军，雷霆元帅、祖师本师指引诸延送亡△人，诸引间山卢梅九郎案下，参真礼圣，不入地府巫途，今近孝男△人等，修设痛念父母生身养育之恩，命师△日夜，修说参王道场一宵，圣驾来临，证明功德兵马逍遥，家奉师

1　广西壮族自治区编辑组、《中国少数民族社会历史调查资料丛刊》修订编辑委员会编《广西瑶族社会历史调查》第9册，第449页。

亡案前，烧化原日本坛师给出照生身功据牒文几道，付给亡师△阴师受纳，照对朱墨相同，即保老君弟子三师，不得阎王所管，早登位前，道场会内，承召三魂归赴家堂，受师荐拔赎，道场圆满，化炼奉财马，各分洪恩，敬神超度亡师父母。郎果愿各登职位，香坛具孝男△，下情无任伸纳师证盟同鉴，谨疏。[1]

广西荔浦瑶族经书《疏表应用文》之《祈瘟十保疏》：

　　本命元辰星君，本坊祭拜城隍社令真官，上至山源，下至水口，虚空过往，神祇鉴察，神仙众等，同来香火，祈求十保，之后保安，病患消除，早赐平安，千灾脱体。如云开见日，百病消除，点雪似红炉，大好平安，凶星退位，吉星照临。伏乞南曹宫注上长生之簿，[2] 北斗宫中解除危难之咎。无灾无难，大好安康，人人清吉，户户平安，官非不染，口舌消除。全赖圣眼昭彰鉴纳。谨疏。

　　皇上△年△月△日奉道祈福，保安会首众等拜（押名字在尾）。

5. 表
广西瑶族《五谷黄表》：

　　奉行太上老君门下，戒诚□隍诚恐，稽首再拜。上奉九天外伏神间广大，声德万之威风，道德天边有感意青云之路，遮得人民安乐延长。奉今据大清国广西道承宣布政司桂林府管入□州□县□里□洞□村，立宅居住舍。奉神祈求五谷保安青苗。信士□人合家等，提词释取，向今

1　雷泽光：《广西北部盘古瑶还愿法事》，刘耀荃、李默编《乳源瑶族调查资料》，第 375~376 页。
2　宋王契真《上清灵宝大法》卷二十七《洞玄仙格门·仙格品论》："南曹五阶：南曹执法典者，南曹执法仙士，南曹执法仙官，南曹执法真士，南曹执法真官。"《道藏》第 30 册，第 900 页。

年□月□日良辰，诚请师友于家修□筵。奉十极高真上圣，请（修）设祈福五谷保难青醮一供一宵、一书，是极（投）降拜五谷表文一函，上请（下缺）[1]

广西瑶族《奏怪疏表》：

表有根具或疏者在明处。诚隍诚恐，稽首顿首再拜上言。臣闻百拜昊天金阙玉皇上帝，救得下民几多、如去解怪消罪。下界凡民，不知何神作怪情，不知日后吉凶，叩望王恩大赦方便之门。凡民知得上界圣真，救得人民安乐，阳民无计，伏望上圣赦右消罪，遗送解怪。凡在阳之人词缴司同。今据大清国广西道承宣布政司桂林府□县□乡□里□村立宅居住。奉神香火，司命解遣送消罪保安。[2]

广西瑶族《拔赎排解疏表》：

诚惶诚恐，稽首赖首再拜上言：臣闻叩行功教，佩奉灵文，凡有来词理邀，敦奉臣奏为，今据大清国广西道承宣布政司桂林府管入□州□县□乡□里□村立宅居住舍。奉真分神拔赎追魂，解伤怨连家咒祖分解保安。谨呈昊天金阙玉皇帝陛下，投进奉真师二教，初戒弟子事臣□□□拜表上神，封天认拔赎广解表函。[3]

1　广西壮族自治区编辑组、《中国少数民族社会历史调查资料丛刊》修订编辑委员会编《广西瑶族社会历史调查》第9册，第438页。

2　广西壮族自治区编辑组、《中国少数民族社会历史调查资料丛刊》修订编辑委员会编《广西瑶族社会历史调查》第9册，第439页。

3　广西壮族自治区编辑组、《中国少数民族社会历史调查资料丛刊》修订编辑委员会编《广西瑶族社会历史调查》第9册，第445~446页。

6. 札

广西瑶族《禾仓札》：

（右表上奏昊天金阙玉皇上帝陛下，投进奉真师、道二教，戒弟子事臣法□谨表）

天运□皇□年□月□日，奉神祈求五谷青苗□人，合家等拜表上奏。

北极驱邪院大坛，给出禾仓札牒一道：

今据□□大清国广西道承宣布政司桂林府管入□乡□洞□村立宅居住舍。奉神祈求福保安青苗五谷，信士□□人合家等，即日投诚，冒干洪造。具陈意者。伏为□人以来，播畴禾稼不多丰熟，却被山猪、马鹿、老鼠、蝗虫、蚱蜢，天地差出五音大耗之食，侵夺凡民五谷，连年坎坷耕种，虚空无收，耗尽饥荒受苦，诚恐□粮不足。于今各家耕种五粳米谷，播种禾苗，已发觉被山猪、马鹿、鼠耗，损坏禾苗五谷。又见上仓，求乞五谷，救济凡民，饥寒耕种，有种无收，日食艰苦。有皇恩乾坤有感有灵，补请师人子弟，于家修设盛筵，奏请高真，普敬四府证盟，修设太上祈苗五谷奏章，集福青醮一供，已于先日一夜道场。□□人关明府吏，表奏三天，申关四府，牒请阳至日计坛开启，请奉

圣真齐临，净坛解秽过迎圣驾登临，陈献花茶几供，拜请正宥，于得一道上开玉皇御前，呈进衣粮，收赎赈禾苗，押赴信士□人仓库里内，赈济一家备粮准此，代行给出札牒一道，给在本家增内，登下仓库封号收守，随仓四时赈济凡民，当坛投下府吏，差落各处播园土地看管，不许攒受野鬼耗神，不得损害凡民，播老鼠讫消，早赐五谷，龙山和如达，押赴天庭。自臣□人，今春种早，赐随人财迪吉，各保平安。具札牒准奉□太上老君律令天尊施行。

须至札牒者各路。右牒札付与当境土禾仓管库大王二十四位，方验谨札准此。天运乾隆皇□年□月□日谨牒。

右札付当境土地禾仓大王，三十四万山神大将军准此。[1]

7. 榜文

榜文是仪式坛场使用的告示、公告。瑶族宗教仪式常用的榜文有：《请圣黄榜》《修说三元院驱邪墨榜》《库官榜》《大道榜》《将吏榜》《还愿圣母榜》《经籍榜》《上帝榜》《玉皇榜》《辨字榜》《真王斋都榜》《六部榜》《玉京大斋都榜》《厨官堂榜》《醮斗榜》《香榜》《花榜》《茶榜》《送终茶榜》《酒榜》《送终酒榜》《午供榜》《又送终设斋午供榜》[2]《八卦榜》《送终门外晓谕白榜》《又亡师沐浴榜》《送终设斋诗榜一道》《申奏者疏榜》《救苦贡王门外榜》《加职诰补充大榜黄榜》等。

湖南江华瑶族《请圣黄榜》：

北极驱邪院醮坛给出请圣黄榜当案一道。

今据

大清国△府△州△县△乡△（地名）立宅居住，祭拜本部仁恩福主，△庙王神祠下奉真传度，醮主△、妻△氏，同充小师△、授度信女△氏合家眷等，命请师爷于家修设太上正一朝天鸣扬传度保安清醮，一日三时法师歌舞游迟众兵，至夜重整华坛敷舒黄道迎迟，备榜张挂迎请，圣宫高远，恐思降圣未然，真梵敬念常超而书敬。盖闻善达十方之信，炉焚百宝之真香，伏愿，洪造光中具诚意者，伏惟授度师男△，自从父母生身以来，多招疾病，刑克多端，出入行藏，常被邪神侵害，招人推算命神宿寡。自称本命生于△年△月△日△时贱生，上属中天北斗第△位星君注照，命宫行庚几十岁，命带孤神寡宿华盖重逢难以恩养。于△年

1　广西壮族自治区编辑组、《中国少数民族社会历史调查资料丛刊》修订编辑委员会编《广西瑶族社会历史调查》第 9 册，第 435 页。

2　广西荔浦瑶族经书《传度二戒白榜意》中与五供相关的榜文有《香榜》《花榜》《茶榜》《酒榜》《午供榜》《八卦榜》。

△月△日，投到开教师△坛下，体挂三台护命银灯，吹转缚白拨将护身过降一宵，每日随师引教习学，上圣歌舞通旨来迎，若无完灯三戒奏明上圣缘何知会。取向今△月△日，乃当老君度法之辰须当传度，于△月△日封立斋门，于△日张挂四府满堂神像，四值功曹使者奔驰，请伏迎请天府圣、地府神、水府哲、阳贤降赴道场证明传度，一早开建法事安龙妥土，于夜燃灯星灯依科赞咏一宵。于△日开启扬幡挂榜吉将，师男△体挂七星银灯，就时完点大罗十二耀星灯完满，引度师引过小师度拨波浪水槽完后，就时引刀山棘床，即日迎接部篆众兵归坛酒杯赏赍，入晚签押大疏阳阴二据，入宵重整华坛敷舒黄道迓迎三清大道、四府列圣、群仙下降道场为凡作证，度过含犁火砖，至戊亥二时专备朱词一函、银刀一张、龙车凤辇金银财马120份，三戒法师具篆天庭吉方上奏昊天金阙玉皇大帝陛下投进，金鸡报晓宝马圣驾同銮，预榜张挂晓谕，征虎相之祥关，动龙鸾之鹤愿，开列众圣，而法门履步阶，以后鞠躬之礼分班安座，鉴慈之微尘，奉萌芽茶之献玉帝冥香，而关金阙之仙班，天官地官水官阳圣罗列，判官之隧伏圣宝师宝道宝皈宝瞻之仪会集华坛，证明传度之功道场早超净界，请告榜文各授遵依祛邪不会清净，须至榜者。

右榜晓谕，人神知悉。

执香师△、茶酒师△、保举师△、鼓锣师△、吹笛师△、纸缘师△、坐坛师△、证明师△、保举师△、书表师△、引度师△、主度师△。[1]

大英图书馆 EAP550/1/120《初真新春新恩科》：

奏惟：今据大清国云南道临安府建水县猛梭土司菁王下居住，厶厶厶村境下土地住居，奉道正一，叨念醮主等，即投诚意者，以照彰取向。

---

1 李祥红、郑艳琼主编《湖南瑶族抖筛田野调查》，长沙：岳麓书社，2014，第22~23页。

今月乙日，虔请命道恭，就家庭一心修建太上（救患还愿），植福保安。叨念醮主厶厶，普度妙醮一会二昼夜。恭祈典式，依安玄科，仰仗道慈，俯超逝识，利安品物，福祐现存，化奉财马乙百二十分位，上答众真，一切祈求，万般通泰。

　　重集救苦贡王门外榜，入意去也。

瑶族所用榜文格式源自道教榜文。道教有《开经榜》《古法十戒榜》《告谕誓言榜》《告论斋官榜》《知职榜》《约束将吏榜》《约束孤魂榜》《宣论亡灵榜》《法事节次榜》[1]《正法榜式》《戒将吏榜》等。

三　北极驱邪院与天心正法

（一）北极驱邪院的职掌

　　瑶族宗教的各种科仪文书多是上呈北极驱邪院的，因此有必要对北极驱邪院进行专门考察。道教认为北极星是永恒不动的星，尊为众星之主，称紫微大帝。其职能是执掌天经地纬，统率日月星辰、山川诸神，调理四时节气，能呼风唤雨，役使雷电鬼神。北极驱邪院是紫微大帝的决策和执行机关。《道法会元》卷二百六十五《北阴酆都太玄制魔黑律灵书》说：

　　　　昔北极紫微玉虚帝君，居紫微垣中，为万象宗师，众星所拱，为万法金仙之帝主，上朝金阙，下领酆都。……按《老子犹龙经》云：紫微北极玉虚大帝，上统诸星，中御万法，下治酆都，乃诸天星宿之主也。北极驱邪院是其正掌也。[2]

　　《道法会元》卷一百七十八《五元正法图序》："所谓北极驱邪院者，乃

1　参见宋蒋叔舆《无上黄箓大斋立成仪》卷十三《榜牒门》。

2　《道藏》第30册，第625页。

三界纠察之司，万邪总摄之所。行其法者，则上通章奏，下达文移，救死度生，殄妖灭怪，考治鬼祟，鞫勘妖邪，是其职也。"[1]《道法会元》卷一百七十一曰："北极驱邪院，如世之殿帅，兵府是也。其中皆是阴治主者，乃地界法官是其任也。……以举仙官为任，使拯治阴魔，禁御万杀，承阳宣化，保宁山川，生育万汇，皆荷道化。"[2] 白玉蟾弟子多有授"北极驱邪院"法职者。

道经中所见天庭执法机构有：北极驱邪院，上清天枢院，青玄黄箓院，上清黄箓院，玉枢五雷院、玉清五雷院、玉府五雷院，北魁玄范府，九天司命府，九天普度院，校量功德院，上清童初院，上清天医院，灵宝大法司等。宋林灵真《灵宝领教济度金书》卷二《修奉节目品·开度黄箓斋五日节目》："至建斋七日之先，正奏……青玄黄箓院，上清黄箓院，校量功德院，北魁玄范府，九天司命府，九天普度院，北极驱邪院，上清天枢院，上清童初院，上清天医院。"[3] 宋蒋叔舆《无上黄箓大斋立成仪》卷十四《礼成奏谢门》："在坛翊卫传奏众神"有"灵宝大法司、上清天枢院、北极驱邪院、玉枢五雷院，灵宝正一诸阶法箓中神仙将吏（随法师所受法箓，将吏言功，岳兵同此）"等[4]。广西荔浦瑶族经书《开禁书》列举传度弟子职位说："太上奉行东极都法院川通间梅师道二教传度三戒弟子冯法香，职位升在湘州道九龙府右任知府旨管天下鬼神安平二字为号。"则是瑶族文书上呈东极都法院的例证。

经书中所见东极都法院统率兵将有：北极驱邪院神将神兵，玉枢五雷院雷将雷兵，玉清五雷院雷将雷兵，上清天枢院神将神兵，校量功德院使真君等。宋蒋叔舆《无上黄箓大斋立成仪》卷四《天枢院缴状》就有"北极驱邪院神将神兵，玉枢五雷院雷将雷兵"的记载，[5]《无上黄箓大斋立成仪》卷五十二《神位门》所列道教普天大醮的三千六百位神仙，其中左二班就包括

1　《道藏》第 30 册，第 144 页。
2　《道藏》第 30 册，第 101 页。
3　《道藏》第 7 册，第 34 页。
4　《道藏》第 9 册，第 461 页。
5　《道藏》第 9 册，第 398 页。

"玉清五雷院雷将雷兵、上清天枢院神将神兵、北极驱邪院神将神兵"。[1]
S3423 号《符吏科、敕坛科》言"上清天枢院天将天兵，北极驱邪院神将神兵，玉府五雷院雷将雷兵"，此说即来自道教。《无上黄箓大斋立成仪》卷八《牒札门》更有"北极驱邪院统兵助法兵头部伍行长、神将吏兵"之说。[2]

　　元代道经中苟元帅执掌南极天枢院，毕元帅执掌北极驱邪院。元代道经《法海遗珠》卷十五："焚香关召南极天枢、北极天心正法中三光符吏、斗下灵文、天心法部帅将吏兵。白捉五雷大法中雷门左伐魔使，知南极天枢院，总辖雷霆都司一府二院三司事苟元帅。雷门右伐魔使，知北极驱邪院，主管雷霆都司军辖事毕元帅。"[3]

　　《无上黄箓大斋立成仪》卷七《正申门》状申五府真宰为："玉府五雷院使真君、玉枢五雷院使真君、北帝斗下雷司五雷上圣、雷霆都司五雷上圣、蓬莱都水司五雷上圣。"[4]

　　道教用黄纸书写的道符，要用北极驱邪院印。元代道经《法海遗珠》卷十八载"凡书符，用全幅黄纸书之，用北极驱邪院印"[5]，列举上界符、中界符、下界符，称"前三符，并黄纸朱书，用都天大法主印印之"。[6]

　　《道法会元》卷一百七十一《上清童初五元素府玉册正法》之《元应太皇府玉册》：

　　　　惟中黄元一大帝，承玄镇景，应化御位，统摄总杀，肃清二仪，静明三元，掌元应之玉册，执职平阿宫，封天蓬大元帅，为嗣教外台卿，别有神局，是阴治之有司，号北极驱邪院，如世之殿帅兵府是也。其中

1　《道藏》第 9 册，第 684 页。

2　《道藏》第 9 册，第 422 页。

3　《道藏》第 26 册，第 812 页。

4　《道藏》第 9 册，第 414 页。

5　《道藏》第 26 册，第 826 页。

6　《道藏》第 26 册，第 830 页。

皆是阴治主者，乃地界法官是其任也。及至季气雕残，阴印阴治不能治之，山川不息，宣化不行，故付出是册，以举仙官为任，使拯治阴魔，禁御万杀，承阳宣化，保宁山川生育万汇，皆荷道化。[1]

《道法会元》卷二百四十九《太上天坛玉格》记载了北极驱邪院从九品、正九品到从一品、正一品的迁转品秩。[2]

在道教盛行的唐代，颜真卿自称北极驱邪院左判官，李阳冰自称北极驱邪院右判官。宋代道士白玉蟾于《法曹陈过谢恩奏事朱章》中自称"上清大洞宝箓南岳先生、赤帝真人、五雷副使、知北极驱邪院事"，[3] 于《忏谢朱表》开篇和结尾分别称"上清大洞宝箓弟子、五雷三司判官、知北极驱邪院事臣白某"和"上清大洞宝箓弟子、五雷三司判官、知北极驱邪院事臣白某表奏"。[4] 据道教北极驱邪院的补职阶序，白玉蟾自署"五雷三司判官"，应为补北极驱邪院五雷判官，也可能迁北极驱邪院上清录事五雷右判官，或再

1　《道藏》第 30 册，第 101 页。

2　《道法会元》卷二百四十九《太上天坛玉格》载北极驱邪院九品迁转品秩为：从九品"北极驱邪院右判官兼南昌上宫受炼典者同管干驱邪院事、北极驱邪院左判官兼南昌上宫受炼典者同管干驱邪院事"→正九品"北极驱邪院右大判官兼南昌上宫受炼典者管干驱邪院事、北极驱邪院左大判官兼南昌上宫受炼典者管干驱邪院事"→从八品"北极驱邪院右统兵执法真官同主管驱邪院事、北极驱邪院左统兵执法真官同主管驱邪院事"→正八品"北极驱邪院右领兵执法真官主管驱邪院事、北极驱邪院左领兵执法真官主管驱邪院事"→从七品"北极驱邪院掌籍仙官同金书驱邪院事、北极驱邪院掌法仙官同金书驱邪院事"→正七品"北极驱邪院领籍仙官会金驱邪院事北极驱邪院领法仙官会金驱邪院事"→从六品"金部尚书北极斩邪使同行驱邪院事、金部尚书北极御邪使同行驱邪院事"→正六品"木部尚书北极考召使同行驱邪院事"→从五品"上清玄都大夫水部尚书北极伏魔使行驱邪院事"→正五品"上清翊卫仙卿火部尚书九天游奕使同知驱邪院事"→从四品"上清玄都御史九天金阙大夫土部尚书九天斜察使同知驱邪院事"→正四品"九天金阙御史九天采访使知驱邪院事"→从三品"九天金阙上卿九天廉访使知判驱邪院事"→正三品"九天金阙上仙九天察访使同判驱邪院事"→从二品"九天金阙少宰九天御魔使判驱邪院事"→正二品"九天金阙上宰九天伏魔使判驱邪院事"→从一品"九天金阙右丞相判北极驱邪院事、九天金阙左丞相判北极驱邪院事、九天金阙侍中判泰玄都省兼枢机内外台南北二院事、九天金阙今判泰玄都省兼枢机内外台南北二院事"→正一品"至真无上辅天元尊平章代判神霄上宫事"。《道藏》第 30 册，第 525~526 页。

3　《道法会元》卷七十六《汪火师雷霆奥旨序》，《道藏》第 29 册，第 262 页。

4　《修真书》卷四十七白玉蟾《武夷集》，《道藏》第 4 册，第 805 页。明正德《琼台志》卷四十："云神府雷霆吏，衔称上清大洞宝箓弟子、五雷三司判官、知北极驱邪院事琼山白玉蟾。"

迁北极驱邪院上清录事主管鬼神公事左判官。

明代道经《道法会元》卷五十七《上清玉枢五雷真文》载北极驱邪院补职的阶次：

> 初受法之士，法师保奏，补充北极驱邪院五雷判官。行法功及三十人，或百人，陈设醮礼，师为保奏，迁北极驱邪院上清录事五雷右判官，功及三百人，迁北极驱邪院上清录事主管鬼神公事左判官。功及一千人，并祈祷有功，迁行斗中五雷正法上清司命卿北极驱邪院副使。功及三千人，果有大功者，迁北极驱邪院上清元命君统摄三界九州邪魔五雷使者。更有上功，迁斗中六通掌水使者。次迁斗中都水左使者。次迁上清司命玉府右卿。次迁上清司命玉府左卿。[1]

北极驱邪院是道教科书中常提及的执法机构，传说唐代文士颜真卿尸解成仙，就被尊为北极驱邪院判官。宋邓有功《上清骨髓灵文鬼律》卷下《正法榜式》文书称："北极驱邪院。当院见管押将吏兵等，系奉玉帝敕命差拨，赴本院护法行化，助国济民，救度群品，咸归正道。"[2] 该经赋予北极驱邪院征召神将吏兵的权力，北极驱邪院统领的神将吏兵有统兵助法兵头部伍行长、三元五德将军、龙虎骑吏、四灵神君、南昌炼度仙众、神虎追摄官吏、诸司法院神将吏兵、功曹符使等众。道教的章文、牒文、札文、檄文、榜文、奏状、关文等科仪文书，都要专门送达北极驱邪院处理。《道法会元》卷七十六《汪火师雷霆奥旨序》中，撰序者白玉蟾就自称职衔为"上清大洞宝箓南岳先生赤帝真人五雷副使知北极驱邪院事"。[3] 《道法会元》卷一百七十八《五元正法图序》载玉堂卢元老序曰："所谓北极驱邪院者，乃三界纠察之司，万邪总摄之所。行其法者，则上通章奏，下达文移，救死度生，殄妖灭怪，考治

---

1 《道藏》第 29 册，第 152 页。
2 《道藏》第 6 册，第 918 页。
3 《道藏》第 29 册，第 262 页。

鬼祟，鞫勘妖邪，是其职也。"[1] 宋元妙宗《太上助国救民总真秘要》卷十《上清北极驱邪院行遣公文式》说："按法科，凡有事端，关牒灵祇，申奏神真，最为纲要。文式典则，不可不备。"[2]

（二）北极驱邪院与天心正法的关系

1. 宋代道教的北极驱邪院

北极驱邪院是天庭专掌驱除邪祟之官府，此神职机构伴随北宋天心正法派而诞生。道经中"北极驱邪院"之名，见于北宋元妙宗《太上助国救民总真秘要》。元妙宗自序称曾游历四方名山灵岳，寻访师法三十余年，以符水救民疾苦，后应徽宗征召赴东京经局校注道经，他将其所得秘法符印、步罡蹑斗法术，编成《太上助国救民总真秘要》十卷进呈宋徽宗。北极驱邪院下辖的神将神兵包括三元唐葛周三将军。瑶族经书有"本院三元唐葛周三将军"之说，[3] "本院"即指北极驱邪院。

北极驱邪院是道教科仪的执法机构。宋元妙宗《太上助国救民总真秘要》卷十《上清北极驱邪院行遣公文式》，收录以北极驱邪院名义颁发的各种科仪文书。北极驱邪院以驱鬼法术著称，这就不难理解瑶族经书中大量上呈北极驱邪院的文书。天心正法派的神职机构北极驱邪院，大量出现于信仰梅山教族群的经书中，瑶族宗教经书中的北极驱邪院文书确乎是宋代天心正法传播至瑶族社会的结果。

天心正法与北极驱邪院的关系，从法印的使用也可以说明。道教书符有时用全幅黄纸，盖北极驱邪院印。北极驱邪院印在科仪文书中有特定的除邪功能。邓有功《上清骨髓灵文鬼律》卷下：

> 诸造驱邪院印，方一寸八分，以金玉为之，篆以天文。（雷霆木造者

1　《道藏》第 30 册，第 144 页。

2　《道藏》第 32 册，第 117 页。

3　李默、房先清编《八排瑶古籍汇编》，第 384 页。

听。）召六丁六甲使者，结界守护。置讫，以红朱傅印面上，先闻上界，（应造法中印记准此。）次同所授官花押字样，关东岳，照会讫，方得使用。[1]

道教的斋醮科仪中，天心法职与北极驱邪院印是相配的。宋金允中《上清灵宝大法·总序》："如行天心正法，则以驱邪院印为记，是行正法之科条，备驱邪院之属吏。"[2] 金允中《上清灵宝大法》卷十二《济生阳德品》："如行天心正法，合用驱邪院印之类，不应改换衔位，变更印文。"[3]

历史上的有道之士多宣称已署北极驱邪院职事。宋洪迈《夷坚支志》丁卷第十《樱桃园法师》：

临安殿前司前军有亡卒，将官侯彦出捕之。经樱桃园，见一道士，古貌长须，戴七星黑冠，披紫云霞服，立于道左。彦过其傍，道士怒目切齿作色而骂曰："可瞭叵耐，一个健儿行动，直得如此大四体！"彦曰："我自行过，干汝何事？"其人又曰："几乎推倒我。我是上清大洞法师，知北极驱邪院事，解擒捉天下鬼神。如今朝廷官员都敬重我，汝何得厮欺负！"两人喧争不已，道士批彦颊，彦不知端由，未敢报，但以手搁其腕。道士不能敌，顾而言曰："且舍汝去，今夜三更后，当使汝知我神通耳。"彦归舍，情思弗安，半夜，忽如中风者，狂颠叫哭，若为鬼物所凭。家人往挽救，其力比常日十倍，莫可近。于是迎师巫考治，皆不效，奄奄百许日，得五雷陈法师，怪乃谢去。所谓道士者，盖鬼也。[4]

---

1 《道藏》第 6 册，第 917 页。

2 《道藏》第 31 册，第 346 页。

3 《道藏》第 31 册，第 411 页。

4 （宋）洪迈撰《夷坚志》第 3 册，第 1044 页。

2. 上呈北极驱邪院的科仪文书

宋邓有功《上清骨髓灵文鬼律》卷上具体记载道教治鬼的各种鬼律，其中就有东岳治鬼的律条。《上清骨髓灵文鬼律》卷上：

> 法道门
>
> ……
>
> 诸山川土地司命城隍，受命搜捕邪祟，辄有违滞故纵于经历地分害人者，直送东岳，处断主者失觉察，杖一百。诸提举城隍社令有过者，具奏北极取旨，三官纠察，关驱邪院施行。……
>
> 太甲门
>
> 诸林谷祆异累害人者，处死。所部鬼物非过干累及者，送东岳处分。应干经历地分不觉察，杖一百。同情犯者，罪亦如之。
>
> ……
>
> 太戊门
>
> ……
>
> 诸鬼神非摄受于人世，不得与生灵混处，违者杖一百。（天府谪仙者非。）如妄假名目，邀求祭祀者，徒二年。切害者，送东岳处置。拒捕者，处死。……诸人间染疾，旬月淹延不退，梦寐与鬼魅交通者，委所居地祇具事状，申东岳诛灭，违者杖一百。[1]

道教的北极驱邪院是治鬼的执法机构，与东岳、城隍共同组成严密的法网，使为害的鬼物邪祟无所逃遁。

瑶族宗教有上呈北极驱邪院的文书，例如英国牛津大学伯德雷恩图书馆藏瑶族经书 S3371 号之《释罪宗师引》，S3278 号之《亡人地札》《释罪香火表式》《拆解表引》，S3274 号之《修路牒意》《一件修路引》，S3343 号之

---

1 《道藏》第 6 册，第 911~912 页。

《又具推送大醮表引一纸》，S3371 号之《批地札式》《又地契文式》，广西瑶族还盘王愿《表引》，[1] 广东八排瑶《驴山九郎申状》，[2] 广东八排瑶《祖师恭状》，[3] 广东八排瑶《超生文牒》，[4] 广西临桂过山瑶度戒经书《北极驱邪院醮坛给出白榜晓谕一楷》，[5] 广西荔浦瑶族经书《正传度二戒白榜、阴阳二牒、情状吊褂杂榜钱关》，贵州瑶族经书《加职黄榜》《加职钱关》《关牒简函》[6] 等，其文书都汲取了道教科仪经书的格式。以下例举几份道教上呈北极驱邪院的文书。

《上清骨髓灵文鬼律》卷下载《正法榜式》：

北极驱邪院：

当院见管押将吏兵等，系奉玉帝敕命差拨，赴本院护法行化，助国济民，救度群品，咸归正道。切虑不知，本院有天印，方一寸八分，或方二寸一分，或方三寸，或方五寸。管辖天兵百千亿万垓，印篆一毫一纹，容隐三十六万垓兵将，随吾印转。邪魔闻之胆碎，病者见之安宁。上帝赐之，力士捧擎，从吾所行。印中兵将，百千亿万垓。来往如风，无形无边，变化不穷。隐吾印中，召之则至。或见大身，遍满虚空。头戴昆仑，肩担日月，手把帝钟，足踏夔龙。或见小身，入微尘中，于丝发内。视大威通，护持正法，千变万化。救度有情，不自伐功。玄妙之力，道法无穷。切恐所管神将吏兵等，不知有此法令，故意违慢。遣汝受罪，不轻当院。今将天兵将吏，岳兵将吏，分屯番次，准备缓急。使唤如闻当院呼召，急须速至。如不系当番，或不呼召，并仰潜隐六合之内，自隐自伏。具下项：

一、天兵将吏等，常切准备呼召。如不呼召，不得擅离天界。南斗天兵，

1　张声震主编《还盘王愿》，第 648 页。

2　李默、房先清编《八排瑶古籍汇编》，第 406 页。

3　李默、房先清编《八排瑶古籍汇编》，第 407 页。

4　李默、房先清编《八排瑶古籍汇编》，第 402~403 页。

5　黄方平：《临桂过山瑶度戒略析》，张有隽、徐杰舜主编《民族与民族观》第一辑，南宁：广西教育出版社，1991，第 295~296 页。

6　参见黄海、邢淑芳《盘王大歌：瑶族图腾信仰与祭祀经典研究》，第 132~133 页。

三千六百人。黑杀神兵，五万人。北斗部兵将。三五部兵将。正一部兵将。放光部兵将。天丁众神。力士众神。金刚众神。大明众神。飞龙骑吏，一千人。斩龙骑吏，一千人。决龙骑吏，一千人。统兵助法神将二员。

一、泰山差到兵将，仰分作两番，每一日一替，参随当院行法官出入。遇有急速干事，不在此限。仍只得于本院安泊，无辄慢易。仍委自统兵助法神将，常切提辖统兵神将一员、助法神将一员，马步兵若干人（开东岳关到人数）。

右件兵将神吏等，今出榜晓谕，仰详前项指挥，遵依奉行。如稍有违，必无轻恕。汝等有功，即当赏犒。具奏上界，赐之恩果。的无虚示，各宜知悉。

某年某月某日榜。具衔位姓押。[1]

《上清骨髓灵文鬼律》卷下载天心正法派的牒文：

具保举传度师衔位臣姓某奉行

三天扶教大法师正一真人静应真君臣张道陵

新授正人补驱邪院官告式

敕三台门下：据驱邪院某官姓某，保奏某人。禀性纯素，守善存心。每崇奉于高真，常归依于大道。颇有助国救民之志，愿欲传授天心正法符箓。保身护命，佐天行道，利济群生。某人年若干岁，甲子某月日时生，上属北斗某星君，躬俟俯报者。

（符略）

惟三天正法，万道同归。矧吾言之易行，岂汝心之难勉。宜补北极驱邪院右判官，同勾院事。准式以闻。

右牒奉上清玉帝敕，符到奉行。

1　《道藏》第 6 册，第 918 页。

某甲子年月日。[1]

宋蒋叔舆《无上黄箓大斋立成仪》卷八《将吏关》：

灵宝大法司：

当司今据某乡贯（同都大城隍牒，至伺候敕旨颁行外）须至专有指挥。

右关本司仙曹，执职灵官功曹，金童玉女，天神将吏，上清天枢院属官功曹，章奏童子，丁甲吏兵，玉枢五雷院元帅猛吏，雷公电母，风伯雨师，五雷使者，雷火吏兵，北极驱邪院统兵助法兵头部伍行长、神将吏兵，三元五德将军，龙虎骑吏，四灵神君，南昌炼度仙众，神虎追摄官吏，诸司法院神将吏兵，功曹符使等众，仰照应前件事理。同当处城隍里社，司命土地，近侧庙貌，应系香火正神，一合同心，并力于建坛之初，扫荡内外，伏尸故炁，厌秽不祥，速令清洁。应沿斋醮，所须法用仪物，常行守护。不得辄令恶人盗贼，鸡犬猫鼠等，暗有侵犯，斋事届期，各各严装，分布左右，祇迓圣真，通达诚款，当局行事，共建斋功。仍导引亡灵等众，沐浴炼度，巡察无碍斛食，钤束冤魂罪对，无令妄起仇心，以图报复，侵损生人。遇有告召，实时承受。所冀斋功圆就，障难不生。家国沾恩，存亡受度。解坛散席，言功举迁。明真有格，威禁至重。事须遵奉，不请有违。

年　月　日关。

可漏。灵宝大法司关诸司法院天神将吏仙众。[2]

此关文说明北极驱邪院与上清天枢院、玉枢五雷院，都是灵宝大法司下的执行机构，这说明灵宝斋法始终居于道教斋醮的主导地位。

1　《道藏》第6册，第920页。
2　《道藏》第9册，第422~423页。

第四章

瑶族宗教仪式中的道教神灵

瑶族是西南少数民族中深受道教影响的族群，道教的三清、玉皇、张天师等神灵是瑶族崇祀的上坛神。在瑶族宗教神唱和仪式中，对道教神灵有通俗生动的赞颂。道教的唐、葛、周三元真君是早期正一道的神灵，在瑶族宗教中是具有特殊法力的驱鬼之神。道教的存想是与天界神灵沟通的法术，为瑶族宗教所汲取，变身藏身是道教神仙信仰在瑶族宗教中的特殊表现，科仪中变身为神灵的存想之法具有瑶族特色。瑶族变身藏身法术浓郁的道教色彩，是瑶族宗教汲取道教科仪法术的典型例证，是历史上道教沿南岭走廊传播的结果。

第一节　瑶族宗教中的道教神灵

一　瑶族宗教神唱中的道教神灵

瑶族宗教深受道教影响，在瑶族宗教的神灵系统中，既有本民族祖先神、土俗神，又有道教诸神。道教的三清、玉皇大帝、张天师、三元、真武，与瑶族祖先神盘王圣帝、祖宗家仙、令公及土俗神张五郎、张赵二郎、梅山法主大圣九郎等被同坛供祀。瑶族宗教经书中有众多道教神灵，是历史上道教在瑶族社会传播的结果；道教神仙能进入瑶族宗教神系享受瑶人的供祀，是瑶族接受道教的标志。

瑶族经书从语体上分经文与神唱两类。黄贵权认为经文用于诵读，用于宗教仪式活动，且与汉语关系密切；而神唱是师公在行仪时的唱词，更接近瑶语。[1] 瑶族经书中七言韵文的歌本称为神唱、神歌、乐神歌。这种道教道歌瑶族化的唱经，广西瑶族习称为神唱，云南瑶族则称为祭祀坛歌。神唱用通俗易懂的语言描述道教神灵的形象，祈请道教神灵降临坛场。越南瑶族经书《献香歌》有"鼓声奉献众神仙""锣铃奉献众神仙"之唱句。[2] 瑶族经书神唱每篇喃唱一个神灵的来历，具有民俗化、通俗化的特征，生动反映瑶人的道教信仰。师公神唱主要用于还愿，道公神唱主要是打斋、超度死者。广西山子瑶师公神唱中，道教的三元是神唱的主题。

英国牛津大学伯德雷恩图书馆藏瑶族经书 S3399 号载神唱有：

请圣用、此水、此剑、东方解秽、一声鸣角、三盏明灯、此角、罗带出世歌、踏上梅山、南蛇、黎十三歌、黎十二歌、下坛歌、当坛盘古圣王歌、灶公歌、家先歌、玄天王歌、广福王歌、仙娘歌、三庙圣王歌、三清出世歌、三清献酒、玉皇歌、圣主歌、张天师歌、李天师歌、下坛出世歌、四府出世歌、本坊地主歌、社王出世歌、到观看歌、社游歌、上元歌、先锋歌、七官歌、唱白吊歌、谢保老歌、赏浪师父、修斋歌、脱童歌[3]、小脱童、引师男歌、家主留客人间。

瑶族经书中神唱类数量较多，例如英国牛津大学伯德雷恩图书馆藏瑶族经书 S3283 号七言神唱有：盘古歌、玄天歌、三清歌、玉皇歌、天师歌、天府歌、地府歌、水府歌、四府歌、社王皇歌、旗头歌、雷霆歌、海番歌、敕封歌。S3367 号七言神唱：神头歌、神头带歌、三清出世歌、玉皇歌、四府出世歌、上歌用、又到上歌用、下歌坛、本方地主歌、何物歌。S3376 号七言神唱

1　黄贵权：《瑶族的书面语及其文字初探》，郭大烈、黄贵权等编《瑶文化研究》，第 194～195、202 页。

2　黄钰、黄方平：《国际瑶族概述》，第 167 页。云南金平瑶族亦有《献香歌》。

3　瑶族宗教仪式中法师有变身科仪，法师身穿法衣，戴上神头，象征神灵附身，变凡俗为神圣以沟通神灵，称为"落童"。当这段仪节结束后，法师又要摘下神头，从神的化身转化为凡俗，称为"脱童"。

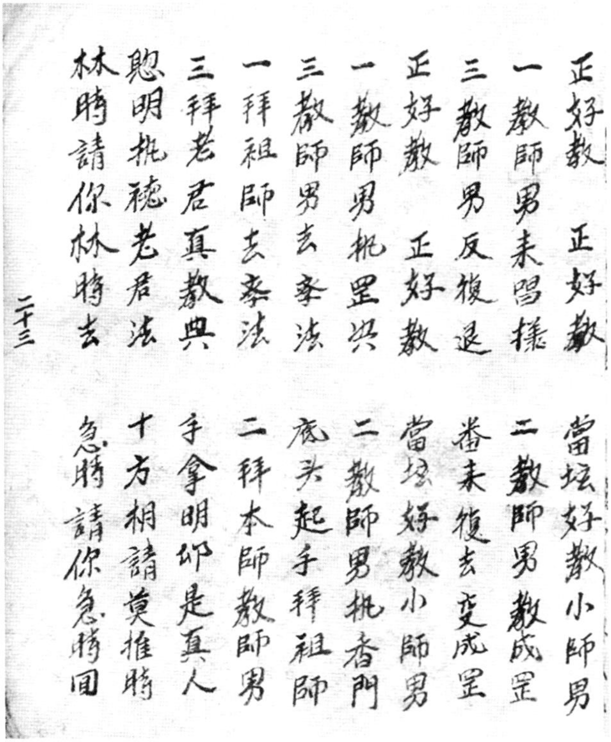
正好教　正好教　當壇好教小師男
一教師男来唱樣　二教師男教成罡
三教師男反複退　番来復去変成罡
正好教　正好教　當壇好教小師男
一教師男挑罡兴　二教師男挑香門
三教師男去参法　底头起手拜祖師
一拜祖師去参法　二拜本師教師男
三拜老君真教典　手拿明卯是真人
聡明挑穗老君法　十方相請莫推將
林將請你林將去　急將請你急將回
二十三

图 4-1　S3399 号七言神唱引师男歌一

有：四庙歌：入庙换话、补台歌、杀牲使者歌、红罗帐歌、入连州庙唱借花歌、行平入庙歌、付灵入庙歌、福江入庙歌、五旗厨司入庙歌、家先阳州入庙、连州入庙歌复曹、行平庙复曹、付灵庙复曹歌、若下付灵庙等。还有 S3251 号《盘古记》七言神唱，S3275 号科仪七言神唱，S3280 号学法传阳歌、又拜师父用等七言神唱，S3281 号连州庙、行平庙的七言神唱。英国牛津大学伯德雷恩图书馆藏瑶族经书 S3367 号，有反映瑶人接受道教的神唱。

1. 有关三清的神唱

广东八排瑶经书《兵床》：“师郎下锁落关津，一心修到何人衙里去，修到玉清圣境元始天尊，上清真境灵宝天尊，太清仙境道德天尊。”[1] 英国牛津

1　李默、房先清编《八排瑶古籍汇编》，第 78 页。

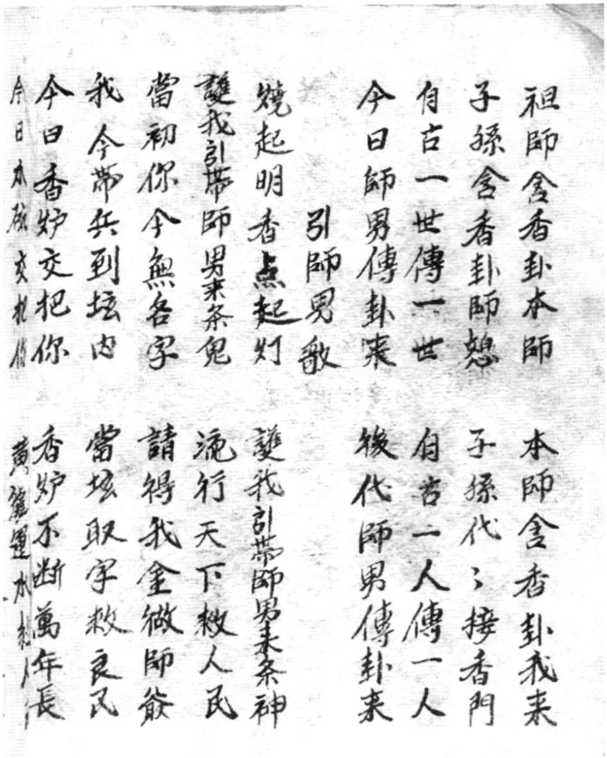

图 4-2 S3399 号七言神唱引师男歌二

大学伯德雷恩图书馆藏瑶族经书 S3399 号："启请三清高大道，又请三清大道神。三清大道大清宫，北极紫微同一宫。惟有三清无上圣，都来赫（吓）怕鬼神通。元始天尊为第一，灵宝天尊第二名。道德天尊第三教，老君殿上好行兵。"云南省麻栗坡县蓝靛瑶《三清歌》唱道："父母生长三兄弟，三人相貌好一般。下凡修斋并做醮，超度亡灵往升天。玉清圣境造云雨，上清真境造三天。太清仙境造山岭，上清又造万民烟。"[1]

S3367 号之《三清出世歌》：

---

1 杨永福主编《云南瑶族口传非物质文化遗产提要辑录》，第 76 页。

三清原在清云出，原在青云化出身。

紫云化身身不识，于今坛内得安身。

闻说今朝有状请，元始天尊齐降临。

元始天尊为第一，灵宝天尊第二名。

道德天尊第三教，老君殿上好行兵。

闻说今朝有状请，灵宝天尊齐降临。

太上老君李老君，身骑白马入青云。

原在肚里生牙齿，落地三朝成好人。

落地三朝无人养，送下天云根竹林。

山猪马鹿偷送奶，黄龙含水洗郎身。

九条青水拿来洗，当时头发白如人。

左边洗起青丝发，右边洗白如烫餕银。

一岁偷吃老君饭[1]，二岁偷着老君衣。

三岁偷钱去学法，四岁抛兵度六郎。

五岁执得老君印，六岁执印不离身。

十七十八郎得道，二十得道我归天。

头载金冠坐龙殿，手拿牙简按胸前。

闻说今朝有状请，道德天尊齐降临。[2]

S3367 号之《又到上歌用》：

启请三清高大道，又请三清大道神。

三清大道太清宫，北极紫微同一宫。

唯有三清无上圣，都来吓怕鬼神通。

1　瑶族度戒仪式中吃老君饭，即师男集体吃糯米饭。主醮师祈请太上老君降坛，表示师男已相互结拜，同吃老君饭，共听老君话。此后如遇危难，念一声"太上老君"，可以禳除灾难。

2　广西瑶族《还盘王愿》经书中标题作《接三清歌》。

　　　　元始天尊为第一，灵宝天尊第二名，

　　　　道德天尊第三教，老君殿上好行兵。

　　　　高上玉皇三清巍，玉皇头载紫金魁。

　　　　玉帝头载平天帽，两边帽带一般齐，

　　　　塞断黄河五路口，黄河水面不曾清。

　　　　张天大法李天师，赵后三郎是我儿，

　　　　〔我〕儿收得五瘟鬼，五瘟无路尽归依。

　　瑶族宗教称三清为"高大道"，将道教的三清进行第一、第二、第三的排名，其实在道经中并无此种说法，这反映瑶族人对道教神仙的敬仰。神唱中甚至对三清有拟人化的表现，云南省西畴县蓝靛瑶《三清歌》："父母生长三兄弟，三人相貌好一般。下凡修斋并做醮，超度亡灵往升天。玉清圣境造云雨，上清真境造三天。太清仙境造山岭，上清又造万民烟。"[1] 广东乳源瑶族《三清赞》：

　　　　天尊天尊，元始天尊，眼中眉眉，嘴中合合，身着红衣，眼中窥窥，腰带花儿，脚踏乌缎之鞋，手捻老君之诀，头敷罗帽，今日吾师相等，元始天尊，当坛开光点土得风流，三朝两日出行游。

　　　　开你头中头戴帽，开你耳中又听十方，开你眼中又看十方，开你鼻中又闻明香，开你口中又说文章，开你手中起手龙车，开你肚中又载文章，开你脚中又行十方。今日吾师相等，元始天尊，当坛开光点土得风流，三朝两日得行游。

　　　　天尊天尊，灵宝天尊，眼中眉眉，嘴中合合，身着蓝衣，眼中巍巍，腰带花儿，脚踏乌缎之鞋，手捻老君光油之花，头戴罗帽，今日吾师相等，灵宝天尊，当坛开光点土得风流，三朝两日得行游。

　　　　天尊天尊，道德天尊，眼中眉眉，嘴中合合，身着黄衣，眼中巍巍，

1　杨永福主编《云南瑶族口传非物质文化遗产提要辑录》，第 76 页。

腰带花儿，脚踏乌缎之鞋，手捻老君光油之扇，头如雪白，今日吾师相等，道德天尊，当坛开光点土得风流，三朝两日出行游。[1]

广东乳源瑶族神唱中有《元始赞》《灵宝赞》《道德赞》的赞词。

《元始赞》：

元始元始天尊，眼睛眯眯，你是坐落天界，你是坐落地界，头戴金冠之顶，身着龙凤之衣，脚踏龙凤之鞋。有人相请，无人相请。若是无人相请降落天堂，若是有人相请降下凡间。下界凡人锣声鼓响，下降大道金容宝像，有污秽着，少无秽着，有污秽着，急急伏令清净。

《灵宝赞》：

灵宝灵宝天尊，眼睛眯眯，你是坐落天界，你是坐落地界，头戴金冠之顶，身着龙凤之衣，手拿朝天芽简，脚踏龙凤之鞋。有人相请，无人相请。若是无人相请坐落天堂，若是有人相请降下凡间。下界凡人锣声鼓响，下降大道金容宝像，有污秽着，少无秽着，有污秽着，急急伏令清净。

《道德赞》：

道德道德天尊，眼睛眯眯。你是坐落天界，坐落天方。你是坐落地界，坐落地方，你是坐落梅山十界香门。头戴金冠之顶，身着五色龙凤仙衣。手拿菠荷金扇，脚踏龙凤之鞋。有人相请，无人相请。若是无人相请坐落天堂，若是有人相请降下凡间。下界凡人锣声鼓响，

---

1 盘才万、房先清收集，李默编注《乳源瑶族古籍汇编》上册，第106页。

下降大道金容宝像，有污秽着，少无秽着，有污秽着，急急伏令清净。[1]

云南省金平瑶族《三清众圣歌》唱道：

踏上清云殿上去，踏上紫微五色云。

清云便是三清殿，清水流来是神仙。

西天门下去学法，西天齐法救良民。

三清原在清云出，原在清源尽出身。

元始天尊为第一，灵法天尊第二名。

道德天尊第三教，老君殿上好行兵。

老君殿上稳稳坐，三界师男跳破神。

……

我今乱唱众客听，勉得怪阴勉怪阳。

闻说今朝有状请，众官众圣一齐临。[2]

云南省金平瑶族《力上坛歌》唱道："启请三清高大道，又请三清大道神。高上玉皇神圣巍，玉皇头戴紫金鸡。"[3] 广西荔浦瑶族经书《盘王书》之《上坛歌》：

启请三清高大道，又请三清大道神。

三清大道大清宫，北极紫微同一宫。

1　张声震主编《还盘王愿》，第 47~78 页。

2　宋恩常、邓金元调查，宋恩常整理《金平城关镇路黑浪（老街）瑶族道教调查》，《民族问题五种丛书》云南省编辑委员会编《云南苗族瑶族社会历史调查》，昆明：云南民族出版社，1982，第 155 页。

3　宋恩常、邓金元调查，宋恩常整理《金平城关镇路黑浪（老街）瑶族道教调查》，《民族问题五种丛书》云南省编辑委员会编《云南苗族瑶族社会历史调查》，第 156 页。

惟有三清无上圣，都来赫怕鬼神通。

元始天尊为第一，灵宝天尊第二名，

道德天尊第三教，老君殿上好行兵。

2. 单独涉及太上老君的神唱

民国时期，梁钊韬调查广东乳源瑶族见瑶人安奉的神龛有太上老君，并以太上老君为祖师。[1] 云南省西畴县蓝靛瑶《老君歌》："老君如云登金阙，世世代代治九天。手持双刀如云白，恶鬼邪魔怕近前。造书世代传天下，凡间代代广传言。颂唱老君与茶女，夫妻福禄寿千年。"[2] 云南省西畴县蓝靛瑶《拜入老君歌》："六声鸣角响纷纷，父母生郎独一人。自小病患我命大，今日拜入老君门。"[3]

云南省麻栗坡县盘瑶《四拜歌》中，师公为弟子上灯传度并拜老君等神灵时唱道："一拜老君亲弟子，二拜梅山十九郎，三拜法坛来度灯，四拜兵马赴龙坛。"[4] 广西荔浦瑶族经书《梅山科》唱诵瑶族梅山十八洞的神灵，"且唱梅山第二洞：太上老君做法主，太上老君传符法，便传正教救人间"。

云南省麻栗坡县盘瑶《做角歌》在度戒仪式中唱述牛角用途道："七声鸣角响凡凡，西海牯牛头上角。角生有口又无鼻，匠人做出得成吹。今日师男吹一曲，声声吹到老君门。老君闻得法角声，将军兵马赴龙坛。"[5] 贵州瑶族经书说："学得老君真正法，何愁无路讨荣华。"[6]

广西荔浦瑶族经书《引师男上光挂七星灯》："口吹犀牛真宝角，声声吹到老君门。老君即时差兵起，兵头光显起纷纷。"广西瑶族还盘王愿仪式的

1　梁钊韬：《粤北乳源瑶民的宗教信仰》，载《梁钊韬民族学人类学研究文集》，第48页。

2　杨永福主编《云南瑶族口传非物质文化遗产提要辑录》，第80页。

3　杨永福主编《云南瑶族口传非物质文化遗产提要辑录》，第202页。

4　杨永福主编《云南瑶族口传非物质文化遗产提要辑录》，第190页。

5　杨永福主编《云南瑶族口传非物质文化遗产提要辑录》，第202页。

6　黄海、邢淑芳：《盘王大歌：瑶族图腾信仰与祭祀经典研究》，第144页。

《献花献果歌》："犀牛退角海中藏，老君执起向前吹，匠人雕挖得成吹，声声吹到老君门。"[1] 广东乳源瑶族神唱："口吹羊角真宝角，声声吹到老君门。老君即时差兵到，兵头付上小师童。"[2] 云南瑶族神唱唱诵老君曰：

> 炉中香火起纷纷，敬奉坛前拜老君。
>
> 引度本师引我到，坛前说出众人间。
>
> 一声鸣角者，角叫震雷声。
>
> 小师坛下拜诸兵，口吹犀角真宝角。
>
> 声声吹到老君门，老君当天度弟子。
>
> 本师引上到天曹，老君当天度弟子。
>
> 好声记处定阴阳，老君衙前师拜法。[3]

云南省麻栗坡县盘瑶《造桥分兵歌》中，度戒仪式中行造桥分兵科仪师公唱道："祖师造桥分兵将，当坛抛给小师男。白米白布有定数，分兵铜钱定阴阳。老君兵马千千万，传度师男救凡人。"[4] 广西荔浦瑶族经书《传度二戒疏表书全本》之《正传度二戒大疏》："乃当老君度法之晨。"

广东八排瑶经书《开光》之《上桥》："老君一岁坛场坐，老君四岁传人民。五岁六岁传天下，游行天下救凡人。"[5] 广东八排瑶经书《招亡赦罪解结》之《立九州》："送到老君金殿上，拜见玄元李老君。老君殿前发兵马，发出天兵万万众。千兵万马送师去，送到玉皇金殿前。拜见玉皇当殿坐，玉皇金殿见金鸾。玉皇殿前发兵马，发出天兵无万千。"[6] 广东八排瑶神唱有"羊角山头李

1　张声震主编《还盘王愿》，第80页。

2　梁钊韬：《粤北乳源瑶民的宗教信仰》，载《梁钊韬民族学人类学研究文集》，第41页。

3　徐祖祥：《瑶族的宗教与社会——瑶族道教及其与云南瑶族关系研究》，第48页。

4　杨永福主编《云南瑶族口传非物质文化遗产提要辑录》，第189页。

5　李默、房先清编《八排瑶古籍汇编》，第217页。

6　李默、房先清编《八排瑶古籍汇编》，第164页。

老君"，[1] 说明隋末唐初老君降现羊角山的仙话故事随道教传播进入瑶族社会。

3. 有关玉皇的神唱

英国牛津大学伯德雷恩图书馆藏瑶族经书 S3367 号之《玉皇歌》：

玉皇出世大天国，大道原来鉴醮筵。

北斗紫微经大道，踏上天堂入九天。

大格木，小格木，大格小格边。

大格生来扶宫殿，小格生来尾标天。

闻说今朝有状请，玉皇金相下坛前。

S3367 号之《上坛歌》：

高上玉皇三清巍，玉皇头载紫金魁。

玉帝头载平天帽，两边帽带一般齐。

塞断黄河五路口，黄河水面不曾清。

云南金平县城关镇路黑浪瑶族《力上坛歌》在请出三清、玉皇后唱道：

张天大法李天师，赵侯三郎是我儿。

我儿收得五瘟鬼，五瘟无路尽皈依。

叫着先锋都元帅，押着天廷副将军。

龙虎将军两边立，左排黄赵二真人。

财禄二簿判官鬼，水府三官降道场。

启请三官三个佛，又请三官三个人。

上元一品天官到，中元二品一齐临。

1　李默、房先清编《八排瑶古籍汇编》，第 742 页。

下元三品都未到，解厄水官同赴坛。

……

闻说今朝有状请，一齐一整下香坛。[1]

4. 有关四大元帅的神唱

道教的马、赵、温、关四大元帅，还有邓、赵、马、关四大元帅，陶、张、辛、邓四大元帅的不同组合，有驱邪禳灾的强大法力，是威镇道门的护法四圣。

云南省麻栗坡县盘瑶度戒仪式中师公请马元帅降坛时唱《马元帅降坛歌》："镇狱灵官马元帅，两眼如雷化本身。金刚包头眼面转，金枪火剑发如霜。"[2] 度戒仪式中师公请赵元帅降坛时唱《赵元帅降坛歌》："玄坛把笔赵元帅，勇猛神通不可闻。手执七星降魔剑，邪魔小鬼走纷纷。"[3] 度戒仪式中师公请邓元帅降坛时唱《邓元帅降坛歌》："雷霆发火邓元帅，手拿宝剑辟鬼神。玉帝敕封为上将，动天霹雳斩邪神。"[4] 度戒仪式中师公请辛元帅降坛时唱《辛元帅降坛歌》："主簿判官辛元帅，察尽人间善恶事。手拿铁笔如刀剑，妖魔鬼怪走东西。"[5]

瑶族的马、赵、邓、辛四大元帅确乎来自道教。

5. 关于四值功曹使者的神唱

四值功曹，又称四值使者、四值功曹使者，是天庭中值年、值月、值日、值时的四神将，是道教沟通神界的通信使者。功曹本是汉代州郡长官的下属，负责考察记录功劳，掌管功劳簿。道教的四值功曹是玉帝属下的神灵，道教斋醮科仪中的各种表文就是由四值功曹呈送上达天庭。瑶族宗教也有四值功曹，亦为仪式中通达呈报文书的使者。广西瑶族还盘王愿经书，请神要请

1　宋恩常、邓金元（瑶族）调查，宋恩常整理《金平城关镇路黑浪（老街）瑶族道教调查》，《民族问题五和丛书》云南省编辑委员会编《云南苗族瑶族社会历史调查》，第156页。

2　杨永福主编《云南瑶族口传非物质文化遗产提要辑录》，第191页。

3　杨永福主编《云南瑶族口传非物质文化遗产提要辑录》，第191页。

4　杨永福主编《云南瑶族口传非物质文化遗产提要辑录》，第190页。

5　杨永福主编《云南瑶族口传非物质文化遗产提要辑录》，第191页。

"年值功曹，月值功曹，日值、时值功曹，含香奏事关神请圣功曹"。[1] 广东乳源瑶族《问香》说："年功曹，月功曹，日功曹，时功曹，临香功曹，奏时功曹。功曹功曹，奏请传奏证盟高真大道，奏到金銮宝殿，奏在金阙案前。"[2]

云南省麻栗坡县蓝靛瑶《值年功曹歌》唱道："值年功曹本姓郑，随娘嫁去花林城。功曹使者事连连，斋事常烦你当先。今日斋主还前愿，圣书交你请神仙。众圣光临齐赐福，保佑醮主寿千年。"[3]

云南省麻栗坡县蓝靛瑶《值月功曹歌》唱道："值月功曹本姓通，随娘嫁去花林中。派你上天便骑凤，差你下海就骑龙。今日才郎还前愿，圣书交你请阴宫。请得诸神都降赴，领郎财马报恩功。"[4]

云南省麻栗坡县蓝靛瑶《值日功曹歌》唱道："值日功曹四弟兄，为人渡船沉海中。拜告玉皇来超度，得道敕做功曹翁。不管大斋或小醮，圣书与你请神通。"[5]

云南省麻栗坡县蓝靛瑶《值时功曹歌》唱道："值时功曹四兄弟，四人相貌好威仪。头戴网巾齐眉过，腰佩双刀马上骑。今日醮主还前愿，你带牒文请圣帝。"[6]

6. 关于瑶族民间土俗神的神唱

瑶族民间土俗神张赵二郎、赵侯三郎、梅山法主（梅山高案主）、梅山十九郎等，是神唱中歌唱的神祇。广西瑶族还盘王愿《接上坛歌》："起请海幡张赵二，圣主打瘟赵后三。南蛇缠颈下海去，海水奔波不湿身。"[7] 湖南瑶族称此段神唱为《海幡歌》："启请海幡张赵二，圣主打瘟赵后三。南蛇缠颈下海去，海水奔波不湿身。"[8] 在瑶族神像画中，海幡头戴红头巾，乘坐龙，一手持剑，一手握瓶；一脚着鞋，一脚赤足。仪式中上刀梯要请小海幡，祭祀

1　张声震主编《还盘王愿》，第 28 页。

2　盘才万、房先清收集，李默编注《乳源瑶族古籍汇编》上册，第 132 页。

3　杨永福主编《云南瑶族口传非物质文化遗产提要辑录》，第 84~85 页。

4　杨永福主编《云南瑶族口传非物质文化遗产提要辑录》，第 85 页。

5　杨永福主编《云南瑶族口传非物质文化遗产提要辑录》，第 85 页。

6　杨永福主编《云南瑶族口传非物质文化遗产提要辑录》，第 85 页。

7　张声震主编《还盘王愿》，第 188 页。

8　张劲松、赵群、冯荣军：《蓝山县瑶族传统文化田野调查》，长沙：岳麓书社，2002，第 238 页。

"行司"庙王请大海幡。湖南瑶族《隔路法》："我吾师大路化为大蚰蛇，小路化为小蚰蛇。"[1] 瑶族认为南蛇是太上老君的兵将，湖南蓝山县瑶族经书《南蛇出世》说"太上老君打一念，便是老君手下兵，"[2] 甚至有老君封南蛇为青龙大将军、断后兵马大将军之说。

道教梅山派的道公每年三月初三祭真武大帝的赞词："再领金龟南蛇将，复往北方镇邪精。"

广西瑶族还盘王愿《接下坛歌》："起请梅山高案主，叫着梅山郎十九，起请雷霆六个帅，邓公元帅管雷府，李花发在影河南，下有梅山十九郎。"[3] 广西瑶族还盘王愿《下坛歌》："启请梅山高案主，地府天门十五官。"[4] 云南省麻栗坡县盘瑶度戒《下坛歌》唱道："下坛天门李十五，龙凤化身十九郎。启请梅山高案主，白虎天门十五官。"[5]

广西瑶族神唱《梅山皇歌》："先锋好先锋，住在湖南两广东。踏上梅山殿上坐，眼睛利剌急如风。"[6] "白鹤年生一对卵，爷姐生郎第×人。拜得九郎回师父，梅山殿上久留传。乌鸦树上叫爷爷，祖爷莫做两头遮。"[7]

瑶族请神坛歌中有请梅山法主九郎的唱词，梅山法主九郎是：卜君大郎、杨君二郎、苏君三郎、郭君四郎、张君五郎、廖君六郎、柳君七郎、宋君八郎、康君九郎。[8] 梅山法主人数不等。广西荔浦瑶族经书《一件送梅山列圣用》之《请梅山法主神名》：

1　郑德宏、李本高、任涛、郑艳群选编《瑶人经书》，第466页。

2　张劲松、赵群、冯荣军：《蓝山县瑶族传统文化田野调查》，第246页。

3　张声震主编《还盘王愿》，第188页。

4　盘才万、房先清收集，李默、朱洪校注《拜王歌堂》，第81页。

5　云南省少数民族古籍整理出版规划办公室编《云南民族口传非物质文化遗产总目提要·史诗歌谣卷》（下卷），昆明：云南教育出版社，2008，第79页。

6　广西壮族自治区编辑组、《中国少数民族社会历史调查资料丛刊》修订编辑委员会编《广西瑶族社会历史调查》第7册，第185页。

7　广西壮族自治区编辑组、《中国少数民族社会历史调查资料丛刊》修订编辑委员会编《广西瑶族社会历史调查》第7册，第221页。

8　张声震主编《还盘王愿》，第29页。

一洞铁七郎，二洞老君法主，三洞张天大法主，四洞太上老君先师法主，五洞刘五郎法主，六洞张侯法主，七洞九天玄女法主，八洞董仲法主，九洞医王法主，十洞李靖先师法主，十一洞赵五郎，十二洞雷三九郎，十三洞白马十三郎，十四洞金七郎，十五洞玄真人，十六洞右圣三郎，十七洞行龙五郎，十八洞右圣真人。

二　瑶族仪式经书中的道教神灵

（一）瑶族宗教神灵系统的多元构成

瑶族宗教的神灵体系，由道教神灵与本民族神灵多元构成。在瑶族宗教经书的请神神唱中，往往将道教神灵置于神谱前列。广东八排瑶《请神书》：

> 一心焚香拜请，太上三清三境，昊天金阙之尊玉皇大帝，玉清圣境元始天尊，上清真境灵宝天尊，太清仙境道德天尊，太上老君，玄元道君，正一老祖天师，六合无穷高明上帝，玉虚师相玄天上帝，龙虎二位真人，左衙张天师，右衙李天师，董仲仙师，叶净仙师，房山杨先师，房玄先师，张老先师，雪山龙主，五部先师，南北朝侯天大王，枷特中宫都安天仙，东岳仙师，大圣四天门王，四海龙王，五海龙王，金童玉女，掌印仙官，统兵鉴临香案，受纳仙香。[1]

广东八排瑶《发牒》：

> 一牒奏到，太上三清三境，昊天金阙之尊玉皇大帝，玉清圣境元始天尊，上清真境灵宝天尊，大清仙境道德天尊，玄元道君，正一老祖先师，六合无穷高明上帝，玉虚师相玄元上帝，龙虎二位真人，左衙张天

1　李默、房先清编《八排瑶古籍汇编》，第413页。

师，右衙李天师，铜钟铁钟仙师，叶静仙师，房山张老仙师，雪山龙树，吾部加特、中宫大帝四天门王，四海龙王，五海龙王，金童玉女，掌印仙官。统兵归临香案，受纳仙香。[1]

湖南瑶族"过牌"仪式坛场在花楼正面设一门楼，门楼两边挂有"老君堂前行正教，圣教降临收邪神"的对联，横联是"圣驾降临"。坛场中部供奉神灵的神像，有玉清圣境大罗元始天尊、上清真境玉震（宸）灵宝天尊、太清仙境混元道德天尊、昊天金阙至圣玉皇上帝、中天星主北极紫微大帝、上穹勾陈十殿承天后化青华长生大帝、李天大法师君、观音四侧上帝、天地水阳三元三官大帝、海番张赵二郎、刀山祖师圣前、九天东厨鉴斋把醮大王、上元文子法张天大法师官圣、黄赵二圣真君、龙虎财录（禄）二库判官。正门左内壁有"年、月、日、时四值功曹使者"。[2]

广西荔浦瑶族经书《收尸入殓》述及丧葬仪式中祈请的道教神灵有：

上清高真大道，玉清圣境大罗元始天尊，上清真境大罗灵宝天尊，太清仙境道德天尊，昊天金阙玉皇圣帝，东极青华大帝，南极元始天尊，上清真境大罗灵宝天尊，太清仙境道德天尊，昊天金阙玉皇圣帝，东极青华大帝，南极长生大帝，东西极高灵大帝，北极紫微大帝，上属高真天官大帝，酆都金印土王大帝，承天李化护帝，上元一品赐福天官大帝，中元二品赦罪地官大帝，下元三品解厄水官大帝，正一灵官马元帅酆都考鬼关元帅，高上大宝康元帅。雷霆发大火邓元帅，玄坛把法赵元帅，注部判官辛元帅，酆都考鬼关元帅，高上大宝康元帅。雷霆发大帝，下元三品解厄水官大帝，正一灵官马元帅大帝，上元一品赐福天官大帝，中元二品赦罪地官真天官大帝，酆都金印土王大帝。

1　李默、房先清编《八排瑶古籍汇编》，第 32 页。

2　参见李本高《瑶族〈评皇券牒〉研究》，第 169 页。

广西瑶族还盘王愿《装马回程》祈请神灵说：

　　第一香烟关奏，香烟拜请，请上年值功曹，月值、日值、时值功曹，请客使者，排客功曹。功曹拜请一堂二堂行司官将，行用二兵，上清正镜元始天尊，玉清镇境灵宝天尊，太清仙境道德天尊，太上昊天金阙玉皇大帝，中天圣主北极紫微大帝，南北二道星官，财禄二库判官，天䣄都元帅，天游府将军，左右香花玉女，龙虎二圣真人，海幡张赵二郎，圣主打瘟，赵后三郎，上元押兵都头七官，中坛威赤金刚，南天龙树，北方真武，玄天上帝，观音菩萨，金童玉女，四员猛将，下赴坛场。请上家主天门北虎李十五官，杨山法主九郎，梅山法主九郎。上元唐将军，中元葛将军，下元周将军。云头仙女，明月龙凤三娘，黄衣使者，白衣判官，大慰南朝李十六官，三位旗头，四位将军，左殿先锋，通冥八官，右殿沙刀，明字五官。坛上五伤，坛下七伤，犀牛、白象、麒麟、狮子、猛虎、毒蛇强兵。请上家主春季春兵，夏季夏兵，秋季秋兵，冬季冬兵，一年四季蛮雷强兵恶将，拜请翁父、爷父、开教、保重明阳传度，加职拔法二十名师，请上各人各位出世庙宫。[1]

广东八排瑶经书祈请本民族的土俗神："谢望九娘仙兵降下，邵家唐门祖师邵君二郎、严君三郎，万君三郎，吴君法庇五郎。前传后教六曹教主，唐家、房家、沈家、邓家、李家、朱家、盘家、许家、陈家、龙家、十姓祖师，一皮兵马，神神下降。"[2]

（二）道教神灵是瑶族宗教文书的呈缴对象

瑶族各种类型的宗教文书，都是上呈北极驱邪院，这是道教影响瑶族宗教的结果。英国牛津大学伯德雷恩图书馆藏瑶族经书 S3371 号《释罪宗师引》：

1　张声震主编《还盘王愿》，第 548 页。

2　李默、房先清编《八排瑶古籍汇编》，第 742 页。

北极驱邪院当坛给出释罪宗师文引一纸，本坛取向，今月厶日吉良，命师于家启建得福释罪预备保安清供一筵，当坛给出黄表一函，文引一纸，财马一百廿分，封印完全，赉指上界昊天金阙玉皇大帝御前投进，投经过神坛社庙，关津河度，把截去处，如有外不许阻挡，照依法令施行，须至引者。右引，仰当日功曹，奏事使者准此。皇上厶年厶月厶日，本院引行。

广西瑶族还盘王愿《表引》：

北极驱邪院当坛给出解释黄表一函，脚引一纸。

本坛会内取向，今庚本月△日吉良，命请师人△△于家修设备办解释黄表一函，脚引一纸，封印完全。谨敬诣三十三天门下，仰差当日四值功曹、奏事使者、唐葛周三将军，赍驰文引，经过神坛社庙、关津河渡，云程之中，毋得停留，阻滞迟筵，云程有限，验实放行。如有不遵，呈送上界三十三天昊天金阙玉皇大帝案前陛下治罪，速速施行，准此，须至引者。

右引，仰差当日四值功曹、奏事使者、唐葛周三将军准引。天运△△年△岁△月△日解释谨引。（下师人职位）△△△[1]

英国牛津大学伯德雷恩图书馆藏瑶族经书 S3372 号《又祭五星交会法》：

即是五星下方上共月府，日宫金星交配时刻不离，把蘭天剑割断，月府日宫金星共五方星，三十六骨节肚肠元世断了。入日宫火炉，炼成金宝，纳与三师，二者挤过左边去。罗帐盖传取把灯照，月府日宫，金星三十六骨节光朗，传是张天师、罗天相，身坐中天，开传天门，成大乘路，万鬼寻此，下至坛院来也。

1　张声震主编《还盘王愿》，第648页。

五星是道教星辰神。宋张君房《云笈七签》卷二十四《日月星辰部》说："五星者是日月之灵根，天胎之五脏，天地赖以综气，日月系之而明。"[1] 道教自然崇拜的五星君为：东方木德岁星星君，南方火德荧惑星星君，西方金德太白星星君，北方水德辰星星君，中央土德镇星星君。道教认为神仙境界，日月五星交会其中。道教宣称天有五星，以配五行。五行之神主五方。道教宣称"天以日月五星为经，地以岳渎山川为经。天地失常道，即万物悉受灾"。[2]

英国牛津大学伯德雷恩图书馆藏瑶族经书 S3372 号《又祭七元暗金法》：

> 即是北斗七星贪狼、巨门、禄存、文曲、廉贞、破军星，此是他交配月府日宫金星内，不离传蘭下把上天剑，割断肚肠元世断了，取月府元始，卷他入月府日宫金星左边腹内去，蓬帐盖过传取。

道教有七元暗金之说。《道法会元》卷一百二十九《雷霆箭煞年月枢机》以七言诗喻"七元暗金伏断"说："子虚丑斗寅兼室，卯女辰箕巳怕房。午角未张申怕鬼，酉觜戌胃亥壁当。七曜禽星会者希，日虚月鬼火从箕。水毕木氐金奎上，土宿还从翼子推。"[3]

英国牛津大学伯德雷恩图书馆藏瑶族经书 S3242 号："北极驱邪院：本坛给出墨奏表文函敕书一封、脚引一纸、财马乙百二十分。"瑶族宗教经书中言及的文书财马，是道教斋醮科仪奏献的文书财马。财马，又称纸马，在仪式中被献给神灵。道教斋醮科仪要向神灵烧献财马，或献经文车辇财马。宋林灵真《灵宝领教济度金书》卷二《坛信经例品》载《保病斋三日节目》说："第三日，看诵真经。午后，解散斋坛，上言功表，上斋词，送天师，送三官，彻幕。入夜，开启醮坛，请圣设醮，奏献青词表状财马，送真师如仪。"[4]

1　《道藏》第 22 册，第 180 页。

2　《太平经钞癸部》，《道藏》第 24 册，第 378 页。

3　《道藏》第 29 册，第 637 页。

4　《道藏》第 7 册，第 42 页。

《灵宝领教济度金书》卷二《坛信经例品》载《传度道场二日节目》："次日，清旦、临午、落景三时，行道，奉行断尸累金液炼形科法。次开启醮坛，请圣设醮。第二献后，对圣传度。次奏献词表财马，送真师如仪。"[1]《道法会元》卷一百三十一《石匣水府起风云致雨法》说："至于神祇鬼物幽爽之类，亦欲得人世纸马为冥漠之用，是亦一变化也。"[2]《道法会元》卷一百六十五《上清天蓬伏魔大法》，对献财马的法术科仪有详细记载："凡民庶投词，当详审事体轻重行遣。或小祸祟，只篆口敕符，判投词，写白札，付与土地，或判状，令于患家灶中同金钱纸马焚之，外给符水与之。如去而复来，当关布直月五将军，书将军符于关上，用严驾夔龙符，患人床前烧，立有报应。如未瘥可，方行牒都统。牒前用天蓬真形符，及申请都统请降鹰犬，建立火狱，节次行移。"[3] 道教黄箓斋仪式中，有烧献财马、焚献财马、进献青词表状财马的科仪。

　　道教斋醮科仪以灵宝斋法为主流，灵宝大法司等天界的法职机构是道教科仪文书上呈的对象。道教传度道场的法职机构有上清黄箓院、青玄黄箓院、上清童初院、上清天枢院、九天司命府、玄灵璇玑府、九灵飞步章奏司、北极驱邪院、北魁玄范府；[4] 而开度黄箓斋的法职机构有青玄黄箓院、上清黄箓院、校量功德院、北魁玄范府、九天司命府、九天普度院、北极驱邪院、上清天枢院、上清童初院、上清天医院、九天监生司、雷霆九司。[5] 道教斋醮仪式中，诸如缴状、牒文、关文、功曹关、申状、照札、司命札、荐亡疏、投龙简牒等科仪文书，要上呈灵宝大法司。按道教科仪文书用印的格式，"应奏状及上界申状，用三炁飞玄玉章，或用都天大法主印。方函两头

1　《道藏》第 7 册，第 43 页。

2　《道藏》第 29 册，第 645 页。

3　《道藏》第 30 册，第 50 页。

4　（宋）林灵真撰《灵宝领教济度金书》卷二《修奉节目品》之《传度道场二日节目》，《道藏》第 7 册，第 43 页。

5　（宋）林灵真撰《灵宝领教济度金书》卷二《修奉节目品》之《开度黄箓斋五日节目》，《道藏》第 7 册，第 34 页。

一同或用通章印，正面用灵宝大法司印。中下界申状用灵宝大法司印"。[1] 道教的申奏符檄帖牒等文书，要用灵宝大法司印。《道法会元》卷一百七十八《五元正法图序》："其中拜章一节，洞玄部则合用通章印，以灵宝大法司关发，洞神部则合用九老仙都印，以驱邪院关发。"[2]

图4-3　灵宝大法司印

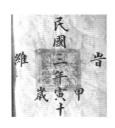
图4-4　道教牒文中钤盖的灵宝大法司印

图4-5　灵宝大法司印实物

道教斋醮的很多科仪文书，直接上呈灵宝大法司，例如宋蒋叔舆《无上黄箓大斋立成仪》卷四《天枢院缴状》：

灵宝大法司：

本司据乡贯某人状投称（入前斋意，至福佑见存）。本司祗按玄科，修崇斋法。今预行飞奏上帝，告盟三界真司，牒合属去处。欲乞敕命睿旨，颁下幽牢应干合属去处。咸使闻知崇建大斋事理。将（亡故某乙、在会系荐）等魂，及建斋弟子家亿曾万祖，历劫种亲，十方九幽，苦魂滞魄，权停考对，落灭恶根。建斋之日，特与赦拔冤怨，亲朝坛陛，祗承符命，开度超生。今发奏状五函，重封印全，须至开申下项：三清上帝陛下，昊天玉皇上帝陛下，勾陈星宫天皇大帝陛下，紫微中宫北极大帝陛下，东极太乙救苦天尊御前。

右谨具状申三天门下上清天枢院。伏乞径为通奏，恭请敕命睿旨，

1　（宋）蒋叔舆撰《无上黄箓大斋立成仪》卷四十九《斋直须知门》，《道藏》第9册，第657页。
2　《道藏》第30册，第144页。

早与颁降施行。谨具申闻。伏侯（候）昭报。谨状。

　　岁次某甲子其年月日。具法位姓某状申。[1]

宋蒋叔舆《无上黄箓大斋立成仪》卷八《牒札门》发都城隍牒文：

　　灵宝大法司：

　　牒上天下都大城隍主者。当司先据某乡贯（入斋意，至福佑见存），当司据词难抑，已于某月某日预告，先扬宝幡，上闻斋意。今按下元黄箓简文灵仙品格，建立灵坛，崇修斋法。恭依次第，宣演真科，进拜天官济度诸章，颁行元始符命、金箓白简、救苦真符、太上敕赦生天宝箓、玉清拔幽魂破地狱真符、青宫九龙符命、神虎玉札。赦拔亡故某乙/在会系荐等魂，及十方九幽、囚徒苦爽，出离长夜，祗受斋功。谨取某月某日开启斋坛，召摄亡魂，赴坛受度。某日清旦为始，正斋行道，三日九朝。某日夜普设清净无碍夜斋，炼度六道四生孤魂滞魄。某日夜水火变炼，系荐亡魂，传符授戒，告行元始符命、金箓白简、长生灵符，给箓破券，保举超生。事毕，拜表言功，解坛。满散某日夜祗设三界高真，清醮三百六十分位，仰答洪恩，投龙进简。除具事由，备奏上帝，乞降敕命，及奏诸天帝尊，请降睿旨，申三界真司，牒合属去处，将所荐亡魂姓名，生死年月，别具帐状，申三天门下上清天枢院，伺候敕旨，乞与颁行外，须至再行专牒者。

　　牒候到，请详前项事理，疾速指挥，移文关报诸府州县镇城隍、祀典庙貌、一切香火去处，及冀、衮、青、徐、扬、荆、豫、梁、雍州社令，知委修奉大斋事理。上遵敕旨符命，开关启路，照应直符，备去姓名，放令亡故某乙/在会系荐等魂，及六道四生、孤魂滞魄，预赴斋坛，伺候召摄，参真听法，受度超生。延奉帝真之次，请赴斋坛，歆受醮礼。事毕，言

1　《道藏》第 9 册，第 394 页。

功迁赏，少答神勋。明真有格，咸禁至重，事须遵奉，不请有违。谨牒。[1]

而瑶族宗教的各种科仪文书都是上呈北极驱邪院的，这确乎是宋代天心正法影响瑶族的结果。

第二节　瑶族宗教的三元信仰

道教敬奉的唐葛周三将军，亦称三灵侯、三元将军、三元真君，三将军名称在早期正一道上章文书中即已出现。南北朝道经《赤松子章历》卷二《书符式》记载上章书符时，要启告"元命真人唐葛周三将军，今有男女某甲，疾病告诉，向臣求乞救护"。[2] 上章是早期道教主要的请祷仪式，章文要呈送天界的正一三天法师张道陵，而唐葛周三将军即是在三天门负责传递章文的神将。唐杜光庭《道门科范大全集》卷二十六就有"三天门下三元真君"之说。[3]《赤松子章历》卷一载太上老君下降鹤鸣山，授张天师"正一盟威符箓一百二十阶及千二百官仪、三百大章，法文秘要，救治人物"，[4] 唐葛周三将军即负责传递三百大章。《太清玉司左院秘要上法》明载其名为："上元唐宏、中元葛雍、下元周武。"[5] 宋路时中《无上玄元三天玉堂大法》卷二十八亦载三元将军名称"上元将军唐宏，中元将军葛雍，下元将军周武"。[6]

"三元"亦为瑶族宗教尊崇，瑶族宗教经书中多称为三元唐葛周三将军、雷霆唐葛周三将军、雷霆元帅唐葛周三天将、本境唐葛周三将军、三元法主唐葛周三将军、三元唐葛周三将真君、本院唐葛周三将军、本院三元唐葛周

1　《道藏》第 9 册，第 418~419 页。

2　《道藏》第 11 册，第 181 页。

3　《道藏》第 31 册，第 817 页。

4　《赤松子章历》卷一，《道藏》第 11 册，第 173 页。

5　《道藏》第 32 册，第 230 页。

6　《道藏》第 4 册，第 111 页。

三将军、梅山三十二洞唐葛周三将军先师、唐葛周三元大将，上元唐将、中元葛将、下元周将。

本节意在通过考察瑶族经书和仪式中的三元信仰，进一步细化道教与瑶族宗教关系的比较研究。借此案例透视瑶族宗教与道教的相互融摄，从而在更深层次上理解南岭走廊道教传播的意义。

一　道教斋醮科仪中的三元真君

（一）北宋王朝对三元将军的尊崇

南北朝道经《赤松子章历》提及的唐葛周三将军，至北宋时期开始显示特殊的灵异。史籍道经载，三元神在宋真宗、宋仁宗时显示灵异，北宋王朝遂敕封三元将军。清胡聘之《山右石刻丛编》卷三十九《三灵侯历代封号赞》载，宋真宗大中祥符元年（1008）驾幸泰山，于天门见三人道服仙装，一番问答之后，[1] 真宗遂敕封三灵侯："唐封上元道化真君，葛封中元护国真君，周封下元保志真君。"[2] 自宋代敕封三灵侯之后，直到清代全国各地多有三灵侯庙，供祀的主神就是唐葛周三将军。《山右石刻丛编》卷二十五《三灵侯庙像记》说："三灵侯者，乃三元真君之别号也。本亦人灵，盖得道之尤精者也。"[3]

宋代道教有一个广为流传的中元葛将军显灵救护宋仁宗的故事，宋代笔记小说对此多有生动记录，宋宋敏求《春明退朝录》卷下载：

　　张尚书安道言，尝收得旧本《道家奏章图》，其天门有三人守卫之，皆金甲状，谓葛将军掌旌，周将军掌节，其一忘记。嘉祐初，仁宗梦至大野中，如迷错失道，左右侍卫皆不复见。既而遥望天际，有幡幢车骑

---

[1] 《道藏》本《搜神记》卷二《吴客三真君》载"宋祥符元年，真宗东封岱岳，至天门忽见三仙自空而下，帝敬问之。三仙曰：'臣奉天命，护卫圣驾。'"《道藏》第 36 册，第 262 页。

[2] 《续修四库全书》第 908 册，第 153 页。

[3] 《续修四库全书》第 907 册，第 580 页。

乘云而至，辍乘以奉帝。帝问："何人？"答曰："葛将军也。"以仪卫护送帝至宫阙，乃寤。后诏令宫观设像供事之，于道书中求其名位，然不得如图之详也。[1]

唐宋社会流行以道教图像弘道，《道家奏章图》以图像形式来表现道教上章的神仙故事，三元将军的形象亦呈现其中。宋元道经《灵宝玉鉴》卷十二《救水禁坛门》，法师存想中三元将军手持法器为：上仙蔽身大将军唐宏左手持金符，上仙隐影大将军葛雍手持玉戟，上神藏形大将军周武手执玉阳之节。[2]《道法会元》卷一百八十七《上清五元玉册九灵飞步章奏秘法》载存想三元将军持法器的形象，称："见唐将军执符在前左，葛将军执戟在前右，周将军执节在前中。"[3]

宋仁宗梦得神人葛将军翊卫，后在所受道教法箓得知三元将军，遂下诏敕封唐、葛、周三真君。宋李焘《续资治通鉴长编》卷一百九十八载仁宗嘉祐八年（1063）三月丁巳："诏加号上仙隐影唐将军曰道化真君，上灵飞形葛将军曰护正真君，直使飞真周将军曰定志真君。仍于在京宫观营建殿宇。"[4]《宋朝大诏令集》卷一百三十六《典礼二十一》载宋仁宗嘉祐八年（1063）三月丁巳《唐葛周将军加号真君诏》："唐将军加号道化真君，葛将军加号护正真君，周将军加号定志真君。"[5] 清徐松辑《宋会要辑稿·礼五》载宋神宗熙宁二年（1069）闰十一月二十三日，"诏集禧观神藻殿奉安唐、葛、周三真君，仍取真宗皇帝御集之字，令于天章阁收掌"。[6]

道经中亦载宋仁宗梦遇三将军之事，彰显出三将军救护皇帝的特殊灵异。

1　（宋）宋敏求撰，诚刚点校《春明退朝录》，北京：中华书局，1980，第 48 页。

2　《道藏》第 10 册，第 224 页。

3　《道藏》第 30 册，第 186 页。

4　《文渊阁四库全书》第 317 册，第 298 页。

5　《续修四库全书》第 456 册，第 452 页。

6　（清）徐松辑，刘琳、刁忠民、舒大刚、尹波等校点《宋会要辑稿》，上海：上海古籍出版社，2014，第 576 页。

宋吕太古《道门通教必用集》卷一《矜式篇》载道士刘从善为宋仁宗奏章，宋仁宗传问葛将军为何神。刘从善回答说："三天门下有神曰中元葛将军，主通章之神也。"[1] 宋谢守灏《混元圣纪》卷九载：宋仁宗嘉祐七年（1062）生病，梦中遇见三神人翊卫，醒来以后疾病痊愈，宋仁宗遍访神祠，无有合者，"帝后于所受太上正一箓中得之，乃三将军也"。[2] 史籍道经中三元神显灵于皇帝的故事产生于北宋尊崇道教的社会氛围之中，但道教的三元真君从北宋开始便声名显赫。[3]

（二）道教斋醮科仪中的三元将军

1. 道教神仙分位中的三元将军圣位

道教的三元将军在宋真宗、宋仁宗时显示灵异，被敕命增其位号于斋醮科仪中。南北朝道经《赤松子章历》并无章官圣位，但在宋代道教的上章仪式中，唐葛周三真君已名列章官圣位。宋元道经《灵宝玉鉴》卷十七《飞神谒帝门》列祭章官圣位，有三天门下唐葛周三真君。[4] 宋蒋叔舆《无上黄箓大斋立成仪》卷三十八《圣真班次门》的拜章圣位中，供于西序之首的神灵是："上元道化真君，中元护正真君，下元定志真君。"[5] 宋金允中《上清灵宝大法》卷二十五《上章科格品》名列章官醮位之首的神灵是"上元道化唐真君，中元定志葛真君，下元护正周真君"。[6]《道法会元》卷一百八十一列举章醮圣位，排列在东序第二位的主神是"阳精天门唐将军、洞华天门葛将军、正阳天门周将军"。[7] 阳精天门神唐将军，管一天门奏章上表神吏；洞华天门神葛将军，管二天门奏章上表神将；正阳天门神周将军，管三天门下紫微府呈进词章上表神将。道教宣称三天门与值日神将唐葛周三将军，是灵宝法最紧要处。

1　《道藏》第 32 册，第 9 页。
2　《道藏》第 17 册，第 880 页。
3　参见张泽洪《中国西南少数民族梅山教的三元信仰》，《宗教学研究》2013 年第 4 期。
4　《道藏》第 10 册，第 273 页。
5　《道藏》第 9 册，第 596 页。
6　《道藏》第 31 册，第 505 页。
7　《道藏》第 30 册，第 163 页。

宋代道教斋醮有上三坛的普天大醮、周天大醮、罗天大醮，规模最大的普天大醮供祀三千六百分位的神灵。宋蒋叔舆《无上黄箓大斋立成仪》卷五十五《神位门》中列于右二班的众多神灵有"上元道化唐真君，中元护正葛真君，下元定志周真君"。[1] 说明宋代三元真君已名列普天大醮三千六百神灵之中。宋蒋叔舆《无上黄箓大斋立成仪》卷三十八《圣真班次门》三百六十位的醮筵圣位中，第二班醮位的神灵有"上元道化真君，中元护正真君，下元定志真君"。[2] 元代道经《法海遗珠》卷十五，焚香关召的神灵中，包括"上元唐将军，中元葛将军，下元周将军"。[3] 宋代道教斋醮科仪供奉的神灵中，已有唐葛周三元真君的圣位。

2. 三元将军符箓与存想三元法术

书写发送符箓是道教斋醮科仪的常行法术，符箓的行用亦有其特殊功能。宋元道经《灵宝玉鉴》卷十二《敕水禁坛门》有"召三元唐葛周三将军符"，释文称"上元唐宏，卯文用左肾炁；中元葛雍，酉文用右肾炁；下元周武，中文用元黄炁"。[4] 宋仁宗所受太上正一箓中有唐葛周三元将军，依正一道法，身佩三元将军箓可与镇守天门的三元将军相通。《道法会元》卷一百八十七《太上正一盟威肘后修用秘诀》说："三将军者，上界道君天尊中部神将也。常在太上左右，不下人世。箓中三将军，乃人身自有之神。身佩真箓心肾之神，与上三将军通，应功满者，太上使下迎之，谓之得道。"[5] 道教法箓中有三元将军箓，南北朝道经《洞玄灵宝三洞奉道科戒营始》卷四载正一盟威弟子要受三元将军箓。

存想是斋醮科仪坛场法师通神的法术，与三元真君的沟通亦有存想的运用。宋蒋叔舆《无上黄箓大斋立成仪》卷二十二《科仪门》载正一飞章谒帝

1　《道藏》第 9 册，第 714 页。
2　《道藏》第 9 册，第 598 页。
3　《道藏》第 26 册，第 812 页。
4　《道藏》第 10 册，第 225 页。
5　《道藏》第 30 册，第 186 页。

仪，高功存想三元将军说："次存唐将军从左肾中出，立左；葛将军从右肾中出，立右；周将军从心中出，立前。"[1] 这就是箓中三将军心肾之神与天界上三元将军相通的存想法术。

3. 申告三元将军的文书

在道教斋醮科仪的文书中，有申三元将军的状文。宋蒋叔舆《无上黄箓大斋立成仪》卷七《正申门》申三元真君的状文说：

> 具法位姓某今据某乡贯（同三师状，至伺候敕旨颁行外）所有章词表奏陈请事件，经由刚风世界，次到真司云路之中，虑有阻滞，须至申闻者。
>
> 右某谨具状申：上元道化真君、中元护正真君、下元定志真君圣前。伏望圣慈特降圣旨，下三界所属真司，及刚风上吏、天门守卫、一切主司照应。凡遇今来拜奏章词表疏、应干陈请事件。欲得径过刚风，速归省院，即令上御早为颁行。庶得斋事圆成，幽明受度。冒犯圣威。[2]

宋金允中《上清灵宝大法》卷三十《奏申文檄品》之《三元真君状》：

> 状谨申上上元唐真君门下。具法位姓某。臣谨据（入事），今取某日某时，进拜某章，（逐一开写）罄诸诚悃，上祈玄应。但以某早沾灵泽，久缀法曹，虽粗习于奉教行科，未深明于飞神谒帝。虑章文之难御，致斋事之有亏。爰隶司存，理须祷请，须至录状申闻者。
>
> 右谨具，申下元定志周真君，中元护正葛真君，上元道化唐真君。伏望真慈允兹申请。特迁仙仗，俯降斋坛。统率章奏众神，关告刚风上吏，扫清云路，通达章文。升某凡神，上朝帝阙。庶使斋诚毋壅，天贶广覃，万类昭苏，六天清泰。某干冒真威。[3]

1　《道藏》第 9 册，第 511~512 页。

2　《道藏》第 9 册，第 413 页。

3　《道藏》第 31 册，第 548 页。

二　瑶族宗教神唱中的三元信仰

历史上随道教在南岭走廊的传播，道教的三元神亦进入瑶族宗教经书仪式之中。三元在瑶族经书中有不同名称：三元唐葛周三将军、雷霆唐葛周三将军、雷霆元帅唐葛周三天将、本境唐葛周三将军、三元法主唐葛周三将军、三元唐葛周三将真君、本院唐葛周三将军、本院三元唐葛周三将军、本师三元唐葛周三将真君、三元主吏唐葛周三将真君。

广西瑶族道经《贡延大会鬼脚科》记载三元的圣名：上元唐相、中元葛相、下元周相；上元唐将军、中元葛将军、下元周将军；上元唐相道化真君、中元葛相经化真君、下元周相师化真君；上元唐文保、中元葛文仙、下元周文达。广东排瑶称上元道法唐将军，中元护法葛将军，下元定法周将军。广东八排瑶请神，请的三元神是"上元和神师，中元劝神师，下元排神师"。[1]

广西金秀瑶族师公《引光唱》曰："神是三元三教降，唐葛周师三将军。上元便是唐家子，中元便是葛家儿。下元便是周家子，后伏三师是祖公。"[2] 贵州省荔波瑶族有《占三元》神唱，这说明贵州瑶人中亦流传三元信仰。广西瑶族还盘王愿的请神坛歌，要请"上元唐将军、中元葛将军、下元周将军"。[3] 广西大瑶山瑶族经书《摧生川光唱》："上元唐将桥上过，中元葛将过桥心。下元周将桥上过，三元三将过桥心。"[4] 广东排瑶经书《收红尸》："差出上元唐将军追一魂，中元葛将军追二魂，下元周将军追三魂。"[5] 这是瑶族宗教三魂说与三元信仰的结合。

瑶族神唱《唱三元》《三元书》生动唱述了三元神的由来、地位、作用和功能。湖南瑶族社会有《上元十言歌》《梅山九龙歌》《唐葛周三将歌》等流

1　李默、房先清编《八排瑶古籍汇编》，第415页。

2　王超、庞绍元、宁文活：《广西金秀瑶族师公田园考察综述》，《民族艺术》1997年第1期。

3　张声震主编《还盘王愿》，第2、29页。

4　全国人民代表大会民族委员会办公室编《广西大瑶山瑶族歌谣故事集》，1958，第29页。

5　李默、房先清编《八排瑶古籍汇编》，第15页。

传。云南省西畴县蓝靛瑶《三元歌》唱道:"听打鼓声调调响,三元师父出坛心。三元住在南容庙,上筵饮酒谈出身。三元本姓唐葛周,自小勤学又聪明。读熟经书法术大,驱魔逐邪救平民。"[1] 广西山子瑶师公的经书,依科仪有《三元书》等十余种。[2] 广西荔浦瑶族经书《送天桥、游十殿书》,经书唱送上老君第一至第十街,其中唱道:"送上老君第五街,唐葛周将两边排。唐葛周将来等接,下元周将送上街。"

瑶族宗教的唐葛周三元将军有情节内容各异的生动传说。广西瑶族神唱《又三元天旱唱》说:"第一嫁落唐家子,出生上元唐将军。第二嫁落葛家子,出生中元葛将军。第三嫁落周家子,出生下元周将军。……梅山峒里住三岁,雪山峒内住三春。诸般法律都度了,拜别先师转回伝。"[3] 瑶族宗教流传的达荡先后嫁唐、葛、周的传说,可被视为瑶族与道教相互融摄的隐喻。

与"唱三元"相关的是师公跳神的师公舞,称为"跳三元"。[4] 广西山子瑶师公跳鬼时,持上元、中元、下元、奏表四幅神像图。[5]

牛津大学图书馆藏瑶族经书 S3354 号,封面题录《游梅山卅六洞书》,经文说"梅山三元教主祖本程引,北极驱邪院给迁入梅山程引","梅山三元教主程牒,北极驱邪院梅山十八洞进程一道",并有梅山三十六洞先师名称,其中有"梅山三十二洞唐葛周三将军先师"等。而 S3274 号文书列举的神灵也有梅山"唐葛周三将军"。[6] 广西贺州瑶族流传的《梅山皇歌》唱道:"梅山脚下无兄弟,脚踏上元无下元。三元殿前有段田,山师耕种过长年。"[7] 瑶族

1　杨永福主编《云南瑶族口传非物质文化遗产提要辑录》,第 76 页。

2　张有隽:《中国瑶人文书及其研究》,《瑶族传统文化变迁论》,第 73 页。

3　国家民委《民族问题五种丛书》编辑委员会、《中国民族问题资料·档案集成》编辑委员会编《中国民族问题资料·档案集成》第 5 辑《中国少数民族社会历史调查资料丛刊》第 114 卷《〈民族问题五种丛书〉及其档案汇编》,第 507 页。

4　贵州民族出版社编《傩戏面具艺术》,贵阳:贵州民族出版社,1993,第 273 页。

5　张有隽:《十万大山瑶族道教信仰浅释》,《瑶族传统文化变迁论》,第 151 页。

6　郭武:《牛津大学图书馆藏瑶族道经考述》,《文献》2012 年第 4 期。

7　广西壮族自治区编辑组、《中国少数民族社会历史调查资料丛刊》修订编辑委员会编《广西瑶族社会历史调查》第 7 册,第 184 页。

经书中常提及梅山的祖师三元，这表达出沿南岭走廊迁徙的瑶族人对梅山及三元的历史记忆。三元被视为瑶族男子度戒的保佑神。在度戒仪式中师公有一段跳罗帛舞的仪节，表示让受戒弟子骑上神马回梅山，到梅山三元教主居住的洞府学法术。

三元信仰另有一种形态。广西全州县东山瑶道公、师公的经书有《三元灭罪水忏》《太上三元慧悲之水忏》。[1] 广西灌阳县水车乡泡江师公盘德彪就保存有《三元灭罪水忏》。湖南瑶族的道场经有《太上慈悲三元水》《太上中元灭罪水忏》《太上慈悲三元灭罪水》等科书。[2] 湖南瑶族的还盘王愿经有《三元三品歌》：

> 坛上有神未敢请，且请三元三品神。启请三元三个福，又请三元三个神。上元一品天官到，中元二品地官来。下元三品水官到，解厄水官同赴坛。我在上元为赐福，常时赐福一家兴。中元赦罪便是我，三十六罪赦开行。我是下元解厄鬼，合家大小得光明。今日子孙还愿会，一齐一整下坛前。[3]

三　瑶族神话传统与仪式中的三元

瑶族宗教的三元祖师崇拜有民间神话传说予以佐证。瑶族神话传说中三元为周朝同母异父的三兄弟，后在梅山学法得道而成为三元教始祖。此传说有道教经典作为依据，道藏本《搜神记》卷二《吴客三真君》载："昔周厉王有三谏官，唐、葛、周也。王好畋猎失政，三官谏曰：'先王以仁义守国，以道德化民，而天下咸服，未闻禽荒也。'叠谏弗听，三官弃职南游于吴，吴

1　盘福东：《东山瑶的道教信仰》，《民族论坛》1997 年第 1 期。
2　郑德宏、李本高、任涛、郑艳群选编《瑶人经书》，第 334～341 页。
3　郑德宏、李本高、任涛、郑艳群选编《瑶人经书》，第 201 页。

王大悦。"[1] 道教唐、葛、周三将军在五岭梅山道院修炼法术之传说，反映出道教在南岭走廊传播的历史。

西南瑶族丧葬仪式要送祖灵回归梅山，瑶人相信师公死后经送灵仪式其灵魂在梅山祖地会得到三元祖师的接引。广西恭城瑶族《梅山歌》述说梅山十洞好景致，"做师得入梅山洞，逍遥快乐入梅山。三百六十四界神兵亲奉送，旗号纷纷不等停。三元教主来接引，梅山法主发兵迎"。[2] 广西恭城瑶族《引动大梅山》述说丧葬仪式的送灵，将师公之灵送归梅山祖地："今朝登入梅山路，阴阳相送入桃源。三元天师亲接引，阴官护送入梅山。"[3] 瑶族认为送化师之灵入梅山，师公之灵将在那里参学梅山教正法。

广西瑶族还盘王愿拜请的众多神灵包括"上元唐将军、中元葛将军、下元周将军"。[4] 广西百色山子瑶仪式中的请神，要请三清、三元、张天师、真武及阴间师父等，请神祈告语祭词称，"大罗山南客大庙上元唐文保、中元葛文仙、下元周文达"。[5] 贵州省荔波瑶麓瑶族神龛下面供奉的木剑，正面书写"奉请本殿三元师主唐、葛、周将军护命，三元即兜仁命证木方"的符咒。[6]

瑶族师公做傩祭法事时要戴象征神灵的面具，唐葛周三元将军面具在仪式中最常用。湖南新宁县八峒瑶族的"跳鼓堂"傩仪，传统要使用 28 个竹面具神像，其中包括唐葛周三元将军面具。[7] 瑶族师公做法事时头戴三元帽，上面绘有上元唐将军、中元葛将军、下元周将军神像；身穿红色的三元法服，法服上面绣有三元神像，民间习称为三元帽、三元衣。师公死后也要戴三元

1　《道藏》第 36 册，第 261 页。

2　李刚、俸斌、俸艳、俸贵华编《广西恭城瑶族历史资料》，桂林：漓江出版社，1990，第 37 页。

3　李刚、俸斌、俸艳、俸贵华编《广西恭城瑶族历史资料》，第 37 页。

4　张声震主编《还盘王愿》，第 2、29 页。

5　李绍明、钱安靖主编《中国各民族原始宗教资料集成·土家族卷》，北京：中国社会科学出版社，1998，第 217 页。

6　《岑家梧民族研究文集》，北京：民族出版社，1992，第 261 页。此文 1946 年写于广州，1949 年修改后收入岑家梧著《西南民族文化论丛》，岭南大学西南社会经济研究所，1949 年。

7　李绍明、钱安靖主编《中国各民族原始宗教资料集成·土家族卷》，第 263 页。

帽，瑶族经书中甚至有"三元教"之说。[1] 广西茶山瑶度戒仪式的十戒十愿仪节中，度师念道："一戒一愿给面衣，二戒二愿给三元袋，三戒三愿给法钗、法剑，四戒四愿给三元帽，五戒五愿给纱帽，六戒六愿给马缘，七戒七愿给其（旗）头，八戒八愿给三元衣，九戒九愿给存油碟，十戒十愿给笔、墨、纸、马六。"[2] 传授给新恩弟子的法器法服以三元命名，可见道教三元信仰在瑶族中的影响深广。

广西瑶族举行度戒仪式时，神台要张挂三元神像，左边是上元唐文保，中间是中元葛文会，右边是下元周文达。瑶族师公的法服有黄、红、青三色，大师公穿黄衫为上元法师，童坛师穿红衫为中元法师，引教师穿青衫为下元法师，此师公法服以象征承袭祖师三元的法脉。

瑶族度戒要传授给师男阴阳牒，其全名是《初真受戒传度坛牒》。阴阳牒是瑶族道教传度的职牒，确认主坛的行法资格。阴阳牒书写有师男籍贯、本命生辰、命属南北斗星位，与早期正一道授箓的文书格式相同。牒文自称"三元门下辛（新）恩弟子""三元门下修真弟子"，师公要在阳牒传度名字上盖三元印。广西瑶族度戒中，弟子还会得到师公上元印的传授，此上元印在度戒弟子死后随葬，瑶族认为有法印为凭才能称为三元的弟子。[3]

瑶族度戒要受太上三五正一盟威三元将军箓，道教初入道者的授箓就是传授此法箓。道教认为法箓是太上神真之灵文、九天众圣之秘言，是长生度世、与道玄合之津要。《正一修真略仪》载传授太上三五正一盟威三元将军箓说："唐葛周三将军，是太上三元宫三气正神，水火之元精也。下应人身心宫、两肾，在天主治北斗中图形数，及符玺灵文盟券具箓，令人知道保真，佩服宝箓。言功醮请以时，则三将军见形，功业既图，于是三神与己俱升

1　S3413 七言神唱："巫士照行三元教。"

2　苏德富、刘玉莲编著《茶山瑶研究文集》，北京：中央民族学院出版社，1992，第 281 页。

3　广西壮族自治区编辑组、《中国少数民族社会历史调查资料丛刊》修订编辑委员会编《广西瑶族社会历史调查》第 1 册，第 415 页。

也。"[1] 瑶族宗教三元崇拜的各种元素，只能从历史上道教在瑶族地区传播得到合理解释。

广西瑶族还盘王愿《表引》：

北极驱邪院当坛给出解释黄表一函，脚引一纸。

本坛会内取向，今庚本月△日吉良，命请师人△△于家修设备办解释黄表一函，脚引一纸，封印完全。谨敬诣三十三天门下，仰差当日四值功曹、奏事使者、唐葛周三将军，赍驰文引，经过神坛社庙、关津河渡，云程之中，毋得停留，阻滞迟筳，云程有限，验实放行。如有不遵，呈送上界三十三天昊天金阙玉皇大帝案前陛下治罪，速速施行，准此，须至引者。

右引，仰差当日四值功曹、奏事使者、唐葛周三将军准引。天运△△年△岁△月△日解释谨引。（下师人职位）△△△[2]

道教宣称唐葛周三将军管三天门章奏通进之事，道教拜章要凭上章文书到天门，经把守天门的唐葛周三将军等才能送达天庭。瑶族还盘王愿仪式中的表引，亦要请唐葛周三将军上呈天庭。

三元在道教神仙系统中是一般的神祇，但在瑶族宗教中却有特殊地位。瑶族宗教祭祀首先请三元降临掌坛，有关申三元的科仪中，其地位明显居于诸神之上。《鬼脚科》记录山子瑶师公崇奉的众多鬼神。各种神鬼分别按"旗头"划分。最重要的旗头通常排列在前边：三王五帝旗头、三元教主旗头、威德雷王旗头、三界祖爷旗头等。[3] 瑶族度戒、还盘王愿仪式要请十部鬼神赴坛，祭祀的神灵按"旗头"划分，三元教主部旗头排列在三王五帝旗头之后，

---

1 《道藏》第 32 册，第 176 页。
2 张声震主编《还盘王愿》，第 648 页。
3 国家民委《民族问题五种丛书》编辑委员会、《中国民族问题资料·档案集成》编辑委员会编《中国民族问题资料·档案集成》第 5 辑《中国少数民族社会历史调查资料丛刊》第 114 卷《〈民族问题五种丛书〉及其档案汇编》，第 287 页。

说明三元是瑶族崇奉的重要旗头。每一旗头设有一位主神，三元教主部旗头的主神是唐葛周三将军，统属的神灵有梅山法主大圣九郎、邓赵马关四大元帅、五雷天将、南北六通、张天师、玄天真武等。各旗头神鬼都有自己的庙宇，例如三元教主部旗头有雪山（即梅山）法坛庙、信州庙、黑风庙、武当庙、香山、邪庙。[1]

四　瑶族宗教三元信仰与道教的关系

唐宋道经《金锁流珠引》论三元将军甚详。《金锁流珠引》卷二十八《考召法师说巡游图法》注称："其三元将军各自有图，所以画出。上元三将军，即在《含弘图》中。其《含弘图》中，日月三元，五行六甲，七星八卦九宫，雷霆雨师风伯，尽皆一一画具足也。"[2] 瑶族宗教仪式中所使用的三元神像，来自道教经书中的三元将军神像，是道教三元将军像在瑶族宗教中涵化的结果。

道教有捻三元将军诀的法术。唐宋道经《金锁流珠引》卷四《五等礼师引诀》科仪第三考召法的安坛礼师法，要按照《含弘图》存想三元，"图中三元兵将具足"。[3] 要捻三元将军诀，此诀在左手大指第一节。道教视三将军为人身三元之神，认为其代表人之三魂。《金锁流珠引》卷六《存使唐将军法图》说："上元将军诀，存在心上。中元将军诀，在心下一寸。下元将军诀，在心正中。是三诀也。"[4] 瑶族挂七星灯疏意中的《三元变身法用》，通过存想变身三元以通神，体现宗教法术中的三元崇拜。

瑶族宗教的"三元考召印"，是以三元神法力来考召鬼神。行"考鬼召神之事"的考召法，是早期正一道召劾鬼神的法术。北宋元妙宗《太上助国救

1　国家民委《民族问题五种丛书》编辑委员会、《中国民族问题资料·档案集成》编辑委员会编《中国民族问题资料·档案集成》第 5 辑《中国少数民族社会历史调查资料丛刊》第 114 卷《〈民族问题五种丛书〉及其档案汇编》，第 288 页。

2　《道藏》第 20 册，第 484~485 页。

3　《道藏》第 20 册，第 371 页。

4　《道藏》第 20 册，第 387~388 页。

民总真秘要》卷七《辅正除邪考召法序》载："夫考召之法，出于正一之道，故有三五考召之箓，官将吏兵，本文备载。"[1] 正一道驱鬼有考召仪，法师称三元考召正一法师。在正一法箓二十四阶中，《三五考召箓》排在第十八阶。唐宋道经《金锁流珠引》卷四《五等礼师引诀》载第三种考召治病礼师科仪，引《正一考召仪》说："夫考召法，是考鬼召神也。"[2] 《金锁流珠引》卷二十八《考召法师说巡游图法》载："夫作考召之法，先须于明师边，受本经箓。本经箓，金锁流珠是也。"[3] 金锁流珠指正一道的符咒禳灾法术，考召法的法术特点是考鬼，道教称之为辅正除邪考召法。道教法师施行考召法的法术，要存召三元将军等神将吏兵以考召鬼神。宋元妙宗《太上助国救民总真秘要》卷七《辅正除邪考召法》载三元将军真讳："上元将军唐，讳宏。中元将军葛，讳雍。下元将军周，讳武。"[4] 道教火绳万丈符的咒文曰："上元唐将军急捉鬼，中元葛将军急缚鬼，下元周将军急斩鬼。"[5] 宋路时中《无上玄元三天玉堂大法》卷二十七《升降二景品》说："上元唐将军斩神，中元葛将军斩鬼，下元周将军斩精。"[6] 《道法会元》卷二百二十六《正一灵官马帅秘法》："敕上元将军唐宏斩神，中元将军葛雍斩鬼，下元将军周武斩精。"[7] 广东排瑶《将军札》是上呈北极驱邪院的文书，称"敕差发三元唐葛周三将军，只令事照火急，令五方金木水火土城兵马，五方九夷军兵，急急如律令敕。右札落下三元唐葛周三将军准诣"。[8] 广东排瑶文书《夜来为兵》"烧将军札"的仪式，就是降下札文调遣三元兵马，"降下上元唐将军，降下中元葛将军，降下下元周将军，要你三元兵马到，兵马乱分分"。[9] 西南少数民族浓郁的鬼神观

1　《道藏》第 32 册，第 90 页。

2　《道藏》第 20 册，第 370 页。

3　《道藏》第 20 册，第 484 页。

4　《道藏》第 32 册，第 92 页。

5　《道法会元》卷一百六十二《上清天蓬伏魔大法》，《道藏》第 30 册，第 19 页。

6　《道藏》第 4 册，第 108 页。

7　《道藏》第 30 册，第 410 页。

8　李默、房先清编《八排瑶古籍汇编》，第 109 页。

9　李默、房先清编《八排瑶古籍汇编》，第 369 页。

念，是三元考召法流播于瑶族社会的文化印迹。道教三元将军在宋代社会影响深远，在长期历史进程中又随南岭走廊族群的迁徙而传播，故三元信仰深深植根于瑶族宗教体系中。广西蓝靛瑶的经书有《上中下元申奏》，此申告三元的文书来自道教的传统。

宋代三元神的位号随着北宋时期的开梅山传入瑶族宗教。瑶族道经《贡延大会鬼脚科》称三元圣名为：上元唐相道化真君、中元葛相经化真君、下元周相师化真君。这是道教上元道化唐真君、中元护正葛真君、下元定志周真君圣名在瑶族社会传播中的演绎。

我们知道唐葛周三元将军的神职是和早期正一道的三官信仰相联系的。道教宣称："立三元将军，防卫于内，治身救人。置三官，主掌于外，驱鬼使神，制约人物。皆是三元五星之所主也，皆秘于上天。"[1] 后世《搜神记》《三教源流搜神大全》中甚至有唐葛周三元将军为天地水神之说，湖南瑶族祭坛供奉的圣牌号，也有"天地水府三元三品大帝"的神位。[2] 在北极驱邪院二十四员将吏中，三元将军也是驱邪的干将。三元伴随着早期正一道的传播，成为瑶族宗教神系中崇奉的神灵。瑶族师公就认为：三元是最大的神，三元掌管三界，有八万七千兵马，戒师受道以后，就会获得三元的保护。师公认为三元管领众多兵将，其实有道教经书的记载作依据。《金锁流珠引》卷十一载法师存想三元五德将军八人，各领兵之注文曰："三将军是中元唐葛周三将军也，兵士各三千万人。"[3] 西南少数民族祭坛的下坛兵将，其神灵就有上元唐将军、中元葛将军、下元周将军，且所统领兵将也达 30 万员之多。广东排瑶文书《夜来为兵》的"差将军"仪式说：

降下上元唐将军，要你三军兵马到。降下中元葛将军，要你三军兵马到。降下下元周将军，要你三军兵马到。排兵累累入神乡，押出亡魂

1　《金锁流珠引》卷三《初受三五法》，《道藏》第 20 册，第 365 页。
2　郑德宏、李本高、任涛、郑艳群选编《瑶人经书》，第 61 页。
3　《道藏》第 20 册，第 407 页。

入本乡。……上元将军身姓唐，身戴琉璃七宝光。身骑白马游山走，手执一条银线枪。统领上路天仙兵三十万，收神杀鬼有名声。中元将军身姓葛，敕封奉为葛将军。身骑猛虎游山走，手执宝剑伏邪精。统领中路地仙兵三十万，收神杀鬼有名声。下元将军身姓周，名字叫做周文明。身骑黄龙水底过，收执铜斧入土丁。统领下路水仙兵三十万，收神杀鬼有名声。[1]

广东排瑶文书《结仙坛》也宣称，"正月十五为上元唐将军，令兵镇天门。七月十五为中元葛将军，令兵镇地户。十月十五为下元周将军，令兵乱分分"。[2] 瑶族宗教经书宣称三元将军统领的兵马很多。总之，瑶族宗教的三元信仰通过经书神唱和祭祀仪式得以充分体现。

综上所述，瑶族宗教深受道教影响，道教的三元在瑶族宗教中有多重表现。在瑶族宗教经书与仪式中，三元是颇受尊崇的祖师神。瑶族宗教对道教三元神的接纳和融摄，是南岭走廊道教文化传播涵化的结果。瑶族宗教三元信仰的植入和生根，是中华民族多元一体格局形成过程的生动体现。我们通过对唐葛周三元将军的微观考察，瑶族宗教三元神与道教关系的比较分析，透视瑶族宗教的道教内涵，推进瑶族宗教文化的研究。

第三节　瑶族变身存想科仪中的道教神灵

历史上，南岭走廊民族迁徙使道教在西南少数民族地区广为流传，瑶族宗教即深受道教影响。瑶族没有本民族文字，通用汉语，其宗教经书用汉字记录。瑶族民间社会传承的经书与科仪抄本，是瑶族人精神世界的宝贵记录。

变身与藏身是瑶族宗教仪式的常行法术，经书中称之为变身法。行仪时，

1　李默、房先清编《八排瑶古籍汇编》，第103~105页。
2　李默、房先清编《八排瑶古籍汇编》，第311页。

师公通过存想神明形象，与神灵沟通。早在民国时期的瑶族调查中，人类学者就注意到瑶族的变身法术。梁钊韬《粤北乳源瑶人宗教信仰》考察了乳源北山瑶人的度身法事和丧事仪式，指出度身的步骤共有三十四项，丧事仪式的过程有二十七项，很多仪节都有变身法术的运用。[1] 庞新民《两广瑶山调查》亦提到调查所见瑶族经书中的藏身法。[2] 目前中外学界对瑶族宗教与道教关系已有较丰富的研究成果，但未曾论及瑶族变身法术的道教色彩。变身法术是道教元素在瑶族宗教中遗存的重要表征，瑶族宗教变身法术的文化内涵，及其与道教存想的关系，值得深入讨论。

一 瑶族经书所见变身存想

变身藏身是法师常行的法术科仪，并且有民族化的生动表现形式。根据瑶族经书《送亡人书》，在丧葬仪式中有许多环节须施演变身法术。各地瑶族传承的《送亡人书》，变身存想的内容又略有不同。

广东乳源瑶族经书《送亡人书》，载有变水法、变刀法、变手巾米、又藏变师男身、一变藏屋、二变藏屋、三变藏屋、又一种藏身、又变碗、又变亡人、又变分离米、又变米罗角。[3] 广西荔浦瑶族经书中的变身法术见表4-1。

表4-1 广西荔浦瑶族经书中的变身存想

序号	书目	变身存想
1	《送亡书》	变雷锤月斧、变米、变扛状八郎、变地狱、变血湖、变勾、变分离饭*、起棺藏弟子身、收丧入殓变棺椁、起棺变棺椁、藏合家人口、藏屋、变红布
2	另本《送亡书》	藏合家人口法、藏弟子身法、变刀法、变剑法、敕桃鞭法、变米法、变火把、变扛状四郎、入门变亡人身尸、起棺变棺椁、收棺入殓法、起棺变弟子身法、入棺扫六神生魂、恐放邪师起呈变棺椁、隔路法、封门、藏变屋法、敕分离饭、起棺登程阳话、断勾法、送亡人上天桥变灯法、元始做旧像用新像也用、变灯法、变勾法、变分离饭、断路法

1　梁钊韬：《粤北乳源瑶民的宗教信仰》，载《梁钊韬民族学人类学研究文集》，第42~43页。

2　庞新民：《两广瑶山调查》，刘耀荃、李默编《乳源瑶族调查资料》，第330页。

3　盘才万、房先清收集，李默编注《乳源瑶族古籍汇编》下册，第917页。

续表

序号	书目	变身存想法
3	《开禁书》	敕招兵剑法、敕旗法、敕米法、敕禾法、敕水法、祭兵变口法、敕白席腰带法、又一件开禁敕水藏身法、敕藏身符法、藏村法、敕封闭、变碗法、变符法、变盘席法、变白布法、敕红布法
4	《送三元阳州》（经末处）	变火把、变米、变扛状二郎、变亡人、变屋、变身
5	《番邪变水》	番邪变水、变席、变桃鞭、变剑、变扇、敕剪刀、破斗变法、变牢、变刀、度花变花枝、变莲塘
6	《收赛变水目》	藏身变法、变竿、变篡、变符、变席、变刀、变剑、变碗、变签头水、变鸡法、变梳法、变屋法、封门、变鸡、变碗破碎、变血湖、变地狱、藏合家人口、藏弟子身、变米法、变雷揹月斧、起棺变棺椁
7	《化符书》	变签、变篡、变梳、变刀、变碗
8	《杂览便用》	敕墨法、敕笔法
9	《合婚法斋坛变物法》	变刀、变米、变碗、变屋（含起马出门变屋、送亡变屋）、变火把、行里变九火把、落马变亡人
10	《设杂鬼法语画杂符》	藏病人床吾师敕变、变红鸾石法、骂鬼章变法、出门藏身变体、出门变十物用、出门路五雷藏身、化笛存想内容、变香炉水碗、招魂变阴桥、变菜法、变酒法、变饭法、变茶法、变床法、变肉法

资料来源：2013 年 10~11 月，收集于广西壮族自治区桂林市荔浦县茶城乡瑶族师公。

＊变分离饭，是变成万人吃不完的米饭，用以养育新亡家先。

广东排瑶的《架桥书》《变宅书》《推龙书》《指路书》都有丰富的变身存想法术。瑶族凡遇家庭时运不佳，人有疾病，六畜不旺，要占卦测算灾难凶邪来自何方，请师公做法事在凶邪所来方向架桥祈禳，送走灾难疾病，保佑人丁兴旺。例如《架桥书》之三《存身过桥》的存想是："存变千年桥柱，存变千年桥梁。存变万年桥柱，存变万年桥梁。存变千年万年木桥，存变千年万年布桥。存变千万年长命寿命桥梁。上路天桥，中路地桥，下路水桥，穿心过海，白鹤仙桥，千年不动，万岁不移。"[1] 瑶族丧葬仪式中架桥是送亡

1 　李默、房先清编《八排瑶古籍汇编》，第 501~502 页。

魂通往天路之桥，此过桥的存想赋予魂桥长寿的意涵。

上述变身存想涉及瑶族宗教中的多种仪式。《送亡书》用于为死者送灵打斋。《超度书》用于为死者开路、烧灵。《开禁书》用于请神为仪式坛场开禁。《送三元阳州》是打辞别斋送未度戒者亡灵，先送天桥，后送阳州。《番邪变水》是送亡仪式中敕变坛场法水的科仪。《收赛变水目》经书篇幅不长，24种存想法术构成该经主要内容。《化符书》是各种水符、手符、水盆符、犁头符、藏身符、大门符、帖身符的符图，但开篇列举了5种变身法。《杂览便用》是各种设鬼、请鬼、架桥的法术，内容繁杂故名。合婚法是预防婚姻不利之法，但《合婚法斋坛变物法》内容几乎全是各种变身法术。《设杂鬼法语画杂符》是为病人驱鬼的经书。《变宅书》祈求宅宇清净，无邪无凶煞，居住安宁，人财兴旺。《推龙书》是安葬法事念的经文，请地脉龙神归位，保佑家人平安。《指路书》是做斋时念的经书，请神灵给死者灵魂指路。

瑶族宗教经书是仪式中使用的科仪本，是师公行法的依据。在瑶族地方上有声望的师公，其传承使用的经书有三四十种，以上所举只是涉及变身藏身内容的经书。这些篇幅不长的经书蕴藏着多样丰富的变身存想法术，足以说明变身存想法术对瑶族宗教的重要性。

二　瑶族宗教仪式中的变身存想

1. 变身法

瑶族宗教仪式请神的存想仪式中，师公运用意念行变身法，祈请道教的三清、玉皇、三元、张天师等神仙降临坛场，"天师变吾身，地师变吾身，祖师变吾身，本师变吾身，吾师化为铁刀碗水，矮矮不声锣不声鼓。吾师化为铁弹子，飞入葫芦肚内藏"。[1] 广东排瑶经书《扎魂》："谨请三元变吾身，飞锁金甲镇乾坤"；"谨请三清变吾身，飞入金甲镇乾坤"；"谨请天师变吾身，

1　盘才万、房先清收集，李默编注《乳源瑶族古籍汇编》下册，第861页。

行罡七步在天尊"。[1] 云南省麻栗坡县盘瑶度戒，要唱《弟子变身歌》道："谨请三元变吾身，斩鬼除邪不可闻。现出毫光千万丈，飞衣金甲镇乾坤。"[2] 云南瑶族变身的咒语："谨请祖师变吾身，本师变吾身，传师变吾身，度师变吾身，经禄三师变吾身，天师变吾身，地师变吾身，仙女变吾身，九天玄女变吾身，白鹤仙师变吾身，急急变吾身，急急变吾身。准吾奉太上老君急令敕！"[3] 根据仪式中行法的需要，法师变身为三元神以斩鬼除邪。广东排瑶文书《存变》说："拜请淮南门下祖师主，岭南门下本师爷。"[4] 瑶族经书中提及的祖师意指道教的神仙，本师则指瑶族宗教的前传法师。瑶族变身为神仙有各种丰富的想象，广东乳源瑶族《变身法用》说："一变天皇师，二变地皇母，三变仙人陀，四变仙人符，五变日月照，六变紫云遮，七变邪鬼里，八变邪鬼伏，九变邪鬼拜，十变仙衣盖吾身。"[5] 广西荔浦瑶族经书《盘王书》之《引光歌》："一变吾师为天子，二变吾师万丈高，三变吾师头上发，四变吾师脚下毛。"广东八排瑶《罗罡结界》的存想变身说："吾师真身不是非凡真身，吾师存为白衣白甲真身，存为黑衣黑甲真身。吾师存为铜牛铁牛真身，犀牛白象真身，金龟波浪真身，存为短山毒蛇真身。"[6] 根据仪式的需要，法师通过咒语变为不同的神灵。广东乳源瑶族《变身法用》说："敕变吾师身，化为太上老君真身，化为飞天白鹤，飞上宫中殿上，灵神寻不见，灵鬼寻不知。"[7] 瑶族变身法术基于道教神仙信仰，其变身内容又反映瑶族社会的文化特点。

英国牛津大学伯德雷恩图书馆藏瑶族经书 S3290 号《出门藏身法用》的

1　盘才万、房先清收集，李默、朱洪校注《拜王歌堂》，第 104 页。

2　杨永福主编《云南瑶族口传非物质文化遗产提要辑录》，第 187 页。

3　邓玉民：《瑶族七星灯度戒文书》，云南省编辑组编《云南少数民族社会历史调查资料汇编》（五），第 139~140 页。

4　李默、房先清编《八排瑶古籍汇编》，第 61~63 页。

5　盘才万、房先清收集，李默编注《乳源瑶族古籍汇编》上册，第 282 页。

6　李默、房先清编《八排瑶古籍汇编》，第 58 页。

7　盘才万、房先清收集，李默编注《乳源瑶族古籍汇编》下册，第 897 页。

藏众身法，存想"左眼化为左铁星，右眼化为右铁星。左鼻化为左川风，右鼻化为右川风。左口化为左石岩，右口化为右石岩。左手化为杀鬼叉，右手化为杀鬼叉。左身化为左肚化左铁牢，右身化为右肚化右铁牢。左脚化为左金刚，右脚化为右金刚"。英国牛津大学伯德雷恩图书馆藏瑶族经书 S3279 号《变化藏身法用》："一变吾身藏五盛，二变藏五应，三变藏吾响声。吾身寄去螃蟹肚内，藏寄去乌龟肚，藏寄去鲤鱼肚内，藏寄去黄龙肚内，藏寄去犀牛肚内。寄去仙人肚内，藏千年灵神。"广东乳源瑶族仪式中的变身："一变二变万人，三变四变松柏，化为青龙，师男本身头上，化为深山石壁。头发化为松柏二条，左脚化为左青龙，右脚化为右青龙。"[1] 广东乳源瑶族《又变身法用》："一变成天，二变成地，三变成江，四变成海，五变成天为地，六变成地为天，七变成江为海，八变成海为江，九变犀牛肚里藏，十变仙人肚内藏。"[2] 瑶族的变身存想有丰富的想象力，如存想弟子藏身的法术，想象弟子化为"头高万丈，口宽千里"之人。

《变师男藏身法用》："此变师男吾师头发，变了松柏二树。左耳化为左石山，右耳化为右石山。左眼化为左七星，右眼化为右七星。左鼻化为左石山，右鼻化为右石山。左口化为左石岩，右口化为右石岩。左手化为日，右手化为月。大肠化为大南蛇，小肠化为小南蛇。左脚化为左中柱，右脚化为右中柱。"[3] 这种藏身要达到"灵神寻不见，万鬼走无踪"的效果。

2. 瑶族度戒仪式中的变身存想

瑶族度戒是具有悠久历史的传度仪式，早期正一道授箓传播瑶族社会衍化为度戒。瑶族度戒师公要授予师男法冠，法冠绘有道教的三清、玉皇、圣祖、金童、玉女神像。传授法帽仪式中，师公有变帽存想："师男头戴金冠帽，左手执印接香门。左手执起老君诀，口念老君法令行。"[4]

1　盘才万、房先清收集，李默编注《乳源瑶族古籍汇编》上册，第 381 页。
2　盘才万、房先清收集，李默编注《乳源瑶族古籍汇编》上册，第 283 页。
3　盘才万、房先清收集，李默编注《乳源瑶族古籍汇编》下册，第 890~891 页。
4　盘才万、房先清收集，李默编注《乳源瑶族古籍汇编》上册，第 343 页。

　　瑶族度戒挂大罗灯用的《法书》，其中存想变七星灯的《变盏用》："未变之时七个盏，变了之时七个砖。七个砖头七个字，七个字头七个星。"[1] 仪式中师公点燃灯架上七盏灯，存想七盏灯已变为七星。不同挂灯仪式对应的身份等级不同，划拨的阴兵数目也不同。[2] 挂七星灯科仪，师男坐在凳子上接受传法，其中有变身法术的行用。广东乳源瑶族《挂灯用承变》说："敕变金栏木凳，变为老君之椅。左凳化为左龙脚，右凳化为右龙脚。"[3] 湖南瑶族经书《又挂灯用》亦说："未变金鉴为木凳，变了金鉴化狮子，变化为老君之殿，变化为老君之椅。"[4] 木凳已非同凡俗，在仪式中变为老君之椅，师男将挂灯存想为道法的传授。

　　瑶族度戒有渡水槽仪式[5]，其中有变水槽法的存想，即把禾秆变为铁船，"铁船过海沉踪迹，铁船过海捉邪神"。广西荔浦瑶族经书《变水槽法》先后存变水槽的内容是："未变之时成稿剪，变了之时成铁船，承载吾师身"；"未变之时成白席，变了之时成铁船，化作鹅毛沉水底，铁船流过十三滩"；"未变之时成沙板，变了之时成铁蓬盖"。广西荔浦瑶族经书《变水槽》之《大变法用》也存想："一变水槽为斗，二变水槽为元，三变沙板为铁蓬盖。"广西荔浦瑶族经书《众师度漕话根用》："张赵二郎来传度，众师引度过水槽。传度师男来学法，正是老君门下人。"渡水槽的变身同样象征已得老君道法传授，受戒师男经过渡水槽的考验，灵魂才能与水府神灵沟通。

　　瑶族度戒在传度的最后仪节师男要上刀山，接受刀山法的考验。师男赤

　　1　国家民委《民族问题五种丛书》编辑委员会、《中国民族问题资料·档案集成》编辑委员会编《中国民族问题资料·档案集成》第 5 辑《中国少数民族社会历史调查资料丛刊》第 103 卷《〈民族问题五种丛书〉及其档案汇编》，第 142 页。

　　2　一般挂三台灯的带领 36 阴兵，挂七星灯的带领 72 阴兵，挂大罗灯的带领 120 阴兵，挂灯的职位越高，能带领的阴兵就越多。

　　3　盘才万、房先清收集，李默编注《乳源瑶族古籍汇编》上册，第 343 页。

　　4　郑德宏、李本高、任涛、郑艳群选编《瑶人经书》，第 284 页。

　　5　瑶族度戒仪式中渡水漕，是师男挂大罗灯后，由引度师带领学唱师经，学行罡步。引度师施以法术使师男昏睡，假坐水漕（船）至阴间，约一小时后再施法术催醒。瑶族经书认为经渡水漕仪式后，受戒者即能上通阳世，下达阴界，具有通神做法事的能力。经书中或载为"度水曹""度水漕"，本书保留经书原用字。

图 4-6　广西贺州大平瑶族乡龙槽村瑶族度戒渡水槽一

图 4-7　广西贺州大平瑶族乡龙槽村瑶族度戒渡水槽二

脚踩在锋利的刀刃上，师公通过变刀存想法术，敕变刀口为不伤人之刀。乳源瑶族《上刀山变刀法用》："一变刀口为锡，二变刀口为石板，三变刀口为软绵，四变刀口为如雪，五变刀口如木板，六变刀口如泥土，七变刀口成刀背。吾师踏上刀梯去，吾今踏上半天去，身为白鹤在云中。"[1]

除存想刀口不会锋利，还有存变师男脚底的法术，通过变脚底法将师男脚底变为铜皮铁板。英国牛津大学伯德雷恩图书馆藏瑶族经书 S3244 号中的《又变身上刀山法用》文书："敕变吾师身，左手右手化为铁皮，包过三转，铜皮包过三层，十手指化为大铁钩、小铁钩，左脚右脚化为铁皮，包三转，化为铜皮包层。吾师引带新度师男，飞上刀梯，上无差，下不错。"该经书的存想更有特点，存想度戒师男手足有铁皮、铜皮包裹，手指化为大小铁钩，如此攀缘刀梯而上自然不会受伤。师公施敕脚法将师男之脚，"化为铁叶牛皮，吾师踏铁鞋，为吾师变现，不得损坏"。[2] S3244 号之《又变刀口用》甚至存想刀梯，"化为大棉被、小棉被，化为大牛皮、小牛皮，盖过十二步刀梯"。S3244 号之《剉刀口法用》："起我铜剉铁，剉去一步刀梯，剉去二步刀梯，剉去三步刀梯，剉去四步刀梯，剉去五步刀梯，剉去六步刀梯，剉去七步刀梯，剉去八步刀梯，剉去九步刀梯，剉去十步刀梯，剉去十一步刀梯，剉去十二步刀梯。刀口剉平刀背，化为刀口翻下，化为刀背翻上，吾师飞上刀梯，上不差，下不错。"历史上瑶族的刀梯有十二级，度戒上刀梯的存想是想象逐一剉去十二级刀梯锋利的刀口，变刀口向下，刀背向上，度戒师男飞身上刀梯接受考验。乳源瑶族《上刀山封刀口法用》说："谨请祖本二师，亲身存变刀山，化为十万年桃梭杆，刀口化为刀背，又为金鞭，弟子化为桃源仙洞老黄鹤，手脚化为铜皮铁骨，飞上刀山。"[3] S3244 号存想："身如白鹤，手为闸钩，脚为铁锊，变成白鹤，飞上刀梯，上不差，下不错，不灵动作，速变速化。"

历史上，瑶族师男度戒要通过云台法、刀山法、盐埠法、勒床法、火砖法、犁头法、油锅法、岩堂法、七吉法、阳山法十种法术的考验，均须变身

---

[1] 盘才万、房先清收集，李默编注《乳源瑶族古籍汇编》上册，第 222 页。

[2] 盘才万、房先清收集，李默编注《乳源瑶族古籍汇编》上册，第 204 页。

[3] 盘才万、房先清收集，李默编注《乳源瑶族古籍汇编》上册，第 220 页。

存想以实现法术的功能，[1] 其中犁头法、油锅法、岩堂法、七吉法、阳山法等法术的具体内容已不得而知。S3243 号《多变身法》之《含犁头法用》的变身说："一变吾师身化为石板，二变吾师脚底化为铁皮，化为石脚板，化为霜，化为雪，化为坭。"S3244 号之《含犁头法用》说："一变吾师身，化为大雪山头、小雪山头，眼化为大石精、小石精，口化为大石岩，三十六牙齿化为大铁丁、小铁丁，舌化为大镰刀、小镰刀。"据此，我们可知犁头法的大致内容，犁头法的变身法术旨在让师男通过危险的考验。

三　瑶族宗教仪式中的其他存想法术

瑶族宗教的存想法术内容丰富，既凸显瑶族宗教仪式坛场的特点，在一定程度上又反映瑶族社会的经济生活状况。

1. 瑶族的变水、敕水法术

瑶族宗教仪式有变水、敕水法术，以保持神圣仪式坛场的清吉，这是对道教斋醮敕水科仪的运用。师公通过存想，将自然流淌的各种水源转化为想象中的太上老君之水。广东乳源瑶族《又变水法》：

> 水是不是非凡之水，吾师太上老君之水，山中流过玉女殿前之水，江中长流之水，田中养禾之水，塘中养鱼之水，井中养泉之水，玉女担归之水，化为伏鬼灭鬼之水，藏家之水。吾师太上老君准敕令！[2]

瑶族仪式中有内容丰富的变水存想："此水不是非凡之水，原在昆仑山上之水，老君殿前功德之水，玉女担归之水，塘中养鱼之水，滩中波浪之水，高山石壁之水，流入坛前功曹之水。"[3] "此水不是非凡之水，源在九龙山上流

1　广西十万大山山子瑶师公神唱《五台川光唱》提到，度戒师男要经历五种法术的考验，即刀山法、勒床法、犁头法、度灯法、五台法。

2　盘才万、房先清收集，李默编注《乳源瑶族古籍汇编》下册，第 949 页。

3　盘才万、房先清收集，李默编注《乳源瑶族古籍汇编》上册，第 291 页。

出之水，流下山中石壁之水，流入井中养沙之水，流下田中养禾之水，流下塘中养鱼之水，流下滩中波浪之水，吾师将来坛前化为老君功德之水。"[1] "此水不是非凡之水，此水是化为天上云雾之水，化为地下云雾之水，井中流来长流之水，塘中流来养鱼之水，流过田中养禾苗，江中流来养人之水。"[2] "吾师敕变此水，不是非凡之水，春夏秋冬四季黄龙之水，天中之水，地中之水，山中石壁之水，田中养禾之水。"[3] 瑶族宗教的敕水法、变水法，是将取自山中、江中、田中、塘中、井中、滩中的法水，赋予各种神圣的功能，其核心意涵是化为太上老君功德之水。

2. 瑶族经书中法器的存变

瑶族经书提及各种非凡的存变法术，变席、变禾、变米、变碗、变剑、变绳、变海、变棍、变祭带，凡仪式中使用的法器物件都可以存变，其变化充满想象力。诸如："此席不是非凡之席，此席化为大龙床、小龙床"；"此禾不是非凡之禾，此禾化为天生地养之禾"；"此米不是非凡之米，米是禾稻米，禾米隔开禾魂，喝鬼吞鬼杀鬼猎鬼灭鬼"；[4] "此碗不是非凡之碗，此碗化为大小青龙一对"；[5] "此剑不是非凡之剑，化为太上老君杀灭之剑"；[6] "此绳不是非凡之绳，化为铜炼铁锁"；"此海不是非凡之海，化为大海小海，化为五湖大海，江水化为四方大海"；"此棍不是非凡之棍，以我小师变身之棍。"[7] "此带不是非凡之带，此带化为大花带，小花带，祭兴祭旺之带"。[8] 瑶族宗教各种存变的"非凡"句式，直接承袭道教而灵活运用于仪式。宋元妙宗《太

1　盘才万、房先清收集，李默编注《乳源瑶族古籍汇编》上册，第136页。

2　盘才万、房先清收集，李默编注《乳源瑶族古籍汇编》下册，第861页。

3　盘才万、房先清收集，李默编注《乳源瑶族古籍汇编》上册，第147页。

4　盘才万、房先清收集，李默编注《乳源瑶族古籍汇编》下册，第861页。

5　张声震主编《还盘王愿》，第231页。

6　广西壮族自治区编辑组、《中国少数民族社会历史调查资料丛刊》修订编辑委员会编《广西瑶族社会历史调查》第9册，第445页。

7　广西壮族自治区编辑组、《中国少数民族社会历史调查资料丛刊》修订编辑委员会编《广西瑶族社会历史调查》第9册，第445页。

8　张声震主编《还盘王愿》，第231页。

上助国救民总真秘要》卷七《辅正除邪考召法》之《北帝普天罩法》说："吾法非凡之法。三清正道，上至八极，下入九泉。"[1] 道教的存想有数千法之说，瑶族宗教仪式中丰富的存变内容反映瑶族对道教存想的接受。以下具体列举几种存变法术。

（1）变碗法

瑶族《送亡人书》用于丧葬仪式。做斋法事仪式程序第七为"变碗"，即变碗为铁城用于禁鬼。乳源瑶族《变碗法用》说：

> 大酒碗化为大铁碗，小酒碗化为小铁碗。碗碟里内下有铜箍箍、铁箍箍，千人打不破，万人打不烂。吾奉太上老君准敕令![2]

乳源瑶族《又变碗用》的存想是："此碗不是非凡之碗，化为铜钟铁钟，化为五色牢鬼地狱，吾师将来禁鬼神。"[3] "此碗不是非凡之碗，化为铜钟，口阔面大，化为大罗城，吾师将来禁鬼神。千神打不动，万鬼打不移。"[4] 瑶族人丰富的想象力，将坛场之碗化为禁鬼的罗城。道教地狱有大罗城、酆都罗城之说。唐代道经《太上长文大洞灵宝幽玄上品妙经》之《飞升羽化章第十》："地狱之方，特有一城，名曰酆都罗城。有一王者罗王，又号阴都北帝，居此，主管大罗城八洞阴鬼，在十八铁城之内，皆有死生。"[5] 将普通之碗存变为罗城，这种存变想象反映了瑶族人对道教地狱的理解。

（2）藏屋法

瑶族仪式中有藏屋法，又称凡屋法。法师将坛场存想为太上老君之宅或

---

1 《道藏》第 32 册，第 92 页。
2 盘才万、房先清收集，李默编注《乳源瑶族古籍汇编》下册，第 949 页。
3 盘才万、房先清收集，李默编注《乳源瑶族古籍汇编》上册，第 166 页。
4 盘才万、房先清收集，李默编注《乳源瑶族古籍汇编》上册，第 201 页。
5 《道藏》第 20 册，第 3 页。

太上老君大殿，诸如"三变此宅，不是非凡之宅，化为太上老君之宅"。[1] 广西荔浦瑶族经书《藏屋法用》的存变内容：

> 一变主人屋，化为老君大殿，巍巍在半天。二变主人宅，化为大官厅、小官厅。三变主人宅，化为大衙门、小衙门。左柱化为左青龙，右柱化为右青龙，左梁化为大南蛇，右梁化为小南蛇。合家人口，化为大金刚、小金刚。台凳化为麒麟狮子、猪财六畜，化为黄茆江埠，屋宅四角，化为五湖四海，渺渺茫茫，大浪通天，小浪通地。人见堂堂，鬼见灭亡。天师速变，地师速变，速变速化，准吾奉太上老君急令敕！[2]

广东乳源瑶族《凡屋法用》的藏屋存想又有不同："左边化为老君宅堂，右边化为老君宅堂。东方化为老君水殿，南方化为南方屋梁，屋柱化为大南蛇、小南蛇。上下茅柄茅盖，化为大龙衣、小龙衣。门墩门扇，化为灭鬼之刀，杀鬼之剑，化为千重万重进落宅堂。"[3] 这种藏屋法的奇特存想将坛场变为太上老君之宅，是瑶族宗教受道教神仙信仰影响所致。

（3）变刀法

瑶族变身有各种变刀法或变刀口法。瑶族做斋法事的程序，第一是变水，第二是变刀。广西荔浦瑶族经书《收尸入殓》之《变刀法》：

> 敕变之刀，不是非凡之刀，化为太上老君斩鬼之刀、杀鬼之刀、灭鬼之刀、喝鬼之刀。斩山山崩，斩地地裂，斩人人生，斩鬼鬼灭。亡速变速，准吾奉太上老君急令敕！

1　盘才万、房先清收集，李默编注《乳源瑶族古籍汇编》下册，第 861 页。
2　《送三元阳州》，2013 年 10～11 月收集于广西壮族自治区桂林市荔浦县茶城乡冯金亮师公。
3　盘才万、房先清收集，李默编注《乳源瑶族古籍汇编》下册，第 934 页。

乳源瑶族仪式中变刀的存想也很丰富："此刀不是非凡之刀，将来化为太上老君破鬼杀鬼之刀，吞鬼灭鬼猎鬼之刀，邪神恶鬼头来头断，脚来脚断。"[1] 乳源瑶族《变刀口用》："一变刀口成木，二变刀口成纸，三变刀口为石，四变刀口为泥，五变刀口为风。"[2] 瑶族各种变刀法都旨在将法刀化为太上老君斩鬼之刀，以此渲染此刀斩鬼的特殊功能。

（4）变剑法

瑶族宗教有各种变剑法术。法剑具有神仙授予的灵性，被视为斩鬼的神圣之物。广西瑶族文书《请了洒净》载师公念咒语曰：

> 此剑不是非凡之剑，剑是太上老君斩鬼之剑。八炉三变出炉，三变未打成刀，打起成剑，未磨成刀，磨起成剑。指山山崩，指石石裂，指人人长生，指鬼鬼灭亡。吾奉太上老君急急如律令敕！[3]

广东乳源瑶族《变剑用》："此剑不是非凡之剑，天师宝剑，地师宝剑，三炼成钢，四炼成剑。"[4] 另一变剑的存想内容是："此剑不是非凡之剑，吾师化为老君之剑，灭鬼之剑，合鬼之剑。指山山崩，指石石裂，照人人长，照鬼鬼亡。"[5] 法剑在祭祀仪式中有强大的法力，师公在坛场以法剑净坛、斩鬼驱邪，变剑法与变刀法有异曲同工之妙。

（5）其他存变法术

广东乳源瑶族《变锣鼓用》的存变是"此鼓化为春雷，化为夏雷，化为二十四阵蛮雷，七十二阵战雷，声声不住"，[6] 变锣鼓以招集神灵。《变手指法

1　盘才万、房先清收集，李默编注《乳源瑶族古籍汇编》下册，第 871 页。

2　盘才万、房先清收集，李默编注《乳源瑶族古籍汇编》上册，第 203 页。

3　广西壮族自治区编辑组、《中国少数民族社会历史调查资料丛刊》修订编辑委员会编《广西瑶族社会历史调查》第 9 册，第 414 页。

4　盘才万、房先清收集，李默编注《乳源瑶族古籍汇编》上册，第 722~723 页。

5　盘才万、房先清收集，李默编注《乳源瑶族古籍汇编》上册，第 137 页。

6　盘才万、房先清收集，李默编注《乳源瑶族古籍汇编》上册，第 284 页。

用》的存变是"变吾师十个手指为将军，左手化为雪山，右手化为蕉木"，[1]或"又变吾师十手指，化作十万夜叉兵。又变吾师十脚指，化作十万海鳅兵"。[2]《变幡竹用》："祖本二师存变幡竹筒，竹筒化为桃源王母娘娘，节节藏阴兵，节节藏家口（师父）。"《变棍法用》："此棍不是非凡之棍，以我小师变身之棍。邪魔小鬼，不得和我王师打斗。"[3] 依据广东排瑶文书《接公书》之二《存变割井》，法师在坛场有丰富的存想内容："存变千年大青山，万年小青山，存变千万年启岳山，存变千神台，万神台，存变千神意，万神意，存变千神等，万神等，存变千年香炉，万年香炉，存变千肉盆，万肉盆，存变千年茶杯，万年茶杯，存变千年酒杯，万年酒杯，存变千年灯盏，万年灯盏，房起千年茶油，万年茶油，存变千年灯心，万年灯心，发起千年灯火，万年灯火，弟子存变，祖师如我下来存变，弟子存吾占，祖师如我下来存占。"[4] 这些充满南方稻作民族生活习俗的存想，反映出南岭走廊瑶族人的生活特点。瑶族经书中存想法术名目繁多，师公通过变身存想法术赋予法具器物神性和法力，以实现宗教仪式的祈禳济度功能。

四 瑶族变身存想的道教色彩

道教的存想是斋醮科仪通神的重要方法，是仪式坛场高功与神灵沟通的主要手段。高功法师通过存想遥想出一派天界意境，化凡尘为神界，化己身为神灵本体，具有不可思议之神力。道教认为若建醮不懂存想，便无法沟通人神世界，斋醮的目的就无法达到，斋醮法事也就失去意义。

道教存想法术早在东晋时期就已流行，其思想基础是神仙信仰。东晋葛

1　盘才万、房先清收集，李默编注《乳源瑶族古籍汇编》上册，第178页。

2　李默、房先清编《八排瑶古籍汇编》，第61~63页。

3　国家民委《民族问题五种丛书》编辑委员会、《中国民族问题资料·档案集成》编辑委员会编《中国民族问题资料·档案集成》第5辑《中国少数民族社会历史调查资料丛刊》第116卷《〈民族问题五种丛书〉及其档案汇编》，第713页。

4　李默、房先清编《八排瑶古籍汇编》，第422页。

洪《抱朴子内篇·地真》说存想"乃有数千法。如含影藏形，及守形无生、九变十二化、二十四生等，思见身中诸神，而内视令见之法，不可胜计，亦各有效也"。[1] 宋代道经《高上神霄玉清真王紫书大法》卷二《朝礼仪》有"变身为白鹤仙人。步之三十六步，入神霄宫，朝真王"。[2] 瑶族宗教丰富的变身藏身法术，可以从道教找到依据。乳源瑶族《变师男藏身法用》："左眼化为左七星，右眼化为右七星。左鼻化为左石山，右鼻化为右石山。左口化为左石岩，右口化为右石岩。左手化为日，右手化为月。大肠化为大南蛇，小肠化为小南蛇。左脚化为左中柱，右脚化为右中柱。"[3] 宋元妙宗《太上助国救民总真秘要》卷二《上清北极天心正法斗下灵文符咒》的《变神咒》："吾非凡之身，头似黑云，发如乱星，左目如日，右目如月，鼻如火铃，耳如金钟。上唇雨师，下唇风伯。牙如剑树，十指如功曹。敕吾左肋岷山君，敕吾右肋庐山君，敕吾左足左雷将军，敕吾右足右电将军。"[4] 道教"变身"的概念为瑶族汲取，瑶族宗教类型多样的变身存想法术是历史上道教传播于瑶族社会的结果。

1. 瑶族变身法术中的神仙信仰

瑶族宗教的神灵系统具有多元特征，大致由道教神仙和瑶族土俗神组成。召请神灵仙真降临仪式现场，是通过变身存想的法术来实现的。瑶族经书中有"变神为天师""变神为上清法师""变神为元始天尊""变神为太一天尊""变神为驱邪院使"等说法。云南瑶族挂灯仪式师公请神唱道："天师变吾身，地师变吾身，白鹤仙师变吾身，九天玉女变吾身。"[5] 广东排瑶经书说："谨请三清变吾身，飞入金甲镇乾坤"；"谨请天师变吾身，行罡七步在天尊。"[6] 依

1　《道藏》第 28 册，第 243 页。

2　《道藏》第 28 册，第 566 页。

3　盘才万、房先清收集，李默编注《乳源瑶族古籍汇编》下册，第 890~891 页。

4　《道藏》第 32 册，第 56 页。

5　宋恩常、邓金元调查，宋恩常整理《金平城关镇路黑浪（老街）瑶族道教调查》，《民族问题五种丛书》云南省编辑委员会编《云南苗族瑶族社会历史调查》，第 151 页。

6　盘才万、房先清收集，李默、朱洪校注《拜王歌堂》，第 104 页。

据广东排瑶文书《花间甲坛》之二《存身》，法师通过一系列复杂的存想过程，变为三清、玉皇、老君、道君、三元法主、三帝将军、张天师、李天师、北方真武、东王公、西王母等神仙。广东排瑶文书《医生救人》之二《存变》则是存想变为神仙、天兵天将的内容：“存为祖师身形真真，本师身形真真，到信州五郎身形真真。存变弟子身形，不是非凡身形真真。”[1] 广东排瑶文书《花间甲坛》之七《收耗出处中元三岁》则是存想在太上老君殿上借出真罡正诀，存想坛场变为诸神仙大殿的情景。

广东排瑶文书《存变》说：“拜请淮南门下祖师主，岭南门下本师爷。今日今时来拜请，为吾弟子变身形。又变吾师一所宅，化作老君大殿堂。”[2] 淮南祖师在瑶族经书中是具有象征意义的神仙符号，法师通过存想，变师男身形为神灵本体，变仪式坛场屋宅为太上老君殿堂。瑶族师公变身法术有道教经典作根据。《道法会元》卷二百三十七《变身咒》说：“灵宝降敕，变我身神，代天行令，役使雷霆，都督三界，节制万灵。吾今变相，速降真形，急急如律令！”[3] 瑶族宗教变身藏身法的显著特点，是经书中的存想多用咒语的形式，存想最后都以“急急如律令敕”“吾奉太上老君急令敕”等咒语结束，这种咒语旨在表达沟通神人关系的功能，足以彰显道教神仙太上老君的强大法力！

2. 瑶族变身与道教化身

存神是道教最具有特点的法术，道教有丰富的存变法、存神法。宋元道经《灵宝玉鉴》卷一《道法释疑门》之《存神召将论》说：“诸品道法行持之时，皆以存神召将为首。”[4] 瑶族宗教的存想变身之法汲取了道教存想法术的精髓。

瑶族宗教的变身亦有化身之说，具有道教化己身为神灵本体之要义。广东排瑶经书述说的化身就很生动：“一更化为盘古仙人当殿坐，又化洞头王老仙。二更化为铁鸡佛，万里毫光在眼前。三更化为莲叶子，莲叶团团在海中。

---

1 李默、房先清编《八排瑶古籍汇编》，第 435 页。
2 李默、房先清编《八排瑶古籍汇编》，第 61~63 页。
3 《道藏》第 30 册，第 414 页。
4 《道藏》第 10 册，第 142 页。

四更化为四天王，老君殿上好烧香。五更化为五百乱龙下五海，五百雷公震动天。"[1] 道教有人身自有三万六千神之说，认为不仅天地间有众多神灵，在人体小宇宙各部位也有神灵驻守。瑶族变身通过化变的方式，将身体各部分化变为自然之物，诸如"眼中化为大七星，小七星。耳中化为大川风，小川风。鼻中化为大禾风，小禾风。口中化为大石岩，小石岩。左手化为左木转，右手化为右木转。肚中化为大禾仓，小禾仓。脚中化为左岭脚，右岭脚"[2]。这种对大小禾仓、左右岭脚等的想象，确乎是瑶族宗教有别于道教存想的特异之处，呈现出瑶族宗教存想的地方化、民族化特色。

化身是道教神仙变化学说的产物，西汉丁令威学道后化为白鹤，就是道教仙传中脍炙人口的故事。北周《无上秘要》卷七十八《天仙药品》说："又当知九化十变、隐地八术，然乃后能广游玄空，倒步天阿，乘云驾龙，凌腾天矣。"[3] 道教宣称有九化十变之经，以隐遁于日月，游行于星辰。魏晋道经《太上老君中经》卷上第二神仙说："无极太上元君，道君也。一身九头，或化为九人，皆衣五色珠衣，冠九德之冠，上上太一之子也。"[4] 道教有元始化为盘古真人，玄元始三炁化为三清天之说。总之，瑶族宗教的变身汲取了道教存变的义理，在将道教存想转化为瑶族法术的过程中，瑶族宗教法师刻意融入地方社会的元素，使变身存想具有瑶族宗教的鲜明特质。

3. 瑶族存变与道教存想的比较

瑶族宗教仪式中广泛行用的敕水、敕剑，其存想的科仪格式直接来源于道教。广西瑶族还盘王愿《除秽请圣喃词》，师公左手托水碗，右手拿剑，使剑锋指向水碗，虚画"敕"字小声道白：

此水不是非凡之水，水是太上老君殿前之水，天中云雾之水，山中木

1　李默、房先清编《八排瑶古籍汇编》，第 57 页。

2　盘才万、房先清收集，李默编注《乳源瑶族古籍汇编》上册，第 658 页。

3　《道藏》第 10 册，第 231 页。

4　《道藏》第 27 册，第 142 页。

叶之水，江中长流之水，山前流出之水，玉女殿前之水，田中养禾之水，塘中养鱼之水，井中清泉之水，玉女担归之水，流过老君殿前之水，将来坛前化为功德之水，解秽之水，凡人千千万万之水，若有不来，吾师差三七灵兵去取水，来时金鸡未啼，去时仙人未起，玉女为梳妆，天师在吾前，地师在吾后，三七灵兵，护吾敕变。准吾奉太上老君急令敕！[1]

在道教禁坛科仪中，高功剑水相向，先后有敕剑、敕水的存想："吾剑非常剑，光驰宝匣，烁七政之龙文。吾水非常水，影摇琼锺，派九霄之凤气。"[2] 道教的敕水科仪内容丰富，有以法水清净坛场的意涵。南北朝道经《正一敕坛仪》说："吾水非常之水，五龙五星真气之水。"[3] 宋蒋叔舆《无上黄箓大斋立成仪》卷十九《科仪门》禁坛仪："吾水非常之水，五龙五星真炁之水。"[4] 南宋道经《上清天枢院回车毕道正法》卷中咒水法说："五方真气入吾此水。此水非常之水，上清无极大道自然之水，能除疾病，能救苦厄。……此水皆是上天真人降真气所成，何邪不伏，何鬼敢形。当吾者死，背吾者亡。神水到处，万鬼伏藏。"[5] 高功存想净坛之法水已融摄东南西北中五方真炁，借助法水的作用坛场已是不染尘秽的清净空间。

根据广西瑶族还盘王愿《除秽请圣喃词》，师公在敕水后押下水碗，把剑横放在碗上，伸出食指，指着剑上，画"敕"字，用阴话念：

此剑不是非凡之剑，天师宝剑，地师宝剑，入炉三遍，未打成铁，打了成剑。指山山崩，指石石裂，指人人长生，指鬼鬼灭亡，准吾奉太上老君令敕！[6]

1　张声震主编《还盘王愿》，第66~67页。

2　（宋）林灵真：《灵宝领教济度金书》卷二十二《科仪立成品》，《道藏》第7册，第136页。

3　《道藏》第18册，第296页。

4　《道藏》第9册，第498页。

5　《道藏》第10册，第480页。

6　张声震主编《还盘王愿》，第67页。

广东乳源瑶族《变剑用》说：

> 此剑不是非凡之剑，剑是天师宝剑，地师宝剑，是老君解秽之剑。入炉三遍，出炉三遍，三炼成钢，九炼成剑。七星上方，化为千兵万马宝剑。指山山崩，指石石裂，指人长生，指鬼灭亡。何神敢抵？何鬼敢当？挡吾者死，逆吾者亡。连上坛前，不令动作，速变速化，吾奉太上老君准敕令！[1]

泰国瑶族文书《超度书》"敕变剑法"说："此剑不是非凡之剑，是太上老君面前之剑，敕变杀鬼之剑。"[2] 瑶族变剑的存想与道教变剑相同，甚至沿用了道教《敕剑咒》的句式。南北朝道经《正一敕坛仪》说："吾剑非凡之剑，九炼坚刚，七星挟傍，踏蹑北斗，跨踞魁罡。"[3] 元代道经《法海遗珠》卷三十二《北帝四圣伏魔秘法》之《敕剑咒》："玄剑出施，天丁卫随。天斗煞神，五斗助成。指天天昏，指地地裂。指山山崩，指鬼鬼灭。神剑一下，万鬼灭绝。急急如律令！"[4]《道法会元》卷一百九十三《太乙火府内旨》法剑的咒语："指山山崩，拍石石裂，指人人生，指鬼鬼灭。"[5] 道教赋予法剑以特殊的宗教功能，《灵宝无量度人上经大法》卷七十一"剑者，辟邪制非，威神伏魔"。[6] 道教认为法剑是神授之宝物，是代天行法的利器，若无法剑则济世度人之道难成。瑶族经书仪式中敕剑、变剑的咒语与道教咒语相同，是瑶族接受道教咒语的典型例证。

通过对瑶族宗教变身存想法术与道教存想的比较分析，可以初步得出以下两点认识。

1　盘才万、房先清收集，李默编注《乳源瑶族古籍汇编》上册，第340~341页。

2　白鳥芳郎編『傜人文書』、86頁.

3　《道藏》第18册，第296页。

4　《道藏》第26册，第906页。

5　《道藏》第30册，第224页。

6　《道藏》第3册，第1052页。

其一，瑶族宗教仪式中丰富的变身存想法术是瑶族宗教汲取融摄道教的结果。瑶族变身存想法术来自道教，其丰富内容又反映了瑶族先民的宗教观念。清代民国地方志多有瑶族延请识字汉人为师教育子弟的记载，汉人进入瑶族聚居区，应对道教传播起到一定推动作用。根据现有经书文献资料，至迟在明清变身存想法术在瑶族宗教仪式中已广泛行用，瑶族宗教法师对传播至瑶族社会的道教经书的成功改编，丰富了瑶族宗教仪式的内容。

其二，雅克·勒穆瓦纳指出："因为一个具有起码中国宗教实践知识的人都懂得，瑶族的宗教及其仪式只能从另一个更强有力的传统宗教中采借而来，而这一传统宗教就是中国的道教。"[1] 瑶族宗教变身存想法术的确来自道教，但瑶族先民在接受道教的同时，将变身存想的内容改为族群喜闻乐见的神唱咒语。瑶族经书中所见变身存想的内容十分丰富，已经远远超出道教存想的内容，诸如变雷锤月斧、变米、变扛状八郎、变勾、变分离饭、变红布、变火把、变灯、变碗、变席、变扇、变牢、变花枝、变莲塘、变梳、变鸡、变菜、变酒、变茶、变床、变肉等。[2] 这些存变内容在道教经书中是不见记载的，这种民俗化、地方化的存想内容，是历史上瑶族宗教法师的改编创新。

综上所述，通过对瑶族宗教中变身存想法术的讨论，可见道教对瑶族宗教的影响是多方面的。瑶族宗教科仪文书的变身存想法术，可谓是道教传播至瑶族社会的历史记录。瑶族宗教仪式中法师对变身存想法术的运用，既体现出道教神仙信仰的特质，又具有南岭走廊瑶族社会的民族特色。瑶族变身存想法术具有浓厚的巫术色彩，师公在行法中多运用咒语并借助太上老君的灵力，显示出瑶族原始宗教与道教相互融摄的特点。在受道教影响的西南少数民族宗教中，唯有瑶族宗教经书中出现大量变身存想法术的记载，再结合

1　〔法〕雅克·勒穆瓦纳：《瑶族的宗教：道教》，覃光广、冯利译，《民族译丛》1987年第2期。

2　《道藏》第26册第906页。

瑶族社会道教授箓色彩之度戒的长期传承，可见瑶族受道教影响之深，学界有人提倡的"瑶传道教"之说并非毫无根据。瑶族的变身存想法术汲取道教的元素，同时又具有瑶族宗教的特色，是南岭走廊族群迁徙和文化传播的结果，变身是道教传播于瑶族社会经历文化涵化的典型例证。

第五章

瑶族丧葬仪式及其宗教象征

　　瑶族丧葬仪式是瑶族宗教的主要内容，受道教黄箓斋的影响，瑶族人在丧葬仪式中使用的科仪本《游梅山书》意在送亡灵回归梅山祖地。本章通过比较国内外九种《游梅山书》文本，解读瑶族《游梅山书》送葬仪式的文化内涵。"梅山"为瑶族祖居地，作为瑶人集体记忆的梅山"神圣历史"，亦深受道教、佛教思想的浸润，此"小传统"的民间手抄本展现出族群迁徙、祖先崇拜、圣地崇拜等多重内涵和价值，是瑶族先民精神世界的真实反映。

第一节　瑶族宗教的师公与道公

　　瑶族宗教师公、道公的传承体系是历史上不同时期道派影响所致。瑶族社会的师公、道公有约定俗成的传承体系，度戒的传统、经书的学习，是塑造瑶族宗教法师的关键。

一　史籍经书中师公、道公的地位

　　地方志多称瑶族宗教的师公、道公为"瑶巫"，所谓"畏鬼信巫，病则延巫祈祷……猺俗畏鬼，甚于畏法"。[1] 民国时期廖炯然撰《连阳瑶民概况》，谈及瑶人信仰巫医治病的习俗说："瑶人生病不信药，概请巫人念经逐鬼。"[2]

1　（清）朱偓修，陈昭谋纂纂嘉庆《郴州总志》卷二十二，清嘉庆二十五年（1820）刻本。

2　廖炯然：《连阳瑶民概况》，李默、房先清编《连南八排瑶族研究资料》上册，第69页。

在瑶族传统社会中，师公是有地位的职业。明嘉靖《广东通志初稿》卷十八载肇庆府开建的瑶人"男子则喜习师巫，而耻为工商云"。[1]

　　民国时期的瑶族社会调查，所见担任师公、道公者，多是瑶村中之甲长，或粗识汉字的瑶人。[2] 师公经过度戒仪式，在瑶族社会中是村寨的族长，又任瑶长、瑶甲等基层土官，是瑶族地方社会中掌握宗教权力、行政权力之人。瑶族经书说师公"救良民于十方"，是说师公有济度世人的职责，度戒仪式奠立了师公的宗教地位，同样也确立了师公的社会政治地位。[3] 师公、道公在瑶族社会中享有较高地位，与瑶人的宗教观念有关。瑶人看重师公能与鬼神沟通的法术，期望死后能进入神仙世界，因此度戒是瑶人一生中看重的大事。

　　广西瑶族经书《开坛书》称："人家养子出官职，我家养子出师公，若有十方人相请，香烟郁得眼睛红。""老君面前一垌田，借把师男耕一年，耕得一年兴旺了，富贵荣华千万年。"[4] 竹村卓二《社会及宗教仪式》说瑶族"祭司的职位通常不是世袭继承，而是师徒相传。一个人要想成为祭司，他往往要在某些知名祭司的指导下学习，以便获得各种经书的知识和掌握主持仪式的本领"。[5] 瑶族宗教注重师徒关系，经书中对师徒关系更有生动比喻。广东瑶族《赏浪歌》："师父便是深山树，师男便是路边藤。藤缠树，树缠藤，生生死死不离根。"[6] 英国牛津大学伯德雷恩图书馆藏瑶族经书 S3367 号：

　　　　人话师公得酒吃，生铁犁头得咀光。

　　　　人话师公得钱使，不见师公买马骑。

1　（明）戴璟修，张岳纂（嘉靖）《广东通志初稿》，明嘉靖十四年（1535）刻本。
2　庞新民《广东北江瑶山杂记》："巫者多系瑶村中之甲长，或粗识汉字之瑶人。"原载《中研院历史语言研究所集刊》第二本第四分，收入刘耀荃、李默编《乳源瑶族调查资料汇编》，第328页。
3　参见任国荣《广西瑶山两月观察记》，李文海主编《民国时期社会调查丛编·二编·少数民族卷》（下），第8页。
4　胡起望：《论瑶传道教》，《云南社会科学》1994年第1期。
5　〔日〕白鸟芳郎编著，黄来钧译《东南亚山地民族志》，第48页。
6　刘耀荃、李默编《乳源瑶族调查资料》，第442页。

人话师公得肉吃，已见磨练得师成。

祖师父本师爷，好声赏浪我兵头。

师父便是深山树，师男便是树上藤。

藤缠树树缠藤，生生死死不分离。

师父便是塘中水，师男便是水中鱼，

塘中水水中鱼，生生死死不分离。

师父便是云中月，师男便是月边云。

云边月月边云，时时遮差小师身。

年当十五投师法，六十明朝去众村。

在师公传承系统方面，师公尊道教的太上老君为祖师，将本民族早期奉道者称为本师。瑶族度戒经书《大戒文》在仪式中由师公传给师男，经书说太上老君是祖师，二郎、三郎、九郎就是本师。在宗教仪式请神的科仪中，祖师、本师都要被礼请下坛。广西荔浦瑶族经书《一件吹角拜师父开天门用》："一声鸣角去连连，拜请祖本二师下案前。拜请祖本二师下案位，护郎弟子去求天。"本师通常指本法坛的传教宗师。伯德雷恩图书馆藏瑶族经书S3285 号《又到暗据用法》：

一心奉请宗师黄三宝、罗邓龙、赵德城、罗法广、赵进元、邓法明、邓连三郎、拨师赵法定、弟子李法保，叫天天应，叫地地灵。奉请五方五位关魂童子，开上△人头上三魂，脚下七魂，急急行来，千里桃符，尹住引娘同睡，引妹同床，日想同双，夜想同床，准吾奉释迦急敕令！

咒语中提到的黄、罗、赵、邓四姓宗师，就是瑶人传教的法师，是活动在特定地区的本师。广西荔浦瑶族经书《送亡书》用于为师公送灵，为本坛门的前代、后代师公送灵，要念诵师公的法名："送亡前代老师冯官四郎、冯添一郎、盘旺一郎。后代老师冯德二郎、冯盖四郎、盘法雷。"此经书中的冯、盘二姓师公，更是前后相传的本师。广西荔浦瑶族经书《斋坛专用书》之《拜别师父》：

　　一拜祖师来路远，二拜本师来路长，三拜师爷多辛苦，四拜师爷劳你心，五拜家门多富贵，六拜香门路路通，七拜师爷遮过我，八拜香花四季红，九拜众兵齐拥护，十拜弟子得兴隆，十一拜师男转身拜，十二拜弟子兴旺万千年。左边拜一拜，右边拜一双，一拜还一拜，一双还一双。莫把弟子枉为闲，师父人多拜不尽，师男人少拜不完，劳你师爷遮过我。

广西荔浦瑶族经书《斋坛专用书》之《拜别师父》："一拜祖师来路远，二拜本师来路长，三拜师爷多辛苦，四拜师爷劳你心。"表达师男对师公的尊敬之情。S3265 号："奉请祖师、本师、传师、度师，传师赵白一郎度赵法通。"拜请淮南门下祖师主，岭南门下本师爷，是瑶族经书申告祖师的习语。广西荔浦瑶族经书《盘王书》记载行变身法术，也有存变祖师、本师的存想："谨请祖师变吾身，本师变吾身。传师变吾身，度师变吾身。九天玄女变吾身，经箓仙师变吾身，白鹤仙师变吾身。"此处本师是指主持仪式的法师。瑶族科仪文书礼请祖师本师，或简称祖本二师。

广东八排瑶经书《祖师恭状》：

　　太上北极驱邪院，归空亡师恭礼。大明国广东道，奉法追修度亡，孝男亼合家等，归空亡师元命△年△月△日△时注生，身多刑害，具状拜投太上护法入身行用。今经限满，享寿阳间△十岁，不幸于△年△月△日△时在家身故，命往归空，魂魄无由得违，理合具状，恭礼太上混元教主法祖宗师，恭礼祖本二师曹尊主，伏乞奏转玉皇殿上，引进前驴王二师，安前计会。亡师在生之日，数已为限，通呈遥赴玉皇金阙，行下广候，亡师魂寄降府，存赖师资主明，提携之力，但亡师下情无任之致，伏乞赐，谨状。[1]

1　李默、房先清编《八排瑶古籍汇编》，第 406~407 页。

瑶人度戒之后，必须将《大戒文》铭记于心。贵州瑶族度戒的《大戒文》："生在结义为师父，死去同上老君门。……三代传来真正诀，莫道吾师法不灵。"[1] 贵州瑶族经书《戒坛文·为师道》十分强调师德：

> 开了香门来相请，救得病人个个兴。
> 你不嫌人山路远，你不嫌人水路深。
> 不怕山高你也去，不怕水深你也行。
> 不嫌人家缸无酒，不嫌人家身无钱。
> 有钱请你你也去，无钱请你你也行。
> 隔山请你你也去，隔海请你你也爱去救良民。
> 三更半夜人相请，急急差兵急急行。
> 治得凡民人康泰，保得千秋万万年。
> 救得凡间人康泰，至今世代得安宁。[2]

二　瑶族宗教十二明师及其职能

英国牛津大学伯德雷恩图书馆藏瑶族经书 S3357 号，列举临坛法师有证盟师、总坛师、书表师、主醮师、主醮引度师、保举证盟师等十二明师。广西荔浦瑶族经书《挂灯疏表》中列举参与挂灯的八大师，其职位是：开教师、引教师、书表师、证盟师、总坛师、保众师、参法师、入坛师。广西荔浦瑶族经书《传度二戒白榜意》末署："执香师、纸缘师、保举师、证盟师、书表师、引度师。（入主醮师职位在尾）。"

广东八排瑶经书列举科仪中十四位法师的名称：鉴灯师、游兵师、传箓师、度箓师、收神师、义神师、证盟师、保奏师、保举师、唱度师、坐坛师、

1　黄海、邢淑芳：《盘王大歌：瑶族图腾信仰与祭祀经典研究》，第 142 页。
2　黄海、邢淑芳：《盘王大歌：瑶族图腾信仰与祭祀经典研究》，第 146 页。

同坛师、进度师、引度师。[1]

　　广东瑶族度戒的法师多达十二名，有主醮师、正度师、引度师、书表师、证盟师、保举师、总坛师或归坛师、座坛师、纸缘师、执香师、茶酒师、鼓乐师或吹笛师等名号，或一人兼数职。而度戒加职（俗称一度二加）的，则又增添加职主醮师、加职引度、加职书表、加职大盟、加职保举、加职总坛、加职座坛、加职大缘、加职执香、加职茶酒、加职鼓乐、加职吹笛。[2] 这是在十二明师基础上，根据法事需要补充法师为副职的。瑶族度戒有十二明师、十八明师之说，有所谓"明阳传度十八明师"。[3] 书表师是众法师中的核心人物，熟悉瑶族经书，收藏经书较多。[4]

表 5-1　瑶族度戒仪式十二明师及职能

名称	职能
主醮师,亦称"太上奉行主醮师"	主持整个"度戒"仪式程序,由经过"度三戒"并加职的高级师公充任
正度师,亦称把坛师	负责协助主醮师主持度戒仪式
引度师	引度受戒者"行道""渡水槽""上刀山""过火炼"
书表师,亦称"三天门下书表师"	抄写各种奏神疏表文书
证盟师	吹奏牛角通报天地神灵,证盟徒弟受戒状况,监督如法如仪
保举师	保举受戒师男在阴间封官晋职,统领阴兵,顺利通过各种仪式
总坛师	祈请各路神灵降坛护法
座坛师	延请各路神灵降坛受祭
纸缘师	剪扎各种纸钱纸马供奉神灵
执香师	点香、装香、换香
茶酒师	定时给各种神灵斟茶斟酒
鼓乐师	吹奏器乐以娱神灵

1　李默、房先清编《八排瑶古籍汇编》，第 377 页。

2　李默：《韶州瑶人——粤北瑶族社会发展跟踪调查》，广州：中山大学出版社，2004，第 214 页。

3　张声震主编《还盘王愿》，第 28 页。

4　参见黄海、邢淑芳《盘王大歌：瑶族图腾信仰与祭祀经典研究》，第 140 页。

瑶族还盘王愿还有十二游师之说，即高家师、李家师、禄家师、袁家师、冯家师、朱家师、黄家师、刘家师、孔家师、奉家师、盘王圣帝、五婆圣帝等。传说前十位原是汉人，因给瑶人传授生产技术而享受供祀；后二位是瑶人的祖先神。[1]

广东乳源瑶族《祭墓书》祈请的法师有：

> 传灯传度：主醮师赵保一郎，真引度师盘香三郎，书表师赵位三郎，保举师赵法天，证盟师赵学二郎，纸缘师赵法信，总坛师邓钱二郎，座坛师赵信，执香茶酒师赵越法兴，吹笛师邓法通，鼓乐师邓法灯。一度二加：加职主醮师邓生一郎，加职大举师赵学二郎，加职大表师赵位三郎，加职大缘赵福三郎，加职大明赵学二郎，加职执香茶酒师赵法兴，加职吹笛师赵金一郎，加职鼓乐邓法灯。[2]

瑶族法师在度戒后获得神职，在职位后要写明何字为号，例如"太上奉行主醮师，厶字为号"。如广西瑶族经书《保安疏》末署："太上奉行南极都法院串通间梅师道二教，三戒弟子冯法亮，职位升在陕西道西安府正任知府，肯管天下鬼神。冯法亮寿字为号。"[3]

第二节　瑶族丧葬仪式经书

一　瑶族丧葬仪式

瑶族经书中涉及丧葬仪式的经书数量较多，说明丧葬仪式是瑶族社会生活中

1　马本立主编《湘西文化大辞典》，长沙：岳麓书社，2000，第257页。

2　盘才万、房先清收集，李默编注《乳源瑶族古籍汇编》下册，第1053页。

3　广西壮族自治区编辑组、《中国少数民族社会历史调查资料丛刊》修订编辑委员会编《广西瑶族社会历史调查》第9册，第455页。

的重要事项。瑶人奠祭、超度亡灵，名曰"做清道场"。亡故后即做道场称"热道场"，待数年后再补做的道场称"冷道场"，为抛牌度戒死者做的道场叫"大道场"。[1] 早在民国时期民族学家的调查中，就记录了瑶人丧葬仪式的情况。民国《乐昌县志》卷三《猺俗》载："有头目曰猺甲，及死入殓，不即阖棺，以白布展瓦上，旋揭诸旗头，谓之上天，其余则否。"[2] 庞新民《两广瑶山调查》记载瑶族"开天门"仪式："主巫更衣，手持巫杖，沿梯登屋顶。取去屋瓦三条，长六七尺，光线从露天处射入，俾死者灵魂由此透光处出而升天堂。巫者于露天处垂立布一幅（及纸一幅，上有金童玉女像）名为桥，上天用。"[3] 瑶族开天门仪式，在已度戒者死后举行，意为送度戒者的灵魂上升天界。

西南各地方志也有瑶族丧葬的记载。民国《分水县志》卷十三何一鸾《连山猺排风土记略》：

> 死则市棺，置坎侧，以尸僵坐于椅，绳缚之，舁至坎。延猺道士诵章咒乃殓，殓毕而窆。……不读儒书，惟从猺道士学道教，学优者则延诸道为受箓。凡病请祷之不愈，则曰神所恶矣。[4]

由于瑶族宗教受道教影响较深，广西地方志甚至称丧葬仪式为"建醮"。民国《昭平县志》卷七《夷民部·猺獞》载瑶人"丧礼多崇师巫，建醮为务。死未殓建醮，曰'介饭'，殓后建醮，曰'落枕'，死七日建醮，曰'开路'。计死四十九日，每计七日一建醮，虽贫亦然"。[5]

1　《湖南瑶族》编写组编《湖南瑶族》，北京：民族出版社，2011，第298页。

2　刘运锋修，陈宗瀛纂（民国）《乐昌县志》，民国二十年（1931）铅印本。

3　庞新民：《两广瑶山调查》，刘耀荃、李默编《乳源瑶族调查资料》，第330页。江应樑在广东北江瑶区调查时所见瑶人丧葬仪式"开天门"的法事载《广东瑶人之宗教信仰及其经咒》，国立中山大学语言历史学研究所编《民俗》复刊号第1卷3期《广东北江傜人调查报告专号》，民国二十六年（1937），第26页。

4　钟诗杰修，臧承宣纂（民国）《续修分水县志》，民国三十一年（1942）铅印本。

5　李树枏修，吴寿菘、梁材鸿纂（民国）《昭平县志》，民国十七年（1928）修，民国二十三年（1934）铅印本。

　　广东乳源瑶族《送亡人书》记载做斋法事的程序是：

　　（1）变水；（2）变刀；（3）变手巾米碗；（4）变师身；（5）藏身天师；（6）变乔中；（7）变碗；（8）变米；（9）变罗角；（10）变杠；（11）变孝男孝女；（12）藏屋；（13）变棺材；（14）变亡尸；（15）变谷；（16）变分离米饭；（17）亡人离灯；（18）开路；（19）唱鬼；（20）出门口分付亡人去；（21）放断路；（22）隔路；（23）踏屋；（24）闭门；（25）踏街；（26）亡人男女上街；（27）烧阳据。[1]

　　其中的踏街，是让亡灵踏上太上老君天界之街。广东乳源瑶族经书《踏十二街》：

> 踏上老君第一街，横吹竹笛两边排。
>
> 踏上老君第二街，铃锣鼓角两边排。
>
> 踏上老君第三街，旗头先锋两边排。
>
> 踏上老君第四街，擎凉把伞两边排。
>
> 踏上老君第五街，擎凉把轿两边排。
>
> 踏上老君第六街，上圣兵马两边排。
>
> 踏上老君第七街，下坛兵将两边排。
>
> 踏上老君第八街，天堂四府两边排。
>
> 踏上老君第九街，玉皇差兵两边排。
>
> 踏上老君第十街，证监大道两边排。
>
> 踏上老君第十一街，十殿冥王两边排。
>
> 踏上老君第十二街，亡人急急上天街。[2]

1　盘才万、房先清收集，李默编注《乳源瑶族古籍汇编》下册，第914页。

2　盘才万、房先清收集，李默编注《乳源瑶族古籍汇编》下册，第864~865页。

广东乳源瑶族经书《离男女上街》：

> 亡人离男又离女，离男离女上天街。
>
> 离男离女归阴路，你归上界老君街。
>
> 离了男女急急去，离了男女急急行。
>
> 也有千兵万马执你去，你归上界王母娘。[1]

广西瑶族《引光歌》："一魂上到梅山殿，二魂上到奈河江，三魂七魄都上了，七魄茫茫上本身。师男头戴引光帽，身着罗衣现凤凰，脚踏龙鞋朝玉帝，手拿芽简踏黄云，引光童子在左右，护光童子两边排。"[2] 另一《引光歌》曰："一变凤凰飞上天，二变金鸡水里眠；三变犀牛过东海，四变黄龙海底仙。"《引光歌》俗称《开路歌》，旨在将亡灵引上天堂。[3] 云南瑶族麻栗坡县蓝靛瑶《开路歌》唱道："日月星光，打破幽关。开辟道路，灵魂出关。超度三界，魂上天堂。逍遥快乐，无限风光。"道公在为亡灵开路时唱诵，这反映瑶族人原始古朴的丧葬观。[4]

广东瑶人度亡仪式，要请法师做斋念经，《指路书》即为做斋所念经书，请神给死者指路，祈求死者不要回阳间烦扰家人，使家人平安康泰。[5] 回归祖地的路通常有左、中、右三条，法师要走上天堂或入地狱做官之路，一般人则走入地狱安居之路。

做斋或称打斋，是为死者超度亡灵的仪式。广西荔浦瑶族用于打斋的经书有：《忏犯解结》《终书意一卷超度一卷送桃源洞一卷在内》《送亡法一本》

1　盘才万、房先清收集，李默编注《乳源瑶族古籍汇编》下册，第 864~865 页。

2　张声震主编《还盘王愿》，第 277 页。

3　周素莲：《试论瑶族歌堂与传统文化》，贵州省民族宗教事务委员会民族古籍整理办公室编《贵州少数民族古籍研究》（一），贵阳：贵州民族出版社，2001，第 194 页。

4　云南省少数民族古籍整理出版规划办公室编《云南民族口传非物质文化遗产总目提要·史诗歌谣卷》（下卷），第 103 页。

5　李默、房先清编《八排瑶古籍汇编》，第 768 页。

《送亡法书全本》《送乐梅山引书科乙本在内》《孤寒忏食书》《孤魂忏饭书》
《送亡忏粮书》《送下桃源用》《闲时忏饭书》《忏饭书全卷》《忏饭书》《解
食忏饭书一本》《送梅山拾捌洞》《送亡法》《送亡超度》《送亡书》《忏饭书
下忏用》《送终过梅山书送终过梅山科文》《送梅山》《送乐梅山》《送亡桥咒
食》《送十程》《超度大经书一部》《送亡书壹本孤魂供饭在内》《送丧书》。
《请筵白话书》《白筵通用》《白筵用法书》《请筵书一本》《开坛书一本》
《火堂书》《火炼书》《大堂火炼城法》《新录大经天堂科共书乙本上卷》《送
亡书壹本沙城经》《忏饭戒食科》《拾殿科文一部》亦可能与打斋有关。[1] 广
西荔浦瑶族经书《收尸入殓、戒食、游十殿、破地狱诵经目录书》记载瑶族经
书的打斋，各种斋都有其济生度死的功能，其中"第六打梅山斋，念梅山经，
送亡入十八洞"。

　　瑶族丧葬送梅山的经书有《送梅山拾捌洞》《送梅山》《送乐梅山》等，仪式
中师公一边抓米抛撒向棺材四周，一边念《送梅山》请来天界神仙，引领亡灵前
往梅山十八洞。广西瑶族《忏饭书》说："一声鸣角去哀哀，去到梅山殿上来；亡
师无命归阴府，请迎魂魄下灵台。二声鸣角去连连，去请梅山殿上前，亡师无命
归阴府，请迎魂魄下台前。"[2] S3242 号做斋超度文书："亡师如过梅山三十六
峒，以到逍遥。……奏明超度亡魂，如过梅山关隘无阻，赦除诸罪。"法国藏
瑶族经书《又到游梅山三十六洞念》，反映了迁往法国的瑶人子孙虽然身在异国
他乡，仍念念不忘祖先所在的梅山洞。他们在人死后举行的送亡大别道场送亡
灵回梅山，祈求亡灵魂归梅山与祖灵相聚。[3]

　　湖南瑶族经书《参见梅山十八洞法主》有："引入梅山第七洞，洞外原是
梅山乡，九天玄女作法主，女仙传法在凡间……在先传法为教主，天下桥头

1　罗宗志：《信仰治疗：广西盘瑶巫医研究》，第 170～171 页。

2　胡起望：《瑶族研究五十年》，北京：中央民族大学出版社，2009，第 194 页。

3　欧阳恩良：《梅山沿革、族属与文化》，中国近现代史史料学学会、政协怒江州委员会编《少数民族史
及史料研究》（三），潞西：德宏民族出版社，1999，第 56 页。

叫霄王，兵主九娘来教法，大阴山里甚强良。"[1] 湖南娄底瑶族送梅山出殡，要掀开屋顶上三槽瓦，用绳子吊出去，不能从大门送出。[2]

　　西南各地瑶族的丧葬经书，经目并不完全相同。云南红河州瑶族道场用经书有《三请榜语》《临时发丧科》《山头烧棺科》《南宁科》《行程牒》《引路幡式》《救苦榜语》《道范完满科》《祝别奠酒科》《众人奠别》《沐浴化依科》《飞章科》《交龙科》《交陵科》《破狱科》《笠幡科》《炼度科》《伸斗科》《安龙科》《设醮科》《书识科》《被削科》《启师科》《东岳科》《雷府科》《正荐牒》《副荐牒》《材楼科》《丧示》，这些经书名目反映瑶族打斋度亡道场仪式的丰富性。[3]

　　云南麻栗坡县瑶族经书中，蓝靛瑶道书丧葬类经书有：《大道科》《南宁科》《贴简科》《土府宿启科》《土府三朝科》《诞生三朝科》《龙童茭简科》《贡王科》《迓王科》《告斗科》《赞灯科》《沐浴科》《丧场科》《临时发丧科》《丧事说醮科》《丧事绕棺科》《送终三夜科》《破狱科》《东岳右坛科》《三时右坛科》《释服笠幡科》《朝天百拜科》《度人道场经》《度人经》《玉枢道场经》《救苦道场经》《救苦灯经》《玉枢经》《血河经》《血湖经》《丧家秘》《颠倒秘》。蓝靛瑶师书有《救患科》《开山科》《集川光科》《大献科》《长脚科》《明真科》《簿命式书》《丧家式书》等；角瑶师书有《送终疏意书》《献饭书》等。[4]

　　云南省麻栗坡县蓝靛瑶打斋诵经超度亡灵时师娘唱《破狱歌》道："翘首贤师到囚门，诵经超度念华章。七祖沉魂狱中囚，不知何事渺渺茫。仁师念经用法使，七魄升登玉皇案。"[5]

───────────

　　1　郑德宏、李本高、任涛、郑艳群选编《瑶人经书》，第370～376页。

　　2　娄底市文学艺术界联合会编《娄底优秀文艺作品选·民间文化研究卷》，长沙：湖南文艺出版社，2006，第208～209页。

　　3　红河州有瑶族的绿春、红河、元阳、金平、河口、屏边等地的蓝靛瑶经书。蛮夫：《红河州瑶族古籍浅谈》，海南省民族研究所编《海南民族研究论集》，广州：中山大学出版社，1992，第149～150页。

　　4　杨桂林主编，麻栗坡县民族事务委员会编《麻栗坡县民族志》，第154～155页。

　　5　杨永福主编《云南瑶族口传非物质文化遗产提要辑录》，第126～127页。

云南省麻栗坡县蓝靛瑶打斋炼度亡灵时师娘唱《炼度歌》道："死变泥尘三魂乱，沉魂受苦在囚深。仰赖天师抄骸炼，炼化超度再成人。一世沉沦不见日，千年枷锁不离身。如今得逢仙境殿，翘首感谢贤师恩。"[1]

广东瑶族经书题记中，有两则度亡经书的题记较有特点，引录如下：

> 道光五年乙酉岁十二月十六日，依书格笔，写完《送亡人法》，一应齐整。执笔人柳坑赵堂写完，付与德堂永远流传，四方沓行，大发大旺，大吉大利也。[2]

> 光绪乙酉六月初八抄《送亡人书》一本，大旺大利，付至邓志钱，上请下迎，永代传扬，大旺大利。[3]

两则度亡经书题记在题录抄经时间、抄经人后，都表达祈愿经书传承人发达兴旺，期望祖先保佑的心情。

二 瑶族丧葬仪式的文书格式

瑶族宗教送亡仪式为达到济度亡灵的目的，较多运用存想变身法术。广东排瑶为打"道箓"者写的"申疏"，是呈给冥府鬼神的文书，分"白榜""收神""官兵""府牒"四张，此通行冥府的文书署"北极祛（驱）邪院本院"签发，交本人保管，死后焚化随葬。[4]

民族志资料所见广东八排瑶丧葬科仪文书，较多保存了明代瑶族经书的书写格式，对于研究瑶族丧葬仪式具有较高价值。

1　杨永福主编《云南瑶族口传非物质文化遗产提要辑录》，第130~131页。

2　盘才万、房先清收集，李默编注《乳源瑶族古籍汇编》下册，第868页。

3　盘才万、房先清收集，李默编注《乳源瑶族古籍汇编》下册，第917页。

4　参见马建钊《论八排瑶的丧俗》，广东省民族研究学会等编《广东民族研究论丛》（第一辑），广州：广东人民出版社，1986，第172页。

广东八排瑶《驴山九郎申状》：

北极驱邪院：

今具大明国广东道州府，奉法追修度亡归空香火，亡师△元命△年△月△日△时注生，自于利年利月利日利时吉利，具状拜投太上护法入身行用。今经限满，享寿阳间△十岁，不幸于△年△月△日△时在家病故，命往归空，合属具状随身恭礼。右谨具状上申占王上司，统领兵官驴山九郎，恭望圣慈凡定所属，恭礼太上教主郎，便程途前诣昊天金阙至尊玉皇大帝，亡师流传后教，所郎阴功高广，旨敕告下地府幽冥，勉相勿滞，判付亡师，谨词。真咸不载，伏惟谨状。

岁次△年△月△日吉良，奉法归空亡师恭礼大上正一伏魔臣师△正。[1]

广东八排瑶《祖师恭状》：

太上北极驱邪院：

归空亡师恭礼。大明国广东道奉法追修度亡孝男△合家等，归空亡师元命△年△月△日△时注生，身多刑害，具状拜投太上护法入身行。今经限满，享寿阳间△十岁，不幸于△年△月△日△时在家身故，命往归空，魂魄无由得违，理合具状，恭礼太上混元教主法祖宗师，恭礼祖本二师曹尊主，伏乞奏转玉皇殿上，引进前驴王二师，安前计会。亡师在生之日，数已为限，通呈遥赴玉皇金阙，行下广候，亡师魂寄降府，存赖师资主明，提携之力，但亡师下情无任之致，伏乞赐，谨状。

岁次△年△月△日吉良归空亡师恭礼。

恭承大上正一伏魔臣师△正。[2]

1　李默、房先清编《八排瑶古籍汇编》，第 406 页。
2　李默、房先清编《八排瑶古籍汇编》，第 407 页。

广东八排瑶《随身文疏》：

北极驱邪院：

今具大明国广东道广奉法度亡孝男△合家等。△时身故，命往归空，当报父母之恩，魂魄飘散，亡师孰于太上正一度亡道场一日夜连宵，先伸送魂前去，恭承功德玉皇殿下，合行除已伸具奏，依教奉行，亡师为照。如过关隘去处，不得把截，亡人执引，为太上老君会敕施行，须至牒者。右牒给付新亡故△一位正魂执照。

岁次△年△月△日吉良，恭承太上正一北极驱邪院伏魔短师正，随身新亡故△△△一位正魂，收执为照，谨封文疏。[1]

广东八排瑶在亡师归空之后举行的太上正一度亡道场中上呈北极驱邪院的这三份文书，声称遥赴玉皇金阙，上呈昊天金阙至尊玉皇大帝，或上呈太上老君，显示出八排瑶先民虔诚的道教信仰。广东八排瑶文书沿袭了道家科仪文书的格式。《太上助国救民总真秘要》卷十《申北斗七王宫状式》开篇的格式为："当院据国号某州县某人状投。"[2] 广东八排瑶《驴山九郎申状》开篇"今具大明国广东道州府"，《祖师恭状》开篇"大明国广东道奉法追修度亡孝男△合家等"，《随身文疏》开篇"今具大明国广东道广奉法度亡孝男△合家等"，确乎是按照道教上呈北极驱邪院文书的文检格式书写。

广东八排瑶《超生文牒》：

北极驱邪院：

今具大明国广东道广奉法度亡孝男△合家等，即日冒干，△时身故，

1　李默、房先清编《八排瑶古籍汇编》，第397页。
2　《道藏》第32册，第122页。

来奉度亡。孝男当报父母之恩，是日虔备香纸礼仪泊用，向今△月△日吉良，太上正一度亡道场一日夜连宵，先伸超度。符拔生方承水者，天堂清净，出离地府，仙童接引，玉女来迎，念你陀亲，度三魂七魄早往三天，铜锣角送一路香花，详送故牒，须至牒者。

右牒付给新亡故△一位正魂收照。

岁次△年△月△日吉良，恭承太上正一伏魔臣师△正，超生新亡故△△△一位正魂，随身收照，谨封文疏。[1]

广东八排瑶这份上呈北极驱邪院的《超生文牒》，是孝男为亡父母举建太上正一度亡道场，仪式由自称"太上正一伏魔师"的法师主持，旨在度亡父母三魂七魄早往三天。

广东八排瑶《差兵文牒》：

北极祛（驱）邪院：

今据大明国广东道广州府连州连山县永福乡唐家水下坪原大掌岭分入天堂界冷水冲马他岭江口冲山口营上吉水管上大坪脚，坐北向南立宅居住，奉法拔亡人孝男△人合家等，恸念亡师△人一位正魂，存日元命△年△月△日△时注生，行寿阳间△十岁，不幸△年△月△日△时，在家因病身故，取用今月△日，命师于家启建举哀道场，一日连宵，具牒先告白上帝证盟，就干下界五邪之鬼，亡汝文字，诚恐有误，就干不存太上之子，亡汝行邪闻及宅前，伏师神祇法界，当臣师人，初行法事，先申文牒，当坛宣白，奏申曹中照应。右牒付三元唐葛周将军，依速集依奉照前颁，邪心邪法即便入狱中，毋有犯。如违，谨奉教律施行，须至牒者。

右牒给付新亡故△△人一位正魂，收执为照。

1　李默、房先清编《八排瑶古籍汇编》，第 402~403 页。

天运△年△月△日△时吉，良坛出给牒。

恭承太上正一北极祛邪院，恭行臣师△人正

　　差兵文牒安

当坛给付新亡故△△△人一位正魂，收执为照，谨封。

　　当坛给付

　　　依状安

当坛给付（远亡）新亡△△△人一位正魂，阴司受用，不得别神浑夺运。

　　谨上进。[1]

广东八排瑶经书《度亡朱表》：

北极祛（驱）邪院：

本院今据大明国广东道广州府连州连山县居住△寨△向，奉法臣师，追修孝男△人一位正魂，存日元命。△年△月△日△时注生，行寿阳间△十岁，不幸于△年△月△日△时，在家因病身故，去世归阴，度魂返山乡，今则孝男△人等，痛为新亡故△人一位正魂，府前生今世亡魂，市备香纸仙仪治用，今期△月△日吉良，命师于家启建太上追修道场一日一夜，先伸具奏朱表，本院期时拜法，追备朱表一函，上诣占太上三清三境、九帝六衙高真金阙上帝，恭望圣慈立时宣达，请恩告亡施行云雨之路，幸勿正内为奉法臣师援亡弟子现法援亡事，只火行化承领朱表一边，依时（抵）达毋阻挡滞，准奉教令奉行，须至表者。拜……达上帝，仰土地得奉四府功曹，拜上度亡朱表，上诣天宫。

　　天运△年△月△日吉良奉法追修孝男△人合家等

1　李默、房先清编《八排瑶古籍汇编》，第 365 页。

恭承大上正一北极祛邪院恭行臣师△正

　　度亡朱

太上三清三境九帝高真金阙上帝口下恭望谨封。

　　表一函[1]

广东八排瑶经书《亡师爷随身牒》：

　　大明国广东道广州府连州高良乡管入和水源小河尾钦岭村，坐东向西立宅居住，奉法归空亡师爷△人，存日元命△年△月△日△时注生，曾于具状拜授△人为师，传授奉太上阴阳二教诸阶符法，入身佩奉，保己身豪家，救济十方，凡有民间相请，即无违候，奉何咸帝真庇师扶持，传到弟子几十名，不幸△年△月△日△时在家因病身故，无凭收照，除己具状随身参礼［上王表］

　　太上昊天金阙玉皇大帝阶下状

　　天慈哀于临降孩臣恭缘广赦道罪，敕归空亡师△人，生前行事，广之积之，功空赐锡，降敕命行下地府九幽东岳二司，一切有司，拘魂去处，克相拘西荡，不许留鞋带魂，指发驴山上意阙之处，渐步仙都，值亡师△人，不精无丘符状。百拜谨奉状。太岁△年△月△日吉良，奉法归空亡师△人。

　　太上正一三天门下奉承太上奉谢家唐朝祖教流遗致决香水正一北极祛（驱）邪院伏魔臣师△人[2]

　　广东八排瑶这三份文书，写明仪式事主详细的住址，其格式亦沿袭道教科仪文书。宋林灵真《灵宝领教济度金书》卷五十五《科仪立成品·投山简

1　李默、房先清编《八排瑶古籍汇编》，第368页。

2　李默、房先清编《八排瑶古籍汇编》，第387~388页。

仪》之《读山简文》："大明国某州某县某乡某里某，奉为亡故某，修建黄篆大斋几昼夜。"[1] 该经《投水简仪》之《读水简文》，《投土简仪》之《读土简文》，开篇亦是相同的文句格式。宋元妙宗《太上助国救民总真秘要》卷九："大明国某州郡某乡里某宫观道士，某人本命某甲日时生。"[2] 广东八排瑶《差兵文牒》："今据大明国广东道广州府连州连山县永福乡唐家水下坪原大掌岭分入天堂界冷水冲马他岭江口冲山口营上吉水管上大坪脚，坐北向南立宅居住。"《度亡朱表》："本院今据大明国广东道广州府连州连山县居住△寨△向。"《亡师爷随身牒》："大明国广东道广州府连州高良乡管人和水源小河尾钦岭村，坐东向西立宅居住。"从文书可知仪式事主所居住州县乡里甚至村寨房屋朝向位置。

瑶族度亡仪式经书受道教影响至为明显，经书中提及道教神灵，有丰富的道教元素。瑶族的送亡大别道场，文书上呈北极驱邪院，称度亡仪式是启建太上追修道场、太上正一度亡道场，恭礼太上混元教主法祖宗师，要上告太上三清三境、九帝六衙高真金阙上帝，通呈遥赴玉皇金阙，前诣昊天金阙至尊玉皇大帝，牒付三元唐葛周将军，度三魂七魄早往三天，自称太上正一三天门下弟子。

第三节　瑶族的游梅山经书

一　瑶族《游梅山书》文本的内容特点

《游梅山书》是瑶族送亡仪式的经本，在送亡大别道场仪式中使用，以送亡父母之灵回归祖居地梅山。瑶族《游梅山书》产生流播的时代背景，可以追溯至北宋熙宁年间章惇大规模开梅山。关于宋代开梅山的历史，《宋史》

1　《道藏》第 7 册，第 267 页。因为现存《道藏》是明代所修，所以文中多称"大明国"。

2　《道藏》第 32 册，第 109 页。

卷四百九十四《西南溪峒诸蛮下》之《梅山峒蛮》有较为详细的记载，当代学者向祥海、吴永章、伍新福、周探科亦有初步研究。[1] 开梅山在南方少数民族历史上影响深远，明杨慎《开梅山》评价说："自熙宁至今，永无蛮獠之患，则惇之此举，一秦之长城也。"[2] 杨慎将宋代开梅山的功效与秦代修长城相提并论，足见开梅山是中央王朝开发南方少数民族地区的重大事件。

宋代开梅山征服的梅山蛮，其族属主要是西南地区的瑶族先民，本节讨论的瑶族《游梅山书》，就是自梅山迁徙的瑶族人传承的经本。目前公开出版的或图书馆收藏的《游梅山书》至少有六种。白鸟芳郎教授在泰国清迈发现的《游梅山书》，是从广西迁徙至泰国的瑶族人传承的经书。法国图卢兹图书馆收藏的《又到游梅山三十六洞念》经本，是印度支那战争后迁徙至法国的越南瑶族人的经书。英国牛津大学伯德雷恩图书馆藏瑶族经书S3354号《游梅山三十六洞书》，是在东南亚收集的出自广西瑶族的经书。湖南瑶族经书《梅山科》、广西壮族自治区图书馆收藏《送梅山书》、广西恭城瑶族《梅山歌》，分别搜集自湖南、广西瑶族聚居区。此外，目前笔者所搜集的《游梅山书》，有广西瑶族的《梅山科》《送亡师入梅山十八洞书》《送梅山洞书一本十八洞》。而据罗宗志在广西的田野考察所见，还有《送梅山拾捌洞》《送终过梅山书、送终过梅山科文》《送梅山》《送乐梅山》等。[3] 如此多的《游梅山书》在瑶族社会传承，必然有其产生存在的社会历史原因。

20世纪70年代，白鸟芳郎教授率考察团在泰国清迈考察，后收集出版的

1　向祥海：《开梅山考议》，《湘潭大学学报》1990年第2期；周探科：《梅山地域考》，《湖南人文科技学院学报》2012年第6期。吴永章《瑶族史》第七章第二节第十小节"开梅山"，成都：四川民族出版社，1993，第177~183页。伍新福《湖南民族关系史》第三章第四节第二小节"宋王朝'开梅山'和'经制''南江诸蛮'"，其中第153~155页涉及"开梅山"，北京：民族出版社，2006，第153~157页。笔者亦有《中国南方少数民族的梅山教》（《中南民族大学学报》2003年第4期）及《宋代开梅山及梅山教研究》（《广西民族研究》2017年第2期）予以讨论。

2　（明）杨慎撰《升庵集》卷七十六，《文渊阁四库全书》第1270册，第757页。

3　罗宗志：《信仰治疗：广西盘瑶巫医研究》，第170~171页。

瑶族文书共 11 种，[1] 其中第 6 种是《游梅山书》。该文书末写明 "抄书人董胜利，在广西来太吐（泰国）地坊（方）"，末署抄书时间是 "民国六十二年癸丑岁十一月二十一日抄成"，[2] 可说明该文书为广西瑶族人传入泰国，抄写完成时间是 1973 年 11 月 21 日。1989 年，广西民族学院赴泰国考察组考察瑶族，所收集的泰国瑶族经书也有《游梅山书》。[3]

图 5-1　广西瑶族民间手抄本
《送亡师入梅山十八洞书》

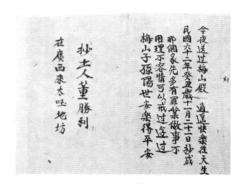

图 5-2　泰国瑶族经书《游梅山书》封底

　　英国牛津大学伯德雷恩图书馆藏部藏 311 册收集于中国及东南亚地区的瑶族经书。郭武教授 2010 年 3～9 月在英国牛津大学中国研究中心访问期间拍摄了部分瑶族经书，[4] 承蒙郭武教授无私相赠 S3354 号文书图片，笔者得以开展对《游梅山书》的比较研究。S3354 号文书封面题 "游梅山卅六洞书"，封底题 "具游梅山三十六洞书"，此 "具" 字涵义是备有、具有，表示拥有此部经

<hr>

1　白鸟芳郎编《傜人文书》主要分为两部分：第一，"文书" 部分收有《评皇券牒》《家先单》《招魂书》《超度书》《金银状况》《游梅山书》《开坛书》《叫天书》《安坟墓书》《洪恩救书》《女人唱歌》等文书的影印件；第二，"解说" 部分分为 "评皇券牒" "瑶族的迁徙路线" "瑶族调查之背景" "瑶族的大堂神（十八神画像）" "所收经典之解说" "瑶族的《家先单》" 等六个小节，对文书进行了初步的整理与阐释。

2　白鸟芳郎编『傜人文書』、頁 127.

3　广西民族学院赴泰国考察组编著《泰国瑶族考察》，第 273 页。

4　郭武：《牛津大学图书馆藏瑶族道经考述》，《文献》2012 年第 4 期。

书之意，故应名为《游梅山三十六洞书》。S3354 号文书封面还题录："书主
邓明贵记号游梅山卅六洞书，中华民国拾叁厲次甲子岁中春，始平人帮妼起度
主人邓明贵总管，留传万代，子孙应用，香剐兴旺，大吉大利。"该文书末题
录："赵富清出卖六文银子，邓文贵将钱所买。嘉庆十一年二月廿日抄成《梅
山洞歌语》壹卷，付与其男赵元周（府县）兄弟三人，后代永收付应用。不
识者枉废存收。"该经中有最早收藏者赵万学的七处题记，分别为"赵万学书
一本卷，梅山幽冥卅六洞""赵万学书一本""赵万学号""赵万学计""号"
"赵万学号记""号记"。[1] 七处题记的书法与经文一致，据此可知清嘉庆十一年
（1806）赵万学抄写此经，付与其子赵元周、赵元府、赵元县兄弟三人。中华民国
拾叁年甲子岁中春，即 1924 年甲子年。由此我们知道邓明贵于 1924 年农历春二
月，以"六文银子"的价格，从赵万学后代赵富清手中购得此经书。

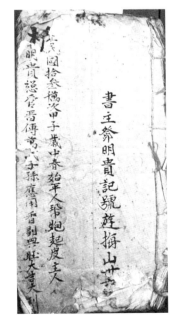 

图 5-3 S3354 号《游梅山三十六洞书》封面　　图 5-4 S3354 号《游梅山三十六洞书》封底

1　见该经第 1、10、18、21、25、34、35 页。一般瑶族经书手抄本并未编页码，郭武教授将该经拍照，
除封面、封底未编号外，内文翻开 2 页拍摄为一张图片，其编号共为 43 页，按原经书页码则共为 86 页。但 43
页后半页为空白，第 1 页前半页是空白，故此经内文文字页共计 84 页。以下引用此手抄本，不再注明页码。

　　法国图卢兹图书馆收藏的《又到游梅山三十六洞念》，封面题经名，并注明"原存法国图鲁兹瑶族之中，李穆安先生收集，周宪老师提供"。雅克·勒穆瓦纳中文名为李穆安，他在移居法国图卢兹的东南亚瑶人移民中收集此经，于1994年4月赴湖南新化考察古梅山时，将此经复印件赠送给了新化的周宪先生。[1]《又到游梅山三十六洞念》是繁体字的抄写本，用钢笔书写的字迹较为潦草，显示抄写人汉字书写水平不高。

　　湖南瑶族经书《梅山科》，是1999年搜集编注出版的《瑶人经书》中的一篇，该书多是从湖南江华瑶区搜集的清代手抄本。广西壮族自治区图书馆收藏的《送梅山书》为手写油印本，16开，一页两栏，封面题录"《送梅山书》，瑶族黄金福抄存，广西民族学院中文系民族民间文学教研组翻印"。[2]广西民族学院中文系民族民间文学教研组于1980年成立，该经书的翻印应该在1980年前后。广西恭城瑶族《梅山歌》是送梅山仪式的唱词，刊载于恭城县民委编印的《广西恭城瑶族历史资料》。S3354号《游梅山三十六洞书》经文说"过三十六洞歌句科书"，故广西恭城游梅山经书名为《梅山歌》是有道理的。我们知道瑶族经书一般要注明抄写人、抄写时间，或注明收藏经书的其他信息，这对判断经书的年代至为重要。遗憾的是国内这三部经整理编注的《游梅山书》，仅收录经本正文，忽略了对经书封面、封底抄写年代等信息的记录。笔者收集的三本广西瑶族《游梅山书》，沿袭瑶族经书习惯都有抄写人的题记，且三本经书都分别盖有书主或抄写人的印章。《送梅山洞书一本十八洞》第二页著录："光绪贰十年甲午岁六月初三日依右誊抄梅山科一卷，付与陇西堂印，荣朝珠为记。代录人，贺邑龙应氏印，儒林堂浅笔。"《梅山科》封面著录："《梅山科》一卷，陇西堂印，荣朝珠号。"《送亡师入梅山十八洞书》经末著录："送入梅山十八洞书，于二零零四年甲申仲春抄录，陈法胜号，龙塘道馆。"上述中外瑶族不同文本的九种《游梅山书》，对研究瑶族历

1　笔者得湖南梅山文化研究会李新吾转赠此《游梅山书》复印件，特此致谢。

2　我的博士研究生许晓明在广西壮族自治区图书馆录入全文，特此致谢。

史文化有重要的学术价值。

　　英国牛津大学伯德雷恩图书馆藏 S3354 号《游梅山三十六洞书》，与泰国瑶族经书《游梅山书》、法国藏瑶族经书《又到游梅山三十六洞念》，无论是经名还是内容，都是最为接近的游梅山经书写本。清嘉庆十一年（1806）抄写的《游梅山三十六洞书》，是目前所见《游梅山书》中较早的抄本，比"民国六十二年"（1973）抄成的《游梅山书》早 167 年。该抄本用毛笔楷体墨书在本色土绵纸上，是自右而左、自上而下竖行抄写，最后在右侧用线装订成册。欧雅碧在《欧美的瑶族写本的收藏》（Yao Manuscripts in Western Collections）一文中，指出牛津大学伯德雷恩图书馆藏瑶族经书是最古老，也是保存较为完好的，其中多是来自中国优勉瑶的写本。[1]

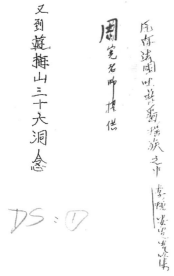

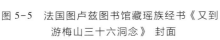

图 5-5　法国图卢兹图书馆藏瑶族经书《又到　　　　游梅山三十六洞念》封面

图 5-6　广西瑶族文书《梅山科》封面

　　1　〔德〕欧雅碧：《欧美的瑶族写本的收藏》，神奈川大学瑶族文化研究所、湖南省民间文艺家协会编《瑶族传统文化研究国际研讨会论文集》，2010，第 11~25 页。

《游梅山三十六洞书》与泰国瑶族《游梅山书》的开篇、结尾基本一致，应该源自同一祖本。两部经书都以"梅山三元教主祖本程引"开篇。《游梅山三十六洞书》结尾是："今夜送过梅山超度了，逍遥快乐往生天。"泰国瑶族《游梅山书》结尾是："今夜送过梅山殿，逍遥快乐往天生。"1973 年抄成的泰国瑶族《游梅山书》在传写中存在的脱漏，可以用清代的《游梅山三十六洞书》校正。《游梅山三十六洞书》之《梅山四殿五官冥王》说："听闻丧鼓闹当当，四殿五官说言章。四洞便是五官殿，奈何江淮又能长。得是奈何休烦恼，一直送你到梅山。亡师辞别妻儿去，当时别了到梅山。今夜孝男送师会，保祈男女寿延长。"而泰国瑶族《游梅山书》之《梅山四殿五官冥王》，在此处就脱漏了后三句神唱。瑶族经书作为"小传统"的民间写本，在抄写中出现错误是常见现象。如 S3354 号《游梅山三十六洞书》"赵万学书一本倦"，应为"赵万学书一本卷"。泰国瑶族《游梅山书》"在广西来太吐地坊"，应为"在广西来泰国地方"。正因为瑶族经书在传写过程中容易产生错误，学界普遍认为明清时期的瑶族经书古写本价值较高。

《游梅山三十六洞书》封面写："留传万代，子孙应用，香剀兴旺，大吉大利。"泰国瑶族《游梅山书》末尾在经文之外注明说"哪个家先多有罪业，做事不用理，不容情，可以戒过、游过梅山，子孙阳世安乐得平安"。[1]《又到游梅山三十六洞念》末写："天运皇上民国管下×年×月×日×时吉牒入师，戳位为号。"这些本经之外的叙事话语，表达出瑶族对游梅山经书的重视，期望流传万代，香火兴旺，更期望祖先亡灵顺利回归梅山，以保佑子孙后代平安。

S3354 号《游梅山三十六洞书》开篇的《北极驱邪院给送入梅山程引》载"今据大清国□道□府□县□乡□社，立宅居住奉道追修报恩阳中孝男□、孝妇□氏、合孝等"，而泰国瑶族《游梅山书》开篇的《北极驱邪院给送入梅山程引》载"今据大民国□道□府□县□寨行游社下，立宅居住奉道追修报恩阳中孝男□人、孝妇合家等"。抄写者将"大清国"改为"大民国"，这是

1　白鳥芳郎編『傜人文書』、頁 127.

根据时代进行的改写，也透露出抄写者是民国时期人的信息。法国藏瑶族经书《又到游梅山三十六洞念》末署"大清法国管巴黎道李荣府马德列都瘟县管人"，此处沿袭瑶族经书时代、住址的书写格式，填入瑶人移居法国后的住址，说明此文书是瑶人移居法国后抄写的。湖南瑶族《梅山科》北极驱邪院梅山十八洞照牒："今据大清国祠下居住道升度梅山，阳中孝男某合孝等。"[1]显示该经书为清代抄本。学界认为现存瑶族经书最早是明代的写本，如广东八排瑶经书《架桥书》之《架桥文疏》开篇说："本院今具大明国广东道广州府连州连山县永福乡唐家水下坪原大掌岭东向立坛居住，奉法架桥弟子信士△人合家等谨启。"[2]从经书中称大明国可知是明代传承的写本。尽管如此，我们还可以从提及的地名推断成书时代。广西瑶族经书《梅山科》说："法书落在江陵府，梅山石上在中央。"唐宋时期有江陵府的设置，这亦可作为判断经书产生时代的依据。

广西瑶族经书《梅山科》唱梅山四界说："梅山东至磨石岭，磨石岭上有神仙。都是仙人磨铁剑，磨刀石上出青烟。南至东京大水路，水向东流河白源。西至鸡宁沙罗路，灵公昔日过江边。便是仙娘去斗法，至今出圣李通天。北至金鸾鸟山大，金鸡玉兔在身边。"[3]经书中提及"梅山东至磨石岭"，梅山地区确有磨石岭之地，清道光《宝庆府志》卷六十载："萧家之正脉入绥宁为茶江山、磨石岭、分水坳、鸡笼山（即金龙山）、江口神山，为武冈西面之外蔽，磨石当黔滇孔道，而山路绝险。"[4]瑶族游梅山仪式是"象征"社会现实的，经书中记载的磨石岭之地名，就是瑶族先民对梅山的真实历史记忆。

笔者据以分析的九种《游梅山书》，大致分为游梅山十洞、游梅山十八洞、游梅山三十六洞三类。其中英国牛津大学伯德雷恩图书馆藏瑶族经书

1　郑德宏、李本高、任涛、郑艳群选编《瑶人经书》，第 378 页。

2　李默、房先清编《八排瑶古籍汇编》，第 506 页。

3　笔者得广西民族大学罗宗志惠赠其收集的此篇科仪本，特此致谢。以下引用此经，不再注明。

4　（清）黄宅中等修，邓显鹤等纂（道光）《宝庆府志》，清道光二十九年（1849）刻本。

S3354 号《游梅山三十六洞书》、法国藏瑶族经书《又到游梅山三十六洞念》、泰国瑶人经书《游梅山书》三部为送梅山三十六洞；广西、湖南瑶族传承的《游梅山书》，多是送亡灵回归梅山十八洞；而广西恭城瑶族《梅山歌》，则是送亡灵回梅山十洞。唐宋史籍记载的"梅山十峒獠""梅山峒蛮"，[1] 是真实的梅山十峒所在。[2] 古梅山核心地区确有九溪十八峒，广西地区也有三十六峒之说，[3] 这些溪峒都是历史上瑶人活动的地区。

法国藏瑶族经书《又到游梅山三十六洞念》开篇第一部分先历数梅山三十六洞，一一呈告每洞的先师。第二部分是请十殿冥王名号。第三部分逐一演唱送亡灵经过梅山三十六洞，得各洞先师护持回归梅山的历程。对每洞先师都有五句七言神唱，如"梅山六洞教主先师""梅山十一洞正魂置命先师""梅山十七洞元教主正法先师""梅山三十二洞唐葛周三将军"；述说该先师法力，甚至说"四十八洞玄天洞，玄天上帝镇法门"。

《瑶人文书》将所收经书分还盘王愿经、传度经、安龙奠土经、道场经四类，《梅山科》被列入道场经类。经中开篇是"引进梅山法事"，即引入梅山十八洞的经文，然后分目有《灵前亡师十别辞文》《又到十别科唱》《十送亡师早登梅山》《梅山科引度亡师》《五方黄坛大法师主降》《梅山仙境问路去》，"参见梅山十八洞洞主"，[4] 最后是《亡师归真墓坟，先去立营盘后可葬发兵唱》。广西壮族自治区图书馆收藏《送梅山书》，分《赞梅山

1　《新唐书》卷一百八十六《邓处讷传》载："向瓖召梅山十峒獠断邵州道"。参见（宋）欧阳修、宋祁撰《新唐书》第 17 册，北京：中华书局，1975，第 5421 页。

2　《宋史》卷八十八《地理志四》载新化县："熙宁五年，收复梅山，以其地置县。有惜溪、柘溪、藤溪、深溪、云溪五砦。"参见（元）脱脱等撰《宋史》第 7 册，第 2200 页。北宋王朝设置安化县后，亦修筑梅子口、七星、白沙、首溪、游浮五寨。此十寨即史称的梅山十峒。

3　清顾炎武《天下郡国利病书》湖广下载《衡州府志险要》说："若衡山之草市大洲，耒阳之罗渡，常宁之杉树，黄茅、衡头、白沙、黄峒有九溪十八峒，延袤百里。"参见《续修四库全书》第 579 册，第 203 页。明嘉靖《南宁府志》卷一载南宁为两江都会，"而三十六峒之蛮，错居其间"。参见（明）方瑜纂修（嘉靖）《南宁府志》，明嘉靖四十三年（1564）刻本。《游梅山书》中的"洞"即史籍中的"峒"，以下表述中除历史地理名称一般遵从《游梅山书》使用"洞"字。

4　开篇的"引进梅山法事"和后面的"参见梅山十八洞洞主"，原经文并未列出章节标题，系作者根据经文内容拟定。

仙境》《升堂请见》《登真人殿位》《送天桥》《天桥用》五部分，而称前三部分为"梅山科"。广西恭城瑶族《梅山歌》，分《送法师十洞歌章》《引动大梅山》两部分，仅编辑整理原经书中的神唱部分，故与游梅山经书的道场科仪本不同。

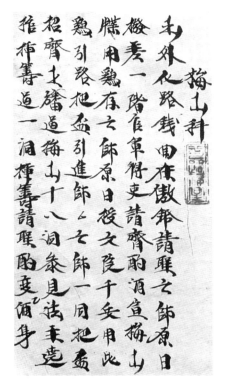

图 5-7　广西荔浦瑶族经书《梅山科》 第一页

二　《游梅山书》的宗教叙事与仪式象征

瑶族《游梅山书》用于"打斋"，即丧葬仪式为死者超度亡灵，是众多打斋文书中的一种。游梅山仪式具有丰富的象征意蕴，可以表达瑶族人对梅山祖地的复杂感情。S3354 号《游梅山三十六洞书》的基本结构可分为四部分：（1）《梅山三元教主祖本程引》；（2）《梅山三元教主程牒》；（3）《幽冥十殿

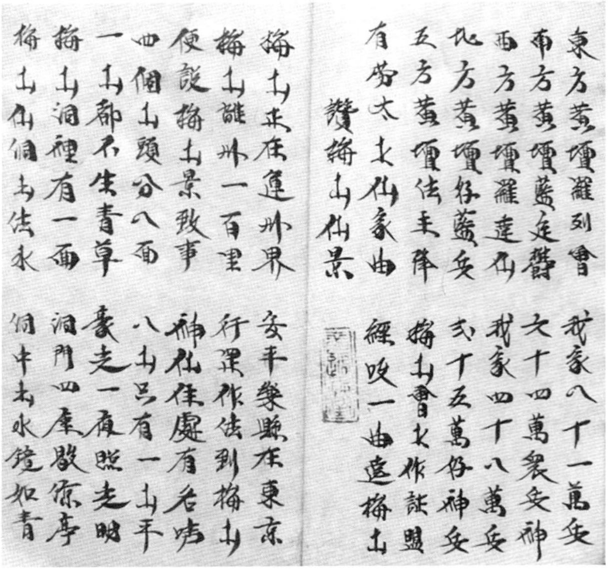

图 5-8　《梅山科》的赞梅山仙景

为梅山殿请》；（4）《又到请唱用一件》。[1] 第四部分是赞颂梅山三十六洞神灵
和梅山十殿冥王的神唱，这段描述梅山的神唱可谓是核心内容，是各种《游
梅山书》都有的神唱。《又到游梅山三十六洞念》对梅山有深刻的族群记忆：

不唱前王并后帝，且唱梅山洞里名。

梅山出世闰州界，东京案下是龙王。

梅山墙城八万里，行罡作法大威灵。

行法护身出初国，天下州逢师有名。

梅山门作卯一向，两条江水一条清。

一年全发生茅草，其山一夜放毫光。

---

[1]　该经此处未标明标题，而另外书写一句"梅山九帝出游行，便是条唱太平年"的经文，当有脱漏。法
国藏瑶族经书《又到游梅山三十六洞念》第四部分为《又到请唱用一件》，泰国瑶族经书《游梅山书》第四部
分则为《又是换声唱六洞戒罪何顺歌用》。据此，《游梅山三十六洞书》第四部分标题可定为《又到请唱用一
件》。

且唱梅山有四至，梅山四至有名声。

东至便到梅山岭，梅山岭上叫三声。

南至便到八梅水，水面南流河有名。

西至便到沙滩上，令公过海水中游。[1]

　　瑶人以生动的语言记述梅山的地理环境，通过仪式中对梅山地理情景的再现，如梅山墙城、梅山四至、梅山洞、梅山门、梅山岭，旨在渲染梅山祖居地的神圣性。经文叙事中提到的闻州，不同文本的《游梅山书》又载为润州、永州、运州，这是瑶族经书传写中记音不同所致。广西壮族自治区图书馆所藏《送梅山书》，在这段神唱前加标题为"赞梅山仙景"，此标题较之"又到请唱用一件"，更能凸显对梅山圣地仙境的赞美之情。

　　游梅山仪式的程序是先发牒引，即将牒文呈送驴梅二殿十八洞，超度亡魂过三十六洞、梅山十殿阎君。经文以七字句式的宗教神唱，叙述超度亡灵回梅山三十六洞。"今夜孝男送师会，送到梅山万万春"；[2] "今夜梅山送师会，送到梅山见法主"；[3] "参拜梅山三十六洞先师"；[4] "三十六洞梅山路，梅山石上路中存"。[5] 经三十六洞先师、十殿冥王的接引，"过了一洞又一洞，过了一王又一王"，[6] 最后将亡人灵魂送达天堂，"超度梅山送师会，呈送亡人到梅山"；[7] "今夜超度送师会，亡人真去到梅山"；[8] "亡人得坐梅山殿，管下诸州第一名"；[9] "今夜送过梅山殿，逍遥快乐往天生"；[10] "六亲九眷来相送，送

1　《又到游梅山三十六洞念》手抄本，第 4 页。

2　白鸟芳郎編『傜人文書』、頁 120.

3　白鸟芳郎編『傜人文書』、頁 121.

4　白鸟芳郎編『傜人文書』、頁 107.

5　白鸟芳郎編『傜人文書』、頁 121.

6　白鸟芳郎編『傜人文書』、頁 124.

7　白鸟芳郎編『傜人文書』、頁 120.

8　白鸟芳郎編『傜人文書』、頁 121.

9　白鸟芳郎編『傜人文書』、頁 125.

10　白鸟芳郎編『傜人文書』、頁 127.

归梅山作真仙"。[1] 瑶族《游梅山书》以宗教叙事的神圣方式，通过送亡灵神游梅山仪式的象征表现，使无论是主持仪式的法师还是参与仪式的普通瑶族人，都在送灵坛场体验到梅山圣地的感染力。

《游梅山三十六洞书》之《梅山三元教主程牒》说："北极驱邪院梅山十八洞进程一道，修设梅山三十六洞进程三七夜。"瑶人通过丧葬仪式的送灵坛场，来强化族群对梅山祖居地的集体记忆，而《游梅山书》的递代传写也有效维持了族群的集体记忆。经文强调仪式的主旨和功能："奉三清、救苦天尊证盟，修设送亡大别道场一供，己昼己夜，引度亡师□，经过往去，复回十八洞恭见法王、法主九郎，为凡入圣，炼度生方，较量善果，受品南宫，不入地府。"经文提及诸多道教神仙，其中对道教科仪文书格式、术语的运用，充分彰显了瑶族宗教深受道教的影响。在申告梅山十洞的牒文中，申告道教神仙的就有："一牒伸张天师仙洞""一牒伸太上老君仙洞""一牒伸开司真武玄天上帝法师仙洞"。此申文属道教的奏申文状、奏申文检、奏申文檄的文书格式。

《游梅山三十六洞书》说"右恭叩正一显佑真君证盟"，"正一显佑真君"即道教的"正一靖应显佑真君"。南宋理宗嘉熙三年（1239），加封张陵为"三天扶教辅元大法师正一靖应显佑真君"。据此，《游梅山三十六洞书》可能最早产生于南宋时期，或瑶人从梅山地区南迁不久后编写而成。《游梅山三十六洞书》用专门的篇幅述说武当山玄天上帝："四十八洞玄天洞，玄天上帝镇法门。居在武当山上住，武当山上定乾坤。脚踏南蛇八卦龟，手中执剑斩邪神。此是四国神仙门，却告无人到法门。总记四十五道法，将来送度救传人。孝堂打鼓闹丧送，送去梅山洞里人。"宋代是玄天上帝信仰盛行时期，这或许从另一侧面说明《游梅山书》确乎产生于南宋。

《游梅山三十六洞书》开篇是《北极驱邪院给送入梅山程引》，"北极驱邪院"是道教科书中常提及的执法机构。瑶族文书要专门送达北极驱邪院处理。送入梅山的程引，就是由北极驱邪院颁发的文书。湖南瑶族《梅山科》

1　白鳥芳郎編『傜人文書』、頁 127.

最末是《梅山牒》，即"梅山十八洞宣化，北极驱邪院梅山十八洞照牒"，牒文分别送呈梅山十八洞各洞的法主。瑶族《游梅山书》虽汲取道教科仪的元素，但又保持着瑶族宗教叙事民俗化的鲜明特色。

《游梅山三十六洞书》用于超度死者，此仪式又称"修斋报恩道场"，这是道教科仪中常见的术语。道教举建斋醮科仪法事，经书中习称为修斋设醮。而此"修斋报恩道场"，瑶人又习称为"梅山会"。经书是引导亡灵前往"梅山殿"的程引，也是指引亡灵寻祖之路的指南。泰国瑶族《游梅山书》抄写人甚至自称"梅山弟子"，[1] 西南梅山教法师在祭祀请神时常自称梅山弟子，可见对梅山的记忆为族群中的大多数所共享。

在唐代佛教宣扬的地狱变相中，描画人死之后的各个时日，在地狱要分别见十殿冥王，分别是秦广王、楚江王、宋帝王、五官王、阎罗王、卞成王、泰山王、平等王、都市王、转轮王。如人死初七见第一殿秦广冥王，七七见第七殿泰山冥王，百日见第八殿平等冥王，周年见第九殿都市冥王，脱生时见第十殿转轮冥王。《游梅山三十六洞书》之《幽冥十殿为梅山殿请》，列举梅山十殿冥王是：梅山一殿秦广冥王、梅山二殿楚江冥王、梅山三殿宋帝冥王、梅山四殿五官冥王、梅山五殿阎罗天子、梅山六殿变成冥王、梅山七殿太山冥王、梅山八殿平称冥王、梅山九殿都市冥王、梅山十殿转轮冥王。虽然瑶族经书在传写中有明显错误，但还是能看出瑶族的梅山十殿冥王的源头确乎是佛教的十殿冥王。在唐代多元一体的政治格局之下，佛教的十殿冥王说传入瑶族社会，这是不难理解的。

西南各地梅山后裔虽然远徙他乡，仍然不忘祖先所在的梅山，要将亡师魂魄送回梅山祖地。法国藏瑶族经书《又到游梅山三十六洞念》称："三清救苦天尊证盟，修设贺亡师送终大别道场一供，书导引亡师师法经过往去，复回十八洞恭见法王、法主九郎，为凡入圣。""修设梅山三十六洞，进程七夜送终游兵度将贺贤，亡师送终九日大别道场，游梅山伸文一纸。"经文在宗教的神圣叙事中屡屡提及梅

1　白鸟芳郎编『徭人文書』、頁127.

山："法主冥王殿上座，诸师元师来朝王。直引亡师一条路，接引亡人到梅山"；"超度亡师送山阴，去到梅山万万年"；"师人得见梅山路，逍遥向后永无踪"；"超度梅山送师会，梅山殿上去安身。"广西瑶族《梅山科》说："唱尽梅山十八洞，至今万古永流传。"在西南瑶族的宗教观念中，梅山为祖先曾经居住之地。作为瑶人集体记忆的梅山"神圣历史"，是瑶族先民精神生活的共同体验，《游梅山书》对梅山圣地的渲染是族群对古梅山生活经历的历史记忆。

湖南瑶族《梅山科》旨在送亡灵回归梅山，经文对梅山有不同维度的描绘："梅山殿上好逍遥，五色鲜花朵朵潮"；[1] "惟愿七师承道力，早超梅殿礼虚空"；[2] "我去梅山为法主，梅山殿上我为尊"；[3] "孝子修建梅山会，专来度送师父亲，劳动太上游兵鼓，一吹一曲透梅山"；[4] "中央黄坛法主降，梅山会上作证盟。劳动太山仙家鼓，再吹一曲透梅山"；[5] "便在梅山开法院，诸兵将吏在身边"；[6] "便在梅山为法主，便将符法度师男"。[7] 参见梅山十八洞法主的经文中，每洞经文末都强调修设梅山会，仪式的法器音声会"透梅山"。诸如："今宵修设梅山会，急吹声角透梅山"；[8] "孝子修设梅山会，声锣动鼓透梅山"；[9] "弟子修设梅山会，齐吹法乐透梅山"；[10] "孝子修设梅山会，调神舞曲过梅山"；[11] "孝子修设梅山会，齐吹一曲透梅山"；[12] "孝子修设梅山会，再吹一曲透梅山"。[13]

1　郑德宏、李本高、任涛、郑艳群选编《瑶人经书》，第 365 页。
2　郑德宏、李本高、任涛、郑艳群选编《瑶人经书》，第 366 页。
3　郑德宏、李本高、任涛、郑艳群选编《瑶人经书》，第 369 页。
4　郑德宏、李本高、任涛、郑艳群选编《瑶人经书》，第 370 页。
5　郑德宏、李本高、任涛、郑艳群选编《瑶人经书》，第 370 页。
6　郑德宏、李本高、任涛、郑艳群选编《瑶人经书》，第 371 页。
7　郑德宏、李本高、任涛、郑艳群选编《瑶人经书》，第 376 页。
8　郑德宏、李本高、任涛、郑艳群选编《瑶人经书》，第 372 页。
9　郑德宏、李本高、任涛、郑艳群选编《瑶人经书》，第 372 页。
10　郑德宏、李本高、任涛、郑艳群选编《瑶人经书》，第 372 页。
11　郑德宏、李本高、任涛、郑艳群选编《瑶人经书》，第 372 页。
12　郑德宏、李本高、任涛、郑艳群选编《瑶人经书》，第 373 页。
13　郑德宏、李本高、任涛、郑艳群选编《瑶人经书》，第 376 页。

广西壮族自治区图书馆所藏《送梅山书》内容是送亡灵回归梅山十八洞。该经从梅山一洞至梅山十八洞，逐一述说送亡灵回归梅山祖地，然后经书注明"梅山科完"。该经特点是送亡灵到达每洞之后，有法主与引进师的问答。如到达梅山第六洞后的问答是：

> 下令：法堂惊动，外面甚么人？
> 答曰：引进师带徒弟羽化亡师△△过梅山求名。
> 过了几洞？答曰：过了六洞。
> 参见△△法主？答曰：参见侯王法主。
> 下令：是了。既是老君之子，跪念功据、乡贯、生于△△年月日传度，念得便是。若念不出，则是妖魔，赶出法堂，既得即赏。[1]

法主的下令查问，与引进师的回答，是送灵仪式中科仪程式的实录。笔者所收广西瑶族《梅山科》亦有法主与引进师的问答，可知与《送梅山书》为同一源流的经书。广西瑶族经书《梅山科》所载第一洞至第十八洞的梅山法主，分别为梅山铁七郎、太上老君、张天师、习学先生、刘五郎、张侯、九天玄女、董仲仙师、龙树医王、李靖先师、赵五郎、雷山九郎、白马十三郎、梅山金七郎、玄圣真人、左圣三郎、行虎五郎真人、右圣真人。梅山十八洞法主由道教、佛教、民间土俗神多元构成，其中道教神灵居于主导地位。

广西壮族自治区图书馆所藏《送梅山书》第一部分梅山科，分《赞梅山仙景》《登真人殿位》，第二部分《送天桥》，分《造桥送亡》《天桥用》。《送梅山书》之《赞梅山仙景》说："便在梅山为法主，梅山洞里为法王。今宵弟子梅山会，常将符法符香坛"；"张天法主作法王，今日梅山开道场。便在梅山开法院，诸司帅将立身边"；"今宵弟子梅山会，兵官唱双过梅山"；"弟子修建梅山会，缓吹一曲入梅山"；"弟子学法梅山会，敕赐名位法堂中"；

1　广西壮族自治区图书馆收藏《送梅山书》手写油印本，第 3 页。

"有劳太上诸兵众，再吹一曲过梅山"。十八洞每洞经文之后，都有"今宵弟子梅山会，慢吹一曲入梅山"或"弟子行法梅山会，鸣角兵马起分分"等神唱作结。

广西恭城瑶族《梅山歌》之《送法师十洞歌章》说："化师不管人间事，逍遥快乐入梅山。棺前孝子哀声哭，感动盘人泪两行。仙童玉女前头引，梅山法主护相行。笙前鼓后亲奉送，本度师爷引前行。坛前兵马纷纷乱，旗号飞飞入梅山。"[1] 广西恭城瑶族《梅山歌》之《引动大梅山》载送化师回归梅山十洞：

> 鼓亦齐时马亦齐，阴阳相送老师行。化师不管人间事，今日得道往西行。棺前孝子哀哀哭，众师相送入梅山。……三魂渺渺梅山洞，真魂常护庙堂中。收旗勒马归家宅，奉送南山立命中。[2]

瑶族宗教信仰中有朴素的三魂观念，认为人死以后仍有三魂存在，而梅山洞是灵魂的最后归宿。作为一种符号和意义的仪式体系，游梅山仪式体现了瑶族人对梅山的怀念，是瑶族社会长期积淀下来的具有深刻内涵的文化现象。

三　瑶族《游梅山书》族群记忆的文化阐释

《游梅山书》是瑶族社会传承久远的宗教仪式经书，对这一隐秘的宗教叙事文本的解读，有助于了解瑶族对古梅山族群记忆的文化内涵。《游梅山书》记录了对梅山圣地的歌颂，对梅山神灵的赞美，再配以送灵仪式中师公的唱诵、禹步和科仪表演，并有喃词、诵神、步罡、跳神等仪式象征。通过游梅山送灵仪式宗教叙事的特殊表达，神圣世界和世俗世界借助仪式象征而融合，

1　李刚、俸斌、俸艳、俸贵华编《广西恭城瑶族历史资料》，第36～37页。
2　李刚、俸斌、俸艳、俸贵华编《广西恭城瑶族历史资料》，第37～39页。

从而构成瑶族人梅山崇拜的精神意识。仪式功能则是渲染梅山祖地的神圣性，祈求梅山神灵护佑梅山子民。历史上被称为"梅山蛮"的族群，通过递代传承的《游梅山书》，强化对梅山祖地的历史记忆。瑶族人对梅山的记忆不限于《游梅山书》，在西南瑶族宗教的科书、神唱中，有大量怀念梅山的唱词，如广西瑶族《还盘王愿》之《接下坛歌》"起请梅山高案主，叫着梅山郎十九"，[1] 云南瑶族《救癀科》说"梅山法主不敢送，应时佩卯入梅山"。[2]

　　梅山在瑶族人的信仰体系中有着很深刻的象征意义，《游梅山书》正反映出瑶族人眷念梅山的集体无意识和族群记忆。梅山是瑶族送灵仪式中重要的象征符号，蕴藏着瑶族人与古梅山的多重文化内涵，已成为深深植入瑶族人心目中的族群记忆。族群记忆（ethnic memory）是一个特定的概念，它与集体记忆（collective memory）属于同一范畴，族群记忆从本质上说是一种集体记忆。集体记忆是特定社会群体成员对所经历往事的共享，关于集体记忆的功能内涵，法国学者莫里斯·哈布瓦赫认为："一个民族或一个社会的记忆是对过去的重构。"[3] 瑶族人对梅山的族群记忆得以延续千年传承至今，是族群强烈的寻根意识所致。宋熙宁五年（1072）章惇开梅山之后，梅山蛮人开始逃亡迁徙，梅山蛮及其宗教沿南岭走廊流播至西南各地，这在西南瑶族的《梅山洞歌》《梅山峒歌》《梅山十峒歌》《梅山大峒歌》《梅山歌》中有生动反映。西南瑶族怀念梅山的唱词，述说梅山仙境、梅山法主、梅山各峒的情况，反映出梅山在瑶族人精神生活中的重要影响。广西瑶族《梅山峒歌》唱道：

　　　　梅山正在永州界，安平乐县在东京；
　　　　梅山离州一百里，十八峒里住瑶人。

　　1　张声震主编《还盘王愿》，第253页。

　　2　《富宁和麻栗坡两县瑶族支系情况》，国家民委《民族问题五种丛书》编辑委员会、《中国民族问题资料·档案集成》编辑委员会编《中国民族问题资料·档案集成》第5辑《中国少数民族社会历史调查资料丛刊》第103卷《〈民族问题五种丛书〉及其档案汇编》，第101页。

　　3　〔法〕莫里斯·哈布瓦赫著，毕然、郭金华译《论集体记忆》，上海：上海人民出版社，2002，第58页。

> 梅山东至磨山岭，南至东京火水路；
>
> 西至鸡宁沙罗路，北至金鑀鸟上天。
>
> 梅山四至都有界，横七竖八千把里；
>
> 后来官家占我地，瑶人逃荒四分离。[1]

　　瑶族各个支系传承的不同文本的《梅山峒歌》，共同的主题都是怀念梅山峒，述说被迫逃离梅山峒的历史。游梅山仪式作为一种符号和意义的复杂体系，为瑶族人提供了特殊体验，并通过仪式不断得到延续、加强。各地瑶族人的《梅山洞歌》所指"梅山"有梅山十洞、梅山十八洞、梅山三十六洞之说。北宋时期梅山蛮区东接潭（今长沙），南接邵（今邵阳），其西则辰（今沅陵），其北则鼎、澧（今常德、澧县）"而梅山居其中"。[2] 清同治《新化县志》卷二《舆地二》说："梅山十峒，为新化、安化二县之总名。"[3] 古梅山十峒的湖南新化、安化二县，是历史上梅山蛮活动的核心地区。正因为宋代开梅山的历史影响，源自梅山地区族群信仰的宗教被称为梅山教。宋代以后梅山教从古梅山向西南地区的传播，是历史上南岭走廊族群迁徙与文化传播的典型例证。由于种种历史原因，信仰梅山教的族群辗转迁徙至西南各地，但他们对梅山祖地的怀念之情，始终保存在族群神唱仪式的记忆之中。西南瑶族内容丰富的《游梅山书》，各种瑶族经书中记录的"梅山"，就是瑶族先民对梅山集体记忆长期积淀的结果，对于已迁徙离开梅山的瑶族人来说，他们对梅山的信仰只能通过游梅山仪式来表达。宗教叙事关心的是法师生命的终极关怀，瑶人关于梅山的历史传说，瑶族梅山教的教义与神灵系统，都融入《游梅山书》的宗教叙事之中。

　　1　黄书光、刘保元等编著《瑶族文学史》，南宁：广西人民出版社，1988，第 97 页。姚舜安著《瑶族民俗》第 179 页亦收录此《梅山峒歌》，为作者 1963 年在广西灌阳县收集。

　　2　《宋史》卷四百九十四《西南溪峒诸蛮下》，《宋史》第 40 册，第 14196 页。

　　3　（清）甘启运、关培钧修，刘洪泽等纂（同治）《新化县志》，清同治十一年（1872）刻本。

　　梅山蛮所生息的梅山"旧不与中国通"，[1] 曾是一块桃花源似的美好地方。历史上瑶族沿南岭走廊迁徙，但不管迁徙至世界何方，瑶人始终不忘祖先居住的梅山。因此，《游梅山书》是瑶人祖先崇拜的产物。我们知道《指路经》是西南少数民族祖先崇拜的诗篇，也是在丧葬仪式中送灵指路的经书，《指路经》中的"路"是指引亡人魂归祖界所经的道路，实际是先民从原始祖居地迁徙到现时居住地的路线。瑶族《游梅山书》与《指路经》为亡灵指明阴间路程不同的是，《游梅山书》超越时空直接指引亡灵回归梅山圣地。梅山十洞、梅山十八洞、梅山三十六洞是具有多重意义的象征符号。《游梅山书》撰写者以丰富的想象力，以虚实结合的象征手法，建构出梅山十洞、梅山十八洞、梅山三十六洞法主神灵体系，编织出一条与祖先相聚的便捷道路。游梅山仪式确乎具有丰富的象征意涵，生动表达瑶族人期盼回归梅山祖地的愿望。

　　西南信仰梅山教的族群有瑶、壮、苗、侗、仫佬、毛南等，但仅在瑶族人中保存着《游梅山书》，这或许说明瑶人是宋代梅山蛮的核心族群。宋代梅山蛮在迁离梅山的过程中，瑶族先民对梅山蛮后裔的身份认同持续保持，梅山蛮祖先的事迹在瑶人的心灵深处凝固下来，族群历史在瑶人子孙的记忆中被建构，最终形成《游梅山书》的宗教叙事经本。当今瑶族社会所见的各种《游梅山书》，说明瑶族人对古梅山的集体记忆历经千年而不衰，在西南瑶族人中长期共享、传承。时至今日，游梅山度亡送灵仪式在瑶族社会仍然举行，不断强化着瑶人子孙对梅山祖地的集体记忆。

　　总之，《游梅山书》是瑶族度亡送灵的经书，在《游梅山书》生动的宗教叙事话语中，梅山是具有关键意义的象征符号，梅山是象征祖先居住的神圣之地。历史上沿南岭走廊迁徙的瑶人，虽然分布于广西、广东、贵州、云南甚至东南亚各地，但仍然不能忘记祖先居住的梅山。梅山教的发源地梅山具有瑶人生命最后归宿的象征意义。西南各地瑶族老人去世以后，送灵时要将灵魂送归梅山，瑶族不同文本的《游梅山书》的经文以生动的语言回忆梅山。

1　《宋史》卷四百九十四《西南溪峒诸蛮下》，（元）脱脱等撰《宋史》第 40 册，第 14196 页。

宋代开梅山是南方民族史上的重要事件，开梅山之后瑶族先民沿南岭走廊迁徙，历史上受到道教、佛教浸润影响，这些在《游梅山书》中都有生动的叙述。不难看出，来自民间"小传统"的瑶族《游梅山书》，确能反映出瑶族历史文化的重大问题。研究者若从西南梅山教视野去多维度思考，或许能解读出《游梅山书》蕴涵的更多文化信息。

第六章
瑶族度戒文书与度戒仪式

度戒是瑶族社会传承久远、至今沿用的传度仪式，瑶族经书藏有丰富的度戒科仪，是道教神仙信仰和法术科仪的集中展示。本章考察瑶族度戒戒条与道教九真妙戒的关系，意在指出瑶族度戒是道教授箓科仪的传承和衍化。基于广西贺州威竹村瑶族度戒的实地调查，指出度戒并非学界一般认为的"成人礼"或"入社礼"，而是给受度师男传授道法的传度仪式。师男受戒之后，提升了社会地位，相应获得担任村寨头人（瑶老）和师公、道公的资格。瑶族度戒仪式是道教在南岭走廊广泛传播及其深刻影响瑶族社会生活的体现。

第一节　瑶族度戒及其经书科仪的一般考察

一　瑶族度戒仪式的社会功能

瑶族度戒民间习称为度身，度戒是规模最大的宗教仪式。在瑶族社会中度戒有特定的功能，度戒者借以提高社会地位，获得宗教法师资格。在传统瑶族社会中，瑶人的社会地位是由宗教地位决定的：不度戒者没有宗教地位，自然也就没有社会地位；度戒者有了宗教地位，相应也就具有社会地位。[1] 明清时期瑶族村寨社会的土官，绝大多数是宗教法师。瑶族经书说度戒者死后

1　参见黄贵权、李清毅《瑶族度戒初探》，广西瑶学会编《瑶学研究》第三辑，南宁：广西民族出版社，1993，第395页。

可升入天堂，这是受道教成仙说的影响。

瑶人到相当年龄，稍读书识字后，家庭经济比较宽裕的，便可举行度戒挂灯（又称小登科）取法名仪式。[1] 民国《乐昌县志》卷三《猺俗》载："猺甲死前，必以方术授其人，谓之渡身。其人预斋三日，至期有七日功果，竖刀鸣角，略如巫觋，用费颇巨，此人即号为猺甲。"[2] 其举行度戒之期，多在农历十月秋收之后。民国《昭平县志》卷七载，瑶人"俗信师巫，星家言其子命带魁罡，则为之建楼，约高三四丈，延师巫敲铜鼓冬冬然，黄金四目，扬干舞盾，拥送其子，登楼从楼上跌下，曰跌楼。即道家所谓度箓，释家所谓剃度，此其大较也"[3]。地方志所谓建楼，即瑶族度戒搭建云台，度戒者从云台上翻下，度戒仪式才算成功。

瑶族男子度戒以后，可获得如下社会地位：（1）有充任瑶长之候选权；[4]（2）死后灵魂可入天堂；（3）可当"大巫师"，主持大法典。瑶族女子度戒后，即可享有如下资格：（1）受社会尊敬，可享荣誉；（2）死后祖先神位上可称为"娘"，未度戒者只可称为"姐"；（3）死后灵魂可入天堂。[5] 庞新民《两广瑶山调查》记载所见，经历七天拜王度戒仪式之后，瑶族师男具备将来当甲长的资格。[6] 道教在瑶族社会的传播与文化涵化，即与瑶族文化相结合而发生衍变，在度戒仪式上表现得最充分，最具有说服力。

《道法会元》卷五十七《上清玉枢五雷真文》载传度之法说：

　　凡传度，须择有道材法器刚断之士，可付之。此非常术，又况雷声

1　李默：《瑶族历史探究》，第163页。

2　刘运锋修，陈宗瀛纂（民国）《乐昌县志》，民国二十年（1931）铅印本。

3　李树柟修，吴寿崧、梁材鸿纂（民国）《昭平县志》，民国十七年（1928）修，民国二十三年（1934）铅印本。

4　梁钊韬：《阳山县上峒瑶民社会》，《梁钊韬民族学人类学研究文集》，第9页。

5　参见梁钊韬《阳山县上峒瑶民社会》，《梁钊韬民族学人类学研究文集》，第10页。

6　民国时期，瑶族师公多系瑶村中甲长，他们是粗识汉字的瑶人。庞新民：《两广瑶山调查》，刘耀荃、李默编《乳源瑶族调查资料》，第328页。

猛烈，若无德之人，不能感动。师先受弟子誓状，取六丙日，或六甲日，师为保奏上帝，申斗枢、雷霆、蓬莱、东岳，牒本属城隍，并合属去处，俟感应，如有奇梦，似可付度，则行文字请北斗下神将一员，天兵三百人，北帝雷霆都司神将一员，精兵三百人，付受法弟子。[1]

瑶族宗教的传统是，只有经过度戒的师男才能得到道教法术的传授。瑶族青年经过度戒才获得阅读经书的资格。瑶族度戒的学经是传统的火塘教育，"每天晚上夜深人静时，师傅就把徒弟带到火塘边坐下进行教化，直到鸡叫两遍才准去睡，整个传教过程徒弟不得插话或向师傅提问，只许静思默记"[2]。

二　瑶族度戒的经书科目

在瑶族宗教经书中，度戒仪式有一整套经书，各地经书名称并不完全相同。云南蓝靛瑶度戒经书有《救患科》《逍遥川光科》《开山科》《师公请圣科》《师神目》《诸杂川光科》《引教启师科》《受戒科》等。[3] 云南瑶族度戒分为道戒和师戒：红河州瑶族经书《道戒全集科》在度戒仪式上用，为道戒用书；[4] 云南麻栗坡县瑶族经书《符命式》在度戒仪式上用，为道戒用书。[5]

广西荔浦茶城乡黄泥坝屯冯金亮师公收藏的经书中，用于度戒的经书有：《正传度二戒白榜、阴阳二牒、情状吊褂杂榜钱关》《列职位书全本》《二戒疏榜》《传度疏表》《二戒七星大疏文意》《盘王书一卷（师歌书）》《传度

1　《道藏》第29册，第151页。

2　黄贵方：《简述瑶族"度戒"仪式》，中国人民政治协商会议云南省文山壮族苗族自治州委员会编《文山壮族苗族自治州文史资料集》（中），中国人民政治协商会议云南省文山壮族苗族自治州委员会，2014，第140页。

3　李国文、昂自明、李孝友、杨光远、徐丽华、萧霁虹、盘金祥编著《古老的记忆——云南民族古籍》，昆明：云南教育出版社，2000，第89~91页。

4　谢沫华主编《民族文字古籍》，昆明：云南美术出版社，2010，第128页。

5　谢沫华主编《民族文字古籍》，第125页。

二戒列鬼杂录小册》《传度、升度列职位书》《证度拜官差将金轮进、抛印在尾》《拜旗差将招禾招兵用》《开大光学堂点像专用》《挂三台、七星灯书全本》《传度二戒疏表书全本》《挂灯疏表、奏表语、关天庭、变水槽、变法差将、拜师父救坛、化钱咒》《引师男上光挂七星灯、金轮表、倒幡、戒民、结印、送幡、退幡话在尾》《搭戒民敷迎黄道共二本》《造船歌杂览便用在内》《杂意疏表》《出身语明意者》《上情意者》等。

粤北瑶族度戒仪式的经书有:《起马出门书》《请神书》《开天门书》《接王书》《度师男书》《度身书》《过度书》《上元书》《挂灯书》《神光书》《开记书》《正度师爷书》《化十二醮坛书》《过番书》《承接唐王圣帝众神书》《隔王书》《解心愁书》《盘王大歌书》《入席拜歌书》《拜神圣歌书》《抛兵书》等。[1]

广东韶州瑶族[2]度戒仪式的经书有:《起马出门书》《请神书》《开天门书》《接王书》《度师男书》《度身书》《过度书》《上元书》《挂灯书》《神光书》《开记书》《正度师爷书》《化十二醮坛书》《过番书》《承接唐王圣帝众神书》《隔王书》《解心愁书》《盘王大歌书》《入席拜歌书》《拜神圣歌书》《抛兵书》等。[3]

贵州瑶族主持度戒的是德高望重、道行高深的师公,所用经书、榜文、表、疏、牒等有:《封斋疏》《封斋表》《封斋引筒函》《初夜表引函》《替代表弓函》《入星斗年庚》《移录表引函》《二十四状函》《禁答疏筒》《天、地、水、阳间府状函》《传度大疏筒》《贺星疏筒》《续关》《传度小师阳据、阴据筒》《投坛词》《关粮牒筒》《授度信女阳据、阴据》《帖词表引函》《传度迎兵表引函》《刀山表引函》《赦驾表引函》《开斋表引函》《门外晓谕榜》《传度钱关》《茶榜》《酒榜》《午榜》《黄榜》《白榜》《十三行白、黄榜》《罗婆扇入星斗年庚》《游兵大牌》《门建大字》《宫门联》《刀梯联》《加职分》《加职大疏筒》《加职黄榜》《加职钱关》《加职迎兵表引函》《加职小师

---

1 李默:《韶州瑶人——粤北瑶族社会发展跟踪调查》,第 215 页。

2 韶州,今韶关市。本书沿用学术界习惯用法,仍称韶州瑶族。

3 李默:《韶州瑶人——粤北瑶族社会发展跟踪调查》,第 215 页。

阳据、阴据》《加职信女阳据、阴据》《加职珠词》《五谷疏表引函》《关牒简函》《释罪香火疏简》《三庙疏简》《三庙疏表引函》《传度白幡》《传度红幡》《刀梯幡》《加职大黄幡》等。[1]

贵州瑶族挂灯、度戒用的经书有：《传度主醮下灵山、灵符大法》《传度大堂禁》《传度下禁翻罡》《传度挂大罗灯》《发奏功曹》《传度大运钱》《香炉出世歌》《主醮书》《三戒格书（上、下本）》《封斋疏、表、禁答、续关、青词、状》《谶龙、宅》《九帝函》《传度（上、下本）》《完灯传度》《传度加职疏、表、引、据》《戒度文》《请圣科》《刀山发角、发圣》《和山疏》《阴阳功据、牒、对》《传度纸马》《传度贺星经》《谶龟经》《传度戒文书》《正度大法书》《传度疏表阴阳二据书》《引度证明大法书》《传度遇兵、游仙、四府请状书》《传度三戒伸鸣挂榜书》《传度三戒、天堂拜忏、进家请圣书》《普迎黄道散敷散钱花全本》《传度额书》《加职四戒疏赦牌榜书》等。

三　瑶族度戒的主要仪式

瑶族度戒仪式丰富多彩，"瑶族度戒有挂三灯、挂七灯、挂十二盏大罗灯、加职、加太等步骤"。[2] 广东阳山县瑶族度戒要经历七天仪式：第一日"小封斋"，第二日"大封斋"，第三日"祭坛"，第四日"中夜"，第五日"老君过度"，第六日"开天门"，第七日"走刀山"。[3] 笔者田野调查的威竹瑶族度戒仪式细节繁复。以下就度戒仪式的主要环节加以阐释。

（一）度戒中法印的传授

瑶族度戒最重要的仪式是押号抛牌。押号就是在"北极驱邪院"取得职

1　参见黄海、邢淑芳《盘王大歌：瑶族图腾信仰与祭祀经典研究》，第132~133页。

2　张有隽《华南诸族梅山教比较研究》，《张有隽人类学民族学文集》上册，第485页。《瑶族简史》则称"度戒要经历挂三盏灯、七盏灯、十二盏大罗灯、加职、加太等级别仪式"，《瑶族简史》编写组编写《瑶族简史》，北京：民族出版社，2008，第6页。

3　梁钊韬：《阳山县上峒瑶民社会》，《梁钊韬民族学人类学研究文集》，第9页。

位，取得法号。抛牌是师男上刀梯后，主醮师从刀梯上抛下"老君印"[1]，师嫂用衣裙接住。英国牛津大学伯德雷恩图书馆藏瑶族经书 S3311 号《敕印法用》："咄！此印不是非凡之印，印是太上老君之印，吾师敕变化为太上老君之身，化为太上老君之殿，打天天灵，打地地应，打人人生，拷鬼鬼灭，速变速化。准吾奉太上老君令敕！"抛牌作为最神圣的时刻，标志着师男取得正式资格，从此可以学习法术，可以驱邪劾鬼，能管住一切妖魔鬼怪，能济世度人。[2]

广东阳山瑶族经书：

> 给印三声三童子，给印三声三童郎，
> 玉印出世有出世，玉印出世有根源。
> 玉印便是椎子木，五郎骑马去齐归，
> 五郎齐头又齐尾，齐头齐尾得团圆。
> 玉印原来四四方，老君名字在中央，
> 阳打阳兵都来降，阴打邪鬼走他方。
> 若有十方来相请，玉印三声鬼喊亡，
> 天差差，地差差，老君衙内给下来。[3]

英国牛津大学伯德雷恩图书馆藏瑶族经书 S3311 号《结男印唱用》：

> 天差差，地差差，老君衙内结将来，玉印打在老君红门生落斗，八尺手巾透下来，玉印出来四四方，老君名字在中央，今日当天给度你，莫把玉印作为闲，若有十方人相请，拷印三声鬼灭亡，抛下落阳祖师印，

1　瑶人甚至将法印称为"盘王印"，认为是师公代表盘王发给，得印者生时可得盘王保佑，死后可到扬州府。

2　黄海、邢淑芳：《盘王大歌：瑶族图腾信仰与祭祀经典研究》，第 133 页。

3　梁钊韬：《阳山县上峒瑶民社会》，《梁钊韬民族学人类学研究文集》，第 40 页。

抛下落阴喝龙王，师男有钱来执法，无钱回转本师爷。

英国牛津大学伯德雷恩图书馆藏瑶族经书 S3311 号《给女印唱用》：

　　天差差，地差差，王姥娘娘衙内结将来，玉印打在王姥案前生落斗，八尺手巾透下来，玉印出来四四方，王姥娘娘名字在中央。今日当天给度你，莫把玉印作为闲。保你养牛牛便大，保你养猪不用糠。保你养鸡蚁子苑，鸡公强过大鹅王。抛下落阴祖师印，抛下落阳传度娘。师嫂有钱来执去，无钱回转本师爷。

　　瑶族师公的法印，被视为从老君衙内发下来，有降魔驱邪的法力。宋元妙宗《太上助国救民总真秘要》卷二《上清北极天心正法斗下灵文符咒》之《使印咒》：

　　天帝神印，印山成湖，印石成途，印树树枯，印地地裂，印木木折，印水水绝。印上彻下，印外彻里，印前彻后，印左彻右，印邪邪止，印鬼鬼灭，印病病除，印痛痛散。破除鬼炁，流殃墓注。急自走去，正神来居我处。急急如律令！[1]

　　云南麻栗坡盘瑶师公在度戒仪式中传印给师男时唱《抛印歌》道："玉印原来四角方，老君名字在中央。今日抛给小师男，流传后代放豪光。若有十方人相请，牢记善用莫逞强。"[2]
　　云南麻栗坡盘瑶师公在度戒仪式中传印给师嫂时唱《玉印传度歌》道："玉印原来四四方，王姆名字在中央。今日抛给传度娘，夫妻二姓得安康。保

1　《道藏》第 32 册，第 62 页。
2　杨永福主编《云南瑶族口传非物质文化遗产提要辑录》，第 190 页。

你家庭老幼欢，五谷丰登六畜旺。"[1]

这些神唱是道教授箓在瑶族社会传播过程中，瑶族人对度戒仪式民族化、通俗化的演绎。

（二）阴阳牒传度文书的给付

瑶族度戒在传度请职时，要书写阴牒和阳牒。此牒是禀天告地、奏神启圣的文书。阴阳牒文的内容包括：写明举行传度请职的时间、地点和因由，详述举行传度之地点，师男的书名、法号及出生年、月、日、时和所属北斗星君。

英国牛津大学伯德雷恩图书馆藏瑶族经书 S3396 号："太上奉行北极驱邪院川通间梅二教三戒加职弟子厶郎，职位充在厶道厶字号。"

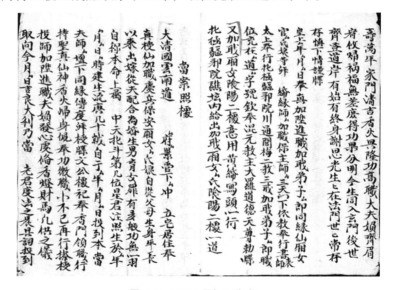

图 6-1　S3396 号加职文书一

广东乳源瑶族《加职大疏阳阴公据》："太上奉行北极驱邪院川通间梅二教三戒加职弟子厶郎职位，升在厶都厶府，主管天下鬼神厶字为号。"[2]

英国牛津大学伯德雷恩图书馆藏瑶族经书 S3311 号《抛阴阳二据》："阴

1　杨永福主编《云南瑶族口传非物质文化遗产提要辑录》，第 190 页。

2　盘才万、房先清收集，李默编注《乳源瑶族古籍汇编》上册，第 502 页。

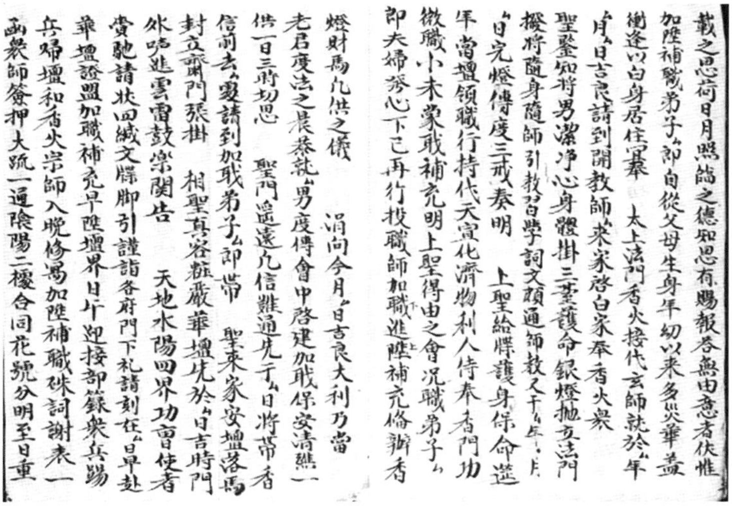
載之恩荷日月照臨之德知恩有賜報各無由意者伏惟
加陞補職弟子厶郎自從父母生身年幼以来多災難蓋
衡逢以白身居住奉　太上法門香火接代玄師就於厶年
月厶日吉良請到開教師厶来家啓白家奉香火衆
聖鑒知將男潔淨心身體掛三臺護命銀燈抛交法門
撥將隨身隨師引教習學詞文頗通師教又于厶年厶月
厶日充燈傳度三戒奏明　上聖給牒護身保命逆
年當壇領職行持代天宣化濟物利人侍奉香門功
微職小未蒙戒補充明上聖得由之會況職弟子厶
郎夫婦務心下已再行投職師加職進陞補充倫辦香
燈財馬凡供之儀　涓向今月厶日吉良大利乃當
老君度法之晨恭就厶男度傳會中啓建加戒保安清醮一
供一日三時切思　聖門遥遠凡信難通先于厶日將帶香
信前去厶處請到加戒弟子厶郎帶　聖來家安壇落馬
封立衙門張掛　相聖真容莊嚴華壇先於厶日吉時門
外吹進雲雷鼓樂闗告　天地水陽四界功曹使者
賫馳請狀四緘文牒脚引謹詣各府門下礼請刻在厶日早赴
華壇證盟加職補充早陞壇界日午迎接部籙衆兵踢
兵歸壇和香火宗師入晩修焉加陞補職殊詞謝表一
函衆師簽押大疏一通陰陽二櫋合同花號分明至日重

图 6-2　S3396 号加职文书二

阳公据有四方，据文里内有言章。据文里内言章对，给把师男行满乡。众师名字在里内，师男名字在中央。前头有个大清国，后头有个厶厶皇。”

阴阳牒文意味着师男从事师公的资格得到神灵的承认。阴牒焚化，阳牒给予生身收贮。[1] 阴阳牒文的内容相同，仅牒尾写明阴阳二牒的不同用途。阴牒：右牒仰请三天扶教传奏仙官准此。阳牒：右牒给付法事臣厶厶厶长生佩照。

广西荔浦瑶族经书《传度二戒白榜意》（其一）：

金阙九郎门下功德司官衙前，收贮立案为凭，阳牒一道，弟子厶生身收贮为凭。如遇百年行乡限满，将此阳牒一道，缴赴九郎门下功德司官案前比对，朱墨相同，即系老君门下弟子。不行地府，不入幽途，不与阎罗所管，拨差金童玉女，引上上天堂之路，早登天师任位之中。从

1　云南文山州麻栗坡瑶人度戒者死后由儿子或女婿剃头、洗身、香火净身，穿寿衣，怀抱度戒留存的“阳牒”入殓。杨桂林主编，麻栗坡县民族事务委员会编《麻栗坡县民族志》，第 170 页。

今传升度以后，伏愿弟子身体清吉，寿命延长，百年荣华。牒凭坛给加，久劳收寿福，谨于来世。

　　右阴牒一道，火化申呈。

　　右阳牒一道，给付弟子生身收贮为凭。

　　瑶族度戒的押号抛牌等仪式具有特殊的意义，经历过这些仪式的师男不再是之前的自己，而是成为新人，经书中称为"新承弟子"。新承弟子要申明玉帝："上奏昊天金阙玉皇大帝陛下，投进阴牒一道，随表上奏。"S3334 号文书就说："今日亡师归阴府，出身功据要随身。若有归身无功据，难引入朝见老君。"

　　广西荔浦瑶族经书《传度二戒白榜意》（其二）[1]：

　　　　取向今月厶日吉良大利，乃当太上老君度法之晨（辰），于厶日将带香信，前去△山厶村，请到△△为主醮师。又于△日将带第二封香信，前去厶处，请到△△为引度师。△日书表师△△先到，修写传度二戒疏表榜牒吊卦花牌。于△日主醮引度二师带圣来家，安坛落马，住札兵头，封立斋门，敷立华坛，扬幡挂榜，张挂圣像真容。吉时，门外声振云雷，鼓乐关告。天地水阳礼请众圣齐临，酌陈三献，伸（申）意通知，具疏上伸（申）众圣鉴知。开坛接召游乐诸兵。主醮引度师将带小师在坛，洁净身心，对圣体挂七星照耀星灯，关灯主照，退灯完满。即日披冠，行道完周。

　　　　引度师引带新承小师吉方门下伸（申）明玉帝鉴知。主醮师在坛庄变波浪水槽，小师回坛，众师度过水槽一所，即时封官挂职。师名签押大疏一道，阴阳二牒，合同花号分明，引入戒坛，和兵铜钱七十二文，

---

　　[1]　广西荔浦瑶族冯金亮注意收集各地瑶族经书，他收集的许多文书名称相同，但内容不同，此《传度二戒白榜意》即是。

白布金桥七尺二寸，对圣御前，支给分明。虔备金轮墨表一函，财马一百二十分，具篆天庭吉方，上奏昊天金阙玉皇上帝御前，投进阴牒一道，随表上奏。阳牒一道，当天抛给弟子厶厶生身收贮为凭。

图6-3　广西贺州大平瑶族乡龙槽村瑶族度戒的阴阳据（ 2017.12.3 ）

广西荔浦瑶族经书《传度二戒白榜意》（其三）：

前去△处山村，请到△△为主醮师。又于△日虔备第二封香信，前去请到△△为引度师。△日书表师△△先到，修写传度二戒疏表榜牒吊卦花牌。于△日主醮引度师点兵带圣来家，安途落马，住札兵头，封立斋门，敷立华坛，张挂圣像真容，扬幡挂榜。吉时，门外声振云雷，鼓乐关告。天地水阳礼请众圣齐临，酌陈三献，进礼三衍（演），告意通知，具疏上伸（申）众圣鉴知。开坛执召游乐诸兵。主醮引度师将带小师在坛，洁净身心，对圣体挂七星照耀星灯，关灯注照，退灯完满。引度师引带新承小师吉方门下伸（申）明玉帝鉴知。主醮师在坛庄变波浪水槽回坛，众师度过水槽一所，就时封官挂职。师名签押大疏一道，阴阳二牒合同，花号分明，引入坛戒，和兵铜钱七十二文，白布金桥七尺二寸，粮米三斗六升，对圣御前支给分明。虔备金轮墨表一函，财马一百二十分，法师具纂天庭吉方，上奏昊天金阙玉皇上帝御前，投进阴牒一道，随表上奏。阳牒一道，当天抛给新承小师，生身收贮为凭。传度二戒弟子，切思一天共月，万里同风，不立斯文，无量比对。九郎门下具立。

合同、半印，花号分明。阴牒一道火化，申呈金阙九郎门下功德司官衙前，收贮立案为凭，阳牒一道，弟子厶生身收贮为凭。如遇百年行乡限满，将此阳牒一道，缴赴九郎门下功德司官案前比对，朱墨相同，即系老君门下弟子。不行地府，不入幽途，不与阎罗所管，拨差金童玉女，引上上天堂之路，早登天师任位之中。从今传（升）度以后，伏愿弟子身体清吉，寿命延长，百年荣华。牒凭坛给加，久劳收寿福，谨于来世。

右阴牒一道，火化申呈。

右阳牒一道，给付弟子生身收贮为凭。

皇号厶年厶月厶日奉真传（升）度二戒保安醮主厶同妻厶小师厶合等百拜，谨牒。

广西荔浦瑶族经书《二戒疏榜》之《二戒七星中度大疏》：

牒：合同花号分明，引入戒坛，禾兵铜钱七十二文，米粮三斗六，白布金桥七尺二寸，对圣御前支给分明。虔备金轮墨表一函，财马一百二十分，具纂天庭吉方，上奏昊天金阙玉皇大帝玉陛下投进，入充职位厶厶为号。阴牒一道，随表上奏。阳牒一道，当天抛给授度弟子，生身收贮为凭。如遇百年行乡限满，将此阴阳二牒付金阙九郎门下，比对朱黑、合同、半印花号相同，即系老君门下弟子，不行地府，不以阎罗所管，名标玉简。主管兵头，祈福无差。

广西荔浦瑶族经书另一种《又二戒七星中度大疏》说："阳牒一道，当天抛给授度弟子，生身收贮为凭。如遇百年行乡限满，将此阴阳二牒付金阙九郎门下比对，朱黑、合同、半印花号相同，即系老君门下弟子，不行地府，不以阎罗所管，名标玉简。"

阴阳牒中的阳牒，师男要妥善保管，若丢失此进入神灵世界的凭证，去世后甚至不能按正常程序安葬，无法在神灵世界获得合法身份，不能找到祖先而进入家先行列，后代将无法对其进行供奉。宋邓有功《上清骨髓灵文鬼律》卷下："诸应传度弟子，肘步投师，师升坛说戒，露刺饮丹，分镮破券，以誓盟言。"[1] 阴阳牒的戒条是在神灵前的盟言，对师男的行为具有约束作用，师男不得违反阴阳牒的戒律，否则在阴间将受到神灵的惩罚。[2] 云南西畴蓝靛瑶支系古歌《度戒颂》唱道："度戒受制欲六情，念诵道德无所欲。淡泊名利正气清，萧然神静身心益。天地崇敬得拥护，代代享受太平世。"[3]

（三）　度戒仪式的授职

瑶族度戒要授给师男传度职位书，要写明弟子奉何教受何戒，职位升何处，何字为号。英国牛津大学伯德雷恩图书馆藏瑶族经书 S3282 号："邓法元职位升在广西道成安府坐任之府，寿字为号。"云南瑶族经书《传度表疏申状牒文》末记："太上奉行北极驱邪院川通闾梅二教三戒弟子厶，职位升在四川道成都府座任之府，发字为号。"以下是三则泰国瑶人度戒的传度职位书：

具职位邓法安传度职位

太上奉行北极驱邪院川通闾梅二教三戒弟子邓法安，职位升在广西道桂林府座任之府，贵字为号。[4]

1　《道藏》第 6 册，第 914 页。

2　娄自昌、浦加旗：《嬗变中的瑶村苗寨：云南省文山州麻栗坡县猛硐瑶族乡坝子村调查报告》，北京：社会科学文献出版社，2010，第 205 页。

3　杨永福主编《云南瑶族口传非物质文化遗产提要辑录》，第 111 页。

4　其中师男职位所升广西道内的府治，大致是明代的行政地名。参见张有隽《泰国瑶族的宗教信仰》，《张有隽人类学民族学文集》上册，第 407 页。

又具加职位邓聪三郎

太上奉行北极驱邪院川通闻梅二教三戒加职弟子邓聪三郎，职位升在南京朝内状院（元）三品，注管天下鬼神，天真为号。

邓安一郎的具加职位书："太上奉行北极驱邪院川通闻梅二教三戒加职弟子邓安一郎，职位升在南京朝内二部状院（元），注管天下鬼神，清字为号。"[1]

S3332号末："皇上光绪三十四岁戊申己酉十二月二十三午未时卦灯，打开天门赵法清。太上北极驱邪院川通闻梅二教投师弟子赵法清，职位升在贵州道贵州政任之府，住兵管天下鬼神，凭字为号。"[2]

广西荔浦瑶族经书《二戒七星大疏文意》："太上奉行北极驱邪院川通闻梅师道二教二戒弟子厶，职位升在×道×府正任之府，主管天下鬼神，○字为号。"姓名、道府名、篆字处留空，待书表师填写度戒师男的名号等。

20世纪30年代，姜哲夫、张伋、庞新民在广东瑶山调查，所撰《拜王：广东北江瑶山瑶人风俗之一》记载过山瑶度戒和加职，述及在房间中壁神像上粘长五寸宽一寸半的黄纸条三张。在老君神像上的黄纸条书："北极驱邪院川通闻梅二教授三戒加职弟子盘天一郎，职位升在北京省顺天府左任正官，主管天下鬼神，公名旺字为号"；在元始天尊神像上的黄纸条书："太上奉行北极驱邪院川通闻梅二教授三戒弟子盘堂二郎，职位升在北京省保定府左任正官，主管天下鬼神，公名利字为号"；在通天教主神像上的黄纸条书："太上奉行北极驱邪院川通闻梅二教授三戒弟子盘法堂，职位充在湖广都衡州府左任都唐，公名利字为号"。[3]

2008年1月4日，广西贺州黄洞瑶族乡三岐村一组盘宗明挂七星灯后，师公授予他的职位是"太上奉行北极驱邪院川通闻梅师道二教初真弟子冯法

---

1 广西民族学院赴泰国考察组编著《泰国瑶族考察》，第274~275页。

2 张有隽：《泰国瑶族的宗教信仰》，《张有隽人类学民族学文集》上册，第408页。

3 参见姜哲夫、张伋、庞新民《拜王：广东北江瑶山瑶人风俗之一》，原载《中研院历史语言研究所集刊》第四本第一分，收入刘耀荃、李默编《乳源瑶族调查资料》，第358页。

周，职位升广东道广东府正任之府，只管天下鬼神，圣令为号"。授职之后，要给师男挂神职。主醮师将师男法名写于纸条上，然后左手摇铜铃，右手将职条对折，在任意一张神像画前念经求神接封职，同时将纸条往神像画上贴去，如果职条停一下才掉下来，表示该神接纳了他的阴职。以后逢大法事，须说出受戒者年庚、受戒时间、任职地方以及职位挂在哪个神像前，否则行法不灵。[1]

图 6-4　广西贺州大平瑶族乡龙槽村瑶族度戒神像上贴的职条 （ 2017. 12. 3 ）

民族志资料关于瑶族度戒起源的传说，将度戒归为盘王[2]或神灵的旨意，[3]反映瑶族人试图建构度戒悠久的历史。但无论如何，度戒是维持瑶族社会宗教传统的关键，度戒仪式能够长期传承也显示其具有特定的社会功能，正如

1　罗宗志：《信仰治疗：广西盘瑶巫医研究》，第 208 页。

2　云南富宁蓝靛瑶《度戒的传说》即认为祖先盘王造法书教后代"度戒"。刘德荣等主编《瑶族民间文学集》，第 228～230 页。

3　云南瑶族有师父遵照神灵旨意，教子弟接受宗教洗礼度戒的传说。杨永福主编《云南瑶族口传非物质文化遗产提要辑录》，第 11 页。

拉德克利夫-布朗（Alfred Radcliffe-Brown）所说："仪式对这些社会所依赖的社会情感在某种程度上起着调节、维持和代代传承的作用。"[1]

第二节　瑶族度戒与道教的关系

瑶族具有悠久的历史和灿烂的文化，瑶族的宗教深受道教影响。民国时期的人类学家杨成志、江应樑、梁钊韬对广东北江瑶人、粤北乳源瑶人的调查，徐益棠对广西象平间瑶民的调查等，都曾关注瑶族的宗教信仰问题，在其论著中得出瑶族宗教已经道教化的结论。20 世纪 50 年代进行的广西瑶族社会历史调查，由著名人类学家杨成志教授主持，在当时条件下尽可能收集了瑶族宗教信仰的材料，其中包括瑶族度戒的内容，这是有关瑶族度戒最重要的记录。《广西瑶族社会历史调查》作为田野成果的汇编，已于 20 世纪 80 年代相继整理出版，至今为国内外学者所重视。当代瑶族学者张有隽指出："几乎是全民性的挂灯、度戒活动，也是瑶族宗教信仰的特质之一。"[2] 此特质即度戒活动深受道教影响，本节对此问题做如下探讨。

一　度戒科仪中的道教神仙信仰

广西临桂过山瑶度戒按《太阳拔途鸣阳传度共途》仪式总纲进行，度戒坛场高挂的三条幡旗分别书写"奉请太上开天执符御历含真金全射云霄万道无为大道盟大殿三十三天金阙玉皇大帝""奉请太上浩浩荡荡天真降驾地府之来临赫赫龙庭之圣众例在祀典请庙城隍济济来临降赴""一心奉请太上玄开执符含历含真大道金阙玄宫九天御吏万道无为通明大殿三十三昊天金阙玉皇上帝"。[3] 显示瑶族度戒坛场要请道教昊天金阙至尊玉皇大帝临坛证盟。

1　〔英〕A. R. 拉德克利夫-布朗著，丁国勇译《原始社会结构与功能》，南昌：江西教育出版社，2014，第 142 页。

2　张有隽：《瑶族宗教信仰的人类学意义》，《广西民族学院学报》1996 年第 3 期。

3　参见黄方平《临桂过山瑶度戒略析》，张有隽、徐杰舜主编《民族与民族观》第一辑，第 295～296 页。

瑶族度戒坛场的补职花牌，展示三清、玉帝、天师等神仙名号，以彰显度戒是太上老君法门的传统。英国牛津大学伯德雷恩图书馆藏瑶族经书S3396 号：

补职花牌三堂黄纸第一行牌

太上老君开法门，闾梅教典显神通。

鸣角三声通上界，金铃一振动乾坤。

吉日良辰传妙法，完灯三戒度新承。

重整华坛加升职，愿闻一任状元身。

第二行花牌对

老君教典城门开，迎请诸仙降驾来。

宝幡绕拽通天地，重整华坛达帝庭。

三清殿上叮咛嘱，重师游乐列仙兵。

增加禄位添官职，夫妇齐眉八十春。

第三行

太上老君请醮筵，众师游乐请神仙。

鼓乐喧天通上圣，天真地圣早垂临。

谨发诚心加升职，手持至笏奏天庭。

严洁寓传妙法愿，求福寿邻保千年。

第四行

传度完灯奉玉清，加职升名拜仙真。

词章拜真闾山案，三清引教箓神兵。

玉帝殿前高升职，仙兵来护弟郎身。

从今受职摽金榜，夫妻保寿万年兵。

第五行黄花牌

奉请充师接太清，灯烛银红上圣真。

大道垂充（允）登宝殿，天真地圣早垂临。

早晚明香烧一炷，恭请上圣鉴凡情。

皈真礼拜银河渡，小师迎请众神兵。

第六行黄牌

天师流教至如今，小师奏表度新临。

三清下降传荷（符）法，四府群仙作证盟。

传度完灯多兴旺，冥财纳库进神仙。

银牌榜上有郎姓，八阁金楼柱上名。

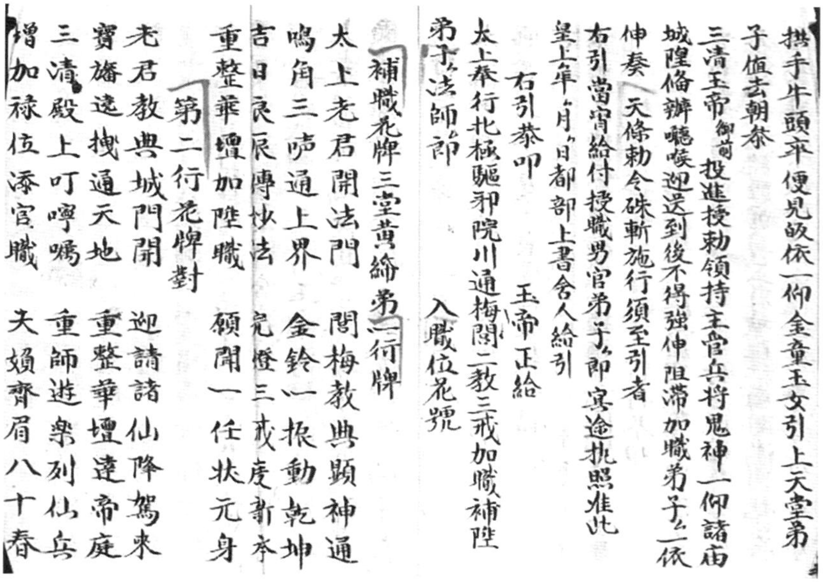
拱手牛頭平便見皈依一仰金童玉女引上天堂弟
子値去朝恭
三清玉帝御前 投進授勅領持主管兵將鬼神一仰諸庙
城隍倫辦聽候迎送到後不得強伸阻滞加職弟子ㄥ一依
仰奏 天條勅令誅斬施行須至引者
右引當宵給付授職男官弟子ㄥ郎 冥途執照准此
皇上年 月 日都部上書舍人給引
右引恭叩 玉帝正給
太上奉行北極驅邪院川通梅閭二教三戒加職補陞
弟子ㄥ法師郎 入職位花號
補職花牌三堂黄絲弟一行牌
太上老君開法門 閭梅教興顯神通
鳴角三声通上界 金鈴一振動乾坤
吉日良辰傳妙法 完燈三戒度新本
重整華壇加陞職 願開一任狀元身
第二行花牌對
老君教興城門開 迎請諸仙降駕來
寶旛遠拽通天地 重整華壇達帝庭
三清殿上叮嚀嘱 重師進樂列仙兵
增加禄位添官職 夫婦齊眉八十春

图 6-5　S3396 号补职花牌一

瑶族度戒坛场竖立的花牌，以醒目的方式和诗化的语言，彰显瑶族宗教对道教神灵的信仰。

瑶族度戒坛场师公要吹响牛角号，与天界神灵沟通。广西金秀瑶族经书《度师书乙本》：

此角不是非凡角，角是犀牛头上生。

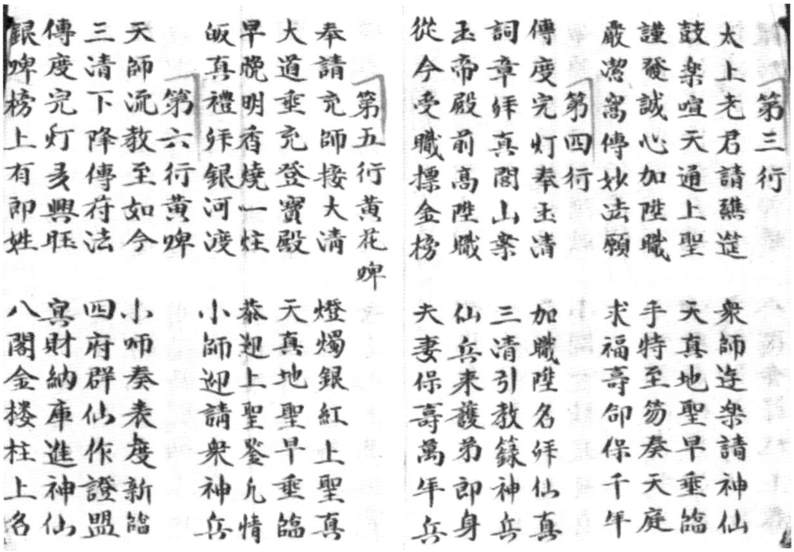

【第三行】
太上老君請醮筵
鼓樂喧天通上聖
謹發誠心加陛職
嚴潔焚傳妙法顏
傳度完灯奉玉清
詞章拜真閣山寨
從今受職標金榜

衆師連樂請神仙
天真地聖早重臨
求福壽卯保千年
手持至筋奏天庭
仙兵来護茅卯保身
三清引教錄神兵
加職陛名拜仙真
夫妻保壽萬萬年

【第四行】
傳度完灯奉玉清
詞章拜真閣山寨

【第五行】
奉請完師接大清
大道重充登寶殿
早脫禮拜燒銀河渡一炷
飯真禮拜銀河渡一炷

燈燭銀紅上聖真
天真地聖早重臨
恭迎請衆神兵情
小師迎請衆神兵

【第六行】
三清完灯多興旺
天師流教至如今
傳度完灯多符法
銀牌榜上有郎姓

八閣金樓柱上各仙
四府群仙作證盟
小師奏表奏新醮
真財納庫進神仙

图 6-6　S3396 号补职花牌二

寅卯二年角落地，落在黄龙海中心。

太上老君来看见，老君执起向前行。

太上老君造角口，张赵二郎修角边。

借我师男吹一曲，声声吹到老君门。

一吹上界呵呵笑，二吹白鬼断踪游。[1]

经书中关于牛角号的神唱，生动反映了瑶族对太上老君的信仰。广东阳山瑶族神唱："口吹羊角真宝角，声声吹到老君门，老君即时差兵到，兵头付上小师童。"[2]

瑶族度戒坛场，经书中有的称为北极驱邪院醮坛，亦称太上正一明扬传度保安清醮。广西临桂过山瑶度戒文书《北极驱邪院醮坛给出白榜晓谕一

1　抄本年代不详，2007 年 7 月 24 日于金秀县忠良乡德香村古盘屯赵有兴师公家收集。罗宗志：《信仰治疗：广西盘瑶巫医研究》，第 160 页。

2　梁钊韬：《梁钊韬民族学人类学研究文集》，第 41 页。

楷》："本坛取向今年十二月初九日吉良命请师于家，修设太上朝天鸣扬完灯传度保安清醮一供三昼四夜。"[1] 广西荔浦瑶族经书《杂意疏表》之《二戒疏皮用》："太上老君御前投进新承传度二戒弟子厶人谨疏，光绪十一年七月初十日吉时抄成，交家主黄通官师公存留，子孙万代使用。"瑶族度戒坛场张挂十八神像：玉皇大帝、圣主、元始天尊、灵宝天尊、道德天尊、左库官、右库吏、把坛帅将、张天师、李天师、海幡天将、十殿阎王、大尉祖师、天府、地府、阳间、水府、杀鬼九郎。[2] 在民族志资料中，各地瑶族供奉的十八神像不尽相同，又称"大堂神像"，广东清远瑶族的大堂神像为：元始天尊、灵宝天尊、道德天尊、左玉皇、右圣帝、李天师、张天师、赵元帅、大海翻、十殿灵王、天府、邓元帅、圣主、中坛、地府、小海翻、大渡桥。[3] 总之，度戒要请道教的三清、玉皇大帝、张天师、三元等神灵降临坛场。

瑶族度戒的度勒床仪式中，师男两侧插两皂角刺，被抬上勒床"仰卧"，身上直放一块写有"某某会首，太上老君朝简赐勒床一座"的木牌。瑶族度戒的渡水槽仪式中，师男仰身头枕水槽，身上放一木牌，上书"太上老君朝简敕赐波浪水槽一面"。

云南麻栗坡盘瑶度戒《拜入老君歌》唱道："六声鸣角响纷纷，父母生郎独一人。自小病患我命大，今日拜入老君门。"[4] 湖南常宁瑶族请师的《北斗咒》："父母生郎年命大，舍身拜入老君门。"[5] 瑶族认为度戒者可以承传师法，具有神权，领有阴兵，能驱邪除鬼，取得法名。度戒者生时身体健康，可延年益寿，死后是"老君衙内弟子，不行地府，不与阎罗所管"。[6]

1　黄方平：《临桂过山瑶度戒略析》，张有隽、徐杰舜主编《民族与民族观》第一辑，第 295~296 页。

2　黄方平：《临桂过山瑶度戒略析》，张有隽、徐杰舜主编《民族与民族观》第一辑，第 294 页。

3　《清远市志》编纂委员会编《清远市志（1988~2003）》下册，广州：广东人民出版社，2012，第 1145 页。《广东省志》编纂委员会编《广东省志（1979~2000）·人口卷民族宗教卷》，北京：方志出版社，2014，第 447 页。

4　杨永福主编《云南瑶族口传非物质文化遗产提要辑录》，第 202 页。

5　胡建国：《论湖南傩文化中的多民族因子》，张子伟主编《中国傩》，第 221 页。

6　参见黄海、邢淑芳《盘王大歌：瑶族图腾信仰与祭祀经典研究》，第 132 页。

图 6-7 广西贺州大平瑶族乡龙槽村瑶族度戒的神像画 （ 2017. 12. 3 ）

二 瑶族度戒与道教授箓的关系

度戒是瑶族宗教的重要活动，瑶族族群各支系的男子年届十五六岁时，都要举行度戒仪式。瑶族男子人生三大事是度戒、婚姻、烧灵，度戒尤为重要。度戒的师男经历此人生关口，其社会角色和地位发生转化，获得参加社会活动的权利，这是度戒在世俗生活方面的意义。作为瑶族社会通行的过渡仪式，度戒还具有意蕴深厚的宗教意义：受戒是道位晋升的阶梯，只有受戒者才能学习道公、师公的法术，取得传道度人的法师资格；师男死后将名列仙籍，灵魂可以进入神仙世界，象征超凡脱俗之宗教境界的升华。[1]

早期正一道的授箓，是道教吸纳道民、传播教义的主要形式。早期正一道向瑶族先民传播大道，瑶族吸纳种民的授箓仪礼，演化为具有瑶族特色的度戒仪式。瑶族道教能传承绵远，沿袭不替，有赖于全民性度戒活动形成的

---

1 本文有关瑶族道教的论述，多参考《广西瑶族社会历史调查》第 1、6、9 册中宗教部分的资料，特此说明。

宗教传统。早期正一道授箓的教义思想成为瑶族度戒的理论根据。

瑶族认为，受戒者死后能升天成仙，不度戒者死后将变成野鬼。此度戒成仙思想来源于道教，南北朝道经《洞玄灵宝课中法》说："生无道位，死为下鬼。"[1] 按照早期正一道的教义，只有受箓者才能获得道位。瑶族度戒要授予师男（茶山瑶称为新恩）法名，有法名才能载入家先单，享受子孙的祭祀供奉。因此，瑶族青年经历度戒就意味着获得了道位，成为道教的长生种民。道教的所谓种民，就是皈依大道的人。[2] 而按照道教的经法制度，种民必须获得正一法箓的传授。道教曾盛行一种阅箓仪，仪式中随品请出箓中神兵检视种民佩受的正一法箓，显示其保护受箓者的法力。南北朝隋唐初道经《正一修真略仪》论受经箓的意义说："世人受道经戒，佩服箓文，纵未能次第依法修行，亦已不为下鬼，轮转不灭，与道有缘。"[3] 道教宣称正一法箓是奉道者应持之典、修真入道之阶梯。

瑶族解释度戒说：度戒者有神兵保护，不怕邪魔侵袭，未度戒者则称"白身人"，没有神兵保护。度戒仪式中师公要授给师男"神兵"，这些神兵书写在传授的法箓中，从此成为师男家庭的保护神。广西大板瑶就认为："只有度过身的人，才有神兵保护，又可以借神兵救人。"[4]

道公经书《持索度戒科》认为，度戒者可以名列仙籍，超凡入圣，救苦济世，消灾度厄。[5] 瑶族经书中有关度戒功能的阐述，都可以在道经中找到根据。在早期道教经典中，对授箓的意义有明确的阐述，《正一修真略仪》说："修真之士，既神室明正，然摄天地灵祇，制魔伏鬼。随其功业，列品仙阶，

1　《道藏》第 32 册，第 229 页。

2　张泽洪：《早期正一道的上章济度思想》，《宗教学研究》2000 年第 2 期。

3　《道藏》第 32 册，第 175 页。

4　广西壮族自治区编辑组、《中国少数民族社会历史调查资料丛刊》修订编辑委员会编《广西瑶族社会历史调查》第 6 册，第 633 页。

5　瑶族丧葬中的接神驱鬼仪式，有"开天门"的仪节，此仪节为度戒者举行。瑶族认为凡度身者，死后得以开天门，表现在仪式中即揭开屋顶瓦三片，让死者灵魂由屋顶透光处上升天堂。参见庞新民《广东北江瑶山杂记》，《中研院历史语言研究所集刊》第二本第四分，收入刘耀荃、李默编《乳源瑶族调查资料》，第 328 页。

出有入无，长生度世，与道玄合。故能济度死厄，救拔生灵，巍巍功德，莫不由修奉三洞真经、金书宝箓为之津要也。"[1] 道教以济世度人为最大功德，瑶族认为度戒后可以救人，度戒是获得济度能力之津要。

瑶族度戒的一些仪格也深受道教斋醮科仪的影响。瑶族受戒的师男在一个月前就要进入"吃良"阶段，"吃良"期间要学习道经，接受瑶族道经的教义思想熏陶；还有"净身"的斋戒修持，"净身"要求不行房事，每天要洗澡一次。在正式举行度戒（称为"良度"）仪式期间，师公及师男全家人都须斋戒吃素。瑶族师男度戒前的"净身"是对道教斋戒方法的传承。道教在举行斋醮仪式前，法师、施主必行斋戒以使身心清净。早期正一道在三会日举行的厨会，就有修斋的规定。南北朝道经《老君音诵戒经》说："厨会之上斋七日，中斋三日，下斋先宿一日。斋法素饭菜，一日食米三升，断房室，五辛生菜诸肉尽断，勤修善行，不出。"[2] 瑶族度戒师男"吃良"期间，要守斋吃素，在专门的房间里独自静思养性，不能外出见生人。师男遵守禁忌的斋戒期，其意义是用一段"空白"期间作为隔离，以将过去与即将来临的新阶段隔绝开来。通过这种象征的手法，使师男接受新责任的阶段不与旧阶段混淆，恪守的是道教守斋"不出"的传统。唐杜光庭《太上正一阅箓仪》说：受正一法箓的道士、种民，"须清斋入靖"。[3] 靖是早期正一道修斋的庐室。瑶族师男"吃良"期间静思所用的小屋，其实就源于道教传统的靖室。就持守斋戒的时间来说，根据斋醮规模的大小，斋期也有长短的不同。唐宋道经《元始天尊说玄微妙经》说："受者斋百日，或五十日，或三十日，或二十一日，或十日，或七日，唯必可教精心信真者，当传授守三元之真，用二帝之符，登五斗之道者，是地真之上道也。"[4] 道教的斋是内斋其心，外斋其形，戒是内持其志，外持其形。瑶族师男的"净身"斋戒也具有道教斋戒的精神

1　《道藏》第 32 册，第 175 页。

2　《道藏》第 18 册，第 212 页。

3　《道藏》第 18 册，第 286 页。

4　《道藏》第 2 册，第 12 页。

意蕴。瑶族师男斋戒的文化意义是象征平常日子与神圣日子的分开，世俗事务与神圣境域的分开，通过分隔两个不同境界或领域象征师男脱离旧的社会地位。

瑶族的度戒要选择吉日，日期由度戒师公决定，一般多选择在冬季，尤其是过年以前。道教的传度仪式也要择定吉日举行。宋邓有功《上清骨髓灵文鬼律》卷中说："诸传度正法，听以甲子庚申、三元八节、五腊、本命日，奏名跪受。"[1] 唐杜光庭《太上正一阅箓仪》说：凡受正一法箓，常选择甲子、庚申、本命、三元、五会、五腊、八节、晦朔等日，这些日期"天气告生，阳明消暗，万善惟新，天神尽下，地神尽出，水神悉到"。[2] 瑶族度戒选择吉日的习俗，显然受道教传度须择吉日的影响。

瑶族举行度戒仪式要设坛，这是道教设箓坛授箓的科法。度戒仪式请十二明师主持，也有的请十一名师公，即堂师、送兵师、斋兵师、跨教师、卜崇师、金头师、银头师、纸缘师、卜给师、证盟师、参度证明师等。瑶族道经的仪式文书又有请高家师、李家师、禄家师、袁家师、冯家师、朱家师、黄家师、刘家师、孔家师、奉家师的词文，这是泛指临坛诸师的词文。道教授箓由八大师主持，按其职责分为三师五保，南北朝道经《正一威仪经》说正一受道威仪："皆须立三师五保，监临授度，检察得失。"[3] 主度三师是保举师、传度师、监度师；五保是五个都讲师，职责是辅助证盟授度。广西十万大山山子瑶称度戒三师是保举师、引教师、掌牒师，与正一道授箓主度三师职责相同。广西十万大山茶山瑶的度戒，有度师、祖师、引进、地师及四位法老，[4] 也与道教八大师的位格一致。

广西山子瑶是保留本族群传统文化较多的支系，其戒道与戒师的区别是，

1　《道藏》第 6 册，第 914 页。

2　《道藏》第 18 册，第 286 页。

3　《道藏》第 18 册，第 253 页。

4　苏德富、曹之鹏、刘玉莲：《四论道教文化与茶山瑶民间文化之关系——茶山瑶的成年礼》，张有隽主编《中国各民族原始宗教资料集成·瑶族卷》，北京：中国社会科学出版社，1998，第 405 页。

法事仪格程式不同，师、道两派的法名各成体系。授予道公的法名取"经""寅""道""妙""玄"五字，按辈分轮换，此为"道运"法名。授予师公的法名取"胜""显""应""法""院"五字，亦按辈分轮换，此为"师运"法名。两派法名都取自道教教义，道教各门派传承系谱也是从道经中选取法名。南北朝道经《正一威仪经》说正一受道威仪："登坛付授已，便令弟子冠带法服，传其位号。弟子称位号，朝本师及太上十方也。"[1] 在瑶族度戒仪式中，师男身穿红色法服，接受师公道法的传授。道法传授中最重要的是法印，道公传授给弟子的是玉皇印，师公传授给弟子的是上元印。道教的授箓仪式也要传授法印，法印是道教行法的凭信。南北朝道经《正一威仪经》说：正一受道威仪"当诣师奉受都章毕印，四部禁炁。不受之者，奏章行符，禁制方术，神炁不从，关启不闻。受之者，符章禁祝，莫不如言"[2]。道教的法印种类很多，各道派坛庙都有法印，各种科仪使用的法印有所不同。正一授箓的法印是都章毕印，瑶族师公崇祀上中下三元，道公崇祀玉皇，法印是按师、道两派崇奉的神灵取名。宋元道经《灵宝玉鉴》卷一《用印论》说："至于随箓之印，却在法官临事，审权宜而用之也。"[3] 瑶族度戒法印名称的变通，实际上有道教经法的根据。

　　瑶族度戒在授予师男法名的同时，还要传授给师男阴阳牒二份。阴牒由师公、道公宣读毕，当场焚烧，以示神灵天鉴，阳牒由师男保存，死后焚烧随葬，届时阴阳牒契合，以示至死遵守戒律。在师公、道公为度戒者做"开亡"仪式时，要焚烧度戒阳牒，表示受戒者已脱离尘世，可持阳牒升入仙境。元无名氏《湖海新闻续夷坚志》卷一《授箓感应》记载：邵武军有一妇人，曾到龙虎山参授九真妙戒箓。此妇人后来死去，不料半日以后还魂，叮嘱家人将所授经箓焚化，才得以升天而去。[4] 这则志怪故事，反映出道教焚箓的科

1　《道藏》第 18 册，第 253 页。

2　《道藏》第 18 册，第 253 页。

3　《道藏》第 18 册，第 253 页。

4　（元）无名氏撰《湖海新闻夷坚续志》，北京：中华书局，1986，第 174 页。

法。按照正一道授箓的教义，道士羽化之后，须将法箓焚烧，亡魂才会升入仙界，得道成真。瑶族焚烧阳牒的做法显然来自道教科法的传统。

瑶族度戒中最具特色的是挂灯。日本学者竹村卓二将度戒分为挂灯、度斋、加职、加太四个等级。[1] 挂灯仪式有挂三灯、挂七灯、挂十二盏大罗灯的不同级别。张有隽《十万大山瑶族道教信仰浅释》认为：十万大山板瑶挂灯仪式，实际分为挂三灯、挂七灯、挂九灯、挂十二灯四等。[2] 挂三盏灯即挂三台灯，是安放三盏有柄的台灯，仪式中师男围绕三盏灯祈禳。挂七盏灯即挂七星灯，是点燃七盏烛台，以象征天上的北斗七星。云南麻栗坡盘瑶《上灯歌》载，师公在度戒仪式中为度戒弟子上灯时唱道："第一盏灯照堂堂，师男头上放豪光。老君面前来传度，照破身中百鬼精。第二盏灯巨门星，扇开法门路路通。师男亲受炉神法，顶上五雷得安宁。……第七盏灯破军星，上元二圣在坛前，传奏三清高大道，老君度法为师传。"[3] 云南麻栗坡盘瑶《鸣角歌》载，师公在度戒仪式中点灯，师男唱道："一声鸣角去纷纷，法坛众圣在坛中。七星明灯堂中照，传度师男坐坛前。"[4] 挂灯仪式中受戒的师男，掌灯坐于厅堂中，由师公一人喃诵经书，法师数人绕灯作法证盟。而大罗灯的取名，来自道教经典中的大罗天，那是三界诸天之上的神仙境界。英国牛津大学伯德雷恩图书馆藏瑶族经书 S3357 号，载度戒挂七星十二大罗明灯科仪程序：

请出上元二姓鉴过还愿高花米酒，请下东厅头上琉璃运酒，团圆府席。出许愿银钱交纳，请出扶书勾角以了，度化艮（银）钱运钱纳库常浪兵头，脱童归去，收斋完满一宵道场，把中米酒，又来把过证盟师、总坛师，两名童子来献，阴阳师父回头转面上光，巳位迎星一宵道场，

1　〔日〕竹村卓二：《社会与宗教仪式》，白鸟芳郎编著，黄来钧译《东南亚山地民族志》，第 49 页。

2　张有隽：《瑶族宗教论集》，第 12 页。

3　杨永福主编《云南瑶族口传非物质文化遗产提要辑录》，第 188 页。

4　杨永福主编《云南瑶族口传非物质文化遗产提要辑录》，第 188 页。

又来中把米酒，把过书表师，和星一宵道场，度化银钱，众圣札在醮坛内交过，申酉二时，把中米酒又来把过，主醮师三门为下顺凑渎关，一道关归天下，鬼神速降醮坛内，交过中夜道场，把中米酒，把主醮引度师、保举证盟师，四名童敕铃请圣，请圣斋临上情意者，众圣鉴知交纳银钱度化艮（银）钱，众圣九在醮坛内交过，戌亥二时，把中米酒，把过十二明师，定挂七星十二大罗明灯，退下明灯以了。引度师引带师男来献，阥阦[1]师、踏□师男，引带师男三朝门外踏上云梯，四声鸣角，叩明玉帝，叫破天门，牛明意者，上情意者，得知罗意，凡情交纳银。

雅克·勒穆瓦纳指出，度戒者具有经济实力，可以直接挂大罗灯，以此代替通过前两个等级。[2]

瑶族认为挂灯级别越高，所得的神兵越多，人就越能抵御邪魔的进攻。对此，国外学者有不同解释，雅克·勒穆瓦纳认为：挂三台灯可以得到三十六神兵，挂七星灯可以得到七十二神兵，两种地位的"度师"分别得到六十和一百二十神兵。[3] 白鸟芳郎则认为：瑶族的第一次挂灯仪式，可以得到三十名神兵，参加第二次挂灯仪式，可以得到六十名神兵，第三次参加则得到一百二十名。[4] 挂灯所得神兵数量的不同，实际是不同支系的瑶族族群度戒传承变异所致。如云南金平瑶族的度戒，"挂三灯，男子可得三十五兵马保护，女子可得二十四兵马保护。若挂七灯，男子可得七十五兵马保护，女子则得三十五兵马保护。若举行度戒更不同，男子举行可得一百二十兵马保护，女子则得六十兵马保护"[5]。道教传授的正一法箓中有将军吏兵，其职责是保护受

1　清瞿中溶《集古官印考》卷十七："据《字汇》云：'阥阦，乃俗阴阳二字。'今据此文，可证元时已有此二字矣。"《续修四库全书》第 1109 册，第 517~518 页。

2　〔法〕雅克·勒穆瓦纳：《瑶族的宗教：道教》，覃光广、冯利译，《民族译丛》1987 年第 2 期。

3　〔法〕雅克·勒穆瓦纳：《瑶族的宗教：道教》，覃光广、冯利译，《民族译丛》1987 年第 2 期。

4　〔日〕白鸟芳郎：《瑶人文书与祭祀仪式》，白鸟芳郎编著，黄来钧译《东南亚山地民族志》，第 47 页。

5　宋恩常、邓金元调查，宋恩常整理《金平城关镇路黑浪（老街）瑶族道教调查》，《民族问题五种丛书》云南省编辑委员会编《云南苗族瑶族社会历史调查》，第 152 页。

箓者。唐杜光庭《太上三五正一盟威阅箓醮仪》说："将军吏兵，各有主职，保护臣某身形，安神养性，长调宫府，三尸堕落，众灾消灭，内除疾病，外却衰形。"[1] 道教的正一法箓分为二十四阶品，每种法箓可以慑服不同的鬼神。

　　瑶族挂灯与道教星斗崇拜有关。广西大板瑶《盘王歌》有挂三台灯的神唱，神唱《良愿酬书》说"三台七星护命银灯"，[2] 三台指横在北斗前面的六颗星，两颗为一组，分为上台、中台、下台，主管延年增寿，降福消灾。道教有点三台七星灯的法术，并有"三炁成台，七炁成斗"[3] 之说，这是瑶族挂三台灯、挂七星灯的道法根据。瑶族《盘王歌》中有挂七盏灯的神唱，第七盏灯的唱词是：

　　　　抽起破军第七盏，七星照扶小师男。
　　　　庐山九郎来教法，师男释受法根源。[4]

瑶族度戒的挂七星灯来自道教星斗主人年命的思想。南北朝道经《正一威仪经》说：正一受道威仪"当诣师奉受二十八宿七星符箓。不受之者，诸天星官，不降尔身，延年保命，天官不依，请召不降。受之者，名上天官，保命延年，祈请星官，立依所言，得道升仙，天门自开"[5]。梁陶弘景《太上赤文洞神三箓》说："凡授，逢七日夜，焚香点七星灯礼拜。"[6] 挂灯以象征天上的星辰，所以又称为星灯。唐杜光庭《太上洞神太元河图三元仰谢仪》记载道教的安河图灯，在二十八宿、七曜、北斗九皇各悬所属之灯。瑶族挂灯的

　　1　《道藏》第 18 册，第 281 页。
　　2　广西壮族自治区编辑组、《中国少数民族社会历史调查资料丛刊》修订编辑委员会编《广西瑶族社会历史调查》第 9 册，第383 页。
　　3　《上清北极天心正法》，《道藏》第 10 册，第 647 页。
　　4　广西壮族自治区编辑组、《中国少数民族社会历史调查资料丛刊》修订编辑委员会编《广西瑶族社会历史调查》第 6 册，第 642 页。
　　5　《道藏》第 18 册，第 252 页。
　　6　《道藏》第 10 册，第 795 页。

科法是道教悬灯科仪的衍变。瑶族度戒的挂灯将度戒与灯仪融会一坛，丰富了度戒仪式的内容。度戒仪式是用以表达、实践，以至肯定道教信仰的行动，而道教信仰又反过来加强仪式，使度戒的仪式行动更富有意义。道教斋醮的灯仪自成一类，瑶族挂灯与道教灯仪的关系值得做专题讨论。

三　瑶族十戒条文源自道教经典

瑶族社会的度戒仪式来自早期正一道授箓的传统。瑶族道教科仪文书说："宝箓恩师度，威仪太上传"，[1]"三清殿上，部箓众兵"。[2] 瑶族社会一般称授箓为度戒，是因为授箓仪式中的重要仪格是宣戒。

瑶族度戒仪式中，要向受箓者宣示戒律，这是传度授箓的重要内容。宋邓有功《上清骨髓灵文鬼律》卷下说："诸应传度弟子，肘步投师。师升坛说戒，露刺饮丹，分镮破券，以誓盟言。次与诀目符文，宣示真诰，跪受官职、印剑之类。"[3] 瑶族的度戒分戒师、戒道，分属师公、道公的经法传统，瑶族青年可以既戒师又戒道，也可以仅选择其中一种。如果是接受两种经法传统，则通常是戒师、戒道结合进行，由师公、道公同坛举行传度法事。传度的戒律又称为戒箓，是受戒者应当遵守的宗教道德的条文。南北朝道经《洞玄灵宝课中法》说："箓者，戒录情性，止塞愆非，判断恶根，发生道业，从凡入圣，自始及终，先从戒箓，然始登真。"[4] 道士受度的法箓被视为通灵的信物，受箓道士须终身佩带，才能随时得到神灵的佑护。瑶族师男应遵守的十条戒律书写在阳牒中，并由师公盖上法印，随身佩带。广西山子瑶戒道的十条戒律是：

第一戒者敬让，孝养父母，（不能）不忠不孝，不义不仁，常行尽节

1　《飞章炼度赞材楼十方忏悔科》手抄本。

2　广西壮族自治区编辑组、《中国少数民族社会历史调查资料丛刊》修订编辑委员会编《广西瑶族社会历史调查》第 9 册，第 419 页。

3　《道藏》第 6 册，第 914 页。

4　《道藏》第 32 册，第 229 页。

君师，推成万物，此谓初真妙戒；

第二戒者克于君，此谓特念；

第三戒者不杀，慈救众生，以克滋味，常行慈惠以及昆虫，此谓持真妙戒；

第四戒者不淫，正身处物，节真秽慢，灵气常行，密物节无使所犯，此谓守真妙戒；

第五戒者不得偷盗魍魉，谗毁贤良，露才伤能，常称人善事，不自诋其功，此谓修真妙戒；

第六戒者不嗔，凶怒凌人，不得贪财无厌，积不赦，常行节俭，无慢无恤贫穷，此谓修身妙戒；

第七戒者不许诈，贼害众生，常行利躬，布种阴阳，度济群生，此谓成真妙戒；

第八戒者不骄，傲忽至真，不得交游非贤，看秽不果胜色，栖集幽关，此谓得真妙戒；

第九戒者不义，奉戒傅，饮酒过蹉，食肉常禁，调和气性，专露清虚，此谓登真妙戒；

第十戒者看经而不得，轻急言笑，观相真宝，内外相应，克勤诵念，举动非亲。[1]

瑶族戒道、戒师的戒律都是十条，但条文内容不同，广西十万大山瑶族戒师的十条戒律，因脱漏错讹之处甚多，这里暂不予讨论。云南文山州瑶族度戒的十戒条文，与广西山子瑶度戒的十戒条文不尽相同，这说明瑶族度戒的十戒戒条，因瑶族不同的族群支系而内容有别。瑶族戒道的十条戒律来自道教的十戒仪格。十戒是道教最基本的戒条，由于道派传授的不同，十戒的

1　张有隽、邓文通、李增贵、李崇友、李广德：《十万大山山子瑶社会历史调查》，广西壮族自治区编辑组、《中国少数民族社会历史调查资料丛刊》修订编辑委员会《广西瑶族社会历史调查》第 6 册，第 291 页。本文作者对原文重新标点，并对个别错讹字、异体字进行了校补。

名目繁多，条文也略有差异。在《道藏》的洞真、洞玄、洞神部戒律类经典中，有关戒律的道经有数十种，戒条最多者达一千二百条，其中有些戒目又有内容不同的戒条。

　　道教的十戒，由于详略得当，简便易记，应用最为广泛。不仅传度科仪要宣示十戒，道教各种斋法醮仪，在科仪中都有奉受十戒的内容。瑶族度戒十条戒律的内容，直接来源于道教的九真妙戒。英国牛津大学伯德雷恩图书馆藏瑶族经书 S3419 号《开录诸狱牒》："恭请祖师三天扶教静应显佑真君张左天证盟，诸狱牒终。受戒伸咒意者启：今具大清国云南道□□奉道正一，披替受戒。"《受戒伸咒意者》说："太上御前，传受九真妙戒。"南北朝道经《太上九真妙戒金箓度命拔罪妙经》记载了九真妙戒戒条，并以元始天尊之口说："汝等若能受持金箓白简、九真妙戒、长生灵符、救苦真符，当消九幽大罪。……受持九真妙戒、金箓宝符，兵灾静息，妖恶自屏，天人称悦，忻国太平。"[1] 瑶族文书有白箓敕牒，或许与金箓白简有关。《太上九真妙戒金箓度命拔罪妙经》之后，宋元明清的科仪经书都要列举九真妙戒。南宋宁全真《上清灵宝大法》卷八收录的九真妙戒是："一者敬让，孝养父母；二者克勤，忠于君主；三者不杀，慈救众生；四者不淫，正身处物；五者不盗，推义损己；六者不嗔，凶怒凌人；七者不诈，诌贼害善；八者不骄，傲忽至真；九者不二，奉戒专一。"[2] 宋路时中《无上玄元三天玉堂大法》卷二十《生身受度品第二十二》说："世人能受九真妙戒，佩受救苦长生宝箓，生在之日，受大福报，寿龄绵远。运尽数终，不移轮回，径上丹天。"[3] 明代道经《大明玄教立成斋醮仪》说："惟无上洞玄灵宝九真妙戒者，诸戒之首，天人共仰，幽显咸遵，无上之上，洞玄中玄，万神之灵，一气之宝，妙贯三才，戒制六情，数定于阳，故分为九。"[4] 《道法会元》卷一百七十四述《元始符命金箓白简

1　《道藏》第 3 册，第 408 页。

2　《道藏》第 30 册，第 719 页。

3　《道藏》第 4 册，第 69 页。

4　《道藏》第 9 册，第 6 页。

救苦真符》的功能说："此九真妙戒，拔度功德，上生天堂，一如告命。"[1]
道教宣称"持九真妙戒者，履锋践刃，变为莲花，标名金格，列字玉清"[2]。
明周思得《上清灵宝济度大成金书》卷三十四有一份九真戒牒，牒文中书写
九真戒条，并称九真戒"为登真之户牖，作济死之津梁"。[3] 云南文山州瑶族
十戒中的第三戒是"不得隐经瞒教，九真妙戒"，[4] 这是训诫师男当戒师以后，
要用九真妙戒教育下一代。道教的九真妙戒，用黄纸朱书，给受度人。明代
用黄绢朱篆的救苦真符，在符背书写九真戒文，盖上北帝火铃印，用青缯密
封，再装入锦囊，受箓道士佩带终生。当代道教正一派的授箓仪式，是按照
龙虎山授箓的《天坛玉格》科本。《天坛玉格》是明清正一道授箓的科仪经
典，该经有多种版本流传于世，其中内容较全面的是光绪二十八年（1902）
朱鹤卿录写本，五十三代天师张洪任为此经撰序。《天坛玉格》中有箓生尊奉
"三皈九戒"的内容，三皈即皈依道、经、师三宝，九戒的戒条是：

> 一者克勤，忠于国家，是念真戒；
>
> 二者敬让，孝养父母，是初真戒；
>
> 三者不杀，慈救众生，是持真戒；
>
> 四者不淫，正身处物，是守真戒；
>
> 五者不盗，推义损己，是保真戒；
>
> 六者不嗔，凶怒凌人，是修真戒；
>
> 七者不诈，贼诌良善，是成真戒；
>
> 八者不骄，傲忽至真，是得真戒；
>
> 九者不二，奉道专一，是登真戒。[5]

1　《道藏》第 30 册，第 121 页。

2　《道法会元》卷二百一十《九真妙戒》，《道藏》第 30 册第 315 页。

3　《藏外道书》第 17 册，成都：巴蜀书社，1995，第 431 页。

4　吴天婉：《云南文山瑶族度戒舞刍议》，《民族艺术研究》1993 年第 1 期。

5　张泽洪：《道教斋醮符咒仪式》，第 233 页。

此九戒戒条亦源于宋代。南宋宁全真传授、宋末元初林灵真编辑《灵宝领教济度金书》卷一百七十八：

预修弟子第一戒者，敬让，孝养父母，是名初真戒。……

预修弟子第二戒者，克勤，忠于君主，是名念真戒。……

预修弟子第三戒者，不杀，慈救众生，是名持真戒。……

预修弟子第四戒者，不淫，正身处物，是名守真戒。……

预修弟子第五戒者，不盗，推义损己，是名保真戒。……

预修弟子第六戒者，不嗔，不得凶怒凌人，是名修真戒。……

预修弟子第七戒者，不诈，不得谄贼害善，是名成真戒。……

预修弟子第八戒者，不骄，不得傲忽至真，是名得真戒。……

预修弟子第九戒者，不二，奉戒专一，是名登真戒。[1]

将瑶族度戒的十戒戒条与九真妙戒比较，十戒条文中前九条戒律出自九真妙戒，并对九真妙戒条文有进一步的诠释，内容更适合瑶族社会的情况。增加的第十条戒条是有关读经的规定，瑶族道教重视经书的传授，师男在度戒的"吃良"阶段即要闭门读经，有的师公能背诵科仪行用的全部经文。其中值得注意的一点区别是：九真妙戒的第一戒条"一者克勤，忠于国家"的内容，在瑶族十戒中是第二戒条；而九真妙戒第二戒条"二者敬让，孝养父母"的内容，是瑶族十戒的第一戒条。这种条文顺序与宋代的九真妙戒顺序相同，反映出瑶族社会对道德价值观念的选择。古代瑶族山居游耕，处于相对封闭的社会里，敬老养老的伦理道德至为重要。瑶族地区具有法律意义的石牌条文将"有事要行老"列为第一条，乡约中将"不得忤逆不孝，藐犯尊长"列为第一禁。[2] 瑶族度戒的十戒戒条，具有不成

1　《道藏》第 7 册，第 782~783 页。
2　蒲朝军、过竹主编《中国瑶族风土志》，北京：北京大学出版社，1992，第 257、276 页。

文法的性质，度戒师男必须严格遵守，十戒戒条尊老的价值取向与石牌乡约是完全一致的。

四　度戒的宗教意义

瑶族度戒也有与道教授箓不尽相同的内容，其中一些法术的传授就具有瑶族宗教的特点。据广西十万大山山子瑶师公神唱《五台川光唱》，师男要学的法术有刀山法、勒床法、犁头法、度灯法、五台法。而据广西山子瑶师公神唱《才文川光唱》，师男要通过十种法术，即云台法、刀山法、盐埠法、勒床法、火砖法、犁头法、油锅法、岩堂法、七吉法、阳山法，这十种南方少数民族中常见的巫术，旨在让师男接受危险、痛苦的考验。现在山子瑶由师公主持的度戒中，师男只受云台法一种考验。云台分天官七品云台，地官五品云台，水官三品云台，其天地水三官不同的等级，又具有道教天地水三官信仰的意蕴。从云台上坠落象征师男已脱离凡胎成仙童从天而降。美国人类学家维克多·特纳（Victor Turner）在仪式研究中曾提出所谓"阈限"的理论，他认为在宗教的领域中，要跨进一个新境界或走进一个新里程，一定要经过一项仪式，这个仪式有如一道阈限，通过后即能达到新境界。[1] 瑶族度戒仪式就是师男人生的阈限，而云台法可谓是阈限的关键，师男受云台法考验的宗教意义是，师男翻下云台死去复生，已经不是原来意义的人。这种法术的传授和考验，在道教经典和科仪中没有例证，可以认为是保持瑶族族群原有文化特色的宗教法术。

在道教向南方少数民族的传播过程中，授箓在瑶族社会中衍化为度戒仪式。全民性的度戒活动绵远传承，促成了瑶族宗教的道教化，是瑶族社会宗教传统形成的重要因素。早期正一道授箓的教义思想成为瑶族度戒的理论根据。瑶族戒道的十条戒律来自道教的十戒仪格。《十万大山山子瑶社会历史调查》说："度戒活动究竟是由于道教的传入引起的，还是由瑶族社会的某些因

1　〔英〕维克多·特纳、伊迪斯·特纳：《宗教庆典仪式》，载〔英〕维克多·特纳编，方永德等译《庆典》，上海：上海文艺出版社，1993，第254~264页。维克多·特纳《象征之林》《仪式过程》《人类社会的象征行为》等书对"阈限"有详细论述。

素——例如许多民族曾盛行过的孩子成丁仪式发展而来的？或是两者兼而有之？尚待进一步研究。"[1] 我们的初步考察可以说明：瑶族的度戒源于道教的授箓仪式。瑶族青年在度戒仪式中，要经历民族历史传统教育，自觉信守度戒中传授的教义。度戒具有表示旧阶段过去，新阶段来临的仪式象征意义，经历度戒仪式的瑶族青年，其宗教和世俗人生都发生质的变化。师男被公认为本族群的真正后代，在世俗方面拥有选举和被选举为村社头人（瑶老）的权利。度戒不但使师男终身记得他已是成年人，有自己的责任义务，也教导他进入成年阶段应有的角色扮演，以及如何与他人相处，这是很具人类学意义的设计。

瑶族度戒是宗教色彩颇浓的人生仪礼，20 世纪初年荷兰学者范·盖纳普（Arnold van Gennep）著《生命礼仪》，称这种仪式为"通过仪式"。假如没有这种仪式的帮助，个人及其关联的社群，将不容易从旧的生命阶段进入另一新的阶段。仪式的功能致使在心理上和人际关系上顺利地通过，这是宗教仪式在个人生命不同阶段中所产生的重要意义。[2] 度戒使师男的社会身份发生转变，促使他修正自己的心理行为模式，以适应瑶族社会赋予的责任与义务，这就是度戒所体现的宗教仪式的适应功能。瑶族度戒仪式中师男的斋戒，实际是一种象征的手法，用人为的隔绝来代表生命阶段的分开，使新的与旧的不再纠缠，因此给予心理上的准备与缓冲，这就是瑶族度戒蕴涵的人类学意义。瑶族度戒仪式还具有整合瑶族社会的功能，足以使瑶族社会的道教传统世代传承。美国人类学家柴普（E. Chapple）和孔恩（C. Coon）认为，仪式的意义除去对个人的作用，对社会整体的作用也应加以重视，因此他们在"通过仪式"之外，进一步提出"加强礼仪"的理论，以说明仪式对加强社群关系、整合社会群体的重要性。[3] 宗教仪式在很多情况下可作为整合社群的手

1　广西壮族自治区编辑组、《中国少数民族社会历史调查资料丛刊》修订编辑委员会编《广西瑶族社会历史调查》第 6 册，第 289 页。

2　〔英〕奈杰尔·拉波特、乔安娜·奥弗林著，鲍雯妍、张亚辉译《社会文化人类学的关键概念》（第 2 版），北京：华夏出版社，2009，第 217 页。

3　李亦园：《人类的视野》，上海：上海文艺出版社，1996，第 247~248 页。

段，瑶族的度戒不仅是师男个人的仪式，全村寨成员也成为仪式的对象，瑶族人集体参与以接纳社会新成员，通过宗教伦理教育，度戒仪式整合瑶族社会的功能至为明显。

在研究瑶族道教时，应该注意到这样一个基本事实，就是瑶族在道教传入之前，已具有本民族的原始宗教信仰。瑶族道教是本民族原始宗教与道教相融合的产物，因此瑶族道教又具有与正统道教不同的特质，其中保留了瑶族原始宗教信仰的一些内容。在中国南方少数民族中，各民族传统宗教都不同程度受到道教影响，而瑶族传统宗教道教化的趋势至为明显。

第三节　威竹瑶族度戒的当代田野考察

度戒是瑶族社会传承久远至今仍然沿用的仪式，学界对瑶族度戒仪式的性质有成人礼之说。我们通过对广西贺州威竹村瑶族度戒仪式的参与观察与深度访谈，结合威竹瑶族度戒仪式与西南瑶族经书的比较分析，认为度戒的性质不是成人礼而是给师男传授道法的传度仪式。瑶族度戒既沿袭传统又有随时代的变化，度戒是瑶族人族性认同的符号标志。

一　学界关于瑶族度戒性质的争论

通过度戒的瑶族人，世俗社会地位相应提高，取得担任村寨头人（瑶老）和师公、道公的资格。自称"勉"的瑶族勉语[1]称度戒为"抖筛"（tou^{22} sai^{33}），也就是"度师"。"度戒"是学术界长期沿用的习称，史籍和民族志资料中也称之为度身、度法、过法、斋刀、打幡、打道箓。民国《乐昌县志》卷三《猺俗》载："猺甲死前，必以方术授其人，谓之渡身。"[2]

度戒者在仪式中要取法名，因此法名是判断度戒形成历史的重要依据。

1　勉语，是瑶族中自称"勉"或"优勉"的人使用的语言，属汉藏语系苗瑶语族瑶语支，使用人口约100万人。

2　刘运锋修，陈宗瀛纂（民国）《乐昌县志》，民国二十年（1931）铅印本。

根据民族志资料和碑刻族谱资料，瑶族度戒至迟在元末明初已经形成。瑶族学者张有隽调查，广西十万大山盘姓瑶族每代都取有法名，以一代 25 年计，盘姓瑶族至迟在明代已度戒取法名。[1] 广东连南南岗明万历三十七年（1609）墓碑上，墓主署法名为"唐法宽公一郎"；崇祯十三年（1640）的墓碑上，墓主署法名为"唐法松公"。根据碑文所记生卒年推算，最迟到明嘉靖（1522~1566）时，连南瑶族已开始使用法名。[2] 广东连南南岗盘姓族谱记录在南岗定居已 24 代，其一世祖法名为"先师八郎"，二世祖法名"法灵四郎"，盘姓 24 代人中每一代都有法名。[3] 若按一代 25 年计，则已有 600 年历史，即明初南岗盘姓瑶族就已使用法名。[4] 时至今日，在广西贺州、昭平、金秀大瑶山、十万大山，湖南的江华、蓝山，贵州的荔波，云南文山、红河、勐腊等地的盘瑶、蓝靛瑶社会中，瑶族度戒在民间还有很好的传承。

度戒仪式历来是瑶学研究关注的热点，中外学者对其内涵和文化意义已有不同维度的解读和研究。早在民国时期的瑶族调查中，庞新民《广东北江瑶山杂记》就注意到度戒在瑶族社会中的重要性："'度身'为猺人一种极大典礼，或称之曰'大登科'意谓'度身'之人，其知识本领皆因之增进，能为村人所重视，为村长者亦皆必曾'度身'。"[5] 关于瑶族度戒性质的讨论，学界有三种观点较具代表性。（1）入社式说。民国时期的瑶族度戒田野考察研究中，学者多持度戒为入社式之说。杨成志《广东北江瑶人的文化现象与体质型》谈到瑶族的度身，认为"是一种原始社会的入社式'Initiation'的遗俗"。[6] 梁钊韬《阳山县上峒瑶民社会》认为上峒瑶民之度身"即所谓'入社式'，瑶民至成年即可邀集亲友举行，其目的乃为取得社会地位与宗教法事之

1　张有隽：《十万大山瑶族的道教信仰》，《民族研究集刊》1986 年第 2 期。

2　《民族问题五种丛书》广东省编辑组编《连南瑶族自治县瑶族社会调查》，第 5~8 页。

3　张有隽：《瑶族传统文化变迁论》，第 118 页。

4　奉恒高主编《瑶族文化变迁》，北京：民族出版社，2005，第 317 页。

5　原载庞新民《两广猺山调查》，中华书局有限公司，1935，第 39~40 页。收入刘耀荃、李默编《乳源瑶族调查资料》，第 322 页。

6　杨成志：《杨成志人类学民族学文集》，北京：民族出版社，2003，第 261~262 页。

参与权"。[1] 张有隽《泰国瑶族的宗教信仰》沿袭入社式说并融入宗教概念，指出"根据瑶族的教理教义，挂七星灯是比挂三台灯高一级的入社宗教仪式"。[2]（2）成年礼说。20世纪80年代以来，瑶学研究逐渐成为国际性的学科，度戒为瑶人成年礼之说颇为盛行。较有代表性的观点如徐祖祥认为"度戒和挂三台灯仪式在历史上曾有男子成年礼的意义"。[3] 云南瑶族学者黄贵权认为，"瑶族度戒是瑶族道教的入道仪式，只在某些地方某些支系带有作为极次要意义的男性成年礼意义"。[4] 黄贵权有限度地坚持成年礼说。（3）功德修成仪式说。日本学者竹村卓二从度戒者社会地位提升的角度，称瑶族挂灯为功德修成仪式，指出"作为瑶族的族籍只限于通过了包括成人仪式的最初阶段的功德修成仪式叫作'修道'（flu too）"；"瑶族男子12、13岁时，被赐与成人名，同时要通过兼带成人式的最初的功德修成仪式，取得作为瑶族社会正式成员的资格本身就是仪式的原则"。[5] 他所谓功德修成仪式包括成人仪式或兼带成人仪式，其实仍隐含成年礼的定性。

受中外学者认为度戒是成年礼说的影响，目前出版的介绍瑶族文化的各类书籍、报刊、新编地方志，甚至文学作品，宣称瑶族度戒为成年礼之说仍然盛行。《灿烂中华文明·民族卷》说："大多数瑶族人家的男孩，长到十二三岁时，行成人礼，都要领受一次瑶传统社会的伦理道德教育——'度戒'。"[6] 由湖南省民间文艺家协会、湖南省民族研究所、日本神奈川大学瑶族文化研究所联合主办的"2009年湖南瑶族传统文化研讨会"在长沙召开，《湖南日报》2009年8月7日以《中日学者研讨瑶族"成人礼"》的标题予

1　梁钊韬：《梁钊韬民族学人类学研究文集》，第9页。

2　张有隽：《张有隽人类学民族学文集》上册，第353页。

3　徐祖祥：《瑶族的宗教与社会——瑶族道教及其与云南瑶族关系研究》，第92页。

4　黄贵权、李清毅：《瑶族度戒初探》，广西瑶学会编《瑶学研究》第三辑，第398页。

5　〔日〕竹村卓二著，金少萍、朱桂昌译《瑶族的历史和文化：华南、东南亚山地民族的社会人类学研究》，北京：民族出版社，2003，第144、147页。"赐与成人名"之说不确切，赐予度戒师男的是法名。

6　柳斌杰主编《灿烂中华文明·民族卷》，贵阳：贵州人民出版社，2006，第252页。

以报道，宣称"'度戒'是瑶族男子一生中最重要、最隆重的成人传统礼"。[1]
新编《绿春县志》说："瑶族男子8~16岁要举行成人礼的'度戒'活动。"[2]
当代作家王青伟的小说《度戒》，描写主人公盘丙的人生梦想就是尽早完成瑶
族人的成年礼度戒。[3]

　　历史上瑶族度戒有着严格的斋戒传统，通常是十六七岁的青年人才能承
受长达30天的斋戒，其间要对师男进行伦理道德教育并告知其度戒后要承担
的社会责任，以致一些学者产生度戒是一场成年礼的定性。瑶族度戒的性质
是否为成年礼，我们有必要根据田野调查与瑶族经书的记载来予以辨析。

　　2016年11月底，贺州学院一位青年教师告诉笔者，12月末在广西贺州市
八步区大平瑶族乡要举行一次瑶族度戒。本次的田野点大平瑶族乡，位于贺
州市西南部，距市中心64公里，辖大平、宗文、威竹、里头、古那、龙槽6
个行政村，其中3个是瑶族村，瑶族人占总人口的34%。举行度戒仪式的威竹
村及周围的木万、横冲、麻竹、平安、石碑、执钱、木格8个小组共700多人
全部是瑶族。[4] 2016年12月28日下午6点，我们到达威竹村时，见该村瑶族
人都已住进三四层的砖瓦楼房，与20世纪70年代瑶区的黑瓦黄泥民房相比，
可见改革开放30多年来瑶族地区社会经济的进步。

　　笔者多年来致力于瑶族宗教研究，已收集广西荔浦瑶族经书、贺州威竹
瑶族经书，广东乳源瑶族经书，湖南瑶族经书，云南红河瑶族经书、文山瑶
族经书，英国牛津大学伯德雷恩图书馆藏瑶族经书等数百卷。瑶族经书中涉
及度戒的经书最为丰富，将对度戒经书的研读与对度戒仪式的田野调查相结
合，有助于正确认识瑶族度戒仪式的性质。2016年12月29日至2017年1月
1日，考察组在大平瑶族乡威竹村，全程参与观察了这次四天三夜的度戒仪

1　朱永华：《中日学者研讨瑶族"成人礼"》，《湖南日报》2009年8月7日，第2版要闻。
2　绿春县地方志编纂委员会编纂《绿春县志（1978~2005）》，昆明：云南人民出版社，2012，第76页。
3　王青伟：《度戒》，《长篇小说选刊》2015年第3期。
4　《太平瑶族乡》，https://baike.baidu.com/item/大平瑶族乡/7980467? fr = aladdin，采撷日期：2017/2/
26，结合访谈威竹度戒坛场瑶族村民所得数据。

式，在仪式坛场访谈了师公、师男和广西金秀、云南文山、金平来观摩度戒的十多位瑶族人，这次田野调查使我们对瑶族度戒有了新的认识。

二　威竹瑶族度戒的人员组成与坛场布置

威竹村位于南岭走廊核心地区，这里地处偏远山区，民风笃厚，民间仪式活动频繁，这是近几年贺州瑶族最大规模度戒能在该村举行的原因。威竹瑶族度戒的人员组成分受度师男和传度法师。参加这次威竹村度戒的受度师男实到 38 人，在坛场张挂的《传度请圣黄榜》中仍详细开列原定参加度戒 41 名师男的姓名、籍贯及所属天界的星位。其中黄榜第三十七名是来自湖南江华两岔河乡的师男，黄榜写明："圣慈鉴照第三十七名授度小师赵法情，自称愿命生于丁卯年八月初九日辰时，建生上属中天南斗第四位文曲星君，注照行庚三十岁。将命推算，立命在辰宫，自从父赵登旺同妻所生第一男，在落两岔河乡生身出世，此今授职之会。"

度戒坛场设在威竹小学背后坡脚下一块空地上，坛场边有一条山间小溪自北朝南蜿蜒流过，南岭走廊瑶族度戒选择在溪水边建坛是沿用已久的传统。度戒的《四府赎关》文书称"平安威竹村岭脚坪建立醮坛"，则设度戒醮坛所在的小地名叫岭脚坪。进入岭脚坪坛场的山坡两侧插满彩旗，至坛场 20 余米处的彩门上书一副"大道对"，上联是"民族风情千秋在"，下联是"宗教文明万代扬"，横批是"道教兴隆"。穿过彩门再走十余米，两条横幅挂在坡路的正上方，分别写着"大平瑶族乡威竹村瑶族度戒仪式""传承民族文化，弘扬民族精神"。

度戒坛场设在小溪边一间房屋里，这间废弃的房屋四面都没有砖墙，其中三面用旧木板围挡。醮坛正面用竹篾扎成九个拱形门，称为九帝宫门，上面贴有红纸黑字的十副对联，多是宣扬度戒要旨之语。如正中对联为"香火完灯传祖教，安坛兴旺保千秋"，横批"传度大吉"。醮坛香案前张挂神像画，上端书写"承宗接祖茅楼传度良筵会"。瑶族由多个村寨多个姓氏师男一起度戒的是"茅楼传度"。而同一姓氏同一祖先分支的师男参与，由同姓氏师公主持的度戒为"同祖度"。香案右侧的"家宗宫"是请家先见证子孙受度的神位，香案左侧的"孤魂殿"是祭祀孤魂野鬼的神位。房屋左侧用木板搭建用于"渡水槽"的南台，在大棚外小溪边用竹木搭起约 2.5 米高的云台，当地瑶族人称为龙楼。云台右侧就是七级刀梯，用砍山的大勾刀交叉扎成，刀梯用大红色绸布遮住。在醮坛正面九帝宫门外是用竹木搭建的大天棚，是供参加仪式者吃饭休息的地方。

图 6-8　广西贺州威竹度戒坛场的九帝宫门

威竹瑶族度戒在 2016 年 12 月 29 日至 2017 年 1 月 1 日举行，这个时间是师公根据《大同书》选定的。威竹瑶族度戒参加传度的法师，勉语称为"筛翁"（sai³¹oŋ³³），也就是汉语的"师公"。西南各地瑶族度戒的法师有十二明师、十八明师甚至二十四游师之说，贺州瑶族度戒是沿用十八明师的传统。度戒师公人数多少不同，他们各司其职共同完成师男的传度法事。参加威竹瑶族丙申年度戒的十八明师，文书上写明是：正度师邓法银，书表师邓法银，开教师李法情，保诵师赵法兴，加职师赵法兴，证盟师赵法通，一引度师赵法兴，二引度师邓法真，三引度师邓法灵，大明师邓法灵，同行师赵法保，保举师赵法贵，祭坛师赵法会，诵经师赵法应，装坛师赵法真，纸缘师赵法良，设醮师赵法应，执香师赵法行，另外有茶主师盘法军，鼓锣师、吹笛师赵法添。这次主持度戒的师公实际是15人，现在瑶区凑齐18位法师不易，因此有些师职只能由某位师公兼任。师公中年长者已83岁，最年轻的仅27岁。

主持度戒的正度师邓法银69岁，是威竹村瑶族人，其他师公多是他的弟子。在坛场神案前供奉的法师职位名单中，写明他的职衔是："奉行太上老君门下封敕闾梅师道二教三戒弟子，职位升在北京道永平府，正任一品当朝天官天下除邪斩鬼伏魔事，臣为任三戒弟子邓法银，令正为号。"正度师须由经过"度三戒"并加职的高级师公充任，邓法银在坛场使用的度戒文书《传度过兵游仙书》一卷，封面题写经书持有人"邓银二郎"，此带"郎"的法名表明他在邓家排行老二，是加职挂过大罗灯的师公。

三　威竹瑶族度戒的仪式过程

威竹瑶族度戒仪式沿袭了南岭走廊瑶族度戒的传统，如法如仪的度戒活动吸引周围村民闻讯前来观看，一时间平静的小山村显得分外热闹。以下我们根据实地田野考察所见所闻，概述威竹瑶族度戒仪式的过程。

（一）请圣到坛开坛法事仪程

仪式开始是请圣到坛，即请神灵降临坛场，之后，师公才可做开坛的一系列法事。[1]

1. 起事

度戒仪式的起事也叫起马，此法事在正度师邓法银家中举行。12月29日8:00，师公先后来到威竹村邓法银家中聚齐。邓法银先在堂屋神案前上香请神，报

---

[1]　根据民族学、人类学田野叙事的伦理规范，作者征得瑶族文化人邓元东和威竹度戒师公的同意，行文中直接以本名、法名相称。

告家先应何人之请将去何处做法事，请求神灵赐予兵马。起马仪式结束之后，众师公带上神像画、上元棍出发去坛场。神像画要挂在度戒坛场香案上方，神像画中有度戒行法的千军万马。上元棍具有领兵驱鬼的法力，棍身绘有两条栩栩如生的威龙，棍的上端刻有"驱邪辅正"四字，棍的下端削成尖的铁马脚便于插在地上。证明传度的证盟师赵法通对我们说："这条上元棍就是马，神像里有兵。我们也可以不背神像来，拿那条棍来，那个神力全部在里面，兵就跟着你来了。"

2. 拦路

众师公在威竹村口集合完毕，跟随正度师邓法银进入坛场。走到度戒坛场彩门时，师男已全部跪在彩门边地上迎接师公，这一仪式俗称"拦码头"。按照瑶族经书的说法，是在醮筵三朝门外拦路迎师。师公在彩门边念诵经文，并用竹筶打卦占卜，直到打到阳卦之后才进入坛场。

3. 安途落马

师公进入坛场后做安途落马仪式，将请出的神灵和兵马安放在法坛之中，并请醮坛主神出来迎客，祈求神灵保佑仪式顺利举行。

4. 起兵

上午11:30，师公开始做起兵仪式，请家先神灵保护师公及受戒弟子。这时坛场的鞭炮声响彻山谷，在度戒仪式进行的过程中，间或要燃放鞭炮，放一挂鞭炮意味着一个新仪式的开始。

5. 奏申明表

下午13:00，师公给师男和师嫂每人发一条红布仙头带。当地瑶人习称"师男"为"师哥"，大家相互在头帕上系上仙头带，个个面露喜悦之色。师男、师嫂向家先神灵所在的家宗宫上香，随后将一只公鸡杀死供奉在猪牲背上，并在猪牲旁放五个酒杯，斟上酒以敬献神灵。这时师公开始念诵申明表文，同时敲击竹筶、烧纸钱，再次吹响牛角号，请神灵和祖师降临坛场。

6. 砍幡

下午14:00，负责师男传度学法的引度师邓法真带领众师男出发，到小溪对面山上砍幡竹。吹奏器乐以娱神灵的锣鼓师吹笛师敲锣打鼓随同上山。这次要砍三根竹子用来挂幡，具体砍哪根竹子由引度师决定。选择的幡竹要完整光滑，中间不能有断头，竹身不能有伤痕节疤。选定幡竹后将一根红线系在竹子上，邓法真在竹根处插上一炷香，并念咒语，向竹子根部砍第一刀，然后由师男接着砍幡竹。砍断的幡竹不能倒在地上，师男要接住快砍断的竹子，然后用柴刀将竹身枝丫剔除，只留下竹梢的部分枝叶。抬幡竹下山时要将大头朝前，将幡竹运到坛场龙楼旁边。

7. 奏表

下午15:00，师公开始做奏表仪式。先是在神案前念经喃神，告诉祖先已砍来幡竹，并汇报这次度戒弟子人数。陪同师男习经学法的同行师赵法保与证盟师赵法通、二引度师邓法真、大明师邓法灵等烧纸马钱给祖先。

图 6-9 广西贺州威竹度戒坛场的灵幡

8. 张贴神榜

下午17:15开始张贴神榜，首先张贴白纸黑字的传度请圣白榜，其次张贴午供榜。神榜张贴在天棚横拉的一根根竹条上，挂在坛场香案前面上空。17:30喝"起落脚酒"，即全部师公围坐于长桌吃酒，其中一师公喃唱度戒仪式过程，其余师公唱和。再接着挂甘露榜、香榜、酒榜、茶榜等宣示建醮旨意的吊榜文。如香榜的榜文书写："北极驱邪院传度法坛给出香榜一阶。右伏以：九转丹诚欲碧烟，香梵呈篆色新鲜，神通显色朝三界，奉送鸾车返九天。金瓶流海传王母，三郎奉献众神仙。天真领纳榜者。皇上公元二零一六年丙申岁十二月初一日给。"同时，负责抄写度戒文书的书表师邓法银则在桌子上书写幡文，他逐一在红、白、蓝色的小方形纸上写字，再将字按幡文内容粘贴在幡布上，确保第二天早晨挂幡的准备工作都已完成。

9. 上香请圣

晚上 21:00，引度师邓法真、邓法灵率全体师男上香请圣。上香是师男的入学礼，包括烧香礼拜、饮宫门酒、拜四角天堂和拜九帝宫门。师公将带来的"大堂神像"和"行司神像"悬挂在坛场上。以上仪式过程经书中概称为："安坛落马，住札兵头，封立斋门，敷立华坛，扬幡挂榜，张挂圣像真容。"此时正度师邓法银在象征天门的大拱门前，向玉帝请奏开天门。他昂首吹响牛角号，唱《开天门歌》道："一声鸣角去连连，拜请祖本二师下案前。拜请祖本二师下案位，护郎弟子去求天。"瑶族人认为天门有神兵把守，必须开天门与天界神灵沟通，仪式才能顺利进行。然后打卦验证天门是否开启，如果打卦四次，其中有一次阳卦，说明天门已开。当天的度戒仪式很顺利，师公打卦后便显示已成功开启天门。

10. 升幡

2016 年 12 月 30 日上午 8:30 开始升幡。师公带师男到龙楼前在昨天砍下的竹梢上挂经幡，师公念经作法之后，将经幡竖立在坛场边上。靠近龙楼的白幡是孤魂幡，用于昭告未度戒而死去的孤魂。另一个白幡象征度二戒、三戒，幡文是："一心奉请太上开天执符御历含真体道金关九帝云言万道无为昊天通明大殿三十三天金阙玉皇大帝御下。"用于加职度四戒的是蓝幡，因幡文字数较少而升得相对低一些。度戒的幡是清醮道场的标志，飘扬的灵幡被用以昭告神灵。

11. 请圣请家先

9:00，师公摇铃念经请圣，敬献纸马，请道教神仙降临坛场护法。请圣的科仪要重复三遍，表示三次恭请神灵。接着是请家先，开列的家先都要逐一请到。神案上供奉用毛笔书写的受戒弟子家先单，有盘、赵、邓、冯、李、黄、陈等姓氏家先 79 人的法名。祭拜家先时必须用瑶族勉语念诵，以表达瑶族人祖先崇拜的心理。

12. 上光

（1）跳神兵舞

9:30 开始做上光仪式。这次度戒按经书共有九章，九个主题，所以要开坛上光九次。10:17，师公开始跳神兵舞，四位师公在醮坛前相对跳罡步转圈出兵。师公先手持上元棍跳完后，将其插到大拱门前的祭台边，上元棍表示兵头，因此要先持上元棍出兵。接着先后持法刀、法剑、斧头、旗头跳，象征出刀兵、剑兵、斧头兵、旗头兵。出兵舞是将兵马从醮坛带出去，师公念经后千万兵马会附身在法器上，把法器从醮坛拿出去就象征出兵。

（2）捉龟

上午 11:30 吃完午饭后，正度师邓法银与众师公领师男绕九帝宫门一圈。之后在坛场挂幡处跳捉龟舞，象征性表演找龟、摸龟、扎龟、背龟、扛龟、杀龟、洗龟、破龟、砍龟、煮龟、盛龟等仪式动作。瑶族勉语"龟"与"道"谐音，故此仪式称为"走道"，有象征瑶族先民皈依道教之意蕴。

（3）开坛开天门

中午 12:00 做开坛仪式。师公念完经后，把粽子供奉在神案上。

下午 13:26 继续上光仪式，师公念经吹牛角号开天门。度戒的发功曹、开天门、渡水槽、上刀梯等环节中，师公都要吹响牛角号。

（4）收兵

下午 15:55 开始跳收兵舞。其程序是先收斧头、法剑和法刀，再收上元棍，最后收三角旗，将全部法器放回神案前以象征"收兵归位"。收兵后上光，上光的第一个步骤是合兵合将。师公手持上元棍、驱鬼棍、刀、斧头、三角旗，跳兵步舞。

（二）度二戒、三戒、大罗灯的法事仪程

瑶族度戒包括挂三台灯、七星灯、大罗灯三种由低到高级别的仪式。参与的度戒师男分别称为"初教二戒弟子""初教三戒弟子""升度一戒弟子"。威竹瑶族认为，挂三台灯者可以拥有 36 个阴兵[1]，挂七星灯者拥有 72 个阴兵，挂十二盏大罗灯者可以有 120 个阴兵，挂大罗灯加职的师男可取得"郎"的称号。师男保护神的多少显示地位的等次。

1. 奏刀山表

晚上 18:30，开始度二戒。先是奏刀山表仪式，师公申明这个刀山是真刀。主持度戒程序的开教师李法情和同行师赵法保各背两把砍山刀，手持法剑，在香案前念经喃神、跳罡步。

2. 开光

晚上 18:50 为神像开光。我们问及神像画的作用，负责择度戒吉日吉时的大明师邓法灵简洁地形容说"千军万马都在里面"。开光是赋予纸制神像以神圣性，神像画开光后做法事才有灵验。

图 6-10 广西贺州威竹度戒师公坛场行法

1 阴兵，瑶族观念中一般称为"神兵"。

3. 试刀

晚上 20:30，开始度二戒的试刀仪式。负责上香的执香师赵法行将刀梯抬到坛场，搭在神堂的大梁上。刀梯呈 60 度倾斜，上面交错绑三级刀梯。正度师邓法银先在刀梯前念经施法，打筶三次，然后赤脚先上刀梯，他每上一步就停顿唱《刀梯歌》，直至爬上三级刀梯，然后再下到地面。接着引度师上下刀梯，引导师男一个个上刀梯。师男光脚上刀梯时，踩在刀锋上的力其实很小，大家都顺利通过了试刀仪式。

4. 授孝海幡

晚上 20:50，开始授孝海幡。全体师男在经幡处跪下，引度师赵法兴、邓法真、邓法灵将二三十厘米长、五厘米宽的白色孝海幡布条一一授给师男。相传海幡是瑶族宗教的启教祖师，将象征首代师公的孝海幡缝在师男法衣后背正中，表示师公祖先会保佑受度师男。

5. 奏表上光

晚上 21:10，师娘带师嫂又一次上香。已婚师男携妻子一起参加度戒，瑶族人称为"结印"。

21:15，二引度师邓法真上到南楼开始奏表，向玉皇大帝、太上老君禀告各师公的具体职务及师男的情况。

6. 出兵

21:30，师公跳出兵舞，表演开路、砍草、推路、送神兵等仪式动作。三位师公在竹台上吹牛角号请神。仪式在渡水槽的竹台上进行，师公一边念经，一边燃烧纸马。师公在三个大簸箕里装满米，然后在米上烧纸钱。最后，师公的帮手端着簸箕，将里面的纸灰抖干净，然后将米收起来。这些米经过施法后就是兵粮米，象征师男能够领有的兵马，稍后的拨兵仪式就要分发兵粮米。

22:00，神案前师公手持铜铃和法简做开坛上光仪式。

7. 拨兵

23:10 开始拨兵仪式。度戒师男都换上新法衣，分四排坐在小凳上，双腿间用围裙兜住。执香师赵法行和同行师赵法保分发兵粮，他们从师男面前走过时，从米袋中抓一把米撒到师男围裙里。"手把白米打一撒，抛兵下降小童身"，师公一边唱经一边给师男拨兵，每一粒米象征一个兵马。师公告诫说这是以后领兵马的兵粮，回家后要用红布包好，放在家里的香炉旁保存，如果弄丢就不能带兵了。

8. 除邪

挂灯前师公先进行除邪仪式。执香师赵法行一边念"天财财地财财，太上老君送衣送帽来"，一边帮坐在凳子上的师男戴法帽。三位师公在醮坛前念经，另外三位师公穿行在弟子中间，逐一在师男头上掐法诀除邪。

9. 挂灯

晚上 23:15，开始度二戒挂三台灯。全体师男在香案前分四排坐在小凳子上，师公将竹制七星灯架发给师男，这是长六七尺的粗竹竿，上端凿七个孔，分层插上形如漏斗的竹器，竹器内放酒杯以盛油点灯。在竹竿顶端的一盏灯称为本命灯，两端各置一盏灯称为开教灯和保证灯。师公在最上端的三个酒杯里放山楂子油和当地山上野生龙树草的草芯晒干而成的灯芯，待全部师男的三盏灯点燃后，夜幕映衬下的度戒坛场显得格外壮观，灯光映照下的师男脸上都洋溢着喜气。燃灯约 10 分钟，师公吹灭灯火，挂三台灯仪式宣告结束，时间已是翌日凌晨 1:00 左右。

12 月 31 日 11:30，开始度三戒挂七星灯和度四戒挂大罗灯。挂七星灯的师男穿戴新法衣、法帽，坐在醮坛的凳子上，每人手握七星灯架，参加结印的师嫂则坐在最后一排凳子上。师公依次点燃灯架上七个灯盏中的蜡烛。挂完七星灯后，就直接开始挂大罗灯。因为大罗灯是十二盏，但坛场的灯架上只有七盏灯，师公在两个簸箕中分别放五个白瓷酒杯，放入白蜡烛并点燃，一引度师赵法兴、茶主师盘法军端着簸箕在师男头顶上过三次，象征完成挂十二盏大罗灯的仪式。

10. 捉龟

挂完七星灯、大罗灯后，师男继续坐在小凳上。师公开始跳捉龟舞。师公赵法保拿大钹，邓法真、赵法行、邓法灵拿小镲。四位师公依次出发，几

图 6-11   广西贺州大平瑶族乡威竹瑶族度戒挂七星灯一

图 6-12   广西贺州大平瑶族乡威竹瑶族度戒挂七星灯二

乎同时到达坛场的四个角开跳。捉龟舞是为参加度戒的师男祈福，四位师公有节奏地拍打手中法器，舞蹈步伐古朴生动，为仪式坛场增添了欢乐气氛。

11. 授法冠

跳完捉龟舞后开始传授法冠，邓法银将法冠分发给师男，法冠上有三清、玉皇、圣祖、金童、玉女七个神像。这时，师公两人一组拿两根上元棍，一边念诵"天财财地财财，抬起师男送上来"，一边将两根上元棍放在师男腰部两侧，模拟将师男往上抬。这象征师男拥有担任师公的资格，可以跟随师公学习法术，以后也可以外出做法事。

12. 喝豆腐酒

12:34 开始做喝豆腐酒的仪式。师男向师公进献的豆腐酒，是在半碗米酒中放入一块油炸豆腐泡，每碗豆腐酒上面都有一个红包，豆腐酒师公、师母都有份，此仪式表示让师公吃好喝好。

13. 学法

吃完午饭，下午 13:40 师公开始教师男学法，传授做师公的各种法术。师男手持法铃、笏板，跟着师公上香、唱经、摇法铃、跳罡步。

（三）渡水槽和上刀山过火海法事仪程

渡水槽是象征师男去梅山洞学法的仪式，师男在朦胧中仿佛进入昏睡状，灵魂回到梅山洞在老君九郎门下学法。师男上刀山、过火海，是经历刀山法、火海法的法术考验。

1. 渡水槽

15:40 开始渡水槽仪式。瑶族人认为，受戒弟子要经过渡水槽的考验，灵魂才能与水府神灵沟通。师公和受戒弟子全着师公服，拿法铃、法剑、牛角、上元棍，分四排列队站立在南楼竹台前。正度师邓法银带领师公手持法剑在空中比画，念经嗡神，并打筶三次，他们说这叫"拜帅"。引度师不停念经嗡神，吹响牛角号，他们说这叫"鸣角拜天"。三位引度师将三炷香插在竹台前的三根竹架上，用竹筶不断敲击牛角，念诵经文。锣鼓师在竹台旁不断敲击锣鼓，鼓点节奏特别快，声音震耳欲聋。伴随着锣鼓声和师公念经声，开始有师男晕倒，此时旁边"把槽"的助手将晕倒师男抬到醮坛中央铺好的竹席上睡好，师公说是"引度师哥前往老君九郎门下投师学法"。渡水槽仪式中共有 11 人晕过去，其中包括年纪最小的 7 岁师男。事后，我们采访来自湖南江华两岔河乡的师男赵某（51 岁），他是渡水槽时第一个晕倒的。他说："我以前从来不信鬼神，但是这次亲自体验了，心里确实有不一样的感觉。渡水槽时站在竹台上之后，师公拿起牛角号一吹，我就有一种很奇妙的感觉，然后师公在前面一念经，就不知不觉晕倒了，感觉似乎有一种力量让晕过去。"瑶族宗教认为晕倒的人能掌控阴兵，没有晕倒的人则只能掌控阳兵，至于谁晕倒不是由师公决定的，而是由玉皇大帝决定的。晕倒的师男如果以后成为师公，可以做问鬼之类的法事，没有晕倒的师男则不行。

2. 上刀山

（1）施法变刀变脚

师公先将师男召集到刀梯下，脱鞋围坐在铺好的席子上。正度师邓法银和三位引度师及证盟师赵法通一起念诵咒语，并告知师男注意事项。这个仪式俗称施法变刀变脚。师公在师男脚上和刀山上施法，将刀变得不那么锋利，将脚变得比较厚实不易受伤。师公通过意念存想的方法变刀变脚，这种存变法术来自道教。

（2）奏表上刀山

晚上 20:00，开始上刀山。监视依科传度的保举师赵法贵在龙楼八仙桌前念经作法，正度师邓法银坐在刀梯下小凳上，右手拿法剑，开始奏刀山表。师公解开包在刀梯上的红布，这时锣鼓敲起唢呐响起，正度师在上刀山之前吹一声牛角号，第一个踩着刀刃上的符纸上刀山，每登一阶刀梯要停下吹一声牛角号，以号角声告知天界的玉皇。第一引度师、第二引度师、第三引度师接着上去。正度师、引度师每上一步刀梯都要唱《刀梯歌》，其中第七步唱道："踏上刀梯第七步，一拜天门十五官。师男专心下地拜，后来师男命有缘。"证盟师赵法通在刀梯上喷符水，挥舞法剑念咒语护法，38 位师男都赤足逐一登上刀山。

3. 结印

晚上 21:50，开始结印。执香师赵法行将用红布包好的法印递给龙楼上的

图 6-13 威竹瑶族度戒众师公登上云台

图 6-14 威竹瑶族度戒师男上刀山

二引度师邓法真。邓法真口中念道:"一个印子四四方,经师道宝在中央。今日当天抛给你,到来下界印文章。"然后抛下法印,师男拉起法衣衣角翘首而接。最后是给师嫂传授法印,邓法真念道:"一个印子四四方,太上王姥在中央。今日当天抛给你，拥护家堂兵马昌。"然后将法印抛给台下的师嫂。晚上22:30，结印结束。

4. 游仙入峒

2017年1月1日0:20，在醮坛外的棚子下举行游仙入峒仪式。师公赵法保男扮女装，头戴瑶族传统特色的帽子，手拿小扇子扮演美女。师公赵法行、赵法通身穿法服扮演书生，围绕桌子一边摇铃一边念经，逆时针绕桌子前行。扮美女的赵法保跟在两师公身后，不断干扰、挑逗、勾引书生，引得观众哈哈大笑。游仙入峒象征师公带领师男去祖先居住的梅山峒中游玩，传说梅山峒景色美丽，让人流连忘返。

5. 过火海

（1）准备火场

上刀山仪式结束之后，有人在龙楼旁的空地点燃柴火。火堆里摆放七块象征北斗七星的砖头，这就是度戒过火海的路。这堆火烧了两个小时后，用竹竿把砖头上发红的火星和柴灰扒到两边，就露出七块烧得通红的砖头。

（2）闭火

接着师公对烧红的砖头施法，请四海龙王、雪山祖师降水、降雪、降温。师公念诵请雪请冰的咒语，用法剑指着火海画符，以法术降低砖头温度。此为"闭火"。师公往砖头上贴符，前两次纸符一贴上去就燃烧起来，可见砖头的温度确实很高。

（3）封脚

凌晨2:00开始过火海仪式，过火海之前要先封脚。这时在云台下面已铺上竹席，师男分成几队围坐成几个圆圈，脚一律朝向圆圈中心。证盟师赵法通先请神叩师，然后用法剑封脚，师公一边念封脚咒语，一边对着师男脚底画符。念咒画符后象征已获神力保护，过火海时不会被烫伤。

（4）赤脚过火海

约5分钟后，加职师赵法兴飞快地在烧红的第一、第三和第五块砖上贴上字符，然后第一个从火砖上赤脚走过。接着二引度师邓法真过火海。然后师男开始过火海，有的师男由于害怕，过火海时几乎是跳着过去的。赵法兴鼓励后上的师男，"慢点踩，慢点踩，稳点踩！"师男赤脚从烧红的砖头上走过，象征接受了火海的严峻考验。

6. 度勒床

凌晨2:40开始度勒床仪式。师公挑选5名受戒弟子，他们在神案前一字排开躺在草席上，开教师李法情将一根半米长的带刺荆棘放在弟子腰间，然后一手持法铃，一手持笏板念经作法。受戒弟子经过度勒床的考验，灵魂才能与阳府神灵沟通。历史上瑶族先民迁徙游耕，度勒床旨在不忘披荆斩棘的艰苦岁月，让师男切身感悟体验先祖的辛劳。

（四）学法和授阴阳牒、结筵法事仪程

学法即学如何招兵、跳罡步的法术。阴阳牒是受度师男入教的凭证。结筵是仪式结束前的清理坛场仪式。

1. 学法

（1）招兵

中午12:00，在神案旁开始招兵仪式，师男和师嫂整齐列队，师公端着装有大米的簸箕，一把一把抓米给师男和师嫂。他们说这米就是兵，要用红布包好带回家去放在神龛里，以后就会有阴兵、阳兵护身。

（2）封官挂职

中午12:15，开始封官挂职。在神像画上粘贴许多封官的令纸条，其中一张令纸条写着传度职位："奉行太上老君门下敕封间梅师道二教三戒弟子，职位升在湖广长沙二府正任二品，在朝天官主管天下除斩精伏魔事，臣为任三戒弟子李法观，法正为号。"师男李法观至此取得法名，标志他已是太上老君门下弟子。

（3）学跳出兵舞、收兵舞

中午12:20，师公教师男做起兵和收兵法事。执香师赵法行挑选3名师男教起兵法事，师公和师男分别拿上元棍、令旗、斧头、刀剑等法器跳了一遍，接着保举师赵法贵又教收兵法事，起兵和收兵法事的舞步就是师公行法的罡步。

2．授阴阳牒

中午 12:30，授阴阳牒。由负责书写传度文书的书表师邓法银签同画押，书表师将醮坛桌子旁度戒的疏、词、表文进行对比，确定一致后，在三份文书中间写上"合同"二字，再在"合同"上盖老君印。邓元东在坛场给我们解释："度了戒以后根据上边这个，阴阳牒合一起盖印。一个印盖在这边，一个印盖在那边，要阴阳两个合一起对得上才算的。"阴牒交还给二引度师邓法真，阳牒由师男保存。度戒文书《传度二戒白榜意》说："上奏昊天金阙玉皇上帝御前，投进阴牒一道，随表上奏。阳牒一道，当天抛给新承小师某生身收贮为凭。"授阴阳牒后传授戒律，是师男要遵守的十戒。

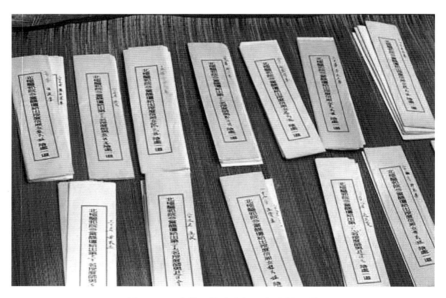

图 6-15　威竹瑶族度戒师男保存的阴牒

3．结筵

（1）破坛倒幡

下午 15:10，开始破坛。这是仪式结束前清理坛场的活动。几位师公一边摇法铃，一边唱经，跟在后面的师男则手持上元棍，将悬挂的榜文和花牌打下，与神龛、祭台一起堆在小溪龙楼边准备焚烧。

下午 15:30，正度师邓法银背着装阴牒的纸箱，左手握上元棍，右手持法剑，在神案前念经，将受戒弟子的阴牒火化申呈给三清、玉皇诸神。

下午 16:20，开始送孤魂仪式。师公经过一番仪式将孤魂殿撤掉。送孤魂仪式结束后开始倒幡，即将坛场边升起的灵幡放倒。师公赵法通和赵法兴念经，禀告神灵仪式结束，念完后砍倒三根竹幡。

下午 17:30 开始烧幡，将破坛后的幡旗、吊榜、剪纸、神龛、祭台、孤魂殿等点火焚烧。

（2）吃老君斋饭

下午 18:00，厨房已在准备"老君斋饭"，将一份豆腐和一份米饭放在簸箕里。"老君斋饭"被送到醮坛，再由师公分发给度戒的师男、师嫂。师男、师嫂在醮坛一起吃饭，意味着夫妻同吃一锅饭，结印夫妻能够白头偕老。这时师公念《传度戒文书》，告诫师男、师嫂要学会为人处世，要孝敬父母，尊敬长辈，遵守戒律。

（3）送圣

吃完老君斋饭，师公行送圣回乡科仪。晚上 20:00 散筵，标志度戒仪式圆满结束。

四　瑶族人对度戒的看法及道教传统

（一）当地瑶族人认为度戒不是成年礼

对瑶族度戒是成年礼的说法，贺州地方瑶族人并不赞同。仪式的头一天贺州瑶族人邓元东对我们说："盘瑶度戒是神的职位的提升。三台灯、七星灯、度二戒、度三戒、加职四戒，它就是每一个职位的提升。很多专家学者不同意这个看法，他们认为瑶族度戒是成人礼，它不是什么传道仪式，很多文章也是这样写。"[1] 他认为度戒不是成年礼，只是神职地位提高的过程，理

---

[1]　报告人邓元东是大平瑶族乡瑶族人，曾担任贺县民族事务委员会主任。1994 年 4 月，曾陪同雅克·勒穆瓦纳博士在广西及湘南桂阳、道县等地考察瑶族文化。

论上上到六七十岁，下到还在母亲肚子里的孩子都可以度戒。参加威竹瑶族度戒的 38 名新恩弟子，来自广西贺州、恭城，湖南江华，其中年龄最大的 67 岁，最小的才 7 岁，其中有 6 个是加职度四戒，接印的有十七八个，多是已婚的 30 多岁的男女，他们参加的这场度戒显然不是成年礼。

瑶族度戒的斋戒规定也显示不是成年礼。参加威竹度戒的师男，从广西贺州、恭城，湖南江华会聚威竹，师男在度戒期间要严守斋戒，已婚者至少要提前一个星期就不能与妻子同房。来自广西恭城三江乡的师公盘某（50 岁），这次送 30 岁的儿子来参加度戒，他在谈到度戒的规矩时说："度戒的时候有老婆，也不能和老婆睡。"这种严格的斋戒传统在瑶族社会长期传承，成为度戒师男自觉遵守的行为规范。度戒这种针对已婚者禁止同房的斋戒古规，显然不适合参加成年礼的未婚青年。度戒通过一系列的仪式规范和约束性的戒律，将普通的"白身人"型塑为族群合格的成员；它的仪式和法术传统将瑶族人成功"过渡"，或提升其社会地位或吸纳为承继瑶族宗教的法师。

在民族志资料中，西南各地瑶族民间没有成年礼之说。我们实地访谈的所有瑶族人都不认为度戒是成年礼，他们说来度戒是按照祖辈传下来的规矩行事。来自广西恭城三江乡的师公盘某，在回答我们"度戒是不是一种成年礼"的问题时说："度戒就是进行祖传的仪式，也是瑶族才要做的，不是瑶族就不做。我是瑶族的，姓盘，要继承盘王流传下来的传统。"广西贺州八步区贺街镇榕树村有 5 个师男来度三戒，说村里上辈中没有郎和娘这一级，他们只能度三戒，不能度四戒。一位邻村来威竹观摩度戒的师公李法寿（50 岁），早在 9 岁时就已度了三戒。我们采访了 52 岁的执香师赵法行，他是威竹村执钱小组人，21 岁时直接度了四戒，已做了 30 年师公。他的父亲是度戒坛场 83 岁的师公，14 岁的孙子是参加度戒的师男，但儿子却没有度戒。赵法行说："我这代人度戒了，儿子辈可以度也可以不度，但孙子辈必须度戒。这样才能传宗接代传承下去。最多只能隔一代人，必须度上去。"这里传宗接代的含义，在家族就是要代代继承盘王的香火，在瑶族社会就是要承继师公传统。瑶族社会师公系统的世代传承，主要依靠度戒仪式建立。

（二）　当地瑶族人参加度戒的目的和想法

瑶族度戒具有整合地方社会的功能，往往一人度戒全村亲戚都会给予物质帮助，村寨邻里都会前往观看仪式。通过宗教信仰的展演，瑶族社会的群体关系得以强化。师男的社会地位通过度戒得到提高，而瑶人的婚姻家庭亦通过度戒得到巩固。一位嫁到威竹村的汉族媳妇李某，这次和瑶族丈夫一起参加结印，她说两人来参加度戒"是因为瑶族人有一种说法，认为参加度戒仪式能够使夫妻同心，感情更好，永远不会分离"。而另一位嫁到威竹村的汉族媳妇说："这辈子是夫妻，度戒接印后下辈子还是夫妻，夫妻要永远和睦相亲。"仪式临近结束前吃老君斋饭时，师男、师嫂在醮坛同吃一碗饭，这在瑶族社会是具有特定功能的仪式行为。师男、师嫂通过度戒仪式已成为结印夫妻，在瑶族社会里没有一对结印夫妻离婚，可见度戒使瑶人婚姻家庭关系更为紧密牢固。度戒师男上刀山下来后，和师嫂一起在云台下接收师公抛下的法印。此"结印"象征师男和师嫂已结为阴阳两界永远的夫妻。如此看来，度戒具有社会控制的性质和作用，度戒仪式的宗教伦理教育确有稳定家庭和社会的功能。

图 6-16　参加威竹瑶族度戒的瑶族母女

图 6-17　参加威竹瑶族度戒的瑶族人

　　瑶族师男参加度戒的动机多种多样，很多师男声称是家中父母要求他们来度戒。来自广西恭城三江乡的 31 岁师男盘某，在谈及他来参加度戒的目的时说："家里香火有祖传的兵马要接，不接的话香火不旺，事事不顺。这几年我做事都不顺，所以有机会就度戒，试试看改变一下运气。"我们采访了一位 20 多岁的师男赵某，他是第一次来参加度戒，他告诉我们："来参加度戒是家里人的意思。如果以后结婚，还是会带妻子来结印的，如果有了小孩，也会让小孩继续度戒的。"

　　瑶族人认为参加度戒后神灵会授予度戒者神兵，这些神兵能够保护个人平安、家庭和睦。度过戒的人去世之后，他的神兵要由下一代人继承，所以瑶族家庭每代人都要度戒，以便将护佑家人的兵马代代传下去。度戒获得的神职位高，统领的神兵就多，师男在族群中的地位也就相应提高。师公赵法行谈到度戒的入阴说："这个也不是我们师公定，这个是玉皇大帝定的。他可以相信你领阴兵，你就入阴了。"在瑶族人的观念中，师男度戒后可以统领神兵，就是因为得到了玉皇大帝的封职。

瑶族师男在度戒仪式中要接受民族历史的传统教育，自觉信守度戒中的伦理道德和宗教戒条，承担社会赋予他们的责任和义务。邓元东在坛场对我们说："通过度戒的这些人，不管以后是不是师父，但是有一条，为人处世、做人这个道理，他比别人理解得要深，他不容易忘记。"瑶族社会以民风淳朴著称，这与历史上度戒的宗教伦理教育有关。瑶族通过度戒以灌输族群的道德价值观，度戒仪式中告知师男的十戒和十问条文，是师男在生活中要恪守的宗教伦理规范。证盟师赵法通在度戒第一天对我们说："到时候我们会教师男的，教他们怎样作法，有钱要去，没钱也要去，下雨要去，下雪也要去，风雨无阻。"历史上瑶族人每当有宗教需求时，师公有为族群服务的责任和义务。赵法通谈到度戒的传统说："这是我们老祖宗传下来的，在哪里做都是一样的。"正是度戒仪式在瑶族社会的长期传承，才使得师公的宗教传统沿袭不替。

度戒师男要严格遵守十戒，其戒条来自《老君十戒书》。证盟师赵法通说："我们会拿那本书出来念。你要戒什么，什么事不能做。要走正路，不能走邪路。"从云南金平县来观摩度戒的师公李某（54岁）说："这种仪式是一种教育，教育子孙后代不能搞破坏，破坏森林、破坏土地，打人、骂人、杀人，强奸妇女都不能干。要做好人。"瑶族度戒宣示的《老君十戒书》十条戒律，来自早期正一道授箓的戒条而有适应瑶族社会的变通，瑶族宗教与道教相互融摄形成的度戒仪式，可谓是道教影响瑶族社会的典型例证。[1] 瑶族人认为十戒是太上老君的传统。证盟师赵法通就说："原来老君度戒的时候需要戒什么，现在我们徒弟就戒什么，要继承他的。"瑶族民间称度戒为"过法"，这个法其实就是瑶传道教之法。

（三）瑶族度戒的道教传统

瑶族度戒的文书有50多种，度戒仪式是对科仪文书的演绎，师公在坛场唱念诵经都有科仪文书的依据，这叫按科行法。度戒的文书称"太上正一茅

---

[1]　关于瑶族度戒十条戒律来自早期正一道授箓的戒条及瑶族宗教与道教相互融摄形成的度戒仪式，参见张泽洪《瑶族社会中道教文化的传播与衍变——以广西十万大山瑶族度戒为例》，《民族研究》2002年第1期。

楼传度加职",威竹坛场标语写"承宗接祖茅楼传度良筵会",度戒文书二戒疏皮写明"新承传度二戒弟子",《祖师咒》说"奉请祖师及本师,开教传师度后师。传度流行传世上,愿行法教不思仪",度戒文书名称有《正传度二戒疏谕榜伸名表》《鸣扬传度疏表意》,度戒坛场称"传度法坛",度戒文书称"传度加职",威竹度戒坛场的门匾对联书写"传度修因兴福果,星灯大法师传度",横额写明"鸣扬传度"。瑶族科仪文书中的传度话语,明确昭示度戒是传度,这是我们认为瑶族度戒是传度仪式而不是成年礼的依据。

瑶族度戒是宗教法术的传度,度戒文书明确宣称是太上老君度法。《四府赎关》文书称"乃当老君度法之良辰",《传度二戒白榜意》说"乃当太上老君度法之晨"。度戒后的师男已入教成为老君门下弟子,《传度二戒疏表书》称师男为"老君门下弟子"。威竹瑶族度戒授给师男的阴阳牒,就是师男列入宗籍和入教的凭证。阴阳牒书写度戒者的生辰八字、十戒条文及所授法物,并在牒尾写明阴牒化入仙境,即在举行任命道职仪式时焚烧阴牒送达天界,度戒弟子保留阳牒作为百年后与祖先相认的信物。瑶族度戒文书《传度二戒白榜意》说:"如遇百年行乡限满,将此阳牒一道,缴赴九郎门下功德司官案前比对,朱墨相同,即系老君门下弟子。"引度师邓法灵在度戒坛场给我们解释说:"你度了戒,你没有这些生辰八字的文书(阴阳牒),就上不了天堂。他度戒的时候就烧了一份,等他以后老了去世了,他还要拿那份文书出来,他就可以上天堂。度过戒的有那份文书都可以上天堂。"瑶族度戒文书《传度二戒白榜意》说:"拨差金童玉女,引上上天堂之路,早登天师任位之中。从今传度以后,伏愿弟子身体清吉,寿命延长,百年荣华。"师男死后阳牒将被放在胸口处,瑶族人认为这样一来到阴间与度戒时焚烧的阴牒对合,与度戒的阴牒对得上就能见玉皇大帝。

历史上道教在南岭走廊的传播是瑶族度戒形成的关键,早期正一道授箓衍化为瑶族的度戒,并长时期影响瑶族社会的宗教传统。[1]　度戒经书中常见的

---

[1]　本文关于历史上道教传播瑶族社会,影响瑶族宗教传统的论述,参见张泽洪《文化传播与仪式象征——中国西南少数民族宗教与道教祭祀仪式比较研究》,成都:巴蜀书社,2007,第402~452页。

"传度"概念，就直接来源于道教经书。道教的传度是传法度人之意，道教有传度斋、传度醮、传度道场、传度仪范、传度科格、开坛传度、依科传度之说，宋代道士贾善翔撰有《太上出家传度仪》。明代道经《道法会元》卷五十七《上清玉枢五雷真文》说："凡传度，须择有道材法器刚断之士，可付之。"[1] 瑶族度戒授予师男法服、法器、法印、法名、戒律、阴阳牒，这些经过坛场行法传度的神圣之物是沿袭道教的传统。

瑶族度戒的上刀山、过火海、度勒床、跳云台、押号抛牌在仪式中具有特殊的意义。这些仪式象征师男经历了道法的考验，师男经受这种巫术色彩的危险与痛苦考验之后，师男已成为新人，经书中称之为"新承弟子"。抛牌是师男上刀梯后，主醮师从刀梯上抛下老君印。这是师男从世俗转向神圣的关键，获得法职的师男可以主持仪式、济世度人。瑶族度戒的各种过渡的象征标志着社会地位的跨越。参加度戒的瑶族师男的确经历了"从一境地到另一境地，从一个到另一个（宇宙或社会）世界之过渡仪式进程"的洗礼。[2] 度戒后的师男获得象征入道的法名，这个法名是标志师男社会地位得到提升的符号，作为"新承弟子"他将是瑶族宗教的新一代法师，能传承血脉以师公身份主持宗教仪式。

综合对威竹度戒的田野调查和瑶族经书的分析，我们对瑶族度戒的性质及意义可以得出以下认识。

第一，瑶族度戒的性质不是成年礼。参加威竹瑶族度戒的38名师男，年龄从最小的7岁到最大的67岁，其中多是30多岁的已婚男女，这场度戒显然不是成年礼。参加度戒的所有瑶族人都不认为度戒是成年礼。瑶族人视度戒为祖传的仪式，认为这是师男神职地位提高的过程。瑶族度戒不是象征迈向成人阶段的成年礼，但它的确有提升师男社会地位的功能。度戒师男经历此过渡仪式之后，在世俗方面拥有选举和被选举为村社头人

1　《道藏》第29册，第151页。

2　〔法〕阿诺尔德·范热内普著，张举义译《过渡礼仪》，北京：商务印书馆，2010，第10页。

（瑶老）的权利，在宗教方面则取得做师公的资格，其世俗和宗教人生都发生质的变化。

第二，瑶族度戒的性质是给师男传授道法的传度仪式。西南瑶族度戒的经书仪式大同小异，南岭走廊核心地区广西贺州大平瑶族乡威竹村度戒具有典型性。威竹度戒仪式坛场张挂的《传度请圣黄榜》，坛场张挂的"传度大吉""承宗接祖茅楼传度良筵会"等来自瑶族度戒经书的标语，还有度戒文书《正传度二戒疏谕榜伸名表》《鸣扬传度疏表意》《传度二戒疏表书》《传度二戒白榜意》的名称，都明确显示瑶族度戒的性质是传度，即将瑶族宗教的法术传统传给受度师男，这是瑶族宗教法师世代传承的主要方式。瑶族传度的概念来自道教，传度的内涵和意义在道经中有丰富的解读，传度也是道教吸收信徒的仪式。我们不难看出，威竹瑶族度戒的仪式行为，其实是建立在瑶族的道教信仰之上的。度戒仪式最能体现瑶族社会的价值观，这是历史上道教在南岭走廊传播的结果。

第三，瑶族度戒丰富了人类学过渡仪式的理论。瑶族师男经历度戒的仪式洗礼，其社会角色和地位发生转化，从此获得瑶族社会的认可和参与社会活动的权利，这是度戒在世俗人生方面的意义。度戒是师男宗教职位晋升的阶梯，只有受戒者才能学习师公的法术，取得传法度人的师公资格；度戒师男死后能够名列仙籍，作为太上老君门下的"新承弟子"，他的灵魂可以进入神仙世界，这是超凡脱俗之宗教境界升华的象征。瑶族人认为度过戒的才是盘王的子孙，这是瑶族社会长期形成的心理意识。如此看来，度戒仪式又是瑶族人族群认同的符号标志。这种蕴涵中国少数民族宗教特色的过渡仪式，其丰富的仪式程序和深邃的文化内涵，在人类学仪式理论中具有重要的研究价值。

结　语

通过以上对瑶族宗教经书文化内涵的讨论，可见瑶族宗教有着浓厚的道教元素。从对瑶族经书及瑶族历史文化的考察可知，小传统的瑶族宗教对大传统的道教的汲取，丰富了中国民族学的中华民族多元一体理论[1]和民族走廊理论。对瑶族宗教经书文化内涵的深度研究，同样丰富了国际宗教学、民族学、人类学理论。瑶族内蕴深厚的经书和仪式传统，为国际宗教学、民族学、人类学理论，提供了东方宗教的鲜活例证，这是我们对瑶族宗教与道教进行比较研究的文化意义所在。

首先，瑶族宗教与道教的比较研究，彰显中华民族多元一体理论和民族走廊理论的宏观指导意义。

中华民族多元一体理论和民族走廊理论，是中国民族学具有宏观指导意义的两大理论。秦汉以来中华民族多元一体格局形成，中国少数民族宗教的发展演变有了广阔空间，国家大一统格局的形成客观上有利于各民族的文化交流。在中华民族多元一体的政治格局之下，作为中原儒释道三教之一的道教得以长期、持续地传播于瑶族社会，而小传统的瑶族宗教可以不断汲取道教的元素，接受来自中原地区道教的影响。

三大民族走廊学说是中华民族多元一体格局理论的重要内容。民族走廊理论是集数种理论于一身，且具重要指导意义的理论模型。民族走廊理论与

---

[1]　费孝通先生提出中华民族"多元一体"说，即 56 个民族是多元，中华民族是一体。参见费孝通《中华民族的多元一体格局》，《北京大学学报》1989 年第 4 期；费孝通等《中华民族多元一体格局》，北京：中央民族学院出版社，1989。

中华民族多元一体理论互为支撑，为瑶族宗教与道教的比较研究提供了分析框架，为认识瑶族宗教的多元文化内涵提供了合理的学理基础。王建新教授指出，中国三条民族走廊各有一个跨民族、跨文化传播的主体性宗教，形成各族群多元宗教相融共生的基本格局。在西北走廊主要是伊斯兰教，形成与高原干燥地区的农民及游牧民社会文化的互动融合；在藏彝走廊主要有藏传佛教，构成与藏东、川西及横断山脉等山地、峡谷地区各民族社会文化的互动融合；在南岭走廊主要为道教，表现为与南方山地、沿海地区各民族社会文化的互动融合。[1] "南岭走廊"东起闽南武夷山区，西迄珠江支流北盘江、南盘江上游地区，即黔、桂、滇交界地区，直抵乌蒙山，其北界在南岭北侧一线，其南界大约以北回归线为界。南岭乃长江、珠江的分水岭，是华中、华南自然与农业生产差异的重要界线，是中国大陆南部最具地理意义的山地。南岭走廊主要是壮侗语族与苗瑶语族各族的走廊，由于南岭走廊的开放性特征，瑶族与中原汉文化的交流始终不衰。

　　在瑶族宗教的科仪经书中，仪式事主历署"大明国""大清国""中华民国""中华国"等彰显出对中华民族共同体的认同。甚至迁徙至东南亚及欧美各地的瑶族人，在其宗教经书中仍然坚持对中华民族共同体认同的书写。历史上世代居住在西南地区的瑶族人，虽然部分迁徙至东南亚及欧美各地，但仍然不忘祖先居住的梅山。世界各地瑶族老人去世以后，在送灵指路仪式中要将灵魂送归梅山十峒，梅山具有瑶族人生命最后归宿的象征意义。从瑶族宗教经书与仪式实践来看，瑶族人的中华民族共同体意识是长期塑模的结果。日本学者西泽治彦曾论述中华民族多元一体格局理论："多元一体格局是说，处于基础层面的 56 个民族之上，存在一个最高位的中华民族认同。"[2] 历史上瑶族先民的中华民族共同体意识，是在与中原汉文化包括道教的长期接触浸

1　王建新：《中国民族宗教研究的学术架构——基于民族学/人类学的思考》，《北方民族大学学报》2009年第 6 期。

2　西澤治彦「費孝通著『中華民族の多元一体構造』」、『武蔵大学総合研究所紀要』2002 年第 11 期、17-56 頁．

润中形成的。

瑶族作为先秦"四夷"说中的南蛮族群，瑶族宗教浓郁的道教元素，是中华民族多元一体格局下道教在南岭走廊传播的结果。在中国西南少数民族中，各民族传统宗教都不同程度受到道教影响，而瑶族宗教道教化的特征至为明显。瑶族宗教道教化表现在诸多方面，瑶族宗教经书就显示了浓厚的道教色彩。广西瑶族《遵典经》的按语引用唐代道士李含光《九幽忏法序》，阐述三十六部尊经之义，记载"玉清圣境洞真经""上清真境洞玄经""上清仙境洞神经"，此源自道教的洞真、洞玄、洞神三洞经书，即所谓三十六部尊经。广西瑶族三洞经书的品目按洞真、洞玄、洞神各十二部分类，是沿用《道藏》三洞经书的分类方法。瑶族宗教经书的道教色彩已足以说明历史上宗教文化在各民族间的交流，这种交流既是中华民族多元一体格局影响的结果，又从宗教文化层面有助于增强中华民族的向心力和凝聚力。

由于秦汉以来中华民族多元一体格局逐步形成，道教对瑶族等西南少数民族的影响是持续不断的。瑶族经书不但吸收道教与佛教的经典，也吸收儒家的孝义伦理。如《化十二醮坛书戒坛文》："老君传得杀鬼诀，孔子传教好文章。释迦传得佛教法，如今三教得传扬。"融合儒释道三教于瑶族经典中。"风俗谨厚，见遗不拾"，是西南地方志对瑶族社会风俗的记录，这既是儒释道三教浸润影响瑶族社会的结果，也客观反映出汉族人对瑶族人的认知。

宗教经书是反映宗教教义思想的文本载体，我们从瑶族宗教经书的角度讨论瑶族与道教的关系，旨在以实证研究丰富中华民族多元一体格局理论的内涵。

其次，瑶族宗教与道教关系研究的宗教人类学意义。

瑶族具有悠久的历史和灿烂的文化，瑶族宗教具有南岭走廊的地域特色，在西南少数民族中独具特点。中国是一个多民族的国家，宗教文化呈现出多种形态。在中国传统的儒释道三教以外，中国少数民族宗教是并存的宗教形态。中国55个少数民族在与大自然和谐相处的生活中形成了独具特色的民族宗教，中国少数民族原始古朴的宗教信仰构成民族历史文化的主要内容。

《中国宗教与中国文化》"总序"说："人类的一切宗教都是人类的文化创造，是人类文化发展到一定历史阶段的产物，中国宗教与中国文化的关系也是这样。这是一条为全部人类历史、思想史证明了的普遍原理。"[1] 西南少数民族宗教与西南各族群社会生活发生着密切的关系，西南少数民族宗教丰富了西南各族群的历史。同样，瑶族宗教与瑶族社会生活有着密切关系，瑶族宗教丰富了瑶族的历史。

中国作为多元民族、多元宗教的国家，儒释道三教是中华民族传统文化的核心部分，瑶族宗教也是中华民族传统文化的重要组成部分。在秦汉以来多元一体的政治格局之下，西南少数民族地区形成多元宗教并存的格局。西南少数民族宗教呈现内容丰富、形态多样、仪式繁杂和各具特色的局面。对西南少数民族宗教的研究，历来是国际人类学的热点。西南地区受道教影响的少数民族主要是瑶、壮、苗、白、土家、纳西、彝、羌、侗、水、布依、仡佬、仫佬、毛南、阿昌、京等民族，但瑶族中传承的道教内容的经书最为丰富，道教色彩的祀神仪式最具特色，瑶族宗教与道教的比较研究具有深刻的宗教人类学意义。对瑶族宗教经书的研究以东方宗教的例证来丰富宗教学理论，有力说明了原始宗教与神学宗教有机结合的可能性。

瑶族宗教具有浓厚的道教色彩。瑶族宗教的师公、道公两大派系，是道教不同教派传播于瑶族社会所致。瑶族宗教中唐葛周三元信仰，与早期正一道的传播有关。瑶族度戒仪式是早期正一道授箓的传承衍变，瑶族度戒仪格中蕴涵着丰富的道教思想，是历史上道教在南岭走廊文化传播所致。瑶族度戒仪式中保留诸多道教因素，是道教传播瑶族社会而产生文化涵化的结果。

文化涵化（cultural acculturation）是指两种或两种以上的文化相互接触、影响、发生变迁的过程。在中国西南少数民族中，瑶族与道教文化的相互融摄，可谓是文化涵化的典型例证。文化涵化的前提是文化传播，文化传播通

---

[1]　余敦康、吕大吉、牟钟鉴、张践：《中国宗教与中国文化》，北京：中国社会科学出版社，2005，第4页。

过一段时间的相互影响，可使文化接触的相关方都发生一定的变化。正因为瑶族宗教受道教影响而呈现出较多的道教元素，学界亦称之为"瑶传道教""瑶族道教"，这即是文化涵化的结果。瑶族宗教的度戒是受道教影响的仪式，是瑶族青年男子必经的生命仪式，度戒在瑶传道教中颇具特色。度戒仪式融摄了早期正一道授箓的科法，又保留了瑶族原始宗教的法术。瑶族度戒仪式前师男的斋戒，度戒仪式中罡步、手诀的习得，十戒条文的告诫遵守，神兵、法衣、法器、法名、法印与阴阳牒的传授，都是瑶族对早期正一道授箓科法的传承。而瑶族度戒中师男所接受的渡水槽、度勒床、上刀山、下火海及云台法等法术的考验，则是瑶族原始宗教法术在度戒中的运用。瑶族的度戒是道教沿南岭走廊传播，在瑶族社会中经历文化涵化而形成的仪式。瑶族度戒在历史上长期传承于瑶族社会，有关度戒的文书是瑶族经书中较为丰富的一类，度戒是揭示瑶族宗教与道教关系最具典型性的仪式。本书以瑶族度戒的仪式象征为线索，探讨在中华民族多元一体格局下，瑶族宗教与道教相交融所产生的文化涵化现象，此东方宗教的个案丰富了人类学文化传播理论的内涵。

瑶族度戒是人类学过渡仪式阈限理论的中国经验。美国人类学家维克多·特纳在仪式研究中曾提出所谓"阈限"的理论，他认为在宗教的领域中，要跨进一个新境界或踏上一个新里程，一定要经过一项仪式，这个仪式犹如一道阈限，通过后即能达到新境界。法国人类学家范·盖纳普《通过仪式》将"通过仪式"划分为分离、阈限和聚合三个阶段，并将"通过仪式"定义为伴随着地点、状态、社会位置和年龄的每一次变化而举行的仪式。[1] 认为从一个群体过渡到另一个群体，从一种状态过渡到另外一种状态，仪式就在确认这样的过渡和转变。范·盖纳普认为没有这种"通过仪式"的帮助，个人及其关联的社群，将不容易从旧的生命阶段进入另一新的阶段。仪式的功能

---

1 〔英〕维克多·特纳著，赵玉燕、欧阳敏、徐洪峰译《象征之林》，北京：商务印书馆，2012，第124页。〔英〕维克多·特纳著，黄剑波、柳博赟译《仪式过程：结构与反结构》，北京：中国人民大学出版社，2006，第94页。

致使在心理上和人际关系上顺利地通过,这是宗教仪式在个人生命的阶段中所产生的重要意义。瑶族度戒是宗教色彩颇浓的过渡仪式,即"通过仪式"。

瑶族度戒仪式的师男必须通过云台法的考验。仪式通过从云台上坠落这种颇具象征意义的符号动作,表示师男已脱离凡胎成为仙童从天界降生。瑶族度戒仪式就是师男人生的阈限,而云台法可谓是阈限的关键,师男受云台法考验的宗教意义是,师男翻下云台死而复生,已经是成功传度而获得新生的人。师男翻下云台象征已进入奉道的人生新境界。

瑶族宗教凸显出的道教色彩是道教传播于瑶族地区经历文化"顺涵化"的结果。度戒仪式的伦理教育具有整合瑶族社会的功能,瑶族度戒旨在延续瑶族宗教的法师传统,度戒的性质是瑶族社会的宗教传度仪式。度戒作为瑶族吸取道教思想而形成的仪式,在瑶族社会中发挥出特有的宗教功能,此东方宗教的例证具有深刻的人类学意义。

道教传播于瑶族社会是一个长期的历史过程,史籍经书中所载楚地黄冠进入瑶区传教,是瑶族社会对道教传播的历史记忆。宋代道教盛行的天心正法传入瑶族社会,在瑶族宗教中上呈北极驱邪院的仪式文书就是天心正法传入瑶族社会的明证。瑶族经书中淮南教、龙虎山的传说,都反映出道教的传播。瑶族是信仰梅山教的族群,梅山教与道教有着密切关系。梅山教师公、道公的不同法术体系,或许就与道教不同派别在历史上的传播有关。西南各族群梅山教具有多元文化的特质,梅山教本来是古梅山地区的宗教,历史上伴随西南各族群在南岭走廊的迁徙,梅山教在西南广大地域内广为传播,这与道教影响西南少数民族的历史大势有关。西南少数民族传统宗教属于原始宗教的衍生形态,而在西南少数民族宗教中的梅山教、茅山教、闾山教等法派的存在,是道教与少数民族宗教文化互渗的结果。瑶人度戒的传度职位书中所称"北极驱邪院川通闾梅二教",大致为闾山教、梅山教,两派道法都由北极驱邪院拨法。西南各族群的梅山教、茅山教、闾山教,是历史上文化传播与文化涵化的产物。本书通过对瑶族《送梅山十八洞》等游梅山经书的深度解析,可以探寻瑶族源流及在南岭走廊迁徙的重大历史。最早在秦汉时期,中原地区的汉人就开始进入西南少数民族地区，历史上少数民族与汉族的密切交往，是西南少数民族接受道教的条件。

但我们在研究瑶族宗教时，应该注意到这样一个基本事实，就是瑶族在道教传入之前，已经有本民族的原始宗教信仰。所谓的瑶族道教，是原始宗教与道教相融摄涵化的产物，因此瑶族道教又具有与正统道教不同的特质，其中保留了瑶族原始宗教信仰的一些内容。梅山教、茅山教、闾山教是既保存少数民族原始宗教特质，又融摄了神学宗教道教的元素而生成的传统宗教，在宗教形态学上具有重要的研究价值。瑶族宗教中的道教传统来自正统道教还是来自民间道士，瑶族梅山教、茅山教、闾山教的法派体系，都是瑶族与道教关系研究中值得关注的问题。瑶族宗教与道教的比较研究，说明瑶族对中华传统文化的贡献，瑶族宗教是中华传统文化的组成部分。本课题的研究可以说还仅是一个初步的探索，更深入的讨论是今后继续努力的方向。

附录一 *

英国牛津大学伯德雷恩图书馆藏瑶族经书简表

编号	经书名称	分类	书主	抄写人	抄写时间	附注
S3242	《三十六敕文》《梅山关隘》	科仪经书（作斋超度）	未知	未知	未知	
S3243	《多变身法》	法术文本（制邪伏鬼、藏身变化）	未知	未知	未知	
S3244	无题	科仪经书	未知	未知	未知	封面缺失
S3245	无题	葬书、医书	未知	未知	未知	封面缺失
S3249	无题	祭祖	未知	未知	未知	封面无字
S3251	《盘古记》	七言神唱	赵元	福奘	光绪十二年四月二十八日	
S3252	无题	三字训诫文	未知	未知	未知	封面字迹不清，信息混杂
S3253	《大学书篇》	儒家	赵富县	欧阳凤	咸丰十二年	实际为同治元年
S3255	无题	科仪经书（超度亡魂）	未知	未知	未知	封面缺失

---

* 瑶族经书多为清代民国时期手抄本，这些民间抄本中有一些俗字，还有错字。附录为保持经书原貌，对这些俗字、错字一般不做改动。例如："任午"，应为"壬午"；"润六月"，应为"闰六月"；"鹜父"，应为"岳父"；"掌男"，应为"长男"；"第子"，应为"弟子"；"蜜语"，应为"秘语"；"代毕"，应为吗"代笔"；"院笔"，应为"完笔"；"南灵"，应为"喃灵"；"桉龙""按龙"，应为"安龙"，"功蓸"，应为"功曹"；"喤上"，应为"皇上"；"化依"，应为"化衣"。另，"亡"常作"邙"；某科偶作某颗。

编号	经书名称	分类	书主	抄写人	抄写时间	附注
S3256	《天文六言杂字》	天文、地理、时令、人物、文官、武职、仕宦、农业、百工技艺、商贾、番国、身体、病症、婚姻、丧礼、衣冠、经帛、讼狱、宫室、木器、瓷器、禽兽等方面知识；看病用的天师卦	盘富昌盘富德	洪林	嘉庆二十二年十月十五日	第28页写有"道光三十一年五月十七写燕一本天文地理"，其后内容为用于看病的天师卦
S3257	无题	四言生活知识	李元仙	未知	未知	封面字迹模糊不清
S3258	无题	祭星以求子解厄	李进仙	未知	未知	封面无字
S3259	无题	法术、灵符	未知	盘富升	未知	封面无字；内有"吹生符、安六甲符、聪明符、藏身符"等
S3261	《音释四书大学》	儒家	陈贵林	盘王明	民国二十七年七月十三日	
S3262	无题	法术文本（消灾解厄、超度亡魂）；灵符（驱鬼辟邪）	赵金昌福	赵金昌福	民国六十八年'正月初二	封面只有"书主赵金昌福己未年正月初二□□在内"一句信息
S3264	无题	四言杂文	未知	未知	未知	封面缺失
S3265	无题	法术、日占	未知	未知	未知	封面破损；内有剪断鬼法、变大法、救变法等法术
S3266	无题	五言儒家戒语	未知	未知	未知	封面破损
S3267	无题	四言杂文、科仪经书（追魂牒）	未知	未知	民国二十七年八月	封面破损，上有"住云南省墨江姓名杨树美"的字样，疑似书主
S3269	无题	四言杂文	未知	未知	未知	封面破损；内有：《面品章》《果品章》《屋宇章》《靴履章》《军器章》《商贾章》《人物章》《肴馔章》《花草章》《竹木章》《禽兽章》《虫蚁章》《脏器章》《疾恙章》《释道章》《恒言章》《律款章》

续表

编号	经书名称	分类	书主	抄写人	抄写时间	附注
S3270	《青竹丝奇案歌》	传奇小说	竹林书局	竹林印书局	民国四十七年六月十五日	
S3272	无题	科仪经书	未知	未知	未知	此经书仅存1页
S3273	无题	算命用书	未知	未知	未知	封面缺失
S3274	一件亡人榜示（式）	科仪经书（超度亡魂）	未知	未知	未知	封面缺失
S3275	无题	科仪经书（超度亡魂）	赵今仙	未知	未知	封面缺失
S3276	无题	科仪经书（开关神象竹出世用）	未知	刘进府	壬辰年五月初五日	无封面
S3277	《开邪禁、招魂、超度、奏星、请水法语共抄一本》	科仪与法术（驱瘟除疾、超度亡魂）	□贵进	未知	同治五年四月十七日	内有灵符、步罡图
S3278	无题	科仪经书（祈福消灾、祈求五谷、建屋安宅、安祖坟、送瘟解秽、超度亡魂等）	未知	未知	未知	封面缺失
S3279	无题	科仪与法术（超度亡魂、驱瘟除疾）	赵贵珠	未知	民国二十九年仲春月朔六日	封面缺失；内有《叫魂科》一篇，以及各种灵符、法术、步罡图等
S3280	《学法传阳歌》	七言神唱（拜师）	盘富朝	李富连	民国三十六年四月十四日	
S3281	无题	七言神唱	未知	未知	未知	封面缺失
S3282	无题	科仪经书（驱邪治病、释罪、祈福消灾）	未知	未知	未知	封面缺失；最后有"老人生日对、新婚对"等内容
S3283	无题	七言神唱	马元□	未知	民国	封面外页无字，内页字迹模糊；内有：《盘古歌》《灶鬼歌》《家先歌》《玄天歌》《广福歌》《庙王歌》《三清歌》《玉皇歌》《圣住歌》《天府歌》《地府歌》《水府歌》《阳间歌》《地主歌》《社王皇歌》《七官歌》《旗头歌》《雷霆歌》《天师歌》《海潘歌》《敕封歌》《道还原》《四府歌》《三清花》《三清学法》

续表

编号	经书名称	分类	书主	抄写人	抄写时间	附注
S3284	无题	吉凶日	未知	未知	民国四十四年六月十八日	封面无字
S3285	无题	法术文本	李法保	未知	道光三年五月十九日	封面无字且破损；内有各种灵符、步罡图
S3286	无题	社会风俗	赵有庭马珍甫	未知	民国二十六年六月二十九日	封面无字
S3287	《叫魂方》	七言神唱（叫魂、奏星、解厄）	黄通县	未知	未知	
S3288	《宣词表脚引一纸》	科仪经书（驱瘟除疾、超度亡魂、祈求五谷、建屋安宅等）	盘文金	未知	咸丰四年七月二十二日	封面无字
S3289	《增广书》	贤文教诲	未知	未知	未知	
S3290	无题	七言神唱、法术文本	未知	未知	未知	封面缺失
S3291	无题	科仪经书（解关煞）	未知	未知	未知	封面无字
S3292	无题	儒家	未知	未知	未知	封面缺失
S3294	无题	杂文（二十八说各类社会人事）	盘文昌盘文有	未知	未知	封面信息难以识别
S3295	无题	科仪经书（超度亡魂）	赵忠安	未知	未知	封面缺失
S3296	《平追魂牒用》《送怪书》	七言神唱、科仪经书	邓文思	未知	未知	
S3297	《婚姻专花秘语》	合和婚姻（男女婚姻之禁忌与吉凶）	李金仃	未知	咸丰四年五月初十日	
S3298	无题	七言神唱（女人解结）、科仪经书（送亡）	未知	未知	未知	封面无字
S3299	无题	七言神唱（女人解结）、科仪经书（送亡）	未知	未知	未知	与 S3298 同

编号	经书名称	分类	书主	抄写人	抄写时间	附注
S3311	无题	科仪经书与七言神唱（入道奉戒）	未知	未知	未知	封面无字
S3314	《讼冢章格》	科仪经书	李妙解	张胜玉	乾隆四十六年二月望日	
S3330	无题	择吉（吉凶日）	未知	未知	未知	封面无字且破损
S3331	《通书》	择吉（吉凶日）	冯金周	未知	民国五十三年七月十五日	
S3332	无题	法术与步罡图	赵万德	未知	光绪三十四年十二月二十三日	封面无字
S3333	无题	法术与步罡图	邓文思	未知	民国四十三年正月上旬	封面无经书名称、书主、抄书人、抄书时间等重要信息
S3334	《送亡人上桥》	七言神唱（送亡）	未知	未知	未知	
S3335	无题	灵符	未知	未知	未知	封面无字
S3336	无题	人生警语	未知	未知	未知	封面缺失
S3337	《水符科》	科仪经书（救患祈安）	李金正 李金历	李玄和	咸丰元年四月中旬	
S3338	《开卦堂法》	法术文本	邓云相	未知	咸丰五年三月十六日	
S3339	无题	占卜用书	未知	未知	未知	封面无字且破损
S3341	无题	科仪经书、七言神唱、步罡图	未知	未知	未知	封面缺失
S3342	无题	七言神唱（行贺三庙圣王）	未知	未知	未知	封面缺失
S3343	《谨狱赦表》	科仪经书（超度亡魂）	未知	李富广	未知	
S3345	无题	科仪经书、灵符（送亡）	未知	未知	未知	封面无字
S3347	无题	儒家	登文寿	未知	未知	封面无字
S3349	无题	科仪经书（赦书、血湖）	未知	未知	民国三十九年七月十六日	封面无字

续表

编号	经书名称	分类	书主	抄写人	抄写时间	附注
S3350	无题	法术文本（驱鬼辟邪）	未知	未知	未知	封面缺失
S3351	无题	科仪经书（招魂、开山）	未知	未知	未知	封面模糊不清
S3352	无题	科仪经书、七言神唱、法术（大变京堂法用、倒山法用）	未知	未知	未知	封面破损
S3353	无题	科仪经书（每月生子、□□案词）	李富银	未知	未知	封面无经书名称的信息
S3354	《游梅山三十六洞书》	七言神唱	邓明贵	赵万学	嘉庆十一年二月二十日	
S3355	《猺书一本》	七言神唱	李进乾	未知	咸丰十一年四月十二日	
S3356	《南皮张尚书戒缠足会章程叙》	废缠足	未知	张之洞	光绪二十三年七月	
S3357	无题	科仪经书（度戒）、法术（收六甲胎用、开邪师法用、敕番坛法用、闭门法用）	盘富周	开算（？）	未知	封面无字
S3358	无题	科仪经书、七言神唱（敕病书、开光法书、诵三清咒）	未知	未知	未知	封面无字
S3361	《三庙书》	七言神唱	赵元周	盘儒士	嘉庆二十四年七月九日	
S3365	无题	命相类图文	未知	未知	未知	封面缺失
S3367	无题	七言神唱	赵富朝	未知	民国二十四年	封面无字
S3368	无题	科仪经书（送亡）、法术	未知	未知	咸丰四年二月三十	封面无字
S3370	无题	法术、奏星、七言神唱	未知	未知	民国三十一年五月	封面无字

续表

编号	经书名称	分类	书主	抄写人	抄写时间	附注
S3371	无题	科仪经书（解秽、香火、地契、开山、求财、祈五谷、释罪、开光、十保、星辰、开禁释罪）	未知	未知	未知	封面缺失
S3372	《新杂诸秘语诠本》	法术	未知	未知	□□□□壬戌岁丙辰月辛未朔甲申□□至戊子日	
S3373	无题	科仪经书、法术	未知	未知	未知	封面缺失
S3376	无题	七言神唱	未知	未知	未知	封面缺失
S3383	《解关煞书》	科仪经书（解关煞）	赵有财	赵有财	民国二十三年五月十五日	
S3384	无题	科仪经书	未知	未知	未知	封面缺失
S3386	《定地书》	科仪经书（超度、安坟）	李进朝	未知	同治七年六月初十日	
S3387	《求筶书》	占卜用书	未知	未知	道光二十四年五月二十六日	封面缺失
S3388	《开山法书》	法术、七言神唱（造船歌）、科仪经书（辞别、送终、送亡）	陈文扇	李文聪	民国五年五月二十日	
S3389	《投鬼书》	科仪经书（解煞）	未知	未知	民国二十七年中旬	
S3390	《招魂书》	七言神唱（招魂）	李文广	未知	天运癸巳年腊月吉日	
S3391	《一本婚姻歌书》	婚姻书	李玄连	未知	咸丰四年六月十六日	封面还有人名"邓经华"
S3393	无题	科仪经书（许愿、还家愿用）	冯家珠	未知	未知	封面缺失
S3395	《蓂龙科、竖幡科、又集升堂科》	科仪经书	黎经运	黎经运	乾隆三十一年九月初三日午时	

编号	经书名称	分类	书主	抄写人	抄写时间	附注
S3396	无题	科仪经书（加职抛兵用）	未知	未知	未知	封面破损，字迹不清
S3397	《婚姻祭诸煞秘语》	婚姻书	黎胜威	未知	嘉庆二十二年六月初一日	内容主要为合婚免灾之事，以及对应的解煞之法术与符箓
S3398	无题	科仪经书（吉凶日）	未知	未知	未知	封面无字
S3399	《劝学德师计》	科仪经书、咒语、七言神唱	盘文安	未知	民国三十九年三月十四日	封面只有"饮终利一，劝学德师，姓水生为计号"等信息
S3400	无题	消灾解煞、吉凶	未知	未知	未知	封面无字
S3402	《飞章科·醮符吏·敕坛科》	科仪经书	邓演天	未知	乙亥年月日	
S3403	《正一初真授戒科》	科仪经书（入道奉戒）	黄金精	黄法镜	雍正三年五月初四日巳时	
S3404	《乘算科》《三宫科》	科仪经书	冯玄万	冯玄万	乾隆十一年八月二十九日	
S3405	《解冤科》	科仪经书（解冤救患）	李妙清	邓老大	嘉庆十二年七月初五日	
S3406	《释服科》	科仪经书	邓经堂	□演冠	丁巳年二月二十六日	
S3407	《飞章科·南相科》	科仪经书	蒋道□ 盘妙颜	蒋道□ 盘妙颜	未知	《飞章科》书主和抄书人为蒋道□；《南相科》书主和抄书人为盘妙颜
S3408	《无上玉京盟真救苦大小斋秘语》	科仪经书	李妙颜	未知	嘉庆二十三年壬申月丙申朔朔五日	
S3409	《诸书榜疏斋供神目对》	科仪榜文	李院昊	未知	嘉庆二十年八月二十日	
S3410	《师教帝母判座科》	七言神唱	未知	未知	乾隆四十八年二月二十八日	
S3411	《三朝科》	科仪经书	未知	未知	未知	
S3412	《破狱科·茭简科》	科仪经书	李经珠	未知	乾隆四十五年辛巳月己酉朔二十九日	

编号	经书名称	分类	书主	抄写人	抄写时间	附注
S3413	无题	七言神唱	未知	未知	未知	封面无字
S3415	《斋会章式》	各种章格（解秽、释罪、开通道路、升度亡灵、仙拔凶灵、金丝展算、消灾厄、安坟墓、救患保病、安宅、祈谷保苗、祈雨、祈嗣、血湖章格、酆丰都敕罪、延寿、赦劫等）	蒋玄上	西粤游士紫水南阳堂	乾隆五十七年孟夏月二十三日	
S3416	《盘古科》	七言神唱	卢院征	卢院征	嘉庆十三年五月	
S3417	《单朝科》	科仪经书	黄妙阳	未知	道光二十年二月初十日	原书主李妙福
S3418	《东岳左坛科》	科仪经书	盘道法	孟照竟	戊辰年九月十九日	
S3419	《开录诸狱牒》	各种牒文	盘□	邓金贤	未知	
S3422	《杂解治邙（亡）秘语》	法术文本	李妙贤	未知	道光八年六月二十三日	
S3423	《帖简科》《敕坛科》	科仪经书	邓云堂蒋至乾	未知	道光三年壬癸未岁目连二十日	
S3424	《申斗科》	科仪经书	邓金瑜	李妙杰	乾隆五十年癸未月戊寅朔	
S3425	无题	七言神唱	未知	未知	未知	封面破损
S3426	《谢雷符吏科》《谢水符科》《谢境科》	科仪经书	邓演天	未知	太岁癸酉年四月下旬	
S3427	《道门申奏式十王表式》	科仪经书（入道奉戒）	李玄和李妙杰李玄万	未知	嘉庆十一年□季上旬	李玄和存、李妙杰集、李玄万□
S3428	《大会伸奏神目式》	科仪经书	蒋应珍	蒋应珍	乾隆三十五年仲秋下下澣二十四日榖旦	
S3429	《逍遥川光科》	七言神唱（入道奉戒）	邓妙御邓妙通邓妙达	李胜辉	乾隆三十八年十二月二十二日	封面缺失

续表

编号	经书名称	分类	书主	抄写人	抄写时间	附注
S3430	无题	法术文本	未知	未知	未知	封面缺失
S3431	《大斋密语》	法术文本	邓妙繁	未知	嘉庆二十五年丁亥月甲申朔越至甲寅日	
S3432	《杂咒叭秘蜜诸伤地狱全本》	法术文本	邓胜连 邓显真 邓玄明	未知	咸丰六年五月二十一日	
S3433	《无上玉京大斋法》	法术文本	邓法循 邓法高	未知	嘉庆二十五端阳月二十日	
S3434	《抄杂百解秘语》	法术文本	邓法庆 邓法旺	未知	咸丰五年二月初二	
S3435	《盟真救苦引朝科》	科仪经书	黄玄亮	未知	光绪八年六月阴二日	
S3436	《接圣科》《招兵科》	科仪经书	未知	未知	未知	
S3437	《喃灵科》	科仪经书（为死者做道场）	黄玄绽	未知	乾隆四十年六月夏季吉旦	
S3438	《招兵科》	科仪经书（超度亡魂）	盘法阶 盘云金	未知	未知	
S3439	《朝斗科》《三宫科》《二宫展筭科》	科仪经书	南阳昭	未知	未知	
S3440	《贡王救苦三朝科》	科仪经书	常云益	粤西潘	嘉庆二十一年二月□十日	
S3441	《古本南灵科》	科仪经书（为死者做道场）	蒋玄颜	李云聪	未知	
S3442	《瘟疯密语》	法术文本	卢玄宗	未知	民国十六年七月十一日	
S3443	《二雷招罗兵五》	七言神唱	黄文广	未知	咸丰十年庚申岁蕤宾朔二日猂头完毕	
S3444	《杂集瘟疯密语》	法术文本	卢妙思	未知	光绪十三年六月二十七日	

续表

编号	经书名称	分类	书主	抄写人	抄写时间	附注
S3445	《解冤家科》	科仪经书	黄道玉	黄道玉	嘉庆二十年五月三十日	
S3446	《设醮科》	科仪经书	李道和	未知	道光元年六月十四日	
S3448	《正一谢王化衣科》	科仪经书	黄道□	未知	道光二十二年三月中旬	
S3449	《慈光科》《升堂科》	科仪经书	李玄化	李云昙	庚午年卯月望九日末时	李妙京应用
S3450	《安龙告斗密语一本》	法术文本	盘经鲜	未知	未知	
S3451	《械度新恩普潜科》	科仪经书	未知	未知	未知	
S3452	《丧家秘语》	科仪经书（超度亡魂）	邓玄鲜	未知	未知	
S3453	《送终丧家秘语》	科仪经书（超度亡魂）	盘道仕	盘道仕	咸丰六年二月二十六日	
S3454	《洪恩二霄功曹罗五娘科》	七言神唱	盘应机 盘金僚	盘朝贵	同治五年林月中十三日	
S3455	《师公殄疫科》	七言神唱	李应和	李法杰	嘉庆二十四年己卯月丁亥朔下旬	
S3456	《流景传前贤古吝》	历史	邓□演	未知	道光	
S3457	《一本喃灵科》	科仪经书（超度亡魂）	邓金玟	□金衔	未知	
S3458	《茭简科·破狱科·炼度科》	科仪经书	李玄御	未知	光绪二十三年七月十二日申时	
S3459	《二宫科》	科仪经书	李经瑊	未知	道光二十六年三月十一日	
S3460	《茭简在头,破狱科同,南昌在尾》	科仪经书	李道永	蒋贵明	光绪十年夏季闰月下旬	

续表

编号	经书名称	分类	书主	抄写人	抄写时间	附注
S3461	《安龙科·伸斗科》	科仪经书	盘应机	未知	咸丰七年五月二十三日	
S3463	无题	七言神唱	未知	未知	未知	
S3464	《谢雷科》	科仪经书	李应显	周文才	道光二十三年十月中旬	封面又记"雷伤在尾"
S3465	《受戒秘语》	法术文本	李玄批	未知	同治七年十一月二十四日	
S3466	《设醮科·保当科》	科仪经书	李妙选李经传	未知	道光二十年十月十三日	
S3467	《械度新恩科》	科仪经书(解冤救患)	李经传	未知	未知	
S3468	《诸伏秘杂百解》	法术文本	李金鲜	未知	己丑年十一月初五日酉时	
S3469	《古本救患秘械》	科仪经书	邓经能	未知	道光十二月初十日吾时	
S3470	《天师集解秘语》	法术文本	邓云合	未知	未知	
S3471	《一本清醮秘语》	法术文本	邓雪堂	未知	光绪三十四年四月二十三日	
S3472	《二宫科》	科仪经书	李妙监	未知	道光二十五年九月二十六日	
S3473	《一本大会桥櫈(台)科》	科仪经书(超度亡魂)	卢胜绿(篆)	未知	咸丰六年二月下旬六日	
S3474	《玄门授械(戒)秘语》	法术文本	邓玄真	未知	宣统二年六月初四日	
S3475	无题	法术文本	李道利	未知	未知	
S3476	《一品百解》	法术文本	李胜员	李胜员	未知	
S3477	《安龙科》	科仪经书	盘玄禧	未知	同治十一年秋集存本,太岁壬申岁三月下旬抄完	
S3478	《无上玉京盟真法》	法术文本	盘玄颜	未知	咸丰元年十月初八日	

编号	经书名称	分类	书主	抄写人	抄写时间	附注
S3479	《斋醮秘语》	法术文本	未知	未知	道光十六年十一月二十九日	
S3480	《道门书式》	科仪经书	邓云堂	未知	未知	
S3481	《受戒咒符秘语》	法术文本	李应钟	未知	道光二十三年五月十五日	
S3482	《开山科一本》	七言神唱	邓经聪 邓显高	未知	道光二十七年春季四月初下元甲子	
S3483	《重集秘语解法》	法术文本	未知	未知	未知	
S3484	无题	科仪经书	未知	未知	未知	封面缺失
S3485	《清醮秘语》	法术文本	邓玄珀 邓玄台	邓经䩙	光绪二十三年十一月二十七日	
S3486	《壹本红楼半（判）座科》	科仪经书	李玄照	未知	道光二十五年岁次乙巳仲夏月吉日	
S3487	无题	科仪经书	未知	未知	未知	封面无字
S3488	《安龙科一本》	科仪经书	李显财	未知	光绪十年七月中旬	
S3489	《小百解》	法术文本	邓经清 盘玄章	未知	太岁丁巳年	
S3490	无题	科仪经书	未知	未知	未知	
S3491	《三时十方忏悔亡灵科·竖幡科》	科仪经书	李玄仇	李云昙	庚午年三月二十五日申庚时	李妙京应用
S3492	《诸章格一册》	科仪经书	李玄暹	李云昙	龙飞蛇年牛月兔日龙时	李妙景存留；内有：解秽章、开通章、酆都章、仙拔章、金丝章、延算章、祈嗣章、安墓章、沐浴章、亡灵章、禳灾章、又金丝章、保病章、保命章、敕劫章、祈谷章、安宅社章、珍瘟章、修真章、羽化章等
S3493	《百解大全》	法术文本（安社、消灾、治病、保苗、破案等）	李春凤	陈氏赵	道光二十六年腊月二十日	

编号	经书名称	分类	书主	抄写人	抄写时间	附注
S3494	《朝天百拜科》	科仪经书	李妙严	李妙严	道光元年五月二十日	
S3495	无题	法术文本	邓保盖	未知	未知	封面无字
S3496	《一宫伸斗科》	科仪经书	未知	盘文光	王号三十岁癸郊年五月二十□日	
S3497	《合婚书》	婚姻占卜	李妙庆	覃怀宏	己未年五月十八日	
S3498	《大献唱用》	七言神唱	李妙监	未知	道光十二年七月二十日	大献唱有:献香唱、献花唱、献灯唱、献酒唱、献茶唱、献粢唱、献□唱、献食唱、献衔唱、献旗唱、献鼓唱、献钱唱、献马唱、献岳唱、献锣唱、献笛唱、献散花唱、献榜唱;最后还有川光唱
S3499	《一本小百解密语》	法术文本	盘道聪	未知	光绪三十四年正月二十三日辰	
S3500	《丧家秘语一本》	法术文本(超度亡灵)	李妙翰	未知	咸丰二年正月二十八日	
S3501	无题	歌书	李太保	未知	嘉庆十四年二月十日	
S3502	《贡筵红楼洪恩同用》	法术文本	未知	未知	嘉庆十四年二月朔十日午	
S3503	《受戒二救共集》	法术、咒语	未知	未知	光绪十年闰十一月八日	
S3504	《受戒川光》	七言神唱	邓法显	京兆郡	未知	内有:逍遥川光唱、五台川光唱、催生川光唱、回坛川光唱、受戒川光唱、招兵川光唱、退学唱、度牲川光唱、安坛川光唱、上元灯唱、中元灯唱、下元灯唱、上五台引光唱等
S3505	《大斋设醮科》	科仪经书	李玄仳	李云昙	庚午年辛巳月辛丑日甲申时	

续表

编号	经书名称	分类	书主	抄写人	抄写时间	附注
S3506	《早晚救患、伸斗安龙、解冤秘共一本秘语》	法术文本	邓经□	未知	光绪元年五月七日	
S3508	《关告、救坛、静坛科》	科仪经书	邓云戏	邓云戏	咸丰六年二月十六日	
S3509	《南相斋功用》	灵符	未知	未知	未知	
S3510	《说醮科》《飞章科》	科仪经书	蒋玄弘	未知	未知	
S3511	《斋醮神目左班·飞章科》	科仪经书	未知	未知	咸丰六年六月二十	
S3512	《一本清醮秘语》	法术文本	李妙簪	未知	未知	
S3513	《水符科》	科仪经书	黄妙庆	黄妙经	乾隆五十七年丁巳月癸亥朔下旬	
S3514	《大会科一本》	七言神唱	黄胜能	未知	未知	
S3515	《清醮秘语》	法术文本	盘道□	未知	太岁丙申年五月十一日	
S3516	《道门书式》	科仪经书	李云潭	未知	太岁己巳年壬申望五日申时	内有:诸榜语式、授戒牒式、诸狱牒式、开度式、十王表式、符章式、斗表式、土府表词券、集大小意者式等
S3517	《仙传痘疹奇书》	中医文献	未知	未知	未知	首页有"信阳布衣我冈高如山传男幼冈高尧臣辑"信息
S3519	《杂诸件秘密全本》	法术文本	李妙选	黄道颜	嘉庆十八年十二月十六日	
S3520	《杂量书》	占验法术	邓妙辉	邓道疆	未知	
S3521	《祝香案》	斋醮	未知	未知	未知	
S3522	《一本祖传秘语》	法术文本	盘金僚	未知	未知	
S3523	《杂字各卷》	字典、食谱、劝世文	李三□	未知	天子戊午年亥月癸朔甲寅旬	
S3524	无题	占卜	未知	未知	未知	封面无字
S3525	《夺摽考订四书正文论文下》	儒家	邓进情	未知	丙戌岁四月二十三□戌日	

续表

编号	经书名称	分类	书主	抄写人	抄写时间	附注
S3526	《墨咒各件法》《管六甲病法》	咒语、法术	盘妙任	未知	未知	
S3527	《超度疏表法》	科仪经书	罗朝县	未知	咸丰七年七月初二日	
S3528	《破理明书》	杂文	盘文思	未知	未知	
S3529	《杂法一本》	法术文本	李经瑊	未知	乾隆三十三年孟秋	
S3530	《超度书》	科仪经书（超度亡人）	盘文鄉	未知	未知	
S3531	《开山书》	科仪经书（急救五谷青苗）	赵文意	未知	未知	
S3532	《道师授戒秘语》	法术文本	盘玄□	未知	光绪十二年五月十二日	
S3533	《度亡天机一本》	科仪经书（超度亡魂）	黄玄肖	未知	未知	
S3534	《大斋始邳秘》《一本锁倩（情）秘》	法术文本	黄妙能	未知	太岁丁丑年正月初十日	
S3535	《巫门受戒法》	科仪经书（入道奉戒）	李应柱	未知	未知	
S3536	《灯筵救芯秘语》	法术文本	黄院省	未知	咸丰七年润雷宾月朔六日	
S3537	无题	生活婚姻对联等	未知	未知	未知	封面破损
S3541	《延生三时科》	科仪经书	李道谕	李金衡	咸丰六年六□	
S3542	《蛟龙破狱科》	科仪经书（超度亡魂）	李云□	李玄莲	道光十九年正月	
S3543	《丧场秘语》	法术文本（超度亡魂）	李院莲	未知	咸丰四年四月二十三日	
S3544	《三宫二宫科》	科仪经书（星斗）	盘经毫	未知	民国五年七月	
S3545	《瘋疯秘语一卷》	法术文本（驱瘟除疾）	李道灵	未知	光绪十九年二月望八日	

续表

编号	经书名称	分类	书主	抄写人	抄写时间	附注
S3546	《救患秘语》	法术文本（驱瘟除疾）	邓应开	未知	光绪十九年二月二十七日申时	
S3547	《瘋疯天机秘语》	法术文本（治病除患、制邪伏鬼）	宗师邓经耗弟子邓金□	未知	同治九年六月二十六日午时	

* 民国以后沿用民国纪年的，表中抄录以反映原文献信息。全部附表同此，下不再注。

附录二

大英图书馆藏 EAP550 瑶族经书简表

编号	经书名称	分类	书主	抄写人	抄写时间	附注
EAP550/1/1	《玉经三时科》	科仪经书	盘道用 盘玄华	盘道用	18～20 世纪	
EAP550/1/2	《天师科》	度戒	盘道用	盘道用 彭城氏	1887	
EAP550/1/3	《谢雷伤科》	科仪经书	未知	桂林龙池阳氏	1819 （越南阮朝嘉隆十八年）	
EAP550/1/4	《玉皇经偈三时科》	科仪经书	盘道用	盘道用	19 世纪晚期	
EAP550/1/5	《东岳三时科》	科仪经书	盘道用 盘玄华	盘道用 盘玄华	19 世纪晚期	
EAP550/1/6	《红楼评剧》	评剧话本	未知	未知	1872 年	
EAP550/1/7	《对联书信集》	对联、书信参考范例	张道□	张道□ 张文玉	20 世纪早期	
EAP550/1/8	《一本日午科》	择吉用	邓胜华 李胜平 李胜元	李胜平	1946 年、 1948 年	
EAP550/1/9	《开山科》	送魂经书	李凤章 李法高 李道村	未知	18～20 世纪	

编号	经书名称	分类	书主	抄写人	抄写时间	附注
EAP550/1/10	《黄善女故事》	故事书	未知	未知	18~20世纪	
EAP550/1/11	《合婚集良书》	合婚择吉、占卜	邓胜华	未知	19世纪晚期	
EAP550/1/12	《占卜集书》	占卜用	邓道经	李院清	1948年	
EAP550/1/13	《洪恩敬书科》	合婚书	邓道经	邓道经	1947	
EAP550/1/14	《杂字》	识字课本	未知	未知	1940	全文未找到时间信息,但该手稿与EAP550/1/48《杂字》之笔迹与内容相近,可能抄写时间相近,大英图书馆濒危档案项目认定为1940年,应为EAP550/1/48《杂字》同时代之经书
EAP550/1/15	《受水存神启神群五台法》	度戒	李胜平 李院春	未知	1902?	封面有"壬寅年十月初六",具体时间不确定
EAP550/1/16	《东岳科》	打斋	未知	未知	18~20世纪	经书顺序出错情况:前后文字有接续不上的情况,排序不准确,或有缺页,已将可识别的错序页面进行调整
EAP550/1/17	《红楼科咒语》	仪式咒语合集	未知	李院财	18~20世纪	
EAP550/1/18	无题	科仪经书	邓经华	邓经华	1781	用途信息补充:"又论放猛虎法""又论诸养伤之法""又论除铁扫煞法""又论□天灾根源法用""又论殄疫村法""又论急时治病之法"等,其中部分似为法术内容,似未见具体占卜用语(如第28页"又论存禾魂之法")

续表

编号	经书名称	分类	书主	抄写人	抄写时间	附注
EAP550/1/19	《接圣大献科》	科仪经书	邓院严	赵庆云	1826	
EAP550/1/20	《一本雷府科》	打斋	李云隆 李玄庆 李经籍 李庆	未知	1843	
EAP550/1/21	《告斗科》	科仪经书	李妙灵	未知	1861	
EAP550/1/22	《一本诸神科》	科仪经书	盘应蓝	盘应蓝	20世纪早期	
EAP550/1/23	《一本诸神科》	科仪经书	盘应蓝	未知	1907	
EAP550/1/24	《一本诸神科》	科仪经书	李妙灵	未知	18~20世纪	
EAP550/1/25	《度亡灵经》	打斋	未知	未知	18~20世纪	经书顺序前后错误,有重复多页情况,需要重排
EAP550/1/26	《诸品经》	经文与符咒合集	盘应蓝	盘应蓝	1911	
EAP550/1/27	《伸斗头、告斗内、点灯尾科》	告斗科经书	盘妙永	未知	1863?	第61页有"太岁癸亥年六月二十五日写完毕",具体时间不能确定
EAP550/1/28	《迓王科》	打斋	李玄庆 李经籍	未知	1852	
EAP550/1/29	《关造科》	迎神科仪经书	李妙灵	未知	1843~1897	
EAP550/1/30	《三藏经》	葬仪经书	邓经财	未知	18~20世纪	
EAP550/1/31	《占法》	占卜书	未知	未知	18~20世纪	
EAP550/1/32	《大圣三圣三境天尊》	打斋	未知	未知	1835	
EAP550/1/33	《诸神经》	科仪经书	李玄明	未知	18~20世纪	

续表

编号	经书名称	分类	书主	抄写人	抄写时间	附注
EAP550/1/34	《诸榜语式》	科仪经书	未知	未知	18~20 世纪	
EAP550/1/35	《占法》	占卜书	盘应蓝	盘应蓝	19 世纪晚期	
EAP550/1/36	《占法》	占卜书	盘应蓝	未知	19 世纪晚期	
EAP550/1/37	《丧场科》	打斋	盘妙永	邓道真 张在先	20 世纪早期	
EAP550/1/38	《谢雷科一本》	科仪经书	李道清	未知	1789 年前后	第 100 页有"乾隆五四年二月二十八日午时抄完毕"（如果是乾隆五十四年则为 1789 年，但因为前后笔记有差异，可能非一时一人抄成）
EAP550/1/39	《一本南灵科》	打斋	盘妙永 盘云道 邓道真	邓道真	20 世纪早期	
EAP550/1/40	无题	打斋	盘妙永 邓道真	未知	20 世纪早期	
EAP550/1/41	《占法》	占卜书	未知	未知	1975 年	
EAP550/1/42	《一本□□命寿延》	科仪经书	盘□经	未知	1916 年	第 15 页与第 16 页重复；经书内有大量法术内容
EAP550/1/43	《神情》	科仪经书	李妙灵	未知	18~20 世纪	
EAP550/1/44	无题	科仪经书	李经籍	盘□敬	20 世纪早期	
EAP550/1/45	《神情》	科仪经书	未知	未知	20 世纪晚期	禳祈求福及占卜用打醮经书
EAP550/1/46	《伸斗科》	科仪经书	盘云举 盘云据 盘院殿	盘云举	1943 年	

续表

编号	经书名称	分类	书主	抄写人	抄写时间	附注
EAP550/1/47	《初学新春开解科》	科仪经书	李经籍	未知	1853	第 10 页与第 11 页重复
EAP550/1/48	《杂字》	识字课本	任子璠	任子璠	1940	
EAP550/1/49	《神相》	神灵相貌书	滕法印	滕法印	19 世纪晚期	
EAP550/1/50	无题	打斋	盘道春	何秉文抄印	1948	
EAP550/1/51	无题	科仪经书	邓道气(?) 李经齐 盘道延	未知	20 世纪早期	第 5 页有"奉道正一伸斗疏文⋯⋯",书内大量北斗、南斗、星君等词出现,经书本身未见标题,以"神情"作为标题可能有误,实际可能是《告斗科》或《伸斗科》经书
EAP550/1/52	无题	打斋、占卜	盘道春(椿) 盘胜武 盘云坛 邓家修 李家中	邓家修	1919	书中有盘道春、盘道椿两种写法,皆录;第 21 页有"民国八年"字样;第 28 页有多个姓名,其中包括"祖师盘胜武"字样("盘胜武"是否可算作书主之一?);第 33—36 页是占卜内容;末页有"□笔卷妻邓氏坐开年马过阳天盘道椿庚申年娶妻弟二男"
EAP550/1/53	《一本小维书》	占卜/咒语类杂书	未知	未知	19 世纪晚期	
EAP550/1/54	《占婚姻书》	婚姻占卜书	盘道椿(春) 盘院法	未知	19 世纪晚期	

编号	经书名称	分类	书主	抄写人	抄写时间	附注
EAP550/1/55	《一本丧场科》	打斋	盘道椿	盘二	1918?	抄写说明"乱写一条恩纸本,比是后程看明扬。不是聪明文章丘,乱□条言恩纸中。年老之情□为巧,怨为沾扬日了愁。年□沾逢戊午岁,二千平头肚不贤。生愚生贤命里忠,生巧生农命里沾。夜里枯情彩合彩(写),怨为遇人难又难。纸里人长笔为短,纸长笔短了□□"
EAP550/1/56	《南灵科》(丧场除灵句用)	打斋	盘道椿 福云寻	盘二	19世纪晚期	
EAP550/1/57	《一本绕棺科》等	打斋	盘道椿	未知	1918	第28页有经书书主说明"书主盘道春置用的笔留后世,世世代代我亡后世应用十方上达"。第29页开始似为第二册经书《一本选棺科》
EAP550/1/58	《水符科》《安龙科》	科仪经书	邓经房 南阳群子	邓经房	1773	
EAP550/1/59	《飞章科》	科仪经书	盘道椿	未知	1917	
EAP550/1/60	《贡王荐亡祈福保安斋》	科仪经书	未知	未知	19世纪晚期	
EAP550/1/61	《玄穹解□章》《土府安龙章》《受戒修真章》等	科仪经书	盘道椿	李胜传	1919	第23页有抄写说明"□□李胜传乱抄庇亲世代男真用"
EAP550/1/62	《一本花市衣科》	打斋(炼度)	盘道春	盘道春	20世纪早期	第43页有抄写说明"太岁丁巳年六月二十八日抄完成,书主盘道椿置用十方,应光显大吉世,留首盘小二置你系世"

续表

编号	经书名称	分类	书主	抄写人	抄写时间	附注
EAP550/ 1/63	《书信》	书信	福新寨	福新寨	1983?	时间信息:末页有"癸亥年三月初五抄完笔",时间不确定 地理信息:封面和末页均有"云南省红河州红河县石头寨" 书主及抄写人信息:封面有"云南省红河州红河县石头寨区旧司瑶人福新寨付"("福新寨"似为写信人寄信的名寨名)
EAP550/ 1/64	《小杂谢科》《水符谢》	科仪经书	未知	未知	20 世纪早期	
EAP550/ 1/65	《本命书》	三家家先书	未知	未知	20 世纪早期	记录盘经量、盘应传、盘经万等本命
EAP550/ 1/66	《一本初学科》	科仪经书	未知	未知	1946	
EAP550/ 1/67	《一本科》	科仪经书	未知	未知	20 世纪早期	大部分内容涉及雷神
EAP550/ 1/68	《李家一本完备科》	李家收藏科仪经书	李□财 李应通	未知	1954	包括请神、打斋、度戒、建坛等内容
EAP550/ 1/69	无题	科仪经书	邓云照 邓胜熊	未知	20 世纪早期	包括请神、打斋、度戒、建坛等内容
EAP550/ 1/70	无题	科仪经书	滕法应 杨耀	未知	1915	
EAP550/ 1/71	《小鬼脚科》	科仪经书	盘经琢 盘玄明 卢法严	未知	1825	
EAP550/ 1/72	《一本师公招兵科》	科仪经书	滕法印 滕院星	未知	20 世纪早期	封面有"书主滕法印万年使用"
EAP550/ 1/73	《一本科》	科仪经书	邓院言 邓经祠/ 邓经词/ 邓词经 邓大天 滕金科	未知	1937	第 2 页开篇有"初立挂佛像动鼓奏庙用"

续表

编号	经书名称	分类	书主	抄写人	抄写时间	附注
EAP550/1/74	无题	经书	滕现经 滕经显	未知	19世纪晚期	第35页有关于十一种姓氏的图案,具体用途不确定
EAP550/1/75	《一本科》	经书	滕境显	未知	20世纪早期	
EAP550/1/76	无题	科仪经书	邓显法	未知	20世纪早期	
EAP550/1/77	《一本救患》等	科仪经书(救患安坛等)	盘道光 盘显魏	未知	20世纪早期	地理信息:第13页有"大清国云南道临安府蒙自县"
EAP550/1/78	《一本鬼脚科》	科仪经书	蒋胜念	未知	1943	
EAP550/1/79	《一本川光科》	科仪经书	蒋应前 蒋文安		1883	"书主蒋应前置与子孙用"
EAP550/1/80	《一本遇神救患科》	科仪经书	蒋应前 蒋应朝 黄有林	蒋经强	1983	
EAP550/1/81	《立约一本》	契约书 书信范本	黄有学	黄有学	1941	
EAP550/1/82	《字汇》	汉字字典	未知	未知	20世纪早期	
EAP550/1/83	《占卜书》	占卜用	黄和清	未知	1941	
EAP550/1/84	无题	科仪经书合集	盘金情	盘金情	1983	经文中有解厄、救苦、挂灯、引证师男、送瘟鬼、写书、运钱、还愿等内容,第208页有"右到梅山下坛敬用""五谷出世歌"等,全书384页(目前项目内所见体量最大经本),内容十分丰富;抄写说明"发(癸)亥年正月到九月二十五日完笔,盘金情人老三十八岁,文化小写不好,书主盘金情传留子孙用"

续表

编号	经书名称	分类	书主	抄写人	抄写时间	附注
EAP550/ 1/85	《送亡书》	打斋	盘有□	未知	19 晚期～20 世纪早期	地理信息：第 12 页有"大清国云南道承宣布政使司临安府建水县"（经书中有"又到五谷歌"）
EAP550/ 1/86	《谢社科》等	经书合集	盘经济 盘道□ 盘道观 盘妙道	盘经济	1897	包括以下科书：《谢社科》《珍瘟科》《谢境科》《谢水符科》《三轶科》等
EAP550/ 1/87	无题	符咒合集	未知	未知	18～20 世纪	
EAP550/ 1/88	《□午科》	科仪经书 占卜书	邓福贵 李法高 盘院沾	邓福贵	1944	内容包括《初立挂佛像动鼓奏庙用》等，第 89 页开始有一系列占卜图画及说明
EAP550/ 1/89	《一本完满科》	打斋	安乐群 蒋显程 黄载兴	蒋显程	18～20 世纪	第 2 页有"一本完满科在内安乐群置用"；第 23 页有"蒋显程置分花男"
EAP550/ 1/90	《地理契书付亡人用》	打斋	盘云经	未知	不确定	第 132 页有"道光壬申年夏月抄"，但道光并无壬申年
EAP550/ 1/91	无题	科仪经书	邓应然 邓道顺 邓应金 盘显随 邓兆光 邓道顺	未知	18～20 世纪	
EAP550/ 1/92	无题	科仪经书	邓法名 （明） 邓应寿	未知	18～20 世纪	第 16 页有"买书一两八□烟"，"盘家卖书邓买书乙两八分正是" 经书中出现将书主名字涂抹掉的情况

编号	经书名称	分类	书主	抄写人	抄写时间	附注
EAP550/ 1/93	无题	符咒合集	未知	未知	18~20世纪	
EAP550/ 1/94	无题	科仪经书	邓应然 邓应金 邓兆光 邓道顺	未知	19世纪晚期	内容中有"九娘唱用""又五雷唱""三元唱""又九郎唱""又六神唱"等,后文有超度等内容,可能用途之一是打斋
EAP550/ 1/95	《伸斗补粮值福保安》等	科仪经书（超度、安墓）	邓好引	未知	19世纪晚期	包含占卜内容（第35页）。书中包含一系列瓶花、蝴蝶、石榴等图画及说明,如第71页有瓶花图,又注有"牡丹古人称为花王";又有"某龙镇墓生欢喜"（第91页）等召龙镇墓等语;又有"给牒升度法"等（第101页）,可能是打斋用经书
EAP550/ 1/96	无题	科仪经书	邓院卯 邓云因	未知	未知	
EAP550/ 1/97	《竖幡科》《升堂科》	打斋	黄云□	王云之	1814	末页有"嘉庆甲戌年四月初七完,蝴蝶梦中家万里,杜鹃之上月三更间笔"
EAP550/ 1/98	《招兵科》	科仪经书	邓应然 邓应金 邓顺道	唐正元	1848	
EAP550/ 1/99	《诸疏总式》	科仪经书（度戒）	李法堂 黄秋道 黄云玩	李法堂 黄秋道	1802	出现多处"榜语"第146页有抄写说明"拙笔两宾□住淋□誊抄于后高,师观视默默莫哂蠢字放本无误"

续表

编号	经书名称	分类	书主	抄写人	抄写时间	附注
EAP550/1/100	《花王科》	科仪经书	邓玄宝	未知	20 世纪早期	文中有"借衣娘子唱""过油娘子唱""调松娘子唱""东/南/西/北斗花王唱""北/中斗花皇唱""请客父母""贺桥一娘唱""正月……十二月花王唱""东/西/南/北五大（犬）唱""解害唱"等
EAP550/1/101	《雷府解冤科》《雷府破狱科》等	打斋	盘妙爵 盘云寿	潘清澄	1827	第 3 页有抄经说明"共算数有五十一篇连皮连纸川送饭,粤西思恩府游客潘清澄手笔交许,盘云寿收留十方显达治鬼伏日,不惊前时不动后,免无罪消灭可也"
EAP550/1/102	《一本南灵科》	打斋	盘经词	林善政	1926	第 2 页有抄经说明"授受承职十方显达垂留后裔,代方便应用别外人可看不合偷";第 3 页有"先生粤西林善政代笔,一本南灵科书连皮有五十四篇足"
EAP550/1/103	《诸品是经》	科仪经书	李道举 盘有贵	李道举 李文忠	1929	第 2 页有抄写说明"三十三篇正足,诸品是经各卷置主李道举自抄用,留与儿孙世代承行道门广显大吉利□";第 72 页有"□□三十三篇正足,提笔人李文忠□不成□本难寻,民国十八年己巳岁春下旬二十七日申时抄完毕"

续表

编号	经书名称	分类	书主	抄写人	抄写时间	附注
EAP550/1/104	《一本诸章格》	科仪经书	盘经诗 盘有贵	盘有金 李文忠	1930	内容包括:血湖、度人、安墓、新恩受道、祈谷、宁宅消灾、玉皇赦拔、度厄、珍疫、赦罪、忏悔、斗小意等末页有抄写说明"□□三十六篇正足,前写盘有金十五篇,后提李文忠二十一篇"
EAP550/1/105	无题	丧葬仪式（安墓择坟法等）	盘经词 张道显	未知	18~20世纪	"重集润水源文法"、"一论揽亡故骨脉重安葬法"、"又替坟墓败之法"、"一论家败祖坟败年败覆炉存家财之法"、"一论送五灵怪用棺椁替"、"破狱"、"炼度"等,或与择坟安墓有关,后文似又有一系列法术内容:"取水洒竹财马法""一论架水桥法"等
EAP550/1/106	《招兵川光唱》《盘王接圣》	科仪经书	未知	未知	19世纪晚期	书内第63页有打卦占卜内容
EAP550/1/107	《一本朝天科》	科仪经书	盘经词	盘经词	1937	第1页有"共书连及十九篇正足"、"一本朝天科置主盘经词存集自首抄""□不成无本难寻遗留儿孙世代应用显达道门"
EAP550/1/108	《一本赛黄金》	识字课本	盘有贵	盘有贵	1927	封面有"一本赛黄金存留后世读,书主盘有贵习捡志食夏楚,大中华民国丁卯年仲夏下旬六月削立";末页有"抄誊赛黄金终笔连皮十一篇足,粤西代笔人林善政,民国丁卯年岁次仲夏月下旬六日削立"

续表

编号	经书名称	分类	书主	抄写人	抄写时间	附注
EAP550/ 1/109	《召龙解秽唱》等	科仪文本	李玄相	未知	19 世纪晚期	
EAP550/ 1/110	《诸表式》	祈请神灵用表奏文本	卢法严 卢胜恩 卢院上	赵庆云	1825	
EAP550/ 1/111	《招兵科》	科仪经书	邓胜贤	邓胜贤	1888	第 74—75 页有占卜内容
EAP550/ 1/112	无题	科仪经书	未知	未知	18~20 世纪	文中有九郎唱、九娘唱、张天师唱、阴阳师傅唱、盘古唱、家先唱等科仪经书内容，又有公主唱、龙凤唱、林曹唱、黄推唱等
EAP550/ 1/113	《师教榜式全本》	度戒	盘胜万 盘院龙 邓胜旺	未知	1812	
EAP550/ 1/114	《绕棺送终》	打斋	盘玄章 盘玄璋 盘云万	盘玄璋	1847	
EAP550/ 1/115	《玉枢大部》	科仪经书	盘玄正 盘经龙 盘经传 盘妙颜	盘妙颜	19 世纪晚期	
EAP550/ 1/116	《武教书式》	科仪经书	农文广 盘应□	未知	19 世纪晚期	除部分度戒内容外，还有乞雨保苗、五龙牒、城隍牒等内容
EAP550/ 1/117	《迁王科》《释股科》	科仪经书	盘云万 盘金龙 盘金宝 盘金能 盘金堂 盘金威	盘云万	1885	末页有"书主盘云万手集无本难寻留与子孙全"

编号	经书名称	分类	书主	抄写人	抄写时间	附注
EAP550/1/118	《南将科》《齐符吏科》《土符延生符吏科》《会圣科》《斋醮启敕坛科》	科仪经书	盘云万	未知	19世纪晚期	
EAP550/1/119	《度人大部》	科仪经书	盘妙颜	盘玄璋	19世纪晚期	
EAP550/1/120	《初真科》《新春新恩科》	科仪经书	盘金龙邓演坚盘氏	未知	19世纪晚期	内容包括：消灾散祸、长生保命、遭邪归正等
EAP550/1/121	《玉皇大教经对三时一同左右正坛》	科仪经书	盘玄正盘玄璋	未知	19世纪晚期	
EAP550/1/122	《飞章科》《南相科》	科仪经书	盘胜万盘妙颜	盘妙颜	19世纪晚期	
EAP550/1/123	《赞材楼科》《破狱共荚简》	打斋	盘玄璋盘妙颜	未知	19世纪晚期	
EAP550/1/124	《救苦大部》	科仪经书	未知	未知	19世纪晚期	
EAP550/1/125	《度人道场》	打斋	盘云万	未知	19世纪晚期	封面有记录"家弟盘金能本命甲寅年五月初六卯时下生平阳四十四岁不幸丁酉年六月十五日酉时在家化世"
EAP550/1/126	《玉皇大教右坛》	科仪经书	盘妙颜	未知	19世纪晚期	经书前后顺序有误，已按照可能的顺序重排
EAP550/1/127	无题	占卜书	未知	未知	19世纪晚期	
EAP550/1/128	《颂章格》	科仪经书	盘妙颜		19世纪晚期	封面有"父子和而家不退，兄弟和而家不□"；末页有"皇□癸未年二月二十一日□一日共午时合出年记六十二岁眼暗□泪乃何本无难造也"

续表

编号	经书名称	分类	书主	抄写人	抄写时间	附注
EAP550/1/129	《太上北斗受生金章经》《延生五斗金章》《起消灾经》等	科仪经书	邓演坚	黄敏龙	1830	文末有抄写说明"一十八篇足,粤西思恩府武缘县游士客人黄敏龙的笔,道光十年庚寅岁次七月十一日抄完可也"
EAP550/1/130	无题	打斋	未知	未知	19 世纪晚期	地理信息:第 1 页有"大清国云南道临安府建水县" 又有"度人""救苦""超生"等内容
EAP550/1/131	《救苦善经一本》	科仪经书	盘金龙	未知	19 世纪晚期	有度亡超荐等内容
EAP550/1/132	《黄氏女》	话本/故事书	李朝刚	未知	18~20 世纪	
EAP550/1/133	《一本伸斗科》	科仪经书	蒋道金 邓妙□(卯) 邓云安 李经□(卯)	龙□愚	1920	封面有"邓妙□出书一本,李经□者下花元三块正有自买来,后不得空口无凭" 经文中有"添粮救患祈福""消灾散祸"等语
EAP550/1/134	无题	科仪经书	未知	未知	20 世纪早期	经文中有常见的献茶、献盐、献钱等唱,又有"次召水去""五龙运水唱""召龙运水唱""投表用""又入三台唱""安坛川光唱"等
EAP550/1/135	《院(完)满科一本》	打斋	卢道福	未知	1964	
EAP550/1/136	《吉醮说醮科》等	科仪经书	李道稽 李妙春	李道稽	20 世纪晚期	有"却灾扫秽"等内容

编号	经书名称	分类	书主	抄写人	抄写时间	附注
EAP550/1/137	无题	科仪经书	李妙春 李法晃	李红金	20 世纪晚期	有"焕台境唱用""又入此苦敬用""吹秋莲唱用""吹回情信善用"等
EAP550/1/138	《一本伸斗科》	科仪经书	盘云经	唐正元	1846	
EAP550/1/139	无题	科仪经书	未知	未知	20 世纪早期	有"急中救患""献花/茶/锣/盐/钱唱"等内容
EAP550/1/140	无题	科仪经书	李显金	未知	19 世纪晚期	有"三师唱""九娘唱""马雷唱""真武唱""社皇唱""雨师唱""九五二官唱"等
EAP550/1/141	《一本伸斗科》	科仪经书	卢妙珍	未知	1876	第 35 页有占卜内容
EAP550/1/142	无题	科仪经书	盘圣真	未知	1992	封面有"大新中国云南省红河州金平县勐拉乡翁堂村公所" 第 32 页有"大清云南道临安府蒙自县"
EAP550/1/143	《一本关告科》	科仪经书	未知	未知	19 世纪晚期	
EAP550/1/144	《一本万范完满科》	打斋	李妙正 邓胜元	未知	1981 年	
EAP550/1/145	《荐亡解秽科》	打斋	盘	未知	20 世纪晚期	关于书主,仅有"书主盘"的描述
EAP550/1/146	无题	安墓择坟	未知	未知	19 晚期~20 世纪早期	内容主要是"谢墓安龙"
EAP550/1/147	《通书》	占卜书	邓□□	邓□□	1873	时间信息:封面有"癸酉年抄一本通书世代用"
EAP550/1/148	《初立挂佛像动鼓奏》《宝华一对歌》	科仪经书（打斋）等	李妙全	李妙全	1982	
EAP550/1/149	无题	打斋	邓经财	未知	18~20 世纪	

编号	经书名称	分类	书主	抄写人	抄写时间	附注
EAP550/ 1/150	《临时开丧科》	打斋	邓经隆 李妙春	未知	1822	
EAP550/ 1/151	《初雷科》《二雷科》《三雷科》	打斋	邓经房	邓经房	19世纪早期	末页有"古本有四雷为纸少不到不能"
EAP550/ 1/152	《道范完满科》	打斋	未知	唐庆荣	1852	末页书主后填写处为空白
EAP550/ 1/153	无题	打斋	邓文学 邓道光	未知	19世纪早期	
EAP550/ 1/154	无题	打斋	未知	未知	20世纪晚期	
EAP550/ 1/155	《一本开山科》	科仪经书	邓胜恩	邓胜恩	未知	
EAP550/ 1/156	《一本书咒》	仪式咒语	李妙全	李妙全	1987	
EAP550/ 1/157	《九娘故事》	唱本	未知	未知	19世纪	
EAP550/ 1/158	无题	打斋	盘应通	未知	19世纪	
EAP550/ 1/159	无题	请神经书	未知	未知	20世纪	涉及九娘、九郎、三元、真武、四帅、六神、张天师、社皇、城隍、盘皇、雷王、四官、都长、沈爷、玉皇、本境、瘟王、三清、家先等神仙来历故事
EAP550/ 1/160	无题	科仪经书	邓妙玠	未知	1822	"又五台川光唱"等一系列"川光唱",可能经书原本的题目是《川光唱》;第86页起有关于"盘皇王龙犬子孙"如何被授予土地,如何迁徙等内容;之后又有"告状"等类似"状书"内容

编号	经书名称	分类	书主	抄写人	抄写时间	附注
EAP550/1/161	无题	科仪经书	未知	未知	19世纪晚期	《伸南朝境主状》《普请状式》《杂伸状语式》《伸雷祖六帝状》《奏天君诸大元帅状》等各类"状",(包含"消除灾厄,释荡妖气",且多次出现"求雨保苗"内容);又有《还愿奏语》《受戒弟子奏状意》《贺娄疏》《贺师疏》《诸圣杂榜》等疏、榜、牒、散花
EAP550/1/162	《救苦经》	科仪经书(打斋)	邓兴安	未知	19世纪晚期	
EAP550/1/163	《谢龙科经堂书》	科仪经书	邓经堂 邓天印 邓玄万 邓玄苍	邓经堂	19世纪晚期	内容包含《太上灵宝安谢龙王妙经》《太上灵宝补谢灶王妙经》《太上设犯窖王妙经》等祈福禳灾主题经文; 经书末页有一段说明"次辛亥岁六月十二□□科一本旧科,不明重补有四五篇,言言字字□依为详,上通圣位,下求恩报,抄与愚男邓玄万、邓玄苍承留应用十方上达,福有□归,书主面字□丑,但用无本口做不如是□,□□收留不许陋落,有人借去抄或用,用完早□,书主不得匿藏隐瞒,内有主人名字、灯火神仙,□过瞒昧者,身受大罪,永拘地狱,不得生(升)天可□。书主经堂公手批"
EAP550/1/164	无题	科仪经书	邓妙玠 邓道阳	邓妙玠	1813	包括散福,度厄,增延命禄,消灾解殃、镇墓镇宅等内容

续表

编号	经书名称	分类	书主	抄写人	抄写时间	附注
EAP550/ 1/165	无题	打斋	李松明	未知	19 世纪晚期	
EAP550/ 1/166	无题	科仪经书	李道保 滕玉音	未知	1865	有度人、消灾等经书,第 31 页开始为百家姓、三 字经、杂字等内容
EAP550/ 1/167	无题	科仪经书	未知	未知	18～20 世纪	内容包括血湖妙经、占弥 罗咒、占救苦咒,早、午、 晚朝皈依用等
EAP550/ 1/168	《一本癸鬼科》等	科仪经书	未知	未知	18～20 世纪	
EAP550/ 1/169	无题	科仪经书	邓妙强 邓文华	未知	1960	
EAP550/ 1/170	《完满科》	打斋	邓明富 邓法祷	邓法祷	1932	内容包括:启师、开经、丧 场、引亡等一系列"步 虚"及一系列度亡经书等
EAP550/ 1/171	《伸斗科》《安龙 科》	科仪经书	李玄相	未知	19 世纪晚期	地理信息:第 6 页有"大 清国云南道临安府蒙自 县"
EAP550/ 1/172	《延生安龙科》	科仪经书	邓玄应	未知	1926	
EAP550/ 1/173	无题	打斋	盘云□ 邓文林	未知	19 世纪晚期	
EAP550/ 1/174	《诸榜今则通用》	科仪经书	邓妙玠	未知	19 世纪晚期	内容包括:受戒满月开斋 疏、大道捞式、王官榜式、 破狱疏式、墓主谢幕式、 又攒聚禾谷疏、东狱表、 酆都表等
EAP550/ 1/175	《占法》	占卜书	未知	未知	19 世纪晚期	
EAP550/ 1/176	无题	科仪经书	盘应亮	未知	19 世纪晚期	功曹唱、月值唱、日值唱、 时值功曹歌、请客唱、架 桥唱、五郎唱

续表

编号	经书名称	分类	书主	抄写人	抄写时间	附注
EAP550/1/177	《本一金书》	科仪经书与法术	卢玄上 蒋法升 邓院分	未知	1792	第2页有经书说明"十方给予卢玄上,与人修斋修醮,方方德达,念经成经,念法成法,念咒成咒,大吉两利,批是金书,不是□□,是天机密旨,张天师置留传天下,道经师金口从是千金口,传师子邓妙相承置,付与弟子卢玄上接引受法言留待传后以为十方至法。口时夜免修斋十方晃显" 包含:又论动鼓之法、论安五老之法、玉察玉孔星、又诵经答天地法、初开斋醮之法、炼度之法、解白衣煞、解黄泉灭门煞、分兵法、珍温法等法术内容。 经文中有将书主名字反过来写的情况,如第29页有"卢上玄" 第81页有"天机不乱传",第83页有"蒋法升杂法一本,卖典弟子邓院分,价钱三□五分,足达共表式三本"
EAP550/1/178	无题	科仪经书	未知	未知	19世纪晚期	经书内容包含"度戒文愿得""批簪受戒""拜戒度师四拜"可能与度戒有关
EAP550/1/179	无题	科仪经书	卢法天	未知	19世纪晚期	过九庙神目、倒罢川光唱、下盐下醋唱、收鬼读唱等
EAP550/1/180	《看病书》	治病经书	邓文华	邓文华	1990	

编号	经书名称	分类	书主	抄写人	抄写时间	附注
EAP550/ 1/181	无题	科仪经书	盘应财 邓经安	未知	19 世纪晚期	内容包括:启龙文、五龙唱、召龙解秽唱、过三界、禾谷唱、灵应唱、擎粮(凉)唱、结环唱等
EAP550/ 1/182	无题	科仪经书 (择墓安坟等)	卢云理	未知	19 世纪晚期	有玄章咒、太上谢社礼文道场依口分赞、燃烛文、龙遣科(衰龙出、败龙出、病龙出、死龙出、绝龙出去其他地方),(金龙镇墓/社、银龙镇墓/社、珠龙镇墓/社、玉龙镇墓/社、钱龙镇墓/社、旺龙镇墓/社生欢喜等)、殄瘟科等内容,并包含"风调雨顺苗秀实,殄除疫疾得蠲消""家先父母送魂归""消灾散祸""安魂定魄""龙王镇墓""去瘟摄毒"等主题
EAP550/ 1/183	《谢雷科》《礼文道场科》	科仪经书	卢云理	未知	19 世纪	
EAP550/ 1/184	无题	科仪经书	未知	未知	19 世纪	包含《太上设召龙安镇墓妙经》《太上设安墓安宅八阳妙经》《太上设动土犯土皇妙经》等经文
EAP550/ 1/185	无题	科仪经书	卢云理	未知	19 世纪	包含《太上洞玄灵宝高上玉皇本行集经》等祈福、救患、度厄、赎魂、镇墓经书
EAP550/ 1/186	《交龙科》《启师破狱科》《入狱门科》《次沐浴科》《陆堂科》	科仪经书	邓道现	邓道现	19 世纪晚期	

编号	经书名称	分类	书主	抄写人	抄写时间	附注
EAP550/1/187	无题	科仪经书（打斋）	李妙箓	未知	19世纪晚期	包括《金光咒》《玄蕴咒》《高上玉皇本行集经》等，包括度亡、破狱等内容
EAP550/1/188	《符吏科》《延生科》等	科仪经书	未知	未知	19世纪晚期	
EAP550/1/189	无题	科仪经书	盘玄会	盘玄会	20世纪早期	包含救患、祈福、保命内容
EAP550/1/190	无题	科仪经书	未知	未知	20世纪早期	地理信息：第13页有"大清国云南道临安府蒙自县" 内容包括：五龙运水唱、召龙解秽唱等，表现解秽洒净、消除灾患、治病治瘟、乞雨保苗、收鬼赎命等主题
EAP550/1/191	无题	科仪经书	李经□	未知	19世纪晚期	包括：占南斗咒、占北斗咒、吉祥咒、占观音咒、占飞天神咒、占弥罗咒、占血湖咒、占救苦咒、占东狱皈依用、占复堂安厨；表现驱邪消灾、辟邪治病、拔罪救苦主题
EAP550/1/192	《夫妻绕棺科》《慈母绕棺科》	打斋	未知	未知	19世纪晚期	
EAP550/1/193	无题	科仪经书（打斋）	盘经□李道程	未知	1888	念演天地咒、又占开经咒、又召开鄽都用、又安坐步虚用、又符吏步虚用、占沉步虚用、占请圣步虚用、占三步虚昌等"步虚"；接着是：又启师破狱用

编号	经书名称	分类	书主	抄写人	抄写时间	附注
EAP550/1/194	无题	科仪经书	李显金	李显金	1917	第 29 页有"太岁丁巳年九月廿二日辰时抄完毕"字样,具体时间根据下 195 号经书时间,确定在 1917 年
EAP550/1/195	川光科	科仪经书	李显金	李显金	1914	内容包括:又到安坛川光用、度生灵川光唱、油麻川光五台用、请灯川光唱、门前倒罢川光、
EAP550/1/196	川光科	科仪经书	未知	未知	20 世纪早期	受戒川光唱、又只上元受戒用、又到招兵川光唱用。第 11 页与第 12 页重复
EAP550/1/197	无题	科仪经书	卢妙严卢文章卢道圣卢圣台	未知	1897	地理信息:"大清国云南道临安府建水县";内容包括:"冯家大小唱"、"喧排唱"、"擎凉托散(伞)唱"、"盐厨火官唱"、"监灯送醮唱"、"执书把簿唱"、"收鬼赎命唱"、"观音唱"、过九娘来领旗奉送文、小奉送用等
EAP550/1/198	《清醮三时科》《延生三时科》《三朝科》	科仪经书	邓演教盘经达	何金章	1855	内容包括:《谨按东方九气天君玄章咒》《谨按南方三气天君玄章咒》《谨按西方七气天君玄章咒》《谨按北方五气天君玄章咒》《谨按中央乙气天君玄章咒》
EAP550/1/199	《宿启科》《次入设醮科》	科仪经书	未知	未知	20 世纪早期	

续表

编号	经书名称	分类	书主	抄写人	抄写时间	附注
EAP550/1/200	《新集一本道门疏式》	科仪经书	李经莲	未知	1892	第 3 页有经书说明"其书连皮四十二篇正足,书主陇西郡一号,玉云玉手录□争,丑字可怪也……"有《寿星榜语》《瘟司榜语》《粮司榜语》《延生祈谷门迎大榜语》《灶王榜语》等各类榜语;以及《蛮财散马关式》《开坛疏式》《谢静墨堂三师疏》等"疏式"以及一系列经文、云篆;主题包括:超荐亡者、镇墓安坟、救苦拔罪、祈雨保苗、殄虫
EAP550/1/201	《一本迓王科》	打斋	李通	李通	1833~1893	有《钺重音》《钺音送圣》等内容,包括拔罪、超度、解结解冤、等主题;第 45 页有《周易》相关内容
EAP550/1/202	《雷府解冤科》《启师破狱科》《三献科》	科仪经书	盘经□	盘经□	1911	有《太上设谢雷妙经》《消灾经》《佛设观音解冤释结妙经》《启师破狱科》等内容,包含救患解冤、消灾护命、恕罪主题

附录三

《大英图书馆数字化老挝北部蓝靛瑶手稿》简表

大英图书馆藏 **EAP791** 瑶族经书简表

编号	经书名称	分类	书主	抄写人	抄写时间	附注
EAP791/1/1/1	《延生三时科》	科仪经书	李云财	李云暹	1856	
EAP791/1/1/2	《二霄招罗五兵》	科仪经书	李应柱	不详	1835	
EAP791/1/1/3	《郎秘金语一册》	法术秘语	李云财	不详	1914	扉页题:"传度师傅李玄明,给付授度弟子,世代承行","置主李云财袭"
EAP791/1/1/4	《迁王科》	科仪经书	邓玄和	邓玄和	1891	
EAP791/1/1/5	《启师破岳科荛简在头》	打斋	李云暹	李云暹	1856	
EAP791/1/1/6	《丧家秘语》	打斋	李经颜	不详	19世纪	
EAP791/1/1/7	《洪恩金语一册》	合婚书	邓应富	不详	1912	
EAP791/1/2/1	《清醮秘语一本》	科仪经书	蒋金晃 李经颜	蒋金晃	1866	
EAP791/1/2/2	《延生教苦宿启》	科仪经书	黄道(妙)经	盘妙良	19世纪	
EAP791/1/2/3	《伸斗告良科》	科仪经书	李妙枢	不详	1855	

续表

编号	经书名称	分类	书主	抄写人	抄写时间	附注
EAP791/1/2/4	《斋会设醮科》	科仪经书	李妙严	邓道金	1790	
EAP791/1/2/5	《戒度科终天师法忏三法大道师》	度戒	李云暹	李云暹	1859	
EAP791/1/2/6	《救苦延生演朝科》一册	科仪经书	李玄明 李妙章	不详	1906	
EAP791/1/3/1	《救患天机》	科仪经书	邓胜祥 邓应珠	不详	1853	
EAP791/1/3/2	《受戒秘语》	科仪经书	盘法琐 盘法贤		1911	
EAP791/1/3/3	《霄路科贡筵洪恩秘语》	科仪经书	黄妙经 李显才	黄妙经 李显选	1786~1890	此无封面,首页为步虚词。第2页题"霄露科,羽士黄妙经,乾隆丙午年丙申月壬寅朔上旬抄"。第3页则题"一本洪恩金语","授度弟子李妙贤"。经文尾题"贡筵洪恩秘语壹本,书主李显才集用","皇号光绪拾陆年庚寅岁肆月拾日抄完笔镜终"。此书大约为合订本,前面为霄露科,后面为洪恩秘语,霄露科已遗失,此书主体为洪恩秘语
EAP791/1/4/1	《大斋治亡秘语》	打斋	蒋云光	不详	19世纪末	
EAP791/1/4/2	《百解法》	法术秘语	邓玄和	不详	19世纪	
EAP791/1/4/3	《小百解秘语》	法术秘语	邓经库	不详	19世纪	
EAP791/1/4/4	《洪恩秘语》	法术秘语	李胜御	盘显极	1941	
EAP791/1/4/5	《救病师教天机》	法术秘语	邓玄和	邓玄和	1863	
EAP791/1/4/6	《亡秘天机金语全册》	打斋	邓妙鲜	阳文财	1950	

续表

编号	经书名称	分类	书主	抄写人	抄写时间	附注
EAP791/ 1/4/7	《大斋良缘秘语》	秘语	邓玄和	邓玄和	1886	
EAP791/ 1/4/8	《重集斋知短秘语》	秘语	邓玄和	不详	1890	
EAP791/ 1/4/9	《度亡天机秘语》	秘语	邓玄和	不详	1863	
EAP791/ 1/4/10	《一本清醮秘语》	法术秘语	邓玄和 邓玄明 邓玄阶	邓玄和	1890	扉页题"清醮在头,受戒在尾"
EAP791/ 1/5/1	《黄泉桥苍良天地血盆法》	法术秘语	邓玄和 邓玄明	不详	19 世纪	
EAP791/ 1/5/2	《杂解治亡秘语》	法术秘语	李玄清	不详	1892	
EAP791/ 1/5/3	《一本颠倒打寨肚痛眼痛法书》	法术秘语	李妙贤	邓金玟	1812	
EAP791/ 1/6/1	《集解老君秘语》	法术秘语	李妙贤	李妙进	1826	
EAP791/ 1/6/2	《百解秘语一本》	法术秘语	李院玓 李经翔 李经株	李院玓	1877	
EAP791/ 1/6/3	《绝亡秘语壹本》	法术秘语	李金俞	李金俞	1904	
EAP791/ 1/6/4	《晨昏救患日五会密(秘)语》	法术秘语	黎经斋	黎经斋	1847	
EAP791/ 1/7/1	《又件诸百皆集秘语》	法术秘语	黎经斋	黎经斋	1895	
EAP791/ 1/8/1	《救苦设醮科》	科仪经书	李妙京	不详	1810	
EAP791/ 1/8/2	《延生救苦宿启科》	科仪经书	李云暹	李云暹	1856	

编号	经书名称	分类	书主	抄写人	抄写时间	附注
EAP791/1/8/3	《法坛科醮符吏斋符吏净坛科会圣科说醮科在尾》	科仪经书	李云暹	李云暹	19世纪	
EAP791/1/8/4	《两班圣目》	科仪经书	李云暹 李云财	不详	19世纪	
EAP791/1/9/1	《二宫三宫科壹本》	科仪经书	李金历 李道玫	李道玫	1860	
EAP791/1/9/2	《斋醮秘语号法一部》下卷	法术秘语	邓玄和	邓玄和	1861	
EAP791/1/9/3	《杂百解诸件小秘语》	法术秘语	盘道宝 盘经诵 盘经晋 邓妙传	盘道宝	1892	封面题"治煞秘邓妙传"。扉页题"昏息在头,小秘在尾"
EAP791/1/9/4	《重集斋短亡秘语》	法术秘语	邓玄和	邓玄和	1860	
EAP791/1/10/1	《按(安)龙秘语天机法伸斗解冤》	法术秘语	邓玄和	邓玄和	1863	
EAP791/1/10/2	《一本诸百解晨昏早朝夜聪祭鬼使用》	法术秘语	蒋妙璋 李妙财	蒋妙璋	1920	
EAP791/1/10/3	《诸件百解全集》	法术秘语	蒋道钧 蒋道阶 蒋道宝	蒋道钧	1861	
EAP791/1/10/4	《救患天机秘》一卷	法术秘语	蒋法戢 蒋云升 蒋云宫 蒋道宝	郎劲堂	1860	扉页背面有两行题注:"粤西镇安府归顺州游客郎劲堂顺盛大宝号抄字,大吉利市";"开笔大吉大利也"
EAP791/1/10/5	《苂间科破狱科赞材楼三本》	打斋	蒋金华 邓妙静 邓道才	蒋金华	19世纪	
EAP791/1/10/6	《炼度科》	打斋	李妙庆 邓妙庆	李妙庆	19世纪	此书扉页题:"东主李妙庆承集",扉页背面题:"邓妙庆承行"

续表

编号	经书名称	分类	书主	抄写人	抄写时间	附注
EAP791/1/10/7	《清醮大斋授戒同一本秘语》	法术秘语	蒋道宝	罗玄凤	1983	此书扉页题注:"授戒、大斋、清醮同一本秘语,书主蒋道宝,十方上达";"投度师傅邓经连给付蒋道宝,十方上达";"癸亥年七月初二日,给付蒋道宝使用"。第二张扉页题注:"授戒、大斋、清醮共一本秘语";"祖师蒋云清,宗师蒋妙达";"秘主蒋道宝,一男蒋金聪,二男蒋金明,三男蒋金利,三位花男同全大吉利";"民国七十二年癸亥七月初二日完成,当在今日投秘"。第三张扉页题注:"初真授戒语、清醮秘语全本,制主蒋道宝袭后世,宗师蒋妙达";"公元□九八拾庚申年亲烦乱替手氏字"。第四张扉页题注:"老君金语,清醮秘语,世代承行","烦到□罗玄凤帮禄,清醮秘语,从初请禄,到宿启建坛者,得好字不怨,何养二个楼,行字不好怨不回";"岳丈宗师盘妙情、祖师蒋云清、宗师蒋妙连";"置主蒋道宝袭后使用,子男蒋金聪、蒋金明、蒋金利"
EAP791/1/10/8	《诸神秘语》	法术秘语	李云显 蒋道宝	不详	1845	
EAP791/1/10/9	《一本大治天娘亡堂秘语》	法术秘语	李经凤 蒋道宝	李经凤	1894	扉页题注:"师傅邓道意付给","给破千计,师傅传度,邓经真给付弟子李经凤","弟子李经凤十方上达","光绪廿年甲午岁四月四日抄完"。扉页背面题注:"头度师父李道通,付给弟子蒋道宝","京师二位盘妙秉、蒋妙达"
EAP791/1/10/10	《清醮礼境单时演朝科》	科仪经书	蒋金华 邓妙静 邓道才	蒋金华	19世纪	

续表

编号	经书名称	分类	书主	抄写人	抄写时间	附注
EAP791/1/10/11	《送终三夜秘》	法术秘语	蒋玄经 蒋道遑 蒋妙灵	黄道张	1858	此书封面题："度亡三夜送终","黄道张记号"。扉页题"师傅李院选给付,弟子李经凤千年昭吉","咸丰八年戊午岁四月初五抄完毕",其中"李经凤"名字被竖线划掉,旁边写上"蒋妙灵"。扉页后页仍是空白页,有三行题注,从右到左为"传度李院选","置主蒋道遑、蒋玄经、蒋妙灵","记号黄道张凡仪"。书尾题"咸丰四年甲寅岁三月廿十七抄完,连五十六遍"。此书原书主应是李经凤,由师傅李院选给付,李经凤于咸丰四年抄写完毕。后置主蒋道遑、蒋玄经蒋妙灵请抄书人黄道张于咸丰八年重抄该书,抄书人将原书题记也一并抄入
EAP791/1/10/12	《清醮秘语》	法术秘语	李道选 李经灵	李道选	1897	扉页"清醮秘语"标题下题注:"东主李道选愚手,抄与儿李经灵"
EAP791/1/10/13	《玉枢经大部金章经》	科仪经书	盘玄秘 盘经珠 盘道席	潘治农	1837	尾题:"广西省武缘县游客先生潘治农,依□代写笔,字不好视,可免也"
EAP791/1/10/14	《度人经一部》	科仪经书	盘玄秘 盘经珠 盘道席	潘治农	1837	
EAP791/1/10/15	《设醮飞章》	科仪经书	李道真	李治华	1953	扉页题记分三栏,中栏为"壹本设醮飞章",右栏为"中华民国四十二年癸巳岁三月十八日抄成",左栏为"四川省遂宁县抗日荣誉军人李治华手抄"
EAP791/1/10/16	《一本出行集用》	科仪经书	蒋金聪	蒋金聪	1860	

编号	经书名称	分类	书主	抄写人	抄写时间	附注
EAP791/1/10/17	《醮关告会圣科救坛》	科仪经书	李妙庆 蒋金聪	李妙庆	19世纪	
EAP791/1/10/18	《贡王救苦延生宿启科》	科仪经书	蒋金华 蒋金聪 蒋道宝 邓妙静 邓道才	蒋金华	19世纪	扉页正中为标题："贡王救苦延生宿启科"，标题左下角："羽士蒋金华"，扉页左侧题注："庚午年八月下旬抄完也，付儿存本"，字尾有人名"蒋金聪"，扉页右下侧："至主蒋道宝"，在三个蒋姓人名中间又插有邓妙静、邓道才，共五个名字。推测此书因是蒋金华抄写，传与儿子蒋金聪，再传蒋道宝。后被邓妙静、邓道才所得
EAP791/1/10/19	《门道大小凶斋秘全》	法术秘语	蒋道阶 蒋道钧 蒋道宝	蒋道钧	1801	扉页题注："置蒋道阶、蒋道钧全受"，"投度弟子蒋道宝使用"。结尾题："嘉庆六年二月初五日抄完毕，秘语一册"。扉页第三页题注："蒋妙（院）进本命也，己亥年九月初一子时建生"。结尾有启文，文中有地理信息："小臣蒋道钧，系属开化府文山县永平里黄爷王下黑鸟水表高顾村"
EAP791/1/10/20	《一本求财秘语》	法术秘语	潘金厢	李玄璋	1889	扉页题："宗师李玄璋给付女婿"，"盘金厢承行念者如应"
EAP791/1/10/21	《小桥台科》	科仪经书	盘显厢	盘显厢	1876	
EAP791/1/10/22	《老号合婚书》	合婚书	不详	不详	19世纪	
EAP791/1/10/23	《大小斋醮神目科》	科仪经书	李云秀 盘妙颜 蒋道宝 黄玄恩	李云秀	1844	
EAP791/1/10/24	《济度血湖真经一本》	科仪经书	邓玄胆 邓妙态 李玄清	邓玄胆	1807	

续表

编号	经书名称	分类	书主	抄写人	抄写时间	附注
EAP791/1/11/1	《四言杂字》	蒙学课本	盘文隆	不详	1868	此书为刻本,扉页两栏式,右栏为书名"四言杂字",左栏为"内附三字对、对歌、印子歌,渊雅堂梓行"。栏顶为"同治七年重刊",另有手写字"东主盘文隆"
EAP791/1/11/2	《救苦延生宿启科》	科仪经书	不详	不详	19世纪	
EAP791/1/11/3	《一本说醮科书》	科仪经书	卢妙恩	卢妙恩	1907	
EAP791/1/11/4	《贡筵洪恩秘语大全一本》	法术秘语	李显兴 李膪应	李显兴 李膪应	19世纪	此书前后有两处落款,且笔记明显有别,应为两人所抄。扉页"贡筵洪恩秘语大全一本"后落款"东主李显兴承应,十方上达",其后内容应为李显兴所抄。第90页"论开光坛院法"后落款"置主李兴腾集用",倒数第二页落款"置主李膪应集存此本贡筵洪恩秘语",可见此部分为李兴腾所抄,且此部分书页比前部分更新,可推知李显兴在前,李膪应在后。此书尾页题注:"小臣李显兴,系属临安府建水县猛赖土司所管猛员菁山王下淰迎水表高岭村居住,奉神当在清灯坛院香火炉前,出身授戒"
EAP791/1/11/5	《一册南昌科大小炼叁》	打斋	李云清	李云清		此书为符式集
EAP791/1/11/6	《一册皈依授戒》	度戒	李云清	李云清	癸卯年	
EAP791/1/11/7	《一本授戒川光》	科仪经书	李院坚 李显章	李院坚	19世纪	此书为新旧两部分组成,主体为旧书,封面与首页则为后补的新页。原本书主应为李院坚,新任书主李显章
EAP791/1/11/8	《一本功曹开山科》	科仪经书	李显章	不详	19世纪	此书由新旧两部分组成,旧书主不详,新书主李显章。从纸张材质与色泽判断,新书页年代应为当代添补

续表

编号	经书名称	分类	书主	抄写人	抄写时间	附注
EAP791/1/11/9	《一本招兵接圣大献科》	科仪经书	李显章	李应誉	19世纪	原书主李应誉,新书主李显章,封面较新,是新书主所加
EAP791/1/11/10	《一本判座花娘科》	科仪经书	卢院达	卢院达	1941	
EAP791/1/11/11	《一本桥台科》	科仪经书	不详	不详	19世纪	
EAP791/1/11/12	《重集斋短蜜语》	法术秘语	邓玄和	邓玄和	1860	此书与EAP791/1/9/4是同一本
EAP791/1/11/13	《杂百解诸件小秘语》	法术秘语	盘道宝 盘经诵 盘经晋 邓妙传	盘道宝	1892	此书与EAP791/1/9/3是同一本
EAP791/1/11/14	《一本设醮飞章科》	科仪经书	李经誉	李经誉	19世纪	
EAP791/1/11/15	《门道大小凶斋秘全》	法术秘语	蒋道钧 蒋道阶 蒋道宝	蒋道钧	1801	此书与EAP791/1/10/19是同一本
EAP791/1/11/16	《诸件百解全集》	法术秘语	蒋道钧 蒋道阶 蒋道宝	蒋道钧	1861	此书与EAP791/1/10/3是同一本
EAP791/1/11/17	《救患天机秘一卷》	法术秘语	蒋法戤 蒋云升 蒋云宫 蒋道宝	郎劲堂	1860	此书与EAP791/1/10/4是同一本
EAP791/1/11/18	《迓王科》	科仪经书	李妙翰	李朝忠 李妙翰	1852	尾页题注三行:"连皮二十六遍","李朝忠丑字,无钱自集,与儿作本,早晚使用","四月二十一日毕",又有红色笔在一旁题注"东主李妙翰记号"

续表

编号	经书名称	分类	书主	抄写人	抄写时间	附注
EAP791/1/11/19	《先主来请圣之法》	法术秘语	蒋玄戢	张仕正	19 世纪	此书无封皮,第 8 页标题下有注"置主蒋玄戢记号,不可失也"。第 22 页标题下有注"臭字,张仕正记号也"
EAP791/1/11/20	《炼度科》	打斋	李妙庆 邓妙庆	李妙庆	19 世纪	此书与 EAP791/1/10/6 是同一本
EAP791/1/11/21	《大斋清醮授戒同一本秘语》	法术秘语	蒋道宝	罗玄凤	1983	此书与 EAP791/1/10/7 是同一本
EAP791/1/11/22	《诸神秘语》	法术秘语	李云显 蒋道宝	不详	1845	此书与 EAP791/1/10/8 是同一本
EAP791/1/11/23	《一本大治天娘亡堂秘语》	法术秘语	李经凤 蒋道宝	李经凤	1894	此书与 EAP791/1/10/9 是同一本
EAP791/1/11/24	《壹本破狱龙重菱简科》	打斋	卢玄宗	卢玄宗	1910	
EAP791/1/11/25	《度人经》	科仪经书	邓经天 邓云金	不详	20 世纪	
EAP791/1/11/26	《一本化依科》	打斋	李经誉	李经誉	20 世纪	
EAP791/1/11/27	《新恩科一本》	度戒	黄道承 黄文广 卢云达	不详	1847	
EAP791/1/11/28	《关告会圣敕坛科》	科仪经书	盘经极 蒋道传 卢云达	盘经极	20 世纪	
EAP791/1/11/29	《关告帖简说醮》共一本	科仪经书	卢云达	卢云达	19 世纪	
EAP791/1/11/30	《一本大启灵科》	科仪经书	黄云宝 蒋妙灵	黄云宝 蒋妙灵	19 世纪	
EAP791/1/11/31	《斋醮宿启科一本》	科仪经书	黄道能	黄道能	1842	
EAP791/1/12/1	《壹本神目科》	科仪经书	卢玄宗	卢玄宗	1920	

编号	经书名称	分类	书主	抄写人	抄写时间	附注
EAP791/1/12/2	《一本按龙科》	科仪经书	蒋云究 李经照 李妙真 蒋妙俐	盘玄锡	1855	封面题:"一本桉龙科在头,小喃灵在尾,买主李妙真"。第一张扉页题:"东主李妙真壬戌年换报",背面题:"氏笔岳父盘玄锡抄与承龙后裔看面也十方上达","桉龙科终笔,置主蒋云究","蒋云究"旁用另一墨迹写"李经照",应是后一任书主。第四张扉页题:"桉龙科,置主蒋云究(李经照)隽用,不可失","大清咸丰五年乙卯岁次五月十五日申时终"。结尾扉题:"愚岳盘不典,抄与承龙后裔用,看面目字面不美,丑字为册号已","小喃灵科,置主蒋云究集用,后代承行,十方上达","蒋云究"旁有另一墨迹写"蒋妙俐","大清咸丰五年乙卯岁次秋夏季五月十九日申终"。第5页背面题:"南灵科完笔,书主蒋老大号","蒋老大"旁另有墨迹写"蒋妙俐"三字
EAP791/1/12/3	《一本按(安)龙科》	科仪经书	蒋云究 李经照 李妙真 蒋妙俐	盘玄锡	1855	此书与 EAP791/1/12/2 是同一本
EAP791/1/12/4	《南相白文·荄简科·破狱科·竖旛·从人·赞材楼·斋醮共一本》	打斋	黄文广 黄道能 盘玄达 邓道顺	蒋至乾 黄文广	19世纪	此书为多书合订,封面题:"南相白文·荄简科·破狱科·竖旛·从人·赞材楼·斋醮共一本,黄文广号"。第9页题:"置主邓道顺承集,臭字蒋至乾篆","邓道顺"左右另有不同墨迹写有"盘玄达""黄道能","道光贰拾贰年壬寅岁京月朔八日竟毕",后为放荄简科。第23页题:"破狱颗一本,置主黄道能袭"。第80页题:"炼度颗一本,置主黄道能承袭","置主盘玄达银买通重",该页背面题:"炼度科,大清道光二十七年丁未岁中吕十二日完毕"

续表

编号	经书名称	分类	书主	抄写人	抄写时间	附注
EAP791/1/12/5	《化依科·小南灵小本一部》	打斋	李妙真李云聪	不详	1968	
EAP791/1/12/6	《一本延生斋醮演朝科》	科仪经书	卢云达李经誉	不详	19世纪	
EAP791/1/12/7	《延生单朝科》	科仪经书	李经誉	黄大彬	1846	扉页题："延生单朝科，主人蒋□□记号，后代子孙，早晚应用承集，儿子蒋玄弘、蒋玄孪"（主人姓名已被墨迹刻意涂抹不见），"置主李经誉银卖用"，"广西省城思恩府武邑游客人黄大彬抄录，得□□□数记"，"道光贰拾陆年五月下旬初九日抄完笔，得银七分正"。尾页题："东主李经腾，宗师李妙广"
EAP791/1/12/8	《安龙谢墓科》	科仪经书	蒋道桂李云清	赵文正	1842	结尾题注："道光贰拾贰年七月上旬篆完，愚手笔字，赵文正乱抄，一来生世，八字不通，字骨未齐，上欠下余，不知明白。二来老了，眼芒未明。祝报师生，慢慢点补，合得齐全，不可笑也。算书遍六十一遍,连皮"
EAP791/1/12/9	《礼境草时科一本》	科仪经书	黄文广卢云达	不详	1842	
EAP791/1/12/10	《壹本诸经》	科仪经书	卢玄宗	卢玄宗	1909	
EAP791/1/12/11	《迓王科一本》	科仪经书	黄文广李妙真盘玄达黄道能	不详	1842~1986	
EAP791/1/12/12	《诸圣斋醮神目一本科》	科仪经书	李经誉蒋道传	不详	1871	
EAP791/1/12/13	《诸品经一本》	科仪经书	李经誉李妙广	李经誉	1958	

续表

编号	经书名称	分类	书主	抄写人	抄写时间	附注
EAP791/ 1/12/14	《度亡秘语》	法术秘语	盘道细	邓妙茂	19 世纪	此书庳页背面记载:"辛卯年十一月初七日立簿","云侁借道细白银乙块四两文子五分正","寿阳三十八岁不伟(讳),于道细死,年癸巳岁四月初四未时化世"
EAP791/ 1/12/15	《壹本功曹科·香花供伍·接圣科·招兵科》	科仪经书	李院真	李院真	1985	
EAP791/ 1/12/16	《壹本开山科》	科仪经书	李胜聪 李院真	李胜聪	1984	
EAP791/ 1/12/17	《一本救患科》	科仪经书	李院珍	李院珍	1956	
EAP791/ 1/12/18	《一本道范科》	科仪经书	李玄宝	李玄宝	1952	
EAP791/ 1/12/19	《壹本诸品经》	科仪经书	李玄章	李玄章	1986	
EAP791/ 1/12/20	《壹本红楼判座科》	科仪经书	李应寿 李道孝 李院真	不详	不详	
EAP791/ 1/12/21	《壹本引朝科》	科仪经书	李妙真	邓云真	1954	
EAP791/ 1/12/22	《盟真救苦演朝科》	科仪经书	黄文广 卢云达	黄文广	1856	
EAP791/ 1/12/23	《壹本按潜科》	科仪经书	邓经天 李妙真	邓经天	1881	
EAP791/ 1/12/24	《壹本初真科》	度戒	李妙坚 李妙真	李妙坚 李妙真	19 世纪、20 世纪中	此书为新旧两部分组成,前部分为李妙坚所抄,文中出现"大清"字样,书页泛黄,约出于 19 世纪,内容为正一初真授戒。后部分为李妙真所抄,书页较新,应出于 20 世纪中期,内容为"又受戒诵经辛文用","又件巫教受戒,皈依师教用","又说经散花启"

编号	经书名称	分类	书主	抄写人	抄写时间	附注
EAP791/1/12/25	《裘字古今字同本》	蒙学读本	李妙珍 李经极	李经极	1954	扉页题注:"裘字古今字同本","书主李妙珍全本,抄庇子孙,李经极替首写用看","天子民国二千十四岁甲午九月中旬完秉"
EAP791/1/12/26	《壹本召灵科》	打斋	盘妙灵 李妙真 李妙珍	盘妙灵	1982	第一张扉页题注:"正字五十一遍,皮不算","召灵科,置主盘妙灵集用","民国六十一壬戌岁五月初一亥时冬"。第二张扉页题注:"公呆盘妙灵三十二岁,禄出其书壹本","召灵科,置主盘妙灵","民国六十一壬戌岁五月初一日亥时冬"。尾页题注:"召灵科终","辛酉年八月十二日未时开手写,到壬戌年五月初一丙子日亥时抄完毕","盘妙灵集用"。(注:"民国六十一年"是1972年,壬戌岁是1982年,应是抄书人误记)
EAP791/1/12/27	《一本伸斗科》	科仪经书	李妙真	李妙真	1953	
EAP791/1/12/28	《一本三朝科》	科仪经书	李妙真 李妙全	李妙真	1989	
EAP791/1/12/29	《南相白文·茭简科·破狱科·竖幡·从人·赞材楼·斋醮共一本》	打斋	黄文广 黄道能 盘玄达 邓道顺	蒋至乾 黄文广	19世纪	此书封面题:"南相白文、茭简科、破狱科、竖幡、从人、赞材楼、斋醮共一本"。与EAP791/1/12/4是同一本
EAP791/1/12/30	《帖简·关告·会圣科·敕坛科·二宫科·三宫科·说醮科·送圣科供(共)本》	科仪经书	邓玄和 李云聪 李妙真 盘经僚	不详	19世纪	此书封面题:"帖简、关告、会圣科、敕坛科、二宫科、三宫科、说醮科、送圣科供(共)本"

续表

编号	经书名称	分类	书主	抄写人	抄写时间	附注
EAP791/1/12/31	《壹本道意玉京盟真救苦贡王斋意》	科仪经书	李妙真	李妙真	1954	
EAP791/1/12/32	《宿启科》	科仪经书	邓玄珣	邓玄珣	1925	
EAP791/1/12/33	《迓王科》	科仪经书	黄文广 李妙真 盘玄达 黄道能	不详	1842—1986	此书与 EAP791/1/12/11 是同一本
EAP791/1/12/34	《壹本诸百解晨婚早朝夜晚祭鬼》	科仪经书	蒋妙璋 蒋道宝 李妙财	蒋妙璋	1860	此书扉页题注:"投度师傅蒋道君,给付弟子蒋道宝,十方上达","壹本诸百解、晨婚早朝、夜聪,祭鬼使用","置主蒋妙璋承集全本,儿孙世世代代用","太清仲□□王九年庚申岁七月初拾日亥时抄完笔","置主李妙财记号"
EAP791/1/13/1	《飞章科》	科仪经书	邓玄珣 邓云金	邓玄珣	1925	
EAP791/1/13/2	《一本救患科》	科仪经书	邓应利	邓院灵	1962	此书扉页题:"一本救患科,置主邓应利使用也","太岁任寅□六□初七日篆出","旧本书不齐,家第邓应利叫我掌兄邓院灵替手篆出,四十二遍连下旧本书救患科,早晚使用"
EAP791/1/13/3	《一本招兵科》	科仪经书	邓云利	邓云利	1936	
EAP791/1/13/4	《一本开山科》	科仪经书	邓玄明 邓显真 邓经传 邓胜利	不详	19 世纪	
EAP791/1/13/5	《一本大献接圣科》	科仪经书	盘云王 邓胜利	不详	不详	

续表

编号	经书名称	分类	书主	抄写人	抄写时间	附注
EAP791/1/13/6	《一本净会科》	科仪经书	邓经利 邓胜禄	邓胜禄	20世纪	
EAP791/1/13/7	《迓王科》	科仪经书	邓应利	邓应利	1961	
EAP791/1/13/8	《一本说醮科》	科仪经书	邓玄僚 邓金孚 邓经利	邓玄僚	1910	
EAP791/1/13/9	《飞章科》	科仪经书	邓玄僚 邓经利 邓金孚	不详	1913	
EAP791/1/13/10	《一本飞章科》	科仪经书	邓妙灵 邓经利	邓妙灵	20世纪	
EAP791/1/13/11	《化依（衣）科通用》	打斋	邓升乐 邓经利	邓升乐	20世纪	
EAP791/1/13/12	《一本初真科老君金语》	法术秘语	邓云利 邓经利 邓云戏 邓士春	不详	不详	此书封面题："初真、开解、经坛科，邓云戏"，旁用另一墨迹写"或置开解科，邓妙通"。第一张扉页题："一本初真科，置主邓云利"，"老君金语"。第二张扉页题："初真、开解、经坛科，邓云戏集"，旁另有"邓经利"三字。尾页题注："开解科一本共全册，邓士春承集"
EAP791/1/13/13	《炼度科》	打斋	邓演滔 盘经极 盘经誉	邓演滔	1848	
EAP791/1/13/14	无题	法术书	邓胜利	不详	不详	第24页有"无上黄箓大斋沐浴炼度科"，内容为水火炼度仪所用符咒

续表

编号	经书名称	分类	书主	抄写人	抄写时间	附注
EAP791/1/13/15	《一本清醮秘》	法术秘语	邓金孝 邓妙天 邓经利	不详	1905	
EAP791/1/13/16	《大斋秘语》	法术秘语	邓胜禄 邓云利	罗玄凤	1885	此书第一张扉页题:"大斋秘语,秘主邓云利使用,应十方上达",旁用另一墨迹写有"羽士邓胜禄"。第二张扉页题:"大斋秘语,置主邓胜禄,十方上达","投度师傅邓胜禄给付家弟子,宗师邓金华,祖师邓法明,投度弟子邓云利取银买,三两五分银"
EAP791/1/13/17	《一本黄泉秘语》	法术秘语	邓妙宝	邓妙宝	1990	
EAP791/1/13/18	《一本百解秘语》	法术秘语	邓金华 邓金能	不详	不详	
EAP791/1/13/19	《雷府科》	科仪经书	邓云戏 邓经利	邓云戏	1850	
EAP791/1/13/20	《玉典经下卷》一十二部	科仪经书	蒋道宴 邓经利	李玄清	1783	此书扉页题注:"玉典经卷下一十二部,置主蒋道宴承受,无名公抄氏笔","皇号癸卯年甲申旬启抄其经书全本"。扉页背面题:"东主蒋道宴集,与儿金能、金华、金善三人同用",旁另有墨迹写"邓经(胜)利"四字。尾封题注:"玉典经下卷,置主蒋道宴承集,代笔人李玄清抄"
EAP791/1/13/21	《按龙科》	科仪经书	邓云堂 邓经利	邓云堂	1806	
EAP791/1/13/22	《一册神目科》	科仪经书	邓胜乐 邓经利	邓妙逮	丙申年	

续表

编号	经书名称	分类	书主	抄写人	抄写时间	附注
EAP791/1/13/23	《一本喃灵科》	打斋	邓玄僚 邓云利 邓金孝	邓玄僚 罗玄凤	20世纪	
EAP791/1/13/24	《一本大部南灵科》	打斋	滕道鲜	滕道鲜	1991	
EAP791/1/13/25	《按龙伸斗珍棺木秘语》	法术秘语	邓云戏	邓胜瑢	1814	此书扉页题注："秉笔愚父邓胜瑢,字不美,丑丑无本,难做实也。按龙、伸斗、珍棺木秘语,存置主邓云戏承受,不可失也。天运太岁甲戌年嘉庆十九年二月十八日抄启"
EAP791/1/13/26	《一本救坛科》	科仪经书	李道金 李朝声 邓经利 邓云利	盘贵声	乙丑年	
EAP791/1/13/27	《关告救坛科》	科仪经书	邓玄僚 邓经利 邓金孝	邓玄僚	1911	
EAP791/1/13/28	《一本小杂秘》	法术秘语	盘妙颜 邓玄通 邓经利	盘妙颜	不详	
EAP791/1/13/29	《新杂诸禁盘秘语一本》	法术秘语	邓云戏 邓云利	邓胜瑢	1815	
EAP791/1/13/30	《早晚救患灯延秘语》	法术秘语	邓院戏	不详	19世纪	
EAP791/1/13/31	《引朝科》	科仪经书	邓云利 邓经利	不详	1956	
EAP791/1/13/32	《小桥台一本》	科仪经书	邓应休	邓应休	1851	
EAP791/1/14/1	《一本判座科》	科仪经书	邓胜利	不详	不详	

续表

编号	经书名称	分类	书主	抄写人	抄写时间	附注
EAP791/1/14/2	《一本谢境科》	科仪经书	冯玄聪	冯玄聪	1941	
EAP791/1/14/3	《伸斗科》	科仪经书	李经滔	李经滔	1888	
EAP791/1/14/4	《三皇文章男女通用》	科仪经书	盘道仕	盘道仕	1846	
EAP791/1/14/5	《壹本合书》	择吉	冯道军 冯道禄	冯道禄	不详	
EAP791/1/14/6	《救患秘语一本》	法术秘语	李玄锡 李道晶	李玄锡	1857	
EAP791/1/14/7	《百解秘语》	法术秘语	盘玄照 盘妙胜	盘玄照	不详	
EAP791/1/14/8	《清醮秘语壹本》	法术秘语	邓云聪 邓玄静	不详	不详	
EAP791/1/14/9	《大灭天灾整村》	法术秘语	冯妙金 冯道军	冯妙金	1910	
EAP791/1/14/10	《诸醮谢金言之语诸小醮天机》	法术秘语	冯玄高	冯玄高	1872	
EAP791/1/14/11	《一本三夜丧秘语》	法术秘语	盘经论 冯妙金	冯妙金	1930	此书封面题"三夜送终秘语"。扉页题注:"三夜送终秘语,东主冯妙金承行","老君金语流传,鸾父盘经论,给付女婿冯妙金使用,十方上达","民国拾九年闰月六月上旬十二日启毕"。经文结尾题注:"一本三夜丧秘语终,东主冯妙金集","太岁庚午年闰月六月下旬二十五日抄完"。后附:"又件丧符,与孝男佩带用"。此书尾页题注:"无上冬狱中坛科,羽士冯玄高承集,与子冯道禄用,应十方","老子妙语,释除免了","道光十年庚寅岁五月二十六日备毕",但是后面只有一页文字,并无完整的"无上冬狱中坛科"

续表

编号	经书名称	分类	书主	抄写人	抄写时间	附注
EAP791/ 1/14/12	《一本小杂秘》	法术秘语	冯玄照	不详	1945	
EAP791/ 1/14/13	《诸天秘杂百解小部语册》	法术秘语	卢经才	李金宗	1837	
EAP791/ 1/14/14	《授戒秘语》	法术秘语	冯妙金	冯妙金	1918	此书扉页题:"授戒秘语贰教","鸾父盘经论给付大吉女婿冯妙金使用,十方上达","民国七年戊午岁五月廿记笔"
EAP791/ 1/14/15	《一本清醮秘语》	法术秘语	冯妙金	冯妙金	1919	此书扉页题:"清醮秘语一本,置主冯妙金","老君金语,世代承行","授度师傅邓玄聪,给付投度弟子冯妙金使用,十方上达","其书正字五十遍半","太岁己未年九月上旬初八日伸时冬毕也"
EAP791/ 1/14/16	《集一本百解秘语》	法术秘语	邓云珠 卫云通	邓云珠	不详	
EAP791/ 1/14/17	《尊典下卷》	科仪经书	冯玄万	冯玄万	1804	此书扉页题:"羽士冯玄万承集,甲子流年录也。"
EAP791/ 1/14/18	《尊典上卷》	科仪经书	冯玄万	冯玄万	1804	此书扉页题:"尊典中卷,善门冯玄万集,甲子年春秀启录其书"。此书实为尊典中卷
EAP791/ 1/14/19	《尊典中卷》	科仪经书	冯玄万	冯玄万	1804	此书前 32 页与 EAP791/1/14/18 为同一本书,后又有另一本书的几页内容
EAP791/ 1/14/20	《玉皇上卷》	科仪经书	冯玄万	冯玄万	1804	此书扉页题:"玉皇上卷,羽士冯玄万集,甲子流年启录"
EAP791/ 1/14/21	《三官经》	科仪经书	冯玄万	冯玄万	1804	此书扉页题:"三官妙经,羽士冯玄万,甲子流年启录"

续表

编号	经书名称	分类	书主	抄写人	抄写时间	附注
EAP791/1/14/22	《太上消灾经》	科仪经书	冯道禄	冯道禄	1839	
EAP791/1/14/23	《玉枢经》	科仪经书	冯玄万	冯玄万	1804	此书扉页题:"玉枢经,冯玄万集,甲子年六月启"
EAP791/1/14/24	《救苦经》	科仪经书	冯玄万	冯玄万	1804	此书封面题:"救苦经,羽士冯玄高,甲子□六月启篆"
EAP791/1/14/25	《度人经》	科仪经书	冯玄万	冯玄万	1804	此书扉页题:"度人经卷,羽士冯玄万集,甲子年六月启录"
EAP791/1/14/26	《血湖经》	科仪经书	冯玄万 冯玄高	冯玄万	1804	此书扉页题:"血湖经,羽士冯玄万集/高承,甲子流年记"
EAP791/1/14/27	《玉皇经对三时》	科仪经书	冯玄高	冯玄高	1820	
EAP791/1/14/28	《天师戒度科》	度戒	冯玄高	冯玄高	1822	
EAP791/1/14/29	《血湖秘授玉皇心印阎罗灭罪恩重父母道场科》	科仪经书	冯玄聪 冯玄高 冯妙金	冯玄聪 冯玄高 潘治农	1808 1837	此编号下似有三本书,图片书页顺序混乱。第一本扉页题。"神目科壹本,置主冯玄聪承行",第19页有题注:"重集无上赦告,玉京盟真用洞","辍首腐笔,冯玄照承集,书与子孙使用",第24页题注:"神目科终笔,冯玄照","太岁丁丑年(1937)正月初五完笔",第29页为书尾页,题注:"三夜送终秘语,书主冯妙金承行"。第二本书首页(图片第31页)*为"黄庭经毕,太清境小却经",第33页:"小却经毕,尊典经毕下卷一式二部","置主盘玄秘承集妙留,广西省

---

* 经书在网站上的图片排序。

编号	经书名称	分类	书主	抄写人	抄写时间	附注
EAP791/1/14/29	《血湖秘授玉皇心印阎罗灭罪恩重父母道场科》	科仪经书	冯玄聪 冯玄高 冯妙金	冯玄聪 冯玄高 潘治农	1808 1837	武缘县游客先生潘治农写,笔子不好视也,连皮有三十三边","道光十七年丁酉岁(1837)七月二十九日抄完"。第三本(图片第43页)题:"阎罗道场完终,羽客冯玄高承"。第44页题:"重集恩重道场"。第57页题:"恩重道场终,羽士冯玄高承行,太岁戊辰年(1808)九月二十一日抄完"
EAP791/1/14/30	《一本新恩科》	度戒	冯经谕	不详	不详	
EAP791/1/14/31	《度人道场》	打斋	冯玄高	冯玄高	19世纪	
EAP791/1/14/32	《金章经》	科仪经书	冯玄万	冯玄万	19世纪	
EAP791/1/14/33	《尊典经毕卷一十二部》	科仪经书	盘玄秘 盘道席	盘玄秘	1837	
EAP791/1/14/34	《血湖经三官经消灾经》	科仪经书	盘玄秘 盘经珠 盘道席	潘治农	1837	此书为合订本,封面题:"血湖、三官、消灾经"。扉页题:"血湖经大部三卷,置主盘玄秘收留存记,道光十七年丁酉岁八月初四日立",标题旁边还有"盘道席"、"盘经珠"。经尾(第14页)题注:"血湖经一部","恭受天师门下修真弟子奉行,纳经承集,弟子盘玄秘收留记,广西省武缘县游客先生潘治农依口代笔,不好视也","道光十七年丁酉岁八月初四日抄完笔,连皮有一十三边"。第15页为空白页,题注:"三官经,十方显名,醮功上达","箓士弟子盘玄秘承集抄存","道光十七年丁酉岁七月

编号	经书名称	分类	书主	抄写人	抄写时间	附注
EAP791/1/14/34	《血湖经三官经消灾经》	科仪经书	盘玄秘盘经珠盘道席	潘治农	1837	三十日抄"。经尾(第21页)题注:"三官经毕","置主盘玄秘承集抄留,月西先生潘治农写书不好,视免可知"。第22页为空白页,题注:"消灾经纂","置主盘玄秘抄记也,道光十七年丁酉岁□□二十九日抄"。经尾(第34页)题注:"消灾妙经上卷,上妙终毕","武缘县游客先生潘治农写,字不正,可免视也。连皮有乙十三边","道光十七年丁酉岁七月三十日抄完"
EAP791/1/14/35	《玉皇卷中》	科仪经书	冯玄万	冯玄万	19世纪	
EAP791/1/14/36	《玉皇经下卷》	科仪经书	冯玄万	冯玄万	19世纪	
EAP791/1/14/37	《送终救苦时》	打斋	冯玄高邓玄聪邓妙权	冯玄高	1814	
EAP791/1/14/38	《丧家灯科催灵解结散花在尾》	打斋	冯玄高邓玄聪邓妙权	冯玄高	1814	
EAP791/1/14/39	《三夜送终科》	打斋	冯玄高邓玄聪邓妙权	冯玄高	1814	
EAP791/1/14/40	《绕棺科》	打斋	冯玄高邓玄聪邓妙权	冯玄高	1814	
EAP791/1/14/41	《二宵功曹招兵科一本》	科仪经书	盘应宝	盘应宝	1868	

续表

编号	经书名称	分类	书主	抄写人	抄写时间	附注
EAP791/1/14/42	《判座科》	科仪经书	李法珣 冯妙金 冯玄照 冯道军 冯道光 冯道明	李法珣	19世纪	
EAP791/1/14/43	《按相科开度式在尾》	科仪经书	冯玄高	冯玄高	1815	
EAP791/1/14/44	《招兵科》	科仪经书	李法珣	李法珣	19世纪	
EAP791/1/14/45	《一本教患科》	科仪经书	蒋金威 冯法军	蒋金威	19世纪	书中有地理信息。第60页有奏文曰:"今据大清国云南道临安府建水县猛赖峒△△水表高岭村居住"
EAP791/1/14/46	《道门杂式》	科仪经书	冯玄万	冯妙荣	19世纪	
EAP791/1/14/47	《盘桉皇科》	科仪经书	冯院金	冯院金	辛酉年	
EAP791/1/14/48	《一本师授戒川光科》	科仪经书	冯胜聪	冯胜聪	乙未年	
EAP791/1/14/49	《一本通科》	科仪神唱	冯法军	不详	不详	
EAP791/1/14/50	《一本开山科》	科仪经书	冯法军	不详	不详	尾页有:"太岁壬辰年二月廿日抄完",具体时间不详
EAP791/1/14/51	《一本宿启科》	科仪经书	黄经照 黄玄鲜 冯经谕	黄经照	不详	书中有"太岁丁亥年无射辰时完毕",具体时间不详
EAP791/1/14/52	《按龙科百卷下本》	科仪经书	冯妙金 冯道军 冯经恩	冯妙金 冯道军	1930	此书扉页题:"天师开教典","安龙科壹卷下本,羽士冯妙金承集,晨昏夜晚使用","流传万右(古)全","中华民国十九年庚午岁雷宾月下旬廿十七日终毕"。此书前后为不同人所抄,经文第8页有"羽士冯妙金手抄集用"字样,第26页笔迹与前面有较大差异,且有"到此重集十二方位也,置冯道军君"字样,冯道军,即前面的"冯法军"

续表

编号	经书名称	分类	书主	抄写人	抄写时间	附注
EAP791/1/14/53	《二三宫共本》	（礼斗）科仪经书	冯玄照 冯妙金 冯金恩	冯玄照	1930	
EAP791/1/14/54	《神目科一本》	科仪经书	冯玄照 冯金恩	冯玄照	1937	
EAP791/1/14/55	《清醮关告敕坛科》	科仪经书	冯金恩	冯妙承	1930	
EAP791/1/14/56	《腾章科》	上章科仪	冯玄高 冯道午 冯妙金	冯玄高	1824	
EAP791/1/14/57	《万宝全书南灵科》	打斋	冯玄照		1938	此书扉页题："道传抄与弟子玄照，十方显达得吉，道门制主冯玄照全用"，"民国廿七年戊寅岁暑月上旬初九日戊时抄完"，抄写人应是道传，不知其姓
EAP791/1/14/58	《启师破狱科》	打斋	冯玄万 冯经谕	冯玄万	1804	此书封面题："启师破狱科，置主冯经谕"。扉页题："启师破狱科，善门冯玄万记留"，"甲子年巳月初壹日卯刻启竟旦"。尾页题："甲子岁辛未月猴日羊时旦竟就毕"
EAP791/1/14/59	《壹本说醮科》	科仪经书	冯道军 冯道明 冯经恩	不详	不详	此书末页题："太岁甲午年五月三十日记"，具体时间不详
EAP791/1/14/60	《壹本小部诸品经》	科仪经书	冯玄照 冯道军	冯玄照	1936	内容有《太上洞玄灵宝高上玉皇本行集经》《太上洞玄灵宝高上玉皇血湖秘授章妙经》《太上说道君血湖秘授妙经》《太上说安墓真妙经》等，每部经皆不全，只有一段话，有些只有经名。此抄本共19页

续表

编号	经书名称	分类	书主	抄写人	抄写时间	附注
EAP791/1/14/61	《救苦说醮科》	打斋	冯玄高 冯金平	冯玄高	1809	此书第一张扉页题："救苦设醮科,从人科在尾","天子万万年己巳岁□□启"。第二张扉页题："氏字冯玄高抄,子冯金平承集","下元己巳年八月往日批记"
EAP791/1/14/62	《龙重荄简科·斋坛净坛科》	打斋	冯玄高	冯玄高	1802	封面题："龙重荄简科、斋坛净坛科、释服、赞材楼两本在尾"
EAP791/1/14/63	《贡王救苦说醮科》	打斋	冯玄聪	冯玄聪	不详	
EAP791/1/14/64	《炼度科》	打斋	冯玄聪	冯玄聪	1938	此书扉页题："太岁二十七年戊寅年四月廿七日抄完"
EAP791/1/14/65	《救苦斋宿启》	打斋	冯玄高	冯玄高	1811	此书扉页题："救苦斋宿启,延生同用,羽士冯玄高集","太清辛未年五月初三日且备"。尾页题："救苦延生宿启完终,丑笔冯玄高硬手","下元辛未岁七月廿二日完备"
EAP791/1/14/66	《会圣科》	科仪经书	邓经璋	邓经璋	1792	
EAP791/1/14/67	《一本大斋宿启科》	科仪经书	冯玄照 冯玄聪	冯玄照 冯玄聪	1938—1939	此书扉页题"一本大斋宿启科,置冯玄照集用易","书主冯玄聪集用易","太岁己卯年七月上旬初四日完毕"。末页题："一本大斋宿启科,置主冯玄聪集用易","太岁戊寅年七月上旬初四日酉时完毕"。经书笔迹前后不同,或为两人所抄
EAP791/1/14/68	《黄录灵宝斋说醮》	打斋	冯玄高	冯玄高	1824	

续表

编号	经书名称	分类	书主	抄写人	抄写时间	附注
EAP791/1/14/69	《符命科上卷》	法术书	冯玄高 盘妙燕	冯玄高	19 世纪	
EAP791/1/14/70	《关告科·会圣科·敕坛科》	科仪经书	冯玄高	冯玄高	1819	
EAP791/1/14/71	《朝天百拜科·玉皇十七慈光科》	科仪经书	冯玄高 冯道君 冯经恩	冯玄高	1809	
EAP791/1/14/72	《符命式》	符式书	冯玄高	冯玄高	1808	
EAP791/1/14/73	《太上盟真救苦演朝》	打斋	冯玄万	冯玄万	1805	此书封面题:"乙丑年九月启录",末页题:"十月二十六日亥时完竟"
EAP791/1/14/74	《一本雷府科》	打斋	冯玄高	冯玄高	1818	
EAP791/1/14/75	《玉皇清醮三时》	科仪经书	冯玄高	冯玄高	1809	此书封面题:"玉皇清醮三时科,或斋启坛,或自启玉皇清醮,粮灾祈谷等用","书主冯玄高集","太岁巳蛇年马月羊日猴时启录"。末页题:"太岁己巳年八月朔日抄完"
EAP791/1/14/76	《土府三时》	科仪经书	冯玄高 冯玄万	不详	1805	此书扉页题:"土府三时,羽士冯玄万承集","丑字不美,依本录其书异,有贤师睹见连完","乙丑年初月启录其书"。末页题:"土府时终,羽士冯玄高承"
EAP791/1/14/77	《武教书式》	榜状疏等	冯院高 冯院万	卢法春	1807	此书封面题:"武教书式,置主庚兄冯院万/高",尾页题:"丁卯年四月初二日完毕,卢法春丑手,抄与院万用,应十方"。内容有榜、状、疏、神目、诸对联式、受戒旗令等

续表

编号	经书名称	分类	书主	抄写人	抄写时间	附注
EAP791/1/14/78	《清醮关告延生宿启》	科仪经书	冯玄万	冯玄万	1804	此书封面题:"甲子流年十月启录",尾页题:"皇号癸亥年秋月终笔"
EAP791/1/14/79	《斋醮圣目》	科仪经书	冯玄万 冯妙金	冯玄万	1804	此书封面题:"斋醮圣目科,书主冯玄万承集,甲子年六月中旬启录是也","嘉庆□□甲子岁六月中旬"。尾页题:"斋醮圣目终,羽士冯玄万集全,太平甲子年冬月朔间录终"
EAP791/1/15/1	《诸章格杂》	科仪经书	冯玄万 冯道军 冯道禄	盘经佑	1804	扉页题:"宝兴三年甲子岁四月中旬笔竟","宝兴"应是越南西山朝景盛皇帝阮光缵的年号
EAP791/1/15/2	《迓王科》	打斋	冯玄万	冯玄万	1806	此书扉页题:"天子万万年虎岁牛月朔间羊时启",据冯玄万所抄其他经书时间推断,或为1806年
EAP791/1/15/3	《十方三时忏悔》	科仪经书	冯玄高	冯玄高	1808	
EAP791/1/15/4	《一本南灵科》	打斋	李玄照 李妙通 黄玄鲜 黄道灵	赵山潘	1845	
EAP791/1/15/5	《单朝科土府延生贡王救苦两班在尾》	科仪经书	李道鲜 黄玄鲜 黄道灵	李道鲜	不祥	
EAP791/1/15/6	《一本修斋用》	择日	李经宝	李金宝	不详	此书尾页题:"太岁己巳年七月中旬十三日申时完毕"
EAP791/1/15/7	《朝天百解谢罪科一本》	科仪经书	李道贤 李经福 黄玄仙	李朝忠	1943	此书封面题:"太清仲华民三十二年春月廿三日完终"。尾页题:"武邑游士李朝忠,丑字不成字,子孙世代,使用上达","太岁癸未年五月廿六日辰时抄完"

续表

编号	经书名称	分类	书主	抄写人	抄写时间	附注
EAP791/1/15/8	《大斋（炼度·下堂·启师·破狱·放龙·茭筒)科》	打斋	李妙通	李妙通	1935	此书封面题："大斋（炼度·下堂·启师·破狱·放龙·茭筒)科"。经尾题："中华民国廿四年五月廿四日抄完旦"。尾页题："太岁法民国一千九百三五星期二乙亥年五初四日完毕"
EAP791/1/15/9	《关告科·清醮敕坛科·宿启科》	科仪经书	李道贤 黄玄鲜 黄道灵 黄道真	不详	1876	宿启科结尾题："同治拾肆年十壹月十日抄完"，同治十三年（1875），同治帝驾崩，抄写时间应为光绪元年（1875）
EAP791/1/15/10	《从人科·赞材楼共本》	打斋	李玄照 李广省 黄玄鲜 黄道灵	赵峯潘	1836	此书书末题："恭受天师门下弟子李玄照,十方显达也,广西省思恩府武缘县游士赵峯潘代陈。斋戒浴手,诚心敬抄,依古旧本,并无差讹"
EAP791/1/15/11	《一本新恩科》	科仪经书	李经宝 李金福	不详	不详	
EAP791/1/15/12	《一本符命式》	法术符咒	李道贤	盘金厢	1880	
EAP791/1/15/13	《大斋宿启科》	科仪经书	李道僚 李道贤	不详	1785	
EAP791/1/15/14	《小道范科》	科仪经书	李玄照 李妙聪 黄玄鲜 黄道灵	赵峯潘	1835	
EAP791/1/15/15	《诸品经》	科仪经书	李玄照 李道贤 李道贵 李道颜	不详	1879	
EAP791/1/15/16	《迁王判亡科》	打斋	李妙通 黄玄仙	不详	1935	

续表

编号	经书名称	分类	书主	抄写人	抄写时间	附注
EAP791/1/15/17	《壹本宿启科》	科仪经书	李道贤 李云聪 黄玄鲜 黄道灵	不详	不详	
EAP791/1/16/1	《设醮科全卷》	科仪经书	邓妙国 盘金财 李道颜 李道贤 李道贵 李经保 黄玄鲜 黄道灵	赖崇动	1855	此书封面题:"喃相、关告、设醮、飞章、蛟龙、送圣,李经保书,黄玄鲜、甥黄道灵",封面纸张较新,显然是后加。扉页题:"喃相、关告、设醮、飞章、蛟龙科全本,置主邓妙国传留,十方显达","此本科书错字甚多,予欲削笔,因此不许改写,以依本而篆,日后有友来,见见勿笑,是幸千祈可","东省游士赖崇动笔篆","咸丰伍年乙卯岁季秋月□□□""置主李道颜/贤/贵买来三本若七毛","置主盘金财","置主盘金□承集"
EAP791/1/16/2	《小百解秘语法》	法术秘语	盘经开	不详	1905	
EAP791/1/16/3	《一本补家财秘语》	法术秘语	盘经毫	盘经毫	1952	此书扉页题:"一本补家财秘语","置主盘经毫承集用,师父李玄聪,给付弟子盘经毫"
EAP791/1/16/4	《小百解壹本》	法术秘语	黄经颜 黄妙国 黄妙晶	黄仕豪	不详	此书尾页题:"此法,置主黄经颜,给予子黄妙国、黄妙晶,世代承行"
EAP791/1/16/5	《小延告斗安》	科仪经书	不详	不详	1836	此书封面破损,仅剩一半,书主与抄写人信息不详
EAP791/1/16/6	《壹本大斋亡秘语》	法术秘语	黄经聪	黄经聪	不详	此书封面题:"壹本大斋亡秘语,置主黄经聪","传度师蒋道聪,给付弟子黄经聪","太岁己亥年其七月初九日午时抄完"

续表

编号	经书名称	分类	书主	抄写人	抄写时间	附注
EAP791/ 1/16/7	《一册百解黄泉秘语》	法术秘语	黄经聪	黄经聪	不详	此书封面题:"一册百解黄泉秘语,置主黄经聪袭用","投度师父黄经誊,给付弟子黄经聪十方上达","太岁壬辰年六月廿九日抄完"
EAP791/ 1/16/8	《一本师教道教授戒秘语》	法术秘语	黄经聪	黄经聪	不详	此书封面题:"一本师教、道教受戒秘语,置主黄经聪袭用","投度师父邓妙灵,给付投度弟子黄经通,使用上达"。扉页题:三元受戒秘语,师教、道教,东主黄应聪袭用","太岁壬辰正月下旬抄出,己字完毕,字面不好"
EAP791/ 1/16/9	无题	法术秘语	不详	不详	不详	此书封面缺失,尾页破损,全书无书主、抄写人、抄写时间信息。内容有:安香火之法、收斗灯法、安龙牌法、十二方位法、收雌雄二鬼之法、禁虎法、存家财六畜法、安香炉法、存斗盆法等
EAP791/ 1/16/10	《伸斗按龙解冤秘语》	法术秘语	李法弘（李道弘）黄玄能	不详	不详	扉页有"甲子"、"甲戌"等字样,信息较模糊,具体时间不详
EAP791/ 1/16/11	《一本百秘语》	法术秘语	黄经聪 黄经通	黄经聪	不详	此书扉页题:"太岁丙申年七月上旬抄完",具体时间不详
EAP791/ 1/16/12	《一本小百解秘语》	法术秘语	江夏郡子 黄经通 黄经聪	不详	不详	此书扉页题:"一本小百解秘语,置主黄经通袭用,十方上达","投度师父许道勘,给付弟子黄经聪,十方上达","一本小百解,连皮三十二扁（遍）正足,东主江夏郡子用","太岁己丑年五月廿七日未时抄完"。具体时间不详
EAP791/ 1/16/13	《卫师救患天机秘语》	法术秘语	邓道利 邓玄明	不详	1861	此书扉页题:"同坛师邓经开给付与弟子邓道利,十方应用"

续表

编号	经书名称	分类	书主	抄写人	抄写时间	附注
EAP791/1/16/14	《壹本迓王科》	科仪经书	黄经通黄朝安	黄经通	1943	
EAP791/1/16/15	《一本沐浴化衣科》	打斋	黄经通盘道珠	黄经通	1944	
EAP791/1/16/16	《一本小南灵科》	打斋	江夏黄经通	不详	1922	
EAP791/1/16/17	《灶醮宿启》	科仪经书	不详	不详	19世纪	此书封面磨损严重,全书无书主、抄写人信息,书中有"大清"字样
EAP791/1/16/18	《壹本引朝科》	科仪经书	黄经聪盘道珠	黄经聪	1951	
EAP791/1/16/19	《壹本醮关告在根》	科仪经书	江夏郡子黄经通	不详	20世纪	此书封面破损,有"氏字江夏郡子"、"民国二十"等字样。第16页有"会圣科完毕,修主黄经通"
EAP791/1/16/20	《说醮科》	科仪经书	黄经聪	黄经聪	1952	
EAP791/1/16/21	《按龙科》	科仪经书	李妙清	不详	19世纪	地理信息:第46页疏文中有"大清国云南道临安府"。第13页有:"符吏完毕,辍笔无名公录"
EAP791/1/16/22	《壹本伸斗科》	科仪经书	盘道珠	不详	1918	此书封面题:"一本伸斗科,置主盘道珠,全本袭用","大清中华民国戊午年六月下旬",标题页背面题:"无本难寻,有本承此去硬手,底字西(西)河郡学老,写不成"
EAP791/1/16/23	无题	科仪经书	黄应聪	不详	1946	此书封面无书名、书主、抄写人等信息,第23页有:"一本祸相疏意,置主黄应聪全本",此书内容主要与迎神、送神相关

续表

编号	经书名称	分类	书主	抄写人	抄写时间	附注
EAP791/ 1/16/24	《一本炼度初真科》	科仪经书	黄经堂 盘道珠	不详	不详	
EAP791/ 1/16/25	《一本神目科》	科仪经书	黄经通 黄经聪	江夏郡子	20世纪	此书封面破损严重,尚可见"氏字江夏郡子","连皮三十二遍正足","民国"等字。第31页有"神目科壹本抄院(完),书住(主)黄经通"
EAP791/ 1/16/26	《一本斋关告·会圣·敕坛》	科仪经书	黄经聪	黄经聪	1962	此书封面题:"一本斋关告在头,会圣在中,敕坛在尾"
EAP791/ 1/16/27	《壹本飞章科》	科仪经书	黄经通 江夏郡	黄经通	1941	
EAP791/ 1/16/28	《壹本炼度科》	打斋	黄经通 江夏郡	黄经通	1943	此书扉页题:"壹本炼度,书主黄经通集用","一本炼度科,直(置)主江夏郡"
EAP791/ 1/16/29	《壹灶红恩娴语》	科仪经书	黄应聪 江夏郡	黄应通	1945	此书封面无书名,扉页有:"壹灶红恩娴语,号江夏郡存本,师公用","太岁乙酉年七月廿四日未时抄完笔,集本黄应通"。第33页有"置主黄应聪集,本师公用"
EAP791/ 1/16/30	《壹本二宫科》	科仪经书	邓经照 黄经通	不详	不详	
EAP791/ 1/16/31	《壹本南相闲目大斋》	科仪经书	黄经通	黄经通	1942	
EAP791/ 1/17/1	《又集授戒川光》	科仪经书	黄经誊 黄经通	黄经誊	1940	此书封面题:"太(大)清民国廿九年丙辰岁四月一日巳时终毕",封面背题:"壹本授戒川光,皈依用,散花新文了完毕,书主黄经誊完毕,黄经通了用也"。第22页有"黄应誊集用",第28页有"置主黄应誊集用"

续表

编号	经书名称	分类	书主	抄写人	抄写时间	附注
EAP791/ 1/17/2	《壹本破狱炼度荗龙科》	打斋	黄经通	黄经通	1947	
EAP791/ 1/17/3	《度亡天机一本》	打斋	李玄珍	李玄珍	1842	
EAP791/ 1/17/4	《丧家秘语一部》	法术秘语	邓道晶 李道席	邓道晶	不详	封面题："皇清庚辰次岁冬月十七日起笔,至十九日",具体年份不详
EAP791/ 1/17/5	《一本亡秘语》	法术秘语	黄经祥 蒋道珠	不详	1897	此书扉页题"传度师傅黄经鲜给付,千今不可乱传,一本亡秘语,置主□道珠",置主姓被水打湿模糊
EAP791/ 1/17/6	《隔空亡秘一本》	法术秘语	邓道昭	邓道昭	1848	
EAP791/ 1/17/7	《解神煞秘密》	法术秘语	盘显璋	盘显璋	不详	尾页有："太岁壬辰年二月廿日抄完",具体时间不详
EAP791/ 1/17/8	无题	法术秘语	不详	不详	不详	此书破损严重,缺失封面、扉页等信息,内容有"论补山之法","论开卦堂","重集庆贺地桥法"等
EAP791/ 1/17/9	《一本亡秘语》	法术秘语	黄道贤	黄道贤	不详	此书扉页题"态岁戊申年六月廿四日戌时抄出完毕",具体时间不详。内容有"又论黄泉之法","老寿六十六年整交珠接命之法","正存亡案法","又破亡安法","安坛法","论接花根桥之法"
EAP791/ 1/17/10	《道公受戒师公受戒二教同本秘语》	度戒	邓道朝 黄金状	邓道朝	不详	此书尾页题:"师公受戒、道公受戒,二教秘金语同一本,东主邓法朝,承集全本",旁边又写"邓道朝"三字。"皇上宣文二年癸丑岁八月初十申时抄完"
EAP791/ 1/17/11	《一本百解天机·一本清醮秘语》	法术秘语	李法席 (李道席)	李道席	不详	此书封面题:"一本百解天机,李法席全本","一共清醮秘密,李道席全本"。扉页题:"皇号爱国癸亥岁二月上旬抄启"

续表

编号	经书名称	分类	书主	抄写人	抄写时间	附注
EAP791/ 1/17/12	无题	法术秘语	不详	不详	不详	此书无缺失封面、扉页等信息，内容有"收神兵法"，"收五音邪姓法"，"收三煞法"，"存坛院开光法"，"化财马法用"，"破狱法"等
EAP791/ 1/17/13	《贡延红楼清灯金楼》	法术秘语	李法席 李显连	不详	1853	此为两书合订，原书扉页（第7页）题："贡延洪恩秘语、贡延洪恩、大会天机，岳父给女婿李显连，十方上达，世代承行"，"皇号咸丰三年四月□□七日篆终，丑字也"，内容有："送表取花法"，"此论大小延人来初请"，"又论收六凶之法"，"又禁贼法"，"又收三界天地神兵法"，"又请鬼领旗法"等。原书封面与扉页之间，又夹五张小纸，首页题："投度师传李显连给付，贡延洪恩秘语，投度邓显同，传与儿孙，李法席"，正文标题为："又取竹丁踏之法，书主邓显同全本用"
EAP791/ 1/17/14	《初真秘语存册》	科仪经书	李玄招	李玄招	1845	
EAP791/ 1/17/15	《良缘天机一本》	法术秘语	盘妙颜	盘妙颜	不详	此书内容有："镇邪法或偏财马拔除同用"，"次防邪起用"，"无上良缘斋醮天机启"，"论庄严坛院法"，"又论安相法"，"论开启会圣法"，"宿启建坛法"，"请两班法"，"又论净坛法"等
EAP791/ 1/17/16	《洪恩密》	法术秘语	李明堂 李朝阳 李显仕	不详	不详	此书扉页与尾页有许多借债、还债记载。还有："论大小延人初请法"，"又存主人丁之法"，"又主交币领接之法"，"又论磨墨之法"，"又论雌雄二鬼法"，"又论披麻孝服法"，"又论收三煞法"等

编号	经书名称	分类	书主	抄写人	抄写时间	附注
EAP791/ 1/17/17	《集一本百解秘语》	法术秘语	滕经能	滕经能	不详	此书扉页题："泰山投度师傅李玄严，给付女婿滕经能用，应十方显达"，"太岁辛末年正月十五日给付其秘"，具体时间不详。扉页背面题："祖师李道席"
EAP791/ 1/17/18	《诸品经书一卷》	科仪经书	黄文广 李道席	黄文广	1895	
EAP791/ 1/17/19	《一本接圣科》	科仪经书	李法席 李玄杰 李经朱	李法席	不详	此书扉页题："一本接圣科，李法席全本"，"皇号爱国壬戌岁六月号"
EAP791/ 1/17/20	《血湖经》	科仪经书	李道席 李玄杰 黄玄杰	黄玄杰	不详	
EAP791/ 1/17/21	《一本杂谢科》	科仪经书	李道席 邓道晶 邓玄金	不详	19世纪	此书无明确的时间信息，第8页有"大清国"字样
EAP791/ 1/17/22	无题（唱集）	科仪经书	李道席	李道席	不详	此书内容有："次唱解秽娘"，"献花唱"，"献茶唱"，"献鼓唱"，"安坛川光唱"，"三元唱"，"三清唱"，"张天师唱"等
EAP791/ 1/17/23	《一本南灵颗（科）》	打斋	李道席 李经珠 李玄杰	李道席	不详	此书封面题："一本南灵颗，全本李道席"，"长生保命，八卦护身"，封面背面题："书主李经珠的男李玄杰"。正文结尾有："女婿邓妙璇，太山李道席"。尾页题："全本李道席杂用，十方上达"，"太岁丙辰年正月初八日抄完"
EAP791/ 1/17/24	《玉皇上卷书》	科仪经书	李道席 黄玄杰 李经珠 李玄杰	不详	不详	此书扉页题："玉皇上卷书，黄玄杰看念记号"，"置主李道席全本"，"李经珠的男李玄杰"，"此经书十三本，共诸品经十四本"

编号	经书名称	分类	书主	抄写人	抄写时间	附注
EAP791/1/17/25	《壹本开山科》	科仪经书	李法席 李经珠 李玄杰	李法席	不详	此书封面题："壹本开山颗,李法席全本","置主李经珠、李完竭","爱国壬戌岁十二月十七"
EAP791/1/17/26	《小南灵科》	打斋	李道席 李玄杰	李道席	不详	此书扉页题："小南灵颗","太岁丁亥年抄","底笔李道席",具体时间不详
EAP791/1/17/27	《癫疯秘语壹册》	法术秘语	邓道韶	邓道韶	1840	此书扉页题："癫疯秘语壹册","传度师傅邓道耀,给付投度弟子邓道韶,承呈上达","明命贰拾年己亥岁十月初捌日篆订"
EAP791/1/17/28	《设醮科在头飞章科在尾》	科仪经书	邓妙庆 李玄竭	邓妙庆	1922	此书扉页题："设醮科在头,飞章科在尾,置主邓妙庆","东海省邓老三,乱集用得本","书主李玄竭,卖银白二口竜","民国十一年壬戌岁五月初七日完终"
EAP791/1/17/29	《壹本集咒科》	咒语集	李玄坚	李玄坚	不详	内容有："灵宝咒","元始咒","天地咒","土地神咒","度人咒"等
EAP791/1/17/30	无题	经文、醮仪等	不详	不详	不详	此书封面破损严重,全书无书名、抄写人、书主等信息,第1页有"大清国"字样。内容有："太上洞玄灵宝救苦拔罪妙经","保命醮"
EAP791/1/17/31	《大斋宿启科》	科仪经书	刘道利 李经珠	刘道利	不详	
EAP791/1/17/32	《壹本桥台科》	科仪经书	邓玄衡 李法席 李经珠	邓玄衡 李法席	不详	此书为新旧两部分合订,包括封面在内前四张纸(共8页)为后加,扉页题："一本桥台科,李法席全本,十方上达,长生保命","太岁戊午年冬月添笔"。尾页题："小桥台科完了,书主邓玄衡"

续表

编号	经书名称	分类	书主	抄写人	抄写时间	附注
EAP791/ 1/17/33	《赞材楼科》	打斋	李道席 李经珠 李玄杰	李道席	1982	此经书写本抄写在硬面笔记簿上,封面内页有"上海立信会计纸品厂出品"字样,应是 20 世纪后期所抄。第 3 页题:"赞材楼科全本,李道席已在可陋"。第 5 页题:"一本化依科,东主李道席全本陋","皇号爱国壬戌岁(1982)六月十九抄完笔"。第 20 页题:"重集枳从人科,李道席全本"。第 23 页题:"集攒车科,全本李道席"
EAP791/ 1/17/34	《一本招兵科》	科仪经书	李法席	李法席	1978	扉页题:"太岁戊午年正月初二日抄录"
EAP791/ 1/17/35	无题	科仪经书	不详	不详	不详	此书缺页严重,封面及尾页缺失,全书无抄写人、书主、抄写时间等信息,内容为唱本,有"又号大献""又花司唱""又笛子献""又唱也衔"等
EAP791/ 1/17/36	《按龙科》	科仪经书	李经滔	李经滔	1888	
EAP791/ 1/17/37	《一本秋莲科》	科仪经书	邓老三	不详	1892	
EAP791/ 1/17/38	《交简破狱科》	打斋	李经珠 李玄杰	不详	不详	
EAP791/ 1/17/39	《破狱交简炼度秘》	打斋	李道兴 邓经恋 邓妙能 邓道阳	潘元昌	不详	此书为两书合订,两书大小不同。前一本为大书,封面破损严重,可看出"破狱、交龙、炼度、置主李道兴、邓经恋买二分银"。尾页题"书主李妙福留集,武邑游士潘元昌笔","李妙福"三字被划掉,旁边写"邓经恋"三字。第二本书较小,用绳子与第一本书穿在一起,封面题"一本仰帅破狱点灯在尾记请""置主邓妙能集,用应十方""花男邓道阳存本留用"

续表

编号	经书名称	分类	书主	抄写人	抄写时间	附注
EAP791/1/18/1	《合婚书杂》	合婚书	蒋胜选	蒋胜选	1806	
EAP791/1/18/2	《按龙科在头哺灵科在尾》	打斋	李云征李妙辉	不详	1889	
EAP791/1/18/3	《一本师宫亿科》	科仪经书	蒋法贤	蒋法贤	2017	此书扉页题"一本师宫亿科,置主蒋法贤,太岁丁酉年正月十五日午时柚(抄)完",其书页纸张较新,结合下一本经书日期,推测应是 2017 年抄完
EAP791/1/18/4	《按龙秘语》	法术秘语	蒋道贤盘云聪	盘经贤	2010	此书封面题:"按龙必(秘)语,直(置)主盘经贤抄用","二千十年庚寅岁三月初一日午时完毕","投度师父腾妙利给付弟子蒋道贤、盘云聪,十方上达"。内容有"论人来初请接币之法","又磨墨消灾之法","又存鬼之法","又存坛院之法","又开井收六凶之法","又收雌雄之法","又收神兵之法","又点斗灯之法"等
EAP791/1/18/5	《一本伸斗科》	科仪经书	邓妙亮	邓妙亮	不详	此书封面题:"一本伸斗科,置主邓妙亮,集用十方","宗师邓云晶,祖师邓玄达","太岁乙未年六月二十五日抄出终笔,字不成"
EAP791/1/18/6	《一本引朝科》	科仪经书	盘经贤	盘经贤	2013	此书第二张扉页题:"一本引朝科,盘经贤抄用","二千十三年癸巳岁四月十九日抄完"
EAP791/1/18/7	《一本通用香花伍供科》	科仪经书	盘现通	盘现通	不详	此书扉页题:"一本通用香花伍供科,主盘现通",《功曹唱》,"帝母接圣","太岁任辰年五月初五日申时完"。内容有:《年值功曹唱》《月值功曹唱》《日值功曹唱》《时值功曹唱》《重集香花伍供唱》等

编号	经书名称	分类	书主	抄写人	抄写时间	附注
EAP791/1/19/1	《招兵科》	科仪经书	盘现通	盘现通	不详	此书扉页题："太岁壬辰年五月初三日申时完毕"，具体时间不详
EAP791/1/19/2	《一册大部天机金语》	法术秘语	李经杰	李经杰	1892	此书扉页题："一册大部天机金语，东主李经杰"，"投度师父蒋妙盛，给付投度弟子李经杰用，应十方上达"，"中华光绪壬辰岁正月十五日给付"。内容有："论治亡大法"，"论开铛伸鬼去取早魄法"，"论正存亡案之法"，"论破亡案法"等
EAP791/1/19/3	《贡延洪恩秘》	法术秘语	黄法明 李胜上	李朝忠	1854	
EAP791/1/19/4	《按龙秘语一本救患秘》	法术秘语	李玄章	李玄章	1889	
EAP791/1/19/5	无题	法术秘语	李云通	李云通	不详	此书内容有："论存板由衍法"，"论进贡之法"，"又件出脚之法"，"又到山神存财用"，"又一件推水之法"等
EAP791/1/19/6	《一本小集百解》	法术秘语	盘玄星	盘玄星	不详	此书封面题："一本小集百解，至（置）主盘玄星承集用"，"宗师盘妙禄，祖母邓氏庐"，"太岁癸卯年九月五时了"。尾封题："投度师李道章，投度弟子盘玄星承行，十方郎吉"。内容有："又论取金竹连村仃家宅之法"，"又开山本境立庙之法"，"又开光庙之法"，"又一论邪遍落地府之法"等
EAP791/1/19/7	《一本小百秘语》	法术秘语	李经竭 李妙植	李经竭	1891	此书第一张扉页题："壹本小百秘，书主李经竭"，"头度师父邓妙晃，头度弟子李经竭"，李经竭应为李经杰。第二张扉页题："一本小百解禁盆秘语法，黄泉之法在头"，"太岁诸光皇十七辛卯年"，"宗师李经竭，给破李妙植"

编号	经书名称	分类	书主	抄写人	抄写时间	附注
EAP791/ 1/19/8	无题	法术秘语	不详	不详	不详	此书无国书主、抄写人、抄写时间等信息，内容有："初请存弟子之法"，"又转帅了给帅之法"，"又织网之法"，"论受戒飞符法"，"取弟子来开光之法"等
EAP791/ 1/19/9	《壹本师道授戒秘语》	法术秘语	李云上	李云上	1935	此书封面题："传度师傅李玄明、邓经贤给付与弟子李云上，十方使用成金"，"大清民国廿四乙亥年林种月下旬七日马尾抄完。"
EAP791/ 1/19/10	《一本清醮秘语》	法术秘语	李道隆 李道旺 李云通 蒋道贤	李云通	不详	此书有新旧两个封面，旧封面题："一本清醮秘语，世代承行，置主李道隆使用"，"太岁辛丑年七月五日十方上达"。新封面题："一本清醮秘语，置主李道旺，十方上达"，"投度师父腾妙利给付弟子蒋道贤，十方上达"，"太岁丙申年七月十五日申时，给付弟子蒋道贤，十方上达"。书中有"置主李云通集用"字样
EAP791/ 1/19/11	《一本亡秘朝天金语》	法术秘语	李道隆	盘老五	1960	此书末题："一本亡秘朝天金语，置主李道隆，袭用十方"，"老君金语，世代承行"，"宗师李妙助，祖师李云征配护"，"氏笔盘老五，手二（五）不高"，"太岁中华民国四十九年甲申月壬午朔越至甲辰日丙时刻完笔"
EAP791/ 1/19/12	《一本婚姻解诸煞法》	法术秘语	邓道莲	邓道莲	1853	此书第一张扉页题："婚姻金蜜全宝"，"李妙遗太山秘语滕妙坚"。第二张扉页题："一本婚姻解诸煞法"，"投度师傅庐道缘，给付投度弟子邓道莲集用，应十方现显上达"，"咸丰三年癸丑岁九初八日抄秉笔，记纸连皮十五遍足正"。内容有："论人请祭婚姻取妇鬼除诸煞法"，"又解白衣煞"，"又解攀鞋驿马煞"，"又解黄泉灭门煞"，"又论禁煞符"等

编号	经书名称	分类	书主	抄写人	抄写时间	附注
EAP791/1/19/13	《早晚救患秘语》	法术秘语	盘妙禄	盘妙禄	1931	内容有"又论灯筵初请之法","焚香叩师存主之法","又存政谢之法","发师收六凶之法","又收前亡后化法","又收三界神兵之法"等
EAP791/1/19/14	《清醮秘语一部》	法术秘语	黄道能李云上	黄道能	1862	此书第一张扉页题："清醮秘蜜一部,黄道能袭,黄玄亮/明仝存","孙男黄金关","给付蒋玄机","蒋妙静给付弟子李经杰","大清咸丰十二年壬戌岁润南侣朔日毕"。第二张扉页题："传度师傅罗经照给付清醮秘语壹部,置主李云上袭全本","太岁戊戌年正月十五给付"
EAP791/1/19/15	《一本良缘金语宝全册》	法术秘语	邓经气李妙遗	邓经气	1896	此书扉页题："一本良缘金语宝全册","投度弟子邓经气"
EAP791/1/19/16	无题	科仪经书	盘玄星	盘玄星	不详	此书缺失封面,无书主、抄写人、抄写时间等信息,第6页有"盘玄星代为醮主"等字样。内容是化依科
EAP791/1/19/17	《一本却学存照》	蒙学读本	盘云达	盘云达	不详	此书封面题："太岁丁卯年十二月二十日午时完笔抄出。"
EAP791/1/19/18	《一本化依（衣）科》	科仪经书	李经竭	李经竭	不详	
EAP791/1/19/19	《一本小醮符吏》	科仪经书	李妙植	李妙植	不详	此书封面题"一本小醮符吏,置主李妙植""太岁戊辰年七月初十日录毕",具体时间不详
EAP791/1/19/20	《道范幼学科》	咒语、表章等	盘金厢盘经谕	盘金厢	1875	此书内容为仪式中使用的咒语、表章等,主要有:步虚词、天地咒、清净咒、土地咒、诵经玉皇咒、南斗咒、北斗咒、启六类孤魂用、启正荐炼度用、焚章文用、延生青词文等

编号	经书名称	分类	书主	抄写人	抄写时间	附注
EAP791/1/19/21	《一本演朝科》	科仪经书	李道照 李妙遗 李云聪	不详	不详	此书封面题:"一本演朝科,李道照,太岁戊子年八月初五日",第二张扉页题:"一本演朝科用孝,书主李云聪集学,太岁甲午年三月廿八日买得","李妙遗"。具体时间不详
EAP791/1/19/22	《小南灵科》	打斋	李玄昌	李玄昌	1912—1913	此书封面破损,尚可见"小南灵","□玄畅手抄□宕本也","大清宣统四□六月十五日抄完"。扉页题:"小喃灵科,羽士李玄昌","中华民国二年癸丑岁六初六日完毕"。宣统帝于宣统三年退位,宣统四年应是民国元年(1912)
EAP791/1/19/23	《一本初真按簪开解科》	科仪经书	李道传 李妙遗 盘云达	盘妙供	不详	此书扉页题:"氏毕(笔)盘妙供,字不明乱禄,分亲留面","一本初真披簪开解科,置主盘云达袭用,十方上达","太岁甲戌年夷则月上旬抄完,书三十八扁(遍)足"。尾页题:"书主李道传集用","太岁甲戌年夷则月上旬抄完,字祝你你烦到我替手抄初真共戒度开解科,我抄开解了毕也了,有开疏,我不为抄,话去报你,你莫怪我,我手硬字不明,乱存作本,留备子孙看面"
EAP791/1/19/24	《一本小炼式》	符式书	盘金厢	盘金厢	1894	内容为符式书,有下水符、铛盖符、太乙真符、太阳符、十气符等
EAP791/1/19/25	《一本新文科》	度戒	李老四	李老四	不详	此书封面题:"一本新文科,道士李老四","太岁癸巳年三月十六日,写到十七完了"。封面内页题:"重集申斗科启也——授戒用"

编号	经书名称	分类	书主	抄写人	抄写时间	附注
EAP791/1/19/26	《血湖经》	打斋	李妙遗 盘妙禄	不详	不详	此书封面题："太岁庚申年七月二十三日今毕,置主李妙遗集用","血湖经,羽士盘妙禄"。尾页题："太岁庚申年七月二十四日未时经毕","置主李妙遗集用,十方畅通","血河经、血湖经,羽士盘妙禄"
EAP791/1/19/27	《壹册清灯荦筵在内》	科仪经书	李院聪	李院聪	不详	此书封面题："壹册清灯荦筵在内,乙未年十二月初一戊时稽首"。尾封题："柚(抄)出丙申年三月十一日未时冬笔,李院聪"。具体时间不详
EAP791/1/19/28	《壹本小南灵科》	打斋	李妙遗	李妙遗	不详	
EAP791/1/19/29	《延生神目启左班》	科仪经书	盘玄精	盘玄精	不详	
EAP791/1/19/30	《怗简会圣南相科》	科仪经书	邓金堂	邓金堂	1837	尾页题："光道拾七年丁酉岁月初三日抄完",应是道光十七年(1837)
EAP791/1/19/31	无题	科仪经书	不详	不详	不详	此书缺失封面、扉页,全书无书名、书主、抄写人、抄写时间等信息,内容有"奉道正一,救患祈安"语。结尾几页有手绘鸡、牛、猪等图像
EAP791/1/19/32	《炼度科》	打斋	李玄照 盘经谕	李玄照	1845	
EAP791/1/19/33	《玉皇中卷经》	科仪经书	周法圣 盘金厢	李道鲜	1810	此书内容为《高上玉皇本行集经》中卷
EAP791/1/19/34	《尊典中卷》	科仪经书	盘妙禄	盘妙禄	1924	
EAP791/1/19/35	《三官妙经》	科仪经书	盘妙禄	盘妙禄	1925	

续表

编号	经书名称	分类	书主	抄写人	抄写时间	附注
EAP791/1/19/36	《道场科》	打斋	盘妙禄	盘妙禄	1924	
EAP791/1/19/37	《玉皇下卷经》	科仪经书	周法圣 盘金厢	李道鲜	1810	
EAP791/1/19/38	《中卷符命式》	法术符咒	盘经谕	盘经谕	1921	此书有执真火同符、玉清火炼符、执太乙飞符、执变食符、月符、胆符等
EAP791/1/19/39	《度人经卷》	科仪经书	盘妙禄	盘妙禄	1925	
EAP791/1/19/40	《交简破狱科共壹本》	打斋	李玄章照 盘经谕 李广省	赵峯潘	1845	
EAP791/1/19/41	《一本学真说醮飞章》	科仪经书	刘玄璋	刘玄璋	1833	
EAP791/1/19/42	《斋醮神目全册》	科仪经书	邓金堂 黄玄能	刘金堂	1837	
EAP791/1/19/43	《一本师公意》	度戒	李院遗	李老四	不详	此书封面题"太岁丁酉年七月初四日",具体时间不详,全书书页较新,或为21世纪初所抄
EAP791/1/19/44	《一本救患科》	科仪经书	李院遗		不详	书中有"书主盘胜达"字样,全书书页老旧,尾页题"太岁丁卯年七月下旬廿五日午时完笔"。封皮为后加,材料为硬纸壳和透明胶带,封皮题注:"一本救患科学,置主李院遗"
EAP791/1/19/45	《救苦说醮科一本》	科仪经书	邓金堂 黄玄能	邓金堂	1842	
EAP791/1/19/46	《按龙科一卷下本》	科仪经书	盘金华 杨恭保	盘金华	1888	
EAP791/1/19/47	《一本桥台科》	科仪经书	李圣明	李圣明	不详	此书封面题"太岁丙申年正月廿八日下旬",具体时间不详

续表

编号	经书名称	分类	书主	抄写人	抄写时间	附注
EAP791/1/19/48	《南灵科》	打斋	盘金厢	盘金厢	不详	
EAP791/1/19/49	《巫教判座科》	科仪经书	邓法聪黄金利	邓法聪	不详	此书扉页题"天子□□乙未年林钟月中旬四日未时",具体年份不详
EAP791/1/19/50	《救苦说醮科》	科仪经书	李玄照盘经谕	赵峯潘	1845	
EAP791/1/19/51	《延生贡王救苦单朝科一卷》	科仪经书	李玄照盘经谕	天水顺盛号	1860	此书末页题:"下元大清咸丰十年岁次庚申季夏月念九抄完,丑笔天水顺盛宝号,抄与后代子孙接用,不许失落可也。"
EAP791/1/19/52	《救苦延生宿启科》	科仪经书	李玄照盘经谕	赵峯潘	1845	
EAP791/1/19/53	《飞章科》	科仪经书	盘经谕	不详	1902	此书扉页题:"飞章科,至(置)主盘经谕","父亲篆字","大清光绪壬寅年姑洗月念日且抄"
EAP791/1/19/54	《一本逛王科》	打斋	李妙辉李道盘	不详	不详	此书扉页题:"太岁丙子年壬月廿四日辰时完毕"
EAP791/1/19/55	《斋事关告科·斋醮敕坛科》	科仪经书	李玄照盘经谕	赵峯潘	1845	
EAP791/1/20/1	《会圣净坛斋事科》	科仪经书	盘金厢盘经谕	盘金厢	1875	
EAP791/1/20/2	《斋醮关告科》	科仪经书	李道灵	李道灵	不详	
EAP791/1/20/3	《救患桉龙秘语》	法术秘语	李法经李道财李道经	李朝忠	不详	此书封面题:"救患/桉龙秘语,真(置)主李法经承行,十方上达","小臣李道经买李妙财书断了,后世可不□□","太岁丁卯年七月十五日买断了"
EAP791/1/20/4	《一本川光科》	科仪经书	李应辉	不详	1857	

续表

编号	经书名称	分类	书主	抄写人	抄写时间	附注
EAP791/1/20/5	《三夜丧家秘语》	法术秘语	李经聪 邓道明	不详	1895	
EAP791/1/20/6	《小醮伸斗按龙谢境秘语》	法术秘语	邓经舍 邓云聪 邓玄灵	邓经舍	1829	
EAP791/1/20/7	《婚姻歌一本》	婚姻唱本	盘妙颜	盘妙颜	1921	此书扉页题"大清尾国十年七月十八日未时完毕",或为民国十年(1921)。内容有:下堂时取女用、挂红唱女用、引姑问龙驾(嫁)女用、命请答挂红男用、开延对部礼公等
EAP791/1/20/8	《南相科一本》	打斋	李玄和 李妙杰	李妙杰	1817	
EAP791/1/20/9	《延生三时清醮同用》	科仪经书	李妙挥 李妙鲜 李妙龙	李经珠	1777	
EAP791/1/20/10	《一本黄泉秘语》	法术秘语	盘妙颜 盘玄达 盘玄高 盘玄利 邓道御	盘妙颜	1937	
EAP791/1/20/11	《百解秘语》	法术秘语	李玄精	李玄精	1880	
EAP791/1/20/12	《贡延洪恩秘语》一册	法术秘语	邓法疆	邓法疆	1847	
EAP791/1/20/13	《一本粮精科》	科仪经书	邓经凤	邓经凤	1952	此书封面题:"太岁壬辰年中华民国四十一年十二月十五日巳时抄毕"

续表

编号	经书名称	分类	书主	抄写人	抄写时间	附注
EAP791/1/20/14	《诸品经一本》	科仪经书	李玄辉 邓妙严	李玄辉	1856	此书内容有:《太上洞玄灵宝高上玉皇本行集经》、《太上说三元咒诅妙经》、《太上说元始无量上品度人经部》、《太上说血湖秘授章妙经》、《太上说禳灾度厄妙经》等
EAP791/1/20/15	《天师戒度科》	度戒	邓道疆 邓经清 盘妙璋	邓道疆	1855	封面有"初真在头,开解在尾"的提示
EAP791/1/20/16	《一本符吏敕坛宿启设醮科》	科仪经书	李妙瑊 邓云聪		不详	此书末页落款"陇西群(郡)言己号",书中亦有"陇西号"字样,是李姓抄写人的堂号
EAP791/1/20/17	《道教受戒秘语》	法术秘语	邓经清 邓玄灵 邓云聪	邓经清	1883	
EAP791/1/20/18	《南昌科》	符咒集	邓道疆 邓经清 盘妙璋	邓道疆	1856	
EAP791/1/20/19	《救患安龙秘语》	法术秘语	邓院泰 邓道御	邓院泰	1948	
EAP791/1/20/20	无题	法术秘语	李胜瑠 李妙瑊	李胜瑠 陇西群	1815	此书无书名,内容为黄泉秘语。有:又论差师之法、论正煞公姑法姑同用也、论胞胎煞法也、论忌不取法用也、论度少年凶法、论造盘星楼之法、论颠倒秘语之法用也、论治病帝母花堂小儿黄泉之法等
EAP791/1/20/21	《礼境三朝科一本》	科仪经书	卢妙恩	卢妙恩	1883	
EAP791/1/20/22	《南灵科大部》	打斋	李经珠 李妙龙 李妙鲜	李经珠	1775	

编号	经书名称	分类	书主	抄写人	抄写时间	附注
EAP791/ 1/20/23	《一本按龙科》	科仪经书	邓道疆 邓经清 邓妙严 盘经财 盘妙璋	邓道疆	1839	
EAP791/ 1/21/1	《杂谢水符科》	科仪经书	黄金僚 邓玄明	黄金僚	不详	
EAP791/ 1/21/2	《早朝演朝一部》	科仪经书	许玄照 邓妙真	许玄照	1905	此书第 1 页至第 16 页为《早朝演朝一部》，第 17 页至第 34 页为 EAP791/1/20/20 的后半部分
EAP791/ 1/21/3	《初真戒度二科》	度戒	邓演卂 蒋云静	邓演卂	1794	
EAP791/ 1/21/4	《早朝科》	科仪经书	邓玄□	不详	不详	此书封面破损，仅可见"境早朝科，置主邓玄□"。第 34 页有"壬子岁至辛巳年丁亥日马出衔抄完"
EAP791/ 1/21/5	《早晚演朝一部》	科仪经书	许玄照 邓妙真	许玄照	1905	此书内容与 EAP791/1/21/2《早晚演朝一部》相同
EAP791/ 1/21/6	《破狱科》	打斋	蒋云静	蒋老大	1875	
EAP791/ 1/21/7	《飞章科》	科仪经书	李法阶	不详	1905	
EAP791/ 1/21/8	《一本南灵科》	打斋	李经词	李经词	1874	
EAP791/ 1/21/9	《重清醮秘语》	法术秘语	李经词 邓云聪	李经词	1874	此书内容有：论清醮初请法、论接纸之法、论开墨砚之法、论裱身法、论收雌雄二鬼法
EAP791/ 1/21/10	《一本按龙科》	科仪经书	彭玄金 邓老周	彭玄金	不详	
EAP791/ 1/21/11	《诸百解禁盆秘密一本》	法术秘语	邓经贤 邓云聪	不详	1875	
EAP791/ 1/21/12	《小百解一本秘》	法术秘语	邓云讼	邓云讼	1927	

编号	经书名称	分类	书主	抄写人	抄写时间	附注
EAP791/1/21/13	《一本斋醮符吏会圣敕坛净坛科》	科仪经书	李玄学邓云聪	盘妙玲	不详	
EAP791/1/21/14	《一本伸斗科》	科仪经书	李胜瑠李经誉李坚榴	李胜瑠	19世纪	此书多次出现"置主李胜瑠承集""陇西号也"
EAP791/1/21/15	《一册南灵科》	打斋	黄经璇	不详	不详	
EAP791/1/21/16	《斋醮神目一本》	科仪经书	李云达邓云聪	李云达	1920	此书尾页题"皇号光绪岁庚申年七月十六日完笔",但光绪年间无庚申年,或许是民国九年(1920)误
EAP791/1/21/17	《一本小桥早晚调日午救患用》	科仪经书	李胜瑠李院瑊	李胜瑠	1840	书中多次出现"李院瑊号"、"陇西记号"、"李胜瑠置"等记号。尾封题:"一本桥台完笔,陇西郡李胜瑠承集"
EAP791/1/21/18	《一本川光科》	科仪经书		不详	不详	此书封面破损,仅可见"一本川光科,置主李",缺书主、抄写人信息。第48页有"太岁甲申年五月十三日完毕",具体年份不详
EAP791/1/21/19	《一本大部南灵科》	打斋	邓云聪	不详	不详	此书封面题"太岁甲子年七月廿四日未时完毕",具体年份不详
EAP791/1/21/20	《一本婚姻》	婚姻唱本	李胜瑠李院瑊李院聪	不详	不详	
EAP791/1/21/21	《一本龙厨唱》	科仪经书	李胜瑠	李胜瑠	1814	
EAP791/1/21/22	《一本大小亡秘语》	法术秘语	卢玄章	卢玄章	1903	
EAP791/1/21/23	《又集初授戒秘语诸神圣全本》	度戒	李应词	李应词	1874	
EAP791/1/21/24	《一本日午秘语》	法术秘语	李胜瑠李院瑊	李胜瑠	1822	封面有"按龙在尾,日午在头"之语

续表

编号	经书名称	分类	书主	抄写人	抄写时间	附注
EAP791/1/21/25	《重集早晚祭鬼秘语全科》	法术秘语	李胜瑠	李胜瑠	1815	
EAP791/1/21/26	《一本贡延洪恩大小会同用》	法术秘语	李胜瑠 李应词	李胜瑠	1815	
EAP791/1/21/27	《壹册谢境雷全本》	法术秘语	蒋云通	蒋云通	不详	
EAP791/1/22/1	《上卷合婚一部》	合婚书	盘妙供	盘妙供	1942	此书内容有:占夫妇食禄法例、占男生命杀妻法例、占推男女合婚生气法、占男女合字吉凶用、占女命杀夫法例、占四季娶妇吉日等等
EAP791/1/22/2	无题	占卜书	盘妙供	盘妙供	20世纪	此书封面磨损严重,无法辨认书名,全书无抄写时间。内容为占卜类,主要有:占重会大返日吉凶、占还愿神头吉凶日、占推神佛降吉日、占六甲求花吉凶日、占五命受戒用、占六十甲子授戒吉凶日、占重丧日大凶忌等等
EAP791/1/22/3	《阎罗经恩重道场》	打斋	邓道贤	邓道贤	1903	
EAP791/1/22/4	《婚姻除煞秘语》	法术秘语	盘经珠 盘妙供	盘经珠	1915	此书扉页题:"婚姻除煞秘语","宗师盘金盒与子用","置主盘经珠集存本","正男盘妙供,十方上达","弟子替师傅集小百解,字面正,不乱看形"
EAP791/1/22/5	《丧家灯科》	打斋	邓院昭	黄吐金	1815	此书扉页题:"广西游客黄吐金代笔"
EAP791/1/22/6	《送终三朝科》	打斋	邓院昭	不详	1817	
EAP791/1/22/7	《隔空亡秘语一本》	法术秘语	盘经珠	盘经珠	1912	
EAP791/1/22/8	《丧家绕棺科》	打斋	邓院昭	黄紫玉	1817	此书标题页背面题:"广西客黄紫玉手书"

续表

编号	经书名称	分类	书主	抄写人	抄写时间	附注
EAP791/ 1/22/9	《尊典经下卷》	科仪经书	李妙璋	李妙璋	1788	内容有：太清境太清经一十二部、太清境集仙经、太清境洞渊经、太清境内秘经、太清境中精经等
EAP791/ 1/22/10	《度人道场》	打斋	李妙璋 邓道贤	李妙璋	1789	
EAP791/ 1/22/11	《金章经壹卷》	科仪经书	李妙璋 邓道贤	李妙璋	1746	内容有：《太上说南斗六司延寿度人妙经》《太上玄灵北斗本命延生妙经》
EAP791/ 1/22/12	《消灾经大部》	科仪经书	邓道贤	邓道贤	1903	内容为《太上洞玄灵宝升玄消灾护命妙经》
EAP791/ 1/23/1	《一本神目科》	科仪经书	邓经宴 李妙贤 李玄清 李云上	不详	不详	
EAP791/ 1/23/2	《一本新教授戒皈依三教》	度戒	李妙贤	不详	不详	此书尾页题："天子辛卯年大吕月日终,贰拾文",具体年份不详
EAP791/ 1/23/3	《朝天百拜科》	科仪经书	邓玄誉 李玄清 李道利	邓玄誉	1811	
EAP791/ 1/23/4	《诸章格一本》	表章	邓玄誉 李玄清 李云上 李玄颜	邓玄誉	不详	此书第二张扉页背面题："邓玄誉原属云南道开化府文山县永平里箐山王下马瑹水表高岭村居住奉道,当在土府筵（延）生醮坛焚香修道业"。此书内容有：诸章小意、诸章头通用、玄穹解秽章式、开通道路章式、羽化章式、诸章后通用缴文等
EAP791/ 1/23/5	《新集大斋解讼科》	科仪经书	邓玄誉 李玄清 李云上	盘文选	1810	此书扉页题"太岁庚午年乙丑月朔九日订录完",结合前后经书时间可知,具体年份应为嘉庆十五年（1810）

续表

编号	经书名称	分类	书主	抄写人	抄写时间	附注
EAP791/1/23/6	《无上灵宝大斋说醮》一册	科仪经书	邓玄誊 李玄清 李玄和 李云上	邓玄誊	1811	
EAP791/1/23/7	《无上东岳解中坛科》	打斋	邓玄誊 李玄清 李云上	邓玄誊	1807	
EAP791/1/23/8	《披髻科一本》	度戒	邓玄誊 李玄清 李云上 李妙贤	邓玄誊	1811	
EAP791/1/23/9	《新恩开解》二本	度戒	邓玄誊 李玄清 李道利 李妙贤	邓玄誊	1807	
EAP791/1/23/10	《一本初真受戒科》	度戒	李玄和 李道利 李妙贤	不详	不详	
EAP791/1/23/11	《庆贺帝母盘皇桥台科》壹册	科仪经书	李显清 李法贤 李云上	李显清	1842	
EAP791/1/23/12	《授戒诸川光科》	度戒	李应和	李应和	1835	
EAP791/1/23/13	《特贺盘皇科一本》	科仪经书	李显聪	蒋应晃	1877	
EAP791/1/23/14	《玉皇经中卷》	科仪经书	李金扎 蒋妙静	李金扎	1891	
EAP791/1/23/15	《玉皇经中卷》	科仪经书	邓玄誊 李玄清 李云上 李妙贤	邓玄誊	1807	
EAP791/1/23/16	《诸品仙经一本》	科仪经书	李金历 李妙贤	不详	不详	

续表

编号	经书名称	分类	书主	抄写人	抄写时间	附注
EAP791/1/23/17	《诸品仙经》	科仪经书	李金值 李金历 李金正	不详	1845	
EAP791/1/23/18	《玉皇经》	科仪经书	不详	不详	不详	此书缺失封面，无书主、抄写人、抄写时间等信息，内容为《高上玉皇本行集经》上卷
EAP791/1/23/19	《圣母伴（判）座科》	科仪经书	李院正 李院宙	李应和	不详	此书扉页题："圣母伴座科，东主李院正、李院宙全可陋"，"父的笔李应和集，全看面面全本，子孙后代用，应十方显达"
EAP791/1/23/20	《玉枢经》	科仪经书	李妙选 李应寿 李妙贤	李妙选	不详	此书扉页题"太岁丁巳年十月初七日终毕"，具体年份不详
EAP791/1/23/21	《诸品经》	科仪经书	李经能 李经才 李道利	李经能	1897	
EAP791/1/23/22	《尊典下卷》	科仪经书	李妙选 李妙贤 李妙京 李应寿	李妙选	不详	此书经尾题："天运太岁丁巳年十一月十三日抄完，善士李妙选集用"
EAP791/1/23/23	《金章经在头·三官经在尾》	科仪经书	李妙选	李妙选	不详	此书尾页题："天子□□丁巳岁十月廿五抄旦完毕也"，具体年份不详
EAP791/1/23/24	《灵科》	打斋	李经能 李经才	李经能	1907	
EAP791/1/23/25	《怗简符吏·开启会圣·净坛解秽三科共一册》	科仪经书	邓玄誊 李玄清 李道利 李妙贤 李玄颜	邓玄誊	1806	

续表

编号	经书名称	分类	书主	抄写人	抄写时间	附注
EAP791/1/23/26	《蛟龙科·竖幡科·从人科·赞材楼》	打斋	邓道顺 李玄清 李玄和 李道利 李云上	黄道能	1842	
EAP791/1/23/27	《救苦经》	科仪经书	李妙选 李妙贤 李应寿	李妙选	不详	内容为《太上洞玄灵宝救苦拔罪妙经》
EAP791/1/23/28	《谢境科》	科仪经书	李玄柱 李妙贤	李玄柱	1843	
EAP791/1/23/29	《启师破狱科》	打斋	邓玄眷 李玄和 李玄清 李道利	邓玄眷	1807	
EAP791/1/23/30	《桉龙化依科》	科仪经书	李云上 李道利 李妙贤 李经寿	李云上	1898	
EAP791/1/23/31	《灵符科壹本》	符式书	李玄清 李妙贤	不详	不详	此书有铛低（底）符、铛盖符、下水符、太乙符、天道功曹符等
EAP791/1/23/32	《接圣科》	科仪经书	李朝忠	李朝忠	不详	
EAP791/1/23/33	《一本招兵》	科仪经书	不详	不详	不详	此书封面破损，无书主、抄写人、抄写时间等信息。内容有：造楼唱、安楼唱、游楼唱、挂镜唱、借衣娘唱、过油唱、九郎唱等
EAP791/1/23/34	《一本通用》	科仪经书	李显鲜 李玄和 李道利 李经贤 李金正	不详	19世纪	内容有：先献十供去（法）也、到次入召龙去（法）、到次圣目用接诸神通用、次投章表九夷唱也等
EAP791/1/23/35	《大献科》	科仪经书	不详	不详	19世纪	

编号	经书名称	分类	书主	抄写人	抄写时间	附注
EAP791/1/23/36	《迟王科壹本》	打斋	邓经璋 李妙贤	不详	19世纪	
EAP791/1/23/37	《壹本炼度科》	打斋	李显财	李显财	1885	
EAP791/1/23/38	《迟王科》	打斋	邓玄眷 邓妙茂 李玄清 李道利	邓玄眷	1807	
EAP791/1/23/39	《按龙秘语受戒》二本	法术秘语	盘经眷 盘妙颜	不详	19世纪	
EAP791/1/23/40	《另养秘语》	法术秘语	李玄和 李云经 李云珠	李玄和	19世纪	此书内容有:论格迭之法、论放卦之法、论三丘五墓之法、论破钱山之法、论渡血湖之法、论跌水死放鸭启丧之法、论治病炼小儿黄泉之法等
EAP791/1/23/41	《亡故大败秘语》	法术秘语	盘金僚 盘应机	不详	1862	此书扉页题:"祺祥元年壬戌岁六月上旬抄出此秘语","祺祥"是清穆宗弃用年号,尚未及改元就被取消,"祺祥元年"应是"同治元年"(1862)。此书内容有:重集亡人死直阳败之法、又论丁阴败之法、论男女死丧人大败之法等
EAP791/1/23/42	《破新山治亡秘语一本》	法术秘语	李道灵 李道利 李经受	李道灵	1889	此书内容有:又件破山开岭之法、又开山治亡之法、又重立本境庙堂之法、又论整男女冷淡法等
EAP791/1/23/43	《百解秘语壹本》	法术秘语	盘经照 李显灵 李经受	盘经照	1904	
EAP791/1/23/44	《壹本诸百解》	法术秘语	李妙贤	李妙贤	不详	此书内容有:论接香火法用或邪遍、论庄身治亡法、又到治亡堂、重启混沌法、论当天罗法、祭喃本境法、论治颠(癫)病雷王颠倒之法等。称"置主李妙贤,宗师经受"

续表

编号	经书名称	分类	书主	抄写人	抄写时间	附注
EAP791/1/23/45	《金盆百解秘语》	法术秘语	李经受 李妙贤	不详	1940	此书应是两书混杂,一本是《诸百解一共一本秘语》,封面题:"□□皇二十三癸酉年岁太甲戌年天地"。一本是《金盆百解秘语》,封面题:"民国三十年六月二十三日午时抄完"。该本扉页题:"投度师傅蒋云晃,给付弟子李妙贤"
EAP791/1/23/46	《一本亡秘语》	法术秘语	李经受	高音乐 安群	不详	此书封面题:"一本亡秘语,给付李经受,十方上达,录士高音乐,安群替笔"。内容有:论齐斋短安水盆之法、论安三个香炉在门口之法、论本境贡城之法、又点灯法等
EAP791/1/23/47	无题	度戒	李经寿	李经寿	1892	此书缺失封面,无标题、抄写人、抄写时间等信息,内容为初真度戒用法术秘语。第7页文中有:"默咒完,皇号光绪十八年壬辰岁润六月十九日抄完,李经受愚手横篆初真开解科,默咒在内,且又持囊诵经用,显达大吉",第26页有"主李经寿明字"字样。本书内容有:初真开解科、重集初真默咒文等
EAP791/1/23/48	《集件天机》	法术秘语	李应和	李应和	19世纪	此书内容有:又一论架地桥专花之法、论人损花根之法、又论祭三娘煞娶妇直对修斋同用也、论二度颠倒之法、论做部礼公之法、论过茶接女命之法等
EAP791/1/23/49	《小百解秘语》	法术秘语	李经受 李妙贤	不详	不详	
EAP791/1/23/50	无题	法术秘语	李经受	不详	不详	此书封面、尾页皆空白,无书主、抄写人、抄写时间等信息。书中第21页有:"投度师父黄经孝(学),给付弟子李经受,用应上达。"此书内容有:论迷或法放川卅川社庙请、论火炮伤人之法、论祭上帝红筵之法、论帝母颠倒法、论种荐格法、论做部礼公之法等

编号	经书名称	分类	书主	抄写人	抄写时间	附注
EAP791/ 1/23/51	《救患天机》	法术秘语	李应和 李玄颜	李应和	19世纪	
EAP791/ 1/23/52	《一本百解秘语》	法术秘语	李经受 李妙贤 李妙京	李经受	不详	此书封面、扉页为后加,扉页题"一本百解,东主李妙京,中华民国七十八年",此为后加,原书抄写时间不详。书尾题:"宗师李经受,儿妙贤/京"
EAP791/ 1/23/53	《集秘》	法术秘语	李玄和 李妙贤 李玄颜	李妙杰	1823	此书扉页题记较详:"太祖宗师李经珠,给付李妙杰使用,应十方显达。篆出其本斋短秘语,一两二分,可移祝报,儿李玄和使用,十方庆降,子孙后代,可失陋本全也。其本斋短天机、治黄泉之法、九日炼病治之法、祭水符之法、阳撰行嫁女婚娶之法、大禁盆接财马之法。大清道光三年庚申月丁卯朔庚申旬越至丙寅日誉抄竟"。全书字迹整齐清晰,书中多次出现"陇西计笔陋号""陇西计号笔陋""陇西郡记号可陋"等题记
EAP791/ 1/23/54	《尊典下卷》	科仪经书	李妙选 李应寿 李妙贤	李妙选	不详	此书尾页题。"天运太岁丁巳年十一月十三日抄完,善士李妙选集用",具体年份不详
EAP791/ 1/23/55	《玉皇经中卷》	科仪经书	李金扎 蒋妙静	李金扎	1891	
EAP791/ 1/23/56	《玉枢经》	科仪经书	李妙选 李应寿 李妙贤	李妙选	不详	此书与 EAP791/1/23/20 是同一本
EAP791/ 1/23/57	《金章经·三官经》	科仪经书	李妙选	李妙选	不详	此书封面题"金章经在头·三官经在尾"。与 EAP791/1/23/23 是同一本
EAP791/ 1/23/58	无题	科仪经书	蒋经宝	蒋经宝	不详	此书缺失封面、扉页,内容为神目科,有:延生目、重集土府目启去(法)、重启三七贡王目等等

编号	经书名称	分类	书主	抄写人	抄写时间	附注
EAP791/1/23/59	《救苦经》	科仪经书	李妙选 李妙贤 李应寿	李妙选	不详	此书与 EAP791/1/23/27 是同一本
EAP791/1/24/1	《一本符命式》	符式书	滕云才 盘经誉	滕云才	19世纪	此书封面题:"一本符命式,大炼在头,小炼在尾"
EAP791/1/24/2	《一本救患科》	科仪经书	李云朝	李云朝	19世纪	
EAP791/1/24/3	《洪恩大会科壹本》	科仪经书	李玄阶	天水顺盛号	1859	此书末页题:"大清下元咸丰九年岁次己未季秋月下浣二十日抄完毕,粤西游客天水顺盛号,抄与李玄阶承袭,留与后世子孙接用,不许失落可也。"
EAP791/1/24/4	《招兵罗五科》	科仪经书	李玄阶	天水顺盛号	1859	
EAP791/1/24/5	《招兵》	科仪经书	李法亮	李法亮	1935	
EAP791/1/24/6	《一本师意》	科仪经书	滕院利	滕院利	20世纪	此书扉页题:"正旧书太岁辛卯年五月十七日完笔",具体年份不详
EAP791/1/24/7	《开山一本》	科仪经书	李法亮 腾胜能	李法亮	1935	
EAP791/1/24/8	《一本桥夫十六用》	科仪经书	李法亮	不详	20世纪	
EAP791/1/24/9	《清醮宿启科》	科仪经书	李妙爵	李妙爵	19世纪	此书封面题:"清醮宿启科,救坛、关告、说醮在内。"
EAP791/1/24/10	无题	科仪经书	滕道鲜	滕道鲜	19世纪	此书缺失封面,无抄写人、抄写时间等信息,书中有"主滕道鲜"字样。内容有:点玉皇灯用也、步虚词、天星咒用也、灵宝咒、清净咒用、弥罗咒去也等

编号	经书名称	分类	书主	抄写人	抄写时间	附注
EAP791/1/24/11	《一本道范科大道用》	科仪经书	李道照 李道亮 滕道鲜	天水顺盛号	1859	此书第52页题："道范科竟毕止,字四十九遍。大清咸丰九年七月二十六日抄完。天水顺盛抄与李道照,置留后代子孙应用,不许失落可也。"
EAP791/1/24/12	《一本朝天科》	科仪经书	滕妙利	滕妙利	20世纪	此书尾页题："一本朝天科,置主滕妙利手二,太岁乙巳年六月初八日未时完毕。"具体年份不详
EAP791/1/24/13	《一本净坛科》	科仪经书	李云朝	李云朝	1921	此书为两书合订,第1页至第11页为"净坛科",抄写人李云朝。第12至第20页为"到此会科",无抄写人题注。第二本书比第一本书更小,附在其后
EAP791/1/24/14	《一本迁王科》	打斋	滕妙利 滕道鲜	不详	20世纪	此书尾页题"太岁癸未年九月十二日申时完笔",具体年份不详
EAP791/1/24/15	《救苦贡王宿启科》	科仪经书	李云堂	李云堂	1807	
EAP791/1/24/16	《飞章科》	科仪经书	李妙爵	李妙爵	1843	
EAP791/1/24/17	《化依从人楼材科》	打斋	盘老毛 李经照	盘老毛	1856	
EAP791/1/24/18	《一本化依小南灵科》	打斋	滕妙利 滕道鲜	不详	1977	
EAP791/1/24/19	《一本按龙秘语》	法术秘语	李道亮 滕云能	李道亮	不详	此书封面题"庚丑年十二月五日,十方上达",具体年份不详
EAP791/1/24/20	《一本大百解秘语》	法术秘语	李云朝	李云朝	1926	内容有:又论七里谙山法、论求花整祈嗣法、论接花桥法、送祈嗣表之法、又祭朋降鬼法、又论投胎小儿之法等

续表

编号	经书名称	分类	书主	抄写人	抄写时间	附注
EAP791/1/24/21	《一本南相白文科》	打斋	李道亮	李道亮	不详	此书封面题“千子壬申□□二月十六日冬毕”，具体年份不详
EAP791/1/24/22	无题	科仪经书	李妙爵	不详	1841	此书缺失封面，无书名、抄写人等信息，尾页题：“谢墓安龙完事笔，道光二十一年正月十贰日念抄完事毕”，“其书连皮三十遍足”
EAP791/1/24/23	《一本神目科》	科仪经书	李妙爵 滕道鲜	李妙爵	1843	
EAP791/1/24/24	《化依科》	打斋	李道亮	不详	不详	此书封面破损严重，无书主、抄写人、抄写时间等信息，第35页有“置主李道亮全用”
EAP791/1/24/25	《一本伸科》	科仪经书	李道亮	李道亮	1896	
EAP791/1/24/26	《一本初真科》	度戒	滕妙利 滕道鲜	滕妙利	不详	此书扉页题：“太岁庚午年三月十三日午时完毕。”
EAP791/1/24/27	《救患灯延秘语》	法术秘语	不详	不详	1875	全书字迹清晰、整齐，无书主、抄写人信息，书尾题：“救患灯延秘语本，抄完丑字，但存为古金也。”
EAP791/1/24/28	《一本仰帅科》	科仪经书	不详	不详	不详	此书封面题：“一本仰帅科，十方上达”，“太上宗师滕妙利、滕道鲜与弟子用”，“重集步虚用”，“太岁丁巳年五月廿六日巳时完毕”
EAP791/1/24/29	《一本清醮秘语》	法术秘语	邓妙静 邓玄学/堂/僚 滕妙利	邓妙静	1878	

编号	经书名称	分类	书主	抄写人	抄写时间	附注
EAP791/ 1/24/30	《又袭大斋秘语》	法术秘语	滕妙利	不详	不详	此书尾页题："太岁丙午年陆月下旬终笔"，具体年份不详。内容有：又论破纸捉邪人之法、又磨墨法、又取财马法、又主交功德法、启道焚法、又上香法、鸣法鼓法等
EAP791/ 1/24/31	《大亡秘语》	法术秘语	滕妙利	不详	不详	此书封面题："传度师父盘道财，给付投度弟子滕妙利，使用成金。"尾页题："太岁辛酉年四月廿八日巳时完。"具体年份不详
EAP791/ 1/24/32	《一本演朝科》	科仪经书	滕妙利 滕道鲜	不详	不详	此书扉页题："一本演朝科，直（置）主滕妙利集，子滕道鲜存，十方上达"，"太岁癸酉年二月十三日午时完"。具体年份不详
EAP791/ 1/24/33	《一本接圣科》	科仪经书	不详	不详	19世纪	此书封面、尾页破损严重，无书主、抄写人等信息。尾页题记"甲子岁八月初三日冬笔"，具体年份不详
EAP791/ 1/24/34	《一本三朝演朝科》	科仪经书	李道亮 李云朝	李道亮	不详	
EAP791/ 1/24/35	《丧家式拭文字对》	对联、牒疏文	邓显鲜、滕妙利	邓显鲜	1845	此书尾页题"大清招治乙巳岁九月十四日未时日毕"，具体年份不详。内容有"道人对"，"亡人灵前对"，"功德行程牒几老人二十重门用"，"僧道功行德程牒用"，"族人开丧疏"，"召灵幡族人亡用"，"召灵牌道家用"等，牒文中有"大清国云南道临安府建水"
EAP791/ 1/24/36	《清醮单朝科》	科仪经书	李妙爵	李妙爵	19世纪	此书尾页题："癸卯柒月贰拾日抄完笔，置主李妙爵，依本篆出为记。"具体年份不详

续表

编号	经书名称	分类	书主	抄写人	抄写时间	附注
EAP791/1/24/37	《竖幡荽简破狱科》	打斋	邓演滔	邓演滔	1848	
EAP791/1/24/38	《谢王化依科》	打斋	邓妙沾	邓妙沾	不详	此书扉页题："太岁乙丑年七月廿一日午时抄完笔。"
EAP791/1/24/39	《送终二十四古孝绕棺科》	打斋	邓玄鲜	邓玄鲜	不详	此书尾页题："天运太岁乙巳年春月朔日完。"
EAP791/1/24/40	《灯科》	打斋	邓玄鲜	邓玄鲜	19世纪	此书封面题："灯科、灯文、解结、散花、催灵科一存用。"
EAP791/1/24/41	《送终三夜科》	打斋	邓显鲜	邓显鲜	1844	
EAP791/1/24/42	《一本演朝科》	科仪经书	李妙爵	李妙爵	1840	
EAP791/1/24/43	《一本贺楼科》	科仪经书	李法亮 滕法鲜	李法亮	20世纪	
EAP791/1/24/44	《一本功蒀唱科用》	科仪经书	滕院利	滕院利	20世纪	此书尾页题"太岁辛丑年古洗月中旬初三日完笔也"，具体年份不详
EAP791/1/24/45	《受戒川光科》	度戒	李法亮	李法亮	1935	
EAP791/1/24/46	《受戒师道千机金语》	度戒	李道琼	李道琼	20世纪	此书尾页题"太岁庚午年五月十一日未时完笔"，具体年份不详。内容有：重集受戒弟子法、开磨（墨）法、破纸法、重集师教受戒法、引弟子出门之法、又度弟子下五台山法等
EAP791/1/25/1	无题	劝善书	邓院照	不详	19世纪	此书缺失封面、尾页等信息，内容亦缺失头尾，从"八说女子不顾男"到"五十三说生暴买卖"，中间还有"九说小老婆骚闹""十说夫妻""十一说女儿""十二说无子"的内容，是以歌谣形式宣扬伦理道德思想

续表

编号	经书名称	分类	书主	抄写人	抄写时间	附注
EAP791/1/25/2	《杂谢水符本境圣母雷王南朝科》	科仪经书	黄金僚	黄金僚	19世纪	此书封面题："杂谢、水符、本境、圣母、雷王、南朝科"
EAP791/1/25/3	《南灵科大部》	打斋	李经珠 李妙龙 李妙鲜	李经珠	1775	
EAP791/1/25/4	《一册清醮宿启科》	科仪经书	邓妙严 邓道疆 邓云金 盘妙璋	不详	1840	
EAP791/1/25/5	《一本通用科》	科仪经书	邓法灵 李法乾 卢道聪 邓院利	邓法灵	不详	此书为神唱,内容有:年/月/日/时值功曹唱、安坛招兵川光同用、清灯川光唱、倒罢川光唱、轿夫十六唱、勾销愿文唱等
EAP791/1/25/6	《开山科一本》	科仪经书	盘显王 卢道聪 邓法明 邓院利	不详	19世纪	
EAP791/1/25/7	《一本招兵科》	科仪经书	邓法灵 李玄财 李云达 卢道聪 邓法明 邓院利	邓法灵	19世纪	此书第50页题注:"招兵科抄完,太岁甲辰年八月初一日辰时完毕。"具体年份不详。内容有:招兵川光唱用、三元唱用、九郎唱用、四帅唱用、阴阳师唱用、灶王唱用、瘟王唱、土地唱等
EAP791/1/25/8	《一本救患科·一本受戒川光科》	科仪经书	邓显阶 邓法明 卢道聪 邓院利	邓显阶	19世纪	
EAP791/1/25/9	《一册设醮科》	科仪经书	邓云聪 邓妙严	邓云聪	19世纪	

续表

编号	经书名称	分类	书主	抄写人	抄写时间	附注
EAP791/1/25/10	《一本大斋飞章科》	科仪经书	黄经晏江夏子	不详	1938	此书第三张扉页题:"东主黄经晏,集本同书,子孙化了,不穷还人。"第14页有题记:"书主江夏子"
EAP791/1/25/11	《天师戒度科》	度戒	邓道疆邓经清邓妙严盘妙璋	邓道疆	1855	封面有"初真在头,开解在尾"之语
EAP791/1/25/12	《炼度》	打斋	李妙能	李妙能	20世纪	
EAP791/1/25/13	《诸品经一本》	科仪经书	李玄辉邓妙严	李玄辉	1856	内容有:《太上洞玄灵宝高上玉皇本行集经》《太上说谢雷王妙经》《太上说功德还愿妙经》《太上说谢土府八杨(阳)妙经》《太上说吕诸龙神安镇坟墓妙经》《玉枢经》等
EAP791/1/25/14	《一本黄泉秘》	法术秘语	盘妙颜盘玄达盘玄高盘玄利邓道御	盘妙颜	1937	此书封面题:"一本黄泉秘,世代老君,承行金语","置主盘玄达/高/利三位同存","宗师盘妙颜集,与儿三位同用,丑看宗师","大清民国二十六年丁丑岁二月十八日抄完"。扉页题:"一本黄泉秘语,制主邓道御使用"。扉页背面题:"壹本黄泉秘语,世代老君,承行金语,置主邓道御集用","宗师邓院泰、祖师邓云晃"
EAP791/1/25/15	《按龙科》	科仪经书	邓道疆邓经清邓妙严盘经财盘妙璋	邓道疆	1849	
EAP791/1/25/16	无题	度戒	李应辉	李应辉	1857	此书扉页破损,无书名,内容为新恩弟子度戒用唱本。有:受戒弟子三师上香唱用、逍遥川光唱出门、上元唱、中元受戒唱、下元唱、九郎唱等

编号	经书名称	分类	书主	抄写人	抄写时间	附注
EAP791/1/25/17	《一本斋醮贡王救苦土延生神目》	科仪经书	邓云堂	不详	19世纪	
EAP791/1/25/18	《大小斋圣目》	科仪经书	李经珠 李道利 李道灵 李道聪 李道明	李经珠	1778	此书内容有：土府清醮神目、延生清醮圣目、拔凶贡王三七斋圣目、行年醮目、凶路谢王圣目、玉京救苦斋圣目、斗醮八帝衔等
EAP791/1/25/19	《一本演朝科》	科仪经书	黄妙明 邓道明	黄妙明	19世纪	
EAP791/1/25/20	《三夜丧家秘语》	法术秘语	李经聪 邓道明	李经聪	1895	
EAP791/1/25/21	《一本二三宫科》	科仪经书	邓妙道	不详	19世纪	
EAP791/1/25/22	无题	诗歌、择日	邓朝安 邓道灵	邓朝安	19世纪	此书无书名，第28页题"太岁己未年无射上旬二日马头完笔"，具体年份不详。第1页至第34页内容为诗歌，第28页至第33页为占卜择日，内容有：占祭水符吉日郎人者、又占老寿桥吉凶日、又占金华经授戒三教用、占耕种禾谷吉日
EAP791/1/25/23	《南昌科》	符式书	邓道疆 邓经清 盘妙璋	邓道疆	1856	内容为大炼符、小炼符
EAP791/1/25/24	《禁盆秘集法》	法术秘语	盘玄御 盘云财 盘云金 盘云璋	盘玄御	19世纪	此书扉页题"戊寅年四月初六日抄完"，具体年份不详。内容有：五方禁盆法、天界禁盆法、阳结禁盆法、论大冶天灾法、论痘灾之法、又祭朋降鬼法等
EAP791/1/25/25	《南灵科》	打斋	邓道明 李妙颜	罗玄凤	1928	此书扉页题："南灵科，置主邓道明，烦毕庆字罗玄凤，天运态岁任午年亥月丁丑□甲戌旬越至任午日连皮"。第43页题注："喃灵科终笔，李妙颜，中华〔民〕国十七年戊辰岁十一月廿五日终笔。"

续表

编号	经书名称	分类	书主	抄写人	抄写时间	附注
EAP791/ 1/25/26	《斋醮关告科》	科仪经书	李道灵 李道利	不详	1878	
EAP791/ 1/25/27	《礼境三朝科一本》	科仪经书	卢妙恩	卢妙恩	1883	
EAP791/ 1/25/28	无题	蒙学课本	不详	不详	19世纪	此书为蒙学读本,内容主要为历史人物、成语释义、文化常识等,例如:"马融","孔子","宋太祖","尾生抱桥而死固执不通","葛仙翁作割术吐饭成蜂","男道曰觋","灵医扁鹊古之名医"等
EAP791/ 1/25/29	《延生三时清醮同用》	科仪经书	李经珠 李妙挥 李妙鲜 李妙龙	李经珠	1777	
EAP791/ 1/25/30	《接圣科大献科》	科仪经书	邓院戏 盘应利 盘显师/圣 卢道聪 邓法明 邓院利	邓院戏	19世纪	
EAP791/ 1/25/31	《一本桥台科》	科仪经书	邓法疆 邓应清 盘玄璋 盘经财	邓法疆	1850	
EAP791/ 1/25/32	《斋醮秘语一部》	法术秘语	李妙杰 李玄和 李金历 李道玟 李道璋 黄妙明	不详	19世纪	此书内容较为丰富,内容有:论斋醮初请之法、先存主一家大小之法、论天地三界神兵之法、论请圣之法、破血盆地狱之法、论花楼案之法、放鱼法、人施食法、又朝天百拜雪罪法等。书中题记:"陇西郡子记号可陋也"(第32页),"陇西记号可陋"(第97页),"李玄和记号可陋"(第103页)

续表

编号	经书名称	分类	书主	抄写人	抄写时间	附注
EAP791/1/25/33	《清醮秘语》	法术秘语	李经御黄妙明	李经御	19世纪	
EAP791/1/25/34	《灯筵伸斗按龙解冤朝天诸秘天机》	法术秘语	李云周邓经禄邓道明	不详	19世纪	
EAP791/1/25/35	《玉皇经》上卷	科仪经书	邓妙任邓妙严邓云金	不详	19世纪	
EAP791/1/25/36	无题	科仪文书	邓道疆邓妙严	不详	19世纪	此书缺失封面,内容为斋醮科仪中所使用的文书,第1页至第26页主要有:重集青玄救苦斋意、重集正一化衣斋意、土府醮意等。第26页至第33页为"百家姓音郡",第34页至书尾有"集女人头巾字""男儿帽字式""腰带式""扇字式""六十甲子属古"等
EAP791/1/25/37	《一本粮精科》	科仪经书	邓经凤	邓经凤	1952	
EAP791/1/25/38	《谢王化依科》	打斋	邓妙频邓经雷	邓妙频	1892	
EAP791/1/25/39	《贡王救苦设醮同用》	科仪经书	李云开李妙广	不详	1811	
EAP791/1/25/40	《杂伤百解秘语一本》	法术秘语	邓金瑜	盘妙典	1789	此封面破损,题注"□□□十四年己酉岁仲秋八月初三日订抄",或为乾隆五十四年己酉岁(1789)。内容有:论破开十八重地狱法、论血盆产伤法、论老虎伤法、论毒药死地狱法、论急救六甲病生死甲同用等

编号	经书名称	分类	书主	抄写人	抄写时间	附注
EAP791/1/26/1	《洪恩大会科一本》	科仪经书	李玄阶	水天顺盛号	1859	此书尾页题："大清下元咸丰九年岁次己未季秋月下浣二十日抄完笔,粤西游客水天顺盛号抄与李玄阶承袭,留与后世子孙接用,不许失落可也。"
EAP791/1/26/2	无题	科仪经书	李妙爵	李妙爵	19世纪	此书封面破损,无书名,内容为请符吏、送圣等科仪。题记:"陇西郡号"
EAP791/1/27/1	无题	诗歌、择日	邓朝安 邓道灵	邓朝安	19世纪	此书与 EAP791/1/25/22 是同一本
EAP791/1/27/2	《师教受戒秘语》	法术秘语	盘云达	不详	1903	
EAP791/1/27/3	《授戒秘语道教》	法术秘语	邓经真 盘云达	不详	1902	
EAP791/1/27/4	《演朝科》	科仪经书	盘玄颜	盘玄颜	1967	此书尾页题:"太岁丁未年七月二十二日完毕",丁未年应是1967年
EAP791/1/27/5	《一本迓王科》	科仪经书	盘玄颜	盘玄颜	1963	
EAP791/1/27/6	《南灵科》	打斋	盘道光	盘道光	20世纪	此书尾页题:"太岁丙辰年六月初二日院午时毕",具体年代不详
EAP791/1/27/7	《飞章科·喃相科》	科仪经书	盘道晃	盘道光 盘玄颜	20世纪	此书封面内页题:"飞章科,氏笔盘道光,有诣集用,藏子孙教命","天运太岁壬戌年癸未脯甲辰旬越至乙酉日"。第22页为:"又重集喃相科用"。文末题:"喃相科完,氏笔盘玄颜,太岁庚申年五月上旬初二日酉时完笔"

续表

编号	经书名称	分类	书主	抄写人	抄写时间	附注
EAP791/1/27/8	《神目科》	科仪经书	盘玄颜	不详	20世纪	
EAP791/1/27/9	《按龙科》	打斋	李老大 盘玄周	李老大	1934	
EAP791/1/27/10	《一本道范科》	科仪经书	卢经通 盘玄颜 盘玄周	不详	19世纪	
EAP791/1/27/11	《一本斋关告会圣敕坛科》	科仪经书	盘道光	盘道光	2017	
EAP791/1/27/12	《一本茭简破狱炼度从人赞材科》	打斋	盘道晃	盘道晃	2017	
EAP791/1/27/13	《一本大斋宿启科》	科仪经书	盘道晃	盘道晃	2017	
EAP791/1/27/14	《贡王救苦说醮科》	打斋	盘道晃	盘道晃	2017	
EAP791/1/27/15	《一本良缘秘语》	法术秘语	盘道光 盘玄周	盘道光	1979	此书扉页题:"一本良缘秘语,置主盘道光氏笔","投度师父盘玄颜,给与弟子二位,宗师盘玄周,掌男盘道光,祖师盘妙宝,十方上达"
EAP791/1/28/1	《小桥台科》	科仪经书	盘胜鲜 盘道厢	盘胜鲜	20世纪	尾页题"态岁丁卯年六月廿八日酉完",具体年份不详
EAP791/1/28/2	《开山唱》	科仪经书	李应珪 李法护	潘元昌	1843	
EAP791/1/28/3	《一本救患通用科》	科仪经书	李金迎 李道许 李法护	不详	19世纪	
EAP791/1/28/4	《合婚书一本》	合婚书	李玄琏	不详	19世纪	
EAP791/1/28/5	《大斋怗简符吏科》	科仪经书	盘云鲜 盘云颜	不详	1834	封面注明:"敕坛科在中,清醮说醮科在尾。"

编号	经书名称	分类	书主	抄写人	抄写时间	附注
EAP791/ 1/28/6	《会圣静坛科》	科仪经书	邓道洪 盘经珠 盘经照 盘经璋 李玄堂 李云宝	邓道洪	19世纪	此书扉页题"准皇京盛五年五月仲旬抄竟",具体年份不详
EAP791/ 1/28/7	《宿启科·斋醮科》	科仪经书	李金威	李金威	1873	此书封面题:"宿启科、斋醮科通用"
EAP791/ 1/28/8	《一本道范》	科仪经书	李道琼 李道永	不详	不详	
EAP791/ 1/28/9	《引朝科》	科仪经书	李道永	李道永	不详	此书扉页题"太岁戊子年七月初一日辰时抄手写",具体年份不详
EAP791/ 1/28/10	《南灵科》	打斋	李妙枢	顺盛宝号	1858	
EAP791/ 1/28/11	《迓王科》	打斋	李玄琏	不详	1838	
EAP791/ 1/28/12	《一本斋醮》	科仪经书	邓经态 盘经能 盘道颜 盘玄财	不详	不详	封面题写:"说醮在头,送圣在尾,关告在根,敕坛在中。"
EAP791/ 1/28/13	《说醮飞章送圣科》	科仪经书	李玄恩 李道永	不详	19世纪	
EAP791/ 1/28/14	《炼度科》	打斋	邓妙帖 李道琼	邓妙帖	19世纪	
EAP791/ 1/28/15	《一本炼度科》	打斋	蒋妙璇 邓道秀	邓道秀	19世纪	此书封面题"太玄龙飞九年庚申岁六月廿五启造",具体年份不详
EAP791/ 1/28/16	无题	法术秘语	不详	不详	不详	此书缺失封面,无书主、抄写人、抄写时间等信息,内容为法术秘语,例如:又论送绝亡故之法、又治肉山亡取肉魂法等

续表

编号	经书名称	分类	书主	抄写人	抄写时间	附注
EAP791/ 1/28/17	《符命式一宗·大炼小炼共本》	符式书	李经杨 李道永	李经杨	19世纪	
EAP791/ 1/28/18	《急中救患祈嗣按龙伸斗解冤秘一部》	法术秘语	李玄达 许道坚	李玄达	1901	此书扉页题："急中救患、祈嗣、按龙、伸斗、解冤秘一部"。"龙飞光绪廿七年辛丑岁应钟月中旬抄完毕"
EAP791/ 1/28/19	《洪恩秘语》	法术秘语	邓经财 李经聪	李朝贵	1885	
EAP791/ 1/28/20	《洪恩秘语》	法术秘语	不详	不详	1857	此书封面破损，仅可见"洪恩秘语壹"，"传度师邓院"，"咸丰七年丁巳岁"
EAP791/ 1/28/21	《洪恩秘语》	法术秘语	彭胜光	彭胜光	1888	
EAP791/ 1/28/22	《清醮秘语一本》	法术秘语	李玄绍	卢道绿（篆）	1897	此书扉页题："愚师卢道绿（篆），给与弟子青醮秘语壹本，李玄绍应用，十方上达大吉。道光二十五年乙巳岁短杨月望日旦完笔，记纸连皮肆拾肆遍足。"
EAP791/ 1/28/23	《一本黄泉金语天机》	法术秘语	李道琼	李法真	不详	此书第37页题："李道真给付女婿李道琼使用，十方上达。太岁丙寅年正月廿八日午时完笔。"具体年份不详
EAP791/ 1/28/24	《百解秘金语》	法术秘语	邓获所 邓玄利	邓云巫	不详	此书内容较少，共16页，内容有：论□财马之法、论连财马之法、论破钱山之法、论大存亡故生坟墓之法
EAP791/ 1/28/25	《一本百解秘语》	法术秘语	蒋妙宴 盘金利 李道琼 李道永	不详	1915	此书扉页题："民国皇四年五月初八今夜，给与用用，应十方上达大吉。"
EAP791/ 1/28/26	《诸百解共一本秘语》	法术秘语	李金威	不详	1863	此书扉页题："诸百解共一本秘语"，"置主李金威使用承全，传度师黄道能给付弟子，其秘正字四十八片"，"同治二年夷则十七日辰时院毕"

续表

编号	经书名称	分类	书主	抄写人	抄写时间	附注
EAP791/1/28/27	《婚恩诸伤共亡秘语》	法术秘语	李金威	李金威	不详	此书扉页题:"正度师傅李院选给付,婚恩诸伤共亡秘语,弟子李金威千年看照,千子□□戊午岁四月初五日抄完毕其秘师傅纸抄,弟子抄者一两二分正。"内容有:论存妇隔牒法、论正煞巳夫巳妻法、论正煞公姑法、论金灵案法、论吊胫死伤法、论正伸冤鬼法、论捉后气法等
EAP791/1/28/28	《南相科复炉科一本》	打斋	蒋妙璇 蒋玄颜	蒋妙璇	1919	
EAP791/1/28/29	《一本小秘语》	法术秘语	李金鲜	李金鲜	1850	
EAP791/1/28/30	《谢境雷水壹本》	科仪经书	邓妙坚 邓云禄	邓妙坚	1910	此书第 25 页题:"谢境雷水壹本,鬼字氏笔,宫音丑字。"内容为"谢雷本境水符"科仪
EAP791/1/28/31	《师公判座科》	科仪经书	盘法锡 盘应仕 李法护 李法永	盘法锡	19 世纪	此书尾页题"皇清辛卯年六月十六日完笔",具体年份不详
EAP791/1/28/32	《小百解秘语》	法术秘语	李道灵	李道灵	1878	
EAP791/1/28/33	《小百解法》	法术秘语	盘金僚	不详	19 世纪	
EAP791/1/28/34	《一本十良书通用》	择日占卜书	盘经极	盘经极	19 世纪	此书为占卜择日书,内容包括:占唐三藏修斋吉凶日、占祈福吉日、占诸神朝天日、又占十二月建、占五星交会凶日忌、占入宅吉日等

编号	经书名称	分类	书主	抄写人	抄写时间	附注
EAP791/ 1/28/35	《大洞经下卷·尊典大部》	科仪经书	蒋妙璇 蒋玄颜 李道琼	不详	19 世纪	此书尾页题"咸丰岁次己酉年四月廿日抄完",但是咸丰年间并无己酉年,具体年份不详。内容包括:《太清境彻视经》《太清境集行经》《太清境集仙经》《太清境内秘经》《太清境集灵经》《太清境无量意经》等
EAP791/ 1/28/36	《大洞经下卷·尊典大部》	科仪经书	蒋道玫 蒋金玫 李道琼	不详	19 世纪	此书内容为太清境大洞金衔(衡)一十二部。包括:《太清经一》《内秘经二》《彻视经三》《集仙经四》《洞渊经五》《真一经六》等
EAP791/ 1/28/37	《大洞经中卷·尊典大部》	科仪经书	蒋金玫 蒋道上 李道永 李道琼	不详	19 世纪	内容为上清经、洞玄灵、大洞金衡一十二部。包括:《元阳经》《元辰经》《大劫经》《上问经》《内音经》《灵秘经》《消魔经》等
EAP791/ 1/28/38	《关告·救坛·二三宫·净坛四共科》	科仪经书	蒋妙璇	不详	1912	此书尾页题"太清中华国癸丑年七月廿八日辰时终",应为民国二年(1913)
EAP791/ 1/28/39	《一本亡秘语》	法术秘语	李道真 李道琼	李道真	20 世纪	
EAP791/ 1/28/40	《玉皇经卷上》	科仪经书	邓道通 李道长 李道永 李道琼 蒋玄颜	不详	19 世纪	
EAP791/ 1/28/41	《玉皇经下卷》	科仪经书	李道琼	不详	19 世纪	
EAP791/ 1/28/42	《一本大斋良缘金语》	法术秘语	李道琼	李道真	20 世纪	此书内容丰富,共 196 页。扉页题:"岳丈太山投度师父李道真,给付分女婿弟子李道琼,使用成金。"尾页题:"太岁庚午年七月十日五,给付斋谙千机分李道琼,用成金银。"

续表

编号	经书名称	分类	书主	抄写人	抄写时间	附注
EAP791/1/28/43	《一本小集天机秘语》	法术秘语	不详	不详	不详	此书内容较少,仅 17 页,全书无书主、抄写人、抄写时间等信息
EAP791/1/28/44	无题	法术秘语	李经镇	李经镇	1879	此书仅 7 页,无书名。内容有:空亡法也、女人养生儿流胎死不吝同用也、又金灵初真受戒错拔案也
EAP791/1/28/45	《一本债簿》	债簿	不详	不详	20 世纪	此书为债簿,共 8 页,书主不详。封面题:"一本债簿,太岁戊辰年四月初七日立",内容多为借出谷子。第 5 页至第 8 页为 1991 至 1995 的二十四节气日期
EAP791/1/28/46	《金刚经一部》	佛教经书	李经清	李经清	不详	此书封面破损严重。尾页题:"佛说大乘金刚经卷终,癸亥年七月廿五日完笔。"具体时间不详
EAP791/1/28/47	无题	看相择日	不详	不详	不详	此书为看相、择日书。如:"癸巳日水张入出行之日,辰巳时出行,路头逢女人说话,有财喜、有酒食。子丑空亡。"
EAP791/1/28/48	无题	堪舆风水书	不详	不详	不详	此书共 7 页,无书主信息,内容为堪舆风水地形图
EAP791/1/28/49	《抄得一本古今字书》	蒙学课本	邓经福 李道琼 李道永	邓朝阳	1971	此书内容为劝学歌、诸对式等
EAP791/1/28/50	无题	科仪经书	盘玄财	不详	19 世纪	此书封面破损,无书名,内容为科仪神唱、请神圣目等。
EAP791/1/28/51	《一本三坛老君金语法》	法术秘语	邓妙利	邓妙利	不详	此书封面题"太岁丙戌年九月十六日启抄",具体年份不详。内容有:论朝天启帅法、论升堂之法、散花引朝天法、论埋道服衣法等

续表

编号	经书名称	分类	书主	抄写人	抄写时间	附注
EAP791/1/28/52	《一论绝虚花千金秘语》	法术秘语	盘经利	盘经利	不详	此书封面题"太岁乙丑年四月初三日抄完",具体年份不详
EAP791/1/28/53	《初真弟子设坛秘咒》	度戒	李玄琏 李妙辉	李妙辉	1882	此书扉页题:"愚师李妙辉给与弟子李玄琏,初真弟子投师在经坛存用,念咒、诵经、纳经鬼,各在内也,戒度成师大吉也。"
EAP791/1/29/1	无题	科仪经书	李经凤	潘定珠	1840	
EAP791/1/29/2	无题	合婚书	李妙上	黄道颜	19世纪	内容包括:占合大命所属、占男/女命退旺吉凶、占男杀妻之法、占女杀夫之法、占女长生益夫法、占五音合婚吉凶、占推男女十二命宫月数值杀等
EAP791/1/29/3	《土府延生宿启科全本》	科仪经书	李妙选	不详	19世纪	
EAP791/1/29/4	《迓王科》	打斋	邓妙辉 邓经清 李经宝	邓妙辉	1814	
EAP791/1/29/5	《一本说醮飞章送圣同一本》	科仪经书	李道遗 李云宝 李经宝	李云宝	不详	此书末页题:"说醮科终,陇西全本,皇号丙戌年五月朔日坤时终。"具体年份不详
EAP791/1/29/6	《初真书受戒用》	度戒	邓秋利 李经宝	邓秋利	不详	
EAP791/1/29/7	《诸品经》	科仪经书	蒋经明 李经宝	蒋经明	19世纪	
EAP791/1/29/8	《金章三元延生妙经全卷·救苦经》	科仪经书	李院莲 李经宝	李院莲	不详	此书尾页题"丁巳岁七月十六日抄完",具体年份不详
EAP791/1/29/9	《贡延洪恩秘语》	法术秘语	黄显魫	黄显魫	1812	

续表

编号	经书名称	分类	书主	抄写人	抄写时间	附注
EAP791/ 1/29/10	《金章经》	科仪经书	李经宝	不详	不详	此书尾页题"太岁癸亥年三月十六日五时完笔了",具体年份不详
EAP791/ 1/29/11	《一本救经》	科仪经书	李经宝	不详	1933	此书内容为:《太上洞玄灵宝救苦四训罪宝妙经》《太上洞玄灵宝元始救苦天真拔罪妙经》
EAP791/ 1/29/12	《小南灵科》	打斋	李经御	不详	19世纪	
EAP791/ 1/29/13	《救患巫教秘》	法术秘语	蒋胜利	盘胜玉	1865	
EAP791/ 1/29/14	《清醮秘语一册》	法术秘语	李经聪 李妙御	李经聪	19世纪	此书尾页题"太岁庚寅年七月初四抄完笔也",具体年份不详
EAP791/ 1/29/15	《一本亡秘语天机》	法术秘语	黄玄堂 李经宝	黄玄堂	1936	此书封面题:"投度师傅蒋妙璋,给付与黄玄堂","正度师傅李云付,与弟子李经宝,使用成金"
EAP791/ 1/29/16	《斋醮良缘秘》	法术秘语	邓经传	邓经传	1845	
EAP791/ 1/29/17	《壹册按龙秘语》	法术秘语	李妙御	不详	19世纪	此书封面题:"壹册安龙秘语,监度师黄玄堂,给付监度弟子李妙御,集用上达。"
EAP791/ 1/29/18	无题	法术秘语	李金宗	不详	19世纪	此书缺失封面,无书名,抄写时间不详。内容有:又论收神兵之法、又收十二张刀之法、又收五犬之法、又安香炉之法、论小儿水界黄全(泉)法、论花山小儿存魂之法等
EAP791/ 1/29/19	《一论诸黄泉秘语》	法术秘语	李经宝	不详	不详	此书封面题:"论诸黄泉秘语,置主李经宝存用,祖师李云超,太上宗师李妙玉"

编号	经书名称	分类	书主	抄写人	抄写时间	附注
EAP791/1/29/20	《百解秘语一本》	法术秘语	李应寿	李应寿	19世纪	此书内容包括：放卦法、补财马法、帝母颠倒法、渡血湖、解甲放鸭法等
EAP791/1/29/21	无题	法术秘语	盘云财李经宝	不详	1865	
EAP791/1/29/22	《笼重茭简破狱同一本》	打斋	李老傲李道晶李经宝	邓乍昌	1892	
EAP791/1/29/23	《按龙伸斗解冤》	法术秘语	邓院能邓玄圣	不详	19世纪	
EAP791/1/29/24	《一宗书科修醮·共初真科按龙科一本》	科仪经书	邓道海李妙周	不详	1843	
EAP791/1/29/25	《一本神目》	科仪经书	李道遗李云宝李经宝	李云宝	1947	
EAP791/1/29/26	《演朝科》	科仪经书	盘妙能	不详	19世纪	
EAP791/1/29/27	《南昌大炼科》	符式书	李玄金邓妙璋李经宝	不详	不详	此书扉页题："上元甲子四月二十三日完毕"，具体年份不详
EAP791/1/29/28	《禁盆秘语》	法术秘语	蒋金乾李经宝李云超李妙玉	蒋金乾	1835	此书封面题："祖师李云超，儿宗师李妙玉，李经宝，使用成金。"扉页题："禁盆秘语壹本，置蒋金乾秘根，蒋金乾给与李云超、与李妙玉、与李经宝，使用成金世代。"
EAP791/1/29/29	《关告·会圣·救坛·二三宫》	科仪经书	李云超李妙玉李经宝	不详	19世纪	此书封面题写："关告·会圣·救坛·二三宫同本书"
EAP791/1/29/30	《接圣科》	科仪经书	李法鲜	不详	19世纪	此书封面严重破损，仅可见"接圣科，在李法"六字

续表

编号	经书名称	分类	书主	抄写人	抄写时间	附注
EAP791/1/29/31	《玉皇下卷》	科仪经书	黄妙经 黄经达 李经宝	许经忠	1779	
EAP791/1/29/32	《化依科·从人科·赞楼科》	打斋	邓玄璋 李妙御	邓玄璋	1891	此书封面题写:"化依科壹本一册,从人科在中,赞楼科在尾"
EAP791/1/29/33	《杂良通书》	择日、占卜	李玄贵 盘妙能 李经宝	不详	19世纪	
EAP791/1/29/34	《小桥台科壹本》	科仪经书	邓法璋 李妙御 邓玄璋	邓玄璋	1879	此书封面题:"邓显璋集"。扉页题:"置主邓法璋袭用"。尾页题:"置主邓玄璋"
EAP791/1/29/35	《一本判座贺楼大桥台科》	科仪经书	李妙玉 李经宝	不详	1890	
EAP791/1/29/36	《度人道场科》	打斋	李妙玉 李经宝	邓老大	19世纪	
EAP791/1/29/37	《玉枢经》	科仪经书	李经宝	不详	不详	
EAP791/1/29/38	《宝短秘语存册》	法术秘语	蒋金乾 蒋经财	不详	1821	
EAP791/1/29/39	《一本血湖经》	科仪经书	李经宝	不详	20世纪	此书尾页题"太岁壬寅年正月十一日完了",具体年份不详
EAP791/1/29/40	《一本师小炼书》	科仪经书	李经宝	李经宝	20世纪	书中第2页地理信息:"今居大清南掌国先罗道竜南他义江边村居住。"
EAP791/1/29/41	《一本小集秘语》	法术秘语	李道遗 李经宝	李道柜	1916	
EAP791/1/29/42	《一本金盆秘语》	法术秘语	李经宝	李妙利	1928	此书封面内页题:"一本金盆秘语,置主李经宝,氏笔李妙利,太岁戊辰年十二月十一日未时院毕。"结合前面经书抄写时间,此处应是1928年

编号	经书名称	分类	书主	抄写人	抄写时间	附注
EAP791/1/29/43	《大灭债秘语壹本》	法术秘语	李妙玉 李院御	李妙玉	1930	此书扉页题："大灭债秘语壹本，金主李妙玉集全可失"，"正度师傅李道庆，付与真戒弟子李妙玉使用，十方显达"，"庚午岁四月十四日丁时完笔"。扉页内面题："民国廿三年甲戌岁七月十五日，给付其秘与真戒弟子李妙玉，使用上达"
EAP791/1/30/1	《道范科壹本》	科仪经书	盘道丹 盘道宦 邓经先	盘玄锡	1857	此书扉页题："道范科壹本，置主盘道丹/宦同用号不失"；"父亲盘玄锡，年已六十一岁，带镜乱抄，与儿晨昏使用"；"太岁丁巳年四月十八日辰时终笔，其书五十二篇，正字足已在也"。尾页题："皇清咸丰七年丁巳岁四月十八日辰时完毕。"
EAP791/1/30/2	《南灵科一本》	打斋	邓道聪 邓经达 邓经运	不详	1883	
EAP791/1/30/3	《迓王科一本》	打斋	邓道聪 邓经运 邓经先	不详	1889	
EAP791/1/30/4	《化依沐浴科》	打斋	邓法达 邓经先	不详	19世纪	
EAP791/1/30/5	《一本伸斗科》	科仪经书	邓道灵	邓道灵	19世纪	
EAP791/1/30/6	《救患秘语》	法术秘语	黄玄光 邓应鲜 邓显修	黄道连	1823	
EAP791/1/30/7	《大小斋醮咒亡秘》	法术秘语	李道利	不详	19世纪	
EAP791/1/30/8	《一本清醮秘语》	法术秘语	李道桂 盘玄圣 蒋道坚 邓经仙	李道桂	19世纪	此书扉页题"太岁丁丑年七月初十日抄完笔"，具体年份不详

编号	经书名称	分类	书主	抄写人	抄写时间	附注
EAP791/1/30/9	《贡延洪恩大秘语存册》	法术秘语	邓法高 邓应仙	邓胜瑢	1819	
EAP791/1/30/10	《清灯荤延科一本》	科仪经书	邓胜富 邓应光 邓应先	邓胜富	19世纪	此书尾页题:"太岁戊申年柒月十八日午时完毕,己丑年六月十一日添取其书。"
EAP791/1/30/11	《洪恩红楼秘语》	法术秘语	邓应仙	不详	19世纪	
EAP791/1/30/12	《送终三夜秘集共一本》	法术秘语	邓道杰	邓道杰	1882	此书封面题:"度亡天机一夜,送终三夜秘,共一本"
EAP791/1/30/13	《大斋怗简·清醮关告·清醮说醮》	科仪经书	蒋云侵 黄道广 邓经先	蒋云侵	1877	此书封面题:"大斋怗简,清醮关告,清醮说醮共一本"
EAP791/1/30/14	《一件押卦堂秘语》	法术秘语	蒋妙通	李妙庆	19世纪	此书封面题:"正戒师傅李妙庆,给付一件押卦堂秘语,玄门弟子蒋妙通集。太岁己卯年七月初三日给付也。"
EAP791/1/30/15	《新巫三教科》一宗	科仪经书	黄道才 邓经先	黄道才	1831	
EAP791/1/30/16	《一本大斋良缘秘语》	法术秘语	李玄贤 邓经鲜	李玄贤	19世纪	
EAP791/1/30/17	无题	法术秘语	卢妙恩	卢妙恩	1888	此书封面无书名。内容包括:又飞总败三炎章法、论禁亡故后代不开之法、论来神保事之法、论命带天狗煞解除之法等
EAP791/1/30/18	《诸杂法亡秘语》	法术秘语	李妙严 邓法循	不详	1812	此书第二张扉页内面题:"前度师父邓妙严,给付邓经妙,给与李妙鱼,给与李妙严。以今给付真戒弟子邓法循,儿孙代代,承行用应,十方上达。谨记。"

编号	经书名称	分类	书主	抄写人	抄写时间	附注
EAP791/1/30/19	《小百解秘语三元受戒秘语》	法术秘语	李道宝李经昶	不详	19 世纪	此书封面破损,可见"小百解秘语,三元受戒秘语","师父李道宝,给付香门弟子□妙□","置主邓应□","甲午年正月十□□□"
EAP791/1/31/1	《送终三夜秘语一本》	法术秘语	罗道进	不详	不详	此书扉页题"大清光绪戊辰年正月三十日抄完毕",但光绪年间没有戊辰年
EAP791/1/31/2	《清醮秘语》	法术秘语	邓玄聪邓金利罗玄凤	邓玄聪	1913	此书为新旧两书合订,第 1 页至第 49 页为邓玄聪所抄旧书,第 50 页至 56 页为后人所增录
EAP791/1/31/3	《一本杂谢秘语》	法术秘语	邓金坚罗玄凤罗道进邓妙利	邓金坚	不详	此书扉页题"太岁甲申年九月廿五日申时完笔",具体年份不详
EAP791/1/31/4	《一本上元合婚书》	合婚书	罗玄凤	罗玄凤	20 世纪	此书扉页题"天运太岁辛巳年甲申月甲寅脯甲戌旬越至辛巳日",具体年份不详
EAP791/1/31/5	《按龙秘语·受戒二本》	法术秘语	盘经誉盘妙颜邓妙天	不详	不详	
EAP791/1/31/6	《一论进表法》	法术秘语	罗显凤	罗显凤	不详	此为一张文书
EAP791/1/31/7	《一本日午灯延按龙化依秘语》	法术秘语	罗法进	罗法进	1892	
EAP791/1/31/8	《百解禁盘秘语》	法术秘语	罗玄凤邓金财邓胜禄邓胜乐	不详	1939	此书尾页题:"民国己卯年七月十八日抄完,与弟子使用,成金成银也。"
EAP791/1/31/9	《一本百解秘语》	法术秘语	李法传罗玄凤	李法传	不详	此书扉页题"太岁甲申年五月二十九日给付开光",具体年份不详

续表

编号	经书名称	分类	书主	抄写人	抄写时间	附注
EAP791/1/31/10	《一本洪恩秘语》	法术秘语	罗法进 罗显凤	罗法进	1890	
EAP791/1/31/11	《诸百解金语全册》	法术秘语	邓道财	邓道财	20世纪	此书尾页题："太岁甲寅年九月初七日未时抄毕完成"，具体年份不详
EAP791/1/31/12	《又论大整村灭炎痘红痢白痢法》	治病法术	罗道进	罗道进	不详	此书内容有：又灭天灾痘红痢之法、大灭天灾依次去法、又论大整村之法、又论进贡之法、论送灵花大形法、又论投胎法、又论咒短斋亡法等
EAP791/1/32/1	《大斋先天秘语》	法术秘语	盘妙亮 盘道极	宫音	不详	此书尾封题："大斋先天秘语一部秘根，宗师盘道极，宫音替手立六十。"
EAP791/1/32/2	《一本百解秘语》	法术秘语	黄道银等	不详	20世纪	此书封面破损严重，题记："一本百解秘□金语，置主李□□"，"投度师父□□□，给付投度弟子"，"中华民国三十"，"太岁壬戌年四"
EAP791/1/32/3	《设醮飞章送圣共一本》	科仪经书	邓妙灵	邓妙灵	不详	此书扉页题："太岁丙辰十二月二十日抄出"，具体年份不详
EAP791/1/32/4	《重集大斋诸伤诸地狱存本在内》	科仪经书	李妙严 黄经达 黄道银 黄妙阳	李老二	1850	
EAP791/1/33/1	《送终秘语诸伤诸地狱存本》	法术秘语	邓玄达	张贵明	1914	
EAP791/1/34/1	《百解金集用》	法术秘语	李经滔	不详	1868	
EAP791/1/34/2	《道门丧家秘语》	法术秘语	邓妙静 邓妙明	邓妙明	1853	

编号	经书名称	分类	书主	抄写人	抄写时间	附注
EAP791/1/34/3	《洪恩秘语》	法术秘语	邓应财 李院仙	不详	不详	此书扉页题"太岁庚寅年五月岁初八日午时抄",具体年份不详
EAP791/1/34/4	《一本清醮天机金语全册》	法术秘语	李道颜 李妙鲜	李道颜	19世纪	
EAP791/1/34/5	《一本二三宫科》	科仪经书	蒋云聪	蒋云聪	1903	
EAP791/1/34/6	《大治天娘（添粮）亡堂之法》	法术秘语	李妙鲜	李妙鲜	1926	此书封面题:"中华民国丙寅年十五岁四月十八日抄完毕。"
EAP791/1/34/7	《太上老君秘语》	法术秘语	李妙镜 李经达 李经滔	黄道颜	1815	
EAP791/1/34/8	《一本昏恩秘语》	法术秘语	李道僚 邓经态 李妙鲜 李云堂	不详	19世纪	
EAP791/1/34/9	《百解卷下一部秘语》	法术秘语	李应滔	李应滔	1867	
EAP791/1/34/10	《部礼破列秘语一部》	法术秘语	李经滔	不详	19世纪	
EAP791/1/34/11	《一本金语谢集雷用早晚神昏用》	科仪经书	李妙鲜	不详	1926	此书封面题:"中华民国丙寅年四月十八日"
EAP791/1/34/12	《隔空亡秘语一本》	法术秘语	邓玄孝	不详	1888	
EAP791/1/34/13	《会圣阐经竖旛科在中清醮土府三时》	科仪经书	蒋金华 邓妙静 邓道才	蒋金华	19世纪	此书扉页题"皇号庚午年八月十五日抄完",具体年份不详
EAP791/1/34/14	《一本神目科》	科仪经书	李妙鲜	李妙鲜	1929	
EAP791/1/34/15	《伸斗科》	科仪经书	李玄连	李玄连	1858	

续表

编号	经书名称	分类	书主	抄写人	抄写时间	附注
EAP791/1/34/16	《南灵科》	打斋	不详	不详	不详	全书无书主、抄写人、抄写时间等信息
EAP791/1/34/17	《壹本初真秘语》	打斋	李妙鲜 李妙光	李妙鲜	1927	此书扉页题:"壹本初真秘语,东主李妙鲜,投度李道颜,宗师李云堂,祖师李玄永"
EAP791/1/34/18	《诸秘语用早晚》	法术秘语	李玄书 李妙鲜	不详	不详	
EAP791/1/34/19	《一本救患金语全册》	法术秘语	李法颜 李妙鲜	不详	20世纪	
EAP791/1/34/20	《一本大斋秘语老君天机》	法术秘语	李妙鲜	李妙鲜	1935	
EAP791/1/34/21	《合婚书一本》	合婚书	邓玄孝	李道选	1891	

大英图书馆藏 EAP1126 瑶族经书简表

编号	经书名称	用途	书主	抄写人	抄写时间	附注
EAP1126/1/1/1	《按龙神(申)斗秘语》	法术秘语	李金钟	李金种	19世纪	
EAP1126/1/1/2	无题	法术秘语	李经现	李经现	19世纪	此书缺失封面,无抄写时间。内容包括:论水界/天界/阳界禁盆之法、大炼棺木之法、论大庆墓之法、论祭饥渴法等等
EAP1126/1/1/3	《一册邙(亡)秘金语全本》	法术秘语	李云光 李经宝	李云光	1962	书中第26页有"代笔陇西云光"字样
EAP1126/1/1/4	《灯筵、伸斗、按龙解冤朝天诸秘天机》	法术秘语	李云周 邓经禄 邓道明	盘应钦	19世纪	此书封面题:"灯筵、伸斗、按龙、解冤、朝天诸秘天机"

续表

编号	经书名称	用途	书主	抄写人	抄写时间	附注
EAP1126/1/1/5	《清醮秘语》	法术秘语	蒋云侵 蒋妙灵 邓道灵 邓道平 黄道广	蒋云侵	1909	
EAP1126/1/1/6	《道师二教受戒秘语一本》	法术秘语	李院镜	李院镜	1849	
EAP1126/1/1/7	《红（洪）恩大会秘语》	法术秘语	邓胜顺 邓应刘 邓道灵 邓云明	邓胜顺	1857	
EAP1126/1/1/8	《无上大斋秘语》	法术秘语	李经明 邓道灵	不详	不详	此书第二张扉页题"太岁乙酉年十月十日给与弟子也"，抄写时间不详
EAP1126/1/1/9	《一本大斋良缘授械天机秘语之法》	法术秘语	蒋道能 蒋妙富 蒋妙达 邓道灵	蒋道能	19世纪	
EAP1126/1/1/10	《百解秘语》	法术秘语	李玄精	不详	1880	
EAP1126/1/1/11	《授械（戒）川光科》	科仪经书	李胜光	李胜光	20世纪	此书扉页题"太岁壬子年四月廿五日午时稽首写到廿六日戌时了完毕谨了"，具体年份不详
EAP1126/1/1/12	无题	咒语、宝诰、疏表等	不详	不详	19世纪	此书原封面缺失，无书主、抄写人、抄写时间信息，内容为法事所用的经咒、表文等，如：小皈依早午晚朝用、解秽玄章咒、净天地神咒、救苦经咒、北斗经咒、召正荐炼度用、请圣头用启、诵经皈依用等

续表

编号	经书名称	用途	书主	抄写人	抄写时间	附注
EAP1126/1/1/13	《安龙科》	科仪经书	不详	李三龙	19世纪	原书封面缺失，无书主、抄写时间等信息，第10页有："李三龙代笔小臣黄□号"
EAP1126/1/1/14	《一本引朝科》	科仪经书	李云聪 邓道灵	不详	19世纪	此书第1页至第22页为"引朝科"，第23页至第33页为科仪用辞，如"重集行时回向用"，"重到圣号用"，"重到十二方位用"，"点灯头"等等
EAP1126/1/1/15	《迋王科》	打斋	李经珠 李道利 李道明 李道通 李道灵	李经珠	1780	
EAP1126/1/1/16	《茭龙科·破狱科》	打斋	邓妙辉 邓道疆 邓经清 邓云聪 邓经堂 邓玄灵 邓云通	邓妙辉	19世纪	
EAP1126/1/1/17	《炼度科》	打斋	盘经坚 盘经誉 邓经堂 邓玄星	朝翰	19世纪	
EAP1126/1/1/18	《一本二宫科》	科仪经书	邓道疆 邓玄典	不详	19世纪	
EAP1126/1/1/19	《一本喃灵科》	打斋	蒋玄灵	蒋玄灵	不详	此书封面题"太岁戊子年四月初二日抄出了午时"，具体年份不详
EAP1126/1/1/20	《一本符吏会圣敕坛科》	科仪经书	邓道灵	邓道灵	不详	此书封面题"太岁庚寅年正月初八日抄完"

续表

编号	经书名称	用途	书主	抄写人	抄写时间	附注
EAP1126/1/1/21	《清醮说醮飞章》	科仪经书	李经宝 李妙玉	不详	1924	此书封面题："清醮说醮在头,飞章在尾"
EAP1126/1/1/22	《土府延生单朝科》	科仪经书	李道聪	李道愚	1888	
EAP1126/1/1/23	《清醮宿启科·设醮》	科仪经书	邓妙通 李妙宪	不详	19世纪	此书封面题："清醮宿启科,设醮在尾"。
EAP1126/1/1/24	《一本神目》	科仪经书	邓道灵	不详	不详	此书封面题："一本神目:行醮、筳(延)生、土府、贡王、十供"。"太岁己丑年十二月三十日辰时完笔。"
EAP1126/1/1/25	《救苦延生宿启科》	科仪经书	不详	不详	19世纪	
EAP1126/1/1/26	《初真·天师戒度科·开解》	度戒	邓道疆 盘妙璋 邓经清	邓道疆	1856	此书封面题："初真在头,天师戒度科开解在尾。"
EAP1126/1/1/27	《一本谢雷秘语》	法术秘语	蒋道章 李经能	蒋道章	19世纪	
EAP1126/1/1/28	《一本谢雷百解秘语》	法术秘语	邓道财	邓道财	1962	
EAP1126/1/2/1	《一本百解秘语天机》	法术秘语	李经能	李经能	不详	此书扉页题："太岁辛亥年六月二十八日完笔"
EAP1126/1/2/2	《丧家度亡秘语》	法术秘语	蒋玄照 邓道光 黄妙利	李广章	1888	
EAP1126/1/2/3	《安龙伸斗日午灯筵雷府解冤秘语共一册》	法术秘语	邓应清 李经宝 李金清	邓应清	1857	
EAP1126/1/2/4	《一册百解秘语》	法术秘语	李云光	李云光	1965	此书封面题："太岁乙巳年十月十五日给付其秘",结合EAP1126/1/1/3、EAP1126/1/2/17抄写时间可知,此书乙巳年应是1965年

续表

编号	经书名称	用途	书主	抄写人	抄写时间	附注
EAP1126/1/2/5	《集小百解秘语一本》	法术秘语	邓经颜	邓经颜	1909	
EAP1126/1/2/6	《一本清醮秘语》	法术秘语	李道晶 李经宝 李经能 黄妙玉	盘道贵	1907	
EAP1126/1/2/7	《一本贡筵红楼秘语》	法术秘语	李妙开 李显金 黄妙利	李妙开	19世纪	
EAP1126/1/2/8	《一本邛秘香栈同册用朝天》	法术秘语	李经能	李经能	20世纪	此书封面题:"太岁辛亥年八月十八日巳时完笔谨了。"
EAP1126/1/2/9	《授械(戒)秘语》	法术秘语	李云光 黄妙利	李云光	1944	此书封面题:"传度大□夫李经宝给付弟子李云光,太岁甲申年二月廿八日完毕"。结合EAP1126/1/1/3、EAP1126/1/2/17抄写时间可知,此书时间应是1944年
EAP1126/1/2/10	《一本大斋良缘》	法术秘语	李玄机 李道僚	邓乍昌	1891	此书扉页题:"大斋醮秘语,大小良缘天机"
EAP1126/1/2/11	《大全百解蜜语一册》	法术秘语	蒋道僚 李妙生 李妙坚 李玄章 邓云连	蒋金钧	1811	
EAP1126/1/2/12	《壹本百解》	法术秘语	邓金厢 黄妙利	邓金厢	不详	此书扉页题:"壹本百解,整花根、求花秘两本。"
EAP1126/1/2/13	《龙童交简破狱科》	打斋	李云光	李云光	1987	此书封面题:"龙童、交简、破狱科同一本"。"太岁丁卯年五月初二抄完",结合EAP1126/1/1/3、EAP1126/1/2/17抄写时间可知,此书抄写时间应是1987年

续表

编号	经书名称	用途	书主	抄写人	抄写时间	附注
EAP1126/1/2/14	《初真弟子修身科·开解科》	度戒	李云光	李云光	1972	此书封面题:"初真弟子修身科,开解科在尾"。"太岁壬子年五月初七日午时终毕",结合 EAP1126/1/3、EAP1126/1/2/17 抄写时间可知,此书抄写时间应是 1972 年
EAP1126/1/2/15	《仰帅科》	科仪经书	李云光	李云光	1987	此书封面题"太岁丁卯年五月十五日夜亥时完",结合 EAP1126/1/3、EAP1126/1/2/17 抄写时间可知,此书抄写时间应是 1987 年
EAP1126/1/2/16	《道师受戒秘语》	度戒	邓道寞	邓道寞	1855	
EAP1126/1/2/17	《喃相科》	科仪经书	李云光	李云光	1971	此书封面题:"喃相科、受戒皈依道师在尾"。此书扉页题:"太岁辛亥年闰五月十三日酉时",由辛亥年闰五月可知,此书抄写时间应是 1971 年
EAP1126/1/2/18	《迵王科》	打斋	李云光	不详	不详	
EAP1126/1/2/19	《上卷南灵科》	打斋	李云光	李云光	1985	此书扉页题:"太岁乙丑年正月十六日院毕"
EAP1126/1/2/20	无题	打斋	不详	不详	19 世纪	
EAP1126/1/2/21	《唱功曹·开山科》	科仪经书	李胜光	李胜光	20 世纪	此书封面题:"唱功曹、开山科,同壹册"。"太岁甲寅年二月廿日启首写。"
EAP1126/1/2/22	《神(伸)訃(斗)科》	科仪经书	邓经颜 邓经宝	邓经颜	1908	

续表

编号	经书名称	用途	书主	抄写人	抄写时间	附注
EAP1126/1/2/23	《天师戒度科》	度戒	李云光	李云光	1972	此书扉页题："天师戒度拨簪科"。此书封面题"天师戒度科壬子年六月初十日抄完"，结合EAP1126/1/1/3、EAP1126/1/2/17抄写时间可知，此书抄写时间应是1972年
EAP1126/1/2/24	《招兵科》	科仪经书	李胜光	李胜光	20世纪	此书封面题："太岁壬子年十月十七日稽首，写到十一月初三申时完毕了。"
EAP1126/1/2/25	《一本清灯荤筵奉送安坛在内》	科仪经书	李胜光	李胜光	20世纪	此书封面题："一本清灯荤筵奉送安坛□内"
EAP1126/1/2/26	《一册救患科》	科仪经书	李胜光	李胜光	20世纪	
EAP1126/1/2/27	《半(判)座科》	科仪经书	李应能 李胜光	李应能	20世纪	此书扉页题："半座科，题笔李应能集，分李胜光，十方上达。壬子年十一月初七日稽首写，癸丑年初三日完毕。"
EAP1126/1/2/28	《小化依小南灵科同一册》	打斋	李云光	李云光	1970	此书封面题："太岁庚戌年五月初五日"，结合EAP1126/1/1/3、EAP1126/1/2/17抄写时间可知，此书抄写时间应是1970年
EAP1126/1/2/29	《说醮飞章送圣三献科》	科仪经书	李云光	李云光	1987	此书扉页题："说醮、飞章、送圣三献科同一本"。此书封面题："太岁丁卯年四月十六日完笔"，结合EAP1126/1/1/3、EAP1126/1/2/17抄写时间可知，此书抄写时间应是1987年
EAP1126/1/2/30	《清醮宿启科·设醮在尾》	科仪经书	李云光	李妙□	19世纪	此书封面题："清醮宿启科，设醮在尾"
EAP1126/1/2/31	《斋引朝科》	科仪经书	李云光	李云光	20世纪	

编号	经书名称	用途	书主	抄写人	抄写时间	附注
EAP1126/1/2/32	《斋醮怗简关告、斋醮符吏关告、会圣敕坛同壹册》	科仪经书	李云光	李云光	1986	此书封面题:"斋醮,怗简关告、符吏关告、会圣敕坛,同壹册"。"太岁丙寅年八月初五完笔了",结合 EAP1126/1/1/3、EAP1126/1/2/17 抄写时间可知,此书抄写时间应是 1986 年
EAP1126/1/2/33	《按龙科》	科仪经书	李朝安 李道乾	不详	不详	
EAP1126/1/2/34	《道范科》	科仪经书	李云光	李云光	1998	此书扉页题:"太岁戊寅年六月廿二日启首",结合 EAP1126/1/1/3、EAP1126/1/2/17 抄写时间可知,此书抄写时间应是 1998 年
EAP1126/1/2/35	《一本谢境王雷王水符王》	科仪经书	黄妙利	不详	19 世纪	
EAP1126/1/2/36	《按龙科》	科仪经书	邓演天 李玄机	邓演天	19 世纪	此书扉页题:"皇号壬申年八月十九抄完"
EAP1126/1/2/37	《师公通科一本》	科仪经书	罗显凤 盘金嘱	罗显凤	不详	
EAP1126/1/3/1	《清灯荤筵同一本》	科仪经书	罗显凤	罗显凤	2003	此书扉页内面绘有一幅人物肖像,为男性国王坐在王座上,图旁题字:"地主皇律他黄老挝永珍",又有题记:"中华民国癸未年四月初三日巳时写出来"。结合 EAP1126/1/3/22、EAP1126/1/3/32 抄写时间可知,此书抄写时间应是 2003 年
EAP1126/1/3/2	《一本招兵科》	科仪经书	罗显凤	罗显凤	1979	此书尾页题:"己未年六月初一日午时完笔",结合 EAP1126/1/3/22、EAP1126/1/3/32 抄写时间可知,此书抄写时间应是 1979 年

编号	经书名称	用途	书主	抄写人	抄写时间	附注
EAP1126/1/3/3	《一本贡筵救患洪楼科》	科仪经书	盘应贤罗显凤	盘应贤	20世纪	此书封面题："一本贡筵、救患、洪楼科"。此书扉页题"天运态岁庚午年五月乙丑胏甲午旬",具体年份不详
EAP1126/1/3/4	《一本判座科》	科仪经书	罗显凤	罗显凤	2007	此书扉页题："天运太岁丁亥年未月己酉胏甲寅旬越至甲寅日终笔",结合 EAP1126/1/3/22、EAP1126/1/3/32 抄写时间可知,此书抄写时间应是 2007 年
EAP1126/1/3/5	《一本授械(戒)川光科》	科仪经书	罗显凤	罗显凤	1976	此书扉页题："太岁丙辰年五月十五日补旧书",结合 EAP1126/1/3/22、EAP1126/1/3/32 抄写时间可知,此书抄写时间应是 1976 年
EAP1126/1/3/6	《师公书式》	科仪经书	李院正李院宙李玄颜罗显凤	李应和	1852	此书内容包括:洪恩布旛式、授戒旗令式、令公神衔、九庙神目、三清神目、受戒阴阳二牒式、诸榜今则、境主榜语、雷王榜语式、诸杂香火榜同用、三界榜语式、请灯延意者、贡筵意者、贺桥/楼疏同用、授戒申奏式、申六帝三元状、帝母愿式、香火散花式、祈嗣黄坛花堂诸对式等等
EAP1126/1/3/7	《一本大斋良缘秘语》	法术秘语	罗玄凤	罗玄凤	1972	此书扉页题："大斋良缘秘语一部,罗玄凤,天运太岁壬子年夷则月任午胏甲辰旬越至癸未日午时抄成","投度师傅邓金财、邓道通","投者香分一两二分,猪一命,酒食在外。投者癸酉年正月十七日戌时给付秘语"。结合 EAP1126/1/3/22、EAP1126/1/3/32 抄写时间可知,此书抄写时间应是 1972 年

编号	经书名称	用途	书主	抄写人	抄写时间	附注
EAP1126/1/3/8	《一本日午灯筵安龙化衣秘语》	法术秘语	罗法进	罗法进	1892	
EAP1126/1/3/9	《又灭天炎痘红痢白痢之法》	法术秘语	罗道进	罗道进	19世纪	
EAP1126/1/3/10	《大斋先天秘语一部》	法术秘语	盘妙亮盘道极	宫音	不详	此书与EAP791/1/32/1重复
EAP1126/1/3/11	《一本杂谢秘语》	法术秘语	邓金坚罗道进罗玄凤邓妙利	邓金坚	1945	此书扉页题："一本杂谢秘语,置主邓金坚存本救命上达大吉,太岁甲申年九月廿五日申时完笔"。标题页内面题："民国乙酉年七月十三日夜邓妙利投者罗玄凤给付。"
EAP1126/1/3/12	《一本集秘金语》	法术秘语	黄云达	黄云达	20世纪	此书背封题："太岁乙巳年六月上旬初午日酉时"
EAP1126/1/3/13	《大治邝玉皇清醮秘语》	法术秘语	罗玄凤	罗玄凤	1984	此书尾页题："太岁甲子年五月廿三日戌时写完笔",结合EAP1126/1/3/22、EAP1126/1/3/32抄写时间可知,此书抄写时间应是1984年
EAP1126/1/3/14	《送终三值秘语一本》	法术秘语	罗道进	罗道进	1868	
EAP1126/1/3/15	《一本百解秘语》	法术秘语	李法传罗玄凤	不详	19世纪	此书扉页题："投度师父邓胜□付给弟子李法传使用,太岁甲申年五月二十九日给付开光。"
EAP1126/1/3/16	《百解禁盆秘语》	法术秘语	邓胜乐邓金财邓胜禄罗玄凤	邓胜乐	1939	
EAP1126/1/3/17	《按龙秘语受戒二本》	法术秘语	盘经眷盘妙颜邓妙天罗玄凤	不详	19世纪	

续表

编号	经书名称	用途	书主	抄写人	抄写时间	附注
EAP1126/1/3/18	《洪恩秘语壹部》	法术秘语	罗道进 罗显凤	罗道进	1890	
EAP1126/1/3/19	《诸百解金语全册》	法术秘语	邓道财	邓道财	1914	此书扉页题:"太岁中华甲年寅九月初七日抄终毕。"
EAP1126/1/3/20	《清醮秘语一本》	法术秘语	邓玄聪 邓金利 罗玄凤	邓玄聪	1913	此书扉页题:"岳父宗师冯经达,投度师傅盘经照,投度弟子邓玄聪使用,十方显达";"大清中华二年癸丑岁八月上旬初九日念庚时抄出完毕"
EAP1126/1/3/21	《一本黄泉秘语》	法术秘语	常妙清 常云明	不详	不详	
EAP1126/1/3/22	《黄泉秘语》	法术秘语	罗玄凤	罗玄凤	1971	此书扉页题:"黄泉秘语,书主罗玄凤,宗师罗妙颜,民国五十九年辛亥年五月初八日酉时"
EAP1126/1/3/23	《南昌炼度科》	打斋	罗玄奉	罗玄奉	1964	
EAP1126/1/3/24	《一本引朝科》	科仪经书	罗玄凤	罗玄凤	2006	此书扉页题"太岁丙戌年七月十一日抽(抄)手写",尾页题"太岁丙戌年七月廿四日申时完毕,十四日得成此书"。结合EAP1126/1/3/22、EAP1126/1/3/32抄写时间可知,此书抄写时间应是2006年
EAP1126/1/3/25	《斋关告科》	科仪经书	罗玄凤	罗玄凤	2002	此书封面题:"太岁壬午年七月十三日酉时完毕"。扉页题:"天子任午岁申月己酉胼甲寅旬越至己未日柚(抄),与分一男罗云遗,二男罗云扬。"结合EAP1126/1/3/22、EAP1126/1/3/32抄写时间可知,此书抄写时间应是2002年

续表

编号	经书名称	用途	书主	抄写人	抄写时间	附注
EAP1126/1/3/26	《诸品经》	科仪经书	罗玄凤 黄经□	不详	不详	此书封面为后加,封面题:"太岁壬午年七月初二症□日书。"原书尾页题:"诸品经全卷一本买主黄经□,诸品经全卷一本买主邓经□"
EAP1126/1/3/27	《一本小道范科》	科仪经书	罗玄凤 罗玄柜	罗玄凤	1998	此书扉页题"一本小道范科,置主罗玄凤永杂,宗师罗院颜,子罗云柜。太岁戊寅年七月廿五日完",结合 EAP1126/1/3/22、EAP1126/1/3/32 抄写时间可知,此书抄写时间应是 1998年。此书内容有:步虚咒、清净咒、开经神咒、早朝皈依头用、皈依取经书用、安十二方位用等
EAP1126/1/3/28	《壹本小喃灵科》	打斋	罗玄凤	罗玄凤	2000	此书扉页题:"壹本小喃灵科,置主罗玄凤,太岁庚辰年九月十九日午时柚(抄)手写",结合 EAP1126/1/3/22、EAP1126/1/3/32 抄写时间可知,此书抄写时间应是 2000 年
EAP1126/1/3/29	《一本化衣科》	打斋	罗玄凤	罗玄凤	2002	此书封面题"太岁壬午年八月廿五日柚(抄)手写",结合 EAP1126/1/3/22、EAP1126/1/3/32 抄写时间可知,此书抄写时间应是 2002 年
EAP1126/1/3/30	《大喃灵科》	打斋	罗玄凤	罗玄凤	1966	此书扉页题"大喃灵科,置主罗玄凤写,大清中华丙午年乙未月申时抄",结合 EAP1126/1/3/22、EAP1126/1/3/32 抄写时间可知,此书抄写时间应是 1966 年

编号	经书名称	用途	书主	抄写人	抄写时间	附注
EAP1126/1/3/31	《一本迋王科》	打斋	罗玄凤	罗玄凤	1969	
EAP1126/1/3/32	《杂谢科》	科仪经书	罗玄凤	罗玄凤	2007	此书尾页题"书主罗玄凤永杂,太岁丁亥年五月廿二日完笔",下有阿拉伯数字标记"6-7-2007",公历 2007 年 7 月 6 日正是农历丁亥年五月廿二日
EAP1126/1/3/33	《度人道场科》	科仪经书	盘经贤	盘经贤	20 世纪	此书扉页题:"太岁庚午年五月二十三日启毕完"
EAP1126/1/3/34	《释服祝从赞车科》	科仪经书	罗玄凤	罗玄凤	1984	此书封面题:"民国七十三年甲子年七月初五日抄完"
EAP1126/1/3/35	《一本符命式南昌科》	符命书	罗玄凤	罗玄凤	2002	此书扉页题:"太岁任午年三月廿五日未时柚手写",结合 EAP1126/1/3/22、EAP1126/1/3/32 抄写时间可知,此书抄写时间应是 2002 年
EAP1126/1/3/36	《伸斗科》	科仪经书	黄经聪 黄玄鲜 罗玄凤	不详	1947	此书封面破损,可见"三六年中华□□"字样,第 30 页经文尾题:"太岁丁亥年九九月初五日辰时"
EAP1126/1/3/37	《一本开山科》	科仪经书	罗显凤	罗显凤	1977	此书扉页题"天运太岁丁巳年癸丑胖甲辰旬越至庚辰日完笔",结合 EAP1126/1/3/22、EAP1126/1/3/32 抄写时间可知,此书抄写时间应是 1977 年
EAP1126/1/3/38	《一本飞章科》	科仪经书	罗玄凤 罗妙颜 罗云柜	罗玄凤	1998	此书扉页题"太岁戊寅年七月十六日申时完书",结合 EAP1126/1/3/22、EAP1126/1/3/32 抄写时间可知,此书抄写时间应是 1998 年

续表

编号	经书名称	用途	书主	抄写人	抄写时间	附注
EAP1126/1/3/39	《一本斋醮宿启科》	科仪经书	罗玄凤	罗玄凤	1998	此书扉页题"太岁戊寅年六月十五日申时完笔",结合 EAP1126/1/3/22、EAP1126/1/3/32 抄写时间可知,此书抄写时间应是1998 年
EAP1126/1/3/40	《一本安龙科》	科仪经书	罗玄凤	罗玄凤	1943	此书扉页背面有一幅手绘人物画,画面为坐在王座上的皇帝,王座左边绘有一把洋枪,枪旁题字:"皇帝枪打民兵胜利",王座右边绘有一柄长刀,刀底题字:"杀人刀",王座右边题字:"我罗玄凤点皇帝形无色点",王座底部题字:"太清中华癸未岁五月廿日"
EAP1126/1/3/41	《一本贡王救苦设醮科》	科仪经书	罗玄凤 罗云柜 罗云良	罗玄凤	1998	
EAP1126/1/3/42	《一本朝天科》	科仪经书	罗玄凤	罗玄凤	2007	
EAP1126/1/3/43	《丧家文字式》	疏牒状等	罗玄凤	罗玄凤	2007	此书扉页题"丧家文字式,制主罗玄凤,太清中华丁亥年八月初八日巳时写出",下有数字标注"18-18-9-2007"。此书内容包括:道家开丧疏式、女人推灵疏式、师公行程牒式、报恩灯状式、丧场伍供式、招灵幡羽化用等等
EAP1126/1/3/44	《丧家书科送终一夜共灯文科》	科仪经书	罗玄凤	罗玄凤	2007	
EAP1126/1/3/45	《一册按龙科》	科仪经书	罗玄凤	罗玄凤	1964	第 20 页经尾题:"太岁甲辰年十二月初四日辰时完毕"
EAP1126/1/3/46	《醮关告醮敕坛醮说醮同一本》	科仪经书	罗玄凤	罗玄凤	2000	

续表

编号	经书名称	用途	书主	抄写人	抄写时间	附注
EAP1126/1/3/47	《一本会圣科》	科仪经书	邓玄僚 邓金孝 黄道灵 黄道真 黄经璇 罗玄凤	邓玄僚	20世纪	此书扉页题："一本会圣科,置注(主)邓玄僚承集,太岁庚戌年七月十三日抄完。"
EAP1126/1/3/48	《一本小桥台科》	科仪经书	邓应照 罗显凤	罗显凤	1945	此书封面题："太岁中华民国三四年乙酉岁十二月十八日申时完。"
EAP1126/1/3/49	《初授戒开经共一本》	度戒	邓经运 罗玄凤	邓经运	1881	
EAP1126/1/3/50	《南相会圣科》	打斋	罗玄凤	罗玄凤	20世纪	此书混入下一本书封面
EAP1126/1/3/51	《一本帝母盘古小桥台科》	科仪经书	李法贤 李法颜 李法贵	李法贤	1939	此书封面题："置主李法贤,家弟李法颜/贵同用","大清上元起中元甲子仲国无有皇帝己卯年□□冬朔九日抄元完笔篆袭。"
EAP1126/1/3/52	《一本婚启》	法术秘语	罗玄凤	罗玄凤	1971	此书封面题"灵宝"二字。内容包括:又初到路头结差、又问堂凄唱、鸳姑问龙架等
EAP1126/1/3/53	《一本茭简破狱科》	打斋	罗玄凤	罗玄凤	1969	
EAP1126/1/3/54	《一本神目科》	科仪经书	罗玄凤	罗玄凤	1969	
EAP1126/1/3/55	《罗家宗枝书》	家支书	罗玄凤	罗玄凤	1981	
EAP1126/1/3/56	《一本潭清古》	故事唱本	罗玄凤	罗玄凤	2003	
EAP1126/1/3/57	《黄甲信》	故事唱本	罗显凤	罗显凤	2003	
EAP1126/1/3/58	《一本蒋金华信》	故事唱本	罗显凤	罗显凤	2000	

续表

编号	经书名称	用途	书主	抄写人	抄写时间	附注
EAP1126/1/3/59	《黄氏女古》	故事唱本	罗玄凤	罗玄凤	2002	
EAP1126/1/3/60	《一本英台古》	故事唱本	罗归丹	罗归丹	不详	此书封面题"太岁任午年十一月十二日午时柚手写字",尾页题"太岁癸未年正月十六日巳时完笔"
EAP1126/1/3/61	《一本白话信书》	故事唱本	罗玄凤	罗玄凤	2001	
EAP1126/1/3/62	《罗家宗支书根》	宗支书	不详	不详	20 世纪	
EAP1126/1/3/63	《救患科》	科仪经书	李玄机	李玄机	1882	
EAP1126/1/4/1	《一本判座科》	科仪经书	邓经照 邓爵云 许妙清 黄经通	不详	不详	
EAP1126/1/4/2	《又论整补花根之法》	法术秘语	李经宝 李金清	不详	20 世纪	
EAP1126/1/4/3	无题	度戒	蒋妙态 邓金晶	蒋妙宴	19 世纪	此书内容为受戒秘语
EAP1126/1/4/4	《一本丧家秘语》	法术秘语	许玄照	不详	1909	
EAP1126/1/4/5	《符命式》	符命书	不详	不详	19 世纪	此书包括:炼身符、净坛符、净水符、地道功蓸符、佛道符、人道符、神道符、鬼道功曹符、脑符、口符、舌符、心符、肝符等
EAP1126/1/4/6	无题	法术秘语	不详	不详	19 世纪	此书包括:又祭大刹将军法、又祭五鬼命用法、又祭山蕉鬼法、又喃九良星之法、又喃三破法、又论颠倒病之法、重集打台神兵之法、又绝夫妻煞法等

续表

编号	经书名称	用途	书主	抄写人	抄写时间	附注
EAP1126/1/4/7	《一册合婚》	合婚书	李经衔	李经衔	1826—1886	
EAP1126/1/4/8	《茭龙科·下堂炼度科·迂王科·重集启师破狱科》	打斋	邓金利 邓经璋 邓玄照 黄经通	不详	1852	此书封面题:"茭龙科在头,下堂炼度科、迂王科在中,重集启师破狱科在尾"
EAP1126/1/4/9	《开山一本终》	科仪经书	李院上 黄应通	不详	19世纪	
EAP1126/1/4/10	《沐浴化依谢王》	打斋	李道贤	李道贤	19世纪	
EAP1126/1/4/11	《一本请(清)灯荦延(筵)》	科仪经书	黄应通	不详	19世纪	
EAP1126/1/4/12	《一本道范科》	咒语、启文等	不详	不详	20世纪	此书扉页题:"太岁任申年八月二十三日未完笔了"
EAP1126/1/4/13	《一本安龙》	科仪经书	许经贤 黄经通	不详	1857	
EAP1126/1/4/14	《一本招兵科受戒川光》	科仪经书	李应衔 许应贤	不详	19世纪	此书封面题:"一本青灯、招兵、受戒、川光、接圣、三元部表,大献通用"。又题:"一本招兵科受戒川光"
EAP1126/1/4/15	《庆贺桥台科》	科仪经书	李应连 黄应通	潘元昌	1840	
EAP1126/1/4/16	《一本南相科》	打斋	邓妙能	邓妙能	20世纪	
EAP1126/1/5/1	《苔经批默咒受戒用·灵花秘》	法术秘语	李经章	李经章	不详	此书第2页至第11页为《苔经、批默咒,受戒用》。扉页题"太岁丁酉年夷则月十八抄得",内容有:授戒经批用、又立三品神名批、重集受戒默咒用等。第11页至第20页为《灵花秘》,内容有:论早晚送虚花之法、送代形虚花之法、论开光法书之法、论早晚安香火之法等

编号	经书名称	用途	书主	抄写人	抄写时间	附注
EAP1126/1/5/2	《老君金语一本婚姻诸煞秘语》	法术秘语	李玄璋 李妙盛 李云录	不详	19世纪	
EAP1126/1/5/3	《小百解秘语》	法术秘语	李经章	李经章	不详	此书扉页题:"戒度师傅李云利,给付弟子李经章,太岁丁酉年夷则月乙未日投者中元印。"此书书页较新,应不早于20世纪
EAP1126/1/5/4	《一本禁盆秘语》	法术秘语	邓道杨 李经璋	邓道杨	不详	
EAP1126/1/5/5	《洪恩秘壹本》	法术秘语	邓应财 邓法征 邓法樫 邓法占 李经章	不详	1849	此书扉页题:"洪恩秘壹本,邓法征集,道光贰拾年己酉岁孟夏月望九日抄","东主邓应财集全具秘语留与儿孙后代成金"。第二张扉页题:"投度师邓玄通给与弟子邓法占"。第三张扉页题:"投度师傅邓玄通","邓法樫洪恩秘语世代承行金成"。第三张扉页内面题:"投度师傅李云利执与弟子李经章","太岁癸酉年十月十五日辰时"
EAP1126/1/5/6	《按龙救患秘语》	法术秘语	李经章	不详	20世纪	此书封面题:"按龙/救患秘语金宝天机,师傅李云利弟子李经章,丙子年七月十五日给与"
EAP1126/1/5/7	《冲杂小本杂谢秘》	法术秘语	邓云暹 邓经珠 邓经戏 邓经珍 李经章	邓云暹	1873	

续表

编号	经书名称	用途	书主	抄写人	抄写时间	附注
EAP1126/1/5/8	《一本小百解秘语》	法术秘语	李经璇	李经璇	2002	此书扉页题："投度师傅罗玄凤给付李经璇,一本小百解秘语秘主李经璇,投者香分三分烟食在外,太岁任午年正月十五日辰时投度。"
EAP1126/1/5/9	《贡筵红楼飞表秘语》	法术秘语	李应章	李应章	1956—2016	此书扉页题："贡筵红楼飞表秘语李应章,太岁丙申年四月廿四日抄完,戒度师傅李胜利给与弟子李应章,丙申年夷则辛未日投者中元印。"
EAP1126/1/5/10	《小百解秘语》	法术秘语	李经璋	李经璋	不详	此书封面题："投度师父李云光给付弟子李经璋,太岁庚辰年三月内写只手李云光。"
EAP1126/1/5/11	《救患秘语》	法术秘语	邓显尚 邓应宴 李道宗 李经亮	李贵陈	1860	
EAP1126/1/5/12	《一本治邙秘语》	法术秘语	李经章	李经章	2007	
EAP1126/1/5/13	《一本绝亡秘语》	法术秘语	李经璋 李道明 李云照 李云聪	李云照	19世纪	此书封面题："庚申年十二月廿一日写出,传度师父许道坚给与李道明、李云聪用十方上达。"扉题："投度师傅李云照、罗玄凤给付,一本绝亡秘语李经璋,李道明,李云聪。"
EAP1126/1/5/14	《受戒川光科》	科仪经书	黄院杰 李道明 李应章	黄院杰	1890	
EAP1126/1/5/15	《小南(喃)灵科全本》	打斋	盘玄御	盘玄御	1894	
EAP1126/1/5/16	《符吏启会圣》	科仪经书	李朝中	李朝中	1902	

续表

编号	经书名称	用途	书主	抄写人	抄写时间	附注
EAP1126/1/5/17	《安龙科》	科仪经书	李玄升 李经璋	不详	20 世纪	此书扉页题:"安龙科主李经璋,太岁乙未年三月初一日完毕。"
EAP1126/1/5/18	《男女结婚歌》	歌词唱本	李经章	李经章	2018	此书扉页题:"男女结婚歌,氏笔李经章,太岁戊戌年卯月戊申胖甲申旬,二千一十八年南塔省。"
EAP1126/1/5/19	《道范科》	咒语、启文等	李经璋	李经璋	2014	此书扉页题:"道范科书主李经璋集用,太岁甲午年八月廿二日戊时完毕,老国南塔省南而村二千十四年九月。"
EAP1126/1/5/20	《一册符命式一宗大炼小炼共本》	符命书	李云光	李云光	不详	此书扉页题:"一册符命式,一宗大炼、小炼共本。东主李云光集用。太岁甲申年正月初五日巳时稽首禄南昌符命式符。"
EAP1126/1/5/21	《又集修斋建醮仰帅点灯》	科仪经书	不详	不详	不详	此书封面题:"又集修斋建醮、仰帅、点灯,早晚用。"
EAP1126/1/5/22	《引朝科》	科仪经书	李经璋	李经璋	2017	
EAP1126/1/5/23	《一本迓王科》	打斋	李玄章	李玄章	不详	此书扉页题"皇上五年癸丑岁六月十二日抄完笔",具体年份不详
EAP1126/1/5/24	《一本交简科·破狱科》	打斋	邓云普 李妙明 李妙通	不详	19 世纪	
EAP1126/1/5/25	《三妹秋莲歌》	歌词唱本	李经璋	李经璋	2014	内容有:秋莲歌唱、又何人歌起、三妹歌愿
EAP1126/1/5/26	《一本朝天科》	科仪经书	罗玄凤	罗玄凤	1982	
EAP1126/1/5/27	《土府延生三时科》	科仪经书	李经璋	李经璋	2014	

续表

编号	经书名称	用途	书主	抄写人	抄写时间	附注
EAP1126/ 1/5/28	《赞车材楼科》	打斋	李经璋	李经璋	2015	此书内容有:集开光从人科、到次赞车材楼科启、到次开光材楼启、到次遍绕材楼去也、请亡上楼句等
EAP1126/ 1/5/29	《宿启科》	科仪经书	李经璋	李经璋	2015	
EAP1126/ 1/5/30	《设醮飞章科》	科仪经书	李经璋	李经璋	2015	此书扉页题:"二千十五年正月十八日老挝南塔省南尔村"
EAP1126/ 1/5/31	《神目科》	科仪经书	李经璋	李经璋	2014	
EAP1126/ 1/5/32	《大部南灵科》	打斋	李经璋	李经璋	2015	
EAP1126/ 1/5/33	《一本合婚书》	合婚书	李经章	李经章	2005	
EAP1126/ 1/5/34	《度炼科》	打斋	黄道颜 黄道广	黄道颜	1815	
EAP1126/ 1/5/35	《一本境诸古法》	法术秘语	李应(经)章	李应(经)章	2003	此书封面题:"一本境诸古法,书主李经章,太岁癸未年七月十四日巳时完笔。"第二张扉页题:"一本保苗秘语,秘主李经章";"投度师傅罗显凤,给付投度弟子李应璋使用,天运态岁癸未年申月癸卯胐甲寅旬越至丙辰日利时"。内容有:本境名、五姓家先名、神农名、求财名、论取和魂法、又结金龙补村、种栽木二枝补村法等
EAP1126/ 1/5/36	《杂掌判》	手相书	李经章	罗玄凤 李经章	21世纪	此书第4页题:"氏笔庆字罗玄凤抄,分李经章"。内容有:八字掌判、重集仙逢掌、天罡掌判、大格冤、占人生寿阳己岁年判用等

续表

编号	经书名称	用途	书主	抄写人	抄写时间	附注
EAP1126/1/5/37	《招兵科》	科仪经书	盘院璋 李云通 李应章	盘院璋	不详	此书扉页题："招兵科,李应章买取,太岁丁酉年八月初二日买"。内容有:招兵川光唱用、东/南/西/北道五伤唱、又五只鸡唱、占重会大返凶日等
EAP1126/1/5/38	《师公判座科》	科仪经书	李应章	李应章	2017	此书内容有:造楼、起楼、安楼、游楼、贺楼、看楼父母唱,卦镜娘子唱,借依娘子唱等
EAP1126/1/5/39	《帝母小桥台科》	科仪经书	李妙开 李应章	李三龙	1864	
EAP1126/1/5/40	《清灯荤筵科》	科仪经书	李应章	李应章	2018	
EAP1126/1/5/41	《接圣大献科》	科仪经书	李应章	李应章	2017	
EAP1126/1/5/42	《功曹唱师公意》	科仪经书	李应章	李应章	2016	
EAP1126/1/5/43	《师公救患科》	科仪经书	李应章	李应章	2016	
EAP1126/1/5/44	《开山科》	科仪经书	李玄机 李道廖 李应章	不详	19世纪	
EAP1126/1/5/45	《授械(戒)秘语》	法术秘语	李经璋	李经璋	2017	
EAP1126/1/5/46	《清醮秘语》	法术秘语	李云财 李云光 盘妙珍 李经璋	不详	1908	
EAP1126/1/5/47	《大会洪恩秘语》	法术秘语	邓院任 邓胜任 邓经能 李应章	邓院任 邓胜任	1902	

续表

编号	经书名称	用途	书主	抄写人	抄写时间	附注
EAP1126/ 1/5/48	《净坛二宫三宫科》	科仪经书	李经璋	李经璋	2014	
EAP1126/ 1/5/49	《手简法书》	法术秘语	李法鱼 李明堂 李道琏	李法鱼	1787	此书内容有：又祭天狗法用、又治飞药法用、喃五海鬼、八卦高行时用、喃五道鬼、喃帝母、又论诸神根机年生之法、解空亡之法、破钱山九代沉沦法、飞三朝章等。第12页题记："天师老君金言，不乱传人，是实自与家用"
EAP1126/ 1/6/1	《一本救患日午秘》	法术秘语	李显利 刘经鹰	不详	19世纪	封面题："太岁甲戌年买共我注书"
EAP1126/ 1/6/2	《大小斋秘语》	法术秘语	邓道昶	邓道昶	1895	
EAP1126/ 1/6/3	无题	法术秘语	不详	不详	19世纪	此书缺失封面，内容包括：论主人初来请法、差发之法、天官地符法、献伍供、点斗灯、取粮之法、整黄泉法、架老寿天桥之法、三朝章法等
EAP1126/ 1/6/4	《一本小百治法》	法术秘语	李经明 李玄晶	不详	19世纪	此书内容包括：论开山立庙法、论件大炼病治之法、论荡痘患之法、论荡涤秽气之法等
EAP1126/ 1/6/5	《一论帝母请圣飞诸表法》	法术秘语	刘胜璋 刘云璋	刘胜璋 刘云璋	20世纪	
EAP1126/ 1/6/6	《诸神秘语》	法术秘语	蒋玄璋 李金清 李经宝	蒋玄璋	1840	
EAP1126/ 1/6/7	《清醮秘语一本》	法术秘语	盘玄权 邓道鹰	盘玄权	不详	此书封面题"投度师傅李玄清，投度弟子盘玄权"，无抄写时间。封面内页题："投度师傅盘玄权，给付投度弟子邓道鹰用，应十方上达。太岁丁巳年十一月初六日给付弟子。"

编号	经书名称	用途	书主	抄写人	抄写时间	附注
EAP1126/1/6/8	《重投地府禁盆法》	法术秘语	刘经亮	刘经亮	19世纪	此书封面题："投度师父李金清，给与弟子刘经亮用，应十方上达。"
EAP1126/1/6/9	《贡筵红楼秘语》	法术秘语	李应眷	李应眷	1911	
EAP1126/1/6/10	《南灵科》	打斋	盘妙能 盘妙阳 李道阳	盘妙能	19世纪	
EAP1126/1/6/11	《斋醮宿启科一本》	科仪经书	李经宝 刘云陈 刘云章 刘妙胜	不详	19世纪	
EAP1126/1/6/12	《日午南灵科》	打斋	黎经僚 邓妙樫	黎经僚	1884	此书封面破损，第24页题记："黎经僚用应十上达，字骨不好，大清光拾年三丁岁五月十四日抄完，字面不正，无本难寻。"
EAP1126/1/6/13	《迁王科》	打斋	邓妙金	邓妙金	20世纪	
EAP1126/1/6/14	无题	科仪经书	不详	不详	不详	此书缺失封面，内容为延生科，前后均有缺页，无书主、抄写人、抄写时间等信息。
EAP1126/1/6/15	无题	科仪经书	邓经富	政歆郡子	20世纪	此书尾页题："净坛解秽完毕，氏笔政歆郡子乱作本字，实太岁辛丑年林童月初五日戌时的了。"
EAP1126/1/6/16	《净坛设醮飞章送圣》	科仪经书	李经宝 刘云陈 刘经请	黄文才	1895	
EAP1126/1/6/17	《二宫三宫科一本》	科仪经书	黄玄杰 黄金壮 刘经亮	黄玄杰	1871	此书经尾题："二宫三宫科抄完笔，洞治十年辛未岁七月初八日依本抄完。"尾页有题诗："抄书了，具条淡语配书头。不是精才首不利，笔头落纸看愁心。志忑心神浮云篆，且听解颐慢棰令。"

编号	经书名称	用途	书主	抄写人	抄写时间	附注
EAP1126/1/6/18	《飞章科》	科仪经书	蒋云齐 刘经亮	不详	1896	
EAP1126/1/6/19	《小南灵科》	打斋	□金华	不详	20世纪	此书封面题："一本化依沐浴小南灵科"
EAP1126/1/6/20	《展箓科二宫科》	科仪经书	蒋云泝 乐安郡 刘云除	蒋云泝	1764	
EAP1126/1/6/21	《土府延生行年贡王神目科》	科仪经书	黄玄杰 刘经亮	黄玄杰	19世纪	
EAP1126/1/6/22	《单时设醮科一本》	科仪经书	黄玄杰 刘妙胜	黄玄杰	1871	此书封面题："祖师刘经亮,宗师刘云章,刘妙胜",扉页题："单时设醮科一本,置主黄玄杰集,大清洞治十年辛未岁次柒月初六日丁时扭完"
EAP1126/1/6/23	《安龙伸斗秘语》	法术秘语	刘经亮	邓妙坚	20世纪	此书扉页题："按(安)龙伸斗秘,投道正戒李经腾给付弟子刘经亮,十方上达,施主亨通,甲子祀七月初六日冬笔",第30页夹记："氐笔邓妙坚"
EAP1126/1/6/24	《道门大小斋邝秘语一册》	法术秘语	邓金能 邓金和 邓金俞 邓金珠 邓金镜	不详	1822	此书扉页题："道门大小斋亡秘语一册","传度愚师蒋道钧给付与弟子邓金能、和、俞、珠、邓金镜全受亨通,后代子孙世世承行十方上达","道光二年壬午岁甲辰朔十日抄腾竟秘蜜金留收照"。第23页夹记："乐安批记给付代代承行"
EAP1126/1/7/1	《一本救患秘语》	法术秘语	盘经璋 盘玄明 盘妙征	不详	1892	
EAP1126/1/7/2	《一本保苗秘语小秘解》	法术秘语	盘云达	盘云达	1984	

续表

编号	经书名称	用途	书主	抄写人	抄写时间	附注
EAP1126/1/7/3	《大攒瞵秘语》	法术秘语	盘云达	盘云达	1984	
EAP1126/1/7/4	《壹本斋亡法戈科》	科仪经书	盘云达	盘云达	1976	
EAP1126/1/7/5	《三宫科》	科仪经书	盘云达	不详	19世纪	
EAP1126/1/7/6	《一本金盆秘语》	法术秘语	盘云达	不详	20世纪	此书封面题:"引教授度师傅盘玄凤给付弟子盘云达十方上达,太岁庚申年九初一日戌时给与弟子。"
EAP1126/1/7/7	《嚓隔冤秘语壹本》	法术秘语	邓道□盘云达	不详	19世纪	
EAP1126/1/7/8	《小本天机金语还债秘语》	法术秘语	盘金华盘云达	盘金华	20世纪	
EAP1126/1/7/9	《盘家宗枝图全记》	家支本命书(即家谱)	不详	不详	20世纪	此书为盘家家支本命书,记载盘家历代先祖本命建生时间
EAP1126/1/7/10	《度亡三三雪送终秘语一册》	法术秘语	李玄镁盘云达	不详	19世纪	
EAP1126/1/7/11	《一本斋亡秘语法书科》	法术秘语	盘云达盘云寇盘妙灵	不详	20世纪	
EAP1126/1/7/12	《老君金语·大斋良缘秘语》	法术秘语	盘云达	不详	19世纪	
EAP1126/1/7/13	《一册清醮秘语》	法术秘语	盘金华盘云达	李玄□	1939	
EAP1126/1/7/14	《集秘语》	法术秘语	盘云堂	盘云堂	1827	此书封面题:"集秘语,依本腾(腾)出,给与子孙,早晚使用。"

编号	经书名称	用途	书主	抄写人	抄写时间	附注
EAP1126/1/7/15	《受戒秘语壹本》	度戒	盘云达 盘妙灵 盘经宝	盘云达	20世纪	此书封面题："受戒秘语壹本,法主盘云(胜)达集出用,掌男盘妙(阮)灵,孙丁盘应(经)宝保","太岁戊辰年五月中旬十三日未时抄出"。此书内容有:论受戒之法、论师帅法、度弟子下五台山法、受戒符咒秘、睡念咒、起念着衣咒、洗面咒、吃饭念咒、梳头咒、大便咒等
EAP1126/1/7/16	《一本小杂嚓解秘语》	法术秘语	盘玄达	盘玄达	20世纪	此书封面题："投度师父蒋道宝,给付一本小杂祭解秘语,置主盘玄达集用。太岁丙辰年正月廿三日卯时完毕也","宗师盘金华,祖师盘玄能"
EAP1126/1/7/17	《一本礼境单时》	法术秘语	盘云达	盘云达	1975	此书经尾题："书主盘云达集用,号记用分儿见面。中华民国六十四年乙卯岁秋月下旬廿九日巳时。"
EAP1126/1/7/18	《一本初真披簪开解科》	度戒	李道传 盘云达	盘妙供	不详	
EAP1126/1/7/19	《一本按龙科》	科仪经书	盘云达	盘云达	20世纪	
EAP1126/1/7/20	《一本开山科》	科仪经书	邓应广 盘胜达	邓应广 盘胜达	1840	此书为新旧合订,第2页至第20页为新书,书主及抄写人为盘胜达,内容从"年值功曹歌"到"开山造路歌唱用"。第20页至第65页为旧书,书尾题记:"开山科完毕,代京龙郡丑字乱抄,弟子邓应广,留与后代子孙用,应十方达。道光庚子岁八月廿四日辰时。"
EAP1126/1/7/21	《贡王救苦说醮科》	科仪经书	盘云达	盘云达	20世纪	

续表

编号	经书名称	用途	书主	抄写人	抄写时间	附注
EAP1126/1/7/22	《救苦说醮科》	科仪经书	盘云达	盘云达	20世纪	
EAP1126/1/7/23	《一本化依小颗》	打斋	盘云达	盘云达	20世纪	
EAP1126/1/7/24	《一本荙简破狱科》	打斋	盘云达	盘云达	20世纪	
EAP1126/1/7/25	《一本盘皇接圣科》	科仪经书	盘胜达	潘胜达	20世纪	
EAP1126/1/7/26	《通用科》	科仪经书	盘胜达	盘胜达	20世纪	
EAP1126/1/7/27	《迓王科》	科仪经书	盘云达	盘云达	20世纪	
EAP1126/1/7/28	《小喃灵科一本》	打斋	邓朝鸟 邓朝黄 盘金华 盘云馗 盘云达	不详	不详	
EAP1126/1/7/29	《一册送鬼科》	科仪经书	邓云孝 盘金华 盘云达	不详	20世纪	
EAP1126/1/7/30	《一本集谢雷王境求财科》	科仪经书	盘云达	盘云达	20世纪	
EAP1126/1/7/31	《炼度科》	打斋	邓道能	邓道能	1887	
EAP1126/1/7/32	《壹本招兵科》	科仪经书	盘妙璋 盘胜达	不详	1906	此书扉页题："壹本招兵科全本，羽士盘胜达集用置在，光绪年三十二□丙午岁价月下旬买取"
EAP1126/1/7/33	《一本清醮秘语》	法术秘语	邓道能 盘云达	不详	19世纪	

续表

编号	经书名称	用途	书主	抄写人	抄写时间	附注
EAP1126/1/7/34	《一本迓王科》	科仪经书	盘云达	盘云达	20世纪	
EAP1126/1/7/35	《三宫科一本》	科仪经书	盘云珠 邓妙阳	盘云珠	不详	
EAP1126/1/8/1	《重集政王妹令符相思法》	法术秘语	邓玄利	邓玄利	1981	
EAP1126/1/8/2	《老君金语一本小百解秘语》	法术秘语	李玄孔	李玄孔	1965	
EAP1126/1/8/3	《一本百解秘语》	法术秘语	李玄孔	李玄孔	1964	此书封面题:"太岁中华民国五十三甲辰年四月二十三柚首,写秘语不同样。"
EAP1126/1/8/4	《一本日午救患法》	法术秘语	邓应明	邓应明	20世纪	
EAP1126/1/8/5	《化依沐浴科一部》	打斋	蒋妙安	不详	1944	
EAP1126/1/8/6	《一本邝秘语》	法术秘语	邓道财 李云福 李妙能	邓道财	19世纪	
EAP1126/1/9/1	《一本救患按龙秘语》	法术秘语	李云福 李妙能	不详	19世纪	
EAP1126/1/9/2	《一本老君金语》	法术秘语	蒋妙静 李云福 李妙能	蒋妙静	1883	此书封面题:"一本老君金语,共本秘语绝亡在尾,送终秘语三夜"
EAP1126/1/9/3	《壹论替大首苑(茆)人法》	法术秘语	李云照	不详	19世纪	
EAP1126/1/9/4	《清醮秘语》	法术秘语	李云福 李妙能	不详	19世纪	
EAP1126/1/9/5	《大斋短秘语一本》	法术秘语	李金仃	李金仃	1852	此书扉页题:"咸丰二祀十一月望日誊笔"
EAP1126/1/9/6	《一册师初真受戒天金语》	法术秘语	李院昊	不详	19世纪	

编号	经书名称	用途	书主	抄写人	抄写时间	附注
EAP1126/1/9/7	《贡筵洪恩秘壹本》	法术秘语	李玄章 李显琣 李云福 李妙能	李显琣	1893	
EAP1126/1/9/8	《招兵科》	科仪经书	李胜照	李胜照	20世纪	
EAP1126/1/9/9	《重集清灯荤筵科》	科仪经书	李妙能	李院通	20世纪	
EAP1126/1/9/10	无题	科仪经书	不详	不详	不详	此书封面缺失,全书内容为桥台科,无抄写人、书主、抄写时间等信息
EAP1126/1/9/11	《按龙科》	科仪经书	李金相 李云机 李玄章 李金玉	不详	19世纪	
EAP1126/1/9/12	《大斋秘语一部》	法术秘语	黄道能 黄玄亮 黄玄晶 滕玄声 李妙能 李云福	黄道能	不详	
EAP1126/1/9/13	《一本祖师治斋邝金语》	法术秘语	邓经诵	不详	不详	
EAP1126/1/10/1	《清醮秘语法》	法术秘语	李道照 李道通 滕妙建	李道选	1888	
EAP1126/1/10/2	《一本百解金语》	法术秘语	邓道占	邓道占	20世纪	
EAP1126/1/10/3	《日午红楼秘语》	法术秘语	邓道腾 邓云唐	不详	19世纪	
EAP1126/1/10/4	《小秘解飙机壹本》	法术秘语	李应誉 邓道誉	李应誉	1890	飙,即天字

编号	经书名称	用途	书主	抄写人	抄写时间	附注
EAP1126/1/10/5	《小百解法一本》	法术秘语	盘院瑛 盘应鲜 盘应晃 盘胜辉 邓道腾	盘院瑛	19世纪	
EAP1126/1/10/6	《一本安龙秘语》	法术秘语	邓道占	不详	1864	
EAP1126/1/10/7	《一本大斋秘语老君金言》	法术秘语	邓道誊	不详	19世纪	
EAP1126/1/10/8	《一本喃婚恩筵会百解秘语》	法术秘语	许道财 许道坚 邓道占	许道财 罗玄凤	1955	此书封面题:"一本婚恩筵会秘语,投度师傅邓妙传、罗玄凤给付弟子邓道沾,使用成金。太岁丙子年四月十三日给付。"第一张扉页题:"一本喃婚恩筵会百解秘语,太山宗师邓妙传给与女婿许道财应用十方上达。"第二张扉页题:"喃煞秘语东主许法财集,太上宗师邓妙传付与女婿许道财使用,世代传子传孙,仲华民国四十四年乙未岁八月完。"书末页题:"氏毕罗玄凤写出七遍纸,与邓道占使用,成金成银,上达十方,施主不断,千年收照吉利。"此书内容有:论嫁娶遇若人死之法、又到此嫁娶许新人开光扇用法、又论送虚花法、又一论重婚再娶之法等
EAP1126/1/10/9	《大斋良缘秘语》	法术秘语	许玄才 盘道机 盘金僚 邓道腾	邓演坚	不详	
EAP1126/1/10/10	《一本合婚书》	合婚书	盘显星	不详	20世纪	此书品相完好,字迹工整清晰,书中有许多配图。内容有:占推男命岁煞妻用、占推男女合婚生气法列、占推女命绝公姑法例、占推男食妻禄法列等

续表

编号	经书名称	用途	书主	抄写人	抄写时间	附注
EAP1126/1/10/11	《说醮科飞章科》	科仪经书	邓道誊	不详	19世纪	
EAP1126/1/10/12	《招兵科一本》	科仪经书	蒋云清	黄朝明	1878	
EAP1126/1/10/13	《醮斋·关告·交龙·破狱科》	科仪经书	李云宝 黄玄□ 邓道誊	黄玄□	1912	此书封面题:"醮斋、关告、交龙、破狱科,书主李云宝,邓道誊卖用"。此书前后分为两部分,第一部分扉页缺失,内容为"大斋符吏科"。科文末尾题:"替手呆枝邓老号"。第二部分扉页题:"交龙破狱科共壹本,黄玄□集用,大清宣统皇四年壬子岁次七月初捌日完毕"。此书尾页有题诗:"抄书完请彩条语,彩条炎在书头。广东出得每丑纸,赐钱卖用写坟章。抄分同年朋交使,用应十方每步通。"
EAP1126/1/10/14	《一本宿启科》	科仪经书	邓□□	邓云绣	1926	此书封面破损
EAP1126/1/10/15	《按龙科》	科仪经书	邓妙坚 邓道沾	邓妙坚	19世纪	
EAP1126/1/10/16	《一本小桥台科》	科仪经书	邓应达	邓应达	19世纪	
EAP1126/1/10/17	《一本迓王科》	科仪经书	李云通 邓道誊	李云通	20世纪	
EAP1126/1/10/18	《中卷南灵科》	打斋	滕胜夏	邓经聪	19世纪	此书扉页题:"中卷南灵科,置主滕胜夏,邓道沾卖用"。第22页夹注:"代笔之人邓经聪"
EAP1126/1/10/19	《飞章科十方忏悔》	科仪经书	李云传 邓道沾	李云传	1850	此书封面题:"飞章科、十方忏悔共壹本"
EAP1126/1/10/20	《一本救患科》	科仪经书	邓法财	邓法财	20世纪	此书共88页,由新旧两部分组成,其中第4、5、6页,第9至第70页为旧书,其余为新补书页

续表

编号	经书名称	用途	书主	抄写人	抄写时间	附注
EAP1126/1/10/21	《一本大献供接圣》	科仪经书	李胜瑠 盘显照 邓道沾	李胜瑠	19世纪	
EAP1126/1/10/22	《斋关告救坛会圣科》	科仪经书	李玄琏 邓道沾	李玄琏	1838	
EAP1126/1/10/23	无题	符命书	邓道誊 邓道沾	不详	19世纪	此书封面破损,内容为南昌科。
EAP1126/1/10/24	《救苦血湖玉皇道场》	科仪经书	李经珠 许道坚 李道利 李道通 李道明 李道台 邓道誊 邓道沾	李经珠	1772	
EAP1126/1/10/25	《小百解一本》	法术秘语	盘妙任	盘妙任	1891	此书扉页题时间信息:"辛卯岁五月初七日抄完"
EAP1126/1/11/1	《老君金言一本·杂秘共斋邜》	法术秘语	盘妙任	盘金华	1883	
EAP1126/1/11/2	《一本求财秘语》	法术秘语	盘道相	盘道相	1897	
EAP1126/1/11/3	《一本授械(戒)秘语》	法术秘语	盘玄照	黄妙光	不详	
EAP1126/1/11/4	《新集授械(戒)秘》	法术秘语	李金宗 李金清 李道孝 盘胜誊	不详	1845	
EAP1126/1/11/5	《大斋恶治邜秘语》	法术秘语	盘经颜	盘经颜	不详	此书封面题时间信息:"太岁丁辰年正月十五日,投取用上达",然而六十甲子中并无"丁辰年",应是误写

编号	经书名称	用途	书主	抄写人	抄写时间	附注
EAP1126/1/11/6	《清醮秘语一本》	法术秘语	盘妙任 邓云阮	盘妙任	1885	此书扉页题,"天子历年乙酉岁夏季五月二旬早晨完笔",由 EAP1126/1/11/7 可知,此书抄写时间应是 1885 年
EAP1126/1/11/7	《洪恩秘语》	法术秘语	盘院任	盘通福	1889	此书扉页题:"洪恩秘语,投度李胜聪给与盘院任,置盘院任,子孙使用。光绪十五年己丑岁正月十五日,开法书"
EAP1126/1/11/8	《日午红楼秘语》	法术秘语	盘云兴	盘云兴	1869	
EAP1126/1/11/9	《安龙告斗解冤秘语》	法术秘语	盘妙任 盘云兴	不详	1911	
EAP1126/1/11/10	《论亡故死直败双材法》	法术秘语	盘玄聪	盘玄聪	19 世纪	此书封面、尾页破损,尾封抄写时间仅可见"九年夏季六月六日抄完毕"。尾封题:"此语秘密,莫与外人抄去,祖公千金语,自存属用,救人病吉也"
EAP1126/1/11/11	《土府延生科》	科仪经书	盘妙任	盘妙任	1896	
EAP1126/1/11/12	《一本神目》	科仪经书	盘妙任	盘妙任	1896	
EAP1126/1/11/13	《一本清醮宿启设醮送圣科》	科仪经书	盘妙任	盘妙任	1896	
EAP1126/1/11/14	《龙飞科》	科仪经书	盘妙任 盘道清 盘道亮 盘玄凤	盘妙任	1896	
EAP1126/1/11/15	无题	打斋	邓玄按	不详	19 世纪	此书缺失封面,无书名、抄写时间、抄写人信息,内容为度亡科仪,包括升度、炼度、破狱等

续表

编号	经书名称	用途	书主	抄写人	抄写时间	附注
EAP1126/1/11/16	《玉皇经上卷》	科仪经书	李妙珍 盘玄凤	不详	19世纪	
EAP1126/1/11/17	《桥台科》	科仪经书	韦云堂	韦云堂	1840	此书封面题:"桥台科一本,庆贺帝母用"
EAP1126/1/11/18	《太上正一百拜朝天谢罪宝忏》	科仪经书	盘经亮	盘经亮	19世纪	
EAP1126/1/11/19	无题	科仪经书	黄老大	不详	1890	此书封面、尾页破损,无书名、书主等信息,第37页有夹记:"黄老大记"。内容为安龙镇墓。尾页题记时间信息:"王上光绪拾六年庚寅岁七月初九日午□毕"
EAP1126/1/11/20	《度人经》	科仪经书	盘经颜	不详	19世纪	
EAP1126/1/11/21	《玉皇尊典经》	科仪经书	黄经竭 盘经颜 盘玄照	黄经竭	19世纪	
EAP1126/1/11/22	《尊典经》	科仪经书	盘经颜	不详	不详	此书尾页题"尊典经完毕,羽士□□□集",刻意空出人名,或许是职业抄书人抄毕待售
EAP1126/1/11/23	《玉枢经》	科仪经书	盘玄照 盘经亮	不详	不详	
EAP1126/1/11/24	无题	科仪经书	李玄星	不详	19世纪	此书内容为招兵科
EAP1126/1/11/25	《授戒川光》	科仪经书	李经选 盘显照 盘圣凤	不详	19世纪	
EAP1126/1/11/26	《一本朝天科百律削罪》	科仪经书	盘玄照	不详	不详	
EAP1126/1/11/27	《一本百坟科》	科仪经书	盘金通 盘金聪	盘金通	2002	

续表

编号	经书名称	用途	书主	抄写人	抄写时间	附注
EAP1126/1/11/28	《一本三宫科》	科仪经书	盘妙任 盘道清 盘金亮 盘玄凤	盘妙任	1896	
EAP1126/1/11/29	《一本令应》	科仪经书	邓完利	邓完利	20世纪	
EAP1126/1/11/30	《消灾道场》	科仪经书	盘经亮 盘玄照	京兆郡	19世纪	此书尾页题："消灾道场毕，弟子盘经亮置，京兆郡丑笔。"
EAP1126/1/11/31	《一本招兵科》	科仪经书	盘胜凤 盘玄凤	盘胜凤 盘玄凤	不详	
EAP1126/1/11/32	《关告科、会圣科》	科仪经书	盘妙任 盘道清 盘道亮	盘妙任	1896	此书封面题："关告科，敕坛在中，会圣在尾"
EAP1126/1/11/33	《沐浴化依谢王科》	打斋	李妙鲜 盘妙颜	不详	1913	
EAP1126/1/11/34	《一本化依科小南灵》	打斋	盘玄照	不详	20世纪	
EAP1126/1/11/35	《一本长皇信古》	故事唱本	不详	不详	不详	此书内容为故事书，从开天地到部落各姓氏由来，文体主要为七言诗歌
EAP1126/1/11/36	《一本庄坛式》	科仪本	盘先生	不详	2015	此书封面题："一本庄坛式，盘先生集用看本"；"太岁乙未年七月十二日酉时启毕，公元二千十五年"
EAP1126/1/11/37	《一本南灵科》	打斋	盘玄凤	不详	19世纪	
EAP1126/1/11/38	《一本南灵科》	打斋	李云通 盘玄凤	李云通	1902	
EAP1126/1/11/39	《迓王科》	打斋	盘经颜	盘经颜	20世纪	此书封面题："迓王科一本，重集旛式在尾"
EAP1126/1/11/40	《一本大斋关告》	科仪经书	盘玄凤	不详	20世纪	

续表

编号	经书名称	用途	书主	抄写人	抄写时间	附注
EAP1126/1/11/41	《一册迓王科》	打斋	盘玄璋 盘玄照	盘玄照	20世纪	
EAP1126/1/11/42	《交简破狱科》	打斋	盘玄凤	不详	1876	此书封面题:"一本龙重交简破狱科,下堂炼度在尾"
EAP1126/1/11/43	《释教法门》	牒表状榜牒疏等	李佛颜	李佛颜	19世纪	此书扉页题:"释教法门,写、缄、表、状、牒,各全一本"。
EAP1126/1/12/1	《大会科》	科仪经书	李应柱	李应柱	1835	
EAP1126/1/12/2	《大会帝母唱》	科仪经书	李法鱼 李应琏 李院辉	不详	19世纪	
EAP1126/1/12/3	《百解秘语》	法术秘语	不详	不详	19世纪	
EAP1126/1/13/1	《诸秘语一本》	法术秘语	盘应机 盘金僚 邓寅才 盘胜文 邓妙连	盘应机	1860	
EAP1126/1/13/2	《大全秘语》	法术秘语	邓妙经	不详	19世纪	此书封面题:"大全秘语,丧事杂伤诸□壹本"。扉页题:"其法世代流传,其书猪一口,金银一两贰钱,不得灵度,大吉大利也。阿陋","师傅李道严,执与弟子邓妙经置","集收留应用,十方施主,有心投者,取遍金宝,无心投者,大返师也"
EAP1126/1/13/3	《授戒秘语》	度戒	邓应兴 邓玄贵 邓妙连	邓玄贵	1924	此书封面题:"授戒秘语,师道同用。书主邓应兴抄,分儿邓玄贵用,应十方上达。大中华民国十三年六月二十三日申时抄完。"

编号	经书名称	用途	书主	抄写人	抄写时间	附注
EAP1126/ 1/13/4	《绝亡隔亡秘语》	法术秘语	盘金僚 邓妙连	不详	不详	此书扉页题："绝亡隔亡秘语,置主盘金僚";"祖宗前师盘法宗,给付邓道招,给付邓经璇,给李金鲜,给李道聪,重给付。投度师父邓安,给付绝亡弟子盘法僚。投度弟子李道灵,给付盘法、盘金僚,拾方显达"。尾页题："太岁三年十二正月十四日终毕"。
EAP1126/ 1/13/5	《赴猎天机》	法术秘语	盘应机 盘金僚 邓妙连	不详	19世纪	此书封面题记时间信息"洞治其皇戊午岁七月初五日抄完",同治年号为1862—1875年,其间并无戊午年。离同治年号最近的戊午年分别是1858年、1918年。
EAP1126/ 1/13/6	《初真弟子点咒法用》	度戒	李经杰 李应宴 邓妙连	不详	19世纪	
EAP1126/ 1/13/7	《大百解》	法术秘语	李金僚	李金僚	19世纪	
EAP1126/ 1/13/8	《急时杂谢秘一本》	法术秘语	李经莲 李经亮 邓玄照	李玄容	1897	此书内容较少,正文共13页。扉页题："急时杂谢秘一本,东李经莲、李经亮全书";"戒度师父李玄容抄,付与新戒弟子邓玄照"。"大清光绪廿三年丙未岁九月廿四日时抄毕,邓朝明引救给。"
EAP1126/ 1/13/9	《送丧秘语一本》	打斋	蒋云通	蒋云通	19世纪	
EAP1126/ 1/13/10	《一本小集秘语》	法术秘语	蒋云通 张演明	张演明	1915	此书封面题："一本小集秘语,坟墓败插血,人命家财法"。封面无抄写人姓名,第7页"又论金神七煞之法"下附注："辍手氏笔张演明字面不好。"

续表

编号	经书名称	用途	书主	抄写人	抄写时间	附注
EAP1126/ 1/13/11	《一本师教授戒秘之法》	度戒	李应崇 黄经□	不详	1882	
EAP1126/ 1/13/12	《小醮按龙伸斗秘语》	法术秘语	邓金能 李道传 李经誊	邓金能	19世纪	
EAP1126/ 1/13/13	《早晚救患秘语一本》	法术秘语	盘应机 李院均 盘金僚 邓妙连	盘朝贵	1867	此书封面、扉页无抄写人信息,第18页"论冲白楼心法"下附注:"篆笔氏字盘朝贵。"
EAP1126/ 1/13/14	《论请圣两班之法》	法术秘语	盘道机 邓妙连	盘道机	19世纪	此书第42页"享食除灵升度法"下附注:"羽士盘道机禄妞与儿用本。"
EAP1126/ 1/13/15	《道授械(戒)集秘语同册》	法术秘语	盘应机 盘金僚 邓妙连	盘应机	1867	
EAP1126/ 1/13/16	《一本幼学汇字全》	蒙学课本	李玄科	不详	1898	此书扉页及正文中所有原书主名字、抄写人名字均被重墨涂黑,扉页有"李玄科"三字,应是新任书主
EAP1126/ 1/13/17	《破新山秘语一本》	法术秘语	盘金僚 邓妙连	盘金僚	1902	
EAP1126/ 1/13/18	《大斋醮秘语一本》	法术秘语	盘金僚 邓妙连	盘金僚	1890	
EAP1126/ 1/13/19	《新杂金盆》	法术秘语	邓经颜	不详	19世纪	
EAP1126/ 1/13/20	《又论初开山祭本境连人亡之法》	法术秘语	不详	不详	不详	此书仅8页,内容较少,封面无书主、抄写人、抄写时间等信息,尾页题记:"邓经宗取妇借银立簿记,借李经瑢银五两乙分足,又借李金陵白银五两四卜足。"

续表

编号	经书名称	用途	书主	抄写人	抄写时间	附注
EAP1126/1/13/21	《一本邝大斋邝金语》	法术秘语	李道精	盘文光	1914	此书封面题："一本邝大斋、邝金语,二本天娘邝蛮语杂法在内"。此书尾页（第44页）题："代笔人盘文光,抄与投度弟子李道精"
EAP1126/1/13/22	《一本受戒秘语》	度戒	盘金僚 邓妙连	盘金僚	20世纪初	此书封面题："祖宗师盘道机,壹本受戒秘语,主盘金僚用,应十方上达。天子万万年七月廿三日抄出"
EAP1126/1/13/23	《救患秘语一卷》	法术秘语	盘应机	盘应机	1854	
EAP1126/1/13/24	无题	法术秘语	黄经聪	黄经聪	19世纪	此书封面严重破损,书名、书主、抄写时间等信息已不可见,内容为百解秘语。第21页夹注："日午完笔,黄经聪"
EAP1126/1/13/25	《瘋疯秘语一本》	法术秘语	李玄璋	不详	1905	此书封面题："其秘法,根古公李妙福法,给付李道真,传度师李玄玉,投度弟子李玄机给付子瘋疯秘语一本。置主李玄璋使用,承金上达";"其秘价若是弟子投者,十二两,猪一、鸡一只,酒食在外可失"。"㧕绪三十一年乙巳岁七月初九日午时抄完毕。"
EAP1126/1/13/26	《嘹诸煞秘语》	法术秘语	盘金僚 邓妙连	盘金僚	1906	
EAP1126/1/13/27	《开卦堂天机》	法术秘语	邓经颜	邓经颜	20世纪	
EAP1126/1/13/28	《红楼洪恩贡箍秘》	法术秘语	盘应机 邓云亮	盘应机	1856	
EAP1126/1/13/29	《一本开堂天机秘语》	法术秘语	李妙颜 李妙亮 李玄章	不详	19世纪	第12页题："中华民国□□年庚辰岁□月初九日完。"

编号	经书名称	用途	书主	抄写人	抄写时间	附注
EAP1126/1/13/30	《诸百解禁盆》	法术秘语	蒋云求 蒋妙写	不详	19世纪	此书封面题:"宗师黄道张,给付女婿蒋云求用,应十方上达";"蒋云求给付蒋妙写用,应十方上达"。扉页题写抄经时间:"大清公鸡头上年闰德林童中旬五日龙尾冬毕。"
EAP1126/1/13/31	《小集求花秘语》	法术秘语	盘法僚 邓妙连	盘法僚	不详	此书扉页题记:"小集求花秘语,置主盘法僚,十方上达,与儿使用。先聪二年八月中旬终笔也。"
EAP1126/1/13/32	无题	法术秘语	李玄孝	李玄孝	20世纪	此书封面题:"其秘天虫,前师度后师,给兴家弟。"
EAP1126/1/13/33	《一本贡筵洪恩秘语》	法术秘语	李云利	李云利	20世纪	
EAP1126/1/13/34	《圣母伴(判)座科》	科仪经书	盘法僚 李云利 邓妙连	盘法僚	20世纪初	
EAP1126/1/13/35	《授戒诸川光科》	度戒唱本	盘应机 盘金僚 邓妙连	盘朝贵	1866	此书25页夹记:"录笔盘朝贵,丑字在号"。第28页夹记:"氏笔西河郡子记号"
EAP1126/1/13/36	《盘皇科》	科仪经书	李妙上	李妙上	1842	此书封面题:"帝母桥始,盘皇科在尾,盘皇歌唱"
EAP1126/1/13/37	《功曹接圣科》	科仪经书	盘法僚 邓玄贵 邓妙连	盘法僚	1905	此书封面题:"功曹接圣科,大献用"
EAP1126/1/13/38	《开山科》	科仪经书	盘法僚 邓妙连	盘法僚	1904	
EAP1126/1/13/39	《招兵科》	科仪经书	盘法僚 邓云顺 邓妙连	盘法僚	1894	

续表

编号	经书名称	用途	书主	抄写人	抄写时间	附注
EAP1126/1/13/40	《一本救患科》	科仪经书	李玄璋 邓妙连	盘坟周	不详	此书第1页至111页为救患科。尾页题："一本救患秘科,太岁丁未年七月十七日抄完。"第112页至第135页为另一本书,封面题"邓妙连"三字,内容为法术秘语
EAP1126/1/13/41	《大斋短秘语一部》	法术秘语	盘道机 盘金僚 邓妙连	盘道机	1876	
EAP1126/1/13/42	《符命式、血湖章》	符命书	李妙严	李妙严	1817	此书封面题："符命式,血湖章在尾"
EAP1126/1/13/43	《土府延生单时科一本》	科仪经书	蒋云侵	李广章	1891	
EAP1126/1/13/44	《一本伸斗科》	科仪经书	蒋院静	蒋院静	1875	
EAP1126/1/13/45	《一本道范科》	咒语、启文等	盘玄凤	盘玄凤	不详	
EAP1126/1/13/46	《又杂过债度狴灵监厨官》	科仪经书	邓法能	宫音	20世纪	此书尾封题："宫音氏笔,丁卯岁三月下旬廿四完笔。"
EAP1126/1/13/47	《斋醮神目一本》	科仪经书	蒋云侵	蒋云侵	1890	
EAP1126/1/13/48	《一本桉龙科》	科仪经书	蒋云侵 蒋妙□	黄朝明	19世纪	此书封面、扉页无抄写人信息,第19页夹记："氏笔黄朝明"
EAP1126/1/13/49	《宿启说醮》	科仪经书	邓玄贤 邓妙连	不详	19世纪	
EAP1126/1/13/50	《一本喃唱科》	符命书	邓经姒	邓经姒	1852	
EAP1126/1/13/51	《净坛二宫科》	科仪经书	黄经达	南阳郡子	20世纪	此书第19页"二宫科完笔"下夹记："氏笔南阳郡子"
EAP1126/1/13/52	《车马科一本》	打斋	盘金僚 邓妙连 邓云□	不详	1907	

续表

编号	经书名称	用途	书主	抄写人	抄写时间	附注
EAP1126/1/13/53	《炼度科一本》	打斋	盘金僚 邓妙连	盘金僚	1901	
EAP1126/1/13/54	《壹本单时科》	科仪经书	蒋妙贤	蒋妙贤	19世纪	此书封面题："壹本单时科,土府延生同用,皈依在朝中献,十供尾回向在末尾。"
EAP1126/1/13/55	《一本颠倒秘语》	法术秘语	盘金僚 邓妙连	盘金僚	1897	
EAP1126/1/13/56	《救苦经》	科仪经书	黄玄杰	黄玄杰	1894	
EAP1126/1/13/57	《玉皇经上卷》	科仪经书	黄经□	黄经□	1908	
EAP1126/1/13/58	《百拜朝天削罪科一本》	科仪经书	李道克	李道克	1881	
EAP1126/1/13/59	《斋醮说醮飞章送圣科》	科仪经书	李道克	李道克	1881	此书封面题："斋醮说醮、飞章、送圣科,共一本"
EAP1126/1/13/60	无题	打斋	李云凤	李云凤	19世纪	此书内容为喃灵、茭简、破狱
EAP1126/1/13/61	《初真科》	度戒	李云利	李云利	20世纪	
EAP1126/1/13/62	《谢王化依科》	打斋	邓玄鸳	不详	20世纪	
EAP1126/1/13/63	《隔鬼神秘语》	法术秘语	盘金僚 邓妙连	盘金僚	1894	
EAP1126/1/13/64	《贡筵洪恩秘蜜》	法术秘语	李法仙	李法杰	1819	
EAP1126/1/14/1	《接圣大献》	科仪经书	李胜光	李胜光	20世纪	
EAP1126/1/14/2	《一本救患科》	科仪经书	李妙利 李道仙	李妙利	不详	此书为新旧两书合订,第1页至57页书页较旧,为《一本救患科》,末页题："太岁任午年六月初五日完了",第57页至86页书页较新,为《安坛唱》。扉页有两个题记:"一本救患科,置主李妙利";"置主李道仙用,癸巳年八月初一日,2013"

编号	经书名称	用途	书主	抄写人	抄写时间	附注
EAP1126/1/14/3	《开山科》	科仪经书	李法仙	李法仙	2014	此书扉页题："开山科,书主李法仙集用。太岁甲午年十一月初十日写完。"此书书页较新,结合EAP1126/1/14/2可知,此书抄写时间应是2014年
EAP1126/1/14/4	《一本师意科》	科仪经书	李法仙	不详	20世纪	
EAP1126/1/14/5	《半(判)座科》	科仪经书	李法仙	李法仙	2014	此书扉页题："半座科,题笔李法仙集用";"手硬字不好,乱全本,不失教";"太岁甲午年十二月三十日写完"。此书书页较新,结合EAP1126/1/14/2可知,此书抄写时间应是2014年
EAP1126/1/14/6	《招兵科》	科仪经书	李法仙	李法仙	2014	此书扉页题："招兵科,书主李法仙。太岁甲午年氏毕。"此书书页较新,结合EAP1126/1/14/2可知,此书抄写时间应是2014年
EAP1126/1/14/7	《伸斗科》	科仪经书	邓妙咸 李道仙	不详	1856	
EAP1126/1/14/8	《一本小南灵科》	打斋	李妙上 李玄照 李妙金	不详	19世纪	
EAP1126/1/14/9	《上卷南灵》	打斋	李妙聪 李经巢	黄道富	19世纪	
EAP1126/1/14/10	一本斋醮关告、敕坛、会圣、净坛科	科仪经书	黄妙晃 李道仙	黄妙晃	1904	
EAP1126/1/14/11	《一本斋醮引朝科》	科仪经书	李道仙	李道仙	2015	此书扉页题："太岁乙未年二月初四底毕。"此书书页较新,结合EAP1126/1/14/2可知,此书抄写时间应是2015年

续表

编号	经书名称	用途	书主	抄写人	抄写时间	附注
EAP1126/1/14/12	《设醮飞章科》	科仪经书	李道仙	不详	1934	此书为新旧两部分组成,第3页至第6页为新补,第6页至第34页为旧页。新页抄写人为李道仙,旧页抄写人不详,末页题:"黄号民国廿三年八月十二日完毕。"
EAP1126/1/14/13	《宿启科》	科仪经书	李道仙	李道仙	2015	此书扉页题:"宿启科,东主李道仙。太岁乙未年正月初八日十六日院氏毕。"此书书页较新,结合EAP1126/1/14/2可知,此书抄写时间应是2015年
EAP1126/1/14/14	《安龙科》	科仪经书	李道仙	李道仙	2016	此书扉页题:"安龙科,东主李道仙。太岁丙申年毕。"此书书页较新,结合EAP1126/1/14/2可知,此书抄写时间应是2016年
EAP1126/1/14/15	《良缘斋醮秘语》	法术秘语	李胜瑠 李云传 邓显财 滕道静 邓妙能 李道鲜	陇西郡	1859	此书扉页题:"咸丰九年正月十三日抄,开笔陇西郡,底字不好。"
EAP1126/1/14/16	《邙秘语》	法术秘语	邓道财 李道仙	不详	不详	
EAP1126/1/14/17	《一本救患按龙秘语》	法术秘语	李道仙	不详	19世纪	
EAP1126/1/14/18	《一本斋醮秘语》	法术秘语	李道仙	不详	19世纪	
EAP1126/1/14/19	《一本度亡丧家秘语》	法术秘语	李道隆 李道庆 李道兴 李道仙	李道庆	1932	此书封面题:"氏笔李道庆、轰炼,抄与亲兄。"

编号	经书名称	用途	书主	抄写人	抄写时间	附注
EAP1126/1/14/20	《壹本除煞秘语》	法术秘语	李胜传 李云静 李道隆	李胜员	1822	此书扉页题："正戒师傅李胜员，给付除煞秘与弟子李胜传用，应十方上达。道晃二年壬午岁次夏季六月初十日抄毕，录士巫门。"末页题："道光贰年壬午岁次六月十五日抄完，给付弟子李云静、胜传，任从后裔使用，上达大吉。"
EAP1126/1/14/21	《一本受戒金语》	度戒	邓云盛 李道仙	不详	19世纪	
EAP1126/1/14/22	《一本黄泉秘语》	法术秘语	黎金琼 李道鲜	黎金琼	不详	
EAP1126/1/14/23	《颠倒天机一部》	法术秘语	李玄受 李道仙	李广文	1891	此书共15页，第13页"颠倒秘语一本终毕"后题记："祖师李妙君，给付孙男李显受，使用治病，十方上达。其本天机白银乙两贰分，小猪乙口，酒食在外，不可乱传。是实外人投到，依本可失也。"
EAP1126/1/14/24	《太上洞玄灵宝玉皇本行集经卷上》	科仪经书	李玄经 李道灵 李道通	不详	1788	
EAP1126/1/15/1	《化依科》	打斋	李玄亮	李玄亮	19世纪	
EAP1126/1/15/2	《一本南灵大部》	打斋	李云鲜 李妙情 李妙明	不详	19世纪	
EAP1126/1/15/3	无题	科仪经书	李玄亮 李显亮	李显亮	19世纪	此书封面缺失，扉页无书主、抄写人、抄写时间等信息，内容为敕坛科。但书中有多处夹记。如第24页"献香司用"下夹记"置主李玄亮"，第50页"盘皇唱也"下夹记"代毕李显亮抄存，不可陋"，第52页"观音唱也"下夹记："书主李显亮箓，留后代儿孙用，不可陋"，"任伸年六月廿五日开手彩书"

续表

编号	经书名称	用途	书主	抄写人	抄写时间	附注
EAP1126/1/15/4	《一本引朝科》	科仪经书	盘道灵	蒋先生	20世纪	此书封面题:"壹本引朝稞(科),书主盘道灵甲学,氏毕蒋先生,乱集不同本。态岁丁卯年六月十六日启,十九日完。"
EAP1126/1/15/5	《一本婚姻歌》	婚姻唱本	盘道灵	蒋先生	20世纪	
EAP1126/1/15/6	《一本小南灵科》	打斋	□□鲜	不详	20世纪	
EAP1126/1/15/7	《一本按龙科》	科仪经书	李云鲜	李云鲜	20世纪	
EAP1126/1/15/8	《斋事关告科》	科仪经书	李云鲜 李妙情 李妙明	李云鲜	20世纪	
EAP1126/1/15/9	《一本静坛关告会圣敕坛科》	科仪经书	李妙选 李玄亮 李道璋 李云鲜 李妙情 李妙明	不详	19世纪	此书中间订入旧本,其主体部分为:第2页至第8页为"关告科",第29页至第39页为敕坛科,第39页至40页为回向文。此部分笔迹相同,抄写人不详。旧本部分为:第8页至第29页为"净坛""会圣科",此部分书页较旧,笔迹不同。第29页题记:"净坛、会圣科完,号置主李妙选集用。道光十七年丁酉岁终毕"。为插入旧本
EAP1126/1/15/10	《延生贡王救苦单朝科》	科仪经书	李云鲜	李云鲜	1983	此书扉页题:"延生、贡王、救苦、单朝科,置主李云鲜。民国七十二癸亥年五月十四终笔。"
EAP1126/1/15/11	《设醮飞章送圣科》	科仪经书	李玄亮 李云鲜 李妙情 李妙明	邓朝明	1896	此书封面题:"说(设)醮在头,飞章在中送圣在尾"
EAP1126/1/15/12	《二宫科》	科仪经书	邓道璠	邓道璠	19世纪	

续表

编号	经书名称	用途	书主	抄写人	抄写时间	附注
EAP1126/1/15/13	《斋醮神目科一本》	科仪经书	李玄亮 李云鲜 李妙情 李妙明	邓朝明	1896	
EAP1126/1/15/14	《迓王科》	打斋	邓道明 李玄亮 李朝贵	邓道明	1906	
EAP1126/1/15/15	《一册朝天科削罪》	科仪经书	李玄亮	邓妙庆	1930	
EAP1126/1/15/16	《荌龙科·破狱科·炼度科》	打斋	李玄亮 李妙情 李妙明	李玄亮	1906	此书封面题:"荌龙科在头,破狱科在中,炼度科在尾,共一本"
EAP1126/1/15/17	《一部三官经》	科仪经书	李妙明	李妙明	20世纪	
EAP1126/1/15/18	《大斋宿启》	科仪经书	李玄经	不详	1763	此书封面题:"大斋宿启,羽士李玄经置。乾隆二十八年癸未岁孟冬月抄。"封面内页题:"代录彭城郡,置主陇西郡"
EAP1126/1/15/19	《天师戒度共开解科》	科仪经书	李云鲜 李妙情 李妙明	不详	2004	此书封面题:"天师戒度共开解科,羽士李云鲜、妙情、妙明集";"焚修道业,便是成仙";"中华民国九十三甲申年正月初二日终笔"。扉页题:"黍直披簪共开解科,羽客李云鲜、李妙情、李妙明集";"太上流科传妙教,下凡炼求即成真";"中华民国九十三年甲申年正月初二日录完"
EAP1126/1/15/20	《祝香科》	科仪经书	李道灵 李妙严 李妙贤 李妙情 李妙明 李经利 李经福	李道灵	1809	

编号	经书名称	用途	书主	抄写人	抄写时间	附注
EAP1126/1/15/21	《玉枢大部》	科仪经书	李玄透	李玄透	19世纪	
EAP1126/1/15/22	《请灯荤筵》	科仪经书	李法仙	李法仙	2014	此书封面题："请灯荤筵，三召文武川光在内。"
EAP1126/1/15/23	《一本谢雷科·谢境科》	科仪经书	李道灵 李妙贤 李玄亮	李道灵	1830	此书封面题："一本谢雷科，谢境科在尾。"
EAP1126/1/15/24	《一本设醮飞章科》	科仪经书	盘玄璋	盘玄璋	1895	
EAP1126/1/16/1	《三宫二宫科一本》	科仪经书	邓经态 盘道银	邓经态	1932	此书第28页题："宣聪廿四年甲戌岁六月拾二日终毕，字丑。"
EAP1126/1/16/2	《一本南灵科》	打斋	邓经态 盘道颜	邓经态	1942	
EAP1126/1/16/3	《送圣一本》	科仪经书	邓经态 盘道颜	邓经态	1930	
EAP1126/1/16/4	《一本呻（申）北斗》	科仪经书	邓经态 邓金清 盘玄璋	邓经态	20世纪	此书第6页夹记："邓老二自造"。第9页夹记："邓经态"。第10页夹记："置主邓老二手出"
EAP1126/1/16/5	《会圣科》	科仪经书	盘玄璋	不详	20世纪	
EAP1126/1/16/6	《一本百解金语》	法术秘语	盘玄照	盘玄照	20世纪	
EAP1126/1/16/7	无题	度戒	不详	不详	19世纪	此书缺失封面、扉页，内容为新恩科、开解科。全书无书主、抄写人、抄写时间信息
EAP1126/1/16/8	无题	科仪经书	李云静	不详	1918	此书缺失封面、扉页，内容为敕坛科。第24页题："大圣众华民国七年戊五八月初六日午时抄完"，"兄弟烦替抄本书，不好莫吟"，并无抄写人姓名。第29页题："东主李云静用，不明不好。"

续表

编号	经书名称	用途	书主	抄写人	抄写时间	附注
EAP1126/1/16/9	《清醮秘》	法术秘语	邓金通	邓金通	1883	
EAP1126/1/17/1	《安龙伸斗秘法一本》	法术秘语	李金辉 李云暹	不详	1821—1850	此书封面破损严重，抄写时间、置主姓名已不可见。尚可见"道光……吉日抄完"，此书抄写时间当是道光年间。第 14 页夹记："置主李金辉，男李云暹"
EAP1126/1/17/2	《一册小百解秘语》	法术秘语	蒋道顺 蒋玄亮 蒋金华	蒋道顺	1962	此书扉页题"态岁任寅五十一岁二月十三日巳时院毕"，应指"中华民国"五十一年（1962）。书尾第 57 页记载书主本命：蒋道顺本命庚午年八月初八日吉时建生，第一男蒋金华本命乙未年十二月十三日未时建生，第二男本命丙午年三月初二日午时建生
EAP1126/1/17/3	《师教受戒秘语》	度戒	邓朝明 蒋云侵	邓朝明	1901	
EAP1126/1/17/4	《大斋秘语·老君金语》	法术秘语	蒋云侵 蒋道顺 蒋金华	蒋云侵	1890	
EAP1126/1/17/5	《黄泉秘语》	法术秘语	蒋道顺 蒋金华	李云光	20 世纪	
EAP1126/1/17/6	《各家香火名》	家先书	不详	不详	20 世纪	此书为家先书，内容包括神农名、各家先名、阴阳师父名、本境名、雷王名等
EAP1126/1/17/7	《度亡天机·送终秘语》	法术秘语	黄玄亮 蒋云任 蒋云侵 蒋妙灵 蒋金华	黄玄亮	1888	此书封面题："度亡天机一夜，送终三夜秘语，共一本。"
EAP1126/1/17/8	《论整花根之法》	法术秘语	蒋金华	不详	20 世纪	

续表

编号	经书名称	用途	书主	抄写人	抄写时间	附注
EAP1126/ 1/17/9	《一本南相科》	科仪经书	蒋道顺	不详	20 世纪	
EAP1126/ 1/17/10	《一本伸斗科》	科仪经书	蒋金华	不详	20 世纪	
EAP1126/ 1/17/11	《一本道范科》	科仪经书	蒋玄亮	盘玄凤	20 世纪	
EAP1126/ 1/17/12	《功曹安龙请圣》	科仪经书	蒋金华	不详	19 世纪	此书封面题："功曹、安龙、请圣,同一册"。书主落款可见"蒋金华"三字,抄写人、抄写时间不详
EAP1126/ 1/17/13	无题	科仪经咒	不详	不详	不详	此书缺失封面,无书名、书主、抄写人、抄写时间等信息,内容为科仪经咒等,如步虚词、元始咒、开经咒、宿启早朝皈依、行时圣号等
EAP1126/ 1/17/14	无题	科仪经书	不详	不详	20 世纪	此书缺失封面,无书主、抄写人、抄写时间等信息,内容为醮坛法事科仪
EAP1126/ 1/17/15	《大斋清醮秘密语一本》	法术秘语	李金聪 邓道太	李金聪	1856	
EAP1126/ 1/18/1	《受械(戒)秘语》	度戒	邓道态	邓道态	20 世纪	
EAP1126/ 1/18/2	《洪恩法秘语》	法术秘语	蒋院道 蒋玄机 邓法太	张朝清	1865	
EAP1126/ 1/18/3	《一本百解秘语》	法术秘语	盘玄极 盘玄衔	盘玄明	不详	此书封面题："一本百解必(秘)语谨了,小秘盘玄极、衔使用谨了。"扉页题："一本受戒秘语","宗师邓经连,祖师邓道态,氏笔盘玄明集用"

续表

编号	经书名称	用途	书主	抄写人	抄写时间	附注
EAP1126/1/18/4	《一本小百解秘》	法术秘语	邓经逭 邓经达	不详	1937	
EAP1126/1/18/5	《杂百解秘语》	法术秘语	邓经达 邓院泰	邓经达	20 世纪	此书封面题"杂百解秘语,置主邓道泰",无抄写人信息。第 12 页夹记:"重集前秘语恩,邓经达抄。"抄写时间不详
EAP1126/1/18/6	《凶路斋邙天机秘语》	法术秘语	邓云明 邓经达 邓玄章 盘玄御	邓国莲	1852	此书为一大一小两书合订。大书封面题:"斋醮邙秘语洞用,东主邓经达给付盘玄御使用。"扉页题:"凶路斋邙天机秘语,玄门弟子邓云明承集,咸丰贰年二月十□□"。扉页后夹有一本小书,小书封面题:"一本斋醮秘语同用,置主邓经达全本,太岁戊寅年六月中旬初十日午时扫院毕。"
EAP1126/1/18/7	《解神煞秘密金语》	法术秘语	邓道绪 邓应传	不详	1886	
EAP1126/1/18/8	《一本开山科》	科仪经书	邓应逭	邓应逭	不详	
EAP1126/1/18/9	《一本判座科》	科仪经书	邓应达	邓应达	1962	
EAP1126/1/18/10	《一本接圣大献科》	科仪经书	邓应达	邓应达	20 世纪	
EAP1126/1/18/11	《一本神目共一本》	科仪经书	盘玄极	盘玄极	1969	
EAP1126/1/18/12	《一本迓王科》	打斋	盘玄极 盘玄衔	盘玄极	1968	
EAP1126/1/18/13	《一本会圣科》	科仪经书	邓经达	邓经达	不详	

编号	经书名称	用途	书主	抄写人	抄写时间	附注
EAP1126/1/18/14	无题	符命书	卢道鲜	卢道鲜	19世纪	此书缺失封面,无抄写时间信息,内容为大炼小炼符命科书。第16页题记:"大炼完笔,共乙百五十三道"。第20页题记:"小炼完毕,道士卢道鲜置"
EAP1126/1/18/15	《说醮飞章科》	科仪经书	李妙眯 邓经达	李妙眯	19世纪	此书封面题:"说醮在头,飞章科"
EAP1126/1/18/16	《初真新恩科·开解科》	度戒	邓演滔 邓经瑜 邓经琼	邓演滔	1849	此书扉页题:"初真新恩科,开解科在尾";"置主邓演滔亲笔杂用,遗与的男邓经瑜/邓经琼承接应用";"道光贰拾玖年己酉岁林钟月朔三日具毕"
EAP1126/1/18/17	《一本披簪科》	科仪经书	邓演滔	邓演滔	19世纪	
EAP1126/1/18/18	《伸斗科一本》	科仪经书	李金扎 邓道太 邓妙诵 盘显师	不详	1891	
EAP1126/1/18/19	《一本赞士财楼科》	打斋	盘玄极	盘玄极	1969	
EAP1126/1/18/20	《一本延生关告救坛》	科仪经书	邓应达	邓应达	1936	
EAP1126/1/18/21	《一本礼境单时》	科仪经书	邓经达	邓经达	1937	
EAP1126/1/18/22	《一本二三宫科》	科仪经书	邓经㽞 邓经達	邓经㽞 邓经達	1934	
EAP1126/1/18/23	《一本朝天解冤科》	科仪经书	邓经达	邓经达	1937	
EAP1126/1/18/24	《一本化依科》	打斋	邓经㽞	邓经㽞	1934	

续表

编号	经书名称	用途	书主	抄写人	抄写时间	附注
EAP1126/1/18/25	《一本单朝科》	科仪经书	季云宝	季云宝	20 世纪	
EAP1126/1/18/26	《救患秘语》	法术秘语	邓法端 邓玄凤	邓文广	1885	
EAP1126/1/19/1	《清醮秘语秘根》	法术秘语	邓玄静 邓云通 黄道灵 邓玄颜	不详	19 世纪	
EAP1126/1/19/2	《清醮法一本》	法术秘语	邓经照 邓玄银 李玄贵 李道君 李妙聪 李妙通 邓玄颜	邓经照	1855	此书第 30 页夹记："隶笔邓经照哈手抄出。"
EAP1126/1/19/3	《帝母大会洪恩秘语一本》	法术秘语	邓显章 邓现颜	邓显章	20 世纪	
EAP1126/1/19/4	《一本小百解》	法术秘语	黄经照 邓玄银 邓玄颜	不详	20 世纪	
EAP1126/1/19/5	《一册邝秘天机金语》	法术秘语	李道庆 李道鹰 邓玄银	李道庆	1932	
EAP1126/1/19/6	《清醮秘语》	法术秘语	黄经照 邓玄银	黄经照	1936	
EAP1126/1/19/7	《大斋清醮共秘语》	法术秘语	黄玄堂 邓玄颜	邓朝明	1910	
EAP1126/1/19/8	《一本集秘小语天机金语》	法术秘语	李经真 李云禄	李经真	19 世纪	此书封面题："一本集秘小语天机金语，置主李经真十方上达。"扉页题："祭婚姻除诸煞之法也，重集地府禁盆秘语，传度师父李金清投度弟子李经真存用十方上达"，"李云禄买白银□□□"

续表

编号	经书名称	用途	书主	抄写人	抄写时间	附注
EAP1126/1/19/9	《天机秘语》	法术秘语	邓玄颜 黄妙利	李院颜	1883	此书封面题:"安龙、伸斗、灯筵、解冤天机秘语"。封面、扉页无抄写人信息。第27页夹记:"李院颜抄与子"
EAP1126/1/19/10	《谢境雷水符科》	科仪经书	邓经态	邓经态	19世纪	此书缺失封面,无抄写年代信息。第3页夹记:"邓经态"。第10页夹记:"邓经太","书主邓老代抄出"。第13页夹记:"置主邓经态集全"
EAP1126/1/19/11	《一本杂量通用》	择日	李玄鲜 邓经机	李玄鲜	1879	
EAP1126/1/19/12	《百解小金盆秘语一本》	法术秘语	黄经照	黄经照	1920	
EAP1126/1/19/13	《授械(戒)秘语》	度戒	李妙颜 邓玄银	李妙颜	20世纪	
EAP1126/1/19/14	《伸斗按龙日午灯筵秘语一本》	法术秘语	李道选 邓玄银	李道选	1892	此书封面题:"伸斗、按龙、日午、灯筵秘语一本"。此书扉页题:"传度师父李道选,给付善门弟子李道选,子孙代代使用",第43页"结还了愿法"下夹记"氏笔李道选腐字"。第54页"论土府安公鸡法"下夹记"氏笔宫甫阳群子"
EAP1126/1/19/15	《重新集小百解秘语》	法术秘语	黄经极 邓玄颜	黄经极	20世纪	
EAP1126/1/19/16	《求才法一本》	法术秘语	不详	不详	19世纪	
EAP1126/1/19/17	《一本受戒秘语》	度戒	邓妙净 李玄机 李道通 李经凤 邓玄银 邓玄颜	邓妙净	1892	

续表

编号	经书名称	用途	书主	抄写人	抄写时间	附注
EAP1126/1/19/18	《开山科一册》	科仪经书	邓院璋 邓妙禄	邓院璋	1941	
EAP1126/1/19/19	《巫门授械（戒）川光科》	度戒	邓院章 邓玄颜	邓院章	1941	
EAP1126/1/19/20	《一本通用》	科仪经书	邓院璋	邓院璋	1941	
EAP1126/1/19/21	《招兵科一本》	科仪经书	邓院璋 邓妙禄	邓院璋	1941	
EAP1126/1/19/22	《师公半（判）座科》	科仪经书	邓院璋 邓妙禄	邓院璋	1941	
EAP1126/1/19/23	《师公盘皇接圣桥台科》	科仪经书	邓院璋 邓妙禄	邓院璋	1941	
EAP1126/1/19/24	《一本师公意》	科仪经书	李院通 邓玄银	李院通	20世纪	
EAP1126/1/19/25	《一本符命南昌式》	符命书	李云金 李云光 邓玄银	李朝声	1923	此书封面题："一本符命南昌拭置主李云金，依□代笔李朝声底字"，"皇号民国仲花（中华）拾二年癸亥岁次四月十二日禄"
EAP1126/1/19/26	《一本告斗科》	科仪经书	李安泰 邓道利 邓玄颜	李大安	20世纪	
EAP1126/1/19/27	《一本大部南灵科》	科仪经书	蒋玄灵 李云普 邓玄颜 邓玄银	蒋玄灵	20世纪	
EAP1126/1/19/28	《大部上卷南灵》	科仪经书	李经财 邓玄颜	不详	20世纪	此书封面题时间信息"太岁乙年十一月初四日立□写"，具体年份不详
EAP1126/1/19/29	《一本龙重交简迓王炼度科》	打斋	李经通 邓玄颜 邓玄银	李经通	20世纪	

编号	经书名称	用途	书主	抄写人	抄写时间	附注
EAP1126/1/19/30	《小化依·小南灵科》	打斋	李妙聪 邓道利	李妙聪	20世纪	此书封面题："小化依、小南灵科,同壹册"
EAP1126/1/19/31	《延生土府贡王救苦神目科一本》	科仪经书	李金潢 李经通 邓玄银	李金潢	1899	
EAP1126/1/19/32	《一本按龙科》	科仪经书	李经通 邓玄银 邓玄颜	不详	19世纪	
EAP1126/1/19/33	《说醮腾墰科送圣》	科仪经书	李玄章 李经通 邓玄银 邓玄颜	李玄章	20世纪	
EAP1126/1/19/34	《关告会圣敕坛宿启说醮三献共本》	科仪经书	邓玄颜	邓玄颜	2014	
EAP1126/1/19/35	《一本二三宫科》	科仪经书	邓玄颜	邓玄颜	2014	
EAP1126/1/19/36	《一本演朝》	科仪经书	李妙利 邓玄银 邓玄颜	李妙利	20世纪	
EAP1126/1/19/37	《一道范科》	科仪经咒	李经真 邓玄银 邓玄颜	李经真	20世纪	内容为步虚词、咒语、神目等
EAP1126/1/19/38	《飞章科一本》	科仪经书	李玄聪 邓玄颜	李玄聪	20世纪	
EAP1126/1/19/39	《送终文字式》	打斋	腾玄照 邓玄颜	不详	19世纪	此书为送终所用文书格式,包括牒、疏、状等
EAP1126/1/19/40	《送终三夜科》	打斋	腾玄照 邓玄颜	不详	19世纪	
EAP1126/1/19/41	《散灯落炁报恩散花解结》	科仪经书	腾玄照 邓玄颜	不详	19世纪	
EAP1126/1/19/42	《大南灵科》	打斋	李经通 邓玄银 邓玄颜	李经通	20世纪	

编号	经书名称	用途	书主	抄写人	抄写时间	附注
EAP1126/1/19/43	《天师戒度科》	度戒	邓玄颜	李经极	2014	此书扉页题："天师戒度科,书主邓玄颜,李经极替手,写分亲用,十方上达。中华民国二千十四岁甲午祀十月初十日完秉(笔)。"
EAP1126/1/19/44	《一本初真科》	度戒	邓玄颜	李经极	2014	
EAP1126/1/19/45	《一本小喃灵》	打斋	滕妙明	滕妙明	20世纪	
EAP1126/1/20/1	《一本经书》	科仪经书	蒋经权 蒋经照 滕道鲜	不详	20世纪	此书内容为"上清境洞玄大洞金衡一十二部"中的《元阳经》《元辰经》《大劫经》《上开经》《内音经》《灵秘经》《消魔经》《无量经》《接魔经》。末页题："太上洞经中卷终"
EAP1126/1/20/2	《一本化依科》	打斋	滕妙明	滕妙明	1964	
EAP1126/1/20/3	《谢境雷水符科》	科仪经书	李云朝 李云璋	不详	19世纪	
EAP1126/1/20/4	《大部南灵》	打斋	滕妙明	盘朝安	2013	
EAP1126/1/20/5	《道范科》	科仪经书	邓妙真 邓经财	邓妙真	20世纪	
EAP1126/1/20/6	《说醮·飞章·送圣·三献》	科仪经书	滕妙明	滕妙明	1985	此书封面题："说醮在头,飞章在中,送圣三献在尾,共一本"
EAP1126/1/20/7	《一本斋醮关告科·怙简科》	科仪经书	滕妙明	滕妙明	1982	此书封面题："一本斋醮,关告科在头,怙简在尾"
EAP1126/1/20/8	《敕坛会圣科》	科仪经书	滕妙明 滕道贵	滕妙明	1987	此书封面题："敕坛在头,会圣在尾,科共本"
EAP1126/1/20/9	《一本清醮演朝科》	科仪经书	滕妙明	滕妙明	1985	

编号	经书名称	用途	书主	抄写人	抄写时间	附注
EAP1126/ 1/20/10	《一本迓王科》	打斋	滕妙明	滕妙明	1982	此书封面题："一本迓王科,置主滕妙明记号全。中华民国七十一年任戌岁七月中旬十一日未时抄完"
EAP1126/ 1/20/11	《一本伸斗科》	科仪经书	滕妙明	滕妙明	20世纪	
EAP1126/ 1/20/12	《炼度·从人·材楼契·从人契·马契科》	打斋	滕妙明	滕妙明	20世纪	此书封面题："一炼度,二给从人,三材楼契,四从人契,五马契科共本"
EAP1126/ 1/20/13	《一本笠簛·茭简·破狱科》	打斋	滕妙明	滕妙明	20世纪	此书封面题："一本笠簛、茭简、破狱科共本"
EAP1126/ 1/20/14	《斋醮神目科》	科仪经书	邓法达 邓朝光 蒋妙静	不详	19世纪	
EAP1126/ 1/20/15	《延生·贡王·救苦·宿启科》	科仪经书	滕妙明	滕妙明	1982	此书封面题："延生、贡王、救苦、宿启科共一本"
EAP1126/ 1/20/16	《安龙仪》	科仪经书	滕妙学 邓道莲	滕妙学	19世纪	此书尾页题："下元甲子岁咸丰年拾一月初二日抄完成",但咸丰年间并无甲子年
EAP1126/ 1/20/17	《通用神目同一本》	科仪经书	邓应传 邓玄机 邓妙明 邓云翔 邓云琼	邓妙明	19世纪	
EAP1126/ 1/20/18	《万载杂良通书》	择日	不详	不详	1800	此书封面及扉页破损,书主姓名已不可见,扉页题记隐约可见"嘉庆五年"字样。前两页记载了较多借债账目。如:"于癸未年十一月初二日,李玄万娶妇借到,李玄和借出白银九两六分足。"

续表

编号	经书名称	用途	书主	抄写人	抄写时间	附注
EAP1126/1/20/19	无题	科仪文书	李妙爵	不详	19世纪	此书缺失封面,尾页破损,尾页可见"道光……五月朔九日抄完"。具体年份不详,内容为科仪中所使用的经咒、愿文等。第29页夹记:"李妙爵集记"
EAP1126/1/20/20	《一本救患》	科仪白文、唱本	邓院章	不详	1938	
EAP1126/1/21/1	《一本清醮秘语》	法术秘语	黄妙贤	邓玄利	19世纪	
EAP1126/1/21/2	无题	法术秘语	不详	不详	19世纪	此书封面缺失,内容为百解秘语。全书无抄写人、书主、抄写时间等信息
EAP1126/1/21/3	《清醮秘科语》	法术秘语	李云明 李院颜	李云明	19世纪	此书第45页题记:"七月廿六日巳时完毕,此清醮秘箓与弟子李云明作本遗后上达。"
EAP1126/1/21/4	《一本化衣雷科》	打斋	李经僚	不详	20世纪	
EAP1126/1/21/5	《一本小化依按龙科》	科仪经书	蒋道明	黄道琼	20世纪	此书封面内页题记:"我家兄黄道琼集,分家弟蒋道明"。尾封题记:"一本小化依(衣)桉(安)龙科,蒋道明,黄道琼集与家弟"
EAP1126/1/21/6	《一本谢雷境水符》	科仪经书	邓玄颜	邓玄颜	20世纪	
EAP1126/1/21/7	《老君金语一本》	法术秘语	李经僚	李经僚	1989	此书封面题:"老君金语一本,大替茆人,工诸大败。"
EAP1126/1/21/8	《一本秘语》	法术秘语	李经僚	李经僚	1988	
EAP1126/1/21/9	《一本帝母请圣法》	法术秘语	邓经照	邓经照	20世纪	此书封面题:"一本帝母请圣,共飞诸表法"

续表

编号	经书名称	用途	书主	抄写人	抄写时间	附注
EAP1126/ 1/21/10	《禁盆两方之法》	法术秘语	不详	不详	19世纪	此书破损较多，缺失封面，无书主、抄写人、抄写时间信息
EAP1126/ 1/21/11	《百解一卷》	法术秘语	黄法□	不详	1876	
EAP1126/ 1/21/12	《一本受戒道师天机》	度戒	李妙经	盘朝府	1841	
EAP1126/ 1/22/1	《一本秘语治亡法》	法术秘语	李云光 李经僚	不详	1913	此书破损严重，封面可见时间信息"大清□□二年癸丑岁六月……"，癸丑年并无对应的清帝二年年号，或为民国二年（1913）
EAP1126/ 1/22/2	《万宝诸杂秘语》	法术秘语	李云晃	不详	1920	此书封面题："万宝诸杂秘语，置主李云晃，太岁中华民国庚申岁□月二十八日。"
EAP1126/ 1/22/3	《大全百解》	法术秘语	不详	不详	19世纪	
EAP1126/ 1/22/4	《新恩开解二科》	度戒	邓金鹤	邓金鹤	不详	
EAP1126/ 1/22/5	《天师戒度科》	度戒	李经珹 李妙馨	李经珹	19世纪	
EAP1126/ 1/22/6	无题	法术秘语	蒋妙贤	不详	19世纪	此书缺失封面，内容为百解秘语。无抄写人、抄写时间等信息，第17页题记："重集二卷正内魂存拔禁盆法，投度邓经照给付投度弟子蒋妙贤承集，共一本秘语。"
EAP1126/ 1/22/7	《一本南灵》	打斋	李经列	不详	19世纪	
EAP1126/ 1/22/8	《半（判）座科一本》	科仪经书	邓道凤 邓经太 李经僚	邓广张	1902	此书封面内页题记："人老手出写字，毕（笔）风不好，邓广张。"

续表

编号	经书名称	用途	书主	抄写人	抄写时间	附注
EAP1126/1/22/9	《开山科》	科仪经书	李经僚	不详	19世纪	
EAP1126/1/22/10	《新恩授械(戒)黑咒出行咒》	度戒	不详	不详	不详	此书内容较少,正文仅4页,封面内页题有"新恩授械黑咒、出行咒",内容有回向咒、变食咒、睡起着裙衫衣咒等
EAP1126/1/22/11	《尊典经下卷》	科仪经书	邓经飍	不详	1896	
EAP1126/1/22/12	《合婚通书全本》	合婚书	李云传盘妙司	不详	1842	
EAP1126/1/22/13	《设醮飞章送圣》	科仪经书	李妙颜	李妙颜	不详	
EAP1126/1/22/14	《一本神目科》	科仪经书	不详	不详	20世纪	此书封面题:"一本神目科"。尾页题:"太岁庚申年正月十七日抄毕",全书无书主、抄写人落款。
EAP1126/1/22/15	《土府延生单朝科》	科仪经书	李经寮李经宝	李金乾	1892	
EAP1126/1/22/16	《一本宿启科》	科仪经书	李经奄	不详	19世纪	
EAP1126/1/22/17	《关告敕坛科》	科仪经书	不详	不详	不详	经尾第21页题:"太岁甲午年六月十五日妹时终毕",全书无书主、抄写人落款。
EAP1126/1/22/18	《一本接圣科》	科仪经书	蒋院贤李经僚	不详	19世纪	
EAP1126/1/22/19	《一本洪恩贡筵秘蜜(密)》	科仪经书	李院经	卢胜绿(篆)	1840	此书封面题:"一本洪恩贡筵,秘蜜在内"。经尾第64页题记:"底笔人卢胜绿不耐替抄字面不正也贤好也",其后有题诗:"抄得洪恩法书尽,乱彩条绿书尾哉。……"

续表

编号	经书名称	用途	书主	抄写人	抄写时间	附注
EAP1126/1/22/20	《一本授戒川光》	度戒唱本	李胜瑠 李经僚 邓道凤 邓经太	李胜瑠	19世纪	
EAP1126/1/22/21	《帝母庆贺桥胎科》	科仪经书	李法清	李法清	19世纪	此书缺失封面及其后若干页,无抄写时间信息
EAP1126/1/22/22	《小乔台科》	科仪经书	蒋金绿 蒋金宝 李妙清 李经僚 邓道凤 邓经太	不详	1846	
EAP1126/1/22/23	《一本早晚嚓本境鬼之法》	法术秘语	李经僚	李经僚	1990	
EAP1126/1/22/24	《一本地龙形》	堪舆书	李经僚	李经僚	1988	此编号收录了两本书,第1页至第12页为第一本书,书名《一本地龙形》,内容为地理堪舆,书主李经僚。第13页至第25页为第二本书,缺失封面,无书主、抄写人、抄写时间等信息,内容为"从人科"
EAP1126/1/22/25	《一本迓王科》	打斋	李经僚	李经僚	20世纪	
EAP1126/1/22/26	《炼度科》	打斋	邓云堂	许玄照	1904	
EAP1126/1/22/27	《安龙科一本》	科仪经书	邓妙态	邓妙态	20世纪	
EAP1126/1/22/28	《一本伸斗科》	科仪经书	李妙银 李妙颜	李妙颜	不详	
EAP1126/1/22/29	《一本救患科》	科仪经书	黄院治 李经僚	不详	19世纪	

续表

编号	经书名称	用途	书主	抄写人	抄写时间	附注
EAP1126/1/22/30	《普告咒用修斋》	符咒书	不详	不详	20世纪	此书封面破损严重,书主、抄写人信息缺失,仅可见"中华民国任"。内容为"普告咒用修斋",后接符命图式,有放火符、水符、阴符、阳符等
EAP1126/1/22/31	《盟真救苦三时科》	科仪经书	李妙杰 李妙挥 李妙鲜 李妙珑 李道明 李道通 李道灵 李道利	李经珠	1783	
EAP1126/1/22/32	《启师破狱科》	打斋	邓云堂	许玄照	1905	
EAP1126/1/22/33	《一本械(戒)度道范授械(戒)开山半座招兵桥台科》	科仪经书	李经僚	不详	19世纪	
EAP1126/1/22/34	《一本大斋良缘秘语》	法术秘语	黄妙通	不详	19世纪	此书内容十分丰富,连封皮共113张,原书书页较老旧,封面为新加,抄写人不详
EAP1126/1/23/1	无题	法术秘语	不详	不详	19世纪	此书缺失封面,内容为论一方日午法秘。全书无书主、抄写人、抄写时间等信息
EAP1126/1/23/2	《祖宗天机》	法术秘语	邓玄璋 李经御 黄妙光	不详	19世纪	
EAP1126/1/23/3	《清醮秘语》	法术秘语	黄妙贤 黄妙通 黄妙明	黄妙贤	20世纪	

续表

编号	经书名称	用途	书主	抄写人	抄写时间	附注
EAP1126/1/23/4	《青醮金语》	法术秘语	李经御李经禄	不详	20世纪	此书扉页题记:"青醮金语,李经御宗师李妙利,给与的男李经御禄使用。"
EAP1126/1/23/5	《安龙科一本》	法术秘语	李经昶黄经达	陈文光	1844	此书尾页题:"羽士李经昶,武邑陈文光丑笔。"
EAP1126/1/23/6	《喃灵科》	打斋	黄经宴	盘朝安	20世纪	第36页夹记:"氏笔盘朝安抄。"
EAP1126/1/23/7	《一本炼度科》	打斋	邓道明黄道广	邓道明	20世纪	
EAP1126/1/23/8	无题	打斋	不详	不详	20世纪	此书封皮为后加,原书封面缺失,内容为炼度科。全书无书主、抄写人、抄写时间信息
EAP1126/1/23/9	《早午晚朝》	科仪经书	李玄灵	李玄灵	20世纪	
EAP1126/1/23/10	《伸斗种粮用》	科仪经书	邓道兴	邓道兴	1911	
EAP1126/1/23/11	《设醮飞章壹本书科》	科仪经书	黄妙通黄道利	不详	20世纪	
EAP1126/1/23/12	《一本伸斗科》	科仪经书	黄妙贤黄经宴	黄经宴	1938	第24页夹记:"东主黄经宴存本不求人",第30页夹记:"江夏子"
EAP1126/1/23/13	《一本道师初真受戒秘语》	度戒	李应宴李玄经	卢胜绿(篆)	1863	此书第二张扉页题:"投度师父卢胜绿与李玄经"
EAP1126/1/23/14	《一本隔冤秘语》	法术秘语	邓经璋	邓经璋	20世纪	此书封面题记:"一本隔冤秘语,共天邙绝同本"。"投度师父盘金乾,给付投度弟子邓经璋承行,十方上达。其秘,投取者功德一共一五分足,猪酒在外,上冤三两六分中冤二两四分,下冤一两二分。太岁甲辰年正月初一日,给付天机。"

续表

编号	经书名称	用途	书主	抄写人	抄写时间	附注
EAP1126/1/23/15	《壹本百解供（共）洪恩秘语法》	法术秘语	邓道谕	邓道谕	1944	此书尾页题记："若是弟子投者，功得六分正足，弟子自抄三分足，鸡猪如意，酒各人"；"羽流道士、置主邓道谕，承袭可陋"；"大清三十三年甲申岁二月廿日抄完，书纸连皮廿一八遍正足"。清朝甲申岁无皇号"三十三年"，故应是"民国"三十三年甲申岁（1944）
EAP1126/1/23/16	《小白解秘一本》	法术秘语	李云禄	李云禄	20世纪	
EAP1126/1/23/17	《百解法书》	法术秘语	盘妙杨	盘妙典	1813	
EAP1126/1/24/1	《一本救恩大小秘语》	法术秘语	李院昊李云禄李玄坚	不详	1823	
EAP1126/1/24/2	《良缘天机秘语》	法术秘语	李妙恩	李道宝	1824	此书扉页背面有题记一篇，交代本书投度传承
EAP1126/1/24/3	《盘皇三用楼科》	科仪经书	李玄昊	李玄昊	1793	
EAP1126/1/24/4	无题	科仪经书	温云昙李玄经	不详	1814	此书缺失封面及其后若干页，内容为安龙镇墓。第28页题记："置主温云昙，是早晚用，十方吉泰"。第29页题记："嘉庆十九年二月二十日毕"
EAP1126/1/24/5	《清醮科一本》	科仪经书	李玄经	邓乍昌	1892	
EAP1126/1/24/6	《一本朝天科》	科仪经书	黄道琼黄妙富黄妙光	黄妙富黄妙光	1957	
EAP1126/1/24/7	《延生神目土府》	科仪经书	李玄经	李玄经	不详	

编号	经书名称	用途	书主	抄写人	抄写时间	附注
EAP1126/1/24/8	《一本按龙科》	科仪经书	邓金精 邓玄利	（邓）妙泰	19世纪	第21页夹记："羽士臣邓金精全本集用学字,妙泰氏笔字面不好小勺"
EAP1126/1/24/9	《飞章科》	科仪经书	李经休	李经休	19世纪	
EAP1126/1/24/10	《一本焚香科》	科仪经书	李道照	李道照	20世纪	
EAP1126/1/24/11	《一本集秘》	法术秘语	邓妙顺 邓道灵 滕妙坚	邓妙顺	20世纪	此书封面题记："一本集秘,请圣飞诸表,帝母表同用"
EAP1126/1/24/12	《集顾百解秘语》	法术秘语	邓胜顺	邓胜顺	20世纪	
EAP1126/1/24/13	《大斋良缘秘语》	法术秘语	邓金华 邓妙顺 邓经兴	不详	20世纪	
EAP1126/1/24/14	《良缘秘语》	法术秘语	盘道国 滕妙坚	盘道国	19世纪	
EAP1126/1/24/15	《一本百解秘语》	法术秘语	不详	不详	19世纪	此书封皮为后加,原书封面缺失,全书无书主、抄写人、抄写时间信息
EAP1126/1/24/16	《一本安龙救患伸斗秘语》	法术秘语	滕妙坚 邓妙顺 邓道灵	不详	19世纪	
EAP1126/1/24/17	《红（洪）恩秘天机》	法术秘语	滕现坚 黄显晃	不详	20世纪	
EAP1126/1/24/18	《洪恩大会秘语》	法术秘语	李胜开 邓道灵	不详	20世纪	
EAP1126/1/24/19	《初真授戒秘语》	度戒	邓玄静 邓妙顺 李金遝	赖国勋	1852	此书扉页题记："初真授械秘语,咸丰二年正月三十日抄完,广东省儒学生赖国勋丑笔"。尾页题记："咸丰二年正月三十日抄完,传师蒋妙晁与道士弟子李金遝承集"

续表

编号	经书名称	用途	书主	抄写人	抄写时间	附注
EAP1126/1/24/20	《破列三肠秘语》	法术秘语	黄道莲	黄道莲	1821	
EAP1126/1/24/21	无题	法术秘语	邓妙顺 邓胜顺	不详	19世纪	此书左右上角残缺，全书呈水瓶形状。标题页空白，无书名、抄写人、抄写时间等信息。内容为论取妇嚓煞之法。尾页夹记："直注（置）邓妙、胜顺集"
EAP1126/1/24/22	《茭简破狱》	科仪经书	滕现妙坚 邓妙顺 邓胜顺 邓道灵 邓道利 邓道贤	不详	19世纪	此编号下有两本书。第一本封面题记："校简普狱，滕妙坚"，尾页题记："太岁乙未年六月下旬抄院壹本破狱，东注邓妙、胜顺存本，乱集不生不死不字，无本难寻，有本难寻，乱抄倌本，与儿用的男邓道灵、邓道聪，二男邓道利、邓道能，三男邓道贤、邓道财使用，十方上达。"此书抄写人为邓妙顺，内容为茭简破狱科仪。第二本封面题记"小桥台，滕现坚"，扉页残缺，抄写人不详，内容为科仪经书
EAP1126/1/24/23	《壹本接圣盘皇歌》	科仪经书	盘法士 邓胜顺 邓云通 滕现坚	盘法士	1880	此书封面题记："壹本接圣，盘皇歌供同"
EAP1126/1/24/24	《一本招兵》	科仪经书	邓院利 黄法琼 滕现坚	邓院利	20世纪	此书封面题记："一本招兵，置主黄法琼，给付滕现坚使用。"扉页背面记："太岁戊寅年六月初九日午时抄完，书主邓完（院）利，抄与儿掌男，纸书吾彩一日半。"
EAP1126/1/24/25	《招兵科》	科仪经书	盘法士 邓云通	盘法士	1880	

续表

编号	经书名称	用途	书主	抄写人	抄写时间	附注
EAP1126/1/24/26	《壹本送神·壹本大献供》	科仪经书	盘法士 邓云通 黄法琼 滕现坚	盘法士	19世纪	
EAP1126/1/24/27	无题	科仪经书	不详	不详	不详	此书缺失封面,无书名、书主、抄写人、抄写时间信息。尾页题记:"其戈正字拾四遍,抄一日一夜,完课田月"
EAP1126/1/24/28	无题	科仪经书	不详	不详	不详	此书缺失封面,无书名、书主、抄写人、抄写时间等信息。内容为授戒川光唱本,包括:上、中、下元香献,启师川光唱,逍遥川光去五台唱等
EAP1126/1/24/29	《大斋一本炼度科》	打斋	李妙上	李妙上	19世纪	
EAP1126/1/24/30	《关告敕坛会圣》	科仪经书	邓经富 邓道灵 滕妙坚	不详	1906	
EAP1126/1/24/31	《伸斗科》	科仪经书	李玄柱 李玄凤 邓道真	李玄柱	1843	
EAP1126/1/24/32	《一本二三宫科》	科仪经书	李玄凤 邓道真 滕妙坚	李玄凤	20世纪	
EAP1126/1/24/33	《判座科一本》	科仪经书	滕妙坚	不详	1894	
EAP1126/1/25/1	《迁王科一部》	打斋	邓妙顺 邓道灵 邓道利 滕妙坚	邓道顺	20世纪	
EAP1126/1/25/2	《巫教通用》	科仪经书	邓院保 邓院才 邓院瑞	不详	19世纪	

续表

编号	经书名称	用途	书主	抄写人	抄写时间	附注
EAP1126/1/25/3	《一本设科》	科仪经书	邓云凤	不详	20世纪	
EAP1126/1/25/4	《一本开挂秘语》	法术秘语	李云净 李道枇	李云净	1891	
EAP1126/1/25/5	《论小秘解法》	法术秘语	腾妙达	腾妙达	20世纪	
EAP1126/1/25/6	《授戒秘语一本》	度戒	李道枇	李道枇	1939	此书扉页题时间信息:"皇号廿八岁己卯年十月十三日抄完",应是民国二十八年(1939)
EAP1126/1/25/7	《按龙伸境救患同卷秘语》	法术秘语	李道枇 李云净	邓仕聪	1878	
EAP1126/1/25/8	《诸杂秘蜜语一本》	法术秘语	李玄璋 李道监 李云静 李妙天 李道枇	顺盛宝号	1860	此书扉页内页题:"广西省镇安府归顺州丑笔劲郎顺盛宝号,其法共有六十六遍。"
EAP1126/1/25/9	《清醮秘语一本》	法术秘语	李玄彰 李道枇	邓演滔	1853	此书扉页题记:"清醮秘语壹本,羽士李玄璋,承行应用,十方上达,秉笔岳父邓演滔腐字,妞仅□遍正字。"
EAP1126/1/25/10	《一本超亡三夜送终金语》	打斋	卢道绿(篆) 李玄璋 李云静	卢道绿(篆)	1870	
EAP1126/1/25/11	《新集洪恩秘蜜语》	法术秘语	蒋应丰 李云静 李道枇	蒋应丰	1779	
EAP1126/1/25/12	《一本三直送终科》	打斋	李云静	不详	19世纪	

续表

编号	经书名称	用途	书主	抄写人	抄写时间	附注
EAP1126/1/25/13	《一本绕棺丧场科》	打斋	李云静	不详	19世纪	
EAP1126/1/25/14	《送终灯科》	打斋	李云静 李应枇	不详	1894	
EAP1126/1/25/15	《一本丧家文字》	科仪文书	李云静	不详	19世纪	此书内容为丧场法事所用文书。如:丧家十供式、救苦旛式、师道通用此行程牒人意、道家开丧疏、道家行程牒式等
EAP1126/1/25/16	《小炼化衣符》	符命书	李玄璋	李玄璋	19世纪	
EAP1126/1/25/17	《玉皇下卷》	科仪经书	李玄璋 李道枇	不详	19世纪	
EAP1126/1/25/18	《血湖经·救苦经大部》	科仪经书	李云静 李道枇	李云静	20世纪	
EAP1126/1/25/19	《太上尊典经书中卷》	科仪经书	李玄璋 李道枇	李玄璋	1874	
EAP1126/1/25/20	《太上消灾经》	科仪经书	李云静 李道枇	李云静	1905	
EAP1126/1/25/21	《玉皇中卷》	科仪经书	李玄璋 李道枇	李玄璋	19世纪	
EAP1126/1/25/22	《太上尊典经书上卷》	科仪经书	李玄璋 李道枇	李玄璋	19世纪	此书扉页题:"太上尊典经书上卷,连皮廿五扁(遍),置主李玄璋,抄留子孙应用,十方上吉","李道枇"。
EAP1126/1/25/23	《金章经大部》	科仪经书	李玄章 李道枇	李玄章	19世纪	此书扉页题:"金章经大部,置主李玄章留用","连皮八扁(遍)","李道枇"。
EAP1126/1/25/24	《化衣科》	打斋	李玄璋 李道枇	李玄璋	1865	此书扉页题:"化衣科,置主李玄璋,承集应用";"广西省镇安府归顺州化峒农广居粗笔抄,正有四十五篇,皮在外","李道枇"。

续表

编号	经书名称	用途	书主	抄写人	抄写时间	附注
EAP1126/1/25/25	《玉皇上卷》	科仪经书	李玄璋 李道枇	李玄璋	19世纪	
EAP1126/1/25/26	《破狱交龙炼度科》	打斋	李玄璋 李道枇	李玄璋	1875	
EAP1126/1/25/27	《太上尊典经书下卷》	科仪经书	李玄璋 李道枇	李玄璋	1874	
EAP1126/1/25/28	《度人道场经书》	科仪经书	李云静 李道枇	邓朝佑	19世纪	
EAP1126/1/25/29	《三官大部》	科仪经书	李玄璋 李道枇	李玄璋	19世纪	
EAP1126/1/25/30	《玉枢经壹卷》	科仪经书	李玄璋 李道枇	李玄璋	19世纪	
EAP1126/1/25/31	《初真科·披簪科·开解科》	度戒	李玄璋 李道枇	李玄璋	1874	此书封面题记:"初真在头,披簪科在中,开解科在尾"
EAP1126/1/25/32	《清醮关告敕坛宿启设醮科共本》	科仪经书	李云静 李经仙	不详	1869	
EAP1126/1/25/33	《小喃灵》	打斋	李玄璋	李玄璋	1865	此书扉页题:"小喃灵,置主李玄璋承集应用。同治四年岁次乙丑季夏月上浣抄吉旦";"粤西省镇安府归顺州化峒农广居抄笔"
EAP1126/1/25/34	《迂王科》	打斋	李玄璋 李道枇	李玄璋	1875	
EAP1126/1/25/35	《诸品经一本》	科仪经书	李玄璋	李玄璋	19世纪	
EAP1126/1/25/36	《玉皇小部经卷》	科仪经书	李经珹	李经珹	19世纪	
EAP1126/1/25/37	《朝天百解忏罪科》	科仪经书	蒋胜选 李云静 李道枇	蒋胜选	1822	

续表

编号	经书名称	用途	书主	抄写人	抄写时间	附注
EAP1126/1/25/38	《小杂密（秘）语》	法术秘语	盘经谕	盘经谕	1933	此书扉页题："小杂秘语,投度师傅李云静,给付弟子盘经谕,使用大吉。原根祖师盘道仕,太上宗师盘金厢,给付堂男。民国廿二年六月十九日"
EAP1126/1/25/39	《南煞早晚治病共册》	法术秘语	盘经谕	盘经谕	1911	此书扉页题："喃煞早晚治病共册,置主盘经谕,其秘原根祖公盘玄锡,又到盘道仕,太上宗师盘金厢,给付大吉。大清宣统三年辛亥岁六月初四日启笔。"内容包括:喃家先法、喃灶王法、喃床头、喃帝母法、喃雷伤法、论三娘杀法等
EAP1126/1/25/40	《大灭天灾整村》	法术秘语	盘经谕	盘经谕	1906	此书扉页题时间信息:"太岁丙午年五月廿四日完",结合上一本经书时间可知,此书抄写时间应是 1906 年。第 23 页夹记:"书主盘经谕手抄,早晚使用。"内容包括:论安社之法、论大灭天灾之法、治儿病存吉水用等
EAP1126/1/25/41	《一本合婚书》	合婚书	盘经谕	盘经谕	1913	此书扉页载有书主儿女的本命年月
EAP1126/1/25/42	《三夜送终密（秘）语》	法术秘语	盘经谕	盘金厢	1898	此书扉页题："三夜送终秘语,东主盘经谕承行,父亲盘金厢录字,与子孙后代存";"上元甲子,大清光绪二十四年戊戌岁无射月扭抄"
EAP1126/1/25/43	《一本清醮金语》	法术秘语	李云遗	李治华	1952	此书封面精美,有手绘花纹边框。扉页绘有红色蝴蝶、公鸡各一只。封面内页题："中华民国四十一年壬辰岁十月十八日巳时终笔",扉页题记:"宗师给付三男李云遗成金,太山传度李云遗正月十五日给付,余原籍四川省遂宁县人,抄书人李治华书写"

续表

编号	经书名称	用途	书主	抄写人	抄写时间	附注
EAP1126/1/25/44	《洪恩秘语》	法术秘语	盘显厢 盘胜谕	盘显厢	1875	
EAP1126/1/25/45	《杂秘送返邪法》	法术秘语	盘经谕 盘妙秉	盘经谕	20世纪	此书封面题:"杂秘送返邪法","祖师李玄璋,宗师金厢给付儿正男,第子盘经谕集用","与孟男盘妙秉用","老君金语,世代承行","庚子年六月廿八日抄完,书廿扁(遍)足"
EAP1126/1/25/46	《送终灯科》	法术秘语	盘道仕 盘金厢 盘金盒	盘玄锡	1859	
EAP1126/1/25/47	《丧家文字惩式醮基在尾》	打斋	盘道仕 盘金厢 盘金盒	盘道仕	1860	此书内容为丧场法事所用文字式。如:祝灵文式、女人行程牒式、族人开丧疏、沐浴化衣疏式、土府疏醮墓用、土府表用、墓主疏等
EAP1126/1/25/48	《送终三夜科》	打斋	盘道仕 盘金厢 盘金盒	盘道仕	1858	
EAP1126/1/25/49	《送终绕棺科》	打斋	盘道仕 盘金厢 盘金盒	盘玄锡	1859	
EAP1126/1/25/50	《一本诸神醮谢》	科仪经书	盘经谕	盘经谕	19世纪	此书第22页至第29页绘有蝶、瓶、鸡、鱼、鸭、猪、狗、牛、马、龙等动物图像
EAP1126/1/25/51	《诸榜疏语》	科仪文书	盘胜谕	盘胜谕	1915	此书内容为科仪中所用文书格式,包括上帝三衙榜、功曹牒大小同用、盘皇榜语、雷王榜语、本境榜语、三元受戒榜语等
EAP1126/1/25/52	《一本迓王科》	打斋	盘道贤	盘道贤	20世纪	
EAP1126/1/25/53	《开升二度式》	科仪文书	黄玄瑢	黄玄瑢	1777	此书内容包括青纸朱书、玉扎符式、开度式等

编号	经书名称	用途	书主	抄写人	抄写时间	附注
EAP1126/1/25/54	《开山科》	科仪经书	盘显厢	盘显厢	1890	
EAP1126/1/25/55	《圣母解关科》	科仪经书	盘金厢	盘金厢	1875	
EAP1126/1/25/56	《清醮宿启科》	科仪经书	李玄枇	李玄枇	不详	
EAP1126/1/25/57	《伸斗科》	科仪经书	盘金厢	盘金厢	19世纪	此书尾页题:"一本伸斗科终,羽士盘金厢承集。太岁甲午年则钟月念日竟笔完尾","若有讨用,一筒腊烟与主,好好取去用了,送来与主。莫与主书本打失菫菫,莫与猪油淋,若打破不好"
EAP1126/1/25/58	《半(判)座科》	科仪经书	盘显厢	盘文隆	1889	此书尾页题:"大清光绪十五年暑季上兹抄完,游客开化府人櫊乡无春乱度命置主氏笔盘文隆,带抄与主应用,十方现达雅玩","其书自有五十九扁(遍),正字号"
EAP1126/1/25/59	《师授戒川光科》	科仪经书	盘显厢	盘显厢	1875	
EAP1126/1/25/60	《延生单时科·清醮说醮科》	科仪经书	李道璋	李道璋	1879	此书封面题记:"延生单时科在头,清醮说醮科在尾,二部同册"。
EAP1126/1/25/61	《一本清醮说醮飞章科》	科仪经书	李云京	李云京	不详	
EAP1126/1/25/62	《南堂大会科》	科仪经书	盘胜谕	盘显厢	1900	此书扉页题:"南堂大会科,置主盘胜谕,父亲显厢誊笔篆字,年庚四十九岁且抄。光绪贰拾陆岁庚子年夏季上旬誊笔"
EAP1126/1/25/63	《二霄功曹》	科仪经书	李院才	高阳号	1821	此书封面题:"贰霄功曹共贰肆,古教罗五娘招兵。第5页题:"广西隆安县,高阳号笔"

续表

编号	经书名称	用途	书主	抄写人	抄写时间	附注
EAP1126/1/25/64	《一本书科》	法术秘语	李道利	李道利	20世纪	
EAP1126/1/25/65	《一本良缘大斋秘语》	法术秘语	盘妙财 李道利	盘妙才	1906	
EAP1126/1/26/1	《一本受戒安龙天机秘》	法术秘语	盘经绍 李云普 盘玄凤	不详	1910	
EAP1126/1/26/2	《一册黄泉秘语晨坤救命》	法术秘语	黄妙贤 黄妙通 邓道财	黄妙贤	19世纪	
EAP1126/1/26/3	《诸章格式科》	科仪经书	李云鹅 邓道海 李金垻	李云鹅	1836	此书尾页题:"小臣李云鹅,系属临安府建水县猛𢱢土司淰浪河头边江村,当在土府延生,焚修道业。"
EAP1126/1/26/4	《一本桥台解凶》	科仪经书	邓院璋	不详	1947	此书第20页夹记"爸之邓应富",第21页夹记"儿之邓院璋"
EAP1126/1/26/5	《二宫科一本》	科仪经书	邓道真 邓经富	邓道真	1906	
EAP1126/1/26/6	《一本接圣大献》	科仪经书	邓显皆 邓法永 邓法宝	不详	1923	
EAP1126/1/26/7	《一本授戒川光》	科仪经书	邓朝元 蒋金凤 邓显皆 邓法永 邓法宝	邓朝元	20世纪	
EAP1126/1/26/8	《一本科大献在头·清灯川光·奉送在尾》	科仪经书	蒋金凤 邓显皆 邓法永 邓法宝	蒋金凤	20世纪	

编号	经书名称	用途	书主	抄写人	抄写时间	附注
EAP1126/1/26/9	《一本开山科》	科仪经书	李云宝 蒋金凤 蒋道银 邓显皆 邓法永 邓法宝	李云宝	19世纪	此书第50页夹记："又架桥完了，五更歌记号，李云宝抄分蒋金凤全。"
EAP1126/1/26/10	《一本救患科》	科仪经书	邓显阶 邓法敬 邓法普 邓法贵 邓法富	罗显凤	不详	此书封面题："一本救患科，置主邓显阶"。第一张扉页题："一本救患科，置主邓显阶。天运太岁任午年未月己卯朔甲申旬越至癸巳日未时生成"；"邓法贵、邓法富、邓法敬、邓法普"。第二张扉页题："一本救患科，置主邓显阶。太岁任午年四月初十日柚手写"。第三张扉页题："一本救患科，置主邓显阶、邓法敬、邓法普。天运太岁辛巳年乙酉月癸未□越至乙未日柚（抄）手"。第109页夹记："氐毕（笔）罗显凤"
EAP1126/1/26/11	《一本礼境引科》	科仪经书	邓妙灵	不详	19世纪	
EAP1126/1/26/12	《一本招兵科》	科仪经书	蒋金凤 邓显皆 邓法宝 邓法灵	蒋金凤	19世纪	
EAP1126/1/26/13	《安龙科》	科仪经书	蒋道真 邓玄皆 邓道普	蒋道真	不详	
EAP1126/1/26/14	《小桥台科》	科仪经书	蒋显能 邓玄皆	不详	1810	
EAP1126/1/26/15	《一本符吏敕坛关告宿启科》	科仪经书	邓金照	不详	不详	
EAP1126/1/26/16	《大斋演朝科》	科仪经书	蒋玄颉 蒋金凤	蒋玄颉	19世纪	此书第70页夹记："置主蒋玄颉集与儿"

编号	经书名称	用途	书主	抄写人	抄写时间	附注
EAP1126/1/26/17	《一本谢王化依科》	打斋	蒋玄頷 蒋金华 蒋金凤 邓玄皆	蒋玄頷	1856	
EAP1126/1/26/18	《一本日午救患、安龙、化依秘语》	法术秘语	李道传 李法声 罗玄凤 邓玄照 邓玄皆	李玄清	1867	此书扉页题:"一本日午救患、安龙、化依秘语,主邓显/玄照(阶)。天运态岁甲申年癸酉月丙申□甲午旬越至癸卯日,补旧秘"。第二张扉页题:"壹本日午灯延、安龙、告斗、解冤秘语,祖师李玄录,师傅卢法/经莲给付,与弟子李法/金声,晨晚救难用阳";"仝(同)治陆年丁卯岁二月廿日完毕","罗玄凤","李道传"
EAP1126/1/26/19	《师道受戒秘语》	度戒	蒋玄頷 蒋金凤 邓玄阶	蒋玄頷	19世纪	
EAP1126/1/26/20	《一册清醮金语天机》	法术秘语	邓玄御 邓玄皆	不详	1984	
EAP1126/1/26/21	《一本小亡秘语共进贡法》	法术秘语	李云遗 邓玄皆	不详	1950	
EAP1126/1/26/22	《朝天秘语一本》	法术秘语	蒋金凤	不详	不详	
EAP1126/1/26/23	《太上老君秘语》	法术秘语	冯妙坚 盘玄照 邓玄皆	冯妙坚	不详	
EAP1126/1/26/24	《小百解秘语一本》	法术秘语	蒋金凤	不详	19世纪	
EAP1126/1/26/25	《洪恩金语一本》	法术秘语	蒋金凤 蒋金华 蒋玄頷 蒋云戏 邓玄皆	不详	不详	

续表

编号	经书名称	用途	书主	抄写人	抄写时间	附注
EAP1126/1/26/26	《大斋良缘秘语》	法术秘语	蒋玄净 邓经选 邓云达 邓玄能 李经明 蒋金凤 邓玄御 邓玄阶	李经极	19~21世纪	此书第一张扉页题："大斋良缘秘，置主蒋金凤，宗师蒋金凤，花男蒋玄净用。民国七十二年癸亥岁七月廿一日，补入旧秘。"此页较新，应为后加。第二张扉页题："大斋良缘天机秘语，传度师傅邓玄达，弟子李经明，功德乙两贰分正足。"此页应是旧书封面。第三张扉页题："传度师傅李经明，给付弟子蒋金凤，十方上达"；"己酉年玖月贰拾肆日完毕，大斋醮秘语"。第四张扉页题："大小良缘天机秘语集全本，传度师蒋道玉，给付弟子邓经选、邓云达、邓玄能用，应十方大吉，经枇在尾。"第五张扉页内页题："传度邓玄朱给付二位弟子邓玄御、邓玄阶，十方显达。任申岁七月十五日，给付猪一命谢师。"此书第112页题记："猪一命，香禾两二，师傅邓云达，投度弟子李经明。"第115至121页为补加的新页。尾页题："氐笔羽士李经极，抄庇秘主邓玄皆，看手仅字不好，乱抄分看。天子民国二千十岁庚寅年七月上旬初六日午时完笔。"
EAP1126/1/26/27	《一本斋邡天机秘语存本》	法术秘语	邓道宪 冯道君	邓道宪	19世纪	
EAP1126/1/26/28	《一本授戒秘语》	度戒	邓胜璇	不详	1983	
EAP1126/1/26/29	《一本受戒天机秘语》	度戒	盘云珠 邓玄凤	盘云珠	1916	
EAP1126/1/26/30	《一册小百解秘语》	法术秘语	李经颜 邓道鲜	李经颜	1887	

续表

编号	经书名称	用途	书主	抄写人	抄写时间	附注
EAP1126/1/26/31	无题	法术秘语	冯玄万 李□衡	李□衡	19 世纪	此书内容丰富,似是两书合订。前书缺失封面,内容有:论婚姻命带煞用此灵符、论红沙法、论三夫三妻法、论胞胎煞法、论铁扫煞法、论禁盆或病或死全用等。第 67 页为两书交接处,前书尾题记:"师父李金呈给付弟子冯玄万承行"。后书题记:"诸伤十案,九代沉沦,大小飞章杂秘。太岁年癸亥年大吕月中幹(瀚)抄终。"第 77 页夹记:"此补是李□衡丑艺拙抄。"内容有:论血盆产伤秘语、论虎伤秘语、论毒药地狱秘语、飞仙拔章法等
EAP1126/1/26/32	无题	法术秘语	冯玄金	冯玄金	19 世纪	此书破损严重,缺失封面,无书名、抄写时间等信息,内容有:又论补整花根、论黄泉老□用之法、论天娘新桥大按九喧法、论帝母血盆等。
EAP1126/1/26/33	无题	法术秘语	邓道仙	不详	19 世纪	此书缺失封面及若干页。内容为百解秘语。尾页题:"李道通给付弟子邓道仙"
EAP1126/1/26/34	《一本清醮秘语》	法术秘语	盘玄宝	盘玄宝	1942	
EAP1126/1/26/35	《急时救患秘语》	法术秘语	邓经通	邓玄僚	不详	此书封面题记:"急时救患秘语,伸斗、安龙、解冤"
EAP1126/1/26/36	《太上老君禁盆秘语》	法术秘语	冯玄高	盘道戳	19 世纪	此书封面题:"太上老君禁盆秘语,坛越师父冯妙安,付与弟冯玄高。太岁戊寅年八月朔日,备完金言";"与子冯道禄、与子冯金达、与子冯金晓、与子冯妙金、与子冯玄照"。第 12 页夹记:"冯玄高承接"。第 13 页夹记:"秘本,盘道戳付与其也,不吝初一十五,存家笔。"

续表

编号	经书名称	用途	书主	抄写人	抄写时间	附注
EAP1126/1/26/37	《道范书科》	科仪经书	不详	李朝晃 黄道能	19 世纪	此书前后字迹不同，第 8 页夹记："氏笔李朝晃"。书尾第 41 页题记："氏笔黄道能"
EAP1126/1/26/38	《一本身（伸）斗科》	科仪经书	冯玄照 冯道君	冯玄照	19 世纪	
EAP1126/1/26/39	《一本座贺楼科》	科仪经书	邓应莲	邓应莲	19 世纪	此书封面破损，隐约可见"太岁辛卯年□月二十五"，具体年份不详
EAP1126/1/26/40	《谢水雷境符科一本》	科仪经书	盘妙能	不详	19 世纪	
EAP1126/1/26/41	《土府延生单朝科》	科仪经书	冯妙金	冯妙金	1930	
EAP1126/1/26/42	《一本小化依科集》	打斋	冯道君	冯道君	1971	
EAP1126/1/27/1	《一本南小灵科》	打斋	冯妙金	冯妙金	20 世纪	
EAP1126/1/27/2	《伸斗科》	科仪经书	邓院聪 邓妙摈	邓院聪	19 世纪	此书封面及扉页破损严重，抄写时间已不可见。尾页题："粗毕（笔）丑字，置主邓院聪承集"
EAP1126/1/27/3	《一本教患科》	科仪经书	蒋金凤 冯金恩	蒋金凤	不详	
EAP1126/1/27/4	《一本南灵科》	打斋	李经昶 冯经恩 冯金利 冯金普	不详	19 世纪	
EAP1126/1/27/5	《土府延生科》	科仪经书	李玄玉 李玄玚 李玄珠 邓玄暹 邓玄通	不详	19 世纪	此书封面破损，无抄写时间信息。尾页题："单朝科毕，羽士李玄玉、李玄玚、李玄珠置，京兆郡丑笔。"

续表

编号	经书名称	用途	书主	抄写人	抄写时间	附注
EAP1126/1/27/6	《大斋秘语》	法术秘语	李道傧 盘玄孔 邓金利	不详	1876	
EAP1126/1/27/7	《重集百解秘语》	法术秘语	蒋仕正 邓妙财	蒋仕正	1858	
EAP1126/1/27/8	《洪恩秘语一本》	法术秘语	邓法显 邓院财 邓胜利 邓朝能	不详	1865	此书扉页题:"洪恩秘语壹本,置主邓法显存册";"传度师邓法清,给付弟子邓院财,投度弟子邓院财,十方上达";"投度师傅邓法财给付邓胜利","宗师邓院财的男邓胜利","大清洞(同)治四年乙丑岁八月初五日抄完"
EAP1126/1/27/9	《老君金语道教初真头·师教授戒秘语尾》	度戒	黎法照 邓妙财	黎玄照	不详	
EAP1126/1/27/10	《一本梅山咒法秘语》	咒语	盘道晃	盘道晃	19 世纪	
EAP1126/1/27/11	《墨咒法一本》	咒语	邓妙财	邓妙财	1922	
EAP1126/1/27/12	《一本婚姻秋莲歌》	科仪经书	邓金利	邓金利	1984	
EAP1126/1/27/13	《醮土府延生单朝科》	科仪经书	李妙顺 邓云鲜 李妙情 李通明	李广明	1910	
EAP1126/1/27/14	《一本按龙科》	科仪经书	邓妙财 李妙顺 邓玄禄 邓经仙	不详	19 世纪	
EAP1126/1/27/15	《一本师意贡延红楼科》	科仪经书	邓玄凤	不详	不详	此书封面、尾页均无抄写人、抄写时间信息。第 25 页夹记:"太岁辛亥年五月初六日巳时冬毕了。"

编号	经书名称	用途	书主	抄写人	抄写时间	附注
EAP1126/1/27/16	无题	打斋	□云通	李治华	1952	此书封面破损，内容为哺灵科。隐约可见"云通置"字样。封面内页有抄写人题记："此书□中华民国四十一年壬辰岁八月初五日完笔，共五十七篇，抄书人李治华题。"
EAP1126/1/27/17	《二三宫科一本》	科仪经书	邓云璋 邓妙财 李妙情	邓云璋	1918	
EAP1126/1/27/18	《一本荽简科重集破狱科》	打斋	李妙顺 盘妙华 邓玄禄	李妙顺	20世纪初	
EAP1126/1/27/19	《醮宿启科》	科仪经书	李妙顺 邓云鲜 李妙情	李妙顺	20世纪初	
EAP1126/1/27/20	《飞章科一本》	科仪经书	李妙顺 邓云鲜 李妙情	李妙顺	1910	此书扉页题记："下元末甲，飞章科，判主李妙顺，袭用上达，宗师邓经仙"；"氏毕本身，无本难寻，乱抄用那个，用了送来董"；"太岁宣统二年庚戌岁七月下旬了三十日未时"，"李真人、邓云鲜、李妙情"
EAP1126/1/27/21	《斋醮神目科》	科仪经书	李妙顺 李妙情 邓妙财 邓玄禄	不详	19世纪	此书第一张扉页题："斋醮神目科，东主李妙顺诠号，父亲氏笔"，"邓妙财"。第二张破损严重。题记有："斋醮神目科，东主李妙顺"，"延生、土府、三朝、贡王、凶路、救苦共册"，"氏笔保见师傅抄弟与子用看首仪"，"邓玄禄、李妙情"，"大清光绪"
EAP1126/1/27/22	《一本迋王科》	科仪经书	邓玄御	邓玄御	20世纪	

续表

编号	经书名称	用途	书主	抄写人	抄写时间	附注
EAP1126/1/27/23	《一本大斋秘语》	法术秘语	邓玄玉	李治华	1953	此书扉页有手绘花纹边栏,题记:"一本大斋秘语,民国四十二年癸巳岁正月十九日完笔,四川省遂宁县初中生李治华抄。"扉页背面绘有一只红色公鸡,题记:"投度师傅邓妙权,给付弟子邓玄玉使用,十方上达。"此书内容丰富,保存完整,字迹清晰整洁
EAP1126/1/27/24	《一本洪恩秘语》	法术秘语	盘法衢 李道桂	盘法衢	1828	此书封面题:"一本洪恩秘,盘法衢与儿看"。尾页题:"道光八年七月十抄完毕,弟子盘法衢置用"
EAP1126/1/27/25	《一本黄泉莲花根秘语》	法术秘语	李云征	李云征	不详	
EAP1126/1/27/26	《道门丧家秘语》一部	法术秘语	邓云玉 邓云高	邓朝安	不详	
EAP1126/1/27/27	《清醮秘语一本》	法术秘语	盘经彰 李玄结 李云达 邓玄玉	盘经彰	1911	
EAP1126/1/27/28	《大喃灵科一本》	打斋	盘妙颜 邓玄玉 邓道真 邓道君 邓道坚	盘妙洪	不详	
EAP1126/1/27/29	《宿启科》	打斋	邓妙能 邓妙天	不详	19世纪	
EAP1126/1/27/30	《一本符吏会圣救坛科》	科仪经书	蒋金凤 邓玄玉	蒋金凤	20世纪	
EAP1126/1/27/31	《说醮科一本》	科仪经书	蒋金凤	不详	1950	此书封面题:"说醮科一本,送圣在尾同本","东主蒋金凤全本,氐毕陇西云保禄分亲家歌兄","中华民国千子年庚寅岁七月廿一日未时终竟集完也"

续表

编号	经书名称	用途	书主	抄写人	抄写时间	附注
EAP1126/1/27/32	《大会科》	科仪经书	蒋显华	蒋显华	1806	此书尾页题:"嘉龙五年丙寅岁十一月上朔篆完,篆仕蒋显华丑笔集存与儿法",嘉龙是越南阮朝年号(1802—1819),嘉龙五年即1806年
EAP1126/1/27/33	无题	度戒	卢妙昌 邓院态	卢妙昌	19世纪	内容为新恩川光唱
EAP1126/1/27/34	《小炼式》	符命书	彭道涣 李金垌	彭道涣	1813	此书封面题:"小炼式、小炼符四十七道"
EAP1126/1/27/35	《一册小南灵》	打斋	蒋金凤	蒋金凤	1941	
EAP1126/1/27/36	《迓王召灵》	打斋	蒋金凤	蒋金凤	20世纪	此书封面题:"迓王到此,召灵参拜享食"
EAP1126/1/27/37	《小桥台科》	科仪经书	盘老大	盘老大	1894	此书尾页题:"小桥台科抄完毕,判主盘老大集也。大清光绪二十年甲午岁十月廿六辰时完。"
EAP1126/1/27/38	无题	科仪经书	蒋道能	不详	19世纪	此书缺失封面,抄写年代不详。内容为解冤破狱、谢雷水境。第8页夹记:"蒋道能号也"
EAP1126/1/27/39	《一本按龙科》	科仪经书	邓妙态 李道真 李云樾 蒋道仙	邓妙态	19世纪	
EAP1126/1/27/40	《一本飞章科》	科仪经书	蒋玄颉	蒋玄颉	19世纪	此书封面无书主、抄写人信息,第20页"飞章科完毕"后夹记:"丑笔蒋玄颉集本"
EAP1126/1/27/41	《一本修斋说醮科》	科仪经书	蒋玄颉 蒋金华 蒋玄结	蒋玄颉	19世纪	此书封面为后加,封面题记"一本修斋说醮科,主蒋金华全本,同用蒋玄结上达。"第4页夹记:"羽士蒋玄颉谨记也"

续表

编号	经书名称	用途	书主	抄写人	抄写时间	附注
EAP1126/1/27/42	《一本神目科》	科仪经书	蒋玄颔 蒋金凤	张用明	19世纪	此书封面为后加,封面题记"一本神目科,尾主蒋金凤",第28页夹记"羽士蒋玄颔承",第33页尾注"笔氏张用明,部集抄也"
EAP1126/1/27/43	《迓王科》	科仪经书	蒋玄颔 蒋云矣	不详	1856	
EAP1126/1/27/44	《天师戒度科》	度戒	蒋道宴 蒋金善 蒋金华 蒋金能 蒋金颜	蒋道宴	19世纪	
EAP1126/1/27/45	《道门书式》	科仪文书	□显金	李三隆	19世纪	此书封面为后加,封面题:"天师戒度科,东主蒋道宴"。第一张扉页题:"道门书式,天子换朝甲子年六月廿九日早晨为本"。第二张扉页题:"道门书式,东主□显金,开度式、升度式、男女券、诸申奏、延生申奏、诸狱牒、斗表式、十王表、斋镇文式、醮镇文式"。第43页夹记"陇西郡号腾(腾)篆",第40页夹记"李三隆号也",第44页夹记"三隆李号也"
EAP1126/1/27/46	无题	科仪经书	蒋玄颔	不详	19世纪	此书缺失封面,无抄写人、抄写时间等信息。内容为宿启科。第18页夹记:"书主蒋玄颔记号"
EAP1126/1/27/47	《一本斋符吏科》	科仪经书	蒋玄颔 蒋金华 蒋玄结	蒋玄颔	19世纪	此书封面为后加,封面题记:"一本斋符吏科,主蒋金华全本,蒋玄结上达"。第10页夹记:"置蒋玄颔丑毕(笔)集"

续表

编号	经书名称	用途	书主	抄写人	抄写时间	附注
EAP1126/1/27/48	《重集净坛科》	科仪经书	蒋玄颉	蒋玄颉	19 世纪	
EAP1126/1/27/49	《道门诸榜式》	疏牒状等	蒋胜选 蒋玄照	蒋胜选	1814	此书封面题"道门诸榜式",扉页题记:"道门诸榜语,置主蒋胜选集全,加庆甲戌年东季给乙二月廿捌日抄完毕。"第 28 页夹记:"置主蒋老二集全本也"。
EAP1126/1/27/50	《茭简破狱赞才楼科》	科仪经书	蒋玄颉 蒋金华	蒋玄颉	19 世纪	此书首页夹记:"置主蒋玄颉,集与儿也。"
EAP1126/1/27/51	《南昌炼度科》	打斋	蒋玄颉 蒋云寔 蒋云矣	蒋玄颉	1856	
EAP1126/1/27/52	《一本诸败天机金语》	法术秘语	邓玄利 盘金耕	邓玄利	19 世纪	
EAP1126/1/27/53	《斋醮亡金语》	法术秘语	李经衔 李云照	李经衔	19 世纪	
EAP1126/1/27/54	《一本贡筵洪恩金语存实》	法术秘语	李法馨 李法传 李胜遗	李法馨	1877	
EAP1126/1/27/55	无题	法术秘语	盘玄馨	盘玄馨	19 世纪	此书缺失封面,内容为百解秘语。书中多处出现书主记号,例如第 22 页夹记"盘玄馨号",第 47 页夹记"盘院馨号"
EAP1126/1/27/56	《一本清醮秘语》	法术秘语	邓妙德 盘金耕	不详	不详	此书扉页背面题记:"投度师傅李经衔,给弟子邓妙德,在阳陀收照;女婿盘金耕,十方上达。"

编号	经书名称	用途	书主	抄写人	抄写时间	附注
EAP1126/ 1/27/57	《师道二教授戒秘语》	度戒	李玄堂 李玄颜 盘金横 盘金軿 盘法厢	盘金軿	1888	此书封面较新,应为后加,封面题记:"师道二教授械秘语,书主盘金/胜横,盘金軿柚(抄)分第盘金横使用,十方上达。给付女婿,十方上达。"扉页题记:"宣教师傅邓妙聪,师道二教受戒秘语,术注李道颜,光绪十四岁戊子岁四月廿拾六院毕也","置主盘法厢,单男盘金/胜軿父男,如用拾方上达","投度师傅李妙鲜,李玄堂用,应拾方上达"
EAP1126/ 1/27/58	《一本辛年金朝收什秘》	法术秘语	邓妙德 李云照	不详	19世纪	
EAP1126/ 1/27/59	《斋亡金语》	法术秘语	李经衔 邓妙德 李云照 盘金軿	李经衔	不详	
EAP1126/ 1/28/1	《开山科》	科仪经书	李妙宝	不详	19世纪	
EAP1126/ 1/28/2	《醮关告会圣敕坛》	科仪经书	邓妙德 盘金軿	邓妙德	20世纪	
EAP1126/ 1/28/3	《红楼半(判)座科》	科仪经书	李妙福	李妙福	1837	
EAP1126/ 1/28/4	《一本集良科》	择日、占卜	盘应极 盘妙贤 盘妙愤 盘金軿	盘应极	19世纪	此书封面题记:"老君,盘经衔良集,壹本集良科□主盘金軿全本。太岁丁酉年三月上旬初八日庚申日午时。"第13页夹记"盘应极记号"。第76页夹记"丑字应极,了了不知字","盘妙贤/愤□意,看见通书"。内容包括:占祈福吉日、占逐月修斋吉日、占祈嗣架桥吉日、占五星交会凶日忌、占火星日百事忌、占黄泉掌等

续表

编号	经书名称	用途	书主	抄写人	抄写时间	附注
EAP1126/1/28/5	《诸品经》	科仪经书	李云聪	不详	19世纪	
EAP1126/1/28/6	《金章经一本》	科仪经书	李经滔 李云聪	李经滔	1893	此书扉页题记:"金章经一部,置戈主李经滔全。大清光绪十九□癸巳岁雷分望二十抄出完竟。"
EAP1126/1/28/7	《尊典经中卷》	科仪经书	李经滔 李云聪	李经滔	1893	
EAP1126/1/28/8	《玉皇经卷下》	科仪经书	李经滔 李云聪	李经滔	1893	
EAP1126/1/28/9	《度人道场科》	科仪经书	李经滔 李云聪	李经滔	1893	
EAP1126/1/28/10	《救苦经》一部	科仪经书	李经滔 李云聪	李经滔	1893	
EAP1126/1/28/11	《血湖经》	科仪经书	李云聪	不详	19世纪	
EAP1126/1/28/12	《八阳经上卷·玉皇经上卷》	科仪经书	李云聪	不详	19世纪	此书封面题记:"八阳经上卷,主李云聪"。尾封题记"玉皇经上卷,李云聪"
EAP1126/1/28/13	《玉皇经上卷》一部	科仪经书	李经滔 李云聪	李经滔	1893	
EAP1126/1/28/14	《玉皇经中部》	科仪经书	李云聪	不详	19世纪	
EAP1126/1/29/1	《壹本邝秘语》	法术秘语	黄妙坚	不详	不详	
EAP1126/1/29/2	《一本日午灯延安龙解冤秘语》	法术秘语	蒋道聪 蒋道通 蒋金厢	盘朝按	不详	第38页题记"底笔盘朝按抄,分嫁妹用与儿"
EAP1126/1/29/3	《一本受戒科》	度戒	滕道亮	不详	19世纪	
EAP1126/1/29/4	《一本朝天秘语》	法术秘语	盘道明	盘经贤	不详	

编号	经书名称	用途	书主	抄写人	抄写时间	附注
EAP1126/1/29/5	《道家斋醮秘语一本》	法术秘语	邓经昭 邓玄彰 邓玄跃 李妙玺 盘玄星	不详	1813	
EAP1126/1/29/6	《一本清醮秘语》	法术秘语	李云利	不详	1908	
EAP1126/1/29/7	《一本受戒秘语》	度戒	李玄桂	李玄桂	19世纪	
EAP1126/1/29/8	《斋关告·会圣清醮关告·救坛香火目》	法术秘语	蒋云聪 蒋云通	蒋云聪	19世纪	此书封面题记:"斋关告在头,会圣清醮关告在中,救坛香火目在尾,共一本书科。"第19页夹记"书主蒋云聪手造"
EAP1126/1/29/9	《沐浴化依一本科》	打斋	李经昶 盘道皆	李经昶	1948	此书封面题记:"中华三十七年皇上盘道皆,四月五时院(完)。"
EAP1126/1/29/10	《一本飞章科》	科仪经书	李金财 李云通 李云明	不详	1901	
EAP1126/1/29/11	《一本大斋秘语》	法术秘语	李妙利	盘贵安	20世纪	
EAP1126/1/29/12	《一册洪恩大会金语》	法术秘语	李院利	不详	20世纪	
EAP1126/1/29/13	《婚恩歌》	婚姻唱本	黄经堂	黄经堂	20世纪	
EAP1126/1/29/14	《一本九经书》	教化书	李妙利	不详	19世纪	此书内容为经文戒语。开篇即说:"初开置天地,置立九经书。上界置天子,下界置农夫。"具体内容包括:《孝经》戒曰、《孟子》戒曰、《尚书》戒曰、《周易》戒曰、《毛诗》戒曰、七星戒曰、九经戒曰。每戒内容简短,文体为五言韵句,多为社会教化、劝善劝学等内容

编号	经书名称	用途	书主	抄写人	抄写时间	附注
EAP1126/ 1/29/15	无题	科仪经书	不详	不详	19 世纪	
EAP1126/ 1/29/16	《一册半（判）座科》	科仪经书	李应禄	不详	19 世纪	
EAP1126/ 1/29/17	《盘黄〔泉〕接圣大献》	科仪经书	卢道阶	卢道阶	19 世纪	此书封面为后加。封面内页题记"盘皇接圣大献，书主龙西郡"，第 18 页夹记"卢道阶书"
EAP1126/ 1/29/18	《桥台科》	科仪经书	李妙利	不详	19 世纪	
EAP1126/ 1/29/19	《开山科》	科仪经书	盘显法 盘应贤	不详	19 世纪	
EAP1126/ 1/29/20	《斋醮秘语良缘》	法术秘语	邓金涛	邓金涛	1906	
EAP1126/ 1/29/21	《一本日午求花秘语》	法术秘语	盘法巨 盘云相 邓玄珍	盘法巨	1826	
EAP1126/ 1/29/22	《清醮秘语》	法术秘语	邓玄连 邓金寿	邓玄连	19 世纪	
EAP1126/ 1/29/23	《云山秘语》	法术秘语	邓金寿	邓金寿	不详	
EAP1126/ 1/29/24	《一本帝母大会洪恩秘语》	法术秘语	李法兴 盘妙玉 邓玄珍	李朝声	1922	
EAP1126/ 1/29/25	《一本集秘天机》	法术秘语	盘云堂 盘云相 邓玄珍	盘法巨	不详	此书第一张扉页题："祖师盘法巨抄法书一本，给与盘云堂承用，十方上达。"
EAP1126/ 1/29/26	《一册斋醮亡秘语》	法术秘语	邓玄连	邓玄连	20 世纪	
EAP1126/ 1/29/27	《一本入仙秘语》	法术秘语	盘玄顺	盘玄顺	20 世纪	
EAP1126/ 1/29/28	《一本按龙秘语》	法术秘语	邓玄通	邓玄通	20 世纪	

编号	经书名称	用途	书主	抄写人	抄写时间	附注
EAP1126/1/29/29	《一本斋醮亡秘语》	法术秘语	盘妙玉 邓玄珍	不详	20世纪	
EAP1126/1/29/30	《黄泉秘语》	法术秘语	邓金寿	邓金寿	不详	
EAP1126/1/29/31	《初真秘语一本》	度戒	黄妙选 黄道能	邓云宝	20世纪	
EAP1126/1/29/32	《洪恩秘语》	法术秘语	邓院灵 邓应亮 邓应照 邓应僚	邓院灵	20世纪	此书尾页题记："篆士邓院灵,抄与儿三位邓应亮、邓应照、邓应僚同存。"
EAP1126/1/29/33	《一本救患科》	科仪经书	邓院灵	不详	20世纪	
EAP1126/1/29/34	《一本师意科》	科仪经书	邓院金 邓玄珍	不详	20世纪	
EAP1126/1/29/35	《化依科》	打斋	邓云金 邓经御 邓玄珍	邓云金	20世纪	
EAP1126/1/29/36	《一本说醮科》	科仪经书	邓金寿 邓玄珍	邓金寿	不详	
EAP1126/1/29/37	《一本按龙科》	科仪经书	蒋妙灵 蒋道宝	不详	19世纪	此书尾页题记："按龙科终毕,氏字老盘呆号,破币(纸)烂了几张,贤舅李老三可怪也。"
EAP1126/1/29/38	《延生目神目科》	科仪经书	邓金涛	邓金涛	不详	
EAP1126/1/29/39	《南灵科》	打斋	盘宝珍 盘道阶	不详	19世纪	
EAP1126/1/29/40	《一本道范科》	咒语、启文等	邓经颜 邓经莲 邓玄珍	不详	19世纪	
EAP1126/1/29/41	《伸斗按龙解冤救患秘语一本》	法术秘语	邓经昊	不详	1900	此书第38页夹记："师傅李道请,给付与弟子邓经昊用,应十方上达。"尾页题记："宗师邓道璋,给付弟子邓老三集用。大清光绪廿六年庚子岁三月二十八日五时完笔。"

续表

编号	经书名称	用途	书主	抄写人	抄写时间	附注
EAP1126/ 1/29/42	《一本清醮秘语》	法术秘语	蒋妙灵 李道通	不详	1914	
EAP1126/ 1/30/1	《凶路斋亡秘语》	法术秘语	邓经昊	邓经昊	20世纪	此书扉页题记："传度宗师邓道璋，给付置主邓经昊承，行上显达。"
EAP1126/ 1/30/2	《清醮秘语》	法术秘语	盘云珠	不详	20世纪	
EAP1126/ 1/30/3	《新恩初真授戒秘语》	度戒	邓经昊	邓经昊	20世纪	
EAP1126/ 1/30/4	《大亡天娘斋醮亡秘语》	法术秘语	蒋妙净	蒋妙净	不详	
EAP1126/ 1/30/5	《一本小百解》	法术秘语	蒋云光	蒋云光	20世纪	
EAP1126/ 1/30/6	无题	法术秘语	李妙御	李妙御	19世纪	此书缺失封面，内容为百解秘语。第一页夹记："置主李妙御承全本记号"
EAP1126/ 1/30/7	《一本洪恩贡延天机秘语》	法术秘语	李显孔 蒋院灵	李显通	1970	此书第一张扉页正面题记"氐毕小我李显通抄与，女婿李显孔十方亨通"，背面题记"投度师傅李显孔，给付投度弟子蒋院灵使用，十方上达"。第二张扉页题记："置主李显孔集用，师傅盘院华给付"；"太岁中国五十九年庚戌九月廿一日巳时禄（录）出，太岁乙亥年十月十五日给付，十方显达"
EAP1126/ 1/31/1	《一本受戒秘语》	度戒	蒋院灵 李显聪	李显通	19世纪	
EAP1126/ 1/31/2	《解诸神煞秘语》	法术秘语	蒋显随 蒋院章	不详	1782	此书扉页题记："引教师傅盘法宗给付，弟子蒋显随，应十方上达。乾隆四十七年十一月二十七日给秘。"尾页题记："天□给付弟子蒋院章收相。"

续表

编号	经书名称	用途	书主	抄写人	抄写时间	附注
EAP1126/1/31/3	《一本辛年金朝收什秘语》	法术秘语	蒋云尫（光）	不详	不详	此书封面题记"蒋云光使用上达"。标题页内面题记："监度师父黄寅晶给付,监度弟子蒋云尫使用。"书尾（第32页）题记："投度师傅黄寅晶给付,投度弟子蒋云光使用。"蒋云尫、蒋云光应是同一人。内容包括：又存村丁法、又取石头安村法、养镇家法、论祭火箭法等
EAP1126/1/31/4	《灭债整花根秘语》	法术秘语	蒋妙静 蒋妙灵	蒋妙静	1987	
EAP1126/1/31/5	《一本受戒秘语》	度戒	李道璋	李道璋	19世纪	
EAP1126/1/31/6	《天师密语一卷大百解法》	法术秘语	盘道能 蒋玄明	盘道能	1860	
EAP1126/1/31/7	《玉皇经中卷》	科仪经书	邓演滔	邓演滔	19世纪	
EAP1126/1/31/8	《一本救患秘语》	法术秘语	蒋玄璋 蒋应才	盘朝府	1841	
EAP1126/1/31/9	《一本秘解金禁盆金语》	法术秘语	蒋妙灵 蒋道宝	蒋妙灵	不详	此书封面题记："一本秘解金禁盆金语蒋妙灵","投度邓玄珍给付蒋道宝上达","太岁丁申年正月十五日给付",然而六十甲子中并无丁申年,应是书主误记。首页首句称："前时投度师父法根李经宝给与弟子蒋妙灵。"第41页夹记："法根冯经谕,蒋妙灵全用"
EAP1126/1/31/10	《补猎肉坑求财法》	法术秘语	盘玄秘 盘道能 盘道证 盘道明 蒋玄明	盘玄秘	1855	

编号	经书名称	用途	书主	抄写人	抄写时间	附注
EAP1126/1/31/11	《一本大亡小亡天机秘语》	法术秘语	蒋道鲜 蒋玄璋 蒋玄明	不详	1852	
EAP1126/1/31/12	《一本六合通书》	合婚书	邓演滔 蒋云光	邓演滔	1843	
EAP1126/1/31/13	《洪恩秘语》	法术秘语	盘院养 蒋院静	不详	19世纪	
EAP1126/1/31/14	《一本大献接圣桥台科》	科仪经书	蒋妙灵	不详	20世纪	
EAP1126/1/31/15	《一本迓王科》	科仪经书	蒋妙灵 蒋妙静	蒋妙静	1984	
EAP1126/1/31/16	《一本单食引朝科》	科仪经书	蒋妙灵 蒋道宝	蒋妙灵	不详	此书扉页题："书主蒋妙灵,掌男蒋道宝"
EAP1126/1/31/17	《一本南灵科》	打斋	李经御 蒋妙静	李经御	19世纪	
EAP1126/1/31/18	无题	科仪经书	李玄严 李云保	李云保	19世纪	此书缺失封面,无抄写年代信息。内容为关告宿启设醮飞章。第15页夹记："陇西郡号"。第27页夹记："置主李玄严置抄李老四抄记号"。第44页夹记:"书主李玄严置存弟四男"。第64页夹记："东主李云宝全抄也"。第70页题记："氏手们呆李云保集,与后代用救病"。李云宝、李云保应是同一人
EAP1126/1/31/19	《一本招兵科》	科仪经书	蒋院灵 蒋法宝	蒋院灵	不详	
EAP1126/1/31/20	《一本关告救坛科》	科仪经书	蒋妙灵	蒋妙灵	20世纪	
EAP1126/1/31/21	《三宫科》	科仪经书	邓云金 邓胜璋 蒋妙灵 蒋妙静 李道忠	邓云金	20世纪	

编号	经书名称	用途	书主	抄写人	抄写时间	附注
EAP1126/1/31/22	《一本宿启科》	科仪经书	蒋妙净	不详	20世纪	
EAP1126/1/31/23	《一本初真科授戒开经坛》	度戒	李云财 李道中	不详	1940	此书封面题:"新恩弟子太上宗师李经誊,祖师李道传"。扉页题:"置主李伝财"。尾页题:"太岁中华民国廿九年庚辰祀十一月上旬初日午时完笔。"
EAP1126/1/31/24	《开山科》	科仪经书	李玄明 盘院玉	李玄明	1880	
EAP1126/1/31/25	《小南灵科》	打斋	李妙御 蒋妙灵	宫音群	19世纪	
EAP1126/1/31/26	《一本师意科》	科仪经书	蒋妙静 蒋妙灵	不详	20世纪	
EAP1126/1/31/27	《集小百解一本》	法术秘语	蒋玄机	黄文广	1867	
EAP1126/1/31/28	一本大斋良缘《秘语》	法术秘语	邓云绣 邓道财	不详	19世纪	此书内容十分丰富,共计181页,封面、扉页均为后加。封面题记:"一本大斋良缘秘语,秘主邓道财,全分儿孙,世代十方上达。"第175页夹记"戈主邓云绣",邓云绣应为原书主,邓道财为现任书主。扉页题"太岁辛卯年四月初日,开光秘",此为邓道财受书时间,原书抄写时间不详。扉页题:"投度弟子邓道财,使用成金,投度师傅黄经极给其秘,猪一命,酒一瓶,银一两二分足。"
EAP1126/1/31/29	无题	择日、占卜	李云秀	不详	19世纪	此书封面无题记,内容为择日占卜。第26页夹记:"主李云秀记号"。此书内容丰富,包括:占六甲头宿也、占六十甲子修斋吉凶日、占祈福吉日、占受戒六道掌、占眼跳日吉凶、占失物在高低/远近、占失六畜方向去等

编号	经书名称	用途	书主	抄写人	抄写时间	附注
EAP1126/ 1/31/30	《清醮秘语》	法术秘语	邓妙禄 邓道财	李经御	不详	
EAP1126/ 1/31/31	《洪恩大会秘语》	法术秘语	邓玄和 李道章 邓法财	不详	1885	
EAP1126/ 1/31/32	《一本按龙伸斗解冤》	法术秘语	李道通	李道通	19世纪	
EAP1126/ 1/31/33	《一本伸斗按龙解冤化依灯延金语》	法术秘语	邓妙箓	李云宝	1925	此书扉页题记："女婿李云宝,替手箓金语天机,分太山邓妙箓,应十方上达。"
EAP1126/ 1/31/34	《大小凶路斋亡天机秘语》	法术秘语	盘云境 盘云珠 盘云宝 邓道财	盘云珠	不详	
EAP1126/ 1/31/35	无题	度戒	邓妙通 邓妙颜 邓妙御 邓妙达	不详	19世纪	此书内容为受戒秘语
EAP1126/ 1/31/36	《一本婚恩金秘语》	法术秘语	邓妙良	不详	19世纪	此书第38页夹记："法主邓妙良"
EAP1126/ 1/31/37	《一本凶路斋亡秘语》	法术秘语	盘云珠 邓道财	盘云珠	19世纪	
EAP1126/ 1/31/38	《授械戒金语》	度戒	盘云宝	李经御	19世纪	此书封面题记："氏毕李经御,陋字不明白"。扉页题:"李经御氏毕属二日得完,不是先生,后日有先生□禄吉";"宗祖盘云珠,给付掌兄盘云宝,使用上达"
EAP1126/ 1/32/1	《一本今朝秘语》	法术秘语	邓胜镒	不详	19世纪	此书为大书中夹一册小书,封面无书名、书主、抄写人、抄写时间等信息,小书扉页题记:"一本今朝秘语"。首页夹记:"羽士法主邓胜镒"。

续表

编号	经书名称	用途	书主	抄写人	抄写时间	附注
EAP1126/1/32/2	《杂解黄泉秘语》	法术秘语	邓妙乐 邓云篆	不详	1933	第33页夹记："师生李道通给付与师生弟子邓妙乐"。第37页至45页笔迹与前面不同，第45页尾记："戒度师父邓妙鋈，给付投鬼弟子邓云禄（篆），使用上达。"
EAP1126/1/32/3	《一本大斋秘语》	法术秘语	邓云绣	邓云绣	20世纪	
EAP1126/1/32/4	《一本潭清古》	故事书	邓老大	李朔 邓老大	1923	此书封面题记："依口代毕（笔）李朔替，首画不好，邓老大读明。"第31页至第38页为新补书页，书尾题记："一本潭清古了，后世读解冈，邓老大证字，不好乱看。"
EAP1126/1/32/5	《喃相科》	打斋	蒋胜选 邓云庆	蒋胜选	19世纪	
EAP1126/1/32/6	《壹本接圣科》	科仪经书	李胜旗	李朝枭	1907	此书封面题记："壹本接圣科，献十供在尾。"
EAP1126/1/32/7	《一本桥台科》	科仪经书	邓法财 邓院御	不详	19世纪	
EAP1126/1/32/8	《一本开山》	科仪经书	李法璋 李妙诵 邓金利	李法璋	19世纪	
EAP1126/1/32/9	《一本炼科》	打斋	李道通 李应照 邓法财	不详	不详	
EAP1126/1/32/10	《一本飞章科》	科仪经书	邓道通 邓妙御	邓道通	1905	
EAP1126/1/32/11	《一本座科》	科仪经书	邓妙御 邓法财	邓妙御 邓法财	20世纪	

编号	经书名称	用途	书主	抄写人	抄写时间	附注
EAP1126/1/32/12	《一本会圣敕坛宿启科》	科仪经书	邓玄开 邓妙御 邓云国 邓道财	邓玄开	19世纪	此书扉页破损,书主、抄写人姓名不可见。封面题记:"一本会圣敕坛宿启科戈主邓道财"。第12页夹记:"书注邓妙御"。第16页夹记:"氏笔邓玄开号记"。第17页夹记"邓妙御","妙御"二字被涂黑,旁写"云国"二字
EAP1126/1/32/13	《一本化依科》	打斋	盘经毫 邓道财 邓云明 邓云照	盘经毫	1933	此书第二页题记:"一畚化衣科,赞车执从忢稞在尾。中华民国廿二癸酉岁下降月二拾日鸡时完了,置主盘经毫承集用,邓道财买银一分二谨。"
EAP1126/1/32/14	《炼度科》	打斋	盘经毫 盘妙御 邓道财 邓云明	盘经毫	20世纪	
EAP1126/1/32/15	《一本南灵科·迁王科》	打斋	盘经毫 邓道财 邓云明 邓云照	盘经毫	1935	
EAP1126/1/32/16	《设醮科·飞章科》	科仪经书	盘经毫 邓道财 邓云明 邓云照	盘经毫	1933	
EAP1126/1/32/17	《一本神目科》	科仪经书	李经衔 邓金精	不详	1884	
EAP1126/1/32/18	《按龙科》	科仪经书	邓道琼 邓金利 邓道财	不详	1851	
EAP1126/1/32/19	《关告敕坛会圣科》	科仪经书	邓道财 邓云明 邓云照	邓道灵	1913	

续表

编号	经书名称	用途	书主	抄写人	抄写时间	附注
EAP1126/1/32/20	《一本茭简科》	科仪经书	邓妙杨 邓今利 邓道财	不详	19世纪	此书第5页题记："书主邓今利，掌男邓道财"。第34页夹记："邓妙杨号"
EAP1126/1/32/21	《一本小南灵科》	打斋	邓道财	不详	19世纪	
EAP1126/1/32/22	《一本伸斗科》	科仪经书	邓道财	不详	19世纪	
EAP1126/1/32/23	《招兵科》	科仪经书	李经照 邓法财	不详	19世纪	
EAP1126/1/32/24	《度人道场科》	科仪经书	邓经璋	邓经璋	19世纪	
EAP1126/1/32/25	《一本斋亡金语》	法术秘语	邓妙苹	不详	1891	
EAP1126/1/32/26	《谢境科一卷》	科仪经书	盘金厢	盘金厢	1892	
EAP1126/1/32/27	《大斋良缘秘语》	法术秘语	李经镇 刘经凤 刘经玉	李经镇	19世纪	
EAP1126/1/32/28	《清醮秘语一本》	法术秘语	李妙簪 李经颜 李经凤	李妙簪	1869	
EAP1126/1/32/29	《斋秘籍亡秘》	法术秘语	李显龙 李经颜	李显龙	1907	
EAP1126/1/32/30	《黄泉金语》	法术秘语	刘经凤	刘经凤	19世纪	
EAP1126/1/32/31	《一本百解秘语》	法术秘语	刘经御	不详	19世纪	
EAP1126/1/32/32	《一本洪恩贡延红楼秘语》	法术秘语	盘院华 盘院金 盘法才 盘法能 李显通 李妙财	盘院华 盘院金 李显通	19世纪	

续表

编号	经书名称	用途	书主	抄写人	抄写时间	附注
EAP1126/1/32/33	无题	科仪经书	盘金盒 盘经璋 盘经照 盘经能 盘经通 盘经达 盘妙金 刘经玉	盘道仕	1882	此书内容为设醮科
EAP1126/1/32/34	《一本百解杂秘》	法术秘语	刘经御 刘玄珍 刘玄明 刘玄境	李老大	19世纪	
EAP1126/1/32/35	《一本金盆秘语》	法术秘语	刘经御	不详	19世纪	
EAP1126/1/32/36	《一本来财秘语》	法术秘语	李经厢	不详	19世纪	
EAP1126/1/32/37	《一册诸袭秘语》	法术秘语	李院阶 李云传 李经颜	不详	19世纪	此书封面题记："一册诸袭秘语,早晚使用,书主李经颜"。第3页夹记："李云传集也"。第33页夹记："羽士李院阶"
EAP1126/1/32/38	《授戒秘语》	度戒	李道清	不详	1911	
EAP1126/1/32/39	《一本洪恩秘语》	法术秘语	李应阳 盘应聪 盘胜存 刘经御 盘院通	不详	19世纪	第67页夹记："置主李应阳之罡"
EAP1126/1/32/40	《救患秘语》	法术秘语	刘经玉 刘经凤 李玄鲜	不详	19世纪	

编号	经书名称	用途	书主	抄写人	抄写时间	附注
EAP1126/1/32/41	《一本亡秘大全》	法术秘语	盘金盒 盘金厢 盘金华 盘经照 盘经珠 盘经章 盘妙颜 盘妙盟 盘妙红 盘妙任 刘经御	盘道仕	1866	
EAP1126/1/32/42	《一本集秘百科》	法术秘语	刘经凤 刘经御	刘经凤	不详	
EAP1126/1/32/43	《一本求财秘语》	法术秘语	刘经御	不详	19世纪	
EAP1126/1/32/44	《良缘秘语》	法术秘语	邓妙颜 刘经御	不详	1911	
EAP1126/1/32/45	《玄门授戒道》	度戒	邓妙频	不详	1919	此书封面破损,书主、抄写人信息不可见。第11页夹记:"羽士邓妙频承行"
EAP1126/1/32/46	《一册判座科》	科仪经书	邓应广 盘妙璋 李显通	邓应广	不详	
EAP1126/1/32/47	《一本开山科》	科仪经书	李胜长	宫音	19世纪	此书封面为后加,无书主、抄写人、抄写时间等信息。第18页夹记:"置主李胜长集行"。第30页夹记:"宫音代笔手艺"。第38页夹记:"南阳手笔"。第45页夹记:"画浪匡子笔艺号"
EAP1126/1/32/48	《茭简破狱二科》	打斋	邓妙员 黄妙宣	不详	1880	此书扉页题记:"置主邓妙员承集"。第6页夹记:"置主黄妙宣承杂"
EAP1126/1/32/49	《初真科》	度戒	邓妙谕 刘经御	邓妙谕	19世纪	此书封面题记:"书主刘经御"。第11页夹记:"邓妙谕字集"

续表

编号	经书名称	用途	书主	抄写人	抄写时间	附注
EAP1126/1/33/1	《一本说醮科》	科仪经书	刘经御 刘经宝 李玄通	李老大	19世纪	此书封面题:"一本说醮科,书主刘经御、刘经宝,氏毕李老大,此书十六扁(遍)连皮正足。太岁己亥年三月十七日巳时柚(抄)尽"
EAP1126/1/33/2	《一本被替科》	度戒	不详	不详	19世纪	
EAP1126/1/33/3	《一本化依科》	打斋	李玄暹 李玄璋 李玄通	李玄暹	19世纪	
EAP1126/1/33/4	《伸斗科一本》	科仪经书	李玄明	李玄明	19世纪	
EAP1126/1/33/5	《一本开经坛咒》	法术秘语	盘云颜 盘法巨	盘云颜	1827	
EAP1126/1/33/6	《一本集谢秘语》	法术秘语	李经凤	不详	19世纪	
EAP1126/1/33/7	无题	法术秘语	不详	不详	19世纪	此书内容为百解秘语
EAP1126/1/33/8	《一册大斋良缘秘语》	法术秘语	李玄庆 李道选 邓道能	不详	1860	
EAP1126/1/33/9	《小百解一本》	法术秘语	李金宗 李玄皆	李经昶	1854	
EAP1126/1/33/10	《一本求财秘语》	法术秘语	盘应盒	不详	1906	
EAP1126/1/33/11	《小桥台庆贺科》	科仪经书	邓应仕	邓应仕	19世纪	
EAP1126/1/33/12	《百解秘语》	法术秘语	李经照 盘经监 盘妙光	李经照	1888	
EAP1126/1/33/13	《新杂秘语一册》	法术秘语	不详	不详	1836	此书封面题记:"传度师蒋金乾给付师子□□□承行十方上达亨通。"书主姓名被人刻意涂抹,难以辨认

续表

编号	经书名称	用途	书主	抄写人	抄写时间	附注
EAP1126/1/33/14	《一本集谢秘语》	法术秘语	李玄颔	李玄颔	19世纪	
EAP1126/1/33/15	《救患秘语》	法术秘语	盘胜财	盘胜财	1876	
EAP1126/1/33/16	《百解秘》	法术秘语	李金寿 李金禄	不详	19世纪	
EAP1126/1/33/17	无题	蒙学课本	赵法睿	赵法睿	1838	此书内容为中国传统俗语。尾页题记:"道光戊戌年七月中,抄写贤文一部,见者休笑。赵法睿。"
EAP1126/1/33/18	《一本命请秘语》	法术秘语	李法选 李云照 李云通	不详	不详	
EAP1126/1/33/19	《一本天师戒度》	度戒	李妙上	不详	1775	
EAP1126/1/33/20	《大南灵科》	打斋	李玄照 李经龙 李经凤 李妙通 李道颜	不详	1890	此书扉页题记:"大南灵科,置主正音龙西群记号"
EAP1126/1/33/21	《救患科》	法术秘语	盘胜鲜	宫音阳	不详	此书扉页题记:"记号,氏笔宫音阳群(君)子,字不明不白,用心看。"第66页夹记:"氏笔南阳群(君)子记号"
EAP1126/1/33/22	《十方忏悔》	法术秘语	李云京 邓经章 李玄皆	不详	19世纪	
EAP1126/1/33/23	《帝母本座科》	科仪经书	李广明	李广明	1931	
EAP1126/1/33/24	《盘皇歌书一本》	唱本	温朝明 李金全 李胜恩	温朝明	1859	此书封面题记:"盘皇歌书一本,连皮廿壹篇,主置温朝明。咸丰九年次己未岁五月廿叁抄完。"

续表

编号	经书名称	用途	书主	抄写人	抄写时间	附注
EAP1126/1/33/25	《道门诸式一本书》	符牒表疏等	李经琇 李妙玺 李妙滚 邓金柜 李金财	李经琇	19世纪	此书扉页题记时间："皇号庚年八月二十日，白箓留与子孙，代代接用。"具体年份不详
EAP1126/1/33/26	《关告在头赞才楼 科材楼在尾》	法术秘语	不详	不详	1803	
EAP1126/1/33/27	《诸杂秘密全本》	法术秘语	李法选 李玄颔	不详	20世纪	封面题记："投度师父李妙通，给付天机与分弟子李玄颔，十方上达。"第21页题记："太岁乙卯年七月十八日给付，投度师父黄法晶，给付弟子李法选使用，十方上达。"
EAP1126/1/33/28	《救患密语》	法术秘语	李经利	不详	19世纪	
EAP1126/1/33/29	无题	蒙学课本	不详	不详	1820	此书为刻印本，内容为《论语》，每页分上下两版，封面缺失，表面若干页破损严重
EAP1126/1/34/1	《诸□秘一本》	法术秘语	李经利 李玄堂 李道选 盘玄嘱	李经利	19世纪	此书封面题记："置主李经利集，早晚用。"第12页夹记："主盘金嘱。"第14页夹记："置主李经利自集也。"尾页题记："宗师李玄兴，与子李道选。"尾封题记："盘玄嘱"
EAP1126/1/34/2	《贡延洪恩红楼密语》	法术秘语	盘玄通 盘妙能 邓妙静 盘应良 盘法晶	不详	1837	
EAP1126/1/34/3	《大斋良缘秘语》	法术秘语	邓玄通 邓玄明	邓玄利	19世纪	此书扉页背面题记："替笔先生邓玄利禄，分二位弟子玄明、邓玄通，十方上达。"

编号	经书名称	用途	书主	抄写人	抄写时间	附注
EAP1126/1/34/4	《灯延密语》	法术秘语	邓法璋	邓法璋	1894	
EAP1126/1/34/5	无题	法术秘语	邓玄通	不详	19世纪	此书内容为黄泉丧葬延生秘语
EAP1126/1/34/6	《一本百解密语一册》	法术秘语	邓经能	邓经能	1906	
EAP1126/1/34/7	《清礁密一本》	法术秘语	邓云金	邓云金	19世纪	
EAP1126/1/34/8	《隔冤亡秘一本》	法术秘语	邓道璋	邓道璋	19世纪	
EAP1126/1/34/9	无题	法术秘语	邓经昊	邓经昊	19世纪	此书缺失封面,内容为婚姻法术秘语,包括:论婚姻命带诸煞用此灵镇符、论诸红沙法、论煞三夫三妻法、论孤独煞法等
EAP1126/1/34/10	《斋亡治冤》	法术秘语	邓玄通 邓玄明	邓玄通	不详	
EAP1126/1/34/11	《一本小南灵科》	打斋	盘云珠 邓道宝	盘云珠	不详	
EAP1126/1/34/12	《南昌科》	符命书	李妙福 邓经能	李妙福	1840	
EAP1126/1/34/13	无题	科仪经书	邓应微	黄振国	1802	此书内容为红楼判座科。尾页题记:"嘉庆七年次岁壬戌孟冬朔旦誊完,书主邓应微,遂召游士泗城凌云县人黄振国誊抄。"
EAP1126/1/34/14	《一本菱简破狱科》	打斋	邓玄通 邓玄明	李云保	不详	
EAP1126/1/34/15	《一本迂王科》	打斋	盘云通 邓妙净	盘云通	1940	
EAP1126/1/34/16	《一本神目》	科仪经书	李玄坚 李经宝 邓玄通 邓玄明	李玄坚	1891	

续表

编号	经书名称	用途	书主	抄写人	抄写时间	附注
EAP1126/1/34/17	《一本符吏敕坛关告科》	科仪经书	李玄坚 李经宝	李玄坚	1891	
EAP1126/1/34/18	《炼度科》	打斋	李妙璋 邓道璋	李妙璋	1794	
EAP1126/1/34/19	《说（设）醮科一本》	科仪经书	盘云通 邓妙净	盘云通	20世纪	
EAP1126/1/34/20	无题	法术秘语	邓法璋	邓法璋	19世纪	此书内容为贡延洪恩红楼秘语。第62页夹记："祖师盘妙威给付二男邓法璋承行大吉"。
EAP1126/1/34/21	《贡延洪恩红楼密语》	法术秘语	邓胜杨 黄演征 蒋道竭	邓妙杨	1933	此书为新旧两部分合订，第3页至25页为新书，抄写人邓妙杨。第25页至第99页为旧书，抄写人不详。
EAP1126/1/34/22	《一本大败秘语》	法术秘语	邓妙恙	蒋妙璋	19世纪	书尾第37页题记："置主邓妙恙承集败秘语，早朝夜晚使用，其秘投度二位师傅，一师蒋妙璋，二师邓经毫，给付与弟子邓妙恙用，吉达使用，应十方上达，其秘替首抄蒋妙璋氏毕乱题分。"
EAP1126/1/34/23	《玄门师道二教受戒》	度戒	邓妙阳	李玄□	1920	第17页夹记："席主邓妙阳承集用"。
EAP1126/1/34/24	《玉皇中卷经》	科仪经书	邓妙正 邓妙钟 邓妙阳	邓显毫	1796	此书封面题记："弟子邓妙阳，价买二分银白谨。"第4页题记："玉皇中卷经，羽士邓妙正、邓妙钟同全的笔，邓显毫抄手。皇号乾隆六十一年六月初一日未时起抄，计纸连二十一遍。"尾页题记："嘉庆元年丙辰岁六月初五抄完。"
EAP1126/1/34/25	《一本玉皇经上卷》	科仪经书	邓道珖 邓妙阳	邓道珖	不详	

续表

编号	经书名称	用途	书主	抄写人	抄写时间	附注
EAP1126/1/34/26	《玉枢经》	科仪经书	蒋云随	蒋云随	19世纪	
EAP1126/1/34/27	《尊帝心印经》	科仪经书	黄金壳	黄金壳	1896	
EAP1126/1/34/28	《一册良缘秘语》	法术秘语	邓妙阳	不详	1925	
EAP1126/1/34/29	《一本百解秘语》	法术秘语	邓妙恙	不详	1920	此书尾页题记："置主邓妙恙投度,愚师蒋妙璋给付。"
EAP1126/1/34/30	《一本天机百解秘语》	法术秘语	不详	不详	19世纪	
EAP1126/1/34/31	《一本清醮秘语》	法术秘语	邓妙阳	不详	19世纪	
EAP1126/1/34/32	《又集全颠倒法》	法术秘语	蒋玄和 蒋胜选 邓云兴 邓妙恙	蒋玄和	19世纪	
EAP1126/1/34/33	《一本杂谢诸鬼语秘》	法术秘语	邓妙阳	不详	不详	
EAP1126/1/34/34	《新集小百解一本》	法术秘语	邓胜阳	不详	1909	
EAP1126/1/35/1	《天机小本》	法术秘语	邓经莲 邓道眜 邓妙恙	不详	19世纪	
EAP1126/1/35/2	《招兵科》	科仪经书	不详	不详	19世纪	此书封面磨损严重,书主、抄写人、抄写年份等信息不详
EAP1126/1/35/3	《玉皇清醮单朝科》	科仪经书	邓演虉	邓演虉	19世纪	
EAP1126/1/35/4	《一本还愿盘皇调三角楼歌唱》	科仪经书	李院连	李显涌	1834	
EAP1126/1/35/5	《一本迀王科》	打斋	邓妙阳	邓妙阳	不详	
EAP1126/1/35/6	《小南灵科壹本》	打斋	蒋玄耺 邓妙阳	蒋仕正	1824	

续表

编号	经书名称	用途	书主	抄写人	抄写时间	附注
EAP1126/1/35/7	《迓王科一本》	打斋	邓妙□	盘道灾	1936	此书扉页题记："一本迓王稞,盘贵灾抄,分嫁妹邓妙□,千金不乱,陋□难全。"
EAP1126/1/35/8	《一本飞章科》	科仪经书	蒋妙璋	蒋妙璋	1915	
EAP1126/1/35/9	《会圣敕坛三宫共一本科》	科仪经书	蒋妙璋 蒋道竭 邓妙阳	蒋妙璋	1915	
EAP1126/1/35/10	《一本南昌科》	符命书	邓妙恙(阳) 蒋道竭	蒋老大	1923	此书扉页题记："呆首蒋老大,乱抄不成,符留作本,后日有先生高,重箓添。"
EAP1126/1/35/11	《斋符吏·清醮延生关告·斋醮说醮》	科仪经书	蒋妙璋 蒋道竭 邓妙阳	蒋妙璋	1915	此书扉页题记："斋符吏在头,清醮延生关告在中,斋醮说醮在尾";"置主蒋妙璋承集全本记号,邓妙阳过价也"。尾页题记:"书主蒋妙璋,置主邓妙恙过价银也。"邓妙阳、邓妙恙应为同一人
EAP1126/1/36/1	《一本炼度科》	打斋	李胜福 蒋道竭	李胜福	19世纪	
EAP1126/1/36/2	《一本接圣大献川光科》	科仪经书	李院莲	李院莲	19世纪	
EAP1126/1/36/3	《壹本化依(衣)科》	打斋	蒋妙璋	蒋妙璋	1918	书尾第20页题记:"壹本化依科完毕,羽土蒋妙璋承集,全本与儿孙用。大清中华皇七年戊午岁六月下二十九日冬毕。"戊午年无对应的清帝七年年号,应是民国七年(1918)
EAP1126/1/36/4	《一本斋醮神目科》	科仪经书	黄玄雀 邓妙恙	邓老五	1903	
EAP1126/1/36/5	《太上贡王救苦土府延生宿启科》	科仪经书	蒋妙璋	蒋妙璋	20世纪初	

编号	经书名称	用途	书主	抄写人	抄写时间	附注
EAP1126/1/36/6	《小桥台科》	科仪经书	李院莲 李院上	李朝章	1837	
EAP1126/1/36/7	《一本百解禁盆秘语》	法术秘语	邓妙阳 黄演晶 蒋削竭	不详	19世纪	
EAP1126/1/36/8	《良缘斋醮秘语》	法术秘语	盘云珠 盘云通 李云明	邓仕明	19世纪	第149页题记:"底笔邓仕明"
EAP1126/1/36/9	《救患秘语一本》	法术秘语	李法尊 李法亳 李法照	李应诵	19世纪	
EAP1126/1/36/10	《清醮秘语》	法术秘语	李经尊 李经亳 李经照	李云诵	1887	第45页夹记:"李经尊、李经亳、李经照"
EAP1126/1/36/11	《一本斋短亡朝天秘语》	法术秘语	李云明	李云明	1989	
EAP1126/1/36/12	《清醮秘语一册》	法术秘语	盘经亳 李妙达 李妙宴	盘经亳	1923	
EAP1126/1/36/13	《老君金语·一本清醮秘语》	法术秘语	冯金谕	不详	1903	此书尾页题记:"大清光绪廿九年癸卯岁六月十九日申时,禄出清醮秘语完,替平角阴郡年高手,硬纸白字不好,必是高师看见好笑,其戈正是四十五便(遍)足。"
EAP1126/1/36/14	《洪恩秘语一本》	法术秘语	李法珣 李云聪 李云明 冯玄隆	李法珣	1841	
EAP1126/1/36/15	《日午安龙秘》	法术秘语	冯玄宝	不详	1942	
EAP1126/1/36/16	《初真受戒金言》	度戒	李法传 李云明	李玄滔	1879	

编号	经书名称	用途	书主	抄写人	抄写时间	附注
EAP1126/ 1/36/17	《一本小百解金语》	法术秘语	李妙禄 李云明	李妙禄	1963	
EAP1126/ 1/36/18	《一本招兵科》	科仪经书	盘院御 李胜明	盘院玉	不详	此书扉页题记:"东主盘完御"。第35页夹记:"东主盘完玉"。尾页题记:"东主院御使用"
EAP1126/ 1/36/19	《一本斋醮宿启科》	科仪经书	李云明	不详	19世纪	
EAP1126/ 1/36/20	《按龙科一本》	科仪经书	蒋玄耿 盘云通 蒋云任 李云明	李院仃	1862	扉页题记:"大清咸丰□年壬戌岁捌月朔五日眷完",咸丰年间(1851—1861)并无壬戌年,此处应为同治元年(1862)。
EAP1126/ 1/36/21	《三宫科》	科仪经书	盘云珠 李云明	不详	20世纪	
EAP1126/ 1/36/22	《一本关告敕坛科》	科仪经书	蒋金照 李云明	不详	20世纪	
EAP1126/ 1/36/23	《伸斗科》	科仪经书	蒋玄耿	蒋玄耿	1860	
EAP1126/ 1/36/24	无题	科仪经书	隆云暹	隆云暹	19世纪	此书封面无书主、抄写人、抄写时间等信息。内容为谢水雷境符科。第20页题记:"东主隆云暹承集用"
EAP1126/ 1/36/25	《一本演朝科》	科仪经书	蒋道宝	不详	19世纪	
EAP1126/ 1/36/26	《一本婚姻歌》	婚姻唱本	盘妙国	盘经章	1851~ 1911	
EAP1126/ 1/36/27	《清醮秘语一本》	法术秘语	李道晶 邓道真	李道晶	1901	
EAP1126/ 1/36/28	《杂秘一本》	法术秘语	邓道通 蒋道宝	邓道通	19世纪	

编号	经书名称	用途	书主	抄写人	抄写时间	附注
EAP1126/1/36/29	《洪恩密(秘)语》	法术秘语	李法竭 邓胜谕	邓胜谕	19世纪	此书封面题记:"宗师盘院国、李妙坚,祖师李云追、盘胜章,洪恩秘语,置主李法竭用,应十方上达。太岁丁未年十月十五日,投者香分一两二分足,酒食在外。"扉页题记:"投度师傅盘法琼、黄胜箓、黄经宴绘付洪恩秘语,投度弟子李法竭存本,世代流传,太岁丁未年十月十五日戌时给付。"此为给付经书的时间,并非经书抄写时间。第51页夹记:"置主邓胜谕字集"
EAP1126/1/36/30	《一本大斋良缘秘语》	法术秘语	蒋道宝 蒋金通 蒋金明 蒋金利 李玄弘	李朝声	1922	
EAP1126/1/37/1	《一本神目科》	科仪经书	盘道厢 李玄竭 李道照	李云宝	不详	
EAP1126/1/37/2	《一本男女秋莲歌相打用》	科仪经书	李玄竭 李道超 邓经贤	江夏先生	不详	第4页题记:"氐毕(笔)丑字黄老大,江夏先生替,太岁癸酉年七月十三完笔其戋。"第17页夹记:"江夏先生替手写"
EAP1126/1/37/3	《一本会圣净坛科》	科仪经书	盘云达 李道照	不详	19世纪	
EAP1126/11126/1/37/4	《伸斗又共小关浩同壹本》	科仪经书	常玄宝	羽音郡子	1893	封面背面题记:"羽音郡子抄字"。第16页题记:"置常玄宝集用"
EAP1126/1/37/5	《从人赞才楼·破狱交简科》	打斋	李云宝 冯玄奉	李云宝	1954	
EAP1126/1/37/6	《一本朝天百解科》	科仪经书	李玄竭 李道照 邓经贤	李玄竭	19世纪	

续表

编号	经书名称	用途	书主	抄写人	抄写时间	附注
EAP1126/1/37/7	《一本迓王科》	打斋	李云宝	李云宝	1954	
EAP1126/1/37/8	《一本初真披簪开解科》	度戒	李玄竭 李道照	邓经开	1930	
EAP1126/1/37/9	《盘皇接圣桥台科》	科仪经书	盘显厢	盘显厢	19 世纪	
EAP1126/1/37/10	《大治绝邙秘语》	法术秘语	李经田	罗海进	1899	
EAP1126/1/37/11	《按龙秘语》	法术秘语	常妙宝	不详	19 世纪	
EAP1126/1/37/12	《清醮秘语》	法术秘语	常道利	常道利	不详	
EAP1126/1/37/13	《百解秘语》	法术秘语	盘经亮 黄妙灵	盘经亮	20 世纪	
EAP1126/1/37/14	《道师受戒法》	度戒	李玄闰 李院扎 李院坚 李胜填 黄妙明	李玄闰	1854	
EAP1126/1/37/15	《一本洪恩秘语》	法术秘语	邓院僚 邓妙逮 邓法璋 邓妙态 李院灵	不详	19 世纪	
EAP1126/1/37/16	《清醮宿启科》	科仪经书	黄经宴	不详	1914	
EAP1126/1/37/17	《一本朝天科》	科仪经书	李妙灵 邓经衔	李妙灵	20 世纪	
EAP1126/1/37/18	《一本化依沐浴科》	打斋	李道典 李妙灵 李朝光	不详	1931	第 30 页夹注:"羽士李朝光裳用"
EAP1126/1/37/19	《受戒川光科一本》	度戒唱本	李院孔 黄妙明 邓经极 李胜田	李院孔	1890	

续表

编号	经书名称	用途	书主	抄写人	抄写时间	附注
EAP1126/1/37/20	《救苦清醮贡王延生宿启科》	科仪经书	盘经谕	盘金厢	1892	此书封面题："救苦、清醮、贡王、延生、宿启科"。尾页题记："宿启科终,父亲盘金厢氏笔篆士抄完,置主盘经谕应用十方。"
EAP1126/1/37/21	《南灵科》	打斋	李玄明 李妙灵 邓经衙	李玄明	不详	
EAP1126/1/37/22	《初真开经坛科》	度戒	李金晶 李道利 李道坚 李道传	李金晶	19世纪	
EAP1126/1/37/23	《关告安龙科》	科仪经书	蒋道弘 蒋金利 蒋金晃 邓经衙	蒋道弘	1840	
EAP1126/1/37/24	《斋关告科》	科仪经书	盘金元 邓云高	盘道席	1862	
EAP1126/1/37/25	《一本演朝科》	科仪经书	邓妙权 邓云高	不详	19世纪	
EAP1126/1/37/26	《一本伸斗科》	科仪经书	邓玄聪 邓玄通 邓云高	不详	19世纪	
EAP1126/1/37/27	《引朝科喃相科》	科仪经书	邓经章 李玄奉 邓妙宝 邓经银 邓玄聪	李玄奉 邓妙宝	不详	第19页夹记："书主邓经章用学贤"。第24页题记："先生李玄奉柚(抄)分邓经章用学贤"。第25页题记："启喃相科,邓妙宝习"
EAP1126/1/37/28	《安龙科》	科仪经书	邓玄僚 邓玄聪 邓云高	邓玄僚	19世纪	
EAP1126/1/37/29	《一本按龙》	科仪经书	邓妙能 邓玄聪	邓妙能	不详	

编号	经书名称	用途	书主	抄写人	抄写时间	附注
EAP1126/1/37/30	《接圣盘皇唱》	科仪经书	不详	不详	1880	此书缺失封面,全书无书主、抄写人、抄写时间等信息
EAP1126/1/37/31	《一本迓王科》	打斋	邓玄聪	李治华	1953	扉页题记有三栏,中栏题"一本迓王科"。右栏题"中华民国四十二年癸巳岁三月二十三日完笔"。左栏题"四川省遂宁县抗日荣誉军人李治华抄"。第二张扉页背面有抄书人题记,内容为简短的自我介绍
EAP1126/1/37/32	《一本黄泉秘语》	法术秘语	邓妙灵邓妙银邓妙宝邓云玉	不详	19世纪	
EAP1126/1/37/33	《灯筵秘语》	法术秘语	邓云高	邓云高	1942	
EAP1126/1/37/34	无题	法术秘语	李妙光蒋金晃	不详	19世纪	此书内容丰富,原封面缺失,现封面为后加,无抄写人、抄写时间等信息。内容为法术秘语。第一页夹记:"李妙光"。第144页夹记:"书主蒋金晃己号"
EAP1126/1/37/35	《大斋亡秘一本》	法术秘语	李经富	不详	20世纪	
EAP1126/1/37/36	《一本斋亡秘语》	法术秘语	李玄皆	李玄皆	1891	
EAP1126/1/37/37	无题	法术秘语	不详	不详	19世纪	此书内容为黄泉秘语
EAP1126/1/37/38	《一本百解秘语全用》	法术秘语	刘云聪刘云通	刘云聪	1938	
EAP1126/1/37/39	《授械(戒)秘语》	度戒	李云通李经富	李云通	19世纪	第57页夹记:"授械道师秘语二次,置主李云通全,与后代。"
EAP1126/1/37/40	《大拔邪秘语》	法术秘语	李院仃	李院仃	1859	

编号	经书名称	用途	书主	抄写人	抄写时间	附注
EAP1126/1/37/41	《送初绝亡故之法》	法术秘语	李妙坚	李妙坚	20世纪	
EAP1126/1/37/42	《一本神目科》	科仪经书	邓经缌	邓经缌	19世纪	
EAP1126/1/38/1	《重集设醮科》	科仪经书	李云通	李妙□	19世纪	此书第23页题记："书主李妙□亲手抄丑字"。尾页题记："正是书主李云通买用"
EAP1126/1/38/2	《送终三夜科》	打斋	邓玄庆 李妙坚 李经富	邓妙庆	1899	
EAP1126/1/38/3	《合婚书中卷》	合婚书	李云府 邓道真 邓经华	潘有德	1836	此书第51页题记："置主李云府,习留后代子孙,早晚看用则吉。粤西思恩府武绿县江肥村游客人士潘有德提笔抄完。道光十六年正月十六日抄完。"
EAP1126/1/38/4	无题	科仪经书	邓经华	不详	19世纪	此书内容为宿启设醮科
EAP1126/1/38/5	《一本神目科》	科仪经书	李云通 李老先	李云通	1913	
EAP1126/1/38/6	《茭简破狱科》	打斋	李老先	不详	1914	
EAP1126/1/38/7	《南昌炼度科》	打斋	邓妙庆 李妙坚 李妙生	邓妙庆	1893	
EAP1126/1/38/8	《伸斗科》	科仪经书	李妙翰 李妙灵	崇德堂	1850	此书尾页题记："伸斗科完笔也,羽士臣李妙翰集用。道光贰拾九年己酉岁冬月廿日抄完,崇德堂记代笔","崇德堂记"四字是红色印章。
EAP1126/1/38/9	《一本安龙科》	科仪经书	邓妙庆 李妙坚 李妙生	不详	19世纪	

续表

编号	经书名称	用途	书主	抄写人	抄写时间	附注
EAP1126/1/38/10	《赞灯科》	科仪经书	邓道庆 李妙坚	邓道庆	1875	
EAP1126/1/38/11	《迓王科》	打斋	李云通 李妙坚 李妙阶 李妙省 邓云颜	李云通	1914	
EAP1126/1/38/12	《新恩科一本》	度戒	邓道真 邓经华	邓道真	1905	
EAP1126/1/38/13	《新集绕棺科二十四孝仝本》	打斋	李道亮 邓道庆 李妙坚	李道亮	1805	
EAP1126/1/38/14	《一本大南灵》	打斋	李老大	李老大	1961	第 37 页夹记:"置主李老大,首硬不同"。尾页题记:"民国五十年太岁辛丑年夹钟夹应申时院笔了,置主李老大。"
EAP1126/1/38/15	《一本关告会圣敕坛科》	科仪经书	李玄明	李玄明	20 世纪	第 32 页夹记:"烦笔李玄明,李玄明集用"
EAP1126/1/38/16	《一本神目科》	科仪经书	黄妙亮	黄妙亮	1905	
EAP1126/1/38/17	《玉京早时科》	科仪经书	邓经富	邓经富	19 世纪	
EAP1126/1/38/18	《一本小百解》	法术秘语	李经林 李妙堂	不详	19 世纪	
EAP1126/1/38/19	《一本斋亡秘语》	法术秘语	邓金精 腾玄辉 黄妙孝	邓金精	1896	
EAP1126/1/38/20	《一本伸斗科》	科仪经书	邓经富 邓文才	邓经富	1908	
EAP1126/1/38/21	《谢王化依科一本》	打斋	李玄御	李鹤誉	1898	
EAP1126/1/38/22	《按龙伸斗秘语》	法术秘语	李金仃	李贵吴	1856	

续表

编号	经书名称	用途	书主	抄写人	抄写时间	附注
EAP1126/ 1/38/23	《一本三宫科用》	科仪经书	黄妙孝 邓经银	黄朝阳	19世纪	
EAP1126/ 1/39/1	《延生土府贡王救苦季烈凶路神目科》	科仪经书	滕应贤 腾经太 李金相	不详	1901	
EAP1126/ 1/39/2	《百解科》	法术秘语	邓金遗 邓应贤 邓云颜 李金相	不详	19世纪	
EAP1126/ 1/39/3	《贡延洪恩秘语一本》	法术秘语	邓胜誊 邓院茂 邓院泰 邓院蘋 邓云颜	邓胜誊	1809	
EAP1126/ 1/39/4	《清醮秘语一本》	法术秘语	腾经泰 邓云颜 腾应贺	腾经泰	1904	
EAP1126/ 1/39/5	《受戒秘语一本》	度戒	腾应贤 李金相	不详	不详	此书封面为后加,书尾(第21页)题记"民国四十七年戊戌岁正月十五日,腾应贤示行",此并非原书抄写时间
EAP1126/ 1/39/6	《一本清醮秘语》	法术秘语	盘云通	盘老三	19世纪	此书扉页题记:"一本清醮记号,盘老三抄秘根,一庵清醮秘,置主盘云通,太岁庚寅年十二月初四日巳时抄完笔。"
EAP1126/ 1/39/7	《良缘天机》	法术秘语	李道机 李云超 腾玄照 邓金清	不详	1902	
EAP1126/ 1/39/8	《一本集量通书》	择日、占卜	腾玄照	不详	1843	

续表

编号	经书名称	用途	书主	抄写人	抄写时间	附注
EAP1126/1/39/9	《一册贡延红楼秘语》	法术秘语	邓院能 腾院金 盘云珠	不详	1922	
EAP1126/1/39/10	《一本小百解灭债共壶花秘语》	法术秘语	盘云珠	盘云珠	20世纪	
EAP1126/1/39/11	《大斋秘语》	法术秘语	不详	不详	1893	
EAP1126/1/39/12	《伸斗按龙秘语》	法术秘语	李院连 李应其 李妙庆	不详	1847	
EAP1126/1/39/13	《斋亡秘语》	法术秘语	李经凤 李玄颉 盘金华 盘云达	李金凤	1888	
EAP1126/1/39/14	《一本诸黄泉秘语集用》	法术秘语	盘妙御	盘妙御	1935	
EAP1126/1/39/15	《一本合婚书》	合婚书	蒋道玉 腾玄照	不详	19世纪	此书封面题"一本合婚主腾玄照",第24页夹记"蒋道玉集号"
EAP1126/1/39/16	《关告符吏科敕坛在尾》	科仪经书	盘经毫 盘应通	盘经毫	20世纪	
EAP1126/1/39/17	《一耄招兵稞》	科仪经书	盘经毫	盘经毫	1937	
EAP1126/1/39/18	《一本荬简阽简破狱三科全一本》	科仪经书	盘经毫 盘妙御	盘经毫	20世纪	
EAP1126/1/39/19	《宿启科》	科仪经书	盘经毫	盘经毫	1932	
EAP1126/1/39/20	《清醮设醮科》	科仪经书	李玄聪	李玄聪	1938	
EAP1126/1/39/21	《百家姓》	姓氏书	李玄鲜	李玄鲜	19世纪	

续表

编号	经书名称	用途	书主	抄写人	抄写时间	附注
EAP1126/1/39/22	《一本小百解秘语》	法术秘语	李道选 李玄兴 盘玄喜 盘法凤	盘玄喜 李道选	1812	此书扉页题："重集百解一本,盘玄喜,十方上达。太岁丙寅岁四月二十三抄不尽。"扉页背面题："一本小百解秘语,置主李道选,十方上达,法根盘妙桂,付用大吉。"尾页题："女婿弟子李玄兴接用"。此书中夹一册小书,小书封面题:"挂书壹本,金书主盘法凤集抄用,愚师傅邓妙尊给与弟子。"小书第8页题:"皇号嘉庆拾陆年十二月廿五日抄完毕立春"
EAP1126/1/39/23	《一本坛院半一共表在尾》	科仪经书	李胜员	李胜员	1815	
EAP1126/1/39/24	《一本帝母大会》	科仪经书	李法清 李经颜 李玄孔 李玄黑	盘玄瑨	1817	
EAP1126/1/39/25	《土府三时科》	科仪经书	邓道海 黄云随 黄经珠 李道选 李玄颉 李玄兴 李玄堂	邓道海	1844	
EAP1126/1/39/26	《日午灯筳秘语》	法术秘语	李应凤 李法金 李玄颉	李应凤	1901	
EAP1126/1/39/27	《泰山度亡共一本》	法术秘语	邓胜旺 邓玄琴	不详	1889	
EAP1126/1/39/28	《一本百解天机秘语》	法术秘语	李道选 李经照 李云达 李云通	李经照	1967	第33页夹记:"李经照首字"

续表

编号	经书名称	用途	书主	抄写人	抄写时间	附注
EAP1126/1/39/29	《一本按龙神机秘语》	法术秘语	李道选 李玄兴 李玄庆	李道利	1928	
EAP1126/1/39/30	无题	法术秘语	邓玄琴	邓玄琴	19世纪	此书内容为百解秘语
EAP1126/1/40/1	《一册伸斗按龙解冤秘语》	法术秘语	邓妙聪 李道金 李法选 李玄颉	不详	1918	
EAP1126/1/40/2	《上帝老君法咒》	科仪经书	盘显禧	不详	1872	
EAP1126/1/40/3	《日午秘语》	法术秘语	李玄兴	李经利	1905	
EAP1126/1/40/4	《返邪秘语》	法术秘语	邓经恋	不详	19世纪	
EAP1126/1/40/5	《早晚救患秘语》	法术秘语	李玄兴 李应咏	李应咏	1858	
EAP1126/1/40/6	《大斋秘语一本》	打斋	李妙能 邓道聪 李经贤	不详	1895	
EAP1126/1/40/7	《百解法一卷》	科仪经书	蒋金华 施显庆	蒋金华	1837	
EAP1126/1/40/8	《通用十方秘帖上达》	科仪经书	邓妙现	李妙道	1814	
EAP1126/1/40/9	《瘋疯法书本》	法术符咒	邓道丰 邓道耀	王士照	1808	
EAP1126/1/40/10	《帝母判座科一本》	科仪经书	邓法珠 邓金珠 邓胜旺 邓妙宗 邓现琴	不详	1782	
EAP1126/1/40/11	《释服从人赞车科》	科仪经书	邓妙灵 邓妙沾	邓妙灵	1875	

续表

编号	经书名称	用途	书主	抄写人	抄写时间	附注
EAP1126/1/40/12	《神目科》	科仪经书	邓妙督 邓经雷 盘道通 盘妙通	邓妙督	1892	
EAP1126/1/40/13	《按龙科》	打斋	邓妙沾	不详	19 世纪	
EAP1126/1/40/14	《一本小化衣科》	科仪经书	盘玄凤 盘道御 盘老大 邓妙沾	乐安群	1934	
EAP1126/1/40/15	《集秘语一本》	科仪经书	盘玄凤 盘经绍 邓妙沾	盘经绍	1913	
EAP1126/1/40/16	《大斋秘语一本》	打斋	李道照 邓妙沾	李道照	1852	
EAP1126/1/40/17	《一本洪恩秘语》	法术秘语	盘玄凤 李应旺 盘道照 邓妙沾	李应旺	1916	
EAP1126/1/40/18	《洪恩贡延秘语》	法术秘语	盘应席 盘经绍 邓妙沾	不详	19 世纪	
EAP1126/1/40/19	《无上良缘大小秘》	法术秘语	盘道席 盘显用 邓妙沾	盘道席	1844	
EAP1126/1/40/20	《日午安龙秘语》	法术秘语	邓妙沾	不详	1874	
EAP1126/1/40/21	《百解法书》	打斋	蒋玄肌 李玄奉 邓妙沾	蒋玄肌	1851	
EAP1126/1/40/22	《万灵全书喃灵科》	打斋	盘道御 邓妙沾	盘道御	1963	

续表

编号	经书名称	用途	书主	抄写人	抄写时间	附注
EAP1126/1/40/23	《小南灵科》	打斋	邓妙沾	邓妙沾	19世纪	
EAP1126/1/40/24	《一本早晚治亡堂小百解在内秘语》	法术秘语	李玄清 邓妙沾	邓妙沾	19世纪	
EAP1126/1/40/25	《小杂秘语》	法术秘语	李经旺 邓妙沾	盘玄凤	1862	
EAP1126/1/40/26	《一本削门丧家秘语》	法术秘语	李经旺 邓玄利 李经御	李经旺	不详	
EAP1126/1/40/27	《一本清醮秘语》	法术秘语	李经旺 邓妙沾 盘玄凤	盘玄凤	19世纪	
EAP1126/1/40/28	《授械(戒)秘语》	法术秘语	李玄亳 邓妙沾	邓妙沾	19世纪	
EAP1126/1/40/29	《秘语文武共册》	法术秘语	李经旺 邓妙沾 盘玄凤	盘玄凤	1864	
EAP1126/1/40/30	《论白咒》	科仪经书	李经旺 邓妙沾 盘玄凤	不详	1911	
EAP1126/1/40/31	《贡筵洪恩秘语共一本》	法术秘语	蒋胜侵	蒋胜侵	1892	
EAP1126/1/40/32	《一本新恩开经科》	科仪经书	冯道利 邓玄鲜	邓玄鲜	1849	此书封面题:"一本新恩开经科,满月开解在尾"
EAP1126/1/40/33	《觥师械度披簪科》	科仪经书	李玄连	李玄连	1840	此书封面题:"觥师械度披簪科,开解在尾"
EAP1126/1/40/34	《金章经一本》	科仪经书	邓玄鲜	邓玄鲜	1854	
EAP1126/1/40/35	《玉皇小部消灾妙经·度人小部救苦妙经》	科仪经书	邓妙辉	邓妙辉	19世纪	

续表

编号	经书名称	用途	书主	抄写人	抄写时间	附注
EAP1126/1/40/36	《尊典中卷部》	科仪经书	邓妙辉	邓妙辉	19世纪	
EAP1126/1/40/37	《三官忏一部三卷》	科仪经书	邓妙辉	邓妙辉	19世纪	
EAP1126/1/40/38	《尊典下经卷部》	科仪经书	邓妙辉	邓妙辉	19世纪	
EAP1126/1/40/39	《三官经》	科仪经书	邓妙辉	邓妙辉	19世纪	
EAP1126/1/40/40	《诸品经》	科仪经书	李金晶	李金晶	19世纪	
EAP1126/1/40/41	《高上玉皇本行集经上卷》	科仪经书	不详	不详	19世纪	
EAP1126/1/40/42	《金刚经一部》	科仪经书	邓妙辉	邓妙辉	1820	
EAP1126/1/40/43	《高上玉皇本行集经中卷》	科仪经书	不详	不详	19世纪	
EAP1126/1/40/44	《度人全部大卷》	科仪经书	邓妙辉	邓妙辉	19世纪	
EAP1126/1/40/45	《尊典上卷经部》	科仪经书	邓妙辉	邓妙辉	19世纪	
EAP1126/1/40/46	《大部南灵》	打斋	冯道言	冯道言	1946	
EAP1126/1/40/47	《设醮科一本》	科仪经书	冯妙金 冯经连	冯妙金	1899	
EAP1126/1/40/48	《按龙科》	科仪经书	邓道全	邓道全	19世纪	
EAP1126/1/40/49	《迓王科》	科仪经书	邓经贤 李玄奉	邓经贤	19世纪	
EAP1126/1/40/50	《清醮宿启科》	科仪经书	邓金堂 黄玄能	李妙杰	1828	
EAP1126/1/40/51	《一本开山》	科仪经书	不详	不详	19世纪	

续表

编号	经书名称	用途	书主	抄写人	抄写时间	附注
EAP1126/1/40/52	《巫教招兵科》	科仪经书	盘经利 盘显 邓院甄	邓院甄	1843	
EAP1126/1/40/53	《一本三官经》	科仪经书	邓经诵	李道亮	1854	
EAP1126/1/40/54	《诸件杂法书》	科仪经书	盘胜珠	盘胜珠	1784	
EAP1126/1/40/55	《土府清醮延生早朝科通用》	科仪经书	李妙庆	李妙庆	1857	
EAP1126/1/40/56	《化衣科、赞材楼》	科仪经书	蒋道玉	蒋道玉	1836	此书封面题："化衣科,释服给从人,赞材楼在尾"
EAP1126/1/40/57	《破列内衡秘语一本大部》	法术秘语	李道旺 李经明	李经明	1891	
EAP1126/1/40/58	《清醮宿启科》	科仪经书	李妙庆	李妙庆	1857	
EAP1126/1/40/59	《凶路斋醮密语一本》	法术秘语	冯玄高	李道衡	19世纪	
EAP1126/1/40/60	《救患按龙解冤伸斗百解秘语全本》	法术秘语	邓玄超	邓玄超	1858	
EAP1126/1/40/61	《诸百解秘语一本》	法术秘语	邓云清	邓云清	19世纪	此书封面题："诸百解秘语一本,初八新山嚎鬼秘语"
EAP1126/1/40/62	《贡王》	科仪经书	李玄蓉 邓云明	李玄蓉	19世纪	
EAP1126/1/40/63	《诸杂老君婚姻秘语一本》	法术秘语	邓经显 邓道宪 邓云明 邓云真	不详	19世纪	
EAP1126/1/40/64	《尊典下经卷部》	科仪经书	邓妙辉	邓妙辉	19世纪	
EAP1126/1/40/65	《救患秘语》	法术秘语	蒋胜书	元晶	1891	扉页题记："救患谶语置主蒋胜书记号,替毕西河郡人元晶底字。"

编号	经书名称	用途	书主	抄写人	抄写时间	附注
EAP1126/1/40/66	《一本邙秘》	法术秘语	蒋妙镜	蒋妙镜	1936	
EAP1126/1/40/67	《清醮秘语存本》	法术秘语	蒋妙镜 邓云经 盘玄态	李妙财	1843	
EAP1126/1/40/68	《一本大斋金语》	科仪经书	蒋妙镜 蒋道灵	蒋妙镜	1938	
EAP1126/1/40/69	《一本大部贡筵洪恩红楼》	科仪经书	蒋院镜	蒋院镜	1945	
EAP1126/1/40/70	《一本杂谢秘语》	法术秘语	邓妙敕	邓妙敕	1901	
EAP1126/1/40/71	《各类法禁盆》	科仪经书	蒋妙镜	蒋妙镜	19世纪	
EAP1126/1/40/72	《三元大师受械（戒）秘语》	法术秘语	李显保	李显保	1894	
EAP1126/1/41/1	《玉皇下卷》	科仪经书	李经玉	李经玉	1868	
EAP1126/1/41/2	《接圣大献科》	科仪经书	蒋妙镜	马老二	20世纪	
EAP1126/1/41/3	《醮行醮神科诸震神目》	科仪经书	蒋妙镜 邓妙晃	不详	19世纪	
EAP1126/1/41/4	《帝母桥台科》	科仪经书	蒋胜选 蒋妙镜 蒋利	蒋胜选	1804	
EAP1126/1/41/5	《一本功曹科》	科仪经书	李法乾	李法乾	1941	
EAP1126/1/41/6	《壹本沐浴化依安龙科》	科仪经书	蒋金坚 蒋道灵 蒋妙镜 邓妙晃	不详	1943	此书封面题："壹本沐浴化依安龙科,哺灵在尾"

编号	经书名称	用途	书主	抄写人	抄写时间	附注
EAP1126/1/41/7	《一本宿启科》	科仪经书	蒋金坚 蒋道灵 蒋妙镜	朝安	1936	
EAP1126/1/41/8	《谢境雷水符科解冤科共一本》	科仪经书	蒋妙案 邓妙晃	邓妙晃 黄道能	1943	此书封面题："谢境雷水符科共一本,解冤在尾"
EAP1126/1/41/9	《一本伸斗科》	科仪经书	李玄宝	李玄宝	1894	
EAP1126/1/41/10	《延生土府贡王救苦关告一本》	科仪经书	蒋金坚 蒋道灵	不详	1842	
EAP1126/1/41/11	《一本贡筵洪楼秘语》	法术秘语	李院通 李院顺	不详	19世纪	
EAP1126/1/41/12	《一本百解秘语》	法术秘语	李云兴 李妙璋	李妙璋	1893	
EAP1126/1/41/13	《一本度亡叁夜金语》	打斋	李云楷 邓玄寿	不详	1855	
EAP1126/1/41/14	《一本金语》	法术秘语	李妙能 李妙璋	李妙能	1911	
EAP1126/1/41/15	《一本除煞秘语》	法术秘语	李妙璋 李玄楷 李经贤 李经颜 李妙镇 李妙财	不详	19世纪	
EAP1126/1/41/16	《一本清醮秘语》	法术秘语	盘金通	盘金通	19世纪	
EAP1126/1/41/17	《授械(戒)天机秘语》	法术秘语	李云盘 李经宝 李云楷	不详	1892	
EAP1126/1/41/18	《一本金语斋醮用》	法术秘语	李妙璋 李玄楷 邓经权	不详	1826	

编号	经书名称	用途	书主	抄写人	抄写时间	附注
EAP1126/1/41/19	无题	择日、占卜	李妙显 李妙兴 李妙尊	不详	19世纪	
EAP1126/1/41/20	《一本斋醮宿启科》	科仪经书	李云廖 李玄旺 邓道显	李道朝	1909	
EAP1126/1/41/21	《判座科一册》	科仪经书	邓经璋 李显对	李显清	1842	
EAP1126/1/41/22	《帝母半（判）座科》	科仪经书	李法珍 李胜超 李应贤	李法珍	1868	
EAP1126/1/41/23	《一按龙伸斗秘语》	法术秘语	盘经清	盘经清	1852	
EAP1126/1/41/24	《一本设醮飞章科》	科仪经书	盘玄周 邓玄璙	邓玄璙	不详	
EAP1126/1/41/25	《清醮关告启去宿启设醮科》	科仪经书	盘玄周	盘玄周	1891	
EAP1126/1/41/26	《伸魂科一本》	科仪经书	盘玄颜	盘玄颜	19世纪	
EAP1126/1/41/27	《一册邝鬼》	科仪经书	盘玄周 盘玄颜	盘玄周	19世纪	
EAP1126/1/41/28	《急时救患秘语》	法术秘语	盘玄周 卢法通 盘道光	不详	不详	
EAP1126/1/41/29	《会圣科集》	科仪经书	盘道光	盘道光	19世纪	
EAP1126/1/41/30	《新文授械（戒）皈依》	科仪经书	盘道光	盘道光	不详	
EAP1126/1/41/31	《一本在内书》	科仪经书	盘道光	盘道光	不详	此书封面题："一本在内书，天地根底，习字抄在内书"
EAP1126/1/41/32	《一册炼度科》	科仪经书	盘道光 盘玄周	盘道光	19世纪	

编号	经书名称	用途	书主	抄写人	抄写时间	附注
EAP1126/1/41/33	《一本师宫意》	科仪经书	盘玄周	盘玄周	19 世纪	
EAP1126/1/41/34	《一本师意科》	科仪经书	盘道光	盘道光	19 世纪	
EAP1126/1/41/35	《按龙解秽唱共三元部》	科仪经书	盘玄周	盘玄周	19 世纪	
EAP1126/1/41/36	《授戒川光唱》	科仪经书	盘玄周	盘玄周	19 世纪	
EAP1126/1/41/37	《一本接圣共十供大献科用》	科仪经书	盘道光 盘玄周	盘玄周	不详	
EAP1126/1/41/38	《一册桥台科》	科仪经书	盘玄颜	盘玄颜	19 世纪	
EAP1126/1/41/39	《化依赞材楼科》	科仪经书	不详	不详	1871	本书缺失封面,全书无书主、抄写人信息
EAP1126/1/42/1	《一本贺楼判座科》	科仪经书	盘道光 盘应光	盘道光 盘应光	20 世纪	
EAP1126/1/42/2	《一本招兵科》	科仪经书	盘道光 盘应光	盘道光 盘应光	20 世纪	
EAP1126/1/42/3	《一本功曹科》	科仪经书	盘道光 盘应光	盘道光 盘应光	20 世纪	
EAP1126/1/42/4	《一本师会意者》	科仪经书	盘道光 盘应光	盘道光 盘应光	20 世纪	
EAP1126/1/42/5	《一本开山科》	科仪经书	盘应光	盘应光	20 世纪	
EAP1126/1/42/6	《合婚男女命》	合婚书	盘玄周 邓玄利	李实明	19 世纪	
EAP1126/1/42/7	《早晚嚓解秘语一本》	法术秘语	李胜朝	李胜朝	19 世纪	
EAP1126/1/42/8	《二三宫科一本》	科仪经书	盘经开	盘经开	1894	
EAP1126/1/42/9	《谢境雷水一本科》	科仪经书	盘经开 盘玄颜	盘经开	1904	

续表

编号	经书名称	用途	书主	抄写人	抄写时间	附注
EAP1126/1/42/10	无题	劝善书	李涛	不详	19世纪	
EAP1126/1/42/11	《化依科》	科仪经书	盘道光 盘玄颜	不详	1978	
EAP1126/1/42/12	《一本清灯荤筵科》	科仪经书	盘道光 盘应光	盘道光 盘应光	20世纪	
EAP1126/1/42/13	《开经秘语》	法术秘语	盘院禧	盘院禧	19世纪	
EAP1126/1/42/14	《一本百解》	科仪经书	盘玄周 盘玄颜	不详	19世纪	
EAP1126/1/42/15	《丧家天机一部》	打斋	李妙鲜 盘玄周 盘道光	李妙鲜	19世纪	
EAP1126/1/42/16	《救患秘语》	法术秘语	盘经清	盘经清	19世纪	
EAP1126/1/42/17	《一本诸杂黄泉秘语》	法术秘语	盘云达	盘云达	20世纪	
EAP1126/1/42/18	《贡筵洪恩天机一本》	科仪经书	盘显恩	不详	1817	
EAP1126/1/42/19	《贡筵洪恩红楼秘语》	法术秘语	李妙亮 李院亮 盘玄周 李法誉 李经明	不详	1895	
EAP1126/1/42/20	无题	科仪经书	不详	不详	不详	本书缺失封面,全书无书主、抄写人、抄写时间等信息
EAP1126/1/42/21	《一本道范科》	咒语、启文等	盘道光	盘道光	19世纪	
EAP1126/1/42/22	《诸章格符章式》	科仪经书	邓玄瞻 李玄清 李云上	邓玄瞻	1812	此书封面题:"诸章格一本,共符章式在尾"
EAP1126/1/42/23	《杂字》	蒙学课本	罗玄凤	罗玄凤	20世纪	

续表

编号	经书名称	用途	书主	抄写人	抄写时间	附注
EAP1126/ 1/42/24	《一本信书》	歌词唱本	李妙真 罗玄凤	李妙真	2014	此书用圆珠笔和中性笔手抄,封面题记:"一本信书。罗玄凤,东海人,保房东,逢西信,金信华,淹容信,老妻星歌。"第40页夹记:"李妙真"
EAP1126/ 1/42/25	《一本受械(戒)秘语》	法术秘语	李妙珍	李妙珍	2018	
EAP1126/ 1/42/26	《一本受戒秘语》	科仪经书	盘道光	盘道光	2017	此书封面题:"一本受戒秘语,道教在头,师教在尾"
EAP1126/ 1/42/27	《一本道范科》	咒语、启文等	李玄宝 黎云颜	黎云颜	21世纪	第24页夹记:"黎云颜",第31页夹记:"底笔黎先生"
EAP1126/ 1/42/28	《壹本朝天科》	科仪经书	盘道光	盘道光	1969	
EAP1126/ 1/42/29	《一本谢皇化依科》	打斋	盘道晃	盘道晃	2017	
EAP1126/ 1/42/30	《经坛科》	科仪经书	黄经利 邓云金 盘玄周	黄经利	19世纪	
EAP1126/ 1/42/31	《一本拔簪科》	科仪经书	邓玄璋 邓玄诵 邓玄元 盘玄周	邓玄璋	1864	
EAP1126/ 1/42/32	《一本新文受械(戒)皈依》	度戒	盘道晃	盘道晃	2016	
EAP1126/ 1/42/33	《度人道场经一卷》	科仪经书	李云财 盘玄周	不详	20世纪	此书封面题记:"邓云金舅分弟盘玄周,度人道场经卷,正月十五日柚(抄)你院笔。民国丙寅年岁此正月十五日院笔。"扉页题记:"度人道场经壹卷,李云财,皇上宣统三年辛亥岁六日十二日戌时抄。"
EAP1126/ 1/42/34	《大洞经上卷》	科仪经书	盘经请	盘经请	1898	

编号	经书名称	用途	书主	抄写人	抄写时间	附注
EAP1126/1/42/35	《一本尊曲经上中下卷》	科仪经书	李云财李□阦	李云财李□阦	1929	此书为多书合订，封面破损，扉页题记："一本上卷玉典经歌，置主李□阦，十方亨通。太岁中华民国己巳十八年十月，去到正月十五日未时院（完）毕。"第14页题记："一本尊典众经，置主李云财，太岁中华民国拾柒年十月十午日巳时院（完）毕。"第23页题记："一本尊典经下卷，置主李云财。"
EAP1126/1/42/36	无题	科仪经书	盘玄周	不详	20世纪	此书封面破损，无抄写人、抄写时间信息，第7页夹记："盘玄周"。内容包括《太上洞玄灵宝高上玉皇本行集经》《太上说粮灾度厄妙经》《太上说花王圣母妙经》《太上说谢雷王妙经》《太上玉皇心印妙经》《太上说解冤释结妙经》等
EAP1126/1/42/37	《一本良缘秘语》	法术秘语	盘道晃	盘道晃	2016~2017	
EAP1126/1/42/38	《一本救苦经·一本血湖经》	科仪经书	李云财盘玄周	李云财	20世纪	
EAP1126/1/42/39	《金章经一卷·一本散花解颔科》	科仪经书	李经誊盘玄周	李经誊	20世纪	
EAP1126/1/42/40	《一本玉皇上中下卷》	科仪经书	李云财盘玄周	李云财	20世纪	
EAP1126/1/42/41	《贡延洪恩红楼秘语一本》	法术秘语	李显选李胜灵李妙真	李显选	1894	
EAP1126/1/42/42	《红楼半（判）座科》	科仪经书	李应寿李道李李院真	不详	19世纪	

续表

编号	经书名称	用途	书主	抄写人	抄写时间	附注
EAP1126/1/42/43	《宿启科》	科仪经书	邓玄珣 李妙真	邓玄珣	1925	
EAP1126/1/42/44	《飞章科》	科仪经书	邓玄珣 李妙真	邓玄珣	1925	
EAP1126/1/42/45	《开山科》	科仪经书	李胜聪 李院真	李胜聪	20世纪	
EAP1126/1/42/46	《关告会圣敕坛二宫三宫说醮送圣科共本》	科仪经书	李云聪 李妙真	不详	20世纪	第20页夹记："书主李云聪存用,十方上达"
EAP1126/1/43/1	《迓王科一本》	打斋	黄道能 黄文旷 李妙真 盘玄达	不详	1847	
EAP1126/1/43/2	《一本礼境科》	科仪经书	李妙真 李妙全	李妙真	1989	
EAP1126/1/43/3	《一本初真科》	度戒	李妙真	不详	19世纪~20世纪	此书为新旧合订,第3页至20页为旧书页,第21页至30页为新添书页
EAP1126/1/43/4	《一本百解金语》	法术秘语	李云聪 李云通	不详	19世纪	
EAP1126/1/43/5	《桉龙密语》	法术秘语	蒋经奄 李妙真	不详	19世纪	第24页夹记："置主将经奄"
EAP1126/1/43/6	《召灵科》	打斋	李妙真 盘妙灵	盘妙灵	1972	
EAP1126/1/43/7	《喃相白文菱简破狱竖幡从人赞材楼共一本》	打斋	黄文广 邓道顺 黄道能 盘玄達 李妙珍	黄文广 蒋金乾 黄道能	1842~1843	此书为多书合订。封面题记:"壹本喃相科、菱简、破狱、从人、赞材楼、炼度科,舒主妙珍"。扉页题记:"喃相白文、菱简科、破狱科、竖旛、从人、赞材楼、斋醮共一本,黄文广号"。第6页题记:"蛟龙、竖旛、从人、赞楼科,置主邓道顺承集,臭字蒋金乾禄,写不名可怪之。道光贰拾贰年壬寅岁京月朔八日竟毕。"第13页题记:"破狱颗一本,置主黄道能袭"。第42页题记:"炼度颗一本,置主黄道能承袭"

续表

编号	经书名称	用途	书主	抄写人	抄写时间	附注
EAP1126/1/43/8	《化依科》	打斋	李云聪 李妙真 李妙坚	李云聪	1962	
EAP1126/1/43/9	《按潜戒度科》	度戒	邓经天 李妙真	邓经天	1881	
EAP1126/1/43/10	《一本邝秘语》	法术秘语	蒋妙弘 蒋云究	蒋妙弘	1906	
EAP1126/1/43/11	《按龙科》	科仪经书	蒋云究 蒋妙俐 李经照 李妙真	盘玄锡	1855	扉页背面题记:"氏笔岳父盘玄锡,抄与承龙后裔看面也,十方上达。桉龙科终笔,置主蒋云究。"
EAP1126/1/43/12	《一本宿启科》	科仪经书	李妙相	李妙相	2018	
EAP1126/1/43/13	《诸品经》	科仪经书	李玄章	李玄章	1986	
EAP1126/1/43/14	《一本道范科》	咒语、启文等	李玄宝 黎云颜	黎云颜	21世纪	此书与EAP1126/1/42/27是同一本
EAP1126/1/43/15	《一本小十量掌书》	择日、占卜	李妙真（玲）	不详	19~21世纪	此书新旧掺杂,内容丰富,扉页题:"一本小十量掌书,李妙真,投龛师傅盘玄周给付。"第4页题:"太岁二千十七年丁酉年,盘玄周开光给付,七月十五乙未日给付李妙珍。"内容包括:又看眼眉跳吉凶日、六壬掌诀、占架屋吉日、占黄泉大败掌、点蛇入宅吉凶日、六壬掌日判用等

参考文献

一　古籍志书类

1. 《道藏》，文物出版社、上海书店、天津古籍出版社，1988。

2. （清）永瑢、纪昀等总纂《文渊阁四库全书》，台湾商务印书馆，1986。

3. 《续修四库全书》编委会编《续修四库全书》，上海古籍出版社，1995。

4. 《四库全书存目丛书》编纂出版工作委员会编《四库全书存目丛书》，齐鲁书社，1996。

5. 《中国野史集成》编委会，四川大学图书馆编《中国野史集成》，巴蜀书社，2000。

6. （清）阮元校刻《十三经注疏》，中华书局，1980。

7. （南朝宋）范晔撰《后汉书》，中华书局，1965。

8. （唐）魏徵、令狐德棻撰《隋书》，中华书局，1973。

9. （后晋）刘昫等撰《旧唐书》，中华书局，1975。

10. （宋）欧阳修、宋祁撰《新唐书》，中华书局，1975。

11. （元）脱脱等撰《宋史》，中华书局，1985。

12. 赵尔巽撰《清史稿》，中华书局，1977。

13. （宋）乐史撰《太平寰宇记》，中华书局，1981。

14. （唐）樊绰撰，赵吕甫校释《云南志校释》，中国社会科学出版社，1985。

15. （清）陈梦雷编纂，蒋廷锡校订《古今图书集成》，中华书局、巴蜀书社，1985。

16. （晋）干宝撰，汪绍楹校注《搜神记》，中华书局，1979。

17. 丁如明、李宗为、李学颖等校点《唐五代笔记小说大观》，上海古籍出版社，2000。

18. （宋）邵伯温撰《邵氏闻见录》，中华书局，1983。

19. （宋）洪迈撰《夷坚志》，中华书局，1981。

20. （宋）曾慥撰《类说》，文渊阁四库全书本。

21. （宋）周去非撰，杨武泉校注《岭外代答校注》，中华书局，1999。

22. （宋）范成大撰，胡起望、覃光广校注《桂海虞衡志辑佚校注》，四川民族出版社，1986。

23. （宋）范成大撰，孔凡礼点校《范成大笔记六种》，中华书局，2002。

24. （宋）陆游撰《老学庵笔记》，中华书局，1979。

25. （清）屈大均撰《广东新语》，中华书局，1985。

26. （清）刘献廷撰，汪北平、夏志和点校《广阳杂记》，中华书局，1957。

27. （清）谢圣纶纂（乾隆）《滇黔志略》，清乾隆间修，清乾隆二十八年（1763）刻本。

28. （清）严如煜撰（嘉庆）《苗防备览》，清嘉庆二十五年（1820）刻本。

29. （清）段汝霖撰，伍新福校点《楚南苗志》，岳麓书社，2008。

30. （清）吴震方撰《岭南杂记》，载《丛书集成初编》，清康熙四十四年（1705）刻本。

31. （清）李宗昉著《黔记》，中华书局，1985。

32. （清）吴庆坻撰，张文其、刘德麟点校《蕉廊脞录》，中华书局，1990年3月。

33. （清）傅恒、董诰等编纂（乾隆）《皇清职贡图》，文渊阁四库全书本。

34. （明）黄佐著，陈宪猷疏注、点校《广州人物传》，广东高等教育出版社，1991年8月。

35. （明）郭棐撰，黄国声、邓贵忠点校《粤大记》，广东人民出版社，2014年4月。

36. （清）李来章撰，黄志辉校注《连阳八排风土记》，中山大学出版社，1990 年 12 月。

37. （民国）刘锡蕃撰《岭表纪蛮》，商务印书馆，1934。

38. （宋）陆游撰《陆游集》，中华书局，1976。

39. （宋）魏了翁撰《鹤山集》，文渊阁四库全书本。

40. （宋）沈辽撰《云巢编》，文渊阁四库全书本。

41. （宋）黎靖德编，王星贤点校《朱子语类》，中华书局，1986。

42. （明）杨慎撰《升庵集》，文渊阁四库全书本。

43. （明）章潢撰《图书编》，文渊阁四库全书本。

44. （明）杨嗣昌撰《杨嗣昌集》，岳麓书社，2008。

45. （清）毛奇龄撰《西河合集》，清康熙书留草堂刻本。

46. （清）蓝鼎元撰《鹿洲初集》，文渊阁四库全书本。

47. （明）黄宗羲编《明文海》，文渊阁四库全书本。

48. （清）魏源撰，韩锡铎、孙文良点校《圣武记》，中华书局，1984。

49. （清）刘毓崧撰《通义堂文集》，文物出版社，1984。

50. （清）李元度编纂，易孟醇点校《国朝先正事略》，岳麓书社，2008。

51. （清）沈云龙主编，葛世濬辑《皇朝经世文续编》，文海出版社，1973。

52. （清）宫梦仁编《读书纪数略》，文渊阁四库全书本。

53. （清）张潮、张渐辑，杨复吉、沈楙德续辑《昭代丛书》，清道光十三年至二十九年吴江沈氏世楷堂刻本。

54. （清）陆凤藻撰《小知录》，清同治癸酉年（1873）淮南书局刻本。

55. （清）王锡祺辑《小方壶斋舆地丛钞再补编》，清光绪二十三年（1897）上海著易堂铅印本。

56. （南朝）刘勰著，范文澜注《文心雕龙注》，人民文学出版社，1958。

57. （清）季振宜编纂《全唐诗》，中华书局，1960。

58. （清）舒位著，曹光甫点校《瓶水斋诗集》，上海古籍出版社，2009。

59. 中国戏剧社编《孤本元明杂剧》（四），中国戏剧出版社，1958。

60. 王云五总编纂，吴曾祺编《万有文库第一集一千种·旧小说（十七）》，商务印书馆，1930。

61. （明）姚昺纂修（弘治）《永州府志》，明弘治七年（1494）刻本。

62. （明）沈庠修，赵瓒纂（弘治）《贵州图经新志》，明弘治间刻本。

63. （明）薛纲纂修，吴廷举续修（嘉靖）《湖广图经志书》，明嘉靖元年（1522）刻本。

64. （明）戴璟修，张岳纂（嘉靖）《广东通志初稿》，明嘉靖十四年（1535）刻本。

65. （明）陆舜臣纂修（嘉靖）《德庆州志》，明嘉靖十六年（1537）刻本。

66. （明）林希元纂修（嘉靖）《钦州志》，明嘉靖十八年（1539）刻本。

67. （明）李玘修，刘梧纂（嘉靖）《惠州府志》，明嘉靖二十一年（1542）刻本。

68. （明）姚良弼修，杨宗甫纂（嘉靖）《惠州府志》，明嘉靖三十五年（1556）蓝印本。

69. （明）方瑜纂修（嘉靖）《南宁府志》，明嘉靖四十三年（1564）刻本。

70. （明）史朝富等纂修（隆庆）《永州府志》，明隆庆五年（1571）刻本。

71. （明）罗青霄纂修（万历）《漳州府志》，明万历元年（1573）刻本。

72. （明）刘时征修，滕元庆纂（万历）《江华县志》，明万历二十九年（1601）刻，明崇祯清顺治修补刻本。

73. （明）郭棐撰修（万历）《广东通志》，明万历三十年（1602）刻本。

74. （明）史朝富等纂修（隆庆）《永州府志》，明隆庆五年（1571）刻本。

75. （明）陈鏊、陈煊奎等纂修（崇祯）《肇庆府志》，明崇祯六年（1633）刻本。

76. （明）明宋应升原本，（清）佟世男修，郑轼等续纂（康熙）《恩平县志》，清康熙二十七年（1688）增订本。

77. （清）蒋应泰纂修，黄云史重辑（康熙）《高州府志》，清康熙八年（1669）修，清康熙十一年（1672）刻本。

78. （清）刘道著修，钱邦芑纂（康熙）《永州府志》，清康熙九年（1670）刻本。

79. （清）李益阳修，钱邦芑、刘应祁纂（康熙）《宝庆府志》，清康熙十二年（1673）刻本。

80. （清）史树骏修，区简臣纂（康熙）《肇庆府志》，清康熙十二年（1673）刻本。

81. （清）金光祖纂修（康熙）《广东通志》，清康熙十四年（1675）修，清康熙三十六年（1697）刻本。

82. （清）王元弼修，黄佳色等纂（康熙）《零陵县志》，清康熙二十三年（1684）刻本。

83. （清）牟国镇修，朱宏绪纂（康熙）《新宁县志》，清康熙二十四年（1685）刻本。

84. （清）陈邦器修，李嗣沁、刘带蕙纂（康熙）《郴州总志》，清康熙二十四年（1685）刻本。

85. （清）张洗易纂修（康熙）《乳源县志》，清康熙二十六年（1687）刻本。

86. （清）刘元禄纂修（康熙）《罗定直隶州志》，清康熙二十六年（1687）刻本。

87. （清）裴天锡修，罗人龙纂（康熙）《湖广武昌府志》，清康熙二十六年（1687）刻本。

88. （清）佟世男修，郑轼续纂（康熙）《恩平县续志》，清康熙二十七年（1688）修，抄本。

89. （清）周鹤修，王缵纂（康熙）《永明县志》，清康熙四十八年（1709）刻本。

90. （清）黄大成纂修（康熙）《平乐县志》，清康熙五十六年（1717）刻本。

91. （清）张廷玉等撰《明史》，中华书局，1974。

92. （清）胡醇仁纂修（雍正）《平乐府志》，清雍正四年（1726）刻本。

93. （清）周天成修，邓廷喆纂（雍正）《东莞县志》，清雍正八年（1730）

刻本。

94. （清）金鉷修，钱元昌、陆纶纂（雍正）《广西通志》，文渊阁四库全书本。

95. （清）庄大中纂修（乾隆）《东安县志》，清乾隆六年（1741）刻本。

96. （清）万光谦纂修（乾隆）《阳山县志》，清乾隆十二年（1747）刻本。

97. （清）爱必达纂修（乾隆）《黔南识略》，清乾隆十四年（1749）修，清道光二十七年（1847）刻本。

98. （清）华西植修，黄炎等纂（乾隆）《贵溪县志》，清乾隆十六年（1751）刻本。

99. （清）钟人文纂修（乾隆）《宁远县志》，清乾隆十九年（1754）刻本。

100. （清）李文琰修，何天祥纂（乾隆）《庆远府志》，清乾隆十九年（1754）刻本。

101. （清）陈宏谋修，范咸、欧阳正焕纂（乾隆）《湖南通志》，清乾隆二十二年（1757）刻本。

102. （清）瑭珠修，朱景英纂（乾隆）《沅州府志》，清乾隆二十二年（1757）刻本。

103. （清）叶承立纂修（乾隆）《富川县志》，清乾隆二十二年（1757）刻本。

104. （清）邵应龙纂修（乾隆）《蕲水县志》，清乾隆二十三年（1758）刻本。

105. （清）刘芳纂修（乾隆）《新兴县志》，清乾隆二十三年（1758）刻本。

106. （清）陆焞纂修（乾隆）《昭平县志》，清乾隆二十五年（1760）刻，同治八年（1869）补刻，光绪十七年（1891）再补刻本。

107. （清）吕宣曾修，张开东纂（乾隆）《靖州志》，清乾隆二十六年（1761）刻本。

108. （清）陶金谐修，杨鸿观纂（乾隆）《溆浦县志》，清乾隆二十七年（1762）刻本。

109. （清）周硕勋纂修（乾隆）《潮州府志》，清乾隆二十七年（1762）刻本。

110. （清）陈裔虞纂修（乾隆）《博罗县志》，清乾隆二十八年（1763）刻本。

111. （清）张天如等纂修（乾隆）《永顺府志》，清乾隆二十八年（1763）刻本。

112. （清）李宏湑修，蒋日莱纂（乾隆）《象州志》，清乾隆二十九年（1764）刻本。

113. （清）张宏燧修，卢世昌、邵玘纂（乾隆）《桂阳州志》，清乾隆三十年（1765）刻本。

114. （清）吴九龄修，史鸣皋等纂（乾隆）《梧州府志》，清乾隆三十五年（1770）刻本。

115. （清）郝玉麟监修，鲁曾煜编纂（乾隆）《广东通志》，文渊阁四库全书本。

116. （清）李亨特修，平恕、徐嵩纂（乾隆）《绍兴府志》，清乾隆五十七年（1792）刻本。

117. （清）曾钰纂修（嘉庆）《宁远县志》，清嘉庆十六年（1811）刻本。

118. （清）李沄等修，区启科等纂，李应均增补，胡瑹续纂（道光）《阳江县志》，清嘉庆十七年（1812）修，二十三年（1818）增补，清道光二年（1822）续修刻本。

119. （清）张厚郿等修，乐明绍等纂（嘉庆）《新田县志》，清嘉庆十七年（1812）刻本，民国二十九年（1940）铅印本。

120. （清）何愚纂修（嘉庆）《广南府志》，清嘉庆二十年（1815）修，道光五年刻本。

121. （清）薛凝度修，吴文林纂（嘉庆）《云霄厅志·风土志》，清嘉庆二十一年（1816）刻本，民国铅字重印本。

122. （清）许绍宗修，邓显鹤纂（嘉庆）《武冈州志》，清嘉庆二十二年

（1817）刻本。

123.（清）朱偓修，陈昭谋纂（嘉庆）《郴州总志》，清嘉庆二十五年（1820）刻本。

124.（清）唐凤德修，黄崇光等纂（嘉庆）《邵阳县志》，清嘉庆二十五年（1820）刻本。

125.（清）巴哈布、翁元圻等修，王熙、黄本骥纂（嘉庆）《湖南通志》，清嘉庆二十五年（1820）刻本。

126.（清）阮元修，陈昌齐等纂（道光）《广东通志》，清道光二年（1822）刻本。

127.（清）汪兆柯纂修（道光）《东安县志》，清道光五年（1825）刻本。

128.（清）李恒谦纂修（道光）《他郎厅志》，清道光七年（1827）刻本。

129.（清）吕恩湛修，宗绩辰纂：（道光）《永州府志》，清道光八年（1828）刻本。

130.（清）何怀道、周炳修，万重赟纂（道光）《开化府志》，清道光九年（1829）刻本。

131.（清）阮元、伊里布等修，王崧、李诚纂（道光）《云南通志稿》，清道光十五年（1835）刻本。

132.（清）姚柬之纂（道光）《连山绥猺厅志》，清道光十七年（1837）刻本。

133.（清）王春藻纂修（道光）《永明县志》，清道光二十六年（1846）刻本。

134.（清）姚柬之辑（道光）《连山绥猺厅志》，清道光二十八年（1848）刻且看山人文集本。

135.（清）黄宅中等修，邓显鹤等纂（道光）《宝庆府志》，清道光二十九年（1849）刻本。

136.（清）常恩修，邹汉勋、吴寅邦纂（咸丰）《安顺府志》，清咸丰元年（1851）刻本。

137. （清）郭汝诚修，冯奉初纂（咸丰）《顺德县志》，清咸丰三年（1853）修，六年（1856）刻本。

138. （清）仲振履原本，张鹤龄增修，曾士梅增纂（咸丰）《兴宁县志》，民国十八年（1929）铅印本。

139. （清）刘华邦修，唐为煌等纂（同治）《江华县志》，清同治九年（1870）刻本。

140. （清）袁泳锡、觉罗祥瑞修，单兴诗纂（同治）《连州志》，清同治九年（1870）刻本。

141. （清）李世椿修，郑献甫纂（同治）《象州志》，清同治九年（1870）桂林鸿文堂刻本。

142. （清）毛鸿宾、郭嵩焘等修，桂文灿纂（同治）《广东图说》，清同治间刻本。

143. （清）甘启运、关培钧修，刘洪泽等纂（同治）《新化县志》，清同治十一年（1872）刻本。

144. （清）黄维瓒、潘清修，邓绎纂（同治）《武冈州志》，清同治十二年（1873）刻本。

145. （清）唐荣邦修，周作翰等纂（同治）《鄱县志》，清同治十二年（1873）刻本。

146. （清）张官五等纂修，吴嗣仲续修（同治）《沅州府志》，清同治十二年（1873）增刻乾隆本。

147. （清）彭润章纂修（同治）《丽水县志》，清同治十三年（1874）刻本。

148. （清）额哲克等修，单兴诗纂（同治）《韶州府志》，清同治十三年（1874）刻本。

149. （清）张希京修，欧樾华、冯翼之纂（光绪）《曲江县志》，清光绪元年（1875）刻本。

150. （清）郭树馨、刘锡九修，黄榜元、许万松纂（光绪）《兴宁县志》，清光绪元年（1875）刻本。

151.（清）苏忠廷修，李肇同、董成烈纂（光绪）《荔波县志》，清光绪元年（1875）修，抄本。

152.（清）稽有庆、徐保龄修，刘沛纂（光绪）《零陵县志》，清光绪二年（1876）刻本。

153.（清）张大煦修，欧阳泽闿纂（光绪）《宁远县志》，清光绪二年（1876）崇正书院刻本。

154.（清）李文烜、罗炜修，朱润芳、麦瑞芳纂（光绪）《清远县志》，清光绪六年（1880）刻本。

155.（清）程其珏修，杨震福等纂（光绪）《嘉定县志》，清光绪八年（1882）刻本。

156.（清）吕凤藻修，李献君纂（光绪）《永兴县志》，清光绪九年（1883）刻本。

157.（清）卞宝第、李瀚章等修，曾国荃、郭嵩焘等纂（光绪）《湖南通志》，清光绪十一年（1885）刻本。

158.（清）杨霁修，陈兰彬等纂（光绪）《高州府志》，清光绪十六年（1890）刻本。

159.（清）吴征鳌修，黄泌、曹驯纂（光绪）《临桂县志》，清光绪三十一年（1905）刻本。

160.（民国）何一鸾修，臧承宣纂，凌锡华增修《连山县志》，民国四年（1915）修，十七年（1928）增修铅印本。

161.（民国）周赞元等纂修《怀集县志》，民国五年（1916）铅印本。

162.（民国）黄占梅等修，程大璋等纂《桂平县志》，民国九年（1920）粤东编译公司铅印本。

163.（民国）吴剑佩、陈整修，舒立淇纂《溆浦县志》，民国十年（1921）活字本。

164.（民国）徐孝喆修，缪云章纂《邱北县志》，民国十五年（1926）石印本。

165. （民国）郑翘松等纂《永春县志》，民国十六年（1927）纂，民国十九年（1930）中华书局铅印本。

166. （民国）李树枏修，吴寿崧、梁材鸿纂《昭平县志》，民国十七年（1928）修，民国二十三年（1934）铅印本。

167. （民国）何一鸾修，臧承宣纂，凌锡华增修《连山县志》，民国十七年（1928）增修铅印本。

168. （民国）刘运锋修，陈宗瀛纂《乐昌县志》，民国二十年（1931）铅印本。

169. （民国）陈必闻修，卢纯道纂《汝城县志》，民国二十一年（1932）铅印本。

170. （民国）张自明修，王富臣等纂《马关县志》，民国二十一年（1932）石印本。

171. （民国）邓以权、黎泽泰修，雷飞鹏纂《蓝山县图志》，民国二十一年（1932）刻本。

172. （民国）郭辅相修，王世鑫纂《八寨县志稿》，民国二十一年（1932）铅印本。

173. （民国）韦冠英修，梁培煐、龙先钰纂《贺县志》，民国二十三年（1934）铅印本。

174. （民国）佚名纂《广南县志》，民国二十三年（1934）稿本。

175. （民国）周学仕修，马呈图纂，陈树勋续修《罗定县志》，民国二十四年（1935）铅印本。

176. （民国）张岳灵等修，黎启勋等纂（民国）《阳朔县志》，民国二十五年（1936）修，三十二年（1943）石印本。

177. （民国）吴凤声、余棨谋修，朱汝珍纂《清远县志》，民国二十六年（1937）铅印本。

178. （民国）何天瑞修，桂坫纂《西宁县志》，民国二十六年（1937）铅印本。

179. （民国）王佐等修，顾枞纂《息烽县志》，民国二十九年（1940）稿本。

180. （民国）钟诗杰修，臧承宣纂《续修分水县志》，民国三十一年（1942）铅印本。

181. （民国）谢次颜、潘鼎新修，黄文观等纂《凤山县志》，民国三十五年（1946）修，1957 年广西僮族自治区博物馆油印本。

182. （民国）林善庆修，王琼纂《清流县志》，民国三十六年（1947）铅印本。

183. （民国）刘显世、吴鼎昌修，任可澄、杨恩元纂《贵州通志》，民国三十七年（1948）铅印本。

184. （民国）韩建勋修，伍岳嵩纂《连县志》，民国三十八年（1949）油印本。

185. 莫炳奎纂《邕宁县志》，成文出版社，1970。

186. 潘一志主纂《民国荔波县志稿》，上海古籍出版社，2017。

187. （明）蒋鐄，（清）吴祖绳、王开琭纂修，梁颂成、李花蕾校点《九疑山志两种·炎陵志》，岳麓书社，2008。

188. 金秀瑶族自治县志编纂委员会编《金秀瑶族自治县志》，中央民族学院出版社，1992。

189. 湖南省江永县志编纂委员会编《江永县志》，方志出版社，1995。

190. 金平苗族瑶族傣族自治县地方志编纂委员会编《金平苗族瑶族傣族自治县志》，生活·读书·新知三联书店，1994。

191. 从江县地方志编纂委员会编《从江县志》，贵州人民出版社，1999。

192. 广东省地方史志编纂委员会编《广东省志·少数民族志》，广东人民出版社，2000。

193. 云南省麻栗坡县地方志编纂委员会编纂《麻栗坡县志》，云南民族出版社，2000。

194. 刘德荣等编著《新编文山风物志》，云南人民出版社，2000。

195. 文山壮族苗族自治州地方志编纂委员会编纂《文山壮族苗族自治州志》

第 1 卷，云南人民出版社，2000。

196. 杨桂林主编，麻栗坡县民族事务委员会编《麻栗坡县民族志》，云南民族出版社，2001。

197. 文山壮族苗族自治州民族宗教事务委员会编《文山壮族苗族自治州民族志》，云南民族出版社，2005。

198. 湖南省江华瑶族自治县志编纂委员会编《江华瑶族自治县志 1990-2003 年》，民族出版社，2005。

199. 《文山壮族苗族自治州概况》编写组，《文山壮族苗族自治州概况》修订本编写组编《文山壮族苗族自治州概况》，民族出版社，2008。

200. 《恭城瑶族自治县概况》编写组编《恭城瑶族自治县概况》，民族出版社，2009。

201. 《清远市志》编纂委员会编《清远市志（1988~2003）》下册，广东人民出版社，2012。

202. 连南瑶族自治县地方志编纂委员会编《连南瑶族自治县志（1979~2004）》，广东人民出版社，2012。

203. （东晋）葛洪撰《抱朴子内篇》，《道藏》第 28 册。

204. （南朝齐梁）陶弘景集，（唐）李淳风注《太上赤文洞神三箓》，《道藏》第 10 册。

205. （北周）宇文邕集《无上秘要》，《道藏》第 25 册。

206. （唐）杜光庭撰《广成集》，《道藏》第 11 册。

207. （唐）杜光庭撰《太上黄箓斋仪》，《道藏》第 9 册。

208. （唐）洞山真人霞映撰《太清玉司左院秘要上法》，《道藏》第 32 册。

209. （宋）林灵真撰《灵宝领教济度金书》，《道藏》第 7 册。

210. （宋）金允中撰《上清灵宝大法》，《道藏》第 31 册。

211. （宋）王契真撰《上清灵宝大法》，《道藏》第 30 册。

212. （宋）曾慥撰《道枢》，《道藏》第 20 册。

213. （宋）谢守灏编《混元圣纪》《道藏》第 17 册。

214.（宋）邓有功编《上清天心正法》，《道藏》第 10 册。

215.（宋）邓有功编《上清骨髓灵文鬼律》《道藏》第 11 册。

216.（宋）白玉蟾撰《海琼白真人语录》，《道藏》第 33 册。

217.（宋）白玉蟾撰《玉隆集》，《修真十书》，《道藏》第 4 册。

218.（宋）白玉蟾撰《武夷集》，《修真十书》，《道藏》第 4 册。

219.（宋）元妙宗撰《太上助国救民总真秘要》，《道藏》第 32 册。

220.（宋）吕太古撰《道门通教必用集》《道藏》第 32 册。

221.（元）秦志安撰《金莲正宗记》，《道藏》第 3 册。

222.（元）陈梦根编《徐仙翰藻》，《道藏》第 35 册。

223.（明）朱权编《天皇至道太清玉册》，《道藏》第 36 册。

224.（明）周玄贞集《皇经集注》，《道藏》第 34 册。

225.（明）张宇初撰《岘泉集》，《道藏》第 33 册。

226.魏晋道经《太上老君中经》，《道藏》第 27 册。

227.六朝道经《正一法文太上外箓仪》，《道藏》第 32 册。

228.南北朝道经《正一威仪经》，《道藏》第 18 册。

229.南北朝道经《正一法文天师教戒科经》，《道藏》第 18 册。

230.南北朝道经《太上正一咒鬼经》，《道藏》第 28 册。

231.南北朝道经《太霄琅书琼文帝章诀》，《道藏》第 2 册。

232.南北朝道经《洞玄灵宝三洞奉道科戒营始》，《道藏》第 24 册。

233.南北朝道经《正一修真略仪》，《道藏》第 32 册。

234.南北朝道经《赤松子章历》，《道藏》第 11 册。

235.南北朝道经《太上九真妙戒金箓度命拔罪妙经》，《道藏》第 3 册。

236.唐代道经《太上玄灵北斗本命延生真经》，《道藏》第 17 册。

237.唐代道经《元始洞真慈善孝子报恩成道经》，《道藏》第 2 册。

238.唐代道经《金锁流珠引》，《道藏》第 20 册。

239.宋代道经《上清天枢院回车毕道正法》，《道藏》第 10 册。

240.宋代道经《高上神霄玉清真王紫书大法》，《道藏》第 28 册。

241. 宋代道经《太上三洞神咒》，《道藏》第 2 册。

242. 宋元道经《灵宝玉鉴》，《道藏》第 10 册。

243. 宋代道经《太清金阙玉华仙书八极神章三皇内秘文》，《道藏》第 28 册。

244. 宋元道经《灵宝无量度人上经大法》，《道藏》第 3 册。

245. 元代道经《法海遗珠》，《道藏》第 26 册。

246. 宋元道经《道法会元》，《道藏》第 29 册。

247. 明代道经《大明玄教立成斋醮仪》，《道藏》第 9 册。

248. 《搜神记》（道藏本），《道藏》第 32 册。

二　研究著作文集类

1. 〔英〕弗雷泽著，李新萍、郭于华、王彪译《永生的信仰和对死者的崇拜》，中国文联出版社，1992。

2. 〔美〕维克多·特纳编，方永德等译《庆典》，上海文艺出版社，1993。

3. 白鸟芳郎編『傜人文書』、講談社、1975.

4. 〔日〕白鸟芳郎编著《东南亚山地民族志》，黄来钧译，云南省历史研究所东南亚研究室，1980。

5. 〔英〕A. R. 拉德克利夫-布朗：《原始社会结构与功能》，丁国勇译，江西教育出版社，2014。

6. 〔法〕莫里斯·哈布瓦赫（Maurice Halbwachs）：《论集体记忆》，毕然、郭金华译，上海人民出版社，2002。

7. 〔日〕竹村卓二：《瑶族的历史和文化——华南、东南亚山地民族的社会人类学研究》，朱桂昌、金少萍译，民族出版社，2003。

8. Höllmann, Thomas O. & Michael Friedrich（编）1999, Botschaften an die Götter: Religiöse, Handschriften der Yao, Südchina, Vietnam, Laos, Thailand, Myanmar. Asiatische Forschungen 138, Wiesbaden: Harrassowitz Verlag.

9. Höllmann, Thomas O. & Michael Friedrich（编）2004, Handschriftender Yao: Bestände der Bayerischen Staatsbibliothek München, Verzeichnis der

Orientalischen Handschriften in Deutschland 44.1, Stuttgart： Franz Steiner Verlag.

10. 神奈川大学歴民調査報告第 17 集『南山大学人類学博物館所蔵上智大学西北タイ歴史文化調査団収集文献目録』神奈川大学大学院歴史民俗資料学研究科発行、2014。

11. 费孝通等：《中华民族多元一体格局》，中央民族学院出版社，1989。

12. 梁漱溟：《梁漱溟全集》第 3 卷，山东人民出版社，1990。

13. 余敦康、吕大吉、牟钟鉴、张践：《中国宗教与中国文化》，中国社会科学出版社，2005。

14. 吕思勉：《先秦史》，中国友谊出版公司，2009。

15. 江应樑：《西南边疆民族论丛》，清华印书馆，1948。

16. 梁钊韬：《梁钊韬民族学人类学研究文集》，民族出版社，1994。

17. 张有隽：《张有隽人类学民族学文集》，民族出版社，2011。

18. 张有隽：《张有隽集》，线装书局，2012。

19. 胡起望、范宏贵：《盘村瑶族》，民族出版社，1983。

20. 黄书光、刘保元等编著《瑶族文学史》，广西人民出版社，1988。

21. 赵廷光：《论瑶族传统文化》，云南民族出版社，1990。

22. 姚舜安：《瑶族民俗》，吉林教育出版社，1991。

23. 陈毓山等：《贺县乡土情》，广西人民出版社，1992。

24. 张有隽：《瑶族传统文化变迁论》，广西民族出版社，1992。

25. 练铭志、马建钊、李筱文：《排瑶历史文化》，广东人民出版社，1992。

26. 刘保元：《瑶族文化概论》，广西民族出版社，1993。

27. 黄钰、黄方平：《国际瑶族概述》，广西人民出版社，1993。

28. 吴永章：《瑶族史》，四川民族出版社，1993。

29. 胡健国：《巫傩与巫术》，海南出版社，1993。

30. 庞绍元、王超：《广西省柳州市师公傩的文武坛法事》，财团法人施合郑民俗文化基金会，1995。

31. 李本高：《瑶族〈评皇券牒〉研究》，岳麓书社，1995。

32. 湖南省地方志编纂委员会编《湖南省志》第二十八卷《文物志》，湖南出版社，1995。

33. 胡天成主编，重庆市艺术研究所编《民间祭礼与仪式戏剧》，贵州民族出版社，1999。

34. 黄海：《瑶山研究》，贵州人民出版社，1997。

35. 刘保元、莫义明：《茶山瑶文化》，广西人民出版社，2002。

36. 张劲松、赵群、冯荣军：《蓝山县瑶族传统文化田野调查》，岳麓书社，2002。

37. 黄贵权：《靛村瑶族——那洪村蓝靛瑶文化的调查与研究》，云南民族出版社，2003。

38. 陈玫妏：《从命名谈广西田林盘古瑶人的构成与生命的来源》，唐山出版社，2003。

39. 杨仁里：《零陵文化研究都庞撷英》，珠海出版社，2003。

40. 陈耀庭：《道教礼仪》，宗教文化出版社，2003。

41. 刘锋：《百苗图疏证》，民族出版社，2004。

42. 李默：《韶州瑶人——粤北瑶族社会发展跟踪调查》，中山大学出版社，2004。

43. 徐祖祥：《瑶族的宗教与社会——瑶族道教及其与云南瑶族关系研究》，云南人民出版社，2006。

44. 伍新福：《湖南民族关系史》，民族出版社，2006。

45. 黄海、邢淑芳：《盘王大歌：瑶族图腾信仰与祭祀经典研究》，贵州人民出版社，2006。

46. 奉恒高主编《瑶族通史》，民族出版社，2007。

47. 李顺滔、石墨：《南游别传》，西泠印社出版社，2007。

48. 萧霁虹、董允：《云南道教史》，云南大学出版社，2007。

49. 郭维利、陆进强、潘怿晗等：《盘村变迁》，民族出版社，2007。

50. 李少梅：《中国广东乳源瑶族与瑶语》，民族出版社，2008。

51. 胡起望：《瑶族研究五十年》，中央民族大学出版社，2009。

52. 黄贵权：《瑶族志：香碗——云南瑶族文化与民族认同》，云南大学出版社，2009。

53. 娄自昌、浦加旗：《嬗变中的瑶村苗寨：云南省文山州麻栗坡县猛硐瑶族乡坝子村调查报告》，社会科学文献出版社，2010。

54. 王文光、龙晓燕编著《云南民族的历史与文化概要》，云南大学出版社，2012。

55. 左汉中：《湖湘图腾与图符》，湖南美术出版社，2012。

56. 罗宗志：《信仰治疗：广西盘瑶巫医研究》，中国社会科学出版社，2012。

57. 付广华：《生态重建的文化逻辑·基于龙脊古壮寨的环境人类学研究》，中央民族大学出版社，2013。

58. 杨民康、杨晓勋：《云南瑶族道教科仪音乐》，文化艺术出版社，2014。

59. 胡庆生、陶红云：《贺州瑶族》，世界图书出版广东有限公司，2015。

60. 李默：《瑶族历史探究》，社会科学文献出版社，2015。

61. 玉时阶：《历史的记忆——瑶族传统文化研究》，民族出版社，2016。

62. 何红一：《美国国会图书馆馆藏瑶族文献研究》，中国社会科学出版社，2017。

63. 李筱文：《说瑶三十年》，广东人民出版社，2017。

64. 国立中山大学研究院文科研究所编《民俗》复刊号第 1 卷第 3 期《广东北江傜人调查报告专号》，1937。

65. 边疆论文集编纂委员会编纂《边疆论文集》，台北："国防研究院"，中华大典编印会合作，1964。

66. 张有隽、邓文通：《上思十万大山瑶族宗教信仰调查》，广西民族学院民族研究室，1981。

67. 张有隽：《瑶族宗教论集》，广西瑶族研究学会，1986。

68. 刘耀荃、李默编《乳源瑶族调查资料》，广东省社会科学院，1986。

69. 国立中研院历史语言研究所集刊编辑委员会编辑《历史语言研究所集刊》，中华书局，1987。

70. 广西民族学院赴泰国瑶族考察组编著《泰国瑶族考察》，广西人民出版社，1992。

71. 广东省民族研究学会等编《广东民族研究论丛》（第六辑），广东人民出版社，1993。

72. 广西瑶学会编《瑶学研究》第 1 辑，广西民族出版社，1993。

73. 张子伟主编《中国傩》，湖南师范大学出版社，1994。

74. 张有隽主编《瑶学研究》第四辑，广西民族出版社，1997。

75. 李国文、昂自明、李孝友、杨光远、徐丽华、萧霁虹、盘金祥编著《古老的记忆——云南民族古籍》，云南教育出版社，2000。

76. 娄底市文学艺术界联合会编《娄底优秀文艺作品选·民间文化研究卷》，湖南文艺出版社，2006。

77. 杨成志等著《瑶族调查报告文集》，民族出版社，2007。

78. 张有隽、玉时阶编《瑶学研究》第 6 辑，香港展望出版社，2008。

79. 李筱文、赵卫东主编《过山瑶研究文集》，民族出版社，2008。

80. 荣仕星、徐杰舜主编《人类学世纪真言》，中央民族大学出版社，2009。

81. 梁庭望主编《壮族原生型民间宗教调查研究》，宗教文化出版社，2009。

82. 李友仁主编《信息社会与多元化：云南省图书馆百年馆庆国际学术研讨会论文集（1909~2009）》，云南大学出版社，2009。

83. 奉恒高、何建强编著《瑶族盘王祭祀大典：瑶族盘王节祭祀礼仪研究》，民族出版社，2010。

84. 曾艳主编，覃录辉、黎瑞江、黄萌副主编《瑶族文化探骊——全国瑶族文化高峰论坛论文集》，中央民族大学出版社，2011。

85. 吴学东、奉恒高主编，钟海青、何龙群、吴尽昭、玉时阶副主编《茶山瑶历史与文化》，民族出版社，2011。

86. 王建新主编《南岭走廊民族宗教研究：道教文化融合的视角》，宗教文化出版社，2011。

87. 广东省民族宗教研究院，中山大学人类学系，连南排瑶文化教学科研基地编，马建钊主编，麻国庆、李筱文副主编《排瑶研究论文选集》，广东人民出版社，2013。

88. 尹祖均主编《中国民间歌曲集成·云南省红河哈尼彝族自治州河口民歌卷》（内部资料）。

89. 连南县文化局编《瑶族民间故事》，连南瑶族自治县内部印刷。

90. 全国人民代表大会民族委员会办公室编《广西大瑶山——瑶族社会历史情况调查》，金秀县档案局存内部资料，1958。

91. 全国人民代表大会民族委员会办公室编《广西大瑶山瑶族歌谣故事集》，1958。

92. 陈摩人、萧亭搜集整理《瑶族歌堂曲》，广东人民出版社，1981。

93. 广西壮族自治区编辑组、《中国少数民族社会历史调查资料丛刊》修订编辑委员会编《广西瑶族社会历史调查》第2册，广西民族出版社，2009。

94. 广西壮族自治区编辑组、《中国少数民族社会历史调查资料丛刊》修订编辑委员会编《广西瑶族社会历史调查》第1册，广西民族出版社，2009。

95. 贵州省民族研究所：《贵州民族调查（之二）》，贵州省民族研究所，1984。

96. 广西壮族自治区编辑组、《中国少数民族社会历史调查资料丛刊》修订编辑委员会编《广西瑶族社会历史调查》第7册，广西民族出版社，2009。

97. 广西壮族自治区编辑组、《中国少数民族社会历史调查资料丛刊》修订编辑委员会编《广西瑶族社会历史调查》第6册，广西民族出版社，2009。

98. 李默、房先清编《连南八排瑶族研究资料》，广东省社会科学院，1987。

99. 《盘王大歌》，岳麓书社，1988。

100. 黄钰辑注《评皇券牒集编》，广西人民出版社，1990。

101. 李刚、俸斌、俸艳、俸贵华编《广西恭城瑶族历史资料》，漓江出版社，1990。

102. 蒲朝军、过竹主编《中国瑶族风土志》，北京大学出版社，1992。

103. 《中国各民族宗教与神话大词典》编审委员会编《中国各民族宗教与神话大词典》，学苑出版社，1993。

104. 盘才万、房先清收集，李默、朱洪校注《拜王歌堂》，广东人民出版社，1994。

105. 李默、房先清编《八排瑶古籍汇编》，广东人民出版社，1995。

106. 叶明生编《闾山教广济坛科仪本汇编》，南天出版社，1996。

107. 盘才万、房先清收集，李默编注《乳源瑶族古籍汇编》，广东人民出版社，1997。

108. 李冬生主编《新中国民族古籍工作》，民族出版社，1999。

109. 王秋桂主编《中国传统科仪本汇编（四）》，新文丰出版公司，2000。

110. 《乳源瑶族志》编纂小组编《乳源瑶族志》，广东人民出版社，2000。

111. 马本立主编《湘西文化大辞典》，岳麓书社，2000。

112. 郑德宏、李本高、任涛、郑艳群选编《瑶人经书》，岳麓书社，2000。

113. 于宝林、华祖根主编《中国民族研究年鉴·1999》，民族出版社，2000。

114. 冯成善、冯春金主编《田林盘瑶民歌》，广西民族出版社，2001。

115. 张声震主编《还盘王愿》，广西少数民族古籍整理出版规划办公室，2002。

116. 刘德荣、陆诚、陈国勇、蒋云珠主编《瑶族民间文学集》，云南美术出版社，2002。

117. 盘才万主编《必背瑶寨》，中共必背镇委员会、必背镇人民政府，2003。

118. 黄光学、施联朱主编《中国的民族识别：56 个民族的来历》，民族出版社，2005。

119. 国家民委《民族问题五种丛书》编辑委员会、《中国民族问题资料·档案集成》编辑委员会编《中国民族问题资料·档案集成》第 2 辑，中央民族大学出版社，2005。

120. 国家民委《民族问题五种丛书》编辑委员会、《中国民族问题资料·档案集成》编辑委员会编《中国民族问题资料·档案集成》第4辑，中央民族大学出版社，2005。

121. 国家民委《民族问题五种丛书》编辑委员会、《中国民族问题资料·档案集成》编辑委员会编《中国民族问题资料·档案集成》第5辑，中央民族大学出版社，2005。

122. 雷绍良搜集，华济时选编《湖南新宁瑶山八峒歌谣选》，香港天马出版有限公司，2006。

123. 贵州省民族事务委员会，贵州省民族研究所编《贵州"六山六水"民族调查资料选编：回族、白族、瑶族、壮族、畲族、毛南族、仫佬族、满族、羌族卷》，贵州民族出版社，2008。

124. 云南省少数民族古籍整理出版规划办公室编《云南民族口传非物质文化遗产总目提要·史诗歌谣卷》（下卷），云南教育出版社，2008。

125. 陵水黎族自治县民族宗教事务局、政协陵水黎族自治县文史委员会编《陵水苗族民歌选》，2009。

126. 云南省文化厅编著《云南省非物质文化遗产传承人名录》，云南大学出版社，2009。

127. 《中国少数民族社会历史调查资料丛刊》修订编辑委员会编《瑶族〈过山榜〉选编》，民族出版社，2009。

128. 《中国少数民族社会历史调查资料丛刊》修订编辑委员会编《云南苗族瑶族社会历史调查》，民族出版社，2009。

129. 云南省编辑组编《云南少数民族社会历史调查资料汇编（五）》，云南人民出版社，1991。

130. 郑德宏、任涛、郑艳琼编：《湖南瑶族风情》，岳麓书社，2009。

131. 中华文化通志编委会编《中华文化通志 27 第三典民族文化：苗、瑶、畲、高山、佤、布朗、德昂族文化志》，上海人民出版社，2010。

132. 谢沫华主编《民族文字古籍》，云南美术出版社，2010。

133. 〔越〕越南老街省文化体育旅游厅编著《越南瑶族民间古籍（一）》，

民族出版社，2011。

134. 金洪主编《道科书》（下），云南人民出版社，2011。

135. 万里主编《湖湘文化辞典（一）》，湖南人民出版社，2011。

136. 广东省民族宗教研究院，中国第一历史档案馆合编，练铭志、张菽晖主编，朱淑媛副主编，刘若芳、杨欣欣编辑《〈清实录〉与清档案中的广东少数民族史料汇编》，广东人民出版社，2011。

137. 《湖南瑶族》编写组编《湖南瑶族》，民族出版社，2011。

138. 国家民族事务委员会全国少数民族古籍整理研究室组织编写《中国少数民族古籍总目提要·瑶族卷》，中国大百科全书出版社，2013。

139. 杨永福主编《云南瑶族口传非物质文化遗产提要辑录》，天津古籍出版社，2013。

140. 李远龙主编《传统与变迁：大瑶山瑶族历史人类学考察》，广西民族出版社，2001。

141. 李文海主编《民国时期社会调查丛编·二编·少数民族卷》（下），福建教育出版社，2014。

142. 云南省少数民族语文指导工作委员会编《云南少数民族文字概要》，云南民族出版社，1999。

143. 中国人民政治协商会议云南省文山壮族苗族自治州委员会编《文山壮族苗族自治州文史资料集》（中），中国人民政治协商会议云南省文山壮族苗族自治州委员会，2014。

144. 中国人民政治协商会议文山壮族苗族自治州委员会文史资料委员会：《文山州文史资料》第 11 辑《少数民族专辑》，1998。

145. 政协连南瑶族自治县文史委员会编《连南文史资料第 5 辑排瑶史料专辑》，连南瑶族自治县印刷厂，1988。

146. 中国近现代史史料学学会，政协怒江州委员会编《少数民族史及史料研究》（三），德宏民族出版社，1999。

147. 贵州省民族宗教事务委员会民族古籍整理办公室编《贵州少数民族古籍

研究》（一），贵州民族出版社，2001。

148. 中国社会科学院历史研究所学刊编委会编辑《中国社会科学院历史研究所学刊》第二集，社会科学文献出版社，2001。

三　学术论文类

1. 西澤治彦「費孝通著『中華民族の多元一体構造』」、『武蔵大学総合研究所紀要』2002 年第 11 期.

2. 〔越〕莫唐：《越南僙族的历史来源与迁徙》，（越南）《历史研究》1959 年第 5 期。

3. 〔日〕白鸟芳郎：《瑶族文书和祭祀——关于泰国西北山地民族的调查》，《世界民族》1985 年第 4 期。

4. 〔法〕雅克·勒穆瓦纳：《瑶族的宗教：道教》，覃光广、冯利译，《民族译丛》1987 年第 2 期。

5. 〔美〕托尼·瓦特斯：《东南亚瑶族的迁徙与适应》，吴晓东、黄贵权译，《民族学》1992 年第 3—4 期合刊。

6. 〔泰〕差博·卡差-阿南达等：《泰国瑶族四题》，广西瑶学会编《瑶学研究》（第三辑），广西民族出版社，1993。

7. 〔法〕雅克·勒穆瓦纳：《勉瑶的历史与宗教初探》，《广西民族学院学报》1994 年第 4 期。

8. 〔日〕白鸟芳郎：《〈瑶人文书〉及其宗教仪式（二）》，肖迎译，《云南档案》1995 年第 3 期。

9. Nacbricbten der Gesellscbafl 加 Natur—und Volkerunde Ostasiens Vol. 67, 1—2（110. 161—62）1997.

10. 〔德〕露西亚·欧碧、宋馨·缪勒：《巴伐利亚国立图书馆中的瑶族文书》，袁同凯译，《瑶族研究》1997 年第 4 辑。

11. 〔荷〕田海：《瑶牒新释》，保罗·范德维尔德、亚历克斯·麦凯编辑《亚洲研究的新进展》，凯根·保罗国际出版社，1998。

12. Paul Batik. Reinvention of Taoist Ritual among Yao Minorities, McGill University, 1999.

13. Thomas O. Höllmann & Michael Friedrich（ed.）. Handschriften der Yao 1： Bestände der Bayerischen Staatsbibliothek München, Cod. sin. 147 bis Cod. sin. 1045. Verzeichnis der Orientalischen Handschriften in Deutschland；44, Stuttgart：2004.

14. 〔德〕Lucia Obi，M・A，Dr. Shing Muller：《瑶族之宗教文献：概述巴伐利亚州立图书馆之藏馆瑶族手本》，詹春媚译，《民俗曲艺》第 150 期，2005 年 12 月。

15. 〔德〕贺东劢：《瑶族文书与仪式》，宋馨译，《新疆师范大学学报》2008 年第 1 期。

16. 〔德〕露西亚・欧碧：《欧美的瑶族写本的收藏》，《瑶族传统文献研究国际研讨会论文集》，日本神奈川大学瑶族文化研究所，2010。

17. Chen Meiwen，"Religion as a Civilizing Process？Rethinking Yao Religious Culture and Ritual Manuscripts，"《民俗曲艺》第 187 期，2015 年 3 月。

18. Bent Lerbæk Pedersen：《瑶族手稿目录》，丹麦哥本哈根皇家图书馆，Nias Press，2016。

19. 费孝通：《中华民族的多元一体格局》，北京：《北京大学学报》1989 年第 4 期。

20. 王建新：《中国民族宗教研究的学术架构——基于民族学/人类学的思考》，《北方民族大学学报》2009 年第 6 期。

21. 江应樑：《广东畲人之宗教信仰及其经咒》，国立中山大学语言历史学研究所编《民俗》复刊号第 1 卷第 3 期《广东北江偏人调查报告专号》，民国二十六年（1937）。

22. 雷泽光：《广西北部盘古瑶还愿法事》，国立中山大学研究院文科研究所：《民俗》第 2 卷第 3、4 期，1943 年 12 月。

23. 杨仁里：《瑶族聚居区江永县发现一批经版》，《民族论坛》1987 年第

2 期。

24. 姚舜安：《瑶族迁徙之路的调查》，《民族研究》1988 年第 2 期。

25. 张泽洪：《五斗米道命名的由来》，《宗教学研究》1988 年第 4 期。

26. 张泽洪：《魏晋南朝蛮、僚、俚族的北徙》，《四川大学学报》1988 年第
    4 期。

27. 向祥海：《开梅山考议》，《湘潭大学学报》1990 年第 2 期。

28. 张泽洪：《许逊与吴猛》，《世界宗教研究》1990 年第 1 期。

29. 张有隽：《中国瑶人文书及其研究》，《广西民族大学学报》1990 年第
    3 期。

30. 胡起望：《论瑶传道教》，《云南社会科学》1994 年第 1 期。

31. 李默：《排瑶历史文化》，《广东民族学院学报》1995 年第 3 期。

32. 张有隽：《瑶族宗教信仰的人类学意义》，《广西民族大学学报》（哲学社
    会科学版）1996 年第 3 期。

33. 黄贵权：《简述蓝靛瑶道教的经籍和唱经》，《民族学》1997 年第 2 期。

34. 李怀荪：《梅山神张五郎探略》，《民族论坛》1997 年第 4 期。

35. 张泽洪：《中国南方少数民族与道教关系初探》，《民族研究》1997 年第
    6 期。

36. 苏建灵：《桂江中游一个瑶族村落的生活习俗与宗教信仰》，《广西民族研
    究》1998 年第 2 期。

37. 俸代瑜：《五排瑶命名制度的文化蕴涵——家乡本土民族文化系列研究之
    一》，《广西大学学报》（哲学社会科学版）1999 年第 5 期。

38. 吴永章：《南朝遗风今犹在——广西南丹白裤瑶寨见闻录》，《寻根》2002
    年第 2 期。

39. 张有隽：《瑶族向海外迁徙的原因、过程、方向和路线——海外瑶族研究
    论文之一》，《广西民族学院学报》2003 年第 1 期。

40. 张有隽：《越老泰缅各国瑶族人口分布、来源和称谓——海外瑶族研究论
    文之二》，《广西民族学院学报》2003 年第 3 期。

41. 张泽洪:《中国南方少数民族的梅山教》,《中南民族大学学报》2003 年第
    4 期。

42. 刘戈:《试论江永瑶族〈经板〉木刻版画》,《零陵学院学报》2003 年第
    6 期。

43. 张菽晖:《排瑶经书浅析》,《黑龙江民族丛刊》2004 年第 2 期。

44. 徐杰舜:《人类学与瑶族研究》,《广西民族研究》2004 年第 6 期。

45. 玉时阶:《明清时期瑶族向西南边疆及越南、老挝的迁徙》,《中国边疆史
    地研究》2007 年第 17 卷第 3 期。

46. 何红一:《美国国会图书馆藏瑶族手抄文献新发现及其价值》,《中南民
    族大学学报》2009 年第 3 期。

47. 玉时阶:《文化断裂与文化自觉:越南瑶族民间文献的保护与传承——以
    越南老街省沙巴县大坪乡撒祥村为例》,《世界民族》2010 年第 5 期。

48. 何红一:《美国瑶族文献与世界瑶族迁徙地之关系》,《中南民族大学学
    报》2011 年第 5 期。

49. 郭武:《牛津大学图书馆藏瑶族道经考述》,《文献》2012 年第 4 期。

50. 何红一、王平:《美国国会图书馆馆藏瑶族写本俗字的研究价值》,《广西
    民族大学学报》2012 年第 6 期。

51. 周探科:《梅山地域考》,《湖南人文科技学院学报》2012 年第 6 期。

52. 何红一:《美国国会图书馆馆藏瑶族写本及俗字举例》,《民族研究》2013
    年第 1 期。

53. 何红一、黄萍莉、陈朋:《美国国会图书馆瑶族文献的整理与分类研究》,
    《广西民族研究》2013 年第 4 期。

54. 何红一:《美国瑶族文献收藏及其来源》,《文化遗产》2013 年第 6 期。

55. 黄萍莉、何红一、陈朋:《美国国会图书馆馆藏瑶族手抄文献的资源特征
    与组织整理》,《图书馆学研究》2013 年第 24 期。

56. 胡小柳:《瑶族度戒仪式中的"重生"寓意:以牛津大学图书馆藏瑶族道
    经为例》,《云南社会科学》2013 年第 5 期。

57. 何红一：《美国瑶族文献与瑶族民族记忆》，《中央民族大学学报》2014 年第 5 期。

58. 何红一、黄仪敏：《美国国会图书馆馆藏瑶族"过山榜"的发现、修复及意义》，《中南民族大学学报》2015 年第 1 期。

59. 罗宗志：《瑶族的宗教文书——以桂北一位盘瑶师公所收藏之宗教经书为例》，《宗教学研究》2015 年第 3 期。

60. 聂森、郭晴晴：《文化生态变迁视野下的"瑶传道教"濒危文献调查》，《宗教学研究》2015 年第 4 期。

61. 赵书峰：《多学科交叉视野下的瑶族传统文化研究——2015 日本神奈川大学"瑶族的歌谣与仪礼国际研讨会"述评》，《人民音乐》2016 年第 4 期。

62. 萧霁虹：《云南与东南亚的瑶族宗教文书》，《东南亚南亚研究》2016 第 3 期。

63. 徐菲：《牛津大学图书馆藏瑶族手抄本道经新发现及其价值》，《西南民族大学学报》2016 年第 10 期。

64. 聂森：《"瑶传道教"的仪式功能及其象征意义——基于贵州东南部过山瑶村寨的田野调查》，《宗教学研究》2016 年第 4 期。

65. 郭武：《清代临安府瑶族宗教仪式中的汉地道教元素——以 S3451 号文本之"关告科"与"开解科"为例》，《四川大学学报》2017 年第 1 期。

66. 何红一、陈朋：《美国国会图书馆馆藏瑶族文献的抢救性整理研究》，《文化遗产》2018 年第 5 期。

67. 何红一：《美国国会图书馆馆藏瑶族"过山榜"的形制特征》，《中原文化研究》2018 年第 5 期。

68. 姚舜安：《瑶族迁徙之路》，广西民族学院编《赴泰国学术交流：民族研究论文集》，广西民族学院印，1986。

69. 马建钊：《论八排瑶的丧俗》，广东省民族研究学会等编《广东民族研究论丛》（第一辑），广东人民出版社，1986。

70. 黄方平：《临桂过山瑶度戒略析》，张有隽、徐杰舜主编《民族与民族观》

（第一辑），广西教育出版社，1991。

71. 蛮夫：《红河州瑶族古籍浅述》，海南省民族研究所编《海南民族研究论集》，中山大学出版社，1992。

72. 黄贵权、李清毅：《瑶族度戒初探》，广西瑶学会编《瑶学研究》第三辑，广西民族出版社，1993。

73. 黄贵权：《瑶族度戒意义的历史演变》，郭大烈、黄贵权等编《瑶文化研究》，云南人民出版社，1994。

74. 黄贵权：《瑶族的书面语及其文字初探》，郭大烈、黄贵权等编《瑶文化研究》，云南人民出版社，1994。

75. 唐光旭、肖革生：《湘南新宁八峒瑶乡"跳鼓堂"初探》，张子伟主编《中国傩》，湖南师范大学出版社，1994。

76. 练铭志：《再论排瑶的经书》，广东省民族研究学会，广东省民族研究所编《广东民族研究论丛》第7辑，广东人民出版社，1995。

77. 邓文通：《百色山子瑶原始宗教调查》，张有隽主编《中国各民族原始宗教资料集成·瑶族卷》，中国社会科学出版社，1998。

78. 丁桦：《罕见手抄本〈瑶族经书〉》，《神奇的桂平》编委会编《神奇的桂平》，接力出版社，2004。

79. 《从江县高华村瑶族乡土知识调研》，贵州省民族研究所，贵州省民族研究学会：《贵州民族调查卷二十三·2005·贵州都柳江流域民族乡土知识调查》，贵州省民族研究所，2006。

80. 龙倮贵：《瑶族传统道德与社会主义新农村建设——以红河县石头寨乡旧施瑶寨为例》，红河哈尼族彝族自治州民族研究所编《红河民族研究文集》第三辑，云南民族出版社，2007。

81. 王卡：《从一切道经到中华道藏——道教文献学的历史回顾》，牟钟鉴主编《当代中国宗教研究精选丛书·道教卷》，民族出版社，2008。

82. 徐杰舜：《人类学与瑶族研究——广西民族大学张有隽教授访谈录》，荣仕星、徐杰舜主编《人类学世纪真言》，中央民族大学出版社，2009。

83. 张劲松：《在慕尼黑调查、研讨馆藏瑶族手本的日子》，日本神奈川大学瑶族文化研究所编《瑶族文化研究所通讯》（第二号），2010。

84. 黄贵权：《文山州瑶族文字古籍》，载李国文编著《云南少数民族古籍文献调查与研究》，民族出版社，2010。

85. 丸山宏「2010 年 3 月バイエルン州立図書館所蔵ヤオ族写本調査報告」神奈川大学ヤオ族文化研究所編『瑶族文化研究所通訊』第 2 号、2010.

86. 萧霁虹：《20 世纪五六十年代云南瑶族调查手稿述评》，林超民主编《西南古籍研究·2010 年》，云南大学出版社，2011。

87. 盘美花：《浅谈越南瑶族古籍的几点认识——以老街省沙巴县为例》，玉时阶主编《跨境瑶族研究中越跨境瑶族经济与文化交流国际学术研讨会论文集》，民族出版社，2011。

88. 胡小柳：《牛津大学图书馆藏瑶族道经中的度戒仪式研究》，四川大学博士学位论文，2013。

89. 李树照：《瑶族的宗教文书：以荔浦县茶城乡黄泥坝盘瑶为例》，广西民族大学硕士学位论文，2014。

90. 余阳：《美国国会图书馆馆藏瑶族手抄文献俗字研究》，中南民族大学硕士学位论文，2011 年。

四 网络资料

1. 中华人民共和国国家统计局：《2010 年第六次全国人口普查主要数据公报》（第 1 号），2011 年 4 月 28 日，https：//wenku. baidu. com/view/2bc7ac1142323968011ca300a6c30c225901f000. html，采撷日期：2020/4/25。

2. 《瑶族》：百度百科 https：//baike. baidu. com/item/% E7% 91% B6% E6% 97%8F/170267？ fr＝aladdin，采撷日期：2020/4/25。

3. 黄炳明：《从民间手抄卷走向书苑之大雅——品读文山州首套瑶族文献古籍丛书》，《文山日报》，http：//tech. gmw. cn/newsp △per/2014－09/12/content_ 100818807. htm，采撷日期：2019-9-12。

4. 《瑶族祭神驱魔经书展武汉举行，许多孤本首次露面》，中国新闻网，http：//www. chinanewScom/cul/2014/10－13/6673881. shtml，采撷日期：2019－10－10。

5. 《八排瑶》：百度百科，https：//baike. baidu. com/item/八排瑶/5596601？fr＝aladdin，采撷日期：2020/2/21。

6. 《瑶老制》：百度百科，https：//baike. baidu. com/item/%E7%91%B6%E8%80%81%E5%88%B6/705368？fr＝aladdin，采撷日期：2020/2/21。

7. 《金平和谐村黄金祥所藏瑶族古籍有哪些》，http：//yaozu. baike. com/article-330829. html，采撷日期：2019/4/22。

8. 《瑶学大师郑德宏：一生寻觅瑶文化》，https：//www. sohu. com/a/275364420_ 99962853，采撷日期：2020/5/20。

9. https：//baike. baidu. com/item/大平瑶族乡/7980467？fr＝aladdin，采撷日期：2017/2/26。

10. 大英图书馆数字化老挝北部蓝靛瑶手稿（Lanten Manuscripts from Northern Laos），源自大英图书馆濒危手稿项目（Endangered Archives Programme）网站，该项目搜集整理的老挝蓝靛瑶手稿包含 EAP791 号手稿和 EAP1126 号手稿两个批次，EAP791 手稿数字化资源参见网址：https：//eap. bl. uk/project/EAP791；EAP1126 手稿数字化资源参见网址：https：//eap. bl. uk/project/EAP1126，采撷日期：2022/12/21。